A COURSE IN MIRACLES®

心靈平安基金會授權
奇蹟資訊中心出版

奇蹟課程

正　文

若水　譯

心靈平安基金會授權
奇蹟資訊中心出版

序　言

　　此序成文於西元一九七七年，是海倫·舒曼應多方人士要求而寫的《奇蹟課程》簡介。最前面的兩部分，有關本書之「緣起」及「性質」，乃是出自海倫的個人手筆；至於本書的「內容」，則是她經由「秘傳」（inner dictation）而記錄下的資料，其過程會在此序中略作交代。

本書的緣起

　　《奇蹟課程》是海倫·舒曼與威廉·賽佛兩位教授基於同一共識，突然決定聯袂合作而成的作品。兩人都任職於紐約哥倫比亞大學內外科醫學院的醫療心理學系。至於他們是何許人物，其實無關緊要，倒是這段傳奇，充分顯示了，在上主內沒有不可能的事。這兩位心理學教授原本是靈修的門外漢，雙方爭執迭起，互不相讓，縈繞腦際的只有成就及地位。總而言之，他們可說是道地的凡夫俗子，他們的生活與本課程所倡導的境界簡直是南轅北轍。接收這秘傳資料的海倫曾對自己作過這番描述：

　　　　身為心理學家、教育學家的我，在理論上相當保守，在信仰上屬於無神論，任職於頗具名望的學術機構，卻因一個事件，引發出一連串意想不到的經歷。我們系裡的主管有一天意外地公開表態，他再也受不了我們勾心鬥角，彼此攻訐的心態，他最後斷言：「一定另有出路才對！」我那時彷彿冥冥中受到某種暗示，竟然同聲附和，願意與他一起探索出路。這個「課程」顯然就是他在找的「出路」。

　　雖然這兩人的發心相當認真，在聯袂探索之初，仍然經歷了極大的挑戰。只因他們已向聖靈獻出了「小小的願心」，正如本課程反覆強調的，這已足以讓聖靈利用每一機緣大展神能，而完成了祂的任務。

　　海倫在其自述中繼續說道：

　　在動手筆錄之前那奇妙的三個月中，比爾建議我把當時所經歷的充滿象徵意味的夢境記錄下來，要我描述一下那些不請自來的奇怪異象。雖然那時我對這類突如其來的經驗逐漸習以為常了，但見到自己寫下「這是闡釋奇蹟的課程」這一句話，仍然驚訝萬分。這是我認識「那聲音」之始。它是無音之聲，好似以極快的速度傳遞給我訊息，我一一把它們記錄在速記簿上。我筆錄時並非身不由己的，我可以隨時中斷，稍後再接著寫下去。雖然這經歷讓我感到坐立不安，卻從無罷手不幹的念頭，我好似曾幾何時答應過要完成這項特殊任務。它可說是比爾與我名副其實地共襄盛舉的一段經歷，我相信它最深的意義也正是我們的聯袂合作。我會逐字記下「那聲音」所「說」的內容，次日唸給比爾聽，他則把我的口述打字成稿。我明白這也是他的特殊任務，若非他的鼓勵支持，我是絕對完成不了這一任務的。筆錄的過程前後歷經了七年的光景，最先完成的是〈正文〉，然後是〈學員練習手冊〉，最後才是〈教師指南〉。我們只作了些微的改動，且在〈正文〉中插入章節標題，我刪去了「內在靈音」給我的私人訊息。除此之外，本課程基本上保持了它的原貌。

　　我們決定不在本書的封面登上我們筆錄者的名字，因為本課程應該也足以為自己負責。這本書不應發展為另一種宗教或神秘教派，它只有一個目的，就是為人指出一條道路，幫他們找到自己的內在導師。

本書的性質

　　《奇蹟課程》，顧名思義，全書的結構是按照學習教材的形式設計的。它包括三部分：長達684頁的〈正文〉，486頁的〈學員練習手冊〉，以及90頁的〈教師指南〉。至於閱讀的先後次序及研讀方法，可按學員的特殊需要及個別喜好而定。

　　本課程的設計是經過縝密思考的，在理論及實踐兩方面都逐

步提供了明確的解說。它重視實踐甚於理論，強調體驗甚於神學。它在〈詞彙解析〉「導言」中如此明言：「人間不可能有放諸四海皆準的神學理論的；然而，放諸四海皆準的經驗不只是可能，而且是必須的。」（2：5）雖然它採用了基督宗教的術語，宗旨卻指向普世性的靈性課題。它還聲明本課程不過是普世學派中的一門而已，人間還有許多課程，形式雖然有異，終將殊途同歸於上主的終極境界。

〈正文〉相當理論化，它開宗明義地提出整個思想體系中的基本概念，這些觀念為〈學員練習手冊〉的每日一課奠定了穩固的基礎。然而，若沒有〈練習手冊〉的具體實踐，〈正文〉便會淪為一套抽象理論，無法達到本課程的宗旨——扭轉人的心念。

〈學員練習手冊〉共有三百六十五課，以一年為期，一天一課。但也無需拘泥於這一進度，有些人也許會在他特別喜愛的一課上多逗留一些時日。這種規定不過是提醒讀者，一天不要超過一課。每日練習之前還會附上一些引導，具體點出〈練習手冊〉的實用之處。它強調的是實修經驗，從不要求學員對此靈修目標作出任何承諾。

　　〈學員練習手冊〉中有些觀念恐怕會令你感到難以置信，有些則有聳人聽聞之嫌。這些都無妨。你只要按照指示去運用這些觀念即可。請勿妄自評判。只要你發揮其用。就在運用之際，你會看出它的意義，明白它真實不虛。

　　你只需記住這一點：你不用相信或接受這些觀念，甚至無需心懷好感。某些觀念還可能會激起你的抗拒心理。這一切都無妨，亦無損其有效性。在運用〈練習手冊〉的觀念時，絕不容許自己擅自設定一些例外；不論你對這些觀念有何反彈，利用這些反彈來練習吧！它所要求的，僅僅如此而已。（手冊-導言.8、9）。

最後的〈教師指南〉，是以問答的形式寫成的，它答覆了學員們最常提出的一些問題。在文末，它還根據〈正文〉的理念架構為課程中的一些術語作了一番「詞彙解析」。

　　本課程從未自詡為人類的終極課程，〈練習手冊〉的三百六十五課也無意讓學員覺得自己已經修成正果了。它最後只是將學員交託給自己的內在導師，祂會因材施教，繼續引導前程。本課程所涉獵的範圍雖說包羅萬象，然而，真理不會拘限於某種課程內的。〈學員練習手冊〉在結尾中很清楚地重申了這一道理：

　　　　這個課程只是一個起步，而非結束……此後我們不再安排特定的功課了，因為無此必要。此後……你只需聆聽上主的天音…。祂會指點你努力的方向，明確地告訴你該作什麼、如何引導自己的心智，以及何時該靜靜地來到祂前，祈求祂那萬無一失的指示及千古不易的聖言。（手冊－跋.1、3）。

本書的內容

　　　　　凡是真實的，不受任何威脅；
　　　　　凡是不真實的，根本不存在。
　　　　　上主的平安即在其中。

　　這是《奇蹟課程》開宗明義之言。它把真實與不真實、真知（knowledge）與知見（perception）作了根本的區分。真知即真理，隸屬於愛之律或上主天律的管轄。真理是不變的、永恆的、毫不隱晦的。人們可以視若無睹，卻無法改變它的原貌。上主創造的一切都屬於真理之境，也唯有祂的創造才真實不虛。真理超越了時間及過程的範疇，那不是學習所能抵達的境界。它沒有對立，無始無終，且永恆如是。

　　反之，知見屬於時間、變化、有始有終的世界。它的存在是靠詮釋解說，而非事實真相。它是一個生死無常的世界，建立於匱乏、失落、分裂及死亡的信念上。它是由後天學習而來的，並非渾然天成。它是有選擇性的，隨著知見的偏好而左右搖擺，因此它的功能缺乏穩定，它的詮釋也會失真。

　　於是，在真知與知見的基礎上，發展出了兩種截然不同，甚

至可以說是全然對立的思想體系。在真知境內，上主之外沒有一個念頭真的存在，因為上主和他的造化共享同一旨意。至於知見的世界，則是由對立的信念與分歧的意願所構成，它不但自相矛盾，並且與上主永遠對立。由知見產生的見聞，狀似真實，因為它只容許觀者想要看到的東西進入他的意識之中，幻相就這樣誕生了。正因它不是真的，因此不能不隨時護衛自身的存在。

一旦陷入了知見的世界，你便墜入了夢境。若非外力施以援手，是難以脫身的，因為你的感官所經驗到的一切，都在向你證明夢境的真實性。上主早已給了你最後的答案，那是你唯一的出路、真正的援助。他的聲音，也就是聖靈，肩負起溝通這兩個世界的使命。他之所以不負所託，只因他一面深曉真理實相，一面又深諳人間的幻相，卻能不受幻相所蒙蔽。聖靈的目標即是教我們扭轉自己的想法，清除過去學來的錯誤，幫助我們由夢境中脫身。聖靈轉變我們念頭最得力的教學工具即是寬恕。然而，本課程對世界所下的定義既然獨具一格，它對寬恕的界定必也自成一家之言。

我們眼前的世界，只不過反映出自己內在的思想架構，也就是心中根深柢固的觀念、願望和感受。「投射形成知見」（正文－21章.導言.1：1），我們先往內看，決定自己想要看見什麼樣的世界，再把那世界投射到外頭，繼而把自己之所見認定為真相。是我們自己對眼前事物的詮釋，才使外界看起來儼然如真。如果我們想用感官的所知所見來為自己的錯誤辯解，例如：忿怒、挑釁的心態，以及缺乏愛心的表現，我們便會看到一個充滿邪惡、毀滅、敵意、嫉妒及絕望的世界。我們必須學習寬恕這一切，這不是因為我們是「好人」或有「愛心」，而是因為我們所見的那一切沒有一個是真的。既是扭曲的防衛機制曲解了世界，才使我們看到根本不存在的事物；那麼，也唯有學會認清自己知見上的錯誤，我們才能超越它們或「寬恕」它們，同時寬恕了自己。我們的眼光便如此越過自己心中扭曲的自我概念而看到上主在我們內所造的真我，亦即自性（Self）。

所謂罪，即是「缺少愛心」（正文－1章.肆.3：1）。既然愛才是最終的一切，罪在聖靈的眼中，只是有待修正的一個錯誤而已，並非必遭天譴的邪惡。我們內心的自慚形穢、欲振乏力及充

滿缺憾之感，乃是基於我們堅信那操縱整個幻相世界的「匱乏原則」。爲此，我們會設法從他人身上追討自己想要的東西，於是我們會爲了得到某些東西而「愛」人；那正是夢幻世界標榜的愛，世上沒有比這個更嚴重的錯誤了，因爲愛是不可能要求任何代價的。

　　只有心與心之間才有眞正的結合，「上主所結合的，沒有人能夠拆散」（正文–17章.叁.7：3）。然而，眞正的合一只存於「基督心」那一層次，正因如此，你是不可能失落它的。「小我」則企圖假借外在的肯定、外在的資產及外在的「愛」來自抬身價。上主所創造的眞我或自性則一無所需，它永遠圓滿、安全、心中有愛而且深深被愛著。它一心只願分享，無意奪取；只知推恩，而非投射；它一無所需，只願與那已意識到彼此的富裕之人結合爲一。

　　世間的特殊關係常是自私、幼稚、自我中心，甚至含有毀滅性的。儘管如此，只要交託給聖靈，這些關係仍能轉變爲人間最神聖之物，也就是奇蹟，爲人指出回歸天國之路。世俗常利用人間的特殊關係作爲排除異己及自立門戶的祕密武器，聖靈卻能將它們轉化爲學習寬恕及由夢境覺醒的最佳教材。每一個關係都爲人提供了療癒知見和修正錯誤的機緣，每一個關係也成了寬恕別人因而寬恕了自己的機會，每一個關係都成了歡迎聖靈以及憶起上主的邀請函。

　　知見屬於身體的一種功能，因此它的覺知能力十分有限。知見必須透過肉眼來看，透過耳朵來聽，它只會激起身體非常有限的反應。身體看起來好像是自發且自主的，其實它完全受制於心靈的取向。如果心靈企圖借用身體發動攻擊，身體便會淪爲疾病、衰老及腐朽的俘虜；如果心靈接受了聖靈的目標，身體便成爲與他人溝通的有效管道。只要你還需要它，它便神龍活現的；一旦功能已盡，它便會悄悄地告退。身體本身是中性的，知見世界裡的萬物莫不如此。它究竟會爲小我或聖靈效命，端視心靈之所願。

　　與肉眼之見相對的，便是基督的慧見（vision）。它所代表的是力量，而非軟弱，是合一而非分裂，是愛而非恐懼。與耳朵的聽聞相對的，則是爲上主發言的「天音」，祂就是住在我們每一

個人心內的聖靈。只因代表那渺小且分裂之我的「小我」總是聒噪不已，才使得聖靈之音顯得杳不可聞。事實正好相反，聖靈發言時一向清晰明確，且具有難以抗拒的吸引力。凡是決心與身體劃清界線的人，不可能聽不見聖靈的解脫及希望的訊息。他必會欣然接受基督的慧見，取代心目中卑微的自我形象。

　　基督的慧見乃是聖靈所賜的禮物，是上主在分裂幻相以及相信罪咎和死亡的信念之上所給我們的另一種可能性。這一慧見足以修正所有錯誤的知見，讓那狀似對立的世界和好如初。它的慈光從另一角度照亮了萬物的真相，反映出以真知為本的思想體系，使得回歸上主不只是可能的事，而且成了人類的宿命。過去我們視為某甲施加於某乙的不義之舉，如今已然看出那只是求助與合一的呼求。罪咎、疾病和攻擊也會被視為「妄見」在呼求一帖溫柔慈愛的解藥。防衛機制從此撤銷，因為攻擊既不存在，便無自我防衛的必要。弟兄的需求成了我們的需求，因為他們既與我們一起共赴上主之道，沒有我們，他們難免會迷途；沒有他們，我們也絕不可能找到自己的路。

　　在天國裡，沒有寬恕這一回事，因為天國無此需要。但在這世界裡，寬恕是修正我們一切錯誤的必經過程。唯有先給出寬恕，我們才可能擁有寬恕，如此才符合了「給予等於接受」的天國之律。天國是上主為其神聖兒女所創造的本來境界，那是他們的永恆實相；縱使遭人遺忘，也不曾改變分毫。

　　唯有寬恕能幫我們憶起這一真相，也唯有寬恕能轉變我們對世界的看法。被寬恕的世界成了一扇上天之門，因著它的仁慈，我們才寬恕得了自己。只要我們不再用罪咎來囚禁任何人，自己便會重見天日。我們若能在弟兄身上認出基督的臨在，必然也會在自己身上認出祂的臨在。放下所有的妄見吧！不受過去種種的羈絆，我們自會憶起上主。學習階段到此結束。當我們準備妥當，上主自會踏出最後的一步，引領我們回歸於祂的。

目　錄

正　文

導　言

1.　　　這是闡釋奇蹟的課程。²是一門必修的課程。³只有投入的時間是隨你的意的。⁴隨自己的意願並不表示你可以自訂課程。⁵它只表示在某段時間內你可以選擇自己所要學習的。⁶本課程的宗旨並非教你愛的真諦，因為那是無法傳授的。⁷它旨在清除使你感受不到愛的那些障礙；而愛是你與生俱來的稟賦。⁸與愛相對的是恐懼；但無所不容之境是沒有對立的。

2.　　　因此，本課程可以簡單地歸納為下面這幾句話：

　　　　　²凡是真實的，不受任何威脅；
　　　　　³凡是不真實的，根本不存在。

⁴上主的平安即在其中。

第一章　奇蹟的眞諦

壹. 奇蹟原則

1.　　奇蹟沒有難易之分。[2] 一個奇蹟不會比另一個奇蹟「更難」或「更大」。[3] 它們全是同一回事。[4] 全都表達了愛的極致。

2.　　奇蹟本身無足輕重。[2] 重要的是它的終極源頭，它的價值超乎人間的評估。

3.　　奇蹟是愛的自然流露。[2] 眞正的奇蹟在於那能激發奇蹟的愛。[3] 爲此之故，凡是出自愛的就是奇蹟。

4.　　所有的奇蹟都充滿生命，上主則是生命的賦予者。[2] 他的天音會明確而具體地指引你。[3] 他會告訴你該知道的一切。

5.　　奇蹟是種習性，應是無心而發的。[2] 它不受意識的控制。[3] 有所揀擇的奇蹟容易受到誤導。

6.　　奇蹟原是最自然不過的事。[2] 當它匿跡不現時，表示你的生活出了問題。

7.　　奇蹟是每一個人的天賦權利，但你需要先淨化自己的心靈。

8.　　奇蹟具有療癒作用，因它能彌補某種欠缺，使一時比較富裕的得以彌補一時比較欠缺者之所需。

9.　　奇蹟好似一種交易。[2] 這種交易就像所有具體的愛一般神奇，足以扭轉人間一切的自然律。[3] 奇蹟能帶給施者與受者更多的愛。

10.　　凡是利用奇蹟來炫人眼目、誘發信仰，表示他已誤解了奇蹟的眞正目的。

11.　　祈禱是奇蹟的媒介。[2] 它是受造物與造物主之間的交流管道。[3] 愛必須透過祈禱，才接收得到；愛也必須透過奇蹟，才會具體呈現。

12.　　奇蹟屬於一種念頭。[2] 念頭可以表達較低層次或是身體層次

的經驗，也可能表達出較高層次或靈性層次的經驗。³ 前者架構起一個物質世界，後者則創造出靈性的境界。

13.　　奇蹟既是開始，也是終結，因此它能夠調整世界的時間律。² 奇蹟始終在爲重生的可能性背書；重生狀似回歸，其實它是向前。³ 它能在「現在」化解「過去」的一切，因而也解放了「未來」。

14.　　奇蹟是在爲眞理作證。² 由於它出自內在的信念，故具有說服力。³ 若缺了這一信念，它便淪爲怪力亂神（magic），落入失心狀態（mindless），因而產生破壞性，它等於反向使用了心靈的創造力。

15.　　我們應把每一天都獻給奇蹟。² 時間的目的原是爲了教你如何善用時間。³ 因此它是一種教具，只是完成目的的一種手段而已。⁴ 當時間一旦無助於學習時，便沒有存在的必要了。

16.　　奇蹟是爲你示範「施與受一樣有福」的教學工具。² 它不只增強了施者的能力，也爲受者帶來了力量。

17.　　奇蹟超越身體的層次。² 它能瞬間轉入無形無相之境，遠離身體的層次。³ 爲此，它才有療癒的力量。

18.　　奇蹟是一項服務。² 它是你能給人的至高服務。³ 它是「愛鄰如己」的一種途徑。⁴ 你會由此同時認出自己與鄰人的價值。

19.　　奇蹟能將人心結合於上主內。² 這有賴於你們的同心協力，因聖子奧體（Sonship）乃是上主整個造化的總合。³ 爲此，奇蹟所反映的乃是永恆之律，而非時間律。

20.　　奇蹟能喚醒人的覺性，看出靈性（而非身體）才是眞理的祭壇。² 這一體認便足以啓動奇蹟的療癒能力。

21.　　奇蹟是寬恕的自然結果。² 奇蹟表示你領受了上主的寬恕，因爲你已將寬恕推恩（extending）於人了。

22.　　你若相信黑暗眞的能夠隱藏任何東西，奇蹟便很容易給人恐怖的聯想。² 你相信肉眼看不見的東西就不存在。³ 這一信念爲你否定了所有的靈性之見。

23.　　奇蹟爲你調整了知見，使不同層次的知見得以恢復原有的本末先後。² 這就是療癒，因爲「層次混淆」乃是一切疾病之源。

24.　　奇蹟足以幫你療癒病患，使死者復生，因爲疾病和死亡既然出自你之手，你必有能力消除它們。² 你，就是奇蹟，你有能力創造與造物主媲美之物。³ 其餘的一切只是你虛擬的夢魘，並不存在。⁴ 只有光明中的創造才眞正存在。

25.　　奇蹟是環環相扣的寬恕當中的一環，當它圓滿完成之時，便成了救贖（Atonement）。² 而救贖能在任何一刻運作於所有的時間層次。

26.　　奇蹟代表你已擺脫了恐懼的束縛。² 救贖具有「化解」（undo）之義。³ 化解恐懼，乃是奇蹟得以發揮救贖功效不可或缺的因素。

27.　　奇蹟是上主對普世的祝福，透過我而祝福了所有的弟兄。² 寬恕別人，是我這已被寬恕之人的榮幸。

28.　　奇蹟只是幫人擺脫恐懼的途徑。² 啓示才能將人領至一無所懼之地。³ 因此，奇蹟只是工具，啓示才是眞正的目的。

29.　　奇蹟透過你而頌揚了上主。² 因爲奇蹟榮耀了他的造化，肯定它的完美無瑕，上主爲此受到了頌揚。³ 奇蹟拒絕與身體認同，堅持它的靈性本質，才能發揮它的療癒之效。

30.　　奇蹟肯定了靈性的存在，故能重新調整知見的層次，釐清它們的本末先後。² 它將靈性置於核心地位，天人之間才有直接交流的可能。

31.　　奇蹟應該激起人的感恩之情，而非敬畏之心。² 你應爲自己的本來眞相而感謝上主。³ 上主兒女何其神聖，奇蹟等於向他們致敬；他們的神聖性只可能一時隱而不現，不可能永遠失落。

32.　　我是激發所有奇蹟之人，此即「代禱」之意。² 奇蹟爲你的神聖性說項，它聖化了你的知見。³ 它置你於自然律之上，將你提昇至天界。⁴ 在天界裡，你永遠完美無缺。

33.　　奇蹟向你致敬，因爲你是可敬可愛的。² 它驅除了你的自我

幻覺，認出你內在的光明。³它就如此爲你贖清（atone）了過錯，將你從噩夢中解脫。⁴你的心靈一旦掙脫了幻覺的枷鎖，你便恢復了神智清明之境。

34.　奇蹟恢復了心靈本來的圓滿。²它贖清了你的匱乏感，且爲你築起一道完美的防護。³靈性的力量使得外敵無隙侵入。

35.　奇蹟是愛的具體表達，可是它們未必昭然若揭、有目共睹。

36.　奇蹟是「正確思維」的一種示範，它會調整你的知見，與上主創造的眞相相互呼應。

37.　奇蹟是我針對「錯誤思維」而給的修正之道。²它的作用有如催化劑，先分解錯誤的知見，再正確地加以重組。³它將你置身於救贖原則之下，你的知見方得療癒。⁴知見獲得療癒之後，才可能轉爲聖境的眞知。

38.　聖靈乃是奇蹟的推動者。²祂能同時認出上主的創造以及你的幻相。³由於祂能由整體著眼，不受片面知見所蒙蔽，故有辨別眞僞的能力。

39.　奇蹟能夠消除過錯，因爲一切過錯在聖靈眼中都虛妄不實。²這與「光明一現，黑暗自然消逝」的說法異曲同工。

40.　奇蹟等於肯定了每一個人都是你我的弟兄。²這也是你從萬物中認出上主無所不在的途徑。

41.　整體性爲奇蹟提供了一個有形可辨的內涵。²如此它才能修正或贖清匱乏之見的錯誤。

42.　奇蹟最大的功能在於它有能力解除你錯誤的孤立感、匱乏感及被剝削之感。

43.　奇蹟必然出自一種奇妙的心境，也就是與奇蹟相應的心態。

44.　奇蹟反映出人心對基督自性的覺醒，表示他已接受了基督的救贖。

45.　奇蹟是永不失落的。²它能夠感動許多與你緣慳一面的人，爲遠在天涯海角之人帶來不可思議的轉變。

46.　　聖靈是最高形式的交流媒介。[2] 這是奇蹟力有未逮的，它只能算是天人交流的一種暫時設施。[3] 當你能夠藉著直接的啓示而回到天人相通的本來狀態時，你就不需要奇蹟了。

47.　　奇蹟是一種學習教材，能逐漸降低人對時間的仰賴。[2] 它打破了一般的時間律，爲你建立一種無例可循的時間序列。[3] 爲此，它可說是超越時間性的。

48.　　你若想掌控時間，唯一操之於你的學習教具便是奇蹟。[2] 唯有啓示能夠全然超越時間，它與時間毫不相干。

49.　　奇蹟從不區分妄見的等級或程度。[2] 它是修正知見的教具，它的功能絲毫不受錯誤的大小或類別的影響。[3] 堪稱爲道地的「平等心」。

50.　　奇蹟將你所造的一切與上主的創造相互比對，凡符合創造初衷的，便納爲眞實；與它牴觸的，便斥爲虛妄。

貳 . 啟示、時間與奇蹟

1.　　啓示能暫時卻徹底地消弭人的疑慮及恐懼。[2] 它反映出上主及造化之間原始的天人相通之境，這種關係會給人極其私密的創造感，致使人們企圖透過肉體關係追求這種感覺。[3] 然而，肉體的親密是不可能達到這一境界的。[4] 相形之下，奇蹟則建立於道地的人際關係之上，幫你跟人建起眞正的親密關係。[5] 啓示能促成你與上主的契合。[6] 奇蹟則促成你與弟兄的契合。[7] 這兩種境界雖不是出自意識的層次，但你仍能感受得到。[8] 意識能夠導致行動，卻不具啓發的作用。[9] 你選擇什麼，就會相信什麼，這是你的自由；而你決定怎麼做則反映出你相信了什麼。

2.　　啓示是極其私人性的，一經轉譯便會詞不達意。[2] 爲此之故，你無法用言語描述它。[3] 啓示只會導向經驗。[4] 反之，奇蹟則能導向行動。[5] 因爲它具備了人際關係的特質，對現世生活特別有用。[6] 對仍在學習階段的人而言，致力於奇蹟，成了非常重要的一課，因爲一無所懼之心不會從天上掉下來。[7] 啓示確實屬於「言語道斷」之境，因爲你所經驗到的愛是妙不可言的。

3.　　　只有啓示值得你敬畏，以此心態面對啓示才是最恰當且正確的反應。[2] 但是你不該以此心態對待奇蹟，因爲敬畏含有崇拜心理，意味著此人在造物主面前低人一等。[3] 你是一個完美的受造物，只有在完美的造物主前才應感到敬畏。[4] 因此，奇蹟不過是平等的受造物之間表達出來的愛。[5] 平等的生命之間不該懷著敬畏，因爲敬畏意味著彼此的不平等。[6] 因此，這也不是你對我應懷的心態。[7] 身爲兄長者，經驗比較豐富，理當受到尊重；他豐富的智慧，你也理當聽從。[8] 他既是你的兄長，理當受到敬愛；他將自己獻給了你，自然當得起你的奉獻。[9] 我之所以配接受你的奉獻，只因我先奉獻了自己。[10] 我所有的一切，沒有一樣你不能得到。[11] 我所有的一切，也無一不是來自上主。[12] 此外，我一無所有，這是我們目前不同之處。[13] 就是這一點使我的境界對你而言仍是有待開發的潛能。

4.　　　「除非經過我，誰也不能到父那裡去」，這句話並非表示我與你之間，除了時間之隔以外，還有任何不同或差別；何況時間根本就不存在。[2] 這句話只有在縱向關係（而非橫向關係）上頭才會顯出它的意義。[3] 我位於上主之下，你又位於我之下。[4] 在「上昇」的途徑中，我確實高你一層，若沒有我，天人的距離會遠得令你無從跨越。[5] 我一邊身爲你的長兄，拉近了你與上主的距離，我一邊又身爲上主之子，拉近了上主與你的距離。[6] 是我對弟兄的徹底奉獻賦予了我掌管聖子奧體之責，是我使得聖子奧體重歸完整，只因我身在其中。[7] 這和「我與父原爲一體」的說法似乎有所矛盾；其實這兩種說法只是由不同角度肯定了「天父最大」的事實。

5.　　　我能間接地爲人激發啓示的靈感，因爲我如此貼近聖靈，隨時覺察哪些弟兄的心境已能與啓示相應。[2] 我便把啓示由上而下地帶給他們，這比他們由下而上地求取容易多了。[3] 聖靈乃是由上而下的交流媒介，是祂使得上主向你啓示的直接管道通暢無阻。[4] 啓示不是雙向進行的。[5] 只可能由上主啓示給你，你無法啓示給上主。

6.　　　奇蹟把時間的需求降到了最低的程度。[2] 不論由縱向或是橫向來說，若想認出聖子奧體所有生命的平等性，好似得歷經百千萬劫。[3] 奇蹟卻能使人的知見瞬間由橫向一躍而爲縱向。[4] 這一

躍，為施者與受者引進另一種時間序列，使他們加速超前，跳過原本需要歷經的人生劫數。[5] 因此，奇蹟具有廢除時間的特殊功能，讓人不再浮沉於時間的洪流裡。[6] 行一個奇蹟的時間與它的影響所及的時間毫不相干。[7] 奇蹟足以取代千百年的學習過程。[8] 這是因為奇蹟凸顯了施者與受者之間完美的平等性。[9] 奇蹟之所以能幫你縮減時間，在於它有摧毀時間的能力，故能為你消除某些人生劫數。[10] 然而，它必須在更廣的時間序列中成就此事。

參．救贖與奇蹟

1. 我是掌管整個救贖過程之人，是我開啓了救贖大業。[2] 每當你給任何一位弟兄奇蹟時，你其實是為自己以及我而做的。[3] 我之所以把你排在我前面，是因我的救贖已經無需奇蹟，但我會緊隨在你身後，以免你一時失足。[4] 我在救贖大業中的任務，就是幫你撤銷你無法自行修正的一切錯誤。[5] 直到你能重新認出自己的本來真相，順理成章地成為救贖大業中的一員。[6] 只要你能效法我，不再附和自己及他人的錯誤，你便已加入了偉大的「修正」行列，意思就是：聆聽我的聲音，學習化解錯誤，且具體予以修正。[7] 你原本就有行奇蹟的能力。[8] 我會提供你施展的機會，可是你必須準備就緒且發此願心才行。[9] 只有躬親力行，才會加強你行奇蹟的信心，因為信心來自具體的成就。[10] 奇蹟能力原是一種潛能，需要具體的成就來彰顯它的大能；奇蹟以救贖為目標，因那是上主兒女與生俱來的天命。

2. 福音有一句話：「天地必將消逝。」意思是說：天地不會繼續以分裂的模式存在下去。[2] 我的話是復活，是生命，它永不消逝，因為生命是永恆不朽的。[3] 你是上主的傑作，祂的傑作不只可愛，而且充滿了愛。[4] 每個人都應從心底這樣看待自己，因為這是他的本來面目。

3. 接受寬恕之人本身必已成為救贖的工具。[2] 他們已被靈性充滿，故能報之以寬恕。[3] 自身已獲釋放之人必會加入釋放弟兄的行列，救贖大業於焉告成。[4] 至於奇蹟之路，就是自願事奉聖靈的心靈，為了救恩或是為了釋放上主的一切造化而與我結合。

4.　　唯有我能以「平等心」行使奇蹟，因爲我就是救贖。^{2}我會在這救贖計畫中爲你指定一個角色。^{3}至於你應施行哪些奇蹟，不妨就敎於我。^{4}我會給你具體的指示，讓你少走許多冤枉路。^{5}奇蹟的「超個人性」是關鍵因素，唯有如此，我才可能指導你如何發揮其用；也唯有如此，經我指點的奇蹟才會帶給人相當個人化的啓示經驗。^{6}嚮導只是領路之人，他沒有操控權；聽從與否，全在於你自己。^{7}在「主的禱詞」中有一句話：「不要讓我們陷於誘惑。」它眞正的意思是：看淸自己的錯誤，決心放下它們，接受我的指引。

5.　　錯誤對眞理產生不了眞正的威脅，眞理必然經得起考驗。^{2}只有錯誤本身才如此不堪一擊。^{3}你願把自己的國度建在哪裡，你有選擇的自由；若想作出正確選擇，你必須牢記下面的話：

> ^{4}靈性永存於天恩之中。
> ^{5}你的生命實相是純靈的。
> ^{6}因此你永存於天恩之中。

^{7}救贖就是根據這一邏輯而化解了一切錯誤，爲你根除了恐懼之源。^{8}每當你感到上主的保證變成一種威脅時，表示你一定仍在忙著保護那被誤導或錯置了的愚忠。^{9}你若將它投射於他人身上，他們便淪爲你的階下囚；不過你的影響最多只是強化他們已犯的錯誤而已。^{10}這使得他們極易因爲被人曲解而受傷，只因他們先曲解了自己。^{11}至於奇蹟志工（miracle worker），只會以祝福來化解他們扭曲的自我認知，幫他們掙脫心中的桎梏。

6.　　你會根據自己的所知所見而反應；你如何看事情，便會如何反應。^{2}聖經有一條金科玉律：「你願別人怎樣待你，你就怎樣去待人。」^{3}但前提是你們雙方都必須具備正確的知見才行。^{4}這一金科玉律著眼於行爲規範的層次。^{5}然而，除非你的認知正確，否則是很難行不踰矩的。^{6}你和你的鄰人都是天下一家中的平等成員，你們如何看待彼此，便會如何對待彼此。^{7}你需要先認出自己的神聖本質，才可能認出對方的神聖性。

7.　　只有準備妥當的心靈才可能行奇蹟。^{2}因爲心靈是相連的，它必能與所有的人相通，不論奇蹟志工本人意識到與否。^{3}由於

救贖本身是一個絕不可分的整體，能夠將一切造化結合於造物主內，故奇蹟又具有「非個人」（impersonal）的性質。[4] 它將心靈領向天恩境界，重申了你的眞實面目。[5] 這一心靈自然會歡迎內在的主人以及外來的陌生人。[6] 陌生人一被邀請入內，便成了你的弟兄。

8.　　你未必認得出奇蹟對弟兄產生的影響，但不用操心。[2] 奇蹟永遠會祝福「你」的。[3] 即使是無人知曉你所行的奇蹟，亦無損於它的價值。[4] 它仍是你活在恩典之境的標記；至於具體進行的方式，請交給我來處理，因爲只有我知悉整個計畫的全貌。[5] 「奇蹟心志」（miracle-mindedness）的「非個人性」爲你確保了天恩永在，可是只有我才知道奇蹟應施於何處。

9.　　從某一角度來講，奇蹟可說是有揀擇性的，因爲奇蹟只能出現於那些知道如何將它運用到自己身上的人。[2] 然而，正是這一點保證了他們會把奇蹟推恩於別人；一條堅固的救贖連鎖就這樣焊接起來了。[3] 然則，這一揀擇性與奇蹟的大小規模無關，因爲大小的概念只存於虛幻不實的人生層面。[4] 奇蹟的目的既然是要讓人重新覺醒於自己的存在眞相，它若還受制於那些有待它來修正的錯誤原則，它就英雄無用武之地了。

肆. 掙脫黑暗的勢力

1.　　若要掙脫黑暗的勢力，需經兩個階段：一是認清黑暗隱藏不了任何東西。[2] 這一步通常會激起人的恐懼。[3] 二是認清即使能夠隱藏，你也無意隱瞞任何事情。[4] 第二步則會幫你掙脫恐懼的束縛。[5] 當你眞的不願隱藏任何事，表示你不只願意接受合一之境，而且開始了解平安與喜悅的眞諦了。

2.　　黑暗絕對遮蔽不了你的神聖性，但你卻可能這樣欺騙自己。[2] 這種自欺會使你心生恐懼，因爲你心知肚明自己的自欺，還卯盡全力地想把它弄假成眞。[3] 奇蹟則有扶正眞相的能力。[4] 眞相只存於靈性之境，而奇蹟也只會爲眞理背書。[5] 它就是如此騙除了你的自我幻相，使你得以與自己及上主相通。[6] 奇蹟能轉化心靈，加入救贖的陣容而爲聖靈服務。[7] 它恢復了心靈的正常功

能，修正它犯下的一切錯誤，而那些錯誤不過是缺乏愛心罷了。[8] 你的心靈可能會受制於幻覺，你的靈性卻是永遠自由的。[9] 人心的認知能力一旦缺少了愛，它眼中所見的只是一個空的軀殼，覺察不出內在的靈性。[10] 只有救贖能重建靈性原有的地位。[11] 以靈性爲尊的心靈是百害不侵的。

3. 　　黑暗只是缺少了光明，一如罪只是缺少愛心。[2] 它本身並沒有特殊的內涵。[3] 它只是「匱乏」信念的一個例證而已，它在此信念下必然每況愈下，一路錯到底。[4] 眞理一向是富足的。[5] 凡是看出並承認自己已擁有一切的人，不再有任何需求。[6] 救贖的宗旨便是將一切交回你手中，更確切地說，是幫你重新意識到自己原本就擁有的一切。[7] 你和所有人一樣，在受造之初便已擁有了這一切。

4. 　　只有寬恕取代得了因恐懼而生的虛無感。[2] 這就是聖經爲什麼說「沒有死亡」的道理所在，這也是我能向你們證實死亡並不存在的原因。[3] 我在世時重新詮釋了律法，藉此圓滿了律法的眞諦。[4] 律法，如果了解正確的話，原是爲了保護人而設的。[5] 是那些心念尚未轉變的人把「地獄之火」的觀念帶入律法的。[6] 我向你保證，任何人只要讓我爲他作證，我都會在他所容許的範圍內爲他作證的。[7] 至於你所見證之物，不只顯示你的信念所在，還增強了它的威力。[8] 凡是透過自己的奇蹟而爲我作證的人，表示他們已經能夠捨棄「受人剝削」的信念，開始學習認出自己原有的富裕。

伍. 圓滿與靈性

1. 　　奇蹟與身體一樣，都屬於學習的教具；它們將你領至某一境地以後，便無存在的必要了。[2] 你一旦達到靈性原有的天人相通之境，身體和奇蹟便會功成身退。[3] 但是，當你還相信自己活在一具身體之內，你要把它當作表達自我的無情或是美妙的工具，完全操之於你。[4] 你甚至能把身體視爲一個空軀殼，卻不可能什麼也不表達。[5] 你可以等待、拖延、讓自己麻木不仁，或是把自己的創造活力貶抑到最低的程度；[6] 你就是無法徹底廢除它。[7] 你

能夠毀滅自己的交流媒介，但你毀不掉自己的潛能。[8] 因為你不是自己創造出來的。

2.　以奇蹟為志之人作了一個基本的決定：若非必要，絕不蹉跎光陰。[2] 時間可以耗損，也可以浪擲。[3] 因此，奇蹟志工欣然接受人生的時間因素。[4] 他體會到，時間每崩潰一次，便能讓每一個人與那超越時間的終極境界更接近一點，更接近聖子與天父的一體生命。[5] 所謂的平等，並不是此時此刻的平等。[6] 當每一個人都已認清自己擁有一切之時，聖子奧體就不再需要個別的奉獻了。

3.　在救贖大業完成之際，所有上主之子都享有一切的天賦。[2] 上主是大公無私的。[3] 祂每一個兒女都享有祂全部的愛，祂平白施予每一位同樣的禮物。[4] 「除非你們變成小孩子一樣」，這句話的意思是，除非你徹底認清自己的生命完全依靠上主，你是不可能知道聖子因著與天父的真實關係而擁有的真實力量的。[5] 上主之子的「特殊」之處在於它的包容性，而非排他性。[6] 我每一位弟兄都是特殊的。[7] 他們若認定自己受到了剝削，表示他們的知見已被扭曲了。[8] 一旦如此，上主的整個家庭或是聖子奧體內的關係都會因之受損。

4.　究竟來講，上主家中的每一份子終將認父歸宗的。[2] 即使在他尚未回歸靈性之際，奇蹟仍然祝福他，向他致敬，不斷喚他回家。[3] 「上主是不可輕侮的」，這並非警告，而是一種保證。[4] 如果你說上主的任何一個創造不是神聖的，那才是對上主最大的侮辱。[5] 造化是一個完整的生命，神聖性則是完整生命的註冊商標。[6] 而奇蹟等於在為聖子奧體的圓滿富裕之境作證。

5.　凡是真實的，必是永恆的，它絕不變易，也不受改造。[2] 它不會朝三暮四，因為它已圓滿無缺，但心靈卻有權選擇自己要事奉哪一個。[3] 唯一的限制是，它不能同時事奉兩個主人。[4] 心靈一旦選擇了靈性，它就成了靈性創造力的媒介，那是靈性在受造之初所具備的天賦能力。[5] 縱使心靈不自動作此抉擇，也不會失落創造的潛能；只表示它自願受制於暴君，而不肯服膺於天命之下。[6] 結果，心靈開始囚禁別人，因為這正是暴君的獨裁作風。[7] 所謂「轉變你的心念」，不過是指你甘心服膺於天命的真實權威而已。

6.　　　　奇蹟乃是顯示人心選擇了跟隨我而爲基督效命的一個標誌。[2]凡決定跟隨基督之人，自然享有基督的富裕。[3]你必須根除所有短淺的雜根，因爲它們扎根不深，支撐不了你。[4]你若幻想這些淺根終有加深的一日，能夠爲你撐起一片天，這一曲解與先前的金科玉律恰好背道而馳。[5]當你放棄這些錯置的根基時，你會感到內心失了一時的均衡。[6]然而，沒有任何狀態會比「顛倒錯置」更不穩定的了。[7]沒有人能夠改善顛倒狀態的穩定度的。

陸. 需求的幻相

1.　　　　你若想要獲得平安，唯有透過徹底的寬恕。[2]沒有人能夠眞正學到東西，除非他不只眞的想學，而且相信自己確實有某種需要。[3]在上主的造化裡，一無所缺；在你打造的世界裡，缺憾觸目皆是。[4]兩者最根本的區別即在於此。[5]欠缺感，意味著你的處境如果有所改變，你的日子會好過一些。[6]在天人「分裂」之前，也就是指人類「淪落」前，本是一無所缺的。[7]也沒有任何需求。[8]直到你剝奪了自己的天賦權利之後，有所需求之念才油然而生的。[9]你會根據需求在你心目中的大小輕重而反應。[10]而它的本末先後又是根據你對「自己究竟是什麼」的認知而定。

2.　　　　與上主分裂之感是你唯一有待修正的「欠缺」。[2]若非你先曲解了眞相，否則怎會生出這種分裂之感，又怎會認定自己有所欠缺？[3]一旦犯了這個基本錯誤，你便會按照不同的需求而把自己的生命分割爲不同的層次；需求層次的觀念便是如此形成的。[4]你的生命一旦整合了，你的需求自然也會統一起來。[5]統一的需求會導致統一的行動，因爲它再也不會自相矛盾了。

3.　　　　需求層次的觀念源自「人可能與上主分裂」這原始的無明一念，你必須在此念生出之處就地修正，才修正得了後續衍生出來的需求層次的觀念。[2]你若想同時在不同層次運作，必然成效不彰。[3]但是，你不能不如此運作，修正必須由下往上地垂直推進。[4]這是因爲你還認爲自己活在空間中，「上」與「下」的概念對你仍有意義。[5]終極說來，空間與時間一樣虛妄。[6]它們只存於你的信念之中。

4.　　　這世界存在的真正目的，是給你一個修正自己「不信」的機會。²你對恐懼引發的後遺症束手無策，因為恐懼是你造出的，而你對自己所造之物必然堅信不疑。³從這一心態來講（我不是指真正的內涵），你很像你的造物主，祂對自己的創造也懷有絕對的信心，因為那是祂的創造。⁴信念能使人接受一物的存在。⁵為此，你可能相信一個沒有人信其為真的事物。⁶只因它是你造出的，對你便會顯得真實無比。

5.　　　恐懼不論從哪一個角度來講都不可能是真的，因為它既不存在於創造層次，表示它根本就不存在。²你願讓自己的信念接受這一測試到何種程度，你的知見便會得到同一深度的修正。³奇蹟教你分辨真實與虛妄之別的邏輯即是：

> ⁴完美的愛驅逐了恐懼，
> ⁵恐懼若存在，
> 完美的愛就不存在。

⁶然而：

> ⁷唯有完美的愛存在，
> ⁸恐懼若也存在，
> 表示它已造出了一個不存在之境。

⁹你若真能相信這一點，你就自由了。¹⁰只有上主才能給出這一解決方案，而你的信心正是祂給你的禮物。

柒．對奇蹟本能的曲解

1.　　　曲解的知見會沉沉覆蓋你的奇蹟本能，使你難以意識到它的存在。²把奇蹟本能與生理本能混為一談，必會嚴重地扭曲你的知見。³生理本能只能算是一種被誤導的奇蹟本能。⁴真正的「快感」乃是來自承行上主的旨意。⁵因為違背上主旨意，無異於否定真我或自性。⁶否定自性的結果一定會將你導入幻相；唯有先修正這一錯誤，你才擺脫得了幻相的蒙蔽。⁷你竟然相信自己能

藉外在之物修復你與上主及弟兄的關係，別再自欺了。

2.　　　　上主的孩子，你是爲了創造美善及神聖而受造的。²千萬不要忘記這一點。³由於人們的眼光依舊晦暗不明，上主之愛不得不暫且透過有形之身來傳達。⁴你也能善用身體來拓展你的知見，獲得肉眼無法看到的眞實慧見。⁵這一學習可說是身體唯一的眞實用途。

3.　　　　幻想（fantasy）只是一種被扭曲了的慧見。²任何幻想都屬於一種曲解，因爲它們會扭曲知見，將人導向幻境。³因曲解而生的行動，其實只能算是一種本能反應，當事人根本不知道自己在做什麼。⁴幻想不過是依據自己虛妄的需求來打造眞相罷了。⁵你一旦扭曲了眞相，你的所知所見便將你導向毀滅。⁶幻想只是妄用聯想能力的一種方式，企圖從中獲取一些快感。⁷就算你眞的看到自己聯想或幻想出來之物，也不可能把它弄假成眞的，只有你自己會把它當眞。⁸你必會相信自己所造之物。⁹如果你給出的是奇蹟，你也會同樣相信這一奇蹟的。¹⁰於是，你的信念便有力量撑起領受奇蹟之人的信心。¹¹只要奇蹟的施者與受者雙方都看出了實相足以滿足人心的特質，就無需藉助於幻想了。¹²唯有眞相被篡奪而「失落」其位時，暴君才可能乘虛而入。¹³人間只要還有一個「奴隸」存在，你就沒有完全解脫。¹⁴所以，全面恢復聖子奧體的眞相，成了心懷奇蹟大志之人的唯一目標。

4.　　　　此書是一部訓練你起心動念的課程。²整個學習過程要求某種程度的專注與研讀。³課程的後段十分倚賴前面這幾章的基礎，切莫掉以輕心。⁴你需要它們爲你打好基礎。⁵缺乏這個基礎功夫，課程後半部會使你望而生畏，而難以發揮大用。⁶然而，當你閱讀前面幾章時，你會開始看到不少留待下文分解的伏筆。

5.　　　　正如我在前面提到的，人們常常混淆了「恐懼」與「敬畏」的心態，因此這課程需要幫你打下穩固的基礎。²我曾說過，敬畏之心不適合套用於聖子身上，你也不該對你的同輩產生敬畏之心。³但我又強調過，敬畏只適用於造物主前。⁴我也謹愼地向你澄清了我在救贖計畫中的角色，我無意自抬身價，也無意自貶身價。⁵我設法以同樣的心態對待你。⁶我一再聲明，因著我們與生俱來的平等性，你不應對我心懷敬畏。⁷隨後，這課程會涉及較

多直接邁向上主的方法。[8] 但你若尚未準備周全，便貿然進入那些階段，是不明智的，你很可能把敬畏與恐懼心態搞混了，如此一來，那種經驗對你可能是創傷而非福分。[9] 終究來講，療癒是上主的事。[10] 療癒的方法已經仔細解釋給你聽了。[11] 也許啟示偶爾會向你揭露一些終極景象，可是要達到彼岸，你還是得按部就班地走下去。

第二章 分裂與救贖

壹. 分裂之始

1.　　推恩或延伸（to extend）乃是上主賜給聖子的基本能力。
[2]上主在創造之初即已將自己的生命延伸到祂的造化之中，賦予它同樣的愛與創造的願力。[3]你不只是圓滿的受造物，而且還是完美的受造物。[4]在你內，虛無沒有藏身之處。[5]你如此肖似你的造物主，必然充滿創造力。[6]上主兒女不可能失去這種能力，因為這是他與生俱來的稟賦；然而他卻能妄用創造的天賦，把它扭曲為投射。[7]每當你相信自己有所欠缺或虛無，並且企圖用自己的觀念（而非真理）去填滿虛無時，推恩能力便被扭曲為投射了。[8]扭曲過程通常會歷經下面幾個步驟：

　　[9]首先，你相信自己的心念改變得了上主的創造。

　　[10]其次，你相信完美之物可能變得不完美或有所欠缺。

　　[11]其三，你相信你能夠扭曲上主的造化，包括自己的生命在內。

　　[12]其四，你相信你能夠創造自己，你想把自己創造成怎樣，完全取決於你。

2.　　這一連串的扭曲最後呈現給你的圖像，就是分裂的世界或「恐懼的歧途」。[2]分裂之前，這一切根本不存在，即使當下此刻，它其實也不存在。[3]凡是上主創造之物，必然肖似於祂。[4]上主兒女的推恩能力，只因同樣出自上主，故與他由天父承繼而來的內在光輝異曲同工。[5]它的真正源頭出自心內。[6]不論是天父或是聖子，都是如此。[7]由此推之，整個造化不只包括上主創造的聖子，還包括了心靈已痊癒的聖子所創造的一切。[8]這一切都是靠上主賦予聖子的自由意志，因為所有愛的造化皆同出一源，來自上主平白的恩賜。為此，造化的每一部分都屬於同一層次。

3.　　在「伊甸園」或是「天人分裂」以前，心靈原是一無所缺的。[2]當亞當聽信「蛇的謊言」時，他所聽到的均非真相。[3]除非你甘願受騙，否則你無需繼續聽信那些不實之言。[4]那一切真的會在眨眼之間消失得無影無蹤，因為它本來只是一種妄見

（misperception）而已。⁵ 然而，夢中的一切看起來眞實無比。
⁶ 有趣的是，聖經僅僅提到亞當睡著了，卻不曾提到他的甦醒。
⁷ 這個世界不曾有過全面的覺醒或全面重生的經驗。⁸ 只要你繼續
投射 （project）或妄造（miscreate）下去，就沒有重生的可能。
⁹ 儘管如此，重生的機會仍在你內等著你推恩出去，一如上主將
他的聖靈推恩於你那般。¹⁰ 在實相裡，這是你唯一的選擇，因上
主之所以賜你自由意志，原是爲了給你創造完美的喜悅經驗。

4.　　　歸根究柢，所有的恐懼都是出自「你認爲自己有篡奪上主大
能的本事」這一基本妄念。² 這是絕不可能的事，你也從來沒有
這種本事。³ 這是你終將由恐懼中解脫的保證。⁴ 你唯有接受救
贖，方能掙脫恐懼，你才會明白這一切錯誤其實從未眞正發生
過。⁵ 亞當是在沉睡之後，才陷入噩夢的。⁶ 假設有一盞明燈突然
照到正在作噩夢的人身上，他必會把燈光詮釋爲夢中一景而更加
恐懼。⁷ 直到甦醒之後，他才會正確地了解那光明，因爲他已經
脫離了夢境，夢裡的種種頓時顯得虛幻無比。⁸ 這一解脫不是藉
幻相之助。⁹ 而是靠眞知的光照，它不僅還你自由，還清清楚楚
地讓你看到自己本來就是自由的。

5.　　　不論你過去受到什麼蒙蔽，都無礙於奇蹟的出現，它能同
樣輕而易舉地治癒所有的謊言。² 妄見在它眼中沒有大小輕重之
分。³ 它唯一的任務只是分辨眞理及謬誤，不再混淆。⁴ 有些奇
蹟可能比其他奇蹟壯觀得多。⁵ 可是，別忘了「奇蹟原則」第一
條：奇蹟沒有難易之分。⁶ 在實相裡，任何缺乏愛心的行爲都無
法傷你分毫。⁷ 不論那是來自你自己或他人，也許是你對他人而
發的，也許是他人加諸於你的。⁸ 平安乃是你與生俱來的本性之
一。⁹ 你無法由外尋得。¹⁰ 向外追求本身即是生病的徵兆；¹¹ 內
心的平安才是健康的標誌。¹² 它能使你在缺乏愛心的外境中屹立
不搖，即使是缺乏愛心之人也會因著你所接納的奇蹟而獲得修正
的機會。

貳. 救贖的防護作用

1.　　　你能夠做到我所要求的任何事情。² 我鼓勵你去行奇蹟，讓

你明白奇蹟乃是出自我們的天賦本能，具有修正及療癒的作用，而且無遠弗屆。[3] 奇蹟無所不能，但你心中若有所疑慮或恐懼，你便行不出奇蹟。[4] 你若害怕任何東西，表示你已認可它有傷害你的能力。[5] 別忘了，你的心在哪裡，你的財寶就在那裡。[6] 你重視什麼，就會對它信任不已。[7] 如果你心懷畏懼，表示你的評估有誤，[8] 你的理解也會跟著作出錯誤的評估；你若賦予所有念頭同等的威力，你的平安便難以立足。[9] 為此，聖經才有「超乎人所了解的平安」一說。[10] 沒有一個錯誤撼動得了上主的平安。[11] 它「否認」了任何不是來自上主之物具有左右你的能力。[12] 這是使用「否認」最上乘的手法。[13] 因你用它修正錯誤，而非隱瞞任何事情。[14] 它將所有錯誤一起帶入光明之中；既然錯誤與黑暗是同一回事，光明一現，錯誤自然獲得了修正。

2.　　　真實的「否認」，是一道有力的保護機制。[2] 你能夠也應該否認任何要你相信「錯誤能傷害你」的信念。[3] 這種否認無意隱瞞事實，它是一種修正。[4] 而這是一切正見（right mind）的基礎。[5] 否認錯誤，是對真理的有力保護；否認真理，則會使你扭曲了天賦的創造力而造成小我的投射。[6] 否認錯誤，能夠釋放心靈，重建自由意志，為正見效力。[7] 意志如果真正自由的話，是不可能妄造的，因為它的眼睛唯真理是瞻。

3.　　　你可能保護真理，你也可能保護錯誤。[2] 你若先肯定了目標的重要性，就不難了解它的方法或手段。[3] 真正的問題在於「它的用意究竟何在？」[4] 每一個人都會保護自己的財寶，這是自發的本能。[5] 「你究竟在珍惜什麼」以及「你珍惜它到什麼地步」，這才是關鍵所在。[6] 你一旦學會如此反問，且將這一反問帶入所有的行動，你不會看不清那些手段背後的真正企圖。[7] 只要你求，方法隨時都有。[8] 你在這一關上若不再無謂地拖延，你必會省下不少時間。[9] 焦點一旦對正了，所縮短的時間是難以估計的。

4.　　　只有救贖的防護作用不會為你帶來後遺症，因為它的實踐方法不是出自你的手。[2] 救贖原則遠在它啟動之前便已存在。[3] 這原則即是愛，救贖只是愛的行動而已。[4] 在分裂之前，不需要這種行動，因為時空的信念尚未出現。[5] 直到分裂之後，方有救贖計畫以及完成救贖的種種必要措施。[6] 那時人們才需要這種防

護的妙策，人們有可能拒絕它，卻無法誤用它。[7] 因此，即使被拒絕了，它也不會像其他的防衛機制一般，即刻轉變爲攻擊的武器。[8] 爲此，救贖成了唯一不具雙面刃的防衛措施。[9] 它只會帶給人療癒。

5.　　「救贖」早已潛入了人類的時空信念，這一內在預設爲人們對時空的信賴與需求設置了上限，一切學習最後是靠它而完成的。[2] 救贖是人生最後的一課。[3] 這一學習歷程就像上課的教室一般，只是暫時的施設。[4] 當你進入無需改變的境界時，學習能力便沒有存在的價值了。[5] 在生生不已的永恆裡，無事可學也無道可修。[6] 在世上，你仍需學習改進自己的知見，成爲一位虛心就教的好學生。[7] 這會使你的頻率與聖子奧體愈來愈相應，然而，聖子奧體原是完美的創造，而完美是沒有程度之分的。[8] 只要你還相信萬物有別的話，學習便成了一件深具意義的事。

6.　　進化是一種過程，你好似一級一級地推進。[2] 每向前邁出一步，便修正了前一步的錯誤。[3] 因此你的前進其實是一種回歸，這由時間的角度來講，確實難以理解。[4] 救贖的功能即是幫你在前進之際，擺脫過去的束縛。[5] 它化解了過去的錯誤，使你無需重蹈覆轍而延誤了歸程。[6] 從這一方面來講，救贖確實能爲我們節省不少時間，但它像奇蹟一樣，是爲時間服務的，而非廢除時間。[7] 凡是需要救贖之處，就需要時間。[8] 整個救贖計畫從頭到尾都與時間建立了極爲特別的關係。[9] 在救贖完成以前，每一階段都有賴時間才能進行，但整個救贖本身卻立於時間的盡頭。[10] 它由那一盡頭爲我們架起了一座回歸的橋樑。

7.　　救贖是一種全面性的承諾。[2] 它很可能讓你聯想到某種「失落」，所有與上主分裂的聖子多多少少都犯了這一錯誤。[3] 人們很難相信沒有反擊能力的防衛措施才是最上乘的防衛。[4] 此即福音所言「溫良的人將要承繼大地」之意。[5] 這個力量會使他們所向無敵。[6] 能攻能守的防衛機制在本質上必然動輒得咎，因它的雙面刃會隨時出乎意料地刺傷自己。[7] 只有奇蹟能幫人迴避這一陷阱。[8] 奇蹟會把救贖的防衛機制轉變爲你眞正的護身符；等到內心愈來愈篤定之後，你便能發揮保護他人的天賦，因爲你知道你是他的弟兄，和他一樣，同是上主之子。

參. 上主的祭壇

1. 　　唯有先釋放出內心的光明，你才可能從心內接受救贖。² 自從天人分裂以來，人類的防衛措施幾乎全是用來「防禦」救贖的，如此才能繼續分裂下去。³ 人們通常都以身體需要保護作為防衛的藉口。⁴「誤以為身體可以充當救贖的工具」這一扭曲的信念，使心靈對身體產生種種不實的幻想。⁵ 將身體視為一座聖殿，只是修正這曲解的第一步而已，它只改變了其中一小部分。⁶ 但是，至少它已認清救贖是不可能由形體層次著眼的。⁷ 它還需要進一步體認出那聖殿絕不是有形的建築。⁸ 真正的聖所位於內心深處的祭壇，那裡才是整個聖殿的核心。⁹ 只知著眼於建築的美輪美奐，顯示出人心對救贖的戒懼，存心對祭壇敬而遠之。¹⁰ 聖殿真正的美不是肉眼所能看見的。¹¹ 唯有具備完美慧見的靈性之眼，方能視而無睹外在的建築。¹² 唯有那座祭壇歷歷在目。

2. 　　救贖必須置身於內在祭壇的核心，方能發揮最圓滿的功效，化解分裂狀態，恢復心靈的完整。² 心靈在分裂以前原是大無畏的，因為恐懼還不存在。³ 分裂與恐懼都是出自心靈的妄造，必須先行化解，心靈才可能重整聖殿，開啟祭壇，接受救贖。⁴ 救贖在你內安置了一個有力的防衛機制，足以抵制所有分裂之念，使你不受其害；分裂之境就是如此獲得療癒的。

3. 　　所有的人終會接受救贖的，這是遲早的問題。² 因為最後的抉擇早已註定，這說法好似與人的自由意志相牴觸，其實不然。³ 你可以因循苟且，你能夠盡量拖延，但你無法與造物主一刀兩斷，因祂已為你的妄造能力設了限。⁴ 身不由己的意志不論如何興風作浪，到了某個程度都會感到難以忍受的。⁵ 人忍受痛苦的耐力雖高，終究有其限度。⁶ 遲早，心靈會隱隱地冒出一念：「一定還有更好的途徑才對」。⁷ 當這一體會愈來愈根深柢固時，便成了人生的轉捩點。⁸ 這一念終將喚醒人的靈心慧眼，不再像以前那麼堅持肉眼之見。⁹ 當你還在兩種知見層次之間往返不定之際，心中難免有所掙扎，甚至爆發為強烈的衝突。¹⁰ 但最後的結果必如上主一般屹立不搖。

4. 　　靈心慧眼確實看不到錯誤，在它眼中只有救贖。² 肉眼所寄

望的一切解決方案從此徹底銷聲匿跡。³ 靈心慧眼只會往心內看去，一眼看出自己的祭壇已經蒙塵，亟需整修和保護。⁴ 它徹底明瞭了正確的防衛途徑，故能罔顧其他伎倆，也能罔顧任何過錯，它的眼光直指眞理。⁵ 靈心本著慧眼之力，甘爲靈性所用。⁶ 心靈一旦恢復了原有的能力，自然愈來愈難容忍苟延殘喘的生活，明白那是自作孽而已。⁷ 結果，心靈會對以往習以爲常的小小不安愈來愈敏感。

5.　　上主兒女憑著全然的信任而活得安心自在，這原是上天賦予他的權利。² 在抵達此境以前，其他無謂的嘗試或不當的安心法門，只會浪費自己的生命和眞實的創造力。³ 眞正的法門早已提供給他們了，甚至不待他們的努力。⁴ 這是因爲祭壇本身的崇高神聖，只有救贖是唯一值得獻於上主祭壇的禮物。⁵ 心靈的祭壇既是上主完美的創造，堪當接受完美的獻禮。⁶ 上主與造化之間是全然相互依存的。⁷ 上主仰賴他們，只因他們是祂的完美創造。⁸ 祂把自己的平安賜給了他們，使他們堅定不移，不受蒙蔽。⁹ 畏懼之心一起，表示你已被蒙蔽了，你的心已無法事奉聖靈。¹⁰ 這有如剝奪了你的日用食糧，使你終日饑餓難熬。¹¹ 沒有兒女的上主是寂寞的；沒有上主的兒女也是寂寞的。¹² 聖子必須學習把世界當成治癒分裂的道場。¹³ 唯有救贖能爲他們的成功提供終極的保證。

肆．療癒是由恐懼中解脫

1.　　我們在此所強調的乃是療癒。² 奇蹟只是方法或手段，救贖是它的原則，而療癒則是必然的結果。³ 「療癒的奇蹟」這種說法已把兩種不同層次的現實混爲一談了。⁴ 療癒不是奇蹟。⁵ 救贖，才是最終的奇蹟，它是眞能讓人藥到病除的解藥。⁶ 它所解除的究竟是哪一類錯誤，無關緊要。⁷ 所有的療癒，根本來講都是幫人由恐懼中解脫。⁸ 若要走上這一療癒之路，你心裡不能懷有恐懼。⁹ 因爲恐懼一起，你就無法了解療癒的道理了。

2.　　救贖計畫裡最重要的一環，就是它能化解每個層次的錯誤，一解百解。² 疾病也好，「妄見」也好，都是「層次混淆」的後

遺症，因它會誤導人們相信某一層次所出的差錯會牽連到另一層次。³ 我們曾提過，奇蹟乃是修正「層次混淆」的良藥，因為每個錯誤必須在它發生的層次上就地修正。⁴ 只有心靈才會犯錯。⁵ 身體是因為妄念的誤導才作出錯誤反應的。⁶ 身體本身沒有造境的能力，「相信身體有創造能力」正是引發形形色色生理病症的元兇。⁷ 身體的疾病不過反映出病人對怪力亂神（magic）的信念罷了。⁸ 孳生出怪力亂神的那整個亂象，又是源自「相信物質具有超乎心靈所能掌控的創造力」這一信念。⁹ 這一謬誤通常會以兩種形式出現：不是相信心靈能夠在身體內妄造，就是相信身體能夠在心靈內妄造。¹⁰ 唯有徹底了解心靈是唯一有能力創造的層次，連它都無法越界而造，上述兩種混淆就無從而生了。

3.　　只有心靈能夠創造，因為靈性早已創造出來了；至於身體，它只能充當心靈的學習教具。² 學習教具並不代表課程本身。³ 它們的目的只是提供給你一個學習的機會。⁴ 即使誤用了這一教具，最壞也不過錯失了一個學習機會而已。⁵ 它本身沒有能力造出你在學習過程中犯下的那些錯誤。⁶ 你對身體若有一番正確的了解，它便會像救贖一樣，使你免於雙面刃的貽害。⁷ 這並不表示身體就是奇蹟，而是因為身體在本質上就沒有承受這種扭曲的餘地。⁸ 身體只代表你在物質世界的一種經驗而已。⁹ 它的能力確實常被人高估了。¹⁰ 然而，也沒有人能夠否認它在世間所占的一席之地。¹¹ 想要否認身體的人，他所行使的「否認」能力是最不值得的。¹² 我之所以說它「不值得」，是因為我們無需透過否認「非心靈」之物來保護心靈。¹³ 我們如果否定了心靈這種不幸的取向，等於否定了整個心靈的能力。

4.　　你若接受各種物質性的身體療法，就等於再次重申怪力亂神的運作原則。² 它犯的第一個錯誤就是：相信自己的疾病是身體構成的。³ 第二個錯誤即是：它企圖用本無創造能力之物來治療身體。⁴ 我並不是說，利用物質能力來達到修正目的本身是件邪惡的事。⁵ 有時候，人心已被箝制於疾病的魔掌下，一時難以接受救贖之道。⁶ 在這種情況下，最好還是利用身心所能接受的權宜之計，暫時相信外來之物具有療癒功能。⁷ 因為加深人的恐懼，對妄見或疾病中人百害而無一益。⁸ 恐懼已使他們欲振乏力了。⁹ 若在他們的心理尚未準備妥當以前，就向他們引薦奇蹟之

方，反會使他們進退失據的。[10] 因為知見已經顛倒的人不可能不視奇蹟為畏途的。

5.　　救贖的價值是無法靠它所呈現的形式來衡量的。[2] 事實上，若要真正發揮大用，它必須以最有利於領受者的形式出現才對。[3] 也就是說，奇蹟必須按照領受者所能了解而且不害怕的方式呈現，才可能功德圓滿。[4] 但這並不表示這種奇蹟就是他與上主交流的最高層次了。[5] 而是說，他「目前」所能接受的最高交流層次僅止於此。[6] 奇蹟的整個目標不外乎提昇人的交流層次，它絕不會加深人的恐懼而降低了交流層次的。

伍.「奇蹟志工」的任務

1.　　奇蹟志工（miracle workers）在展開他們在世的任務以前，必先充分了解人們對解脫的恐懼。[2] 否則他們會無意中助長了人心中根深柢固的信念：「解脫不過是另一種束縛。」[3] 這一妄見又是出自「我們可把傷害限於身體上」的信念。[4] 因為我們深恐心靈有傷害自己的能力。[5] 這些錯誤實在無理可喻，因為心靈妄造出來的一切，沒有一個是真實的。[6] 這種認知遠比任何一種「層次混淆」更具有保護功效，因為它能在犯錯的那一層次上就地修正。[7] 切莫忘記，只有心靈具有創造的能力，而且修正屬於思想層次的事。[8] 我在此不妨再重申一次前文的要旨：靈性始終完美無缺，因此不待任何修正。[9] 身體的存在是為充當心靈的學習教具。[10] 這個學習教具無法犯錯，因為它本身沒有創造力。[11] 因此，循循善誘心靈捨棄它的妄造，等於幫助心靈具體發揮它的創造力，那才是真正有意義的事。

2.　　「怪力亂神」已經落入失心狀態（mindless），誤用了心靈的力量。[2] 治療身體的藥物其實與符咒的作用無異，但你若仍然害怕心靈的療癒能力，最好不要輕舉妄動。[3] 你的心靈會因著恐懼而情不自禁地妄造起來。[4] 即使療癒發生於眼前，都很可能被你曲解；何況，恐懼常與自我中心沆瀣一氣，使你更難接納療癒的真正源頭。[5] 在這種情況下，還是暫時仰賴治療身體的藥物比較妥當，至少你不會把它們誤解為自己的創造。[6] 只要你內心還

認為自己脆弱不堪的話，最好暫時放下行奇蹟的意願。

3.　　我已經說過，奇蹟不過是「奇蹟心志」自然的呈現；所謂奇蹟心志，是指懷有正見心境（right-mindedness）。[2] 具有正見之人，既不會高估給出奇蹟的一方，也不會低估領受奇蹟的一方。[3] 然而，奇蹟無需等到領受者生出正見之後才發揮修正之效。[4] 事實上，奇蹟的目的即是幫他恢復正見。[5] 關鍵在於，奇蹟志工本人在行奇蹟之際必須懷有正見，不論多麼短暫；否則他是不可能幫助對方重建正見的。

4.　　治療師若倚恃自己的準備或功力，反會傷及自己對奇蹟的了解。[2] 你無需掛慮自己準備就緒與否，只要信得過我，你就萬無一失。[3] 你行奇蹟的用心如果沒有發揮正常的功效，表示你的正見已受到恐懼的侵擾而顛倒了真相。[4] 不論哪一種妄見，都與自己「不肯親自接受救贖」脫不了關係。[5] 你一旦接受了救贖，便不難看出，需要治療的正是那群尚不明白「正見即療癒」的人。

5.　　**奇蹟志工的唯一責任即是親自接受救贖**。[2] 這表示你已認清了心靈是唯一具有創造力的層次，也明白了只有救贖才能療癒心靈所犯的錯誤。[3] 你一旦接受這個觀念，你的心靈便只有療癒的能力。[4] 你會抵制心靈內任何破壞的潛能，恢復它純粹建設性的力量，如此，你才化解得了他人心內的「層次混淆」。[5] 如此，你等於傳送給他們一個訊息：他們的心靈也具有同等的建設力，以及他們的妄造傷害不了自己。[6] 其他心靈會因著你的肯定而不致高估了自己的學習教具，讓心靈重新看清自己仍是學徒的真實身分。

6.　　我不妨再強調一次，身體既無法創造，也無法學習。[2] 身為學習教具，它只可能聽從當事人的決定；身體若喧賓奪主，反會嚴重阻礙了它原先帶給人的學習機會。[3] 只有心靈才可能接受光照。[4] 靈性始終充滿光明，身體卻充滿了質礙。[5] 然而，心靈卻能為身體帶來光明，使它明白自身並非學習主體，故也無法接受改造。[6] 不過，只要心靈學會越過身體而投向光明，身體自然會與心靈同步。

7.　　「修正性的學習」有賴於靈性的覺醒，不再信賴肉眼之見。[2] 這常會引發人心的恐懼，因為你害怕靈性之見可能顯示給你的

眞相。[3] 我先前說過，聖靈從不著眼於錯誤，祂會越過錯誤而護衛救贖。[4] 這勢必讓你坐立不安，幸好，這一知見所帶給你的最終結局不僅止於不安而已。[5] 只要你有勇氣讓聖靈看一下心內污損的祭壇，祂就能幫你當下看見救贖之所在。[6] 祂所看到之物絕不會導致恐懼。[7] 凡是出自靈性意識之見，必會將人導向修正。[8] 你的不安不過幫你意識到自己確有修正的必要。

8. 　　人之所以會害怕療癒，歸根究柢，是由於他不願坦承自己有待療癒。[2] 肉眼之見無法帶給人修正之效，身體這類有形教具也無法修正任何錯誤。[3] 只要你還把肉眼顯示給你的現象當眞，你的修正意向便已步入了歧途。[4] 它會遮蔽你的眞實慧見，只因你仍不忍正視心內污損的祭壇。[5] 你若看不見自己的祭壇已受污損這一事實，你的處境只會每況愈下，雪上加霜。

9. 　　療癒是天人分裂以後才發展出來的能力，在此之前根本無此需要。[2] 它和其他時空信念一樣，都是權宜之計。[3] 然而，只要你還活在時間內，你就需要療癒作爲你的保護。[4] 這是因爲療癒需以愛德（charity）爲基；眞正的愛德是指你能認出他人的完美（即使你還認不出自己的完美）。[5] 你在世間學來的高瞻遠矚之見，絕大部分都受限於時間。[6] 只有愛德還能隱約反映出「無緣大慈、同體大悲」之愛，那眞愛是你心目中的愛德所望塵莫及的。[7] 愛德是正見心境不可缺少的因素，即使它的功能有限，卻是你此生可修的功課。

10. 　　愛德，代表一種看人的眼光，能在對方身上看出他此刻尚未修成的境界。[2] 對方因著想法有誤而無法看到自己的救贖，否則他就不需要別人的愛德來助他一臂之力了。[3] 他最需要的愛德即是：不只幫他認出自己有待援助，同時肯定他遲早會接受幫助的。[4] 這兩種知見都清晰地影射出時間的因素，由此可見，愛德仍受世界的種種限制。[5] 我先前說過，只有啓示能夠超越時間。[6] 奇蹟只是表達愛德的一種形式，它最多只能幫你節省一些時間。[7] 然而，你必須明白，你每向別人行一個奇蹟，你同時爲雙方縮短了你們的苦難。[8] 它不只會「向後」修正過去，還會「向前」修正未來。

一. 奇蹟志工的專用守則

11.　　⑴ 奇蹟全面撤除了心靈較低層次的需求。[2] 由於它的時間模式獨具一格，一般的時空因素限制不了它。[3] 當你行奇蹟時，我會配合你的需要而重新調整時間與空間的。

12.　　⑵ 奇蹟志工必須具備分辨妄造與創造的能力。[2] 不論哪一種療癒，都需要先徹底修正知見上的層次混淆。

13.　　⑶ 切莫混淆了正見與妄見兩種心境。[2] 除了療癒之願以外，你若以其他任何方式去回應任何錯誤，表示你已陷入了混淆。

14.　　⑷ 奇蹟只是否認這一錯誤而重申真相而已。[2] 唯有出自正見的修正方式才可能產生實效。[3] 從現實效益來說，凡是沒有真實效果的，就不能算是真的存在。[4] 它的影響必然十分空洞。[5] 因它沒有實質內涵，最後只能淪為投射。

15.　　⑸ 奇蹟具有調整層次的功能，為療癒提供了它所需的正知見。[2] 若非正知見，你是不可能了解療癒的。[3] 除非寬恕能帶來修正之效，否則它只是一種空泛的姿態而已。[4] 缺了修正功能，寬恕基本上已淪為一種評判，喪失了療癒的能力。

16.　　⑹ 奇蹟心志下的寬恕，純粹是一種修正。[2] 絲毫沒有評判的意味。[3]「父啊，寬恕他們吧！因為他們不知道自己在做什麼。」 這句禱詞絲毫沒有評判眾人的所作所為。[4] 它只求上主療癒他們的心靈。[5] 一句也不提這錯誤可能導致的後果。[6] 因為那無關緊要。

17.　　⑺ 我曾勸告門徒們要「同心一志」，因為這是接受啟示的先決條件。[2] 而我請求他們「這樣做以紀念我」時，則是期許奇蹟志工之間「攜手合作」。[3] 這兩句話在實相中屬於不同層次。[4] 只有後者才涉及時間因素，因為「紀念」意味著「現在回憶過去」。[5] 時間屬於我的管轄，超時間之境則屬於上主。[6] 在時間領域內，我們為彼此而活，而且是相依共存。[7] 在超時間之境，我們則與上主同在。

18.　　⑻ 為了他人以及你自己的療癒，你是大有可為的，只要你一聽到求助之聲，不妨這樣提醒自己：

² 我在這兒，純粹為了利益眾生。

³ 我在這兒，只代表派遣我的那一位。

⁴ 我不擔心自己該說什麼或做什麼，派遣我來的那一位自會指點迷津。

⁵ 祂希望我去的地方，我必然欣然前往，因我知道祂與我同行。

⁶ 只要我肯用祂的方式去治療，我便療癒了。

陸．恐懼與衝突

1. 　　畏懼好像是身不由己、非你所能掌控之事。² 但我已說過，只有正面的行為才應是「身不由己」的。³ 生活中無關緊要的事不妨交給我來處理；至於重要的事情，我需要你的同意，才能為你指點迷津。⁴ 我不可能為你控制恐懼，但它是可以自我控制的。⁵ 恐懼杜絕了我把自己的掌控力給你的機會。⁶ 恐懼的出現，表明你已抬舉身體之念，讓它混入了心靈的層次。⁷ 使我愛莫能助，你才會感到自己不能不為它負責。⁸ 這是「層次混淆」的一個具體實例。

2. 　　我不會助長「層次混淆」的錯誤，這得靠你下定修正的決心才行。² 你不能再包庇自己神智不清的行為，推說身不由己或欲振乏力了。³ 你為何繼續放縱腦子裡神智不清的念頭？⁴ 除非你能看清自己已經把這兩種層次搞混了，你的狀況才有好轉的可能。⁵ 你也許還認為，你只需對自己的言行負責，而不必對你的想法負責。⁶ 事實上，你只能為你的想法負責，因為只有在這一層次上你才有選擇的餘地。⁷ 你的行為乃是出自你的想法。⁸ 即使你賦予自己的行為一種自主權，你也無法自絕於真理之外。⁹ 只要你肯把自己的想法交託給我，我自然會為你指點迷津。¹⁰ 當你開始害怕時，顯然你又在縱容自己的心思妄造而拒絕我的指引了。

3. 　　你竊自相信，只要控制得住妄念所形成的後果，你便會療癒的，這種想法毫無根據。² 你內心的恐懼不過顯示出你已作了錯誤的選擇。³ 你才會覺得自己應該負責。⁴ 需要改變的是你的心，而不是你的行為，這純粹是願心的問題。⁵ 而也只有在心的層次

上，你才需要指引。⁶ 也唯有在那可能改變的層次上，才有修正的餘地。⁷ 改變，不是針對外在症狀的層次，外在的改變是無濟於事的。

4.　　　修正你內心的恐懼，那才是你的責任。² 你若求我幫你由恐懼中脫身，好似聲明那不是你的責任。³ 你該求我幫你面對那讓你恐懼的制約心態。⁴ 構成恐懼的因素必然脫離不了分裂之願。⁵ 在那層次上，你是可以選擇的。⁶ 你過於放縱自己雜念紛飛，任憑心靈妄自造作。⁷ 由它衍生出來的具體問題其實並不重要，問題背後的基本錯誤才是關鍵所在。⁸ 修正本身都是一樣的。⁹ 在你決定行動之前，不妨向我探問一下，你的選擇是否與我的一致？¹⁰ 你一旦確定兩者如出一轍，恐懼便無由而生了。

5.　　　你之所願與你之所行一旦產生矛盾，就會形成緊張狀態，而恐懼正是你緊張的標誌。² 它會引發兩種反應：第一，你決定去做相互矛盾的事情，也許同時進行，也許先後進行。³ 它所構成的矛盾行為，連你自己都難以忍受，因為別有企圖的另一部分心靈會感到忿忿不平。⁴ 第二，你會去做你認為應該做的，卻做得心不甘情不願。⁵ 你的行為縱然前後一致，內心卻受到極強的拉扯。⁶ 在上述兩種情況中，你內心的感覺與外表的行動無法表裡如一，致使你總在做些自己並不真想做的事情。⁷ 那種「不得不」的壓迫感容易激起內心的怨忿，最後只好投射出去。⁸ 只要恐懼猶存，表示你心志未堅，⁹ 你的心才會如此分裂，所作所為不免反覆無常。¹⁰ 你若只想修正行為的層次，最多只能把第一類錯誤轉變為第二類的錯誤，無法根除你的恐懼。

6.　　　終有一天你會毫不勉強地把自己的心交託給我指引的，只是目前你尚未培養出這一願心。² 除非你心甘情願，聖靈無法強迫你去做任何事情。³ 唯有別無二心的決定才激發得出行動力。⁴ 但你必須先認清，實現上主的旨意等於完成自己的心願，你才不會感到壓力。⁵ 這一課題其實十分簡單，卻特別容易被忽略。⁶ 因此我才會反覆提醒，請你仔細聆聽：⁷ 只有你的心才可能製造恐懼。⁸ 當它的願望開始自相矛盾時，恐懼才會孳生；你的所願與所行無法一致時，焦慮勢所不免。⁹ 你必須先把目標統一起來，這一錯誤才有修正的可能。

7.　　化解錯誤的第一步修正，便是明白內心的衝突只是恐懼的一種表達形式而已。[2] 你應這樣告訴自己，你一定不知怎地作出一個與愛相反的選擇了，否則恐懼無由生出。[3] 由此可知，修正的整個過程其實就是你接受更大的救贖方案的幾個具體步驟而已。[4] 這些步驟可以歸納如下：

　　　　[5] 先明察這個衝突其實就是恐懼。

　　　　[6] 恐懼是由缺乏愛心而引起的。

　　　　[7] 缺乏愛心的唯一對治妙方便是完美的愛。

　　　　[8] 完美的愛就是救贖。

8.　　我已經強調過了，奇蹟，（也就是一種具體的救贖），它是尊貴的人對另一位尊貴的人所表示的一種敬意。[2] 救贖，不過重新肯定了他們的價值。[3] 那麼，當你害怕時，顯示你的處境亟需救贖。[4] 同時透露了你這選擇不是出自愛心，才會作出缺乏愛心的事。[5] 救贖正是針對這種情況而設的。[6] 它是因應眾生渴求解脫其苦而現形的。[7] 你若只意識到自己需要救贖之方，仍不足以擺脫恐懼。[8] 唯有實際接受這一妙方，你才可能杜絕恐懼。[9] 這才可能帶給人真實的療癒。

9.　　每一個人都有過恐懼的經驗。[2] 只要具備一點正思維的能力，你便不難看透恐懼的成因。[3] 大多數人都低估了心靈的真正能耐，世間沒有一個人可能隨時且全面地意識到它的大能。[4] 然而，如果你希望少受恐懼之苦，你不只需要明白一些事，還得明白得徹底才行。[5] 心靈的能力是非常強大的，它絕不會失落自己的創造力。[6] 它不眠不休，[7] 時時刻刻都在創造。[8] 思想與信念匯聚成的高壓能量確有移山倒海之力，這對許多人是不可思議的事。[9] 乍看之下，相信自己有此大能好像是種傲慢，然而，這並不是你不相信的真正原因。[10] 你寧可相信自己的心念產生不了真正的作用，因為你真的很怕自己的心念。[11] 你希望這樣能夠減輕一些罪惡感，但你卻付出了「把心靈視為無能」的沉重代價。[12] 你若相信自己的想法不會產生任何作用，即使你不再那麼害怕它，但是，你也不可能尊重它了。[13] 沒有「無謂的念頭」這一回事。[14] 你所有的想法都會在某個層次產生某種有形後果的。

柒. 因果關係

1.　　你很可能一邊抱怨恐懼，一邊卻縱容自己沉溺於恐懼之中。[2]我已經表明了，你不能要求我替你擺脫恐懼。[3]我知道它根本不存在，問題在於你不知道。[4]如果我在你的想法及其後果之間插手干預，等於干犯了世間最基本的因果律，也就是最基本的自然法則。[5]如果我藐視你思想的力量，對你沒有一點兒好處。[6]這也與本課程的宗旨背道而馳。[7]最好的辦法還是提醒你，你對自己的心念防範得不夠周密。[8]你也許感到此刻「只有奇蹟救得了我」，確實如此。[9]只是，你尚未養成奇蹟心境的思維模式，但這是可以訓練的。[10]所有奇蹟志工都需要這種培訓。

2.　　我不願看你如此放縱自己的心念，否則，你就無法助我一臂之力。[2]你若真想行奇蹟，必須先徹底認清心念的力量，才不會濫用你的創造能力。[3]否則，你就得等另一個奇蹟先來扳正你的心靈，如此，你便落入了循環論證的漩渦，一反奇蹟有意「瓦解時間」的初衷。[4]奇蹟志工必須打從心底尊重真實的因果律，因為那是奇蹟出現的先決條件。

3.　　奇蹟與恐懼都是出自心中的一念。[2]如果你不能自由地選擇其一，你也不可能自由地選擇另一個。[3]你若選擇奇蹟，縱然只是一時興起，至少在那一刻，你拒絕了恐懼。[4]世間沒有一人或一物不會讓你心存畏懼。[5]你怕上主，怕我，怕你自己。[6]只因你已曲解或更好說是妄造了我們，而只要是你自己造出來的，你不可能不相信它的。[7]話說回來，若非你由衷害怕自己的念頭，你何苦如此妄造？[8]心懷恐懼的人不可能不妄造的，因為他們早已曲解了創造的真相。[9]你一開始妄造，便免不了受苦。[10]因果律縱然只有暫時的效用，它仍能反過來助你一臂之力。[11]推到究竟，「絕對之因」這一詞只適用於上主，聖子則是他的「絕對之果」。[12]在這絕對層次的因果關係和你在人間打造的因果完全是兩回事。[13]世間最根本的衝突，說穿了不過就是創造與妄造之間的衝突。[14]所有的恐懼都藏身於妄造的世界，所有的愛則寄身於上主的造化中。[15]因此，這衝突其實就是愛與恐懼的衝突。

4.　　我先前說過：你相信自己控制不了恐懼，只因它是你自己製

造出來的；正因你如此相信，好似更縱容它超越你的掌控。² 然而，企圖駕馭恐懼來解決那個錯誤，也會同樣的徒勞無功。³ 認定恐懼需要予以掌控，反倒助長了它的威力。⁴ 真正的解決途徑唯有「愛」。⁵ 然而，在過渡期間，內心難免會衝突迭起，因為你目前的處境仍然相信某種根本不存在的力量。

5. 「虛無」（nothing）與「一切」（everything）是不可能並存的。² 相信一方，等於否認另一方。³ 恐懼是道地的虛無，愛才是一切。⁴ 光明一進入黑暗，黑暗便消失了蹤影。⁵ 你相信什麼，它對你就是真的。⁶ 由這層意義來講，分裂確實發生了；否定它的存在，表示你已誤用了「否認」的力量。⁷ 但是，你若把注意力集中在錯誤上，只會讓你愈陷愈深。⁸ 修正的第一步必須暫且承認問題確實存在，這不過表示它有待及時的修正罷了。⁹ 承認問題存在，有助於人心加速接受救贖。¹⁰ 我必須再三強調，虛無與一切之間，終究地說，沒有妥協並存的餘地。¹¹ 時間基本上只是一種教具，所有的妥協心態必須透過時間才能放下。¹² 表面看起來，你是一步一步地放下這個妥協；其實，時間所包含的時段性並不存在。¹³ 只因人已誤用了創造能力，時間才變成一項不可或缺的修正教具。¹⁴ 福音有言：「上主竟這樣愛了世界，賜下了自己的獨生子，使凡信祂的人不至於喪亡，反而獲得永生。」這段話只需稍為改寫一下，便能襯托出話中深意：「上主竟這樣愛了世界，『把世界』賜給了自己的獨生子。」

6. 切莫忘記，上主只有一個聖子。² 既然一切造化都是祂的聖子，那麼每位聖子必是整個聖子奧體中不可缺席的一份子。³ 聖子奧體的整體性遠遠大於各部分的總和。⁴ 然而，它若失落了任何一部分，這一奧體的真實面目便會顯得曖昧不明。⁵ 因此，在聖子奧體的所有成員回歸一體之前，我們是不可能徹底解決衝突問題的。⁶ 聖子奧體的圓滿及完整性必須等到眾子回歸之日，方能昭然於世。⁷ 聖子奧體的每個成員都有相信錯誤或殘缺的自由，如果他要作此選擇。⁸ 這一選擇等於相信虛無的存在。⁹ 修正得了這一錯誤，便是「救贖」。

7. 我在前面已簡短地提過心理準備的問題，不妨在此再補充幾點，希望有所幫助。² 「準備就緒」只能算是達成目標的預修課程。³ 兩者不可混為一談。⁴ 人心一旦準備就緒，通常就會生出想

要完成那目標的渴望，這份渴望在一開始難免三心兩意。[5] 但它至少顯示了此人已具備了「轉變心念」的潛力。[6] 必須等到「駕輕就熟」的地步，信心才可能全面展現。[7] 我們先前試著修正你認為「恐懼是可以掌控」的基本錯誤；同時也強調過，唯有愛才能真正駕馭得了恐懼。[8] 準備就緒不過是信心的一個開端而已。[9] 你也許會認為，從「準備就緒」到「駕輕就熟」之間，還得捱過無量劫的時間；讓我再提醒你一次，時間與空間都操縱在我的手裡。

捌. 最後審判的意義

1.　　有一種方法能幫你修正「奇蹟」（miracle）與怪力亂神（magic）之間的混淆，就是記住你的生命不是自己創造出來的。[2] 你愈與小我認同，就愈容易忘掉這一事實，於是你就不得不仰賴怪力亂神來為你解圍了。[3] 創造的願力是造物主賜你的禮物，祂的造化必也處處反映出祂的創造旨意（Will）。[4] 創造力屬於心靈的層次，那麼你所創造的一切自然脫離不了你的願力（will）。[5] 依此類推，你個人妄造出來的一切，即使在你眼中真實無比，在上主的天心中並非如此。[6] 這一根本差異道盡了最後審判的真諦。

2.　　在你的思想裡，最後審判可謂是人間最可怕的觀念了。[2] 這是因為你不了解的緣故。[3] 審判並不屬於上主的本性。[4] 那是天人分裂之後才出現的，因此它只能算是整個救贖計畫的一種學習教具而已。[5] 正如天人分裂好似發生了百萬年之久，最後審判也會延伸出等長的時間，甚至更長都有可能。[6] 唯有奇蹟能夠大幅度地縮短時間的長度，但這一教具只能幫你縮短時間，卻無法廢除時間。[7] 只要有足夠的人誠心以奇蹟為志，所縮減的時間必然難以估計。[8] 關鍵在於你得盡快由恐懼中脫身，因為你必須先擺脫了衝突的糾纏，才可能帶給其他心靈真正的平安。

3.　　一般人都認為最後審判是由上主主司其事的。[2] 實際上，是我的弟兄在我的協助下主司其事。[3] 雖然絕大多數的人都認為自己會遭到天譴，其實，最後審判乃是終極的療癒，它不會定罪懲

罰。[4] 懲罰的觀念與正見的思維可說是背道而馳,而最後審判的目的就是幫你重建正見心境。[5] 最後審判不妨改稱爲「正確的評估過程」。[6] 它不過反映出:世上每一個人終於恍然大悟什麼是有價值的,什麼是不值一提的事。[7] 有此認知之後,人的選擇能力方能接受理性的指引。[8] 若分辨不出兩者之別,人的意志無可避免地會在自由與奴役狀態中搖擺不定。

4.　　通往自由的第一步就是具備辨別眞僞的能力。[2] 這種「分別心」是正面且具建設性的,它反映出「末世」的眞正意義。[3] 每個人最後都需要回顧自己一生所造出的一切,挑出「美好的」部分,妥善保存,好比上主在創造之初認可造化的美好那樣。[4] 人心一旦認出了造化的尊貴,它才可能以愛的眼光去看自己的創造。[5] 它也會同時開始捨棄以前妄造的一切;那些虛妄之物一旦失去了心靈的認可,便無法繼續存在了。

5.　　「最後審判」一詞的可怕處,不只是因爲人們把它投射到上主身上,而是因爲「最後」兩個字很容易讓人聯想到死亡。[2] 這充分反映出妄見的是非顛倒之處。[3] 只需客觀地反省一下「最後審判」的意義,它其實是一條邁向生命之門的道路。[4] 活在恐懼中的人,不能算是眞正活過。[5] 你自己那一套「最後審判」觀念無法用在自己身上,因爲你不是自己創造出來的。[6] 可是你卻可以隨時具體地把它套用在你所造之物,然後只讓充滿創造力及美善之物留在自己的記憶中。[7] 這是你的正見唯一能做的事。[8] 時間的目的純粹只是爲了「給你時間」去完成這種「審判」。[9] 它是你對自己的完美創造所作的完美「審判」。[10] 等你只願保存可愛之物以後,恐懼在你心中便無立足之地了。[11] 這就是你在救贖大業中所肩負的使命。

第三章　純潔無罪的知見

壹. 救贖無需犧牲

1.　　若要掃除奇蹟可能引起的恐懼陰影，我必須進一步爲你澄清幾個觀念。[2] 完成救贖之功的，不是十字架上的死亡，而是復活。[3] 許多虔誠的基督徒常誤解了這一點。[4] 唯有不受匱乏信念所蒙蔽的人才不致陷於這一錯誤。[5] 十字架的事件在顛倒妄見之下，顯得好像上主眞的允許此事發生，還不惜利用其中一位聖子的善良，慫恿他接受十字架的苦難。[6] 這種詮釋必然出自投射，許多人因此對上主產生了極大的恐懼，這是何等的不幸！[7] 這種與宗教精神背道而馳的觀念，已滲入了許多宗教。[8] 眞實的基督徒不妨捫心自問一下：「這怎麼可能呢？」[9] 上主既然親口說過，這種念頭配不上尊貴的聖子，他自己豈會有此心態？

2.　　上乘的防衛措施絕非攻擊他人的立場，而是保護眞理實相。[2] 任何觀念如果需要你費盡心機，甚至不惜顛倒整個人生座標來爲它辯護，它實在不值得你去接受。[3] 在辯護的過程中，小則帶來苦惱，大則招致悲劇之下場。[4] 連上主都會爲了救恩而親自迫害自己的聖子，這種可怕的妄見爲宗教迫害提供了冠冕堂皇的「理由」。[5] 這種想法實在荒謬。[6] 雖然這一錯誤未必會比其他的錯誤更難修正，卻因許多人把這種妄見當作重要的自衛武器而把持不捨，使這個錯誤變得特別難以克服。[7] 舉個比較尋常的例子：父母在打小孩的時候，只要說：「打在兒身，痛在娘心。」便打得心安理得了。[8] 你眞的相信我們的天父會作此想嗎？[9] 你必須徹底根除這類想法，絕對不能在心裡留下一點殘渣。[10] 我並不是因爲「你壞」而「受罰」的。[11] 救贖的道理只要受到一點諸如此類的扭曲與污染，便會失去它正面的或良性的作用。

3.　　舊約有言：「上主說，報復是我的事。」這顯然是人們把自己的「邪惡」嫁禍於他而成的妄見。[2] 人類的「邪惡」歷史和上主毫不相干。[3] 上主既未創造過它，也不曾助紂爲虐。[4] 上主從來不信因果報應那一套。[5] 那絕非天心的創造模式。[6] 他不會抓著你的「惡行」，跟你過不去。[7] 他怎麼可能爲了你的「錯」來修理

我？⁸ 你必須認清這種假設是多麼的荒謬，而且把這一投射的來龍去脈看得一清二楚。⁹ 因爲這類錯誤必會衍生出一連串類似的錯誤來，包括相信上主遺棄了亞當，並把他趕出伊甸園之類的故事。¹⁰ 這也是你不時地認爲我在誤導你的眞正原因。¹¹ 其實，我已盡量選擇一些幾乎不可能被曲解的字眼來傳達我的意念，但你若存心誤解，總有辦法扭曲我給的文字象徵的。

4.　　上主從來不知道犧牲這一回事。² 這觀念純粹是恐懼引發出來的，受驚的人會變得非常凶惡。³ 我曾勸勉你們應該如天父一般慈悲，而犧牲不論從哪個角度來講，都與我的勸誡相悖。⁴ 許多基督徒始終體會不出，這句話是針對他們而說的。⁵ 好的老師絕不會去恐嚇學生的。⁶ 恐嚇無異於攻擊，會使學生排斥老師所傳授的道理。⁷ 結果功虧一簣。

5.　　新約把我形容爲「除免世罪的上主羔羊」並無不當，可是有些人把那羔羊描繪成血淋淋的模樣，表示他還不懂這象徵的意義。² 正確地說，羔羊純粹象徵我的純潔無罪。³「獅子與羔羊同臥一處」，象徵力量與純潔並非水火不容，兩者本來就共存於平安之中。⁴「心靈潔淨的人是有福的，因爲他們將看見上主」，這話與前句有異曲同工之妙。⁵ 潔淨的心靈必了知眞理，這是它的力量所在。⁶ 純潔與力量（而非軟弱）是聲息互通的，爲此它絕不會把純潔無罪誤解爲一種負面的力道。

6.　　純潔無罪者不可能作犧牲的，因爲純潔無罪的心靈擁有一切，且會全力以赴保護自己的完整無缺。² 它不會投射，³ 只會尊重其他心靈，因爲尊重原是眞正感到被愛的人對自己的同類最自然的敬禮。⁴「除免世罪的羔羊」的意思是：在純潔無罪或天恩的境界中，救贖眞諦會在這隻羔羊身上完美地彰顯出來。⁵ 救贖本身毫不曖昧。⁶ 因爲它身在光明之中，故沒有比它更昭然若揭的事了。⁷ 除非你有意把它隱藏在黑暗中，才會使那些存心不想看到它的人失之交臂。

7.　　救贖本身只可能放出眞理之光。² 因此它從不傷人，全然無害，只會祝福。³ 唯有徹底純潔無罪的人才可能達此境界。⁴ 純潔無罪就是智慧，它不識邪惡，因爲邪惡並非眞的存在。⁵ 然而，它卻能完美地覺於一切眞實之物。⁶ 我的「復活」不過證明了眞

理不是任何東西所能摧毀的。⁷ 善良也經得起邪惡的挑戰，因爲光明足以掃除任何黑暗。⁸ 因此，救贖可說是最完美的人生課程。⁹ 它終將證明我的其他教誨也同樣的眞實不虛。¹⁰ 你此刻若能接受這放諸四海皆準的原則，就不必再學其他瑣碎的人生課題了。¹¹ 只要你眞信得過這一眞理，你已由一切錯誤中解脫了。

8.　　　上主的純潔無罪乃是聖子心靈的本來境界。² 在此境界中的心靈才可能「知道」上主的眞相，因祂是個「絕對的事實」，無需藉助於象徵。³ 你一旦悟出了上主之子的本來面目，你便會明白，唯有救贖（而非犧牲），才是獻於上主祭壇的相稱禮物，因爲只有完美之物才配得上那座祭壇。⁴ 純潔無罪者所領悟的即是眞理。⁵ 正因如此，他們的祭壇才會如此光明燦爛。

貳. 奇蹟即是正知正見

1.　　　我已說過，本課程所論及的幾個重要概念，都沒有程度之分。² 有些基本概念甚至無法藉由它的反面意義去了解。³ 光明與黑暗，一切與虛無，絕不可視爲兩種並存的可能性。⁴ 它們不是完全正確，就是完全錯誤。⁵ 你必須明白，除非你已經堅定地投誠於一方，否則，你的想法必然反覆無常。⁶ 然而，人是不可能義無反顧地投誠於黑暗或虛無的。⁷ 因爲沒有一個人不曾經驗到一點光明或某種實存經驗的。⁸ 因此，沒有人能夠全面否定眞理，縱使他自認爲有此能力。

2.　　　純潔無罪不是一種片面的本性。² 它是完整的，否則就不是眞的。³ 片面的純潔無罪有時會顯得相當愚痴。⁴ 他們的純潔無罪必須形成一種見地，能夠普遍運用於現實生活中，才會轉爲智慧。⁵ 純潔無罪或是正知正見意味著你不再落入妄見，永遠得見眞實。⁶ 說得更平白一點，它意味你再也不會看到那些根本不存在之物，所見全然眞實。

3.　　　你若習慣以小人之心度君子之腹，這不過顯示出你並不相信對方活在正念裡而已。² 這絕非奇蹟取向的思想座標。³ 它等於否定奇蹟的能力，後果不堪設想。⁴ 奇蹟著眼於萬物的本來眞相。⁵ 如果只有眞理才存在，那麼正念就只能看見至善之境才對。⁶ 我

已說過，唯有上主的創造，或是你按照上主旨意所創造的一切，才是真的。⁷而這就是純潔無罪者所能看見的一切。⁸他們不受任何曲解或妄見所苦。

4.　　你的心靈原是上主按照自己的肖像所造，你卻誤用了它的創造力，爲此，你才會如此害怕上主的旨意。²只有相信自己是「心不由己」的心靈，才會妄造。³這「被囚」之心是因爲受操控或被箝制而喪失了自由。⁴因此動輒得咎，處處受限，它的意志無法自由伸張。⁵我所說的「同一生命」，指的是同一心靈或同一意願。⁶當聖子奧體與天父的旨意合而爲一，這有志一同的完美境界即是天堂。

5.　　上主之子只要能把自己的靈性交託到天父手中，他必然所向無敵。²他的心靈方能由夢中覺醒而憶起自己的造物主。³所有的分裂意識頓時煙消雲散。⁴上主之子是「三位一體」的一部分，但「三位一體」本身卻是不可分割的一體。⁵層次雖有分別，卻不致混淆，因爲祂們屬於同一天心，同具一個旨意。⁶他們只有一個目的，就是創造一個完美而整合的生命，恢復上主的平安。⁷然而，唯有眞正純潔無罪的人才能認出這一境界。⁸正因他們的心地純潔，所以只會保護正見，不會爲了保護自己而抵制正見。⁹他們了解救贖的課題，絲毫沒有攻擊的意念，因此看得眞眞切切。¹⁰這就是聖經所說的「當他現身時（更好說是當我們看到他時），我們必將肖似他，因爲我們會看見他的本來面目」之意。

6.　　修正所有曲解或妄見的方法，便是撤除你對它們的信任，而將信心轉而置於眞實事物之上。²你無法把不眞之物弄假成眞。³當你面對萬物時，若甘心只取其眞實的一面，那一部分對你就成了眞實的。⁴眞理能夠克服一切錯誤，凡是陷於錯誤及虛無之人，是不可能活得心安理得的。⁵你一旦看清了眞相，你自己與他人的妄見便會同時一掃而空。⁶因爲你不只看到了他們的本來面目，還把你接受的眞相獻給他們，他們才可能接受自己的眞相。⁷這就是奇蹟的療癒功效。

參. 知見與眞知之別

1.　　我們討論了不少知見（perception）的問題，卻很少涉及眞知境界（knowledge）。[2] 因爲我們必須先扶正知見，才可能「知道」任何事情。[3] 眞知表示肯定不疑。[4]「不肯定」就表示你不知道。[5] 眞知是一種力量，因爲它肯定；肯定方有力量。[6] 知見是有時間性的。[7] 它既屬於時空信念的一部分，不是受制於恐懼，就是隸屬於愛。[8] 妄見製造恐懼，正見培養愛，可是兩者都無法令人肯定不疑，因爲所有的知見都變化不定。[9] 因此，它不是眞知。[10] 正見只能充當眞知的基礎，眞知則超越一切知見之上，直接爲眞理背書。

2.　　你所有的困境都起源於認不清自己、弟兄以及上主的眞相。[2] 認清（re-cognize），意味「再度知道」，暗示你以前是知道它的。[3] 由於知見有待詮釋，故能由不同的角度去看，充分顯示知見不具完整性或一貫性。[4] 奇蹟，也是一種認知方式，卻不屬於眞知層次。[5] 它是問題的正確答覆；但你若知道眞相，自然沒有疑問。[6] 能夠向幻相提出質疑，乃是化解幻相的第一步。[7] 只有奇蹟（也就是正確的答覆）才有修正幻相的能力。[8] 知見是會改變的，顯示它脫離不了時間的操控。[9] 你在某一刻的想法必會左右你的行動，而行動又必然發生於時間領域內。[10] 眞知是超越時間的，因爲它的千古不易性，不容質疑。[11] 當你不再質疑時，表示你已知道了眞相。

3.　　質疑的心是在時間角度下看自己的，因此它會向未來索求答案。[2] 封閉的心靈相信未來會跟現在一樣。[3] 表面上，這好似有助於穩定你的心態，其實它只是設法制衡你內心根深柢固的恐懼，深怕未來會比現在更糟。[4] 這恐懼嚇阻了人心，讓人再也不敢質疑任何事情。

4.　　眞實的慧見（vision）是靈性之眼本有的認知能力，然而，它只有修正的作用，並非眞實的存在。[2] 靈性的眼光也是象徵性的，故不足以充當眞知的工具。[3] 然而，它卻不失爲正見的一種教具，正見會引領它進入奇蹟的領域。[4]「在神視中看見上主」應算是一種奇蹟，而非啓示。[5] 事實上，只要是涉及知見的經

驗，都被剔除於眞知之外。⁶爲此之故，所有的神視慧見不論多麼神聖，都只是曇花一現。

5.　聖經要你「知道自己的眞相」或是「肯定無疑」。²肯定無疑永遠屬於上主的層次。³當你眞愛某人時，表示你已「認出」他的眞相，這樣你才可能「知道」他。⁴除非你先認出他的眞相，否則你是不可能「知道」他的。⁵你一旦開始質疑他，表示你顯然不知道上主的眞相。⁶肯定無疑的心並不需要任何行動來撐腰。⁷當你說你是根據眞知而行動的，你已把眞知與知見搞混了。⁸眞知帶給人的是創造性的思維，而不是正確的行動。⁹知見、奇蹟與行動是聲息互通的。¹⁰眞知則是啓示的結果，它只會啓發思想。¹¹即使是最靈性化的知見，也與身體脫離不了關係。¹²眞知乃是源自內在的祭壇，憑著它的千古不易而超越時間之上。¹³藉身體官能而認出的眞相與「眞正知道」根本是兩回事。

6.　必須先具正見，上主才能與他在聖子心中所設的祭壇進行直接交流。²只有在那兒，祂方能將自己的千古不易通傳給人，祂的眞知所帶給人的平安是不容置疑的。³上主不是聖子的陌生人，聖子彼此也非陌路。⁴眞知存於一切知見與時間之先，它遲早會取代兩者的存在。⁵這就是「我是阿耳法和敖默加，元始和終末」以及「在亞伯拉罕出現以前，我就是」這兩句話的眞義。⁶我們能夠也必須穩定自己的知見，但眞知本來就是永恆穩定的。⁷於是，「敬畏上主並遵守他的一切誡命」，便可理解爲「『知道』上主的眞相，並接受他的肯定無疑」。

7.　你若攻擊他人的錯誤，勢必傷到自己。²當你攻擊自己的弟兄，你便不可能知道他的眞相。³攻擊一向是用來對付陌生人的。⁴他因著你的誤解而成了你的陌路，爲此你才無法「知道」他的眞相。⁵他對你一旦成了陌生人，你是不可能不害怕他的。⁶現在以正確的眼光看他一下，你就會眞正「知道」他了。⁷在上主的造化中，沒有一個陌生人。⁸你只能效法上主的方式去創造，換句話說，你只能造出自己知道的東西，而且接受它爲你生命的一部分。⁹上主「知道」他的兒女，且如此地肯定無疑。¹⁰祂就是如此在眞知中創造他們的。¹¹祂對聖子的認知完美無比。¹²聖子在尚未認清彼此眞相以前，是無法認出上主的。

肆. 錯誤與小我

1.　　你目前所擁有的能力，只能算是你眞實力量的一個倒影而已。² 你目前擁有的種種功能，彼此各行其是，有待質疑，不足探信。³ 這是因爲連你自己都不確定該如何發揮其用，所以它們不具眞知的能力。⁴ 你之所以無法獲得眞知，只因你仍以「不愛」的心態看待一切。⁵ 在天人分裂之前，這類「程度」、「角度」及「時段」的觀念或知見，根本就不存在。⁶ 靈性之內原無層次之分，人間所有的衝突都是上述層次觀念所造成的。⁷ 只有在「三位一體」的絕對層次上，才有合一的可能。⁸ 天人分裂所造成的層次之別，不可能不引發衝突。⁹ 因爲它們在彼此眼中顯得荒謬無比。

2.　　意識（也就是知見層次），是天人分裂之後在心靈內所形成的第一道裂痕，從此，心靈由創造主體轉變爲認知主體。² 意識，正確地說，已經淪入小我的領域。³ 小我是什麼？它是心靈在妄見下故意把你看成它想要成爲的模樣，而非你的眞相。⁴ 然而，你只可能「知道」自己本來的眞相，因爲那是你唯一能夠肯定的事。⁵ 其餘的一切都有質疑的餘地。

3.　　小我就是天人分裂之後有待質疑的那個自我，它是後天的產物，而非上主的創造。² 它能夠提出種種問題，卻無法認出眞實的答案，因爲那需要眞知的能力，非知見所能及。³ 於是，心靈開始迷惑，因爲唯有一體心境才可能免於迷惑。⁴ 分裂或分歧的心靈是不可能不迷惑的。⁵ 因它連自己的眞相都無法肯定。⁶ 既然它對自己都難以苟同，衝突自然勢所不免。⁷ 它的每一部分，彼此有如陌路，隨時可能發動攻擊，故而成了孳生恐懼的溫床。⁸ 你若按知見來認識自己，你理所當然應該害怕。⁹ 除非你已明白你不是自己創造出來的，你也沒有這種本事，否則你是不可能擺脫這一恐懼的。¹⁰ 你永遠無法將你的虛妄知見弄假成眞，上主創造的你不是你的錯誤所能動搖的。¹¹ 爲此之故，你必會選擇療癒這分裂之境的，這是遲早的事。

4.　　正見心境不可與眞知心境混爲一談，因爲它只有正確思維的能力。² 你的心靈可以在正見下，也可能在妄見中，甚至還有高

低多寡的程度之別，這顯然不屬於眞知境界。³ 所謂正見之心純是針對妄見之心所作的修正，因它能給人正知正見。⁴ 這也稱之爲「奇蹟心志」，因爲它有治癒妄見的能力，它能改變你對自己的看法，從這一角度來講，它堪稱爲奇蹟。

5.　　知見多多少少都涉及了心靈妄用自己的能力，因爲它將心靈導向「不肯定」之境。² 心靈原是充滿活力的；³ 當它選擇分裂之際，它已選擇了知見的途徑。⁴ 心靈在分裂以前，唯眞知是瞻。⁵ 分裂之後，它的選擇勢必曖昧不明，因此，只有條理分明的知見才能解除這一曖昧。⁶ 只有當心靈唯眞知是瞻時，才可能恢復它原有的功能。⁷ 如此，它便加入了爲靈性服務的行列，知見也會隨之潛移默化。⁸ 如果心靈決定另起爐灶，打造自己的多元世界，這無異於自我分裂。⁹ 但它又不可能完全與靈性一刀兩斷，因爲不論妄造或創造，所有的能力都源自於靈性。¹⁰ 即使在妄造之際，心靈仍然得承認它的終極源頭，否則它就無法繼續存在。¹¹ 然而，生命是不可能消失的，因爲心靈隸屬於上主所創的靈性，並因此永恆不朽。

6.　　身體是靠知見能力而存活的，因爲知見必須「借用」某物來「認識」某物。² 由此可知，知見作用有賴於一種轉換或轉譯的過程，而眞知則無此需要。³ 知見的詮釋功能，可說是一種變態的創造能力，讓你把身體詮釋爲自己，企圖由自己招來的衝突中脫身。⁴ 具有眞知的靈性是無法接受這種無力感的，因爲它不可能與黑暗並存。⁵ 這使得心靈感到靈性是如此高不可攀，身體對它更是望塵莫及。⁶ 從此，心靈會視靈性爲一種威脅，因爲光明一現，你就會看到黑暗並不存在，黑暗便從此消逝了蹤影。⁷ 此即眞理克服謬誤的一貫手法。⁸ 它全然迥異於修正過程的「大有爲」作風，因爲我先前強調過，眞知一向是無爲而治的。⁹ 人們可能會視它爲一種侵犯，其實眞理絲毫不具攻擊的能力。¹⁰ 你之所以會視它爲一種攻擊，只因你隱約地意識到，自己隨時都會憶起這一眞知，你是永遠消滅不了它的。

7.　　上主及他的造化都活在千古不易之境，他們深知那一切妄造並不存在。² 你若抓著錯誤不放，眞理便束手無策。³ 我也曾是人類的一份子，只是最後憶起了自己的靈性與眞知而已。⁴ 當我在世爲人時，我不曾企圖以眞知來制衡謬誤，而是由問題的根本一

層一層往上修正。[5] 我親自爲你證實了身體的無能以及心靈的偉大。[6] 當我的願心一與造物主的旨意結合，便自然憶起了靈性以及它眞正的目的。[7] 我無法越俎代庖將你的願心結合於上主旨意之下，可是只要你願意接受我的指引，我便能拭去你心中的一切妄見。[8] 就是你的那些妄見從中作祟，[9] 若非如此，你一定會作出正確選擇的。[10] 神智清明的知見導致神智清明的選擇。[11] 我無法替你選擇，卻能協助你作出你的正確選擇。[12] 福音有言：「被召叫者眾多，被選者卻少。」這句話你應理解成：「所有的人都被召叫，只是願意聆聽者卻少。」[13] 爲此，他們才無法作出正確的抉擇。[14] 所謂「被選者」不過是指那些早一步作出正確選擇的人罷了。[15] 在正見中的心靈現在就可以作出這一選擇，他們的靈魂從此得到了安息。[16] 上主只「知道」活於平安中的你，這才是你存在的眞相。

伍. 超越知見

1. 我曾說過，你目前的能力只是你眞實力量的一個倒影；我也說了，隱含著評判的知見，乃是分裂之後的產物。[2] 此後，再也沒有人敢肯定任何事情了。[3] 我又解釋過，復活只是回歸眞知的一種途徑，這在我的願心與天父旨意合一的那一刻已經完成了。[4] 現在讓我繼續爲你釐清一些詞彙，有助於你明白我們日後討論的觀點。

2. 自從天人分裂以來，「創造」（create）與「營造」（make）二詞早已被人混淆了。[2] 你營造某個東西時，常是出於某種欠缺或特殊需要。[3] 凡是爲特殊目的而造出之物都會失落那「放諸四海皆準」的普遍性。[4] 每當你營造一物來彌補心目中的缺憾時，等於再度重申了自己分裂的信念。[5] 小我爲此目的發明了不少頗具創意的思想體系。[6] 然而，沒有一個具有眞實的創造性。[7] 這些發明不論多麼鬼斧神工，只是徒然耗費你的心力而已。[8] 這些發明本質極其具體，與上主抽象的造化之功相比，實在不足掛齒。

3. 我們已經解釋過了，眞知並不導向行動。[2] 由於你對「自己的眞實創造」與「你營造的自我」混淆已深，使你再也無法知道

任何事情。³真知一向是恆常不變的，而你顯然並非如此。⁴實際上，你仍如上主所創造的你那般恆常不變。⁵由此可知，當你顯得不安或不定時，表示你已活得與「上主創造的你」有了出入。⁶你若自甘如此，也能這般活下去，但任何活在正念中的人，是不可能作此選擇的。

4.　　　你不斷向自己提出人生的基本問題，然而，那不是你能答覆的。²你不斷反問自己究竟是什麼，³這影射出你不只該知道真相，而且只有你能夠作答。⁴但你是不可能靠知見而正確地認識自己的。⁵因爲你原本沒有一個可知可見的形相可言。⁶「形相」二字屬於知見的領域，並非真知的境界。⁷形相只是象徵而已，它代表的是另一物。⁸「改變你的形相」這觀念強調的是知見能力，同時影射出這種知見是不可能知道恆常不變之境的。

5.　　　真知不待任何詮釋。²你若企圖「詮釋」它的意義，必會錯誤百出，因爲詮釋出來的意義必已淪爲一種知見。³你之所以會有這種前後矛盾或失調的現象，只因你想要同時視自己爲分裂的以及不分裂的個體。⁴一旦犯了這一基本混淆，你整個人生不可能不更加混亂的。⁵不論你的心思顯得多麼聰明伶俐，只要「方法」與「內容」各行其是，互不相通，即使你耗盡心力也會徒勞無功的。⁶聰明和真知可說是風馬牛不相及的兩碼子事，因爲真知根本不靠人的聰明。⁷聰明才智與那使你自由的真理完全是兩回事，唯有等到你甘心放下自己的小聰明，你才可能不再受它的箝制。

6.　　　祈禱是「有所求」的一種方式。²它是奇蹟的媒介。³但只有祈求寬恕才算是有意義的祈禱，因爲已受寬恕的人擁有一切。⁴一旦接受了寬恕，世俗的祈禱頓時顯得毫無意義。⁵祈求寬恕，不過是祈求認清自己早已擁有的一切。⁶只因你已選擇了知見而非真知，在這處境下的你，只有奇蹟般的眼光方能顯示出你與天父肖似之處。⁷問題是你已經失落了真知，不知道自己就是上主的奇蹟。⁸更不知道創造不只是你的生命之源，也是你在世唯一的真實使命。

7.　　　「上主按自己的形相造了人，使人肖似於祂。」這句話需要重新詮釋。²「形相」應該理解成「意念」，「肖似」則指「相

似的特質」。³ 上主確實依自己的聖念，按照自己的本性創造出了靈性。⁴ 此外別無他物。⁵ 知見則相反，若沒有「多」、「寡」這類信念，它便無從生起。⁶ 不論哪一層次的知見都離不開分別取捨。⁷ 知見本身其實就是一連串接受和拒絕、建構和重組、轉化和改變的過程。⁸ 評估則是構成知見的根本要素，因爲你在取捨之前必然作了評估與判斷。

8.　　如果萬物全然平等，無需評判高下，知見會有何下場？² 它會徹底失去立足之地！³ 眞理是靠眞知而非比較的能力。⁴ 它內的一切都是同等的眞實，「知道」任何一部分的眞相就等於「知道」全部的眞相。⁵ 唯有知見才具片面的意識作用。⁶ 眞知超越了所有知見的運作法則，因爲根本沒有「片面的眞知」這一回事。⁷ 它是渾然一體的存在，沒有獨立自主的部分。⁸ 你其實是與眞理一體的，只要知道自己的眞相，你便具足了圓滿的眞知。⁹「知道」上主的奇蹟，與「知道」上主無異。

9.　　寬恕的目的即是療癒分裂的知見。² 它的先決條件是「正確地認識你的弟兄」，因爲心靈早已作了選擇，把彼此視爲分立的個體。³ 靈性徹底知道上主的眞相。⁴ 它奇蹟般的能力即源自於此。⁵ 每個人都全面擁有這一能力，這個事實對世俗中人是不可思議的。⁶ 根據世俗的信念，只要有一個人擁有一切，那麼世上便會剩得一無所有了。⁷ 然而上主的奇蹟和祂的聖念同樣是全面性的，因爲奇蹟就是上主的聖念。

10.　　只要知見存在一天，祈禱就有存在的必要。² 由於知見是建築在匱乏上頭的，凡是靠知見去看的人，表示他尚未完全接受救贖，也未能將自己交託給眞理。³ 知見是靠分裂而存在的，因此凡是落於知見之人都有待療癒。⁴ 至於活在眞知裡的人，一體相通成了他們存在的本來境界，故不待祈禱相助。⁵ 上主與祂的奇蹟是不可分的。⁶ 活在光明中的上主聖念是何等美麗。⁷ 你的生命價值絕非知見所能認出的，因它不容一絲懷疑。⁸ 不要藉助其他光明去認識自己了。⁹ 只要你能在那「唯一光明」中去看自己，就會一眼看出「你就是奇蹟」的眞相。

陸. 判斷和主權的問題

1.　　　我們已經討論過最後的審判，只是有些細節尚未交代清楚。
[2] 最後的審判終結了人間所有的判斷。[3] 判斷只具象徵作用，因爲
沒有一種判斷超越知見的領域。[4] 聖經所謂「不要判斷別人，免
得自己受到判斷」，意思是說，你若對他人的眞相品頭論足，必
然也會以同樣的眼光評判自己。

2.　　　存心評判他人，無意知道眞相，這是你失去內心平安的原
因。[2] 評判的過程構成了知見的基礎，而非眞知之所依。[3] 我在討
論知見的分別取捨時曾經指出，評估能力乃是構成知見不可或缺
的條件。[4] 評判一向含有排斥的成分。[5] 不論所評判的對象是你自
己或是他人，它絕不會只強調正面的特質。[6] 不論你是先認出它
而後排斥，還是評估之後而想擁有的，都會存留於你心內，因爲
它已被你認出來了。[7] 你相信凡是被你抵制之物就影響不到你，
這個幻覺讓你吃盡了苦頭。[8] 它不可能沒有影響的，除非你在抵
制之際同時相信此物根本不存在。[9] 事實絕非如此，否則你就不
會設法抵制它了。[10] 這與你的判斷正確與否毫無關連。[11] 不論是
對是錯，你都已相信那虛幻之物的存在了。[12] 任何判斷最後一定
導致同一結局，因爲它隱含了「眞相是可以任你取捨」的信念。

3.　　　你若不以評判的心態對待自己及你的弟兄，那種如釋重負的
平安絕對超乎你的想像。[2] 你一旦認出自己及弟兄的本來面目，
便不難明白，不論你對他們作何評判，都沒有任何實質的意義。
[3] 事實上，因著你對他們的判斷，反倒使你無從認出他們對你的
意義了。[4] 你所有對生命的「不肯定感」都是「你認爲自己不能
不判斷」這一信念引發出來的。[5] 你無需靠判斷來整頓你的生
活，你更不用靠它來整頓你自己。[6] 只要眞知一現身，所有的判
斷便會自動銷聲匿跡，你的新認知就這樣取代了舊有的知見。

4.　　　你非常害怕自己看到卻拒絕接受之物。[2] 因爲你相信因著你
的拒而不受，就會失去了對它們的掌控權。[3] 爲此之故，它們才
會出現在你的噩夢中，或僞裝成一個看起來比較愉快的夢境。
[4] 凡是被你排斥或抵制之物，自然無法進入你的意識裡。[5] 它們原
本是無害的，是你把它們變成了一種威脅。

5.　　　　當你覺得疲倦時，是因為你已斷定自己是會疲倦的。²當你嘲笑一個人，表示你已評判他毫無價值了。³你若嘲笑自己，必會嘲笑別人，因為你無法忍受自己比別人更無價值的念頭。⁴這一切足以讓你筋疲力盡，因為它們基本上就是一種耗人心神的想法。⁵你本來是不可能疲倦的，但你挺有消耗自己心神的本事。⁶不停地評判所給人的壓力確實不堪負荷。⁷人們竟會如此珍視這種削弱自己的能力，真是匪夷所思。⁸話說回來，只要你還想要充當現實真相的作者，你必會緊抓著自己的判斷不放。⁹於是，你會開始害怕，因為你相信這一評判終有一天會落到自己頭上。¹⁰只要你還相信判斷是保護主權的有力武器，那一信念便會永遠在你心中作祟。

6.　　　　上主只會慈悲待人。²你的言詞也應只反映祂的慈悲，因為這是祂給你的禮物，也是你所能與人分享的禮物。³正義的觀念只是一種權宜措施，它的本意是要教你慈悲的。⁴只因你自己心裡的不義傾向，才會使得正義觀念充滿了批判的意味。

7.　　　　我已經談了不少「症狀」的問題，這一層次的花招真可謂罄竹難書。²然而，所有症狀只有一個起因，就是主權問題。³它可說是「萬惡之源」。⁴只要是小我引發的症狀，必然相互矛盾，因為心靈早已分裂為聖靈與小我兩部分，因此凡是小我所造之物，必然支離破碎而且自相矛盾。⁵這類動輒得咎的處境都是源自主權的問題，只因它接受了一個不可理喻之念作為前提，由此衍生的觀念必然同樣不可理喻。

8.　　　　主權問題實際上就是創作權的問題。²你若相信你是自己的創作者，並且把這一錯覺投射到別人身上，主權問題就出現了。³你會看到別人真的一直在向你的創作權挑戰。⁴凡是相信自己篡奪了上主大能之人，都犯了這個基本錯誤。⁵這一信念會讓他們活得有如驚弓之鳥，其實上主絲毫不以為忤。⁶祂無意懲罰自己的兒女，只是一心切望他們能早日化解這一誤會，因為祂深知這錯誤所帶給他們的痛苦。⁷其實，上主早已賦予祂的造化真實的創作權了，是你自己要與那「至高創作者」決裂，寧可活成一個無名小卒的。⁸當你無法確定自己真實的創作者之後，你的受造本身也變得妾身不明。⁹於是，你便順理成章地相信你是自己創造出來的。¹⁰「究竟是誰創造了你」這一創作權問題使你的心靈

變得如此徬徨不定，最後連自己存在與否都不敢確定了。

9.　　　唯有那些已經完全放下排斥心態的人，才可能知道自己是不可能被排斥的。[2] 你並沒有篡奪上主的大能，你只是把它失落了。[3] 幸好，失落並不表示它消失了。[4] 你只是忘記自己把它放到哪兒去了。[5] 它的存在不是靠你能否指認出它，也不是看你要把它置於何處。[6] 你只需不加評判地正視真相，單純地知道它就在那兒，這一點你是可以做到的。

10.　　　平安是靈性的天賦遺產。[2] 每個人都有拒絕自己遺產的自由，卻沒有建立遺產的自由。[3] 每個人必須在創作權這個基本問題上作個決定。[4] 一旦否定了上主的創作權，種種恐懼必然乘虛而入，而恐懼滲透的過程又十分曲折詭異。[5] 它真正冒犯的絕不是上主，而是那些否定祂的人。[6] 否定了上主的創作權，就等於否定了自己的平安之源；結果，你看到的只是一個支離破碎的自己。[7] 這種怪異的自我觀，歸根究柢，就是主權問題。

11.　　　世上的人多多少少都有被囚的感覺。[2] 如果這是自由意志所帶來的下場，那麼他不得不承認他的意志並非自由的，否則，他就落入了循環論證的死胡同。[3] 自由意志必須導向自由才對。[4] 評判，對人即是一種「囚禁」，因它隨著自己起伏不定的欲望而把對方的真相切割得支離破碎。[5] 希望，並非事實。[6] 寄予希望，影射出只憑意願是不足以成事的。[7] 然而，活在正念中的人，不會相信自己「希望」之事和「切願」之事具有同等的真實性。[8] 聖經上「你們該先尋求天國」這一句話，應改為「你們該先切願天國」，這才表示「我知道自己的真相，我願接受天賦的遺產」。

柒．創造與自我形象之別

1.　　　每一個思想體系必然有它自己的出發點。[2] 它不是始於妄造，就是始於創造，我們已經討論過兩者的不同了。[3] 它們相似之處在於兩者均具有奠定基礎的能力。[4] 它們相異之處則在於這基礎上打造出來的一切。[5] 兩者各自為不同的人生信念體系奠基石。[6] 可別以為建立在謊言之上的思想體系必然脆弱不堪。[7] 凡是出自上主兒女之手的，切莫低估了它的威力。[8] 你必須徹底明

白這一點，否則很難掙脫自己打造的牢籠。

2.　　藐視自己的心靈能力，解決不了你的主權問題。² 這樣做，只是一種自欺而已，受害的還是你自己，因為你骨子裡其實很清楚心靈的力量。³ 你也明白，自己無法削弱它，就好比你無法削弱上主的力量一樣。⁴「魔鬼」是一個可怕的概念，因為他顯得功夫高強，而且活躍非常。⁵ 人們視他為上主的對頭，不斷在與上主爭奪造化的地盤。⁶ 魔鬼一向是靠謊言行騙，他國度裡的一切處處與上主針鋒相對，水火不容。⁷ 然而，對於人，他從不用蠻力，只會引誘，而真有人會為那些一文不值的禮物而「出賣」自己的靈魂。⁸ 確實不可思議。

3.　　我們雖已討論過人類的墮落或是天人分裂的問題，但你仍有進一步明瞭它們的必要。² 天人分裂之境其實是一種思想體系，雖然不存在於永恆中，但在時間領域內卻真實得很。³ 所有的信念對信者而言都是真的。⁴ 在象徵性的伊甸園裡，只有一棵樹上的果子是「禁」果。⁵ 上主不可能真的禁止人們食用的，否則沒有人能夠吃得到它。⁶ 如果上主深知自己的兒女（我敢跟你保證，祂清楚得很），祂怎會把他們置於一個可能自招毀滅的處境？⁷ 這棵「禁樹」竟被後人稱為「知識之樹」。⁸ 其實，上主早已平白地把自己創造的真知賜給了祂的造化。⁹ 後人為此象徵故事演繹出許許多多的詮釋；我敢保證，任何詮釋，只要認為上主或祂的造化可能毀掉生命的終極目的，必是謬誤的。

4.　　偷吃「知識樹」上的禁果，象徵著人們篡奪了「自我創造」的能力。² 只有在這一事件上，上主和祂的受造物不是「創造同工」。³ 但在你的「自我概念」中或是想要打造自我形象的私心下，處處影射出你真的相信那是你與上主共同創造的結果。⁴ 形象需靠知見能力才能看見，不是靠真知。⁵ 真知不可能欺騙，知見卻會蒙蔽人。⁶ 你可以把自己視為自我創造的結果，可是你最多只能如此相信罷了。⁷ 你無法把它變成事實。⁸ 我以前說過，等到你的知見獲得修正之日，你必會十分慶幸自己沒有弄假成真的本事。⁹ 在那以前，你自認有此能耐的信念即是你那套思想體系的基礎，而你所有的防衛措施都會用來打擊或抵制任何可能讓真相大白的觀念。¹⁰ 你始終相信你是自己造出的一個形象。¹¹ 你的心靈就在這一節骨眼上與聖靈分道揚鑣了。只要你還相信那不

可理喻之念，你就永遠找不到出路。[12] 你不只會因此而失去創造
能力，還會對自己妄造出來的一切心懷戒懼。

5.　　　心靈能使分裂信念變得十分眞實又極其可怕，這個信念便是
「魔鬼」。[2] 他威力無窮，活躍非常，破壞力極強，公然與上主
對抗，因爲他徹底否定了祂天父的身分。[3] 正視一下你的生活，
看一看魔鬼已經把你的生活搞成什麼樣子。[4] 但你心中明白，他
的伎倆在眞理之光前不堪一擊，只因它建立在謊言之上。[5] 你是
上主的創造，沒有任何人搖撼得了你這個「存在基礎」，因爲
它充滿了光明。[6] 眞理是你生命的起點，你必將回歸這一終極之
源。[7] 在過渡期間，你歷盡滄桑，看盡榮衰，其實什麼也不曾發
生過。[8] 縱然你心中衝突迭起，你的自性（Self）始終活在平安之
境。[9] 你此刻活得惶惶不安，只因你回歸得還不夠徹底。[10] 當你
愈來愈接近那個「源頭」時，你會開始害怕自己的思想體系瀕臨
毀滅，那種恐懼與死亡無異。[11] 雖然沒有死亡這一回事，可是人
對死亡的信念卻是千眞萬確的。

6.　　　「不結果實的樹枝就應砍下來，任其枯萎。」[2] 你應該爲此
而高興才是。[3] 光明將由生命眞實的「基石」上照耀四方，你的
思想體系必須「經得起」修正。[4] 否則它就「經不起」存在。[5] 你
若害怕救恩，就等於自取滅亡。[6] 生命與死亡、光明與黑暗、眞
知與知見是勢不兩立的。[7] 你若相信它們可以和平共存，就表示
你相信天父與聖子是無法和平共存的。[8] 只有一體不分的眞知方
能免於衝突。[9] 你的天國不在這個世界，它是出自超乎此世的天
恩。[10] 在世上，主權歸屬的問題才是關鍵所在。[11] 人不是靠死亡
而超脫世界的，他靠的是眞理；天國爲他而造，且等著他的歸
來，爲此，他終有一天會「知道」這一眞相的。

第四章　小我的幻相

導　言

1. 　　聖經有言：你的弟兄若要求你與他同行一段路，你應該陪他同行兩倍的路程。[2] 這當然不是建議你陪他一起倒退。[3] 為弟兄效勞，絕不會耽擱你的行程，[4] 只會加速雙方的齊頭並進。[5] 任何誠心的奉獻，都會激發人的靈氣（inspiration），這字正好是疲憊的反義詞。[6] 疲憊等於活得了無靈氣（dis-spirited），而充滿靈氣表示活在靈性裡（in the spirit）。[7] 你若以小我為中心，必會使你失去靈氣；但若能真誠地以自性（Self）為中心，你必會充滿靈氣或活在靈性裡。[8] 徹底受靈性啟發之人堪稱為覺者，他不再活於黑暗中。

2. 　　你可以從靈性或小我的角度發言，這一選擇操之於你。[2] 你若由靈性發言，表示你決心「靜下心來，知道我就是上主」。[3] 聖經這句話確實來自於「啟示」，因為它反映了真知。[4] 你若由小我的角度發言，表示你不僅沒有肯定真知，還為它作了反見證，使你活得了無靈氣。[5] 放棄那些百害而無益的旅程吧！它們真的只會讓你白忙一場。[6] 不論小我多麼依戀過去的路途，靈性絕不會取道於此，因為它永遠不願背離自己的生命源頭。

3. 　　通往十字架的道路可算是最後一條「無用之旅」了。[2] 你無需在那兒徘徊流連，事過境遷之後，就讓它過去吧！[3] 唯有當你能夠將它看成最後的一趟「無用之旅」，你方能從中脫身而出，與我結合於復活之境。[4] 在這以前，你只是在虛擲生命，[5] 反覆重演同一戲碼：分裂的經驗，沉淪的滄桑，以及小我回天乏術的彌補工程；最後，只好把身體送上十字架，也就是死亡。[6] 在你甘心徹底放棄這條路以前，你的人生只能這樣周而復始地循環下去。[7] 別再「抱著這破敗的十字架不放」，沒有比這更可悲的錯誤了。[8] 十字架的訊息其實只有一個，即你有戰勝十字架的能力。[9] 在那以前，你甘願釘死自己多少次，是你的自由。[10] 但那絕不是我所傳給你的福音。[11] 我們可以取道另一條路，只要你願意用心研讀我給你的這些教材，它們保證會送你上道的。

壹．正授與正學

1.　　稱職的教師不只能夠傳道解惑，還會在教學之際鞏固所傳的觀念。²老師與學生的學習過程其實是一樣的。³他們都在學習的階段，除非雙方確有共修的意願，否則他所教的會缺乏說服力。⁴好的老師必然相信自己傳授的理念，此外，他還需具備另一條件，就是對自己所教的學生，具有一定的信任才行。

2.　　大部分的人都會小心護守著自己的理念，企圖保護原有的思想體系；然而，學習意味著改變。²改變，對分裂中的人而言是非常可怕的事，因為他們無法想像那一步能夠療癒自己的分裂生命。³他們通常會認為那一步只會加深原有的分裂，因為他們的第一個改變經驗就是分裂。⁴你竊自相信，只要不讓任何改變來打擾小我，你就會平安無事。⁵你的迷惑如此之深，主要因為你竊望自己的思想體系能夠腳踏兩條船。⁶凡是出自小我的，絕不可能通往靈性；凡是出自靈性的，也不可能通向小我。⁷靈性既無法助長小我，也無法幫它減輕內在的衝突。⁸小我本身就是矛盾。⁹你的自我與上主的自性向來勢不兩立。¹⁰不論從兩者的緣起、發展取向及後果結局來看，它們都是截然相反的，¹¹絲毫沒有和諧共存的餘地，因為知見無法了解靈性，而小我又沒有真知的本事。¹²因此，它們之間可說是天人永隔，永無交流的可能。¹³幸好，小我尚有學習的能力，雖然它的主人常被誤導。¹⁴然而，不論怎麼誤導，他都無法把生生不已之物改造為了無生命之物的。

3.　　靈性無需受教，小我卻有待教導。²小我對學習必然視之為畏途，因為學習雖然不至於毀滅小我，卻會使小我消失於靈性光明中。³小我不可能不害怕這種改變，因為它沒有一點我的善心仁意。⁴我所經歷的人生課程與你一樣，只是我已學成，方能傳授於你。⁵我絕不會攻擊你的小我，只願教你看出小我的思想體系究竟是如何形成的。⁶在我幫你憶起你的受造真相之際，不可能不引起小我的恐慌。

4.　　「教與學」算是你此生最大的本事了，因為它們不只潛移默化你的心靈，還能幫助別人回心轉意。²你若拒絕改變自己的

心念，你便無法證明分裂其實不曾發生過。³ 仍舊沉迷於夢境之人，縱使懷疑此夢的真實性，仍不足以療癒他分裂的心靈。⁴ 你會夢見一個分裂的小我，而且相信它所在的世界。⁵ 那一切會對你顯得真實無比。⁶ 你若不改變自己對它的看法，你是不可能化解小我夢境的。⁷ 唯有等到你心甘情願地放下保護小我之職，向我打開它整個思想體系，我才能溫柔地幫你修正過來，將你領回上主那兒。

5. 　　任何良師都希望能盡其所能地傾囊相授，目的是讓學生有朝一日不再需要他的指導。² 這是老師唯一真正的目標。³ 小我卻不信這一套，因為這與它的運作法則完全背道而馳。⁴ 可是別忘了，任何法則本來就是為了保護及維繫立法者所相信的體系而制定的。⁵ 你一旦造出小我之後，它自然會設法保護自己；但是，要你服從小我的法則，對你則不是那麼自然的事，除非你死心塌地相信它。⁶ 基於小我源頭的本質，它沒有作此選擇的能耐。⁷ 但基於你生命源頭的本質，你是能夠作此選擇的。

6. 　　小我不論在任何環境下都會引發衝突，靈性卻沒有激起衝突的可能。² 如果老師在你眼中只是「一個更大的小我」，你當然會心生畏懼，因為膨脹一個小我，必會加深分裂的焦慮。³ 你若能以我的方式思維，我就能與你一起教人，與你一起生活，但我最後的目標是解除你對老師的需求。⁴ 這與志在壯大小我的老師恰好背道而馳。⁵ 他在意的常是自己的小我對其他小我的影響力，他把小我之間的互動當成保全小我的手段。⁶ 我若相信那一套，就不可能勝任這一教學任務了；你若相信那一套，你也不可能成為一位勝任的老師。⁷ 我在世人心目中一直扮演著為人師表的角色，不是被人抬舉，就是遭人排斥；我對這兩種心態，一向難以接受。

7. 　　你的價值不是靠「教或學」來評定的。² 你的價值取決於上主。³ 只要你對此還有異議，那麼，不論做什麼，你都會戰戰兢兢，尤其當你面對任何可能激起優越感或自卑感的環境。⁴ 教師必須耐性十足地重複所教的課程，直到學生學會為止。⁵ 我心甘情願這樣做，因為我沒有權利為你的學習過程設限。⁶ 容我再重複一次，你的所行、所思、所願或所造，都不足以評定你的價值。⁷ 這一點是不容爭議的，除非在你幻想出來的世界裡。⁸ 你

壹・正授與正學

的小我從來就不是問題，因爲上主從未創造過它。⁹你的靈性也從來不是問題，因爲上主親自創造了它。¹⁰你若對此仍然感到迷惑，表示你已落入了幻境；這個幻覺一日不除，任何精進與虔誠都是枉然的。

8. 　　小我爲了克服自己的種種懷疑，會利用一切外物來抬高自己的身價。²只要你還相信小我的存在，你就不能不認眞質疑它。³縱然它是你自己的傑作，你卻感到難以信任，因爲仍存於你內的那個正見明知小我不是眞的。⁴你只有一個神智清明的解決辦法，就是不認同小我企圖改變眞相的可怕陰謀，而接受本來眞相。⁵你是眞相的一部分，永恆不易，那不是你的小我所能高攀之境，對靈性而言卻是唾手可得。⁶當你害怕時，靜下心來，便會知道上主是眞實不虛的，而且你是祂的愛子。⁷不要讓你的小我抹滅這一事實，因爲小我不可能知道你的眞相，只因那遠非小我的能力所及。

9. 　　恐懼不是上主的創作。²它是你的傑作。³因爲你存心選擇不按祂的方式創造，才會爲自己帶來恐懼。⁴由於你沒有實現自己的天賦使命，故而心靈不得安寧。⁵你不願響應上主賜你的崇高任務。⁶小我寧願活在恐懼中，也不肯服膺這一天命。⁷有朝一日，你覺醒之後，一定會對此百思不解，因這實在不可思議。⁸**你現在就可以不相信這不可思議的事**。⁹你若還想說服自己相信它，最多只是稍微耽擱那註定的結局而已。¹⁰「命中註定」一詞對小我是很可怕的字眼，卻是靈性最悅耳的聲音。¹¹上主是我們的「宿命」，你躲避不了祂，正如祂也躲避不了你。

10. 　　小我很怕靈性的喜悅，因爲你一旦嚐到那一滋味，就會撤銷小我所有的防衛措施，完全不想與恐懼廝混下去了。²你目前與恐懼混得如魚得水，因爲恐懼等於是分裂狀態的活見證，只要你還爲分裂之境撐腰，小我便喜不自勝。³放下恐懼吧！⁴別再聽信它了，也別再護著它了。⁵唯獨聆聽上主吧！祂絕不會欺騙你，一如祂所造的靈性。⁶釋放你自己吧，你也會同時釋放了別人。⁷切勿向人展示你那卑微又不實的形象，也絕不接受別人顯示於你的假相了。

11. 　　小我已爲你建築了一座無法遮風蔽雨的家園，因爲這是它僅

55.

有的能耐。² 不要再設法維護這搖搖欲墜的茅舍了。³ 它的不堪一擊正是你力量的所在。⁴ 唯有上主建造的家園，才配祂的造化居住；可是他們卻自甘放棄，任其荒蕪。⁵ 祂的家園始終屹立不搖，早已準備就緒，只等著你作出「回家」的抉擇。⁶ 只有這一點，你能夠全然肯定。⁷ 上主不可能創造出可朽之物，同理，小我也營造不出任何永恆的。

12. 　若憑小我之力，你是解救不了自己或任何人的；你若藉助於靈性，不論爲自己或他人，你卻無所不能。² 謙遜是小我的必修課程，但不是爲靈性而設的。³ 靈性超越謙遜之上，因它已認出了自己的光芒，並且樂於將此光明遍照四方。⁴ 「溫良的人將接受大地的祝福」，只因他們的小我不再妄自尊大，才可能獲得比較眞實的知見。⁵ 天國是靈性的天賦產業，它的莊嚴美麗不容置疑且不可思議，它永恆屹立，顯示了上主對造化的愛；祂的造化完全配得上祂，而且只與上主門當戶對。⁶ 正因他們是上主親自創造的生命，除了天國以外，沒有任何禮物值得他們珍惜。

13. 　只要你願意，我就能取代你的小我，但絕不會取代你的靈性。² 作父親的，會放心地把孩子交託給充滿責任感的長子照顧，卻不致混淆誰才是孩子的生父。³ 作兄長的能夠保護孩子的肉身及小我，但他不會因而誤以爲自己是孩子的生父。⁴ 我之所以受託照顧你的肉身與小我，是因爲我能教你看出身體的微不足道，使你不再爲它們操心掛慮。⁵ 正因我自己也曾一度相信過身體，我才能體諒你對它們的重視與執著。⁶ 讓我們一起開始學習這一課程，然後一起由它們的束縛中解脫。⁷ 我需要有奉獻精神的老師，與我一起致力於療癒心靈的大業。⁸ 靈性則無需你我的保護。⁹ 請記住這一點：

　　¹⁰ 在這世界，你無需苦難的考驗，因為我已戰勝了世界。
　　¹¹ 為此之故，你該活得歡欣鼓舞才對。

貳. 小我與錯誤的自主權

1. 　究竟心靈是怎麼營造出小我的？這話問得合情合理。² 其

實，這可說是你所能提出最上乘的問題了。³然而，我們不宜把它當作過去事件來回覆這一問題，因為只要是過去的，便已無足輕重；若非是你此刻仍在重複同一錯誤，否則，就沒有所謂的「歷史」可言。⁴由於真知是完全不具個人特質的，它的思維極其抽象，具體實例無法幫你領悟真知之境。⁵反之，知見則各有所指，因此相當具體。

2.　　　每個人都會為自己打造一個小我或自我；由於小我的不穩定性，必然隨波逐流且變幻莫測。²他還會為自己眼中的人打造出同樣令人捉摸不定的小我來。³他們的小我會藉著彼此的互動而相互改變，因為它們不是出自「如如不動」的那一位。⁴你必須明白，心靈層次的互動，和形體上的交往一樣，都會帶來這種改變。⁵你對另一個小我作何想法，與有形的交往一樣，都有改變你們對彼此看法的功效。⁶沒有比這更能證明「小我只是一個觀念，而非實體」的實例了。

3.　　　你目前的心境就是顯示小我形成過程的最佳範例。²你把真知拋到九霄雲外，好似與它素昧平生。³事實擺在眼前，只要瞧一瞧自己的現狀，你便不難明白確有這麼一回事。⁴既然你現在可能做出這種事情，為何驚訝自己過去也曾幹了類似的事情？⁵對陌生的事感到驚訝是情有可原的，可是對自己不斷在做的事情感到訝異，就很難自圓其說了。⁶可是，千萬別忘了，即使你心靈目前是這樣運作的，它其實無需如此運作下去。

4.　　　試想動物對自己的幼犢之愛，牠們本能地感到有保護的必要。²只因動物視己之所出為自己的一部分。³沒有人割捨得下自己生命的一部分。⁴你對小我的感覺和上主對造化的心態如出一轍，都會無比愛憐地加以呵護。⁵你對待自己打造出來的「我」的心態一點也不令人意外。⁶實際上，你將來也會以同樣的心態對待自己的創造（也就是與你同樣永恆真實之物）。⁷問題不在於你應怎樣對待小我，而在於你相信自己究竟是什麼。⁸相信，屬於小我的功能，只要你對自己的起源還得依靠信念來支撐，表示你仍陷於小我的認知裡。⁹當你完成學習階段之後，你只是純然地「知道」上主。¹⁰但是，你若相信還有另一種認知的方式，這可說是小我觀念中最高明的一種了。¹¹因為它至少隱約認出小我並非你的真我或自性。

5.　　　瓦解小我的思想體系，在人的眼中必是一件苦差事，但事實絕非如此。[2]當你奪去嬰兒手中的刀剪時，他必會大哭大鬧；可是若不如此，他很可能會傷及自己。[3]由此比喻可知，你仍是一個嬰兒。[4]你絲毫不懂真正保護自己之道，你自以為需要之物，對你的傷害可能最大。[5]然而，不論你目前是否真正明白這一道理，至少你已同意與我合作了，朝著「不傷人」、「多助人」的方向努力，這兩種心理素質必須齊頭並進才行。[6]縱然如此，你的心態仍會衝突迭起，因為它畢竟還是以小我為基礎。[7]但這一狀態不會持續太久。[8]你只需耐心堅持一下，隨時提醒自己，最後的結局會與上主本身一般屹立不搖的。

6.　　　唯有時時刻刻感到自己真的很富裕之人，才可能真正行善愛人。[2]只要你深思一下愛心善行的真正內涵，便會明白此言不虛。[3]對小我而言，任何施捨都暗示著所施之物從此就失去了。[4]若再把施捨與犧牲聯想在一起，你必須先相信自己遲早會得到更好的回報，才會捨得給予，也才忍受得了給出之後的一時之缺。[5]小我的運作方式脫離不了「為得到而給予」的基本模式，而且會根據與其他小我的關係來評估自己。[6]匱乏的信念會在小我心中揮之不去，因為小我正是匱乏信念的產物。[7]小我之所以把其他小我如此當真，其實是為了證明自己也是真的。[8]小我心目中的「自我尊嚴」，說穿了，不過是誘導自己接受小我的真實性，暫時降低自己的侵略性而已。[9]這種「自尊」心理其實是經不起打擊的，任何一點壓力在小我心中都成了生死存亡的問題。

7.　　　小我實際上是靠比較而存活的。[2]眾生平等的觀念非它所能理解，以愛心相待也非它能力所及。[3]小我的給予絕少出自富裕之心，因為小我的誕生就是為了取代富裕之心的。[4]為此，小我的思想體系才會生出「獲取」的觀念。[5]連食慾也是一種「取得」的生理結構，顯示小我有待你不斷滿全它之所需。[6]不只生理食慾需要滿全，即使是所謂的「小我的高等需求」莫不如此。[7]生理食慾的起源並非生理性的。[8]小我以身體為家，設法透過身體來滿足自己。[9]然而，這個餿主意基本上是出自心靈的決定，因為心靈對自己的真正能耐已經徹底迷惑混淆了。

8.　　　小我相信自己是完全獨立自主的生命，這不過是它對自己的起源的另一種表述而已。[2]它一旦陷入這可怕的處境，就不得不

求助於其他小我，不論是「合縱」而建立聯盟，或「連橫」而發動攻擊，它都會感到草木皆兵，動輒得咎。[3] 可是它絕不允許自己質疑那假定的前提，因為那前提乃是它的存在基礎。[4] 小我就是人心中認定「自己是完全獨立自主」的那個信念。[5] 小我雖然鍥而不捨地爭取靈性的認可，以肯定自己的存在，卻始終無法得逞。[6] 靈性在真知內不可能意識到小我的存在。[7] 它也不會攻擊小我，因為小我對它而言，純然「不可思議」。[8] 小我也一樣意識不到靈性，只會感受到有個比它更大的東西始終在否定它的存在。[9] 由此可知，小我心目中的「自尊」只是一種自欺而已。[10] 上主的造化是不會創造神話故事的，可是創造的能力卻可能誤用到神話故事裡。[11] 結果只有一種可能，即是那些妄造出來之物從此喪失了創造力。[12] 神話純粹屬於知見層次，形式上顯得玄玄虛虛，本質上更擺脫不了善惡對立，因此，即使從它們最好的一面來講，也不免包藏禍心。

9.　　神話（myth）和怪力亂神（magic）之間可說是款曲互通，因為神話與小我同出一源，而怪力亂神之術則是小我賦予自己的能力。[2] 神話的思想架構通常都少不了「天地創始」的故事，離不開怪力亂神的解說。[3] 所謂「適者生存」之戰，其實就是小我的自我保衛戰，解釋自己其來有自。[4] 它通常會把自己的起源與身體的誕生聯想在一起，因為小我根本說不出自己誕生以前的存在。[5] 一群比較「富有宗教情操」的小我，則相信靈魂存在於身體之先，而且是永續的存在，只是一時落入小我的世界裡而已。[6] 有些人甚至相信靈魂將會因這一淪落而遭受天譴。[7] 其實，救恩對靈性一無所用，因為靈性始終安然無恙，不待任何拯救。

10.　　救恩說到究竟，不過是指心靈恢復了正見而已，它尚未達到聖靈的一體心境，卻是回歸一體心境的必備功夫。[2] 正見能將心靈自動導向下一階段，由於正見不含任何攻擊性，使得妄見毫無立足之地。[3] 一旦放下判斷之心，小我便無以為繼，自然銷聲匿跡。[4] 於是心靈只剩下一個去處。[5] 心靈會亦步亦趨地跟隨它所依附的思想體系前進。

11.　　修正知見，只是一時的權宜之計而已，這話不論重複多少次都不為過。[2] 只有當妄見遮蔽真知時，才有修正的必要，因為唯有正確的知見堪為真知的跳板。[3] 正見最大的貢獻在於讓你明白

「所有的知見最後都是多餘的」。⁴ 這一竿便足以打翻小我整條船。⁵ 你也許會問，好似活在世間的人，怎麼可能做到這一點？⁶ 這話問得很有道理。⁷ 但你得警覺自己是否眞的了解這個問題。⁸ 活在世界上的那個「你」究竟是誰？⁹ 靈性既是不朽的，不朽之境必然如如不動。¹⁰ 不僅現在如此，過去如此，未來的靈性也是如此，因爲它千古不易。¹¹「不易」指的不是一種「延續性」，你也無法根據靈性的反面意義去了解它的。¹² 眞知中是沒有對立的。¹³ 這是眞知與人心所有認知方式的根本不同之處。

參. 沒有衝突的愛

1. 　　「天國就在你內」，這句話確實令人費解。² 因爲這不是小我所能懂的事，它最多只會把此話理解爲：原本在外之物成了我內在之物。這一詮釋實在沒有多大的意義。³ 其實連這個「內」字都是多餘的。⁴ 天國「就是」你。⁵ 除了你以外，造物主還創造過什麼東西？除了你以外，祂豈有其他的天國？⁶ 整體遠超過部分的總合，這句話道盡了救贖訊息的全部內涵。⁷ 你也有一個天國，是你的靈性創造出來的。⁸ 它並沒有因爲小我的幻相而中止它的創造。⁹ 你的創造和你本人一樣，均非鰥寡孤獨之輩。¹⁰ 小我永遠不會成爲靈性的創造同工，你的靈性卻始終是造物主的創造同工。¹¹ 你所創造之物和你自身一樣安全無虞，對此，你一定要有信心。

　　　¹² 天國是完美的一體，徹底安全無虞，小我永遠侵犯不了它。¹³ 阿們！

2. 　　我故意把這句話寫成禱詞的形式，因爲這形式會在你面對誘惑之際發揮大用。² 它等於是一篇獨立宣言。³ 你若全面了解它的意義，就會發現它妙用無窮。⁴ 你之所以需要我的援助，是因爲你否定了自己內在的神聖嚮導，故才有待我的指引。⁵ 我的任務只是幫你分辨眞僞，使眞理能夠突破小我的種種障礙，而在你心中大放光明。⁶ 只要我們同心協力，小我便難以逞能。

3. 　　如今你終於明白了，爲什麼小我會視靈性爲「敵」。² 小我

是分裂之後的產物，只要你相信天人分裂一天，它就繼續存在一天。³小我必會設法獎勵你堅守這一信念。⁴然而，它的獎勵不過是給你一個暫時的存在感，以它的開始作為你生命之始，以它的結束作為你生命的結束。⁵它告訴你，這一生便是你的人生，因為那正是它自己的一生。⁶靈性所給你的，與這種暫存感截然相反，是恆常不變、如如不動的真知。⁷凡是有過這類啟示經驗的人，再也不可能全然相信小我了。⁸小我微不足道的禮物怎麼抵制得了上主偉大的恩賜？

4.　　凡是與小我認同的人，便無法相信上主是愛你的。²你無法愛自己所造的一切，你所造之物也不可能愛你。³小我既是由否認天父而生的，它自然也不會忠於自己的製造者。⁴你如此痛恨自己所造的自我，自然難以想像上主與造化的真正關係。⁵你一邊把分裂的決定歸咎於小我，一邊又對親手打造出來的小我戀戀不捨，內心勢必充滿衝突。⁶人間沒有一種愛不是愛恨交織的，世上也沒有一個小我嚐過毫無衝突的愛，那對它簡直是不可思議。⁷只要心靈真正想要愛，愛必會出現眼前，但它不能三心兩意。⁸換句話說，這渴望不能夾雜愛恨交織的情緒，毫不受制於小我想要「取得的本能驅力」。

5.　　有一種經驗，與小我給你的一切截然不同，只要經歷過一次，你再也不願掩飾或隱藏它了。²請容我再提醒你一次：正因你如此相信黑暗，存心隱藏真相，才使得光明不得其門而入。³聖經多次提到「天賜於你的無限寶藏」，可是你必須親自去要才行。⁴這一條件與小我對你的種種設限大不相同。⁵它彰顯出你之為你的崇高偉大。

6.　　世間沒有任何比你的意志更強大且尊貴的指引力了。²從這一點來講，你與上主一般自由，而且永遠如此。³讓我們一起因我之名而祈求天父，讓你隨時覺知祂對你的愛以及你對祂的愛。⁴祂絕不會讓這一祈求落空的，因為你求的正是祂一心所願之事。⁵凡真心呼求祂的人，必會如願以償。⁶「除了上主，你不可朝拜其他神明」，只因除祂以外，沒有任何神明存在。

7.　　打從心底，你不曾真正想要放棄所有與真知相反的觀念。²你始終抓著形形色色無謂的恐懼不放，使得至聖者難以進入你

的心房。³ 光明無法穿透你故意搭起的屏障，它也無意摧毀你打造的一切。⁴ 沒有人能夠透視一座牆壁，但我仍有辦法繞過它。⁵ 小心你心裡此起彼落的恐懼，否則你是不可能求我助你一臂之力的。⁶ 我幫助你的方式不可能違反天父創造我們的初衷。⁷ 我會愛你、敬你，尊重你營造的一切；可是，除非那一切是真實的，否則我不會為你護守。⁸ 我絕不會遺棄你，正如上主不會遺棄你一樣；可是你若決心遺棄自己，我只好等待下去。⁹ 我會在愛心與耐心中等待，終有一天你會回心轉意，向我發出真實的祈禱。¹⁰ 只要你的祈求一心不二，我必會親自答覆的。

8. 　　你不妨仔細看看自己究竟在求什麼？² 你在這事上必須對自己非常誠實，我們之間不能有任何隱瞞。³ 只要你真有此心，你就已經邁出了第一步，為至聖者的來臨備妥你的心靈。⁴ 讓我們攜手耕耘，因為祂一旦降臨你心中，你便能幫我培養其他心靈迎接祂的來臨。⁵ 你究竟打算將祂拒於天國門外多久？

9. 　　你的解放宣言其實就在你的心內，縱使小我一味否認此事。² **上主早已賜了你一切**。³ 這個事實便已否定了小我的存在，令它戰慄不已。⁴ 在小我的詞彙中，「有」（having）與「是」（being）是兩回事；但對聖靈而言，兩者全然同義。⁵ 聖靈深知你既「有」一切，又「是」一切。⁶ 只因你曾幾何時接受了「有所得」的觀念，而它影射出一種欠缺，「是」與「有」才出現了不同的含意。⁷ 這就是為什麼我們從不區分「你有天國」與「你是天國」兩種說法。

10. 　　你神智清明的那一部分心靈始終完美地享有天國的寧靜，這寧靜卻被小我所統轄的那一部分心靈無情地驅逐，令你無福消受。² 小我不論是在睡眠或清醒的狀態，都在作困獸之鬥，毫無勝算可言。³ 想一想，你為了保護小我，心甘情願地枕戈待旦，你在護守正見方面，戒備卻如此鬆懈。⁴ 除了神智失常之人，誰會如此死心塌地地相信虛幻不實之物，甚至不惜否定真相來維護這一信念？

肆. 無需如此

1. 　　你若無法聽見上主的天音，那是因你已決心不聆聽之故。

² 你的心態、感受和表現充分反映出你對小我的聲音言聽計從。³ 這才是你真正想要的。⁴ 這才是你奮力爭取及護持之物。⁵ 你千方百計想要挽救小我的面子，根本無心尋求基督的聖容。⁶ 小我寧可從陰暗的鏡子裡去看自己的面容。⁷ 因為只有在這類鏡子中，小我才能繼續玩弄它的存在把戲。⁸ 至於你想由哪面鏡子去看自己，完全操之於你。

2. 我曾說過，改變行為無助於改變你的心靈；但我又一再強調，你的心靈是可以改變的。² 你的情緒透露出你已作了一個錯誤的選擇，尤其是當你心情不佳時，你應知道，**其實無需如此**。³ 不論是什麼問題，都表示你把上主所創造的那位弟兄想錯了，你所看到的只是你的小我在那陰暗鏡子裡反映的形象而已。⁴ 不妨捫心自問一下，你有多少想法是上主想都想不到的，又有多少念頭是上主願你想而你不願去想的？⁵ 誠實地反省一下自己所做的一切，以及自己該做而未做的一切；然後，改變你的心念，試著以上主的心態去想。⁶ 這看起來似乎很難，其實這種想法遠比逆向思維容易多了。⁷ 你的心靈與上主天心原是一體的。⁸ 否定這一事實的另類想法，只會鞏固小我，而使你的心靈一分為二。⁹ 身為你摯愛弟兄的我，最關切的莫過於你的心靈，懇切求你效法我的榜樣去看待自己以及你的弟兄，一起把自己與他們看成神聖天父的崇高造化。

3. 當你哀傷之際，應知**其實無需如此**。² 唯有當你感到有人剝奪了你想要卻得不到之物時，憂鬱才可能乘虛而入。³ 請記住：唯有你自己的決定才剝削得了你，那麼，何不換個決定？

4. 當焦慮來襲時，你明白那只是小我在要脾氣，應知**其實無需如此**。² 你以前對小我是如何地言聽計從，你也可以同樣地警覺抵制小我的操控。

5. 當罪咎生起時，也請記住，小我確實違反了上主的天律，可是「你」並沒有。² 把小我的「罪過」交給我處理吧。³ 這就是救贖的宗旨。⁴ 然而，除非你先改變自己對小我所傷害之人的看法，否則連救贖都釋放不了你。⁵ 當你感到內疚之際，正是小我稱霸之刻，因為只有小我才可能生出罪惡感。⁶ **其實無需如此**。

6. 你的心靈應慎防小我的誘惑，不為它所欺才是。² 它不會給

你任何甜頭的。³當你決心不再活得了無靈氣，你便會看見自己的心靈竟能如此專注，足以擺脫疲憊而獲得療癒。⁴然而，你目前對小我的予取予求還不夠警覺，自甘受它的擺佈。⁵**其實無需如此。**

7.　　　只要你能積極抵制自己的雜念紛飛，便不難養成凡事都與上主及其造化攜手合作的習慣。²問題不在於你專注的定力如何，而是你先入為主的信念：沒有一個人（包括你自己在內）值得你如此鍥而不捨。³和我一起鍥而不捨地抵制這種自欺吧，別讓那微不足道的信念妨礙你的進步。⁴意志消沉對他們自己以及對我都沒有好處，而且唯有小我才可能消沉。

8.　　　你可曾認真反省過，有多少機會你可以讓自己快樂起來，有多少次你卻將它們拒之門外？²上主之子的能力原是不可限量的，但他若甘心的話，也可能限制自己的能力與表現。³你有能力將自己的心靈結合於我的心內，齊放光明而把小我驅離，使你的所思所行洋溢著上主的大能。⁴堅定你的心志，以此為你的唯一目標，絕不接受任何次要的目標。⁵小心防範你心中任何妨礙你達成目標的信念，盡量與它們保持距離。⁶你可以憑著感覺來判斷自己的進展如何，這不失為一種正確的判斷方式。⁷判斷就像其他的防衛伎倆一樣，可以用來攻擊或保護，傷害或療癒。⁸小我理當接受評判，露出自己的貧乏。⁹若非你的支持、保護及喜愛，小我是難以為繼的。¹⁰你必須撤去自己對它的支持、保護及喜愛，小我才可能受到公正的評判。

9.　　　你是真理的明鏡，上主自己的生命圓滿地照耀其中。²你只需對小我昏暗的鏡子說：「我不願往那兒看，因為我知道那個形象不是真的。」³讓至聖者以平安光照你，你知道只有這個才是必然的真相。⁴祂的天心在你受造的那一刻便已照耀著你，賦予你心靈真實的生命。⁵如今，天心仍然照耀著你，並且透過你而照耀出去。⁶你的小我阻擋不了上主照耀於你，卻可能阻擋祂想要透過你而照耀他人之願。

10.　　　基督的第一次來臨只是創造的別名，因基督即是上主之子。²基督的第二次來臨不過宣稱「小我結束統治」以及「心靈已獲療癒」而已。³在第一次來臨時，我和你都是受造；在第二次的

來臨，我邀請你與我共襄盛舉。⁴第二次來臨由我主司其事，我的審判，純粹是一種保護，不可能有誤，因爲它絕無攻擊之意。⁵至於你的判斷，由於早已扭曲了，使你認爲我揀選你基本上是一個錯誤。⁶我可以向你保證，這是你的小我所犯的錯誤。⁷千萬不要把它與謙遜混爲一談。⁸你的小我千方百計地想使你相信它是眞的，我才是假的；因爲倘若我是眞的，你的眞實性也不會低於我的。⁹我敢向你保證，這才是道地的眞知，它表示基督已經進入你的心靈，並已治癒了你。

11.　　我不會攻擊你的小我。²不論你在睡眠或醒寤中，我都會與你的高層次心靈（即聖靈之所在）攜手合作，一如小我與你低層次心靈（即小我之所在）的合作關係。³爲此，我爲你始終保持儆醒，因爲你已迷失到這種地步，認不出自己的希望所在。⁴我不會失誤的。⁵你的心靈遲早會選擇與我結合的；我們一旦攜手並進，必然所向無敵。⁶你與你的弟兄會相聚於我名下，而恢復了清明的神智。⁷我能使死者復活，因爲我知道生命是永生上主的造化，永遠不朽。⁸你爲什麼會相信，爲心神不堅的人堅定信心，或爲了無靈氣的人激發他的靈氣，對我是更難的事？⁹我從不相信奇蹟有難易之分，而你卻深信不疑。¹⁰我已召喚了你，你遲早會回應的。¹¹我了解奇蹟是最自然不過的事，因爲它是愛的流露。¹²我的召喚和你的回應不只是自然的，而且是必然的。

伍．「小我即身體」的幻相

1.　　世間萬物同心協力，純粹是爲人類的益處。²此言不虛，絕無例外，除非你聽信了小我的判斷。³小我殫精竭慮地把守意識的門檻，只允許它認可之物進來，這絕不是保持心靈平衡之道。⁴小我不讓你意識到它最深的動機，它爲了掌控你，不惜壓制你清明的神智，而使得小我的處境更爲失衡。⁵小我這種作風，有它不得已的苦衷，因它受制於那營造小我且要它效命的整套思想體系。⁶神智清明的判斷，必然與小我的判斷背道而馳，小我爲了維護自身的利益，不能不將它斬草除根。

2.　　構成小我處境失衡的主因，在於它無法分辨身體與上主聖念

之間的差異。[2] 小我無法接受上主的聖念，因爲它公然指出小我不存在這一事實。[3] 因此，小我不是加以扭曲，便是全力抵制。[4] 但它消滅不了上主的聖念。[5] 爲此，小我只好改用隱藏策略，不只藏起它「難以認同」的身體本能，連上主的聖念也一起打入了冷宮，因爲兩者對小我構成了同等的威脅。[6] 小我爲了自身的存亡，不能不把兩者都視爲同一威脅。[7] 唯有把它們打爲一丘之貉，小我才能不受其害；否則，眞知一旦現前，小我便無立足之地了。

3.　　只有神智失常的思想體系，才會把上主與身體混爲一談。[2] 然而，這一混淆正是小我存在的核心，它所有的判斷都是根據「有威脅」或「無威脅」而定的。[3] 從某一方面來講，小我對上主的恐懼可說是情有可原的，因爲「上主」的觀念確實否定了小我的存在。[4] 但是小我一樣害怕自己密切認同的身體，則毫無道理可言。

4.　　身體是小我親自選擇的居所。[2] 唯有與身體認同，小我才有安全可言，因爲身體的不堪一擊，是它證明你不可能來自上主的最好證據。[3] 因此小我才會不遺餘力地擁護這一信念。[4] 然而，小我又不能不痛恨身體，因爲它認爲身體不配作爲它的居所。[5] 這是心靈最感茫然無措之處。[6] 小我一邊告訴自己，我是身體的一部分，身體是我的保護者；一邊又告訴自己，身體無法保護我。[7] 於是心靈不能不問：「那麼我應向哪兒尋求保護才對？」小我會回答說：「投奔於我吧！」[8] 心靈會理直氣壯地反駁：小我一直強調自己和身體原是一物，求助於它的保護又有何用？[9] 小我對此質問啞口無言，因爲它確實無言以對；但小我還有它最拿手的一招。[10] 它乾脆把這問題由人心的意識中徹底抹去。[11] 問題一旦被小我剔除於意識之外，人心只會感到一股無名的焦慮，但既然連反問的餘地都沒有，便也永無獲得解答的機會了。

5.　　「我應向哪兒尋求保護？」這是你遲早都得提出的問題。[2] 聖經有言：「你們去找，終會找到的。」這並非叫你盲目地去找，拼命追求你根本認不得的東西。[3] 有意義的尋找，需要意識清明地開始、意識清明地策畫、意識清明地前進。[4] 應先把目標界定清楚，而且矢志不移，須臾不忘才行。[5] 學習，不能沒有眞心想學的渴望。[6] 當你相信自己有心學習之物對你極其重要時，

你的學習才會產生最佳效果。⁷ 然而，並不是你想學的每一件事情都具有持久的價值。⁸ 實際上，不少事情正因它們的價值短暫，你才會想要學它。

6. 　　小我認為不要投入任何涉及永恆的事物才是明智的選擇，因為永恆之物必然來自上主。² 永恆性是小我一直想要開發的能力，結果一敗塗地。³ 於是，小我只好在永恆的問題上頭妥協，這是它面對任何真實問題時的一貫伎倆。⁴ 它把注意力轉向外在的事物，藉此迴避真正切身的問題，冀望你從心底將它徹底忘懷。⁵ 小我愛在瑣碎事物上忙個不停，其目的不外乎此。⁶ 小我存心阻礙心靈的學習進度，它最愛玩的把戲就是讓你終日操心那些註定解決不了的問題。⁷ 這種牽制戰術使得身陷其中的人始終無暇反問一句：「這究竟是為了什麼？」⁸ 日後，不論你碰到什麼事情，都應學習如此反身自問。⁹ 這究竟是為了什麼？¹⁰ 不論目的為何，你都會身不由己地為它效力。¹¹ 目標一定，等於決定了你未來的努力方向；除非你中途改變主意，否則你會一直受制於先前的決定。

陸．上主的賞報

1. 　　小我辨認不出「威脅」背後的元兇；倘若你與小我沆瀣一氣，你便無法看清自己的真實處境了。² 小我是靠你對它的忠誠來控制你的。³ 我在談論小我時，好似在說一個獨立自主之物。⁴ 我必須如此，才能說服你切莫對它掉以輕心，我必須讓你意識到，你的想法如何受制於小我。⁵ 然而，這樣放縱小我是很危險的，它會讓你相信，只要你存在一天（更確切地說是，你相信自己活在世上一天），生活便免不了衝突。⁶ 小我不過是你對自己的一種信念而已。⁷ 你還有另一生命，完全不受小我干擾地繼續存在，即使你存心與它斷絕關係（dissociation），也改變不了它分毫的。

2. 　　在你想由幻相解脫的學習過程中，切勿忘懷你對弟兄的虧欠。² 那也是你對我的虧欠。³ 每當你以自我中心的態度待人時，表示你甘願拋棄你欠我們的這份恩澤，以及此恩澤所帶給你的神

聖知見。⁴ 我之所以採用「神聖」二字，因為只要你明白了自己從整個聖子奧體（我也幸為其中的一份子）所蒙受的恩澤，你的知見就離真知不遠了。⁵ 真知能夠輕而易舉地跨越它們之間微乎其微的間隙，使它蕩然無存。

3.　　　　至今，你對我仍然缺乏信任，然而，只要你常常問道於我，而不求助於你的小我，你的信任便會日漸增強。² 使你愈加心悅誠服，這才是你唯一能作的清明選擇。³ 如果一個選擇能帶給人平安與喜悅，另一個則帶來混亂與災難。只要有過切身經驗的人，哪還需要更多的勸說？⁴ 通過實質獎勵遠比經由痛苦學習的效果要好得多，因為痛苦是小我的一種幻相，它的效用極其短暫。⁵ 至於上主的賞報，你當下就能認出它的永恆價值。⁶ 只有你能認出這點，小我無此能力，這一體認便足以證明你和小我不是同一物。⁷ 你也許認定自己早就明白它們的不同，其實你從未真正相信過這一點。⁸ 你認定自己必須掙脫小我的控制這一事實，便是最好的證明；而且你是無法藉由羞辱、控制或懲罰小我而擺脫它的控制的。

4.　　　　小我與靈性是互不相識的。² 分裂之後的心靈只能靠斷絕關係來繼續分裂下去。³ 這樣一來，它連帶否定了所有天賦於己的真實本能，這並不是因為小我確是一個獨立自主之物，而是你想要相信自己是一個獨立的生命。⁴ 而小我本身乃是維繫你這信念的一種手段，至於是否要用這一手段來延續這一信念，決定之權仍然操之於你。

5.　　　　你怎能教人接受他存心想要拋棄之物的價值？² 他就是因為藐視了它的價值而棄之如敝屣的。³ 你最多只能教他看清，缺了此物，他是何其痛苦，然後把那東西慢慢挪近，讓他親眼看到，此物的出現又如何減輕了他的痛苦。⁴ 就這樣一步一步地幫他把自己的痛苦與此物的缺席聯想在一起，再把他的幸福與此物的出現聯想在一起。⁵ 等到他對此物的價值慢慢改觀之後，自然就會想要它。⁶ 這正是我教你的途徑，教你將痛苦與小我，喜悅與靈性聯想在一起。⁷ 而你過去教自己的那一套，與我的教法截然相反。⁸ 你有選擇的自由；然而，有上主的賞報在前，誰還希罕小我的獎勵？

6.　　此刻，我對你的信任超過你對我的信任，可是這種情形不會持續太久的。²你的任務非常簡單。³我只要求你成為一個活生生的示範：你並不是一個小我；同時證明我選你作為上主的交流管道是個正確的選擇。⁴至聖者與我懷有同樣的信任，祂接受我的救贖方案，因為我的願心一向與祂的旨意諧和無間。⁵我說過，我是掌管救贖大業者。⁶只因我在世為人時已完成了自己所負的那一使命，如今方能繼續藉他人之助而完成救贖大業。⁷我所選擇的交流管道不會失敗，因為我會在他們力不從心之刻，將我的力量注入他們的心中。

7.　　我會與你一起共赴至聖者前，祂能藉我的知見之力來拉近天人之間的小小間隙。²我只向你要求一份禮物，就是對弟兄懷有感恩之心。³我會幫你把這禮物帶到上主面前，我深知，知道弟兄的真相等於知道上主的真相。⁴你對弟兄的感恩，等於感謝上主的造化之恩。⁵透過這感恩之情，你才可能逐漸認出弟兄的真相，即使這一認知只是驚鴻一瞥，也會使得四海之人成為你的弟兄，因為他們全都出自天父。⁶愛無意征服任何東西，它只會使萬物回歸本然。⁷正因你就是上主的天國，我才可能領你回歸你所創造的那一切。⁸雖然你目前還認不出自己的創造，可是它們不會因你斷絕關係就消失了蹤影。

8.　　當你靠近弟兄時，等於靠近我；你一旦遠離了弟兄，我對你也會變得十分陌生。²救恩原是一趟「聯袂探險」的旅程。³誰若脫離了聖子奧體，必會感到舉步維艱，因為那等於與我脫離關係。⁴只有在你把上主帶給弟兄的當兒，上主才會來到你這裡。⁵你必須先向弟兄學習，才算準備好聆聽上主之音了。⁶因為愛的功能只有一個。

柒．創造與交流

1.　　雖然小我幻相的個別性本身無足輕重，但無可諱言的，事件愈具體，修正的效果愈大。²雖然心靈的本質原是十分抽象玄虛的，小我的幻相卻相當明確而具體。³人心自從分裂以後，其中一部分便開始具體化。⁴具體有形的那一部分會相信小我，因為

小我正是靠此具體性而存在的。[5] 小我所在的那一部分心靈，相信你的存在只能靠「分裂」之說才能交代得清楚。

2.　　小我所見到的一切都是自成一體的個別生命，他們之間沒有「實存生命」（being）的關係。[2] 因此，小我基本上是反對交流的，除非那交流能幫小我鞏固（而非消除）它的分裂狀態。[3] 小我的交流系統建築在自己那套思想體系上，凡是聽命於它的一切也莫不如此。[4] 它的交流是以「保護自己」這一需求為前提，只要一受威脅，它便立即切斷交流。[5] 這一中斷，通常會指向某一個人或某一群人。[6] 小我思考的具體性會使它在普遍應用於「非抽象」事物之際產生偏差。[7] 它只能以某種特定的形式去應對它認為相關的東西。

3.　　相形之下，靈性則會以同一形式去應對它心目中的真實事物；此外的一切，它一概不予理會。[2] 它也無意去證實什麼才是真實的。[3] 因它知道，凡是出自上主創造之物必然真實不虛。[4] 由於靈性始終圓滿而直接地與造物主交流，故它與造化的每一部分也一直處在圓滿而直接的交流狀態。[5] 這交流其實就是上主的旨意。[6] 創造與交流根本就是同義詞。[7] 心靈原是從上主天心與它的交流中創造出來的，因此它天生就是承接天心與天意的管道，而且永遠如此。[8] 既然只有在同一層次的生命才能真實地交流，祂的造化自然也會以祂的方式來跟祂交流。[9] 這種交流形式徹底的抽象玄虛，因此才有放諸四海皆準的特質，它超越任何判斷、任何例外或任何改變之上。[10] 上主就是「由此」境界創造了你，也是「為此」而創造你的。[11] 縱然心靈可能會扭曲這一能力，卻無法賦予自己上主從未給它的能力。[12] 為此之故，即使心靈可能拒絕從實存的層次發揮它的交流能力，它也絕不可能完全喪失這種能力的。

4.　　存在層次（existence）和實存層次（being）一樣都是仰賴交流而生的。[2] 然而，存在比較具體，它能根據「如何」、「何種」、「與誰」來判斷這一交流值得與否。[3] 實存境界則完全沒有這種分別。[4] 心靈在這了無分別之境一直與所有真實生命保持交流狀態。[5] 你允許這境界被糟蹋到什麼地步，你對自己真相的覺知便會受限到什麼地步；這一真相必須等到你認出了萬物的真相與你和它們的神聖聯繫，才可能重歸完整。[6] 那才是你的真

相。⁷不要褻瀆它或對它退避三舍。⁸它是你眞正的家、你眞正的聖殿，以及你的眞我或自性。

5.　　　無所不在的上主所創造的生命，不只各自擁有一切，而且唯有彼此共享一切，才會增添他們的喜悅。²凡是眞實的，也唯有分享才可能生生不息。³這就是上主創造你的緣由。⁴那神聖而抽象的上主素以分享爲樂。⁵創造的意義即在於此。⁶至於「如何」、「何種」、「與誰」創造，都成了無關緊要的題外話，因爲眞正的創造必會毫無保留地給出一切，因它只能創造出肖似自己之物。⁷請記住，天國並不像存在境界那樣，有「有」（having）與「是」（being）的分別。⁸在「實存」（being）境界中，心靈始終毫無保留地給出自己所有的一切。

6.　　　你應讚美上主，這一提醒在聖經中屢見不鮮。²這並不是說你應該告訴上主，他多麼偉大。³他既沒有小我來接收你的讚美，也沒有知見來評估你的讚美。⁴但是除非你負起你在創造中的那一使命，否則他的喜樂難以圓滿，只因你的喜樂尚未圓滿。⁵他深知這一眞相。⁶他的眞知是基於自己神聖而眞實的生命以及透過聖子的經驗所獲的一切。⁷他的交流管道一旦封閉，給之不盡的聖愛之流就受阻了；當上主創造的心靈不再與他全面交流時，他是何其孤單！

7.　　　上主爲你保存了你的天國，你必須用整個心靈去了知這一眞相，他才能把自己的喜樂分享給你。²僅憑啓示還不夠，因爲那只是來自上主的單向交流。³上主並不要你把啓示送還給他，這分明是不可能的事；他要你將這啓示帶給別人。⁴啓示本身作不到這一點，因它的內涵是無法言傳的，然而，對接收的心靈而言，它的形式卻因個人所需而變得極其具體。⁵爲此，只有一種還報的方式，就是人心效法啓示帶來眞知的方式，將此交流傳到另一個人的心中。

8.　　　每當一顆心靈學會眞正「利人」之道，上主便受到了讚美。²它必須徹底達到「不害」的境界，否則不能算是眞正「利人」，因爲「害人」與「利人」是無法並存的兩套信念。³眞正懂得利人者必是大無畏之人，因爲他們無需保護自己的小我，所以沒有一物傷害得了他們。⁴他們的利人之心本身即是對上主的

讚美，上主也會報之以同樣的讚美，因爲他們與上主如此肖似，故能共享其樂。[5] 上主不只進入他們心中，還會透過他們而親臨萬物，使整個天國洋溢著無邊的喜樂。[6] 每一顆轉化的心靈都因著個人參與的願心而增添了這份喜樂。[7] 那些眞心利人者，堪稱爲上主的奇蹟志工；我會親自引領他們，直到我們全都結合於天國喜樂爲止。[8] 我也會將你領到最能發揮你的長才之處，讓已經備妥的心靈因著「你」而得以接受我的引導。

第五章　療癒與圓滿

導　言

1.　　療癒，無非就是變得幸福快樂。²我曾經請你回想一下，你有過多少機會可讓自己快樂，又有多少次拒絕了這些機會。³我其實是要你看清楚，你自己如何拒絕了療癒的機會。⁴那喜悅之光本來非你莫屬。⁵光輝是不會與悲傷爲伍的。⁶喜悅會召請已經整合的願心與人分享自己，它還會推動心靈的天賦本能作一致的回應。⁷自身尚未活得全然喜悅的人，若想從事療癒工作，很可能會勾起對方種種複雜的心態，使他們難以享有全心全意回應的喜悅。

2.　　你必須快樂，才能全心全意的回應。²既然恐懼與愛無法並存，既然人不可能同時充滿恐懼又洋溢活力，那麼唯一可能存在的圓滿境界就只有愛的境界了。³愛與喜悅之間毫無分別。⁴因此，唯一存在的圓滿境界必然也充滿喜悅。⁵於是，療癒他人或是給人喜悅，與幫人整合或重歸一體便成了同一回事。⁶爲此之故，聖子奧體中哪一部分給出療癒，或哪一部分接受療癒，其實毫無分別。⁷每一部分都會從中獲益，而且獲得同等的利益。

3.　　任何一位弟兄，不論身在何處，所發出的每個慈心善念，都祝福了你。²你應懷著感恩之心，報之以同樣的祝福。³你無需逐一認出他們的眞相，正如他們也無需認出你的眞相。⁴那一光輝如此的燦爛，不只遍照聖子奧體，還會返照於天父，感謝祂所賜的喜悅之光。⁵唯有上主的神聖兒女配作通傳上主完美喜悅的媒介，因爲只有他們的美善，足以分享這一喜悅，也因而得享這一喜悅。⁶上主的兒女不可能不愛人如己的。⁷爲此之故，從事療癒的人都應這樣祈禱：

　　　　⁸願我知道這位弟兄的眞相，正如我知道自己一樣。

壹. 邀請聖靈

1. 　　療癒是什麼？就是兩顆心靈歡欣地認出彼此原是一個生命的那一念。² 這一歡喜之心邀請了聖子奧體的每一份子與他們一起慶祝，不只讓上主進入自己的生命，還能經由自己將祂通傳出去。³ 啓示是一種純然喜悅的經驗，故只有療癒的心靈得享啓示經驗的長久效益。⁴ 如果你不選擇全然的喜悅，自然享受不到自己心裡並不想要的東西。⁵ 不要忘了，靈性深知「我有」（having）與「我是」（being）其實是同一回事。⁶ 高層次的心靈是根據靈性法則運作的，因此它只服從上主的天律。⁷ 「獲取」之念對靈性沒有任何意義；對它而言，「給予」才是一切。⁸ 擁有一切的靈性唯有給出一切方能享有一切，如此，它才能如天父一般地創造。⁹ 「擁有某物」的概念對靈性思維而言是極其陌生的；然而，若由觀念層次來講，即使是低層次的心靈，也不難理解其中的道理。¹⁰ 當你與人分享有形物質時，你們等於瓜分此物的所有權。¹¹ 然而，你分施的若是一種觀念，對你便不會造成任何損失。¹² 即使你把全部的觀念都給出去，你仍然擁有全部的觀念。¹³ 不僅如此，對方一旦接受了你的觀念，無異於鞏固它在你心中的份量，增長了它的氣勢。¹⁴ 只要你能接受「世界只是一種觀念」，那麼小我對「給予」與「失落」的錯誤聯想便會當下瓦解。

2. 　　讓下面幾個簡單的概念，為我們開啓這一覺醒之路：

   　² 想法唯有給出才會增長。
   　³ 相信者愈多，其力道愈強。
   　⁴ 世上每一物都只是一個觀念而已。
   　⁵ 那麼，「給予」與「失落」之間豈有任何關聯？

3. 　　你一旦具備了上述觀念，無異於向聖靈發出了邀請。² 我曾說過，我能將聖靈由天上請下來，可是除非你親自邀請，我才能將祂帶入你的心中。³ 聖靈其實就在你的正見心境中，一如祂曾活在我的正見裡。⁴ 聖經有言：「願你心中懷有與基督耶穌所懷的同一心念。」你不妨把此言當成一個祝福吧！⁵ 這就是奇蹟心

志所帶給人的祝福。[6] 它邀請你以我的心態去想，與我一起加入基督的思維。

4.　　　聖靈是「三位一體的上主」唯一具有象徵作用的一部分。[2] 人們稱祂爲療癒者、護慰者，或是神聖嚮導。[3] 祂有時也被描述爲聖父及聖子「之外」的另一位。[4] 我曾跟門徒說：「待我離去後，我會爲你們請來另一位護慰者，祂將與你們同在。」[5] 聖靈的象徵性有時會使祂顯得難以捉摸，因爲象徵本身容許各種不同的詮釋。[6] 身爲一個人，也是上主造化的一份子，我的正見心境是來自聖靈的啓發（也可稱之爲普世靈感）；它傳授給我的第一個也是最關鍵的智慧是：這至高無上的靈感乃是眾生本具的。[7] 我就是藉著這一「眞知」而證入其境的。[8]「眞知」一詞，用在此處再貼切不過了，因爲聖靈與眞知的關係原本密不可分，是祂延請眞知來臨的，更確切地說，眞知是因著祂而出現的。[9] 我先前提過一種更高或是更眞的知見，它如此接近眞理，以致上主能夠輕易跨過這小小的溝距。[10] 眞知一向是無遠弗屆的，而且絕不會與任何一物爲敵。[11] 縱然你永遠不可能失去它，你卻能夠阻撓它的來臨。

5.　　　聖靈就是「基督之心」，超越了人間知見而覺於眞知之境。[2] 祂是繼天人分裂之後才進入世界的，一面善盡保護之責，一面啓示給人「救贖原則」。[3] 在那以前，心靈無需任何治療，因爲沒有人會遭到任何不幸。[4] 聖靈之聲即是救贖之音，它呼喚心靈回歸原本的完整生命。[5] 心靈一旦完成了救贖，整個聖子奧體便獲得了療癒，回歸的呼喚便不復可聞。[6] 然而，上主創造的生命必是永恆的。[7] 聖靈永遠與上主的兒女同在，祝福他們創造的一切，且以喜悅之光護守著它們。

6.　　　即使是妄造，上主仍然尊重自己兒女所造之物，只因它們出自聖子之手。[2] 但祂會賜給聖子另一種思維方式，提昇他們的知見，昇到幾乎與祂觸手可及之地。[3] 聖靈即是「救贖之心」。[4] 祂所代表的境界與「一體心境」如此接近，打開了度向彼岸的可能性。[5] 知見雖非眞知，但它是可能被度到眞知之境的。[6]「被度」的被動語態在此別具深意，因爲最後這一步確實出自上主。

7.　　　聖子奧體中每一份子所共享的「啓示靈感」就是聖靈，祂所

啓發的知見含有不少與「天國之見」極爲相似的因素：

²第一，它的普遍性是有目共睹的；凡是已臻啓示境界之人，對「分享就是獲得」的觀念不可能產生須臾的懷疑。

³第二，它沒有攻擊的能力，因此無所不容。⁴這表示它即使尚未進入眞知之境，但也不致構成任何障礙了。

⁵最後，它所指的境界遠高於它所帶來的療癒效果，它能將心靈導向創造之路，不再以自身的整合爲足。⁶唯有臻此境界之後，「量的變化」才會一躍而爲「質的轉變」。

貳. 上主的天音

1.　　療癒不等於創造，它只能算是一種修補。²聖靈所推動的療癒，不限於治療作用而已，它指向上主兒女有待療癒以前以及療癒之後的境界。³你對這種另類的時間法則不該感到陌生才對，因爲它與奇蹟的時間觀念十分相近。⁴聖靈是「奇蹟心志」背後的動力，祂代表那放棄分裂而得以療癒的決心。⁵那個心志一直存於你內，因爲那是上主親自置於你心中的；你能任它沉睡不醒，卻無法使它滅跡。⁶只要時間存在一天，上主便會不斷將天心傳輸於你心內，讓你的心志充滿活力。⁷奇蹟本身不過是天父旨意與聖子心志合一的最佳見證而已。

2.　　聖靈是喜悅之靈。²祂是呼喚聖子回歸之聲，也是上主對分裂兒女的心靈之祝福。³這成了心靈的天命。⁴心靈本無此類使命的，因爲它在分裂以前純屬「實存」境界，不會了解正念的神聖召喚這一回事。⁵聖靈是上主對分裂狀態的終極答覆，在整個心靈恢復它的創造力以前，救贖必須靠祂才能發揮療癒之效。

3.　　救贖原則與分裂原則的運作是同時啓動的。²上主在小我形成的那一刻已把喜悅的召喚置於心靈之內了。³這召喚如此強烈，小我只要一聽到它的聲音，立刻潰不成軍。⁴爲此，你必須在這兩種聲音之間選擇其一。⁵一是你自己造出的聲音，與上主無關。⁶另一則是上主給你的聲音，祂要你僅僅聽從這一聲音。⁷「聖靈在你內」，沒有比這更眞切的描述了。⁸祂就是呼喚你回

歸自己的本然（也是未來本然）的天音。[9] 即使在世上，你是可能做到不聽其他聲音而唯天音是從的。[10] 這需要投入極大的精力及學習的願心才行。[11] 這是我在世時所學的最後一課；不論是從學徒角色或聖子身分而言，上主兒女是全然平等的。

4.　　你原是天國，你只是讓黑暗的信念潛入了聖子心中，因此你需要新的光明。[2] 聖靈即是那道光輝，你必須讓它幫你驅除黑暗的念頭才行。[3] 你天人永隔的心態便會在祂榮耀的光輝下銷聲匿跡，天國方能突破重圍而再度現前。[4] 分裂之前，你無需任何指引。[5] 你過去知道的真相，未來還會知道，只是目前你還不知道罷了。

5.　　上主從不指引迷津，因為祂只可能給你圓滿的真知。[2] 指引具有評估的意味，因它影射出正路之外還有歧路，而且你必須選擇其一而放棄其他途徑。[3] 你若選擇其一，表示你已放棄了另一條路。[4] 選擇聖靈等於選擇上主。[5] 嚴格地說，上主並不在你內，你只是祂的一部分。[6] 當你決定離開祂時，祂在你內放入一個聲音，代祂發言，只因祂再也無法暢通無阻地與你分享祂的真知了。[7] 你一旦造出另一種聲音，天人直接的交流便中斷了。

6.　　聖靈要你記住，同時又要你忘掉。[2] 只因你已經選擇要活在一個對立可能存在的世界。[3] 從此你便不能不挑來選去了。[4] 意志在神聖境界中原是自由的，故具有無限的創造力，選擇在那兒毫無意義。[5] 選擇的自由和創造的自由原是同一力量，但由運用層次而言，它們成了截然不同的兩回事。[6] 心靈分裂之後，才有選擇的必要。[7] 聖靈成了其中一個選項而已。[8] 上主從未棄祂的兒女於不顧，縱然是他們自己決定要離開天父的。[9] 他們放入自己心中的聲音，絕非代表上主旨意發言的聖靈。

7.　　聖靈的天音，不是命令，因為它不會如此傲慢或強勢。[2] 它也絕不強求，因為它沒有控制你的企圖。[3] 它更無意征服你，因為它從無攻擊之意。[4] 它只是在旁提醒。[5] 是它所提醒的訊息本身讓你不得不信服。[6] 它為你的心靈指出另一條路，即使在你庸人自擾之際，它始終保持寧靜。[7] 上主的天音總是如此寧靜，因為它傳達的是和平的訊息。[8] 和平比戰爭更有力量，因為它有療癒能力。[9] 戰爭代表分化，而非增益。[10] 奮鬥也不會帶給人任何益

處的。[11]「人縱然賺得了全世界，卻賠上了自己的靈魂，於他又有何益處？」[12] 你若聽從了錯誤的聲音，便會忘失自己的靈魂。[13] 你不可能真正失落，只是渾然不覺它的存在而已。[14] 因此，在你作出正確選擇之前，它對你而言確實是「失落」了。

8.　　聖靈是在選擇之際為你指引迷津的嚮導。[2] 祂代表了你常為正確抉擇仗義執言的那一部分心靈，因為祂會代上主發言。[3] 祂是你與上主之間僅餘的交流管道；你能夠切斷天人交流，卻銷毀不了這一管道。[4] 聖靈就是「願上主旨意承行於世，如在天堂一樣」之道。[5] 天堂與世界都在你內，因為你心裡同時具備了天堂與世界的召喚。[6] 上主的天音是由你心靈深處的祭壇向祂發聲的。[7] 這類祭壇並非有形之物，它代表著你的效忠。[8] 然而，如今你的忠誠已經投向其他事物了。[9] 就是你那三心二意的忠誠，在你內形成了兩種不同的聲音，你必須選擇為哪一座祭壇效力。[10] 此刻，你願答覆哪一個召喚，這個決定代表了你的評判。[11] 這一決定其實單純得很。[12] 你究竟重視哪一種聲音，就會作出什麼樣的決定。

9.　　我的心與你的心永遠一樣，因為我們是平等的上主造化。[2] 當初，是我所作的決定賜給了我天上人間一切的權能。[3] 我唯一能給你的禮物，就是幫你作出同樣的決定。[4] 這個「決心與人分享」的選擇，本身就是一個「分享的決定」。[5] 這決定必須靠具體給出才能完成，因此它與真正的創造有不少雷同之處。[6] 我是你作決定的典範。[7] 我選擇了上主，這個決定為你證明這是可以辦到的，你也能夠作出同樣的選擇。

10.　　我已向你保證過，為我作此決定的天心也同樣在你心中，你可以讓它來改變你，一如它徹底改變了我。[2] 這天心絕不模稜兩可，因為它只聆聽唯一的天音，自然也只會給人唯一的答覆。[3] 你和我一樣都是世界之光。[4] 真正的休息不是來自睡眠，而是來自甦醒。[5] 聖靈的呼喚不過是喚醒人心，讓它活得快樂而已。[6] 世界如今非常疲倦了，因為它出自「欲振乏力」之念。[7] 我們的任務則充滿了喜悅，因為它會喚醒心靈對上主的渴望。[8] 每個人終將答覆聖靈的呼喚，否則聖子奧體無法重歸一體。[9] 對天國的任何一份子而言，有什麼會比「恢復天國的完美與合一以及重歸圓滿之境」更神聖的召請？[10] 只聽從你內在聖靈所發的召請吧，並

且以我教你的方式去教你的弟兄聆聽。

11.　當你受到虛妄之聲的誘惑時，請記得向我求助。我會給你我的決心，使你更加堅定，為你重述療癒之道。² 只要我們有志一同，整個聖子奧體對療癒的渴望便會日漸增長，甘心回歸受造之初的一體境界。³ 請記住，所謂「我的軛是柔和的，我的擔子是輕鬆的」，「軛」原指「攜手並進」之意，「擔子」指的是我給的「訊息」。⁴ 我們不妨把這句福音重新詮釋一下：「讓我們攜手並進！因為我的訊息是光明輕盈的。」

12.　我曾叮嚀你效法我的所作所為，但前提是，我們必須聽命於同一天心。² 這天心就是聖靈，他的旨意也是上主的旨意。³ 祂會教你如何以我作為你起心動念的典範，那麼你的行為自然會跟我一樣。⁴ 在有志一同之下，我們的力量會強大得令你難以置信，但卻不是高不可攀之境。⁵ 只要我們攜手合作，前景必然不可限量，因為你內心對上主的渴望即是對無限的渴望。⁶ 上主的孩子，我這些訊息是專門為你而說的，你若能一邊聆聽，一邊與人分享，就等於答覆了聖靈在你心中的召喚。

參 . 救恩的嚮導

1.　你若真想認出弟兄的真相，最好的方式就是認出他心中的聖靈。² 我已說過，聖靈是將知見引度到真知的橋樑，因此我們不妨把兩者視為相關詞，因為在天心內，它們確是聲息互通的。³ 這一互通關係必然存於天心之內，否則，兩種思維體系的裂縫便沒有彌合的可能。⁴ 聖靈是「三位一體」的一部分，他的心一部分在你內，一部分在上主內。⁵ 這句話仍有待進一步澄清，但口說無憑，需要經驗。

2.　聖靈即是療癒之念。² 就在你想到之際，這一念便會因著你的分享而茁壯。³ 它是人心對上主的渴望，故也算是與上主相關之念。⁴ 而你又是上主的一部分，故它既成了你自己的一念，也是上主整個造化的一念。⁵ 聖靈之念具有人間所有觀念的通性，因為它既是宇宙的一部分，自然得按照宇宙的法則來運作。⁶ 觀念是愈給愈強的。⁷ 你一旦與弟兄分享，那觀念便會在你心中茁

壯。⁸ 在你的弟兄親自意識到聖靈在他內或在你內以前，奇蹟照樣可能發生的。⁹ 就算他早已切斷了自己對上主的渴望，正如你以前一樣。¹⁰ 只要你開始意識到他心內的這一呼喚，並且認可它的存在，你們兩人天人永隔的心態便同時獲得了療癒。

3. 　你能以兩種截然相反的眼光看待自己的弟兄。² 這兩種眼光必然並存於你心中，因為你是從知見著眼的。³ 他心中必然也有這兩種想法，只因你也是這樣看待著他。⁴ 如果你能透過他心中的聖靈去看待他，你才可能認出也同樣存在你心中的聖靈。⁵ 不論你在弟兄身上認出什麼，必會在自己內認出什麼；不論你與別人分享什麼，你就會助長什麼。

4. 　聖靈之聲在你內仍然相當微弱。² 為此之故，你必須與人分享才行。³ 你必須提高它的音量，才可能聽到。⁴ 這聲音在你心中如此微弱，你是不可能在自己內聽見的。⁵ 這不是因為聖靈之聲本身的微弱，而是因為你不願聆聽而把它壓下去了。⁶ 如果你誤以為能夠僅從自己心內尋獲聖靈，你會被自己心裡的種種念頭嚇倒，因為你一直對小我的觀點唯命是從，如今仍想以小我為師，而你踏上的卻是小我完全陌生的一條路。⁷ 如此一來，你不可能不陷於恐慌的。

5. 　拖延是小我的戰術之一，因為時間觀念是它的袖中法寶。² 時間與拖延在永恆之境是沒有意義的。³ 我以前說過，聖靈是上主對小我的終極答覆。⁴ 聖靈給你的提醒，處處與小我的想法背道而馳，因為正見與妄見是互不相容的。⁵ 聖靈負有化解小我妄造的使命。⁶ 祂必須進入小我的運作層面才能予以化解，否則心靈無法領會到其中的改變。

6. 　我也反覆強調過，這一層次的心靈是無法了解另一層次之事的。² 小我與聖靈，時間與永恆之間也是聲息不通，不相為謀的。³ 永恆屬於上主的觀念，故聖靈了解得十分透徹。⁴ 而時間屬於小我的信念，隸屬小我領域的低層次心靈，也會毫不遲疑地接受。⁵ 在永恆中，只有一種時間模式，就是當下。

7. 　聖靈是溝通小我的詮釋與靈性的真知的中介。² 祂有解讀象徵的能力，使祂得以用小我的語言來應付小我的信念。³ 祂又有超越象徵而直觀永恆的能力，不僅了解上主的天律，而且成了它

的發言人。⁴ 因此，祂確有重新詮釋小我之妄造的能耐，祂靠的是了解，而非消滅的手法。⁵ 了解等於光明，而光明導向真知。⁶ 聖靈存在光明之中，因為祂在你內，你就是光明；只是你自己還不知道這一真相而已。⁷ 因此，聖靈的任務便是代替上主重新為你詮釋真相。

8.　　　你是無法單獨了解自己的。² 因為你一脫離自己在聖子奧體裡的正位，你的存在便會頓失意義；而聖子奧體的正位就是上主本身。³ 這是你的生命，你的永恆，也是你的自性。⁴ 聖靈耳提面命的不外乎這一真相。⁵ 這正是聖靈眼中的你。⁶ 這種慧見寧靜得讓小我不寒而慄。⁷ 平安是小我的頭號大敵，因為根據小我對真相的詮釋，戰鬥才是確保它續存之道。⁸ 小我必須靠奮鬥才能壯大。⁹ 只要你一看到挑戰來了，你必會窮凶極惡地反攻，因為危機意識已經潛入你心中了。¹⁰ 危機意識一起，正中小我下懷。¹¹ 聖靈對危機信號和小我一樣警覺，小我敞懷歡迎，聖靈則會全力抵制。¹² 聖靈抵制的方式即是迎請平安來臨。¹³ 永恆與平安的關係一如時間與戰爭之間那般緊密。

9.　　　知見就是由萬物的關係中汲取意義的。² 你接受哪一類關係，它便成了你的信念基礎。³ 天人分裂只是心靈分裂的別名而已。⁴ 小我乃是分裂的象徵，而聖靈則是平安的象徵。⁵ 你在他人身上看到了什麼，就會在自己身上強化什麼。⁶ 即使你允許自己的心靈誤看或誤解，聖靈仍會幫你的心靈重新詮釋這些妄見的。

10.　　　聖靈是最完美的聖師。² 祂只會用你心中了解的事來教你還不了解的事。³ 聖靈知道如何應付一個心不甘情不願的學生，祂不會與學生的心靈正面衝突，因為學生心中有一部分仍是指向上主的。⁴ 不論小我如何企圖掩飾這一部分，它的威力仍比小我強大得多，只是小我尚未認清這一事實。⁵ 聖靈卻看得一清二楚，因為那一部分正是祂寄身之處所，也是祂在你心內的家園。⁶ 那才是你真正的歸宿，因為它是平安所在之處，而平安屬於上主。⁷ 屬於上主的你，唯有安息於祂的平安，才可能返回天鄉。⁸ 平安既是永恆的，表示你只可能在永恆中找到自己的歸路。

11.　　　小我按照自己的認知方式營造它的世界，聖靈則知道如何重新詮釋小我妄造的一切，世界在祂眼中，都成了領你回家的教

學工具。² 聖靈必須懂得時間觀念，才能重新詮釋時間，而領你超越時間的領域。³ 由於祂的服務對象乃是活在二元對立下的心靈，因此祂必須藉助相對事物來進行祂的工作。⁴ 一邊修正一邊學習地虛心受教吧！⁵ 眞理不是你造出來的，它卻有釋放你的能力。⁶ 試著以聖靈的眼光去看，從祂的角度去了解吧！⁷ 祂的了解會勾起你對我的記憶，而喚醒你對上主的記憶。⁸ 聖靈是你的一部分，且與上主永遠密切地交流著。⁹ 祂是你救恩的嚮導，因爲祂不只掌握著你過去與未來的一切記憶，還會將它們帶回當下這一刻。¹⁰ 祂在你心中溫柔地爲你守住這份喜悅；祂對你只有一個要求，就是因祂之名去與人分享，使它不斷增長，你內心這份靈性喜悅也會隨之源源不絕。

肆. 教導與療癒

1.　　　恐懼存心隱藏之物，其實依舊盤據於你心中。² 唯有參與救贖方爲解脫恐懼之道。³ 聖靈會幫你重新詮釋你所害怕的一切，並且教你看出只有可愛之物才是眞實的。⁴ 你沒有摧毀眞理的能力，但接受眞理卻是你能力所及之事。⁵ 眞理非你莫屬，它是你與上主的共同創造，因爲你是上主延伸出來的生命。⁶ 眞理非你莫屬，因爲它是你的一部分，一如上主創造了你而使你成爲他的一部分。⁷ 凡是美好之物，不會失落，只因它出自那爲上主造化發言的聖靈。⁸ 凡是不美好的，絕非出自創造，你想要保護它也保護不了的。⁹ 只有救贖才能保障天國的安全，聖子奧體的一體本質乃是它的護身符。¹⁰ 只要聖子奧體結合起來，小我便難以與天國抗衡。¹¹ 只要有人聽從聖靈的召喚而合爲一體，小我立刻潰不成軍。

2.　　　不論小我營造出什麼，只能自己獨享，故產生不了力量。² 它自身的存在也是無法分享的。³ 小我不會死亡，因爲它從未眞正活過。⁴ 肉體的誕生不是生命的開端，它只能算是一種延續。⁵ 凡是能夠延續的生命，表示它在肉身之前早已誕生了。⁶ 唯有當你願意將心中尚未療癒的部分交託給較高的心靈層次，也就是完整地交還給上主的創造時，生命才會生生不已。⁷ 我來此不過是幫你打下一個基礎，讓你能憑自己的念頭而獲得徹底的釋放。

8 你有一堆「不足為外人道」的想法壓在自己心頭，儘管它們好似扶不起的阿斗，但只要你一造出它們，有如覆水難收，對它們再也束手無策。9 憑你自己，是解除不了以往錯誤的。10 你若想把它們由你心中徹底消除，只能仰賴那非你所能造出的救贖之方。11 你必須了解，救贖屬於一種純粹的分享。12 我曾說過，即使在世上，你仍然可能只聽從聖靈之聲的，道理即在於此。13 你既是上主的一部分，而聖子奧體又是一個整體，你的生命怎會受制於小我眼中的你？

3.　　聖子奧體中任何一份子所發出的任何一點仁心善念，每一份子必然都享受得到。2 因為它充滿了愛，故有分享的可能。3 共享是上主的創造途徑，因此也是你的途徑。4 小我能將你放逐於天國之外，讓你有家歸不得；但在天國裡，它一籌莫展。5 任何靈性觀念都離不開那想出它來的心靈，它們不可能自相矛盾的。6 至於小我的觀念，則會自相矛盾，因為它們各自發生於不同的層次，即使在同一層次也會出現許多截然相反的想法。7 **相反或對立的念頭是不可能與人共享的**。8 你所能分享的，只有出自上主之念以及祂為你保存的想法。9 這類想法本身就是天國。10 至於你所隱藏的其他念頭，則有待聖靈以天國之光重新詮釋，把它們轉為值得分享之物。11 祂會等它們淨化到某一程度，才讓你分享出去。12 而你願意與人分享的決定本身具有淨化的力量。

4.　　我只願聽從這一天音，因為我已明白，我是不可能單獨救贖自己的。2 所謂僅僅聆聽聖靈之聲，表示你為了能親自聽見，已經下定與人共享的決心了。3 那一度存於我內的天心，繼續以它力不可當之勢吸引著上主創造的心靈，因為上主的圓滿就是聖子的圓滿。4 沒有一物傷害得了你，那麼，只向弟兄顯示你圓滿的一面吧。5 讓他知道他無法傷害你，你既不懷恨於他，也不怨怪自己。6 這是「將你另一邊臉頰轉給別人」的真正含意。

5.　　教誨的方式很多，其中以以身作則最為上乘。2 教誨應具療癒之效，因為它不只分享觀念，同時幫人明白「分享觀念即是強化觀念」的道理。3 我不能不把自己的學習心得傳授出去，因為我已徹底明白這一道理。4 我請你也把自己的學習心得教給別人，唯有如此，你的所學才足以信靠。5 因我之名使它變得可信可靠吧，因為我的名字就是上主之子的神聖名號。6 我已將自己

學到的一切平白傳授了你，你若決心接受我的教誨，天心便會在我內歡躍不已。

6.　　聖靈以化解的方式在我們每一個人心中進行救贖，如此才能卸除你加在自己心上的重擔。² 只要跟隨祂，你便會被領回上主那裡，那才是屬於你的地方；但是，你若不與弟兄同行，是不可能找到歸鄉之路的。³ 我的救贖大業也有待於你的參與以及你的分享，才算功德圓滿。⁴ 你只有在教人之際才會真正學到。⁵ 我絕不會離開你或遺棄你，因為遺棄你就等於遺棄了我自己以及創造我的上主。⁶ 如果你遺棄任何一位弟兄，就等於遺棄了你自己及上主。⁷ 你必須學習去看他們的真相，明白他們和你一樣屬於上主。⁸ 把原屬於上主的生命領回上主那裡，你能想出比這更上乘的善待弟兄之道嗎？

7.　　救贖只能恢復療癒之心原有的能力，唯有上主才擁有創造的大能。² 因此，凡是已受寬恕之人，必會致力於療癒工作，因為他們明白療癒的道理以後，必須先分享這一觀念，自己才可能真正了解。³ 只要有一個上主之念被排拒於天國之外，創造便無法全面展現它的能力。⁴ 只有聖子奧體的共同願力，才能發揮天父的創造力，因為唯有自身圓滿之物才可能生出圓滿的思維，上主的思維必然圓滿無缺。⁵ 你的任何想法若非透過聖靈，必然有所缺失。

8.　　你是這般的神聖，怎麼可能受苦？² 過去的一切，除了美好部分以外，全都過去了，留給你的只是祝福。³ 我為你保存了你所有的善良以及每一個慈心善念。⁴ 我會為你淨化所有令它們蒙塵的過失，為你保存它們原有的無瑕光輝。⁵ 沒有一物能夠摧毀得了它們，連罪咎都難以得逞。⁶ 它們全都出自你內的聖靈，而且我們也知道，凡是上主創造的必然永恆長存。⁷ 你大可放心地啟程，因為我如此愛著你，如同愛自己一般。⁸ 你會懷著我的祝福前進，同時將此祝福帶給別人。⁹ 只要你接下祝福，並且分享祝福，它就永遠成為我們的了。¹⁰ 我將上主的平安置於你心中和手裡，你才可能擁有，且與人分享。¹¹ 只有純潔的心才能擁有它，只有堅強的手才能分享它。¹² 我們永遠不會失敗的。¹³ 我的判斷和上主的智慧一般強而有力，我們的實存生命就在祂的聖心及慈掌中。¹⁴ 活得心安理得的孩子，就是受祂祝福的聖子。¹⁵ 上

主的聖念始終與你同在。

伍．小我利用罪咎的伎倆

1.　　讓我先解說一番小我利用罪咎的伎倆，下面的觀念才會對你顯得更加清晰而切實。[2] 小我有它的目的，就像聖靈也有祂的目的一樣。[3] 小我的目的就是引發恐懼，因為唯有心懷恐懼之人才會變得自我中心。[4] 小我的邏輯和聖靈的一樣無懈可擊，你願與天堂為伍或與人間為伍，全在於你心靈的選擇。[5] 但你應記得，天堂與人間兩者其實都存在你的心內。

2.　　天堂沒有罪咎，因為你必須經過救贖才可能回歸天國，恢復你原有的創造力。[2]「創造」一詞在此用得最為貼切，因為聖靈一旦化解了你所有的妄造，其餘蒙受祝福的部分便會重獲自由而繼續創造下去。[3] 凡是真正蒙受祝福的，不可能孳生罪咎，只會帶給人喜悅。[4] 為此，它不受小我的威脅，因為那種平安是不容侵犯的。[5] 沒有一物破壞得了它，因為它本來圓滿天成。[6] 罪咎一向充滿破壞性。[7] 凡會孳生恐懼之物必有分化傾向，因為它受制於分化原則。[8] 小我既是分裂的象徵，自然也成了罪咎的象徵。[9] 罪咎不僅與上主風馬牛不相及，[10] 它其實象徵著人對上主的侵犯。[11] 這種觀念荒謬至極，對小我而言卻意義非凡；切莫低估了小我賦予這一信念的力量。[12] 所有的罪咎就是由這一信念衍生出來的。

3.　　小我代表了心靈內相信分裂的那一部分。[2] 與上主決裂的那部分心靈怎麼可能不認為自己侵犯了上主？[3] 我們先前所談的主權問題，就是源自「篡奪上主能力」的概念。[4] 小我認定你確實幹過那檔子事，因為小我認定它就是你。[5] 如果你與小我認同，勢必感到罪孽深重。[6] 只要你一與小我沆瀣一氣，不會不充滿內疚而害怕天譴的。[7] 小我其實就是那個充滿恐懼的念頭。[8] 縱然「攻擊上主」這觀念對神智清明的心靈顯得荒謬無比，但別忘了，小我已經瘋狂失常了。[9] 它代表一種精神錯亂的思想體系，還會挺身為它發言。[10] 聽從小我的聲音的人，必然相信自己有攻擊上主的能力，並且相信自己已佔據了上主的某一領地。[11] 為

此，你不可能不害怕上天的報應，這種罪咎椎心刺骨，使你不能不設法把它投射出去。

4.　　　你的心靈接受什麼，它就成了你的現實。² 是你的接受使它變爲眞實的。³ 如果你讓小我在心中稱王，等於大開方便之門，任它鳩佔鵲巢。⁴ 這是因爲心靈有創造眞相或是打造幻相的能力。⁵ 我先前說過，你得學習與上主一起去想。⁶ 與上主一起想，就是沿襲祂的思維模式。⁷ 這只可能帶來喜悅，而非罪咎，因爲這一想法最符合你的天性。⁸ 因此，罪咎成了「你的想法違背了自己的天性」的顯著信號。⁹ 違反天性的想法必然籠罩在罪咎的陰影下，因它相信罪的存在。¹⁰ 罪在小我的眼中不只是缺乏愛心而已，它是一種具體的侵犯行爲。¹¹ 這關乎小我的存亡，故它不能不如此去看。因爲你一旦把罪僅僅視爲一種缺失，你自然會想辦法彌補或挽救。¹² 而你必會如願以償的。¹³ 這對小我而言等於是窮途末日；至於你，你必須學習看出那是你的解脫之途。

5.　　　無罪無咎的心靈是不可能受苦的。² 心靈一經療癒，便恢復了清明的神智，而有治癒身體的能力。³ 疾病對神智清明的心靈是不可思議的事，因爲它從來沒有攻擊任何一人或一物的念頭。⁴ 我曾說過，疾病屬於怪力亂神之術。⁵ 說得更確切一點，它是藉怪力亂神來解決問題的方案。⁶ 小我相信它若先下手懲罰自己，上主很可能會放它一馬。⁷ 連這種想法都透露了小我的傲慢。⁸ 它先把懲罰的意圖投射到上主身上，然後把這意圖視爲自己的特權或招牌。⁹ 它存心篡奪上主在它心目中所有的能力，因爲它明白，只有贏得你全面的投誠，它才能高枕無憂。

6.　　　小我與你一樣，推翻不了上主的天律，可是它也能像你一樣，按自己的心意而任意曲解。² 因此你必須先答覆一個問題：「你究竟想要什麼？」³ 其實你每分每秒都在答覆這個問題，而你每一刻的決定都代表著你的一種評判，具有左右未來的力量。⁴ 它的影響會自動延續下去，直到你改變那一想法爲止。⁵ 但你必須記住，選項本身是沒有選擇餘地的。⁶ 聖靈和小我都屬於你的一種決定。⁷ 兩者構成了心靈可能接受及遵循的所有選項。⁸ 聖靈與小我是你絕無僅有的兩種選擇。⁹ 一個出自上主的創造，你消除不了它。¹⁰ 另一個是你自己打造出來的，因此是可以消除的。¹¹ 只有上主的創造才無法逆轉及改變。¹² 你自己營造之物，則如

白雲蒼狗，變化莫測，因為當你不以上主的模式去想時，你是想不出任何名堂的。¹³ 出自錯覺的妄想，不能算是真正的想法，不論你如何相信它們。¹⁴ 你想錯了。¹⁵ 思想能力來自上主，而且只在上主內。¹⁶ 身為上主聖念一部分的你，不可能離開祂而想出任何名堂的。

7.　　非理性之念必然本末倒置。² 只有上主能為你的思維清出一條理路，因為你的思維是祂創造出來的。³ 罪咎感的出現，通常是「你不知道真相」的標記。⁴ 它同時顯示出你相信自己想要並且能夠離開上主而獨立思考的企圖。⁵ 每一個顛倒之念，從一開始就籠罩在罪咎的陰影下，而且得靠罪咎才能繼續運作下去。⁶ 凡是相信那些想法都是出於自己的指令，為此而不能不言聽計從的人，心中不可能不充滿罪咎。⁷ 因他們會感到必須為自己的錯誤負責，而絲毫不覺，接受這種責任才是一種不負責任的表現。⁸ 奇蹟志工的唯一責任只是親自接受救贖（我敢向你擔保，真的如此而已）；至於「該為什麼事情贖罪」，就不是你的責任了。⁹ 只要你接受聖靈的「化解」方案，便能解除你不知從何下手的窘境。¹⁰ 如果你那些想法是無法化解的錯誤，那你才需要為它們的後果負責。¹¹ 救贖的宗旨只是幫你保存過去經驗下面純淨的那一部分。¹² 你一旦接受了那補救方案，它保證能夠化解你的顛倒妄想，過去那一切病態症狀便無以為繼了。

8.　　你孤注一擲於分裂的決定，這是你的罪惡感揮之不去的唯一原因。² 我們先前提過這一觀念，只是沒有強調這個決定的殺傷力而已。³ 心靈每一個決定都左右了你的行為及經驗。⁴ 你想要什麼，自然會期待它的出現。⁵ 這絕非錯覺幻想。⁶ 你的心靈確有營造未來的能力；只要它肯接受救贖，它的未來當下就能回歸圓滿的造化。⁷ 就在接受救贖的那一刻，心靈本身也回歸了圓滿造化。⁸ 一旦放下了顛倒妄想，你的思維自然恢復了清明。

陸．時間與永恆

1.　　在真知中上主是一無所待的，是你的等待拖延使得祂的天國荒蕪。² 所有的聖子都在等待你的歸來，一如你等待著他們的歸

來。³ 拖延，在永恆中並不是問題，但對活在時間中的人，卻是個悲劇。⁴ 你既然選擇了時間而非永恆，自然會認爲自己受制於時間。⁵ 然而，你既有選擇它的自由，也有改變它的自由。⁶ 你原本不是活在時間內的。⁷ 永恆才是你的家鄉，那是上主親自爲你準備的永恆居所。

2.　　罪惡感乃是時間的守護者。² 它勾起人們害怕報應或深恐被棄的心理，因而想盡辦法確保自己的未來會和過去一樣。³ 這給了小我一種延續性的存在感。⁴ 那苟延殘喘的存在給了小我一種安全的假相，使它相信你已成了它的階下囚。⁵ 然而，你是可能也必須逃出它的魔掌的。⁶ 上主不惜以永恆的延續性與你交換。⁷ 你若決定接受這一交易，你等於同意以喜悅來取代罪咎，以愛心取代兇惡，以平安取代痛苦。⁸ 我的任務只是幫你解除意志上的桎梏，還給你自由。⁹ 你的小我無法接受這種自由，它隨時隨地都會想盡辦法加以阻撓，從中破壞。¹⁰ 身爲小我的始作俑者，你很清楚它的能耐，因爲這些能力全是你自己賦予它的。

3.　　你該隨時憶起天國，並且記得，身爲天國一份子的你是不可能迷失的。² 那曾在我內的天心如今也存於你內，因爲上主創造時是徹底的大公無私。³ 願聖靈隨時提醒你記住這一大公無私，也讓我來教你如何將它分享給你的弟兄。⁴ 除此之外，你還有什麼機會爲自己領回這一天賦恩典？⁵ 世上每一件事，都會同時出現兩種聲音，傳達兩種不同的詮釋（或許我應該說「幾乎同時」，因爲小我總是先聲奪人的）。⁶ 若非你早已選擇了某種詮釋，否則你豈需選擇另一種詮釋予以取代？

4.　　小我的話離不開評判，聖靈則能逆轉小我的決定，就像人間的高等法院有權推翻地方法院的判決一般。² 小我的決定一向錯誤百出，因爲它的出發點都是爲自己的錯誤自圓其說。³ 小我的看法都是基於錯誤的詮釋。⁴ 它不只會爲自身的利益來詮釋聖經，還會引用聖經來爲自己作證。⁵ 聖經在小我心目中是很可怕的東西。⁶ 一旦把聖經視爲可怕之物，自然會將它詮釋得令人害怕。⁷ 畏懼之心一起，你便不敢向最高法院陳情了，因爲你相信它的判決必然同樣不利於你。

5.　　小我曲解聖經來誤導人的例子實在不勝枚舉；我只需提出幾

個例子，你便會了解聖靈是如何以自己的光明來重新詮釋小我的曲解的。

6. 「你播種什麼，就收穫什麼」，聖靈詮釋爲：你認爲什麼是值得栽培的，就會在自己內栽培什麼。² 你判定什麼是有價值的，那東西對你就變得價值十足。

7. 如果你還記得「觀念只能靠分享而茁壯」這句話，就不難詮釋「上主說，報復是我的事」的含意了。² 這句話強調了報復是絕對不具分享性的。³ 因此將它交給聖靈處理，祂會從你心中將它徹底化解；報復本來就不屬於心靈的事，因爲心靈乃是上主的一部分。

8. 「我要向子孫追討父親的過犯，直到三代四代」，這句話已被小我詮釋得恐怖至極。² 小我想用這句話來確保自己的生存。³ 聖靈的詮釋是：即使千代萬代之後，祂仍能重新詮釋前世誤解的事，解除那些想法所引發的恐懼。

9. 「邪惡之輩必將喪亡」，你只要把「喪亡」理解成「化解」（undone），這句話就成了救贖宣言。² 每一個缺乏愛心之念都有化解的必要，然而，小我根本不懂得化解之意。³ 這個字對小我而言，等於毀滅。⁴ 小我既是你思想的一部分，它是不會毀滅的，只因它不具創造力，故也沒有分享的可能；你只需重新加以詮釋，便能由恐懼中輕易脫身。⁵ 你以前託付小我照料的那一部分心靈，如今總算回歸它的天國了，那才是你整個心靈真正的歸宿。⁶ 你最多只能延誤天國的圓滿，但你絕對無法讓恐懼的概念混跡其中。

10. 你不用怕高等法院會判你的罪。² 它必會駁回所有對你的控訴。³ 沒有任何控訴上主兒女的案件能夠得逞，凡是挺身證明上主的造化有罪者，等於誣告上主本人。⁴ 歡欣地把自己心中所有的信念都向上主的高等法院申冤吧！它會代上主發言的，它的審判必然真實不虛。⁵ 不論你如何謹慎地爲自己具狀，它都會駁回所有對你的控訴。⁶ 不論你怎麼控訴或誣告，只騙得了人間笨蛋，絕對騙不了上主的。⁷ 聖靈不會聽信它那一套的，祂只可能爲真理作證。⁸ 祂的判決必然不出「天國非你莫屬」的結論，因爲聖靈來到世上的任務，就是爲了提醒你這一真相。

11.　　當我說「我是進入世界的一道光明」，我的意思是「我是爲了分享光明而來的」。² 你可還記得我先前談到小我那面昏暗的鏡子？可還記得我說的「不要往那兒去看」？³ 一點也不錯，你願往哪兒去找自己，完全取決於你。⁴ 你對弟兄的耐心就是你對自己的耐心。⁵ 難道上主的孩子不配你以耐心相待嗎？⁶ 我向你顯示了無限的耐心，因爲我的意願與天父的旨意一致，我是從他那兒學來無限耐心的。⁷ 曾在我內的天音如今也在你內，它要你因造物主之名耐心地對待聖子奧體。

12.　　唯有無限的耐心才能產生即刻的效果，這是你此生必修的課程。² 也是你把時間轉爲永恆的竅門。³ 無限的耐心喚起無限的愛，因著它立竿見影的效應，讓你明白了時間的無足輕重。⁴ 我們再三強調過，時間只是一種學習教具而已，當它派不上用場時，就可撤銷了。⁵ 聖靈雖然進入時間領域爲上主發言，祂深知時間了無意義。⁶ 祂在分秒流逝的時間中，不斷提醒你那一眞相；祂在世的特殊使命即是將你領回永恆之境，在那兒繼續祝福你所創造的一切。⁷ 祂是你能眞正給人的唯一祝福，因爲祂是眞正蒙受祝福者。⁸ 上主將祂平白地賜給了你，你當初如何接納了祂，如今你必須同樣地把祂帶給別人。

柒. 選擇上主

1.　　難道你眞的相信自己造得出一種淹沒天音的聲音？² 你眞的相信自己發明得出一種能將你與上主隔離的思想體系？³ 你眞的相信自己做得出比他的旨意更安全又喜悅的計畫？⁴ 你不必過於在意，但也別毫不在意，你只需將自己的掛慮交託給他，因爲他會保佑你。⁵ 你一直在他的保佑之下，因爲他深愛著你。⁶ 他的天音不斷提醒你，因著天佑之故，你的前景光明。⁷ 但你沒有逃避天佑的餘地，因爲這與他的旨意不符；你只能接受天佑，且善用它無限的天佑之力去照顧他的一切創造。

2.　　許多治療師本身尚未得到療癒。² 他們的信心不夠完整，故無移山倒海之力。³ 有些人偶有治病的能力，卻不能起死回生。⁴ 除非治療師先行自我療癒，否則他不可能相信奇蹟是沒有難易

之分的。⁵ 他尚未看出上主創造的每個心靈都配得療癒，因為那原是上主圓滿無缺的創造。⁶ 祂對你只有一個要求，就是盼你把心靈領回祂那兒，恢復受造之初的本來面目。⁷ 而祂要求你的正是祂要給你的禮物，祂知道這一禮物會為你帶來療癒。⁸ 神智清明就是重歸完整之意，你弟兄的神智若恢復了清明，你自然也會恢復正常了。

3.　　你明明知道上主的天音就在你內，為什麼還要聽信那些你認為是衝著你而來的叫囂？² 上主為你遣發了祂的聖靈，要求你也將你的靈遣發給祂。³ 祂必會將它保存於圓滿的平安中，因為你與祂共享同一個心與靈。⁴ 小我最後一道求生法門就是將自己放逐於救贖之外。⁵ 這反映出小我不能不分裂，也反映出你自願加入它的分裂陣容。⁶ 你自甘如此，表示你還不想獲得療癒。

4.　　但你的時機已到。² 我從未要求你為自己設定救恩計畫，因為我已說過，那補救方案不是你能造得出來的。³ 上主已親自賜給你一個完美的方案，修正你所有與祂的神聖旨意不合的妄行。⁴ 我已將祂的計畫明確地攤在你眼前，也安排了你在計畫中所負的任務，讓你明白這一計畫勢在必行且刻不容緩。⁵ 上主對於那群自認為有家歸不得的孩子所作的「犧牲」，只能黯然神傷。

5.　　只要你的喜悅不是全面而徹底的，表示你對上主的某個造化少了一份愛心。² 你若視此為一種「罪過」，必會起身辯護，因為你擔心自己受到攻擊。³ 這種反應模式既是出自你的決定，你必然也能自行化解。⁴ 一般的懺悔贖罪無法化解任何過錯，因為那種懺悔影射你確是有罪之人。⁵ 只要你讓自己感到一點罪咎，這一錯誤便會根深柢固而更難化解了。

6.　　作一個決定並非難事。² 這是顯而易見的，只要你明白了，當自己感受不到全然喜悅時，這必然是出自自己的選擇。³ 因此，化解的第一步就是認清：既然這一錯誤決定是你作出的，你當然也能另作選擇。⁴ 但你的立場必須非常堅定，內心也一清二楚，化解的過程雖不是出自於你，卻是上主在你內進行的大事。⁵ 你的責任只是將自己的想法帶回到當初犯錯的那一點上，安心地將它託付給救贖。⁶ 請你試著誠心誦念下面的句子，也請記住，即使你的邀請只是輕描淡寫的一個手勢，聖靈仍會全力以赴

地回應的：

> [7] 我必已作了錯誤的決定，因為我沒有活在平安中。
> [8] 既然是我自己作的決定，我也能作出另一種選擇。
> [9] 我願意作出另一種決定，因為我要活在平安中。
> [10] 我無需感到內疚，因為只要我給聖靈機會，祂就會化解那錯誤決定所帶來的一切後果。
> [11] 我決心放手，讓祂為我「選擇上主」。

第六章　愛的課題

導　言

1.　　憤怒與攻擊的連帶關係是顯而易見的，但憤怒與恐懼的關聯並不那麼顯著。[2]憤怒通常都是分裂心態投射出去的結果，因此當事人終究得為自己的憤怒負責，無法怪罪他人。[3]你不會無緣無故發怒的，除非你相信自己受到了攻擊，理當還以顏色，而且不應為此負任何責任。[4]這三個非理性的前提必會導致同樣非理性的結論：那位弟兄活該被你攻擊，他不配接受你的愛。[5]從這瘋狂失常的前提，你只能期待一個瘋狂失常的結論。[6]若要化解這瘋狂失常的結論，你得先反省一下它所根據的前提是否神智清明。[7]你是不可能被攻擊的，也沒有一種攻擊是理所當然的，你必須為自己深信不疑的那些想法負起責任來。

2.　　你應以我為學習的楷模，因為一個極端反常的示範常是最有效的教學工具。[2]每個人都在教人，而且隨時都在教。[3]只要你一接受某一前提，你就得為它負責到底，沒有一個人生不是根據某種思想體系而架構起來的。[4]一旦建立起某種思想體系，你不只據此而活，還會據此而教。[5]你的忠誠很可能錯置於某一思想體系上頭，幸好，它只是你的信念而已，不難調整過來。

壹. 十字架的訊息

1.　　為了學習效果之故，讓我們再反省一下十字架的意義。[2]我先前只能點到為止，免得十字架的含意會勾起你的可怕聯想。[3]到目前為止，我們只強調它並非一種懲罰。[4]然而，任何事不能只由反面角度去了解。[5]十字架也有相當正面且不會引發恐懼的內涵；只要你了解得當，它的訊息原是徹底正面的。

2.　　十字架可說是一個相當極端的範例。[2]它的價值，和其他教學工具一樣，端看你能由它學到什麼而定。[3]它可能遭人誤解，也確實被誤解了。[4]因為心懷恐懼的人總是往可怕的地方去想。[5]我已說過，你隨時都能向我求助，分享我的決定，且強化這一

決定。⁶ 我也告訴過你，十字架是聖子奧體所需經歷的最後一段無用之旅；對真正了解它的人來講，十字架代表了由恐懼中的解脫。⁷ 我先前只強調復活的結局，並沒有澄清十字架的真正目的以及它是如何將你導向復活之境的。⁸ 儘管如此，它對你的人生仍有具體的貢獻，只要你不再懷著恐懼去思索它的意義，它會幫你了解自己為人師表的角色。

3. 　　多年以來，你一直以被釘十字架的心態過日子。² 這是活在分裂中的人的通病，他們絕不承認這是咎由自取。³ 投射意味著內心的憤怒，憤怒會激起攻擊，攻擊又加深了恐懼。⁴ 十字架的真正意義在於幫你看穿「上主的某位聖子如此殘酷地對待另一位聖子」的假相。⁵ 因這是不可能的事，而且你必須徹底明白這是不可能的。⁶ 否則，我就無法成為你學習的楷模了。

4. 　　攻擊最多只能加害人身。² 很少人會懷疑身體確有攻擊甚至毀滅另一具身體的能力。³ 然而，如果根本沒有毀滅這一回事，任何好似能被毀滅之物也就不可能存在了。⁴ 如此，它的毀滅便不足以充當你憤怒的藉口。⁵ 你若相信自己有充分的理由發怒，表示你不只接受了錯誤的前提，還在傳播這錯誤的訊息。⁶ 十字架真正的訊息是：你無需把十字架視為一種攻擊迫害，因為你是不可能受迫害的。⁷ 你若報之以憤怒，表示你已把自己視為不堪一擊的，這種看待自我的方式無異於承認了自己瘋狂失常。

5. 　　我和你一樣，你也和我一樣，我不能說得比這更清楚了；可是我們之間最基本的平等性，唯有在共同作出決定的那一刻才顯示得出來。² 只要你願意，你隨時都能視自己為受害者。³ 你一旦選擇了這種回應方式，很可能會想起那在世俗眼中受盡迫害的我；問題是，我從不如此看待自己。⁴ 我既不接受這一詮釋，自然不願助長這類觀點。⁵ 如此，我便賦予了「攻擊」另一種詮釋，這才是我要分享給你的。⁶ 你若願意相信我的詮釋，等於是在幫我傳播這一訊息。

6. 　　我以前解釋過「你教人什麼，自己就會學到什麼」的道理。² 你若懷著受害心態度日，無異於傳播迫害觀念。³ 任何想要獲得救恩的上主之子，絕不會教人這類課程的。⁴ 反之，他會為人示範自身完美無缺的免疫能力，那才是你內在的真相；而且你會

明白，這一眞相是凜然不可侵犯的。⁵ 不要憑一己之力保護它的安全，否則，你一定會感到它脆弱不堪。⁶ 我從不要求你把自己釘在十字架上，這是我對世人最有貢獻的教誨之一。⁷ 我只要求你，下回碰到無傷大雅的挑戰時，不妨跟隨我的表率，別再誤把它們當作你發怒的藉口。⁸ 也別再爲自己不可理喻的反應自圓其說了。⁹ 不要相信任何藉口，也不要教人找藉口。¹⁰ 隨時記住，你自己相信什麼，就會教別人什麼。¹¹ 你若能相信我所相信之事，你我便成了同級的教師了。

7.　　你的復活等於你的「再度覺醒」。² 我是「重生」的楷模，所謂「重生」，不過是指你心中豁然明白了自己原有的稟賦而已。³ 那稟賦是上主親自安置於你內的，因此永遠眞實無比。⁴ 我對此深信不疑，故能接納它爲我的生命眞相。⁵ 爲了天國之故，請你幫我將此眞相教給我們的弟兄，但你自己必須先接納它爲你的眞相才行，否則，你必會誤導別人。⁶ 新約中說我在橄欖山園祈禱時，見弟兄沉沉睡去而憤怒不已，我怎麼可能生他們的氣？我知道自己是不可能遭遺棄的。

8.　　若有弟兄無法效法我下定決心只聽聖靈的聲音，我最多只會感到遺憾而已，因那會削弱他們亦師亦徒的教學能力。² 不過我知道，他們不可能眞正背叛我或背叛自己的，我還要在他們身上建立我的教會。³ 我沒有選擇的餘地，因爲只有你才配當作上主教會的基石。⁴ 教會其實就是那座祭壇，是它聖化了教會。⁵ 如果一個教會激發不出信徒的愛心，表示它已另設一座祕密祭壇，不以事奉上主旨意爲目的。⁶ 我只能在你身上建立祂的教會，因爲唯有以我爲楷模的人才算眞正的門徒。⁷ 既是門徒，便需追隨師表，如果老師想盡辦法幫助學生解除一切痛苦，學生卻裹足不前，實在愚不可及。

9.　　我爲了你以及自己的緣故，不惜以身示範，那在小我眼中慘絕人寰的暴行，對我們一概毫無影響。² 在世俗的判斷下（而非上主的眞知），我曾遭人背叛、遺棄、鞭撻、折磨，最後一命嗚呼。³ 這顯然都是別人投射在我身上的形象，因我那一生只知療癒，不曾傷過一人。

10.　　你無需重蹈我的覆轍才配成爲與我平起平坐的人生學徒。

²聖靈樂見你能從我的經驗中學習，且透過我的經驗而覺醒。³那正是我選擇生前那些經歷的唯一目的，也只有在這層意義下，我才堪稱爲「道路、眞理、生命」。⁴你若純粹聆聽聖靈的聲音，祂絕不會要求你作任何犧牲的。⁵相反地，只要你能夠在他人身上聆聽聖靈，由他們的經驗中學習，那麼你無需重蹈他們的覆轍，一樣能由別人的經驗中獲益。⁶因爲聖靈只有一個，只要有一個人聽從了祂的指引，所有的人都會在他身上看到上主之路。

11.　　沒有一個人傷害得了你，我也不是一位受害者。²因著我們同享一個聖靈，使你無需重蹈我的覆轍。³然而，你仍需由我的典範中學習如何看待那些事件，它們對你才能產生正面的作用。⁴我們的弟兄仍在忙著爲那些不可理喻之事自圓其說。⁵其實，沒有一個與聖靈判斷不合的看法能夠自圓其說的；這是我在世上學到的，也是我必須教人的課題。⁶我藉著一個極端的示範爲這一事實作證，我的榜樣會對那些經不起一點挑戰便發怒攻擊的人帶來很大的示範效果。⁷我和上主都懷有同一大願，就是沒有一位上主之子需要受苦。

12.　　十字架是無法與人共享的經驗，因爲它只是投射的象徵而已；復活的象徵才有分享的可能，因爲每一位上主之子的覺醒都有助於聖子奧體悟出自身的圓滿。²這才算是眞知。

13.　　十字架的訊息簡單而明確：

²只教人愛，因為那是你的天性。

14.　　你若賦予十字架任何其他的詮釋，表示你已將它扭曲爲一種攻擊武器，忘了它原本的和平訴求。²我的十二門徒常誤解了這一點，後人的誤解也不出同一理由。³只因自身不完美的愛，他們不能不投射；只因心中的恐懼，他們不能不把「上主的義怒」形容成一種報復的武器。⁴只因內疚的激怒，他們一提到十字架，便掩不住一股怨憤之情。

15.　　雖然福音本來是要傳達愛的訊息的，其中卻不乏這類混淆視聽的說法。²若非門徒們自身充滿罪咎，他們絕不可能說我說過「我來不是爲和平，而是帶刀劍」這句話的。³這分明與我的

教誨背道而馳。⁴ 他們若眞的了解我，也不可能把我對猶大的態度描寫成那副德行。⁵ 我怎麼可能說出「你竟用親吻來負賣人子」這類話？因爲我根本不相信別人可能背叛我的。⁶ 整個十字架的訊息，總歸一句，即我完全不相信背叛這一回事。⁷ 至於我要上天「懲罰」猶大的話，也是源自同一錯誤心態。⁸ 猶大是我的弟兄，也是上主之子，他在聖子奧體中的地位與我不相上下。⁹ 我怎麼可能一邊教人「上天絕不可能懲罰人類」，一邊還在詛咒猶大？

16. 　　你若讀過門徒所傳的教誨的話，你會記得我親口告訴過他們，有許多事情要等到日後他們才會明白，因爲他們那時尚未完全準備好來跟隨我。² 我也不願看到我所傳給你的思想體系裡夾雜一點恐懼。³ 我要召請的是教師，而非殉道烈士。⁴ 沒有人會爲他的罪受罰，上主兒女亦非罪人。⁵ 任何懲罰觀念都與你想要歸咎別人的心理投射脫離不了關係，它還會助長「歸咎別人是情有可原」的觀念。⁶ 結果，你所教的成了一門如何歸咎別人的課程，因爲你在舉手投足之間傳播了行動背後的信念。⁷ 十字架是兩種截然相反的思想體系激盪出來的後果，成了小我與上主之子的「衝突」最貼切的象徵。⁸ 直到現在，這衝突的力道仍然不減當年，這一課題對現代人的重要性也不減當年。

17. 　　我不需要你的感激，但你自己倒是需要培養日趨微弱的感恩能力，否則你便無法欣賞天恩的可貴。² 上主無需你的欣賞，是你有此需要。³ 因你無法去愛自己毫不欣賞的東西，因爲恐懼會剝奪你的欣賞能力。⁴ 你若害怕自己的眞相，絕不可能欣賞它，勢必加以排斥。⁵ 結果，你等於是教人排斥。

18. 　　上主兒女的能力永遠常在，因爲他們早已被造成一位創造者了。² 他們相互之間的影響力不可限量，因此他們必須爲彼此的救恩而同舟共濟。³ 每一個人都必須學習去教人明瞭「不論怎麼抗拒，都無濟於事」的道理。⁴ 分裂本身代表一種拒絕。⁵ 你一開始教人這一觀念，就會對它更加深信不疑。⁶ 這不是上主的思維方式，若想憶起祂的眞相，你只能按祂的思維去想才行。

19. 　　請記住，聖靈是天父與自己的分裂兒女之間唯一的交流管道。² 只要你願聆聽祂的天音，你就會知道自己既無法傷害別

人，也不可能被人傷害，許多人正等著你的祝福才可能親耳聽見
這一天音。³ 如果你在他們內只矚目這一需求而不理會其他需求
的話，表示你已獲得了我的真傳，也會像我一樣迫不及待地分享
自己的所學。

貳. 投射之外的選擇

1.　　心靈任何一種分化作用，必然隱含了想要「排斥自己某一
部分」的心態，那就是分裂的信念。² 唯有認出上主造化之圓滿
的，才堪稱為圓滿的心靈；也唯有圓滿的心靈才可能欣賞上主的
圓滿本性，也就是上主的平安。³ 心靈必須具備這一認知，方知
造物主的真相。⁴ 排斥與分裂，就像分裂與斷絕關係一樣，它們
全是同義詞。⁵ 我們先前提過，分裂作用自始至終都是為了斷絕
關係；切斷聯繫之後，投射便成了它最主要的防衛措施，也成了
它的存活之道。⁶ 其中的原委，遠非你想像的那麼單純。

2.　　你投射出去的正是你拒絕接納之物，你自然不會相信它原是
你的一部分。² 你一判斷你與自己投射之物有所不同，你便成了
他的「身外」之物。³ 因著你對自己的投射的排斥，你會不斷加
以攻擊，因為你存心與它保持分裂狀態。⁴ 這種反應都是下意識
的，它蓄意不讓你覺察出你其實是在打擊自己，卻異想天開，以
為是在保護自己。

3.　　你的投射所傷害到的一定是你。² 它使你更加仰賴自己分化
的心靈；它唯一的目的就是維持分裂狀態。³ 這純粹是小我的伎
倆，使你覺得自己與弟兄是兩個完全不同且毫無關係的獨立個
體。⁴ 小我還會設法使你感到自己「高人一等」，以顯示你們的
不同，進而抹殺你們的平等關係。⁵ 投射與攻擊其實是一丘之
貉，因為小我一向是用投射來為自己的攻擊行為辯護。⁶ 沒有投
射，憤怒便無從生起。⁷ 小我利用投射，純粹是為了破壞你對自
己及弟兄的看法。⁸ 它的陰謀是這樣得逞的：先把你無法接受的
某一部分剔除於自身之外，最後又把你剔除於弟兄之外，這是遲
早的事。

4.　　學到現在，我們終於明白了，除了投射以外，還有其他的選

擇。² 我們能夠善用小我的每一種本事，因為不論哪一種能力都得聽從心靈的指示，而你的心內還有另一個更神聖的聲音。³ 聖靈推恩，小我投射。⁴ 兩者各行其是，結果自當不同。

5.　　聖靈的出發點乃是把你視為完美的生命。² 祂知道這完美性是眾人共享的，故祂也能在其他人身上認出它來，而使這完美性在雙方心內更加穩固。³ 這種眼光只可能激發愛心，而非憤怒，因為它為雙方確立了生命的涵攝性（inclusion）。⁴ 聖靈由他們的平等性中認出了同等需求。⁵ 僅憑這一點，便足以為雙方迎回救贖，因為救贖是普世人類共有的唯一需求。⁶ 而以這一眼光來看自己，則成了你在世間尋得幸福的唯一途徑。⁷ 因為那表示你已承認自己並不屬於這個世界，因這世界並非幸福樂土。

6.　　你如何在一個沒有喜樂的地方尋得喜樂？除非你明白自己不是真的活在那兒。² 你不可能活在上主從未安置你的地方，祂早已將你造成祂自己的一部分了。³ 那才是你存在之處，也是你的本來面目。⁴ 這是永不改變的事實。⁵ 生命具有全面的涵攝性。⁶ 你永遠無法改變這一事實。⁷ 那是永恆的真相。⁸ 它不是一種信念，而是絕對的「事實」。⁹ 只要是上主創造之物，必然與祂一般真實。¹⁰ 那真實性純粹基於你的生命完美地涵攝於祂那完美的生命內。¹¹ 否認這一點，不只否定了自己，也否定了祂，因為你不可能只接受其一而不接受另一的。

7.　　聖靈眼裡完美的平等性，反映出上主真知中的完美平等性。² 上主內並沒有類似小我的知見這類東西，知見與真知之間唯有聖靈足以充當兩者的橋樑。³ 祂教你善用知見的方法可說是與上主的真知相得益彰，遲早會喚醒你對它的記憶。⁴ 雖然小我寧願相信自己根本沒有憶起上主的可能，但聖靈指引的是「你」的所知所見。⁵ 你的知見由何處萌生，也會在那兒結束。⁶ 萬事萬物終會在上主內重逢，因為它們不只出自上主的創造，根本就是祂生命的一部分。

8.　　聖子是在上主延伸其聖念之際造出的，凡是由聖念延伸出去的，必然依舊存於天心之內。² 因此，祂所有的聖念不只本身是完美的一體，彼此之間也互為一體。³ 聖靈方能當下幫你認出它的圓滿無缺。⁴ 上主創造你，為的是要你去創造。⁵ 但你得先了悟

天國的圓滿無缺，才可能將他的天國推恩出去。

9.　　思想是由思想者心中向外延伸的。[2] 不論是上主的聖念或是你的想法，一概如此。[3] 你是在心靈分裂之後才發展出知見與思維的。[4] 即使是知見，也違背不了心靈運作的基本原則。[5] 你必須先從心裡看到，才能將所知所見投射於外。[6] 即使你的所知所見虛妄不實，只要你營造得出來，聖靈都能加以善用。[7] 他會啓發你的知見，將它逐步導向上主之境。[8] 這萬流歸宗的遠景，看似遙不可及，那是因爲此刻你的心靈與此觀念尚未完美地相應，不願樂觀其成之故。

10.　　聖靈並不相信時間的存在，卻懂得如何利用時間。[2] 他直接來自上主，故能善用一切，助人獲益，但他絕不會把幻相當眞。[3] 既然聖靈亦在你的心內，你的心必也可能只相信眞實之物。[4] 聖靈僅能爲這一眞相發言，因祂是上主的代言人。[5] 祂要你回心轉意，重歸上主，因爲你的心靈從未離開過祂。[6] 既然它從未離開過祂，你一旦認清這一眞相，便已身在家中了。[7] 那麼，所謂徹底証入救贖境界，只不過是認清了**分裂從未真正發生過**而已。[8] 小我對此毫無招架之力，因它公然聲明小我不曾存在過。

11.　　小我其實並不排斥「回歸」的必要，因爲它能輕而易舉地把這個觀念變成天大的難事。[2] 然而，聖靈卻告訴你，連「回歸」之念都是多餘的，既然它不曾發生過，絕不可能是件難事。[3] 是你把回歸的觀念搞成一個十分必要卻難以達成的目標。[4] 然而，凡是本來圓滿的，自然一無所缺，它不可能難以達成才對，何況那根本就是你的本來眞相。[5] 因此，你必須以同樣心態去看待上主的造化，將你的所知所見調整到與聖靈的眼光一致。[6] 這一致的眼光便成了你與上主交流最直接的路線，它會將你的心靈導向天心。[7] 這種知見是不可能引發衝突的，因它反映出你所有的知見都在聖靈的指引下，而他的心靈又與上主須臾不離。[8] 唯有聖靈才有化解衝突的能力，因爲唯有聖靈是不含衝突的。[9] 祂只著眼於你內心眞實的一面，因此祂向外推恩時，也只會伸向其他心靈的眞實面。

12.　　小我的投射與聖靈的推恩，兩者的區別其實非常單純。[2] 小我爲了排斥而投射，它想要湮沒眞相。[3] 聖靈則是爲了推恩，也

就是在每個心靈內認出自己，因此所有心靈在祂眼中全是同一個生命。⁴ 在這種知見中，是不可能產生衝突的，因為世間萬物在聖靈眼中完全相同。⁵ 不論祂向何處看去，都只會看到自己；由於祂的生命是一體不分的，故祂只可能給人一個完整無缺的天國。⁶ 這是上主託付給聖靈的唯一訊息，祂必須為此發言，因為那是祂之所以為祂的天性。⁷ 上主的平安就在這一訊息內，上主的平安也在你內。⁸ 天國偉大的平安永遠在你心中照耀，但它必須照射出去，你才可能意識到它的存在。

13.　　上主賜你聖靈，是出自大公無私之心，因此，你必須具備大公無私的眼光，才可能認出聖靈來。² 小我好似一個軍團，聖靈卻是一個完整生命。³ 天國內沒有任何黑暗的角落，你的職責只是不讓任何黑暗藏匿於自己心中而已。⁴ 你只要如此與光明輝映，它便無遠弗屆，因為你等於是與世界之光相輝映。⁵ 我們每一個人都是世界之光，只要我們的心結合於這光明下，便等於同聲宣告天國的來臨。

參．放下攻擊

1.　　我們已經強調過，每個觀念必然發自思想者的心中。² 因此，由心靈延伸出去之物，其實仍存於心內；心靈不難由它延伸之物而知道自己的真相。³ 「知道」（know）一詞，用在此處特別恰當，因為聖靈透過祂大公無私的知見，一直在為你的心靈護守著真知（knowledge）。⁴ 由於祂毫無攻擊的企圖，故與上主的交流暢通無阻。⁵ 為此，它也不受任何威脅。⁶ 你那肖似上主的心靈同樣不會受到染污。⁷ 因為小我永遠無法涉足其中，但你仍能透過小我而聽、而教，且明白它的虛假不實。⁸ 你一直都在說服自己相信你並不是那個本來的你。⁹ 你無法教別人自己尚未學會的事；但不論你教什麼，因著你的分享，都會強化你對它的信念。¹⁰ 你隨時都在學習自己所教的每一個人生課題。

2.　　為此之故，有待你去教的課題只有一個。² 如果你想要讓自己免於衝突，你只能向聖靈學習，並且只教祂的課程。³ 你就是愛；否認這一點，你已把自己的本來面目改造成一個你得隨

時提醒才會記得之物。⁴ 我已說過，十字架的訊息是「只教人愛，因為那是你的天性」。⁵ 這一課可說是極其完美一致，因為愛的課程是始終如一的。⁶ 你唯有教它，才可能學會。⁷ 這就是「你教什麼，就會學到什麼」的原則。⁸ 這話若是真的（我保證它真實無比），請留意，你所教的東西正在教你。⁹ 不論你投射（project）或推恩（extend）什麼，你就會相信什麼。

3.　　你的唯一保障就是把聖靈推恩於人，因為當你在別人身上看到聖靈的溫和善良時，你必會看出自己的心靈一樣毫無傷人的傾向。² 你的心靈一旦接受了這一事實，它就再也不覺得有自我保護的必要了。³ 上主的護佑便這樣降臨於它，確保它永遠安全無虞。⁴ 安全無虞的人必然善良無比。⁵ 他們只會祝福，因為他們知道自己是有福之人。⁶ 人心若無焦慮在背後作祟，它必然極其仁慈，只會施人恩澤，故必也恩澤滿被。⁷ 「安全感」的真義乃是徹底放下攻擊。⁸ 這一道理毫無妥協的餘地。⁹ 你若教人任何一種攻擊形式，你就學到了這一本事而身受其害。¹⁰ 然而，這類本事不是永恆不變的，只要你不再繼續教下去，便能解除過去學到的本事。

4.　　既然你不可能什麼都不教，那麼，去教那些與小我相反的信念，你便得救了。² 唯有如此，你才可能學到那一真相而獲享自由；唯有別人從你身上學到那一信念，你才算保住了這一自由。³ 唯一獲享平安的方法，便是教人平安之道。⁴ 只有在教人之際，你才敢確定自己真正學到了，因為你不可能教人由於自己切斷了聯繫而一無所知之事。⁵ 唯有如此，你才能贏回自己一度拋棄的真知。⁶ 不論你與人分享什麼觀念，表示它必然已存於你內。⁷ 真知會因著你教人的那股信念而慢慢甦醒。⁸ 你在學習自己所教的一切。⁹ 只教人愛，你才會明白愛就在你內，你就是愛。

肆．唯一的答案

1.　　請記得，聖靈是上主的終極答覆，而非問題本身。² 小我一向喜歡先聲奪人。³ 它反覆無常，對製造它的主人居心叵測。⁴ 它認定主人隨時會拆它的台，這倒不假。⁵ 如果小我真的是為你

好，它應該爲此高興才對；就像聖靈那樣，一旦將你領回家後，祂會因你不再需要祂的引導而爲你高興。⁶ 小我從不認爲自己只是你的一部分而已。⁷ 這是它所犯的最大錯誤，它的整套思想體系都奠基於此。

2.　　上主創造你時，把你造成祂的一部分。² 爲此之故，天國之內不可能互相攻擊。³ 你營造小我時，不是出自愛心，因此它絕不可能愛你。⁴ 沒有愛，你無法留在天國內，因爲天國就是愛，於是你不得不相信自己活在天國之外。⁵ 這使得小我視自己爲它主人的「身外」之物，它得時時爲那自認爲活在天心之外的那一部分心靈請命。⁶ 於是，小我提出了它第一個問題，也是它永遠無法答覆的問題。⁷「你究竟是什麼？」這個問題成了一切疑惑之始。⁸ 從此以後，小我不再答覆問題，轉而不停地向你質問。⁹ 小我最具創意的伎倆就是把問題搞得曖昧不明；其實答案都在你心裡，**小我才那麼怕你**。

3.　　除非你徹底看透「小我不可能知道任何事情」這一根本事實，否則你不可能明白衝突的原委。² 聖靈從不先聲奪人，**祂一直在答覆你的問題**。³ 每個人都曾經以某種形式向祂求助過，也都得到了祂的答覆。⁴ 聖靈不只會眞誠地答覆，而且隨時隨地都在答覆你；換句話說，每個人在這一刻其實已有了答案。

4.　　小我不會聆聽聖靈的，反而認定造出它的那一部分心靈存心與它作對。² 爲此，它認爲自己攻擊主人是情有可原的。³ 它相信最佳的防衛莫過於反擊，要「你」也如此相信。⁴ 若非你眞相信這一點，豈會與它同流合污？小我急著找尋盟友，而非弟兄。⁵ 小我在你心內感到有個來路不明之物，因此急於跟身體聯盟，因爲身體並非你的一部分。⁶ 所以身體才能成爲小我的盟友。⁷ 這聯盟分明是建立於「分裂」的基礎上。⁸ 一旦加入了這一聯盟，你不可能不害怕，因爲你等於是與恐懼結盟。

5.　　小我會利用身體來暗算你的心靈，因爲小我明白你這「敵人」萬一識破小我和身體並非你的一部分，它們的命運就此告終了，因此它們必須聯手，先下手爲強。² 只要深思一下這種邏輯，沒有比它更荒謬的觀念了。³ 虛妄不實的小我，千方百計想要說服眞實無比的心靈承認自身只是小我的一項學習工具而已，

還要它相信身體比心靈更為真實。⁴任何具有正見者都不可能相信這種說詞的，事實上，也沒有一個正見之士真正相信過它。

6. 　請聽一下聖靈針對小我所有問題所給的唯一答覆：你是上主的孩子，是祂天國內的無價之寶，因為祂已把你創造成祂自己的一部分了。²除你之外，沒有其他的生命存在，只有你才是真的。³即使你曾選擇活在噩夢裡，上主會將你由這虛幻的夢中喚醒。⁴你一聽到祂的聲音，便會甦醒過來，夢中的一切頓時煙消雲散。⁵你夢裡充滿了小我形形色色的象徵，使你意亂神迷。⁶那只是因為你睡著了，不知道真相。⁷你一旦甦醒過來，看到周遭以及自己的真相，便再也不會相信夢中的一切了，因為它們在你眼中頓時顯得虛幻無比。⁸於是，天國以及你在天國創造的一切對你都變得極其真切，因為它們如此美妙而真實。

7. 　「你在何處」以及「你是什麼」，天國有極其明確肯定的答案。²那兒沒有懷疑的餘地，因為沒有人會提出那第一個問題。³一切問題得到天國圓滿的答覆之後，**便永遠失去了立足之地**。⁴天國內只有「實存生命」，只要是活在上主內的，必然肯定無疑。⁵你在夢中耗費在質疑反問的時間，此後會被轉用到創造及永恆上。⁶你與上主一般千古不易，因為你與祂一般真實；只是你心中一度擁有的「肯定」如今已淪為一種「肯定的能力」了。

8. 　你一把這些能力帶入存在領域，生命的不定性就開始了，因為能力只能算是一種潛能，而非成就。²你的能力在上主以及你的成就之前一無所用。³所謂成就，是指已經完成的結果。⁴圓滿成就之後，任何能力都沒有存在的價值了。⁵本來圓滿之物如今卻有待圓滿，這怎麼可能？⁶事實上，那是不可能的事。⁷然而，你應記住，當你把自己置身於不可能的處境時，你勢必會相信那不可能的事是可能發生的。

9. 　你必須先培養出某一技能，才可能發揮其用。²這一原則雖不適用於上主的造化，但對你打造的世界卻成了最仁慈的出路。³即使在不可能的處境下，你仍然可能培養出某種脫身技能的。⁴你有一位神聖的嚮導，祂會教你如何培養那些能力，可是真正發號施令者是「你」。⁵為此，你身負掌管天國之職，有位嚮導不僅陪你找回天國，還會教你守住天國。⁶此外，你還有一個楷

模可以追隨，他會穩固你的領導地位，不再誤入歧途。⁷於是，處在奴役幻相中的你重獲主導的地位，光憑這一點，便足以證明沒有一物奴役得了你。

10.　　只有當你認爲自己可能淪落於不可能的處境時，你才眞正走投無路。²如果上主一邊告訴你，你是完美的，一邊又顯示你一身的錯誤，必會使你手足無措，進退不得。³因那等於是說，完美之物可能意識不到自身的完美，使得原本擁有一切的人，開始相信自己是如此地無助而有待拯救。⁴這是小我一貫的推理方式。⁵上主深知祂的造化是完美無缺的，不會當面冒犯他們。⁶這與小我也不可能冒犯上主，是同一道理。

11.　　爲此之故，聖靈從不發號施令。²發號施令顯示出雙方的不平等，這正是聖靈所要推翻的事實。³「忠於前提」乃是心靈運作的法則，連上主的造化也需忠於祂的天律。⁴只是人心仍可能忠於其他的法則，不是因爲那些法則更爲眞實，而是因爲那是你自己一手打造出來的。⁵如果上主證明給你看，你的想法是多麼瘋狂愚昧，這對你有何好處？⁶上主豈會失落自己的千古不易？⁷我一再提醒你，你教別人什麼，你就成了什麼。⁸你難道想要上主教你認出自己有罪的一面？⁹如果祂拿自己爲你創造的「眞我」向你自己打造的「自我」對質，不把你嚇壞才怪。¹⁰從此，你會連自己的正見都不敢信任了，而那正是你恢復神智清明的唯一靠山。

12.　　上主從不教人。²教，影射出某種不足或缺憾，上主深知沒有這一回事。³上主也不會自我矛盾。⁴教的目的是爲了改變，而上主的創造永恆不易。⁵天人分裂，並不表示人心喪失了完美，只是天人交流受阻了而已。⁶代之而起的是另一種粗暴的溝通方式，那就是小我的聲音。⁷但它絲毫騷擾不到上主的平安，只破壞得了你的平安。⁸上主也無意剷除它，因剷除它與打擊它是同一回事。⁹祂接受質疑，卻不反問回去。¹⁰祂只會如實答覆。¹¹祂的答覆便成了你的聖師。

伍. 聖靈的課程

1.　　　聖靈和所有良師一樣，所知道的遠遠超過你目前所懂的，祂的目的是要把你教到與祂同等的地步。[2] 你一直教給自己錯誤的觀念，只因你深信那虛假不實之事。[3] 你從不相信自己的完美性。[4] 上主只知道你有一顆圓滿無缺的心，祂怎麼可能告訴你，心靈已被你撕裂了？[5] 但上主知道祂的交流管道的另一頭被封了，使祂無法通傳自己的喜樂，也無法得知祂的兒女是否活得喜悅無比。[6] 但祂送出的喜悅之流卻不曾中斷過，我指的是永恆之境，而非在時間領域內。[7] 當聖子奧體不再一體無間地與祂交流之後，上主向外推恩的造化之功就被堵塞了（我指的也不是祂的圓滿境界）。[8] 祂最多只會這樣想：「我的孩子睡著了，我必須喚醒他們。」

2.　　　你若不想驚嚇孩子，只需輕輕在耳邊這樣喚醒他們：「天已亮了，黑夜過去了。」還有什麼比這更慈祥的方式？[2] 你不用費盡口舌地為他們解釋說，那可怕的夢魘不是真的，因為孩子特別相信神奇鬼怪的故事。[3] 你只需撫慰他們：他們現在已經安全了。[4] 然後慢慢訓練他們分辨睡夢與清醒的不同，使他們了解夢魘沒有什麼好怕的。[5] 如此，當噩夢再現時，他們自己就會呼求光明來驅除夢魘了。

3.　　　明師的教學法是逐步推進，而不是躲避問題。[2] 他的教學重點不在於你必須如何做才能避免受傷，而是你該怎麼做才會活得快樂。[3] 如果一個小孩聽見大人這樣說：「不可以，那很危險，你會受傷；你應該這樣那樣才不會受傷，才安全，那你就不會怕了。」這種解釋，可想而知，只會使孩子變得更加驚惶失措。[4] 其實你只需告訴他幾個字「你這樣做就行了」，豈不更好？[5] 說得愈簡單明瞭愈好，既容易懂得，又容易記住。

4.　　　所有智慧未開的人都還算是孩子，聖靈絕不會列舉他所犯的一堆錯誤來恐嚇他的。[2] 反之，聖靈會隨時回應他們的求助，祂的可信可靠安了孩子的心。[3] 孩子們確實常把幻想與現實混為一談；由於他們缺乏辨識能力，才會常被嚇到。[4] 聖靈無意幫助他們分辨不同的夢境。[5] 祂只會用光明一舉驅散所有的夢境。[6] 不論

你作的是什麼夢，祂的光明都成了你的醒鐘。⁷ 不論夢中景象多麼無常，身披上主之光的聖靈只爲永恆的眞理發言。

一．若要擁有，普施眾生

1.　　當你的身體、小我，以及夢境一舉撤銷之後，你便會知道自己原是永世長存的生命。² 也許你還會以爲這是死亡之後才可能成就的境界；其實，死亡無法成就任何事情，因爲死亡根本就是虛無的。³ 唯有生命才可能成就事情，而生命屬於心靈層次，也在心靈之內。⁴ 身體既不曾活過，故也不會死；它容納不下你，因你是生命。⁵ 我們既然享有同一心靈，你必然也能如我一般克服死亡。⁶ 死亡企圖以不作任何決定的方式來解決衝突。⁷ 這和小我其他荒誕的應變伎倆一樣，**根本於事無補**。

2.　　身體並非上主所造，因爲它是可朽之物，故不可能出自天國。² 身體不過是你心目中的你的一個象徵而已。³ 它顯然是一種分裂伎倆，故不可能眞的存在。⁴ 然而，聖靈最擅長將你營造之物轉譯爲學習工具。⁵ 聖靈的一貫手法乃是重新詮釋小我的分裂藉口，把它轉爲一種反證。⁶ 倘若心靈能治癒身體，身體卻無法治癒心靈，那麼心靈必然要比身體強大得多。⁷ 每個奇蹟都在證明這一點。

3.　　我曾說過，聖靈是奇蹟的動力。² 祂一直告訴你，只有心靈是眞的，因爲只有心靈才具備分享性。³ 身體是分裂的，因此它不可能是你的一部分。⁴ 「同享一心」的說法很有道理；但「同享一身」則毫無意義。⁵ 根據心靈的法則，身體根本沒有存在的意義。

4.　　對聖靈而言，奇蹟確實沒有難易之分。² 你現在對此觀念大概耳熟能詳了，但你未必由衷信服。³ 這表示你尚不了解其中深意，故無法發揮大用。⁴ 爲了天國的緣故，千萬不要輕忽這一關鍵理念，因那兒有太多的事等待著我們去完成。⁵ 這是我要教你，也是請你去教的那個思想體系之基礎。⁶ 你若不相信這一觀念，你是施展不出任何奇蹟的，因爲它代表一個「絕對平等」的信念。⁷ 只有同等的禮物才配獻給全然同等的上主之子，這才算是全然的欣賞。⁸ 你不能給得更多，也不可給得更少。⁹ 既然沒

有程度之別，難易之分遂失去了意義，為此，你獻給弟兄的禮物也絕對不可有程度之別。

5.　　　直指上主的聖靈，能將交流轉譯為一種生命，一如他終會把「知見」轉譯為「真知」那般。[2] 你不可能失去自己與人交流之物。[3] 小我把身體當作攻擊、享樂，甚至引以為傲的對象。[4] 就是這瘋狂失常之見把身體變成了可怕無比之物。[5] 身體對聖靈而言不過是一種交流媒介；交流既是分享，故會給人共融的經驗。[6] 也許你認為恐懼和愛一樣是可以交流的，因而也可與人分享。[7] 事實不然。[8] 凡是傳達恐懼訊息的人，等於在為攻擊背書，為虎作倀；攻擊必會破壞交流，無法與人相通。[9] 小我也能為了個人的利益而與人建立短暫的聯盟。[10] 聖靈所交流的，則是每個個體必然能給整體的益處。[11] 祂從不索回任何一物，因為祂要你永遠擁有。[12] 因此，祂教你的第一課就是：

[13] 若要擁有，普施眾生。

6.　　　這是入門第一步，也是你必須親自去學的第一課。[2] 但你無需獨自走完這一步，只需將自己轉向那一目標就夠了。[3] 你一旦決心踏上此途，表示你已準備好為這一旅程負責了，那是你，也唯有你才能負起的責任。[4] 外表上，這一步可能不僅沒有幫你解決問題，還會加深你內心的矛盾，因為這是你扭轉舊有知見、將它拉回正道的第一步。[5] 這一步自然會與你尚未完全放下的顛倒知見發生衝突，否則，你就沒有扭轉它的必要了。[6] 有些人會在這一階段折騰得相當久，還得承受內心劇烈的衝突。[7] 這時候，他們最好試著接受這一衝突，不要急著尋求下一步的出路。[8] 只要踏出了第一步，助緣一定蜂擁而至。[9] 因為他們選擇的乃是一條不可能獨自走完的路，因此他們也絕不可能落單的。

二. 若想平安，教人平安，從而學到平安

1.　　　凡是相信分裂之人，心底不可能沒有害怕報復與遺棄之念作祟著。[2] 他們如此相信攻擊及排斥，這便成了他們所見、所教及所學的對象。[3] 這種瘋狂失常的觀念顯然來自斷絕關係及投射的結果。[4] 你教人什麼，你就是什麼；顯然，你很可能教錯別人，

故也可能誤導自己。⁵ 許多人以爲我在攻擊他們，其實我毫無此意。⁶ 瘋狂失常的學徒所學得的經驗必然十分詭異。⁷ 有一點你必須認清：你若拒不接受某個思想體系，就等於削弱了它的力量。⁸ 而相信那些觀念的人便會認爲你在打擊他們。⁹ 這是因爲每一個人都把自己的思想體系當成自己，而每個思想體系又以「自己是什麼」的信念爲軸心。¹⁰ 如果思想體系的軸心眞實不虛，那麼由它延伸出去的必是眞理。¹¹ 如果它的軸心只是一個謊言，那麼它所推衍出來的，必是一場騙局。

2. 　　所有良師都明白，只有根本的改變才會有持久的效果，可是他們不會貿然就由最深的層次下手。² 他們的初步也是首要目標，便是加強學生想要改變的動機。³ 這也是他們的最終目標。⁴ 老師只需加強學生想要改變的動機，學生的改變便指日可待。⁵ 改變了動機，等於改變心態，這必會帶來根本的改變，因爲心靈屬於最根本的層次。

3. 　　扭轉或化解過程的第一步就是化解「爭取」或「獲得」的觀念。² 爲此，聖靈的第一課即是「若要擁有，普施眾生」。³ 我說過，這很可能會使衝突一時白熱化，現在讓我進一步爲你解釋其中的原委。⁴ 因爲在此階段的人，尚未認清「所有」與「所是」原是同一回事。⁵ 缺了這一番認知，「擁有」和「給予」成了對立的觀念。⁶ 第一課之所以顯得如此矛盾，只因學習者的心靈仍處於矛盾之中。⁷ 學習動機若自相矛盾，學習過程自然難以前後一貫、始終如一。⁸ 尤有甚者，學徒還會把心裡的矛盾投射到別人身上，而無法看出對方心中的一貫性，進而懷疑別人的動機。⁹ 因此，第一課從多方面來講，可說是最難學的一課，眞正的原因即在於此。¹⁰ 你仍強烈地意識到自己的小我，也常常針對別人的小我而反應，但至少聖靈已開始教你如何以遊戲人間的方式去與你們的小我互動了。

4. 　　原本就是非顚倒的小我，自然會把第一課視爲瘋狂失常的課程。² 事實上，它不可能不如此反應的，因爲若不是課程瘋了，只剩下另一更難接受的可能性，那就是自己瘋了。³ 小我的判斷一向受制於自己的存在本質，此刻也不例外。⁴ 唯有思想者改變自己的心念，才可能產生根本的改變。⁵ 這時，聖靈的聲音便會顯得清晰無比，使學生無法充耳不聞。⁶ 因此，到了某一階段，

學生會同時接收兩種矛盾的訊息，而且他很可能全盤接受。

5.　　若想解決這兩種相反的思想體系的矛盾，唯一的辦法就是選擇其一而放棄另一。² 如果你與自己的思想體系認同（我敢說你不能不與它認同），而且同時接受兩種截然相反的思想體系，你的心靈是不可能平安的。³ 只要你接受二者，你等於在教人兩種全然對立的思想，那麼你不只在教人矛盾，自己也在學習矛盾。⁴ 然而，你真正想要的其實是平安，否則你不會向那「和平之音」求助。⁵ 聖靈的課程絕不可能讓人瘋狂失常的，只有衝突才會逼瘋一個人。

6.　　神智清明與瘋狂失常之間也不會正面衝突。² 因為只有一個是真的，故也只有一個真的存在。³ 小我企圖說服你，你有能力決定哪個聲音是真的；聖靈卻告訴你，真理出自上主的創造，你的決定無法改變它分毫。⁴ 當你逐漸體會出聖靈之聲寧靜的力量以及完美的一貫性時，你的心靈有如大夢初醒，看出自己竟想解除上天已為你作出的無法逆轉的決定。⁵ 這就是我先前建議你隨時提醒自己讓聖靈代你選擇上主的原因。

7.　　沒有人逼你去作那些瘋狂失常的決定，縱然你很可能認為自己不得不如此。² 你若相信自己有權決定上主造化的真相，那才真是徹底的瘋狂失常。³ 只有聖靈能夠看清衝突是怎麼一回事。⁴ 故他給你的第二課便是：

　　　　⁵ 若想平安，教人平安，從而學到平安。

8.　　這仍屬於入門階段，因為「所有」與「所是」在你心目中仍非同一回事。² 不論如何，比起第一步，你又上了一層樓；第一步其實只是開始扭轉你的想法而已。³ 第二步才具體確認你心中真正想要之物。⁴ 這一步可說是你擺脫衝突之始，因為它表示你已斟酌過幾種可能性，並且選擇了你比較想要的一種了。⁵ 然而，「比較想要」的心態又影射出你的渴望仍有程度之別。⁶ 為此，這一步雖是終極決定不可或缺的一環，但顯然不是最後的一步。⁷ 因你尚未接受「奇蹟沒有難易之分」的事實；凡是你全心全意想要之物，絕對不會難以得到的。⁸ 全心全意想要，就等於創造，上主既已把你造成一位創造者，創造對你何難之有？

9. 　由此可知，第二步雖是邁向那反映上主真知的一體知見的一大步，它仍不出知見的領域。[2] 只要你能堅定不移地踏出這一步，自然會逐步向自己思想體系的軸心推進，唯有在那兒才會產生根本的改變。[3] 這一步的進展仍是時斷時續的，但有第一步在前開路，感覺上會比前一步輕鬆多了。[4] 這種水到渠必成的篤定感，充分顯示你對聖靈引導的意識也愈來愈深了。

三 . 只為上主及其天國而儆醒

1. 　我們以前說過，聖靈具備了評估的能力，祂必須如此，[2] 才能幫你分辨出心念的真假虛實，教你如何憑據上主置於你內的生命之光，來判斷你內心所接納的每個意念。[3] 凡是與此光明一致的，祂會為你妥善保存，穩固你內在的天國。[4] 至於只有一部分與此光明相符的，祂也會接受，且予以淨化。[5] 與此完全背道而馳的，祂會加以抵制，拒絕接受。[6] 如此，祂才能維繫天國內完美的一致與完美的統一。[7] 然而，請記住，聖靈所拒絕的，小我會接收下來。[8] 這是因為他們對你生命真相的看法有根本的分歧，因此他們對每一件事的看法基本上也都是各說各話。[9] 小我在這關鍵問題的信念莫衷一是，才會激起種種不同的情緒反應。[10] 聖靈在這事上絕不會反覆無常的，祂只可能給人一種喜悅之情。[11] 為了保護你的心情，祂會幫你拒絕一切有礙喜悅之事，換句話說，只有祂才可能使你得享全然的喜悅。

2. 　聖靈從不教你去判斷別人，因為祂不願見你教錯了別人而誤導自己。[2] 如果祂任你在你本應學習避免的事上愈陷愈深，那麼祂就稱不上始終如一、前後一貫了。[3] 祂在思想者的心中確有「評判」作用，那純是為了幫他整合心靈，使人心能夠不再靠判斷去看去想。[4] 如此，心靈才能不憑判斷去教人，進而學習不靠判斷而生活。[5] 只有你的心靈有待化解，如此，你才能夠停止投射，只是推恩。[6] 至於你該推恩什麼才萬無一失，上主早有定見。[7] 因此，聖靈的第三課即是：

[8] 只為上主及其天國而儆醒。

3. 　這是幫你扭轉乾坤的一大步。[2] 其中仍然少不了「扭轉心

念」的要素，因這一步影射出你仍需警戒某些東西。³ 比起前兩步，它又向前推進了一大步；第一步只是開始轉念，第二步基本上也只是確認一下你比較想要之物。⁴ 正如第二步延續第一步，這一步又接著第二步幫你釐清你想要與不想要之物的分野。⁵ 如此，最終才可能作出那業已註定的選擇。

4. 第一步好似使得衝突白熱化，第二步仍會引發某種程度的衝突，到了這一步，它要你嚴防衝突的升起。² 我曾經提醒過你，要以護衛小我的警覺來防範小我。³ 這一步所要教你的是：你不只應該如此，而且必須如此。⁴ 此事的難易不在它的考量中，它只是斬釘截鐵地告訴你，儆醒是你的首要任務。⁵ 它直言不諱，也不容例外；雖然它也不否認人們一定會找些例外的藉口。⁶ 它無視你內心的混亂無明，直指你始終如一的本性。⁷ 然而，混亂與如一是無法長久並存的，因爲兩者互不相容。⁸ 只要你認爲還有戒備的必要，表示你尚未認清兩者互不相容的關係，以爲自己能在兩者中任選其一。⁹ 聖靈的教法則從「你該選擇什麼」開始，最後教你看出，你根本沒有選擇的必要。¹⁰ 祂便如此將你的心靈從選擇的層次提昇至天國的創造層次了。

5. 聽從聖靈的選擇，能將你導向天國。² 你是靠自己的實存生命而創造的，但你得先學會憶起自己的本來眞相才行。³ 憶起眞相的要訣就藏在第三步中，它不只融合了前兩步的內涵，還能超越兩者而集其大成。⁴ 你的心靈若只接受上主賜你之物，表示你已承認自己的心靈是上主的創造。⁵ 換句話說，你接受了心靈的本來面目。⁶ 基於心靈本身的圓滿無缺，你等於是在傳授平安之道，只因你開始相信自己的心靈了。⁷ 上主會代你踏出最後的一步，但你仍需藉助於第三步，讓聖靈爲你準備迎接上主。⁸ 祂預備你心靈的途徑就是把「所有」轉譯爲「所是」的境界，這正是祂一直領你同行的那三步的眞正宗旨。

6. 首先，你學到了「擁有」是靠「給予」，而不是靠「爭取」。² 其次，你學到了，你教什麼，就會學到什麼；你也明白，自己眞正想要學的只是平安而已。³ 這是你認出天國的先決條件，因爲這正是天國的存在條件。⁴ 你一直相信自己活在天國之外，正是這一信念將你「排除」於天國之外。⁵ 因此，你首要之務莫過於學習把自己「加入」天國之內；爲此，你唯一需要

「排除」的，只是「你不在天國內」的信念。

7.　　由此可見，第三步其實是保護你心靈的一種方式，它幫你只跟存在軸心認同，那軸心即是上主為自己設立的祭壇。² 祭壇就是那些信念，但上主與他的造化是超乎信念的，因為他們已超乎疑問的層次。³ 上主的天音只會為那超乎疑問層次的信念發言，為那不容置疑的實存境界鋪路。⁴ 只要你心中對上主及天國的信念仍不時受到疑惑的侵擾，他的圓滿境界對你便會顯得曖昧不明。⁵ 為此之故，你必須為上主保持儆醒。⁶ 小我對上主的創造絕對沒有好話可說，才會使你疑慮叢生。⁷ 因此你仍需要信念的支撐，直到你堅信不疑為止。

8.　　你若能一視同仁地教導整個聖子奧體，顯示你已能看出它的圓滿無缺，也表示你已明白它是一個生命體。² 現在你必須在心中儆醒地護守這個一體性，因為只要一有疑惑侵入，你便再也意識不到它的圓滿無缺，因此也無法教人這一真相了。³ 天國的圓滿不是靠你的認知而存在的，可是你對這圓滿性的覺知卻需仰賴這一認知。⁴ 需要保護的是你的「覺」，因為實存本身是凜然不可侵犯的。⁵ 只要你還懷疑自己的生命真相，你是不可能真正覺於實存境界的。⁶ 由此可見儆醒的重要。⁷ 不要讓任何對實存境界的疑慮潛入你的心內，否則你便無由得知自己千古不易的真相。⁸ 千古不易是上主給你的恩典。⁹ 你的儆醒不是為了保護真理，而是為了抵制幻覺的侵入。

9.　　真相之內沒有任何幻相，因此它只能存於天國中。² 天國之外的一切都是幻相。³ 你一旦揚棄了真相，就會看到自己好似活在天國之外。⁴ 當你為自己打造出另一個心愛的國度時，天國不再是你心目中的唯一現實，於是，你某部分的心靈便被排擠到天國之外了。⁵ 你所營造之物便會反過身來因禁你的意志，你的心便生病了，有待治療。⁶ 嚴加防範疾病的產生，就是最好的治療。⁷ 你的心靈一旦療癒，自會散發健康的光輝，表示你已開始教人療癒之道了。⁸ 如此，你便已躋身於與我同等的教師行列。⁹ 但你必須像我一般儆醒才行；凡是決心傳播同一理念之人，他們的信念也必須一致才行。

10.　　由是可知，第三步不過說出了你真正想要相信的事，也表明

了你甘願放棄其餘的一切。² 只要你跟隨聖靈，祂必會幫你踏出這一步的。³ 你的儆醒本身成了你願讓祂引領的信號。⁴ 在你明白一切努力原屬多餘之前，儆醒確實是相當耗費心神的。⁵ 你以前爲了保護自己打造的虛幻之物不能不全力以赴。⁶ 因此，此刻的你也需卯盡全力才抵制得了它。⁷ 唯有如此，才能抵銷你以前保護它的力量，而喚出你「所有」而且「所是」的實存境界。⁸ 這種領悟原是不費吹灰之力的，因爲它本身眞實無比，無需你的保護。⁹ 它在上主的保障之下安全無虞。¹⁰ 一言以蔽之，涵攝性必是無所不包的，因爲造化是無限而無窮的。

第七章　天國的禮物

壹. 最後的一步

1.　　上主及其造化都具有無窮的創造能力，然而他們之間並非平等的雙向關係。² 上主與你的交流是全面性的，你與上主的交流亦然。³ 正因你享有上主所賜的永續交流能力，你才能夠如上主一般地創造。⁴ 但由創造的層次來講，你與上主的關係並不是平等的雙向關係，因為是祂創造了你，你卻沒有創造祂。⁵ 我已經告訴過你，只有在這一方面，你的創造力有別於上主。⁶ 即使在世上，我們也不難看到類似的情形。⁷ 父母生孩子，孩子卻不能生父母。⁸ 可是他們仍能像父母一般生出自己的孩子。

2.　　如果你創造了上主，祂又創造了你，天國就不能靠這創造之念而生生不已。² 它的創造力便受到了限制，那麼你也無法成為上主的創造同工。³ 上主把創造的聖念傳給了你，你也必須將自己的創造之念傳給你的創造。⁴ 所有的創造能力均是循此途徑而推恩出去的。⁵ 上主的成就並非你的成就，你的成就卻無異於祂的成就。⁶ 是祂創造了聖子奧體，你最多只能讓它生生不已。⁷ 你雖然不能為天國的創造者錦上添花，卻有能力為天國添光增色。⁸ 當你決心只為上主及其天國而儆醒時，你等於接下這一創造力。⁹ 一旦把這能力納為己有，你便會知道如何憶起自己的真相了。

3.　　你的創造屬於你，且在你內，就如你屬於上主，且在祂內一樣。² 你是上主的一部分，亦如你的兒女是上主兒女的一部分一樣。³ 創造的力量即是愛的力量。⁴ 愛必有推恩之力，沒有東西阻撓得了它。⁵ 它是無限的，故永無止境。⁶ 它會永遠創造下去，但不在時間領域之內。⁷ 上主的創造一向如此，因為祂自己一向如此。⁸ 你的創造也一向如此，因為你只能像上主一般地創造。⁹ 永恆非你莫屬，因為上主已將你創造為一個永恆的生命。

4.　　反之，小我一直想要爭取平等互惠的雙向關係，因為它的出發點是競爭，而非愛。² 它一向喜歡討價還價，卻不明白若「與他人一樣」，就沒有講價的餘地。³ 若想獲得，你必須先給予，

不能講價。⁴ 討價還價表示你已爲自己的給予設限了，這不符合上主的旨意。⁵ 以上主之願爲己願，表示你願意以他的方式去創造。⁶ 上主不會爲他的禮物設定任何限制的。⁷ 你，就是他的禮物，因此你的禮物必然與他的一樣。⁸ 你給天國的禮物亦需與他給你的禮物一樣才行。

5.　　我只會給天國愛，因爲我相信那是我天性使然。² 你相信自己是什麼，正是你會給出什麼禮物的決定因素；你既是上主把自己生命推恩於你而創造出來的，那麼你也只能如他一般把自己的生命推恩於人。³ 只有喜樂才可能永遠生生不已，因爲喜樂與永恆是一物的兩面。⁴ 上主的推恩是永無止境且超越時間的；你既然身爲他的創造同工，也應永無止境地將他的天國推恩出去。⁵ 永恆是創造永不磨滅的印記。⁶ 永恆也永遠與平安喜樂同在。

6.　　按照上主的思維去想，表示你享有他對你生命眞相的肯定；若以他的方式去創造，表示你已享有他給你的完美之愛。² 這是聖靈要領你前往之境，你的喜悅方得圓滿，因爲上主的天國圓滿無缺。³ 我已說過，「覺於眞知之境」這最後的一步必然出自上主。⁴ 這是千眞萬確之事，卻非筆墨所能形容，因爲文字語言的詮釋只是象徵符號；凡是眞實之物，是不待言詮的。⁵ 縱然如此，聖靈仍有任務將無用的轉譯爲有用的，無意義的轉譯爲有意義的，暫時的轉譯爲永恆的。⁶ 因此，他仍能爲你解說「最後一步」的大致情形。

7.　　上主行事並非按部就班，因爲他的圓滿成就不是逐步完成的。² 他從不教人，因爲他的創造千古不易。³ 對他而言，並沒有所謂「最後的一步」，因爲他最初的創造永恆如是。⁴ 你必須明白，「最初」這個字用在他身上並不代表時間的先後。⁵ 所謂「最初」，是指他在三位一體爲首的地位。⁶ 他是最元始的造物主，其餘的創造同工都出自他的創造。⁷ 爲此之故，你無法把時間套用於他或他的造化之上。⁸ 因此，上主的「最後一步」不只在起初是眞實的，現在仍是，將來也是，永遠眞實。⁹ 凡是超乎時間之物，永恆存在，因爲實存生命必然千古不易。¹⁰ 它不因生生不已而有所改變，因爲無始以來它就被創造成生生不已。¹¹ 如果你認不出它生生不已的本質，表示你還不知道它的眞相。¹² 那麼你也不可能知道它的造物主的。¹³ 上主無需向你啓示這些事，

因爲它一向昭然若揭。¹⁴ 祂的光明從不隱晦，因爲與人分享是祂的旨意。¹⁵ 既然完全分享出去了，祂怎麼可能保留一手，再伺機啓示出去？

貳．天國之律

1.　　世上唯有療癒之念與上主的聖念相近，因爲兩者有共通之處，故能輕易經由此念度向彼念。² 當弟兄看出自己有病時，自會感到不復完整而有所需求。³ 倘若你也如此看待他，把他視爲與天國無緣的外人，天國本身對你們二人都會變得模糊不清。⁴ 疾病與分裂都與上主扯不上任何關係，唯有天國才可能出自上主。⁵ 你若把天國搞得模糊不清，那麼你的所知所見自然也非上主之境。

2.　　爲此，所謂療癒，不過是把聖靈分享給你的弟兄，一起修正你與他的知見而已。² 如此，你們兩人方能一同置身於天國，恢復天國在你們心中的圓滿眞相。³ 這是創造的最佳寫照，它一邊因著生生不已之力而結合，一邊又藉著推恩之力而統一。⁴ 不論你投射或推恩什麼，它們對你都會顯得眞實無比。⁵ 這是心靈運作的不二法則，不論在世上或天國都是如此。⁶ 只不過在世間顯示的內涵會有所不同而已，因爲受制於這一法則的念頭與天國的聖念之間有天壤之別。⁷ 任何法則若要維持原有的秩序，不能不遷就環境的需要。⁸ 心靈法則一落於人間，它最大的特色即是：縱然你遵循它的法則（我敢向你保證，你不能不如此），你所得到的結果很可能完全出乎你的預期。⁹ 因爲這些法則爲了遷就現實條件而不能不自行調整，故會產生意料之外的後果，只因你很可能同時回應兩種矛盾的聲音。

3.　　原先在天國暢行無阻的法則，一到天國之外，就被調整爲「你投射什麼，就會相信什麼」。² 這也成了它教學的模式，因爲在天國之外，學習成了最重要的能力。³ 這學習模式就是：你在他人身上投射了什麼，就會相信他們就是這樣，因而學到自己也是如此。⁴ 在天國裡沒有教或學的必要，因爲那兒沒有信念的問題。⁵ 天國只有千古不易的肯定性。⁶ 上主及其兒女在生命的

肯定性下，深知你推恩什麼，你就成了什麼。⁷ 這一法則就是創造之律，它是不會隨境而轉的。⁸ 上主循此法則而創造，創造法則由此而生。⁹ 上主之子樂於遵循這一法則，效法上主的造化之工，因他知道天國是賴此而生生不息的，自己的創造也同樣有賴於此。

4.　　　任何法則若要發揮效力，必須通過交流或溝通。² 對使用不同語言的人，不能不透過一道翻譯的程序。³ 一位稱職的譯者，即使不得已而改變原文的形式，卻不會改動它的內容。⁴ 事實上，他之所以改變形式，純是為了保存原文的內涵。⁵ 對於還不了解上主天律之人，聖靈就是他的「偉大譯者」。⁶ 你自己是無法勝任此職的，因為矛盾的心靈不會只聽信一種意義，它還可能為了保全形式而不惜改變原意。

5.　　　聖靈轉譯的目的正好相反。² 不論從什麼角度，或以什麼語言，他的翻譯純粹是為了保存原有的意義。³ 因此，他一反世人所重視的外在差異，再三強調「**那些差異無關緊要**」。⁴ 他所傳達的訊息始終如一：意義才是關鍵之所在。⁵ 上主的創造法則無需借助真理來說服活在真理內的聖子。⁶ 你得先知道什麼是真理，才能把真理推恩於人，這就是天國之律。⁷ 這也是你的天生稟賦，不待後天的學習。但是，自從你放棄這一天賦之後，你就只好從頭學起了。

6.　　　沒有人會懷疑學習與記憶之間的密切關連。² 沒有記憶，根本無從學習，因為只有始終如一的事，人們才記得住或想得起來。³ 為此，聖靈的課程不外乎教人如何回憶而已。⁴ 我曾說過：聖靈教人回憶，也教人遺忘；遺忘的目的其實是幫你把前後的記憶連貫起來。⁵ 你若想記得更清楚，便不能不遺忘某些東西。⁶ 你若還在聽取兩種不同的詮釋，是不可能聽懂他的翻譯的。⁷ 因此，你必須忘卻或放棄其中之一，才能夠了解另一詮釋。⁸ 唯有如此，你才可能學到生命的一貫性，有朝一日也才可能活得始終如一。

7.　　　天國完美的始終如一性，對那些活得迷惘混亂的人豈有任何意義？² 顯然，迷惘已經攪亂了原有的意義，學生才難以領會其中深意。³ 天國不可能令人迷惘的，因為那兒只存在一種意義。

⁴ 這意義來自上主，其實，它就是上主。⁵ 因爲它也是你，故你不只享有它，還會像造物主一般將它推恩出去。⁶ 它無需翻譯，因爲它清晰無比；但它仍需要你的推恩，只因意義本身意味著推恩。⁷ 這種交流最爲直接，也最爲統一。⁸ 它徹底自由，因爲凡是與它牴觸之物，必定不得其門而入。⁹ 這才稱得上是天國。¹⁰ 它既屬於上主，因而肖似上主。¹¹ 那就是它的眞相，凜然不可侵犯。

參． 天國的眞相

1.　　聖靈所教的課程只有一種，它適用於所有的人以及任何環境。² 祂能將你的一切努力與成果發揮最大效益，因爲祂不受衝突的干擾。³ 祂一邊教你上主之國的德能，一邊教你明白這些德能非你莫屬。⁴ 至於如何具體運用則無關緊要。⁵ 反正它必會發揮最高的功效。⁶ 你的儆醒無法使你獲此能力，但你必須儆醒，才能隨時發揮它所有的功用。⁷ 當我說：「我時時刻刻與你同在」，我是說眞的。⁸ 不論何時何地，我從未離棄過任何一人。⁹ 正因爲我時時與你同在，你才會成爲「道路、眞理與生命」。¹⁰ 這德能不是你自己打造得出來的，連我都無此能耐。¹¹ 它是爲分享之故而創造的，因此，你不可能理直氣壯地視它爲某人的專利而否定他人這一天賦權利。¹² 否則，你的看法會抹殺它唯一眞實的意義，而且顯得荒謬無比。

2.　　上主的意義仍在天國中等待，因爲是祂將一切意義安置於此的。² 它不在時間中等待。³ 它只安息於天國內，因爲那是它所在之處，也是你應在之處。⁴ 身爲上主意義的你，一旦離開這一意義，怎麼可能認出自己的眞相？⁵ 你一旦把自己的存在與意義視爲兩回事，你不可能不感到生命的虛幻不實。⁶ 這就是小我瘋狂失常之處，它想教你承認「你不是你」。⁷ 這麼矛盾的觀念怎麼可能是眞的！⁸ 爲此，你不可能在這類課程中學到任何東西，也無法眞正教導別人。⁹ 然而，你隨時都在施教。¹⁰ 表示你必然在教其他的東西，即使小我並不清楚自己究竟在教什麼。¹¹ 爲此，小我飽受被你「化解」的威脅，它始終懷疑你居心叵測。¹² 與小我結盟無助於你心靈的統一，因爲心靈與小我可說非親非故。

¹³ 你若向平安投誠，對小我乃是「大逆不道」之事。¹⁴ 為此，小我之「敵」其實是你真正的朋友。

3.　　我曾說過，小我的盟友並非你生命的一部分；因小我認定自己已陷於四面楚歌，才會急著四處尋找盟友。² 至於活得心安理得的你，只會尋找弟兄，而且明白四海之內皆你兄弟，因為唯有全然平等的人，方能活得安然自若。³ 地位平等的上主之子既然全都擁有一切，就沒有什麼好競爭的了。⁴ 然而，他們若無法在任何一位弟兄身上認出這一完美的平等性，競爭之念便會潛入他們心中。⁵ 不要低估了儆醒的重要，唯有如此，才能與競爭心態（也就是一切衝突之源）相抗衡。⁶ 正因你相信彼此之間「可能」存在利害衝突，表示你已把原本「不可能」的事弄假成真了。⁷ 這與你把自己視為虛假不實豈非同一回事？

4.　　若想「活在天國內」，只需把全部心力都置於天國上。² 只要你仍相信自己可能掌控得了非真之物，「矛盾」便成了你的一個選項。³ 這豈能稱得上是一種選擇？⁴ 縱然它看起來煞有介事，但「狀似」和「真相」畢竟不可同日而語。⁵ 身為天國的你對那些「狀似」之物毫不希罕。⁶ 你要的只是真相，因為你就是真相。⁷ 唯有如此，你的「所有」與「所是」方有和平共存之日；而這事只會發生於你心內，不會發生在天國裡。⁸ 你心中的祭壇，才是唯一的真相。⁹ 那祭壇在你心念中清晰無比，因為它反映著完美的聖念。¹⁰ 你在正見中只可能看到弟兄，因為正見只會從它自身的光明中去看。

5.　　上主親自照亮了你的心靈，並以祂自己的光輝維繫你的心光不滅，因為祂的光輝正是你心靈的本來真相。² 這是不容置疑的事，只要你一起疑，答覆即刻來臨。³ 這一「答覆」只會「化解」疑問，而讓你看出質疑真相是多麼荒謬的事。⁴ 為此之故，聖靈從不質疑。⁵ 祂的唯一任務只是「化解」疑慮，將你帶入肯定無疑之境。⁶ 肯定無疑的人自然寧靜而篤定，因為他們心中無惑。⁷ 他們不再質疑，因為任何可疑之物再也進不了他們心裡。⁸ 如此，他們方能活在完美的寂靜中，這是他們想要與人分享之物，因為他們知道這是自己的天性使然。

肆. 療癒即是認清眞相

1. 　　你只能認清眞相，眞相也只需要你來認出。² 根據上主的天律，靈感屬於聖靈，千古不易則屬於上主。³ 靈感來自上主的天音，千古不易來自上主的天律，兩者同出一源。⁴ 療癒並非直接來自上主，因祂知道自己的造化圓滿無缺。⁵ 然而，療癒仍與上主脫不了關係，因爲它出自上主的天音與天律。⁶ 療癒乃是天音與天律之果，它只是爲尙不知道上主的心靈而設。⁷ 上主根本不知道「你不知道祂」這一回事，因此，這種心態是不可能存在的；但身在夢中之人卻渾然不覺這一眞相。⁸ 正因他們的不覺，故無由得知眞相。

2. 　　聖靈需要藉你而工作，祂先教你明白祂就活在你內。² 這是領你邁向「你是上主的一部分，故你活在上主內」這一眞知的中途站。³ 由聖靈而發的奇蹟是沒有難易之分的，因爲造化的每一部分都屬同一層次。⁴ 這是上主的旨意，也是你的意願。⁵ 這是上主天律制定的眞相，聖靈只負提醒之責。⁶ 你一得到療癒，自會憶起上主之律而忘卻小我的運作法則。⁷ 我曾說過，遺忘只是爲了幫你記得更清楚。⁸ 因此，你若了解得當，遺忘並不是記憶的反義詞。⁹ 你若認知有誤，它就會和所有錯誤知見一樣，引發內心的衝突。¹⁰ 但只要了解得當，它也會像所有正知見一樣，成了你由衝突解脫的途徑。

3. 　　小我不想把自己學到的一切傾囊相授給所有的人，因爲那絕不符合它的利益。² 爲此，它也不會眞正學到任何事情。³ 聖靈則會教你利用小我營造之物，去教與小我所「學」截然相反的事情。⁴ 不論你究竟學到什麼，或具備哪種特殊的學習能力，全都無足輕重。⁵ 你只管努力去學，聖靈自會把你所有的努力導向同一目標。⁶ 即使是不同的能力，只要致力於同一目標，久而久之，它們就會合作無間了。⁷ 只因它們全都導向同一方向或同一道路。⁸ 長此以往地致力於同一目標，彼此的相似處（而非相異處）便自然凸顯出來了。

4. 　　因此，你應將所有的能力一併交託給聖靈，只有祂知道如何發揮其用。² 而祂也只會將那些能力用在療癒上，因爲祂只知道

圓滿無缺的你。³ 你則需要透過療癒才會明白自己的圓滿本性，明白了自己的圓滿，你就懂得如何憶起上主了。⁴ 縱使你早已遺忘了祂，聖靈十分了解你需要祂來幫你把遺忘轉譯成一種回憶。

5.　　小我的目標和聖靈的目標都能自成一個體系；正因如此，它們的目標絕對沒有任何相容並存的可能。² 小我總是伺機分裂與對立。³ 聖靈則從不放過療癒與合一的機會。⁴ 你唯有在療癒他人之際，方能得到療癒；在聖靈眼中，療癒也無難易之分。⁵ 唯有療癒能幫人認清聖子奧體的一體性，它是化解分別心的唯一途徑。⁶ 縱使人心尚未達到與天律一致的境地，這種知見已開始與上主的天律互通款曲。⁷ 正念力量如此之大，它能將心靈拉回天心的正軌，而這純爲天音效力的正念就在你們每個人的心內。

6.　　你以爲自己能夠與上主的旨意作對，那是痴人說夢。² 小我不只相信自己有此能耐，還想把它的「意願」當作禮物送你。³ **那絕不是你想要的東西**。⁴ 它也稱不上是禮物。⁵ 它其實什麼都不是。⁶ 上主已給了你一項禮物，你不只「擁有」它，而且那「就是」你。⁷ 你若不把它用出來，就會忘了自己是擁有它的。⁸ 你一旦忘了它，便再也無法知道自己的真相了。⁹ 因此，所謂療癒，就是透過與天律相應之念而邁向真知的途徑，還能認清天律放諸四海皆準的普遍價值。¹⁰ 缺了這份認知，天律對你變得毫無意義。¹¹ 然而，天律絕不會毫無意義的，因爲所有的意義都出自它且在它內。

7.　　你應先尋求天國，因爲那是天律真正運作之處；它們只可能真實地運作，因爲它們屬於真理之律。² 只尋求天國吧！因爲除此之外，你不可能找到其他東西的。³ 此外也沒有任何東西存在。⁴ 上主是萬有中的萬有，絕非虛言。⁵ 一切生命都在祂內，祂是絕對的實存境界。⁶ 因此，你也在祂內，因爲你的生命是祂實存的一部分。⁷ 只要你不再把弟兄視爲一種威脅，存心遺忘小我加諸你的危機意識，你就療癒了。⁸ 這會強化聖靈在你們兩人心中的臨在，只因你已拒絕爲恐懼作保。⁹ 愛只等著你這封邀請函。¹⁰ 它既是聖子奧體的本來真相，故能自由進出整個奧體內。¹¹ 你一旦覺醒於愛，自會遺忘你所「不是」的那一切。¹² 這就幫你憶起了自己的真相。

伍. 療癒與心靈的千古不易性

1.　　　身體只是用來發展種種能力的一個基地而已，至於你要如何使用那些能力則是另一回事。² 那是一種決定。³ 小我的選擇對此事具有決定性的影響，這是無庸贅言的；至於聖靈，祂只會把身體充當交流的工具，祂的這個決定與療癒之間的直接關係則有待進一步澄清。⁴ 治療師本人若尚未療癒，是絕不可能了解自己的天職的。

2.　　　只有心靈具有交流能力。² 小我無法完全抹殺交流的本能（因為這一需求屬於一種創造本能），它只能這樣為你洗腦：身體既能交流，也能創造，因此你根本不需要心靈。³ 小我企圖讓你相信，身體能和心靈一樣地運作，足以自力更生。⁴ 可是我們先前已說過，你在行為層次是無法教人或學到任何東西的，因為你做的未必是自己相信的事。⁵ 你還會因此而傷害了那既為人師又為人徒的自己，因為我再三強調過，你只能教人自己真正相信的事，⁶ 你的課程若這般矛盾，不論在教或學上，必然成效不彰。⁷ 你好似同時傳授疾病與療癒之道，那麼你不只是一位差勁的老師，還是個差勁的學徒。

3.　　　任何人若想療癒，他不只能夠而且必須培養療癒的能力。² 療癒是聖靈在世間的交流模式，也是祂唯一認可的模式。³ 祂不接受其他形式的交流，因為祂無法接受小我把身心混為一談的立場。⁴ 心靈只有交流的能力，沒有傷害的能力。⁵ 唯當身體接受小我使喚時，才有傷害其他身體的可能，但只有當你把身體與心靈混為一談之際，身體才可能受到傷害。⁶ 這一處境可能成為療癒的契機，也可能淪為怪力亂神；你必須記住，怪力亂神下面必然隱藏著「療癒遺害無窮」這類信念。⁷ 小我若以如此瘋狂失常的信念為前提，它只能據此信念繼續它的瘋狂演出。

4.　　　至於療癒，只有鞏固人心的力量。² 怪力亂神則會伺機削弱人的力量。³ 療癒不會在治療師身上顯出眾人所無的特質。⁴ 怪力亂神則常顯示治療師「與眾不同」之處，他相信自己能夠給出對方所無之物。⁵ 他也許相信這是上主賜予他的禮物；但他若認為自己擁有別人所沒有的東西，他顯然不了解上主。

5.　　　聖靈的療癒，不會偶爾才有療效的，祂隨時隨地都在療癒。
² 除非治療師時時刻刻都在接受祂的治療，否則他的療癒工作必
會狀況百出。³ 療癒本身必然始終如一，因爲唯有始終如一才不
至於自相矛盾，也唯有不相矛盾，才稱得上圓滿無缺。⁴ 治療師
若接受例外狀況，承認自己有時治癒得了、有時治癒不了，表
示他已默許生命的不一致性。⁵ 那麼他不只陷於矛盾，還會教人
矛盾。⁶ 凡是出自上主的，怎麼可能不適用於所有的人與任何
時機？⁷ 愛是沒有例外的。⁸ 唯有恐懼生起時，例外的念頭才顯
得理所當然。⁹ 例外是個可怕的東西，因爲它們是恐懼的產物。
¹⁰「心懷恐懼的治療師」這一稱謂本身就顯得十分矛盾，唯有矛
盾的心靈才可能認爲這一觀念能夠自圓其說。

6.　　　恐懼不可能帶來快樂。² 唯有療癒能夠。³ 恐懼善於製造例
外。⁴ 療癒從不如此。⁵ 恐懼導致關係的破裂，因爲它製造分裂。
⁶ 療癒永遠帶來和諧，因爲它出自整合之境。⁷ 這是天經地義的
事，因爲它可靠無比。⁸ 只要是來自上主的，都值得你信賴，
因爲上主的一切眞實無比。⁹ 療癒值得你信賴，只因它出自上主
天音的感召，且與天律一般始終如一。¹⁰ 療癒既然是始終如一
的，那麼自相矛盾的心理自然難以了解它。¹¹ 了解，意味著一以
貫之，因爲上主本身意味著始終如一。¹² 那既是祂的意義，自然
也是你的。¹³ 你的意義不可能與祂的意義有所出入，因爲你的整
個意義，也是你唯一的意義，不只源自於祂，還與祂的意義全然
一致。¹⁴ 上主不可能與祂自己不一致，你也不可能與祂不一致。
¹⁵ 你無法將你的自性由造物主那兒分裂出去，因爲祂在創造你之
際已把自己的實存生命分施於你了。

7.　　　尚未療癒的治療師會期待弟兄感恩圖報，自己對弟兄卻毫無
感激之情。² 因爲他認爲自己才是施予者，卻未曾由弟兄獲得相
稱的回報。³ 爲此，他所能教人的必然十分有限，因爲他能學到
的實在太少。⁴ 他的不知感恩限制了療癒的課程，那與教人生病
無異。⁵ 眞實的學習隨時都在進行，它的轉變力量所向無敵，上
主之子一旦認出這一能力，便能在轉瞬之間改變整個世界。⁶ 那
是因爲只要他能改變自己的心念，就等於改善了上天賦予他最有
力的轉變工具。⁷ 這一觀念與「上主創造千古不易的心靈」之說
沒有絲毫矛盾；但你的學習若是透過小我的眼光，必會誤以爲

自己確已改造了心靈。8 於是，你會感到自己在學一門看似矛盾的課程：你得改變你的心靈對它自己的看法。9 其實，也唯有如此，你才可能學到自己的心靈原是千古不易的。

8.　　在你療癒他人之際，你便學到了療癒。2 你一旦看清了自己的弟兄改造不了他的心靈這一事實，你便會在他身上認出心靈的千古不易。3 那也是你在他身上認出聖靈的方法。4 因為只有他心內的聖靈從未改變過祂的心。5 他本人也許還認為自己有此能耐，否則他就不會覺得自己有病了。6 這不過表示他還不知道自己的自性。7 如果你在他身上僅僅看到千古不易的一面，表示你沒有真正改變過他。8 你只是為他改變了你的心靈對他心靈的看法，如此，你便幫他化解了他的小我自以為在他身上所完成的改造工程。

9.　　當你仍聽得見兩種聲音時，你會看到兩條出路。2 一條供奉著一個令你戰慄膜拜卻無從去愛的偶像。3 另一條所供奉的，則是一個你遲早會因了解而深深摯愛的真相。4 了解即是欣賞感激之意，唯有了解，你才可能認同它；唯有視它為自己的一部分，才表示你在愛中接納了它。5 上主當初就是這樣以了解、欣賞和愛創造出你的。6 小我絲毫不明白這一點，因為它既不了解自己所造之物，也不會欣賞它，感激它，更無法愛它。7 它以掠奪的方式進行吞併。8 它真的相信每剝削他人一次，自己就會壯大一點。9 我再三說過，天國只能靠你的創造而增長，你是怎麼被創造的，便只能那樣去創造。10 圓滿的榮耀與喜樂就是天國，它在你內等著你去給人。11 你怎會不想將它給出去呢？

10.　　你是不可能忘懷天父的，因為我與你同在，而我是不可能忘懷祂的。2 忘了我，等於忘記你自己，也忘記創造你的那一位。3 我們的弟兄已患了健忘症。4 為此，他們才得靠你來憶起我及創造我的那一位。5 你能透過這個記憶，改變他們對自己的看法，一如我改變了你對自己的看法。6 你的心光如此強烈，能夠一眼看透他們，並且照亮他們的心靈，一如我照亮了你的心。7 我不願在交流中分享我身體的層次，因為那無異於什麼也沒有分享。8 我豈能與至聖天父的至聖兒女分享一個幻相？9 我只願與你分享我的心靈，因為我們屬於那一天心，那天心也非我們莫屬。10 不論你在何處，記得只著眼於這一天心，唯獨它無所不在。11 它就

是一切，因為它無所不容。[12] 你若能僅僅著眼於此，實是有福之人，表示你只著眼於真實之境。

11.　　因此，到我這兒來吧！學習認出你內在的真相。[2] 我們所享有的心靈，所有弟兄都與我們共享，只要我們認出他們的真相，他們便痊癒了。[3] 讓你我的心一起照亮他們的心靈，他們會因著我們的感恩而開始意識到自己的光明。[4] 這光明又會返照於你及整個聖子奧體，因為這是你獻給上主最相稱的禮物。[5] 祂必會欣然接受，並且轉贈給聖子奧體，因為這一禮物既配得上祂，必也配得上祂的聖子。[6] 聖靈只著眼於每個人心中的上主祭壇，激起你對它的感激與欣賞，喚醒你對上主及造化之愛，這才是你與聖靈真正共融的境界。[7] 你必須認出聖子奧體的一體性，才可能欣賞它的美妙。[8] 這正是創造之律的一部分，它始終支配著你所有的思維。

陸. 由儆醒到平安

1.　　雖然你只能把聖子奧體當作一個整體去愛，但你也可能將它視為支離破碎的存在。[2] 然而，不論你在它內的某一部分看到了什麼，一定會認為它的整體也沒有兩樣。[3] 為此之故，攻擊絕不是個別事件，你若要放下，就需全盤放下。[4] 若無法全盤放下，表示你根本沒有放下。[5] 你究竟是懷著恐懼去造作，或懷著愛心去創造，就看它們是出自小我的慫恿或是聖靈的啟發了；不論哪一種選擇，終將返回思想者的心中，左右著他的所知所見。[6] 其中亦包括了他對上主及其造化和他自己的觀念。[7] 他若心懷恐懼，是不可能欣賞感激祂們任何一位的。[8] 他若以愛心去看，則不可能不感激祂們每一位的。

2.　　凡是認可攻擊的心靈，沒有愛的能力。[2] 那是因為它相信自己毀滅得了愛，這表示它根本不了解愛。[3] 它若不了解愛是什麼，當然不可能認為自己是有愛的。[4] 也因此意識不到實存的層次，反而感受到某種虛幻不實之境，最後徹底迷失其中。[5] 你的思維能夠將你導入這一地步，因它有此能力；你的思維也能將你由此境救拔出來，因為這能力不是來自你自己。[6] 你的思維本身

也具有選擇思維方向的能力。⁷你若不相信自己有此能力，表示你已否定了自己思維的大能，寧可相信自己的思維一無所能。

3.　　小我爲了自保，可說無所不用其極，它的種種本事都是出自小我一直想要否定的心靈能力。²這表示，小我攻擊的竟是自己的保身之道，它怎麼可能不因此而焦慮不安？³爲此之故，小我從不想釐清自己究竟在做什麼。⁴雖然它的邏輯瘋狂失常，卻說得理直氣壯。⁵小我所賴以生存的，竟是徹底威脅它存在之物。⁶由於它不敢面對這一威脅，故不得不設法貶抑它的力量。⁷結果反而威脅到自身的存在，這種處境眞的令它忍無可忍。⁸小我爲了維護它那瘋狂失常的邏輯，不能不繼續用徹底瘋狂的方法來解決徹底瘋狂的困境。⁹因此，爲了消除心目中的威脅，小我只好把這種威脅投射到你身上，而對眞實的你視若無睹。¹⁰你若與小我沆瀣一氣，保證你再也無法知道自己的保障何在，如此，小我才可能繼續瘋狂下去。

4.　　小我承受不了知道眞相的後果。²眞知是整體性的，小我絕不相信整體這一回事。³這「不信」就是孕育小我的溫床；因此小我只會效忠自己的「前身」，它是不可能愛你的。小我是怎麼出生的，也會怎麼繼續衍生出來；⁴心靈是怎麼形成的，也會怎麼如法炮製下去。⁵小我出自恐懼，故會繼續生出恐懼。⁶它只能如此效忠，這一忠誠使它不能不背叛愛，因爲你是愛。⁷愛原是你的力量，故小我不能不全力否認。⁸它必須同時否認這力量所帶給你的一切，因爲愛賜給了你一切。⁹擁有一切的人，是不會想要小我的。¹⁰換句話說，連造它的人其實都不想要它。¹¹曾經造出小我的心靈一旦知道了自己的眞相，小我便被打入冷宮了。¹²而那心靈只要能夠認出聖子奧體的任何一部分，便不難看清自己的眞相。

5.　　因此，小我必須抵制所有的欣賞感謝，所有的認可，所有的正見，以及所有的眞知。²那些威脅在它眼中是全面性的，因爲它意識到心靈所有的承諾都是全面性的。³因此，小我寧可依附任何一物，也要與你劃清界線。⁴問題是，根本沒有其他東西存在。⁵然而，心靈確有營造幻相的能力；造出之後，它自然相信它們，因爲幻相本來就是靠相信而造出的。

6. 　　　聖靈無需攻擊就能化解幻相，因為祂對幻相一向視若無睹。
[2] 因此幻相對祂根本就不存在。[3] 祂解決這些幻相的表面衝突之
法，就是把它們當作毫無意義之事。[4] 我先前說過，聖靈能看清
衝突下面的底細，那是完全不可理喻的。[5] 聖靈並不要你去了解
衝突，反之，祂要教你看出，衝突既然毫無意義，故沒有什麼好
了解的。[6] 正如我所說的，了解會帶來欣賞，而欣賞能引發你的
愛。[7] 此外沒有一物值得你去了解，因為沒有一物是真實的，沒
有一物是有意義的。

7. 　　　你若真想牢牢記住聖靈賜你的一切禮物，唯有一途，即是只
為上主及祂的天國而儆醒。[2] 你若難以接受這一說法，理由只有
一個，你可能認為還有其他東西值得你追求。[3] 除非你的信念自
相矛盾，否則你何需儆醒戒備？[4] 衝突生起時，表示那矛盾因素
已使心靈陷於戰爭了，儆醒才會變得如此重要。[5] 活在平安中的
人沒有儆醒的必要。[6] 唯有不真實的信念才需要小心戒備，若非
你已相信了非真之事，聖靈豈會提醒你儆醒的必要。[7] 當你一相
信某物，它對你就變得真實無比。[8] 你若相信連上主都不知道之
事，你的想法與祂的聖念便好似起了衝突，看起來就像在攻擊祂
似的。

8. 　　　我再三強調過，小我真的相信它有攻擊上主的能力，而且
設法讓你相信，你確實幹了此事。[2] 若說心靈沒有攻擊能力，那
麼小我便能理直氣壯地讓你相信你確實只是一具身體而已。[3] 它
就這樣故意不去看你的真相，把你變成它心目中的樣子。[4] 小我
意識到自身的脆弱無能，它需要你的效忠，而非真實的你。[5] 因
此小我設法要把你的心靈捲入它那精神錯亂的思想體系內，以
免你一旦明白了真相，小我便會被光明驅逐。[6] 小我不願與真理
為伍，只因它本身不是真的。[7] 真理若是一切，那麼不真之物便
失去了立足之地。[8] 不論你效忠哪一邊，必然是全面性的，因為
兩者不可能並存於你心中而不使你的心分裂為二的。[9] 它們既然
不可能和平共存，而你又想要平安的話，你必須永遠且徹底地
放下衝突的觀念才行。[10] 在你尚未認出真相之前，你確有儆醒的
必要。[11] 只要你還相信兩種完全矛盾的思想體系可能擁有同一真
理，那麼，你非得隨時保持儆醒不可了。

9. 　　　你的心靈分別效忠於兩個不同的國度，表示你是不可能完全

效忠任何一方的。² 你與天國的認同原是不容質疑的，除非你的想法已經徹底瘋狂失常了。³ 你生命的真相不是建立在你的知見上，也完全不受它們的影響。⁴ 任何一種自我認同的問題，不論發生在哪一層次，都無關乎事實真相。⁵ 那只表示你的理解出了問題，因為它暗含了「你認為自己的真相是由你決定」的信念。⁶ 小我對此堅信不疑，且奉為圭臬，⁷ 但它絕不是真的。⁸ 為此，小我等於徹底獻身於非真之境，它的所知所見與聖靈及上主的真知必然背道而馳。

10.　　你只能透過聖靈認出生命的意義，因為你的實存就是上主的真知。² 你一旦接受任何其他的信念，便掩蓋了上主在你內的天音，使你再也認不出上主的真相。³ 除非你能看清他的造化真相，否則你無由得知上主的真相，因為上主和他的造化是不可分的。⁴ 造物主及其造化的一體關係就是你的圓滿生命、你的清明神智、你無限能力之所寄。⁵ 這無限能力乃是上主賜你的禮物，也是你的本來面目。⁶ 你的心一旦與它斷絕關係，天地之間最大的力量在你眼中都會變得軟弱無能，因為你不相信自己乃是它的一部分。

11.　　你若自外於那無限能力，上主的造化在你眼中也會顯得軟弱無能；凡是自認為脆弱之人，不可能不發動攻擊的。² 然而，這攻擊必是無的放矢，因為攻擊的對象根本就不存在。³ 於是，他們只好營造出種種形相，卻又把它們視為草芥糞土而大肆攻擊。⁴ 這就是小我世界的全面寫照。⁵ 小我什麼也不是。⁶ 毫無意義可言。⁷ 根本就不存在。⁸ 不要企圖去理解它，因為這樣一來，表示你相信它是可以理解的，那麼也是值得欣賞感謝以及愛的。⁹ 如此，你就給了它一個存在的基礎，但它是不可能有任何存在理由的。¹⁰ 你不能把毫無意義的東西變得有意義。¹¹ 只有瘋狂失常的人才會生出這類企圖。

12.　　允許瘋狂之念進入心中，表示你並不想活得徹底正常清明。² 只要你還想要其他東西，你就會造出其他東西來，而那些「異類」必會開始攻擊你的思想體系，分化你的忠誠。³ 在這種分裂狀態下你是不可能創造的，因為你不能不高度戒備；因此，唯有在平安中心靈才有推恩的能力。⁴ 你分化的心靈必會阻礙天國的推恩，而只有推恩能夠為你帶來喜悅。⁵ 你若不把天國推恩出

去，你的思維便與你的造物主有了出入，那麼你便難以如祂那般地創造了。

13.　　聖靈會在你意志消沉之際輕聲提醒你：你活得如此悲哀，只因尚未完成你與上主共同創造的天命而剝奪了自己的喜樂。² 這是你自己的選擇，而非上主的決定。³ 你的心靈倘若偏離了天心，表示你甘願活得毫無意義。⁴ 然而，上主的旨意是永不改變的，更不可能自相矛盾。⁵ 這是聖靈的教誨始終如一之處。⁶ 你只有創造之願，絕無分裂之念，因為那是上主的旨意，凡與此相悖的，一概沒有意義。⁷ 聖子奧體本身既是完美的成就，自然只會完美地成就一切，將自己受造的喜悅推恩於人，並且與造物主及自己的創造認同，深知祂們全是同一個生命。

柒. 天國的整體性

1.　　每當你拒絕祝福一位弟兄，就會感到自己受到了剝削，因為否認和愛一樣均是全面性的。² 你不可能只否認聖子奧體的一部分，與你不可能只愛其中某一部分是同樣的道理。³ 你不可能偶爾去全面地愛一下。⁴ 也不可能偶爾全面地效忠一下。⁵ 雖然否認本身並沒有力量，你卻可能賦予它心靈的無限能力。⁶ 你若用這種能力來否認真相，真相就在你眼前銷聲匿跡了。⁷ **你不可能只是片面地欣賞真相**。⁸ 為此之故，你只要否認了真相的某一部分，就再也意識不到全部真相了。⁹ 然而，否認只是一種防衛措施，你可正面亦可負面地發揮其用。¹⁰ 負面的用法必然具有破壞性，因為它已淪為一種攻擊武器。¹¹ 倘若為聖靈所用，它便會幫你認出某一部分的真相，進而使你得以欣賞整個真相。¹² 心念之力太強了，沒有人能將它拒於門外。¹³ 你永遠無法自外於你自己的思維的。

2.　　當一位弟兄表現得瘋狂失常時，他其實給了你一個祝福他的機會。² 他的需求其實也是你之所需。³ 你所能給予他的，正是你自己需要的祝福。⁴ 你只有給出祝福才可能擁有這一祝福。⁵ 這是上主的天律，絕無例外。⁶ 你所拒絕的，成了你所欠缺的；不是因為你真的欠缺，而是因為你在他人身上否認了它，故再也無法

在自己內意識到它的存在。⁷「你認爲自己是什麼」支配著你的每一個反應，而你想要成爲什麼，便會認爲自己眞是那般模樣；⁸於是，你想成爲的模樣又反過來支配你的每一個反應。

3.　　你不需要上主的祝福，因爲你始終擁有祂的祝福，你眞正需要的是你自己的祝福。²小我心目中的你受盡剝削，毫無愛心，而且不堪一擊。³你不可能去愛這傢伙的。⁴擺脫這一形相其實一點都不難，你只要不加理睬即可。⁵你既不在它內，它也不是你。⁶千萬不要在任何人身上看出這一形相，否則，你就會把它當成自己而接收下來。⁷所有與聖子奧體相關的幻相當初既是一起形成的，也能夠一起消除。⁸不要教別人把他自己看成連你都不屑成爲的樣子。⁹你的弟兄有如一面鏡子，只要你還活在知見層次，必會在他的鏡面下看見自己的形相。¹⁰在聖子奧體「知道」自己的圓滿境界以前，知見仍會繼續運作下去。¹¹知見既是你自己打造之物，你要它存在多久，它就只能存在多久。

4.　　幻相乃是你的投資。²只要你還珍惜它，它就會繼續存在下去。³價值雖是相對性的，它的力量卻不容忽視，因爲價值出自你心智的判斷。⁴驅逐幻相的唯一方法便是撤銷你在它身上所投注的價值，你一旦將幻相逐出你的心外，它對你立即失去了生命力。⁵你若還把它放在心上，等於又將它還魂了。⁶問題是，幻相裡面沒有任何東西能接受你的禮物。

5.　　只有你才能給出生命的禮物，因爲那是上天給你的禮物。²你若不給出去，就無法意識到這禮物的存在。³你無法把虛無變成生命，因爲虛無是無法承受生命的。⁴爲此之故，你若不將自己的「所有」與「所是」的生命之禮推恩於人，你便無法知道自己的實存眞相。⁵沒有把生命推恩出去是你的一切「惑」根，因爲那違反了造物主的旨意。⁶離開了祂，你什麼也不能做；離開了祂，你確實什麼也沒有做過。⁷接納祂的道路吧！你才可能憶起自己的眞相；教人祂的道路吧！你才不致忘了自己的眞相。⁸向永生上主的兒女致敬吧！且爲自己身爲其中一份子而感到與有榮焉。

6.　　上主不只將聖子造成可尊可敬的造化，還親自向他致敬，因此只有「尊敬」才配獻給聖子。²如上主那般賞識他們吧！因爲

他們是上主衷心喜悅的兒女。³ 你無法自外於他們，因爲你無法自外於上主。⁴ 安息在上主的愛內吧！只有活在愛中才能常享安息。⁵ 去愛上主所有的造化吧！你也是其中一份子，否則你就無法學到祂的平安，也不能親自領受祂賜你的禮物，那禮物其實就是你自己。⁶ 在你懂得向所有與你相似的受造物致敬以前，你是難以知道自己的完美眞相的。

7.　　　上主任何一個孩子都有資格當其他孩子的教師。² 因爲每一顆心靈內都有一位「聖師」在教同一課程。³ 祂不斷教你明白，每一位上主之子都是無價之寶；祂無限耐心地教導此課；無限耐心出自無限愛心，祂一直在爲這一大愛發言。⁴ 每個攻擊行爲其實都在呼求祂的耐心，因爲只有祂的耐心能夠將攻擊轉譯爲祝福。⁵ 發動攻擊的一方，是不可能知道自己蒙受祝福的。⁶ 他們相信自己受到了剝削，才會發動攻擊。⁷ 因此，分享你的富裕吧！教你的弟兄看出他們自己的富裕。⁸ 不要被他們的匱乏幻相所蒙蔽，否則你也會感到自己的不足。

8.　　　唯有當你把別人的攻擊視爲剝奪你的所愛時，你才會生出反擊之念。² 你是不可能失去任何東西的，除非你自己既不重視也不想要它。³ 是這緣故使你覺得受到剝削的，你卻把自己的拒絕投射於外，開始相信是你的弟兄奪走了那個寶貝。⁴ 你若相信有弟兄攻擊你，而且奪走了你的天國，你怎麼可能不害怕？⁵ 這正是小我所有投射的最終藉口。

9.　　　小我代表了你心中不相信自己能爲自己負責的那一部分，它又不願加入上主的陣容，故無法信賴任何事物。² 它相信你已背叛了造物主，並將這瘋狂失常的信念投射於外，開始相信是你的弟兄奪走了你的上主；其實他們同你一樣，根本無此能耐。³ 每當某弟兄攻擊其他弟兄時，內心都脫離不了這一信念。⁴ 投射，一言以蔽之，就是在別人身上看到自己希望看到的東西。⁵ 爲此，你若決心與上主分裂，便會認定那是別人害你如此的。

10.　　　你，就是上主的旨意。² 不要接納任何其他的意旨，否則你等於否定了自己的眞相。³ 一旦否定了眞相，你必會發動攻擊，因爲你相信自己受到了攻擊。⁴ 僅僅矚目於你心內的上主之愛吧，你隨時隨地都能看到它的，因爲那愛確實無所不在。⁵ 在每

個人身上看出祂的富裕吧！你才會知道自己與他們都活在上主之內。⁶ 他們是你生命的一部分，正如你是上主的一部分。⁷ 不明白這一真相，你必然感到無比的孤獨，正如上主兒女不知道上主臨在時，上主也會感到孤獨一樣。⁸ 明白了這一真相，你已活在上主的平安中了。⁹ 你之所以落入世俗的思維，只有一途，因此你若想由世俗思維抽身，也僅僅只有一途。¹⁰ 你必須先了解那個思想體系的全面真相，你才可能了解它的一切。

11.　　你只要認出小我思想體系中某一部分是如此瘋狂失常、徹底精神錯亂，又徹底令人厭惡，表示你已經對它的整個體系作了正確的評價。² 這種修正會幫你認出某一部分的造化如此真實、徹底完美，以及徹底的可愛。³ 你若只要這個，你就只可能擁有這個；你若只給這個，你的生命便只是這個。⁴ 你獻給小我禮物時，常會有犧牲之感，可是你獻給天國的禮物，卻是你給自己的。⁵ 你所給出的禮物，上主珍惜無比，因為那份禮物來自祂的愛子，而祂的愛子又來自於祂。⁶ 天地間的一切能力與榮耀都是你的，因為天國是屬於祂的。

捌．不足置信的信念

1.　　我們已說過，沒有投射，憤怒無由而生；同理，若不推恩，愛心也無由而生。² 這反映了心靈的基本法則，它一向是如此運作的。³ 而你是按照這個法則創造以及被造的。⁴ 天國也是靠這法則而統一，而且靠這法則永存於上主之天心。⁵ 對小我而言，這法則可說是排除「己所不欲」的手段。⁶ 對聖靈而言，它代表最基本的分享法則；在這法則中，你必須給出己之所愛，你的心靈才能真正擁有它。⁷ 對聖靈，這就是推恩的法則。⁸ 對小我，則無異於剝削之法則。⁹ 因此，它們究竟會帶來富裕或匱乏，全憑你要運用哪一條法則而定。¹⁰ 這選擇操之於你，至於你是否會運用這些法則，絕非操之於你。¹¹ 因為心靈不是投射，便是推恩，那是它存活的方式，而每個心靈都是活的生命。

2.　　你必須徹底了解小我是如何利用投射的，有朝一日你才可能化解得了投射與憤怒之間的必然聯繫。² 小我想盡辦法維持衝

突狀態。³ 可是它會精心設計出一些狀似幫你降低衝突的方法，因為它不想把你逼到忍無可忍的地步，最後乾脆全盤放棄。⁴ 小我會試著讓你相信，它能幫你擺脫衝突，以免你放棄小我而另覓生路。⁵ 小我故意扭曲上主的天律，利用心靈本有的能力阻止心靈完成它存在的真正目的。⁶ 小我把你內心的衝突投射到他人心上，目的是要你相信，你的問題已經解決了。

3.　　這一企圖暗含了兩大錯誤。² 首先，嚴格地說，衝突是無法投射的，因為它無法與人共享。³ 你若想保留這部分的衝突而撤銷另一部分的衝突，實在毫無意義。⁴ 你可記得，內心充滿矛盾的教師不只是一位差勁的教師，還是個差勁的學徒。⁵ 他的人生課題必然充滿迷惘與混亂，還會限制了這一課題放諸四海皆準的價值。⁶ 第二個錯誤觀念就是，你以為把自己不想要的東西丟到別人身上，就能擺脫它。⁷「給出去」其實是你「守住它」的不二法門。⁸ 把它當作別人的問題，就以為你已經把它從心中排除了，這種信念徹底扭曲了推恩能力。⁹ 這正是投射者必會嚴加戒備自身安全的理由。¹⁰ 他們深恐自己投射出去之物會轉身反擊。¹¹ 他們若相信自己有辦法把投射之物由心中抹除，便不能不相信那個東西也可能設法溜回來。¹² 正因那些投射之物不曾離開過他們的心靈，他們不得不枕戈待旦設法遮掩這一事實。

4.　　你若把某人釘死在某種幻相中，就不可能不把自己也釘在同一幻相中了。² 這是必然的結果，因為心靈不可能被支解。³ 支解表示打成了碎片，但心靈既不會攻擊，也不受攻擊。⁴ 相信心靈有攻擊能力，是小我最常犯的錯誤，也是小我整個投射的基礎。⁵ 它不了解心靈的真相，自然也不了解你的真相。⁶ 然而，小我卻得靠你的心念而存在，因為它只是你的一種信念。⁷ 小我既出自你在自我認同上的混淆，⁸ 為此，它沒有始終如一的模式可循，它自身的發展也不可能始終如一的。⁹ 小我是扭曲的心靈妄用了自己的能力，又誤套了上主的天律所形成的產物。

5.　　**不必害怕小我**。² 它得靠你的心靈才能存在，既然你曾因為相信它而造出了它，你也同樣可以不相信它而將它驅逐。³ 不要把「你得為自己的信念負責」投射在別人身上，否則你就等於強化這一信念。⁴ 只要你甘心承認整個小我都是你自己一手打造出來的，表示你已決心放下所有憤怒及攻擊的機會，它們全是因為

你相信自己該爲所有錯誤負責而又把這責任投射到他人身上所生出的後遺症。⁵然而，承認這是自己的錯誤，並不表示你該緊抓著它們不放。⁶你應即刻交託給聖靈，予以徹底化解，那些錯誤的遺害才會由你心中消失，也由整個聖子奧體中遁跡。

6.　　聖靈會教你如何越過自己的信念去看事情，因爲眞相本身是超越信念的，也只有祂的知見眞實無比。²你隨時都能夠把小我徹底遺忘，因爲它根本就是一種不值得你信任的信念，沒有人會死守一個他認爲不足置信的信念。³你對小我懂得愈多，會愈加明白它根本不足置信。⁴不可理喻，自然無法理解，因爲它不值得你相信。⁵根據這不足置信的信念而生的知見，怎麼可能具有任何意義？可是你很可能認不出這知見是不足置信的，因爲那是你信念的產物。

7.　　整個課程的目標就是教你看出小我的不足置信，而且永遠不可信任。²你當初就是因爲相信了這不可信之事而造出了小我，故再也沒有能力獨自作出正確的判斷。³你得親自接受救贖，表示你已決心抵制「自力更生」的信念，分裂之念便如此被驅逐了，你再次肯定了自己的眞實身分，且把整個天國視爲自己的一部分。⁴這種認同是超乎疑惑，也超乎信念的。⁵你的完整性是無限的，因爲實存生命是無窮的。

玖．天國的推恩

1.　　只有你限制得了自己的創造力，上主一心只願爲你釋出你的創造力。²祂不願看到你喪失自己創造的一切，就像祂不願喪失自己的造化一樣。³不要扣押你給聖子奧體的禮物，否則你等於從上主那兒扣押了自己。⁴「自我中心」是小我的事，而「自性中心」則是聖靈的事，因爲那才是上主造化的本來面目。⁵聖靈屬於心靈的一部分，它介於小我與靈性之間，居中調停，但總站在靈性那邊。⁶對小我而言，這是有意偏袒，它會覺得自己受到了排擠而加以反彈。⁷對靈性而言，眞相即是如此，因爲靈性深知自己的圓滿，根本無法想像自己會受到任何部分的排擠。

2.　　靈性深知自己的意識涵攝了所有弟兄的意識，就如上主涵攝

了靈性一樣。[2] 因此，整個聖子奧體以及造物主的大能，無異於靈性自身的圓滿成就，這使得它所創造的一切享有同樣的圓滿及完美。[3] 小我是無法與一個包含上主在內的圓滿整體抗衡的；其實任何稱之為整體之物必然涵攝上主在內。[4] 祂將所有的能力全部賜給了每一個造化，因為它既是上主的一部分，必也享有祂的實存生命。[5] 創造與喪亡是反義詞，祝福和犧牲也是。[6] 實存生命必須向外推恩。[7] 如此，它才能守住自己的真知。[8] 靈性和造物主一樣渴望分享自己的實存生命。[9] 它本身既是透過分享而造出的，必然懷有創造之願。[10] 它絕無涵攝上主的野心，只有延伸實存生命之願心。

3.　　　靈性的唯一任務就是把上主的實存生命推恩出去。[2] 它的圓滿狀態是永無止境的，有如造物主的圓滿一般。[3] 圓滿與推恩是同一回事。[4] 小我整個思想體系為的就是防止你的推恩，阻礙你在世的唯一任務，[5] 因而杜絕了你的喜悅之源，使你老覺得有「心願未了」的遺憾。[6] 除非你創造，否則你一定心願未了，但上主不可能知道任何「未了心願」這回事，因此你非創造不可。[7] 你也許不知道自己究竟創造了什麼，但這並無礙於它們的真實性，正如你意識不到自己的靈性，也無礙於靈性的存在，是同樣的道理。

4.　　　天國只是永恆不斷地推恩，因為它活在上主的天心內。[2] 你不知道自己的喜悅為何，因你還不知道自己的圓滿自性。[3] 只要你把天國任何一部分剔除於自身之外，你就不再完整了。[4] 分裂的心是無法認出自己的圓滿境界的，它有待自身的圓滿本質這一奇蹟敲醒它，療癒它。[5] 它內在的圓滿性就這樣被喚醒了，整個天國也因著它的接納而重歸圓滿。[6] 凡是真能欣賞圓滿自性的心靈，是不可能自我中心的，它只會不斷推恩下去。[7] 為此，天國才會有完美的平安。[8] 靈性就此完成了它的任務；而心願一了，心便安了。

5.　　　你心中的聖靈深知你的創造，而且為你妥善保護，只要你允許，聖靈便會讓你隨時意識到你創造的一切。[2] 它們是你實存生命的一部分，缺了它們，你不可能功德圓滿的。[3] 每個上主之子的創造也屬你所有，因為每個創造其實屬於所有的人，它們是為整個聖子奧體而造的。

6. 　　你並未錯失為上主兒女的天賦產業增光添色的機會，因此你也不會錯失自己坐享其成的機會。² 既然這一恩賜出自上主的旨意，祂一給就是永遠的。³ 既然上主的旨意要你永遠擁有，必會賜你保全它的方法。⁴ **而你已經做到了。**⁵ 只有瘋狂失常之人才會覺得違背上主旨意是有意義之事。⁶ 從眞理的角度來講，那是不可能的。⁷ 你的圓滿自性和上主的自性一般永無止境。⁸ 你的自性也會像祂那樣永遠推恩下去，永遠活在完美的平安中。⁹ 它的光輝如此強烈，使它的創造迸發出完美的喜悅，圓滿的它只可能創造圓滿的生命。

7. 　　要有信心，你從未失落自己的眞實身分，也從未失落那使它常保圓滿及平安的推恩能力。² 奇蹟不過是這種信心的一個標誌。³ 它反映了你與弟兄的認同正確無誤，同時反映了你已意識到自己需要推恩才能守住這一認同。⁴ 奇蹟即是教你這全面性知見的一課。⁵ 你只要把整體的任何一部分帶入這一課程，你等於已經涵蓋了整體。

拾. 苦樂不分

1. 　　天國和這個世界一樣，都是根據某些前提而推理出來之「果」。² 你很可能已經根據小我的邏輯而承受其果，活在徹底的迷惘與失落中了。³ 只要你眞能看清這一後果，是不可能想要它的。⁴ 你之所以仍想保有其中一部分，純是因爲你尙未看清它的全部眞相。⁵ 你只想看小我的前提，卻不願正視它們導致的苦果。⁶ 那麼，你不也能以同一方式對待上主的前提嗎？⁷ 你所創造的一切正是由祂的前提推出的「果」。⁸ 它們都是出自上主的思維，⁹ 因而才會各得其所，各在其位。¹⁰ 它們屬於你與天心認同的那一部分心靈，至於「你是何種心境」以及「你會在心內看到什麼」，全憑「你相信自己的心靈究竟是什麼」而定。¹¹ 不論你相信什麼，這一前提決定了你的心靈會接納什麼。

2. 　　當然，你可能會接納原不屬於你心靈之物，也很可能否認你心靈原有之物。² 縱然你可能拒絕天心親自賦予你心靈的任務，你卻無法杜絕它。³ 那是你的生命眞相所引出的「果」。⁴ 至於你

能否看到它所推出的合理結論，全憑你是否眞想要看清它而定；問題是，它的眞相與你想不想去看根本是兩回事。⁵ 眞理即是上主的旨意。⁶ 你若分享祂的旨意，必會享有祂的一切眞知。⁷ 你若拒絕以祂的旨意爲你的意旨，你不只拒絕了祂的天國，也拒絕了你的天國。

3.　　聖靈引導你，只是想讓你少受一點兒苦。² 任何人只要看清了祂的目的，沒有人會反對的。³ 問題不在於聖靈所說的究竟是對還是錯，而在於你是否想要聆聽祂的話。⁴ 你早已搞不清什麼是苦了，正如你已搞不清什麼是樂了，你常常把它們混爲一談。⁵ 聖靈的主要任務就是教你分辨兩者的不同。⁶ 令你喜悅之事對小我可能苦不堪言，只要你對自己的眞相心存疑惑，苦樂對你就會變得混淆不清。⁷ 這種混淆是整個「犧牲」觀念背後的元兇。⁸ 聽從聖靈的話吧！你才可能放得下小我的。⁹ 但你不用作任何犧牲。¹⁰ 反之，你會獲享一切。¹¹ 只要你還信得過這一點，內心的衝突便無由而生了。

4.　　爲此之故，你需要不斷提醒自己那原本顯而易見的事。² 因它對於你並非那麼明顯。³ 你相信做些違反上主旨意的事情對你更爲有利。⁴ 你甚至相信自己做得出違反上主旨意的事。⁵ 那等於相信你能夠作出一個根本不存在的選擇，你對那一選項又怕又愛。⁶ 然而，上主靠的是願力，⁷ 而非憑空希望而已。⁸ 你的願力與祂的一樣強而有力，因爲你的願力即是祂的旨意。⁹ 小我的希望只是空想，因爲它希望的是不可能存在之物。¹⁰ 你有權利繼續夢想不可能的事，但唯有與上主同心，你才發揮得出願力。¹¹ 這是小我的弱點，卻是你的強項。

5.　　聖靈始終站在你這邊，爲你撐腰。² 你若還設法迴避祂的指引，表示你寧可選擇軟弱。³ 而軟弱令人害怕。⁴ 那麼除了你存心讓自己害怕以外，還有什麼能解釋你這個決定？⁵ 聖靈從不要求犧牲，小我卻樂此不疲。⁶ 當你還搞不清它們背後的不同動機時，你不可能不投射的。⁷ 投射表示你已把動機混淆了，人心一旦陷入迷惘，是不可能相信任何事物的。⁸ 沒有人會樂意追隨自己不信任的嚮導，但這並不表示嚮導本身是不值得信任的。⁹ 在這種情形下，通常是追隨者不值得信任。¹⁰ 說到究竟，那也不過是他內在的信念出了一點問題罷了。¹¹ 他既相信自己能夠背叛，

當然也會相信任何東西都會背叛他。¹² 這純是因爲他追隨了錯誤的嚮導。¹³ 追隨這類嚮導的人不可能不活得戰戰兢兢，因爲他常把「恐懼」與「指引」聯想在一塊，最後乾脆拒絕追隨任何嚮導。¹⁴ 不難想像，這一決定只會帶給他更深的迷惘與混亂。

6.　　聖靈絕對值得信任，你也如此。² 連上主都信任你，因此你的可信度是不容置疑的。³ 不論你如何質疑，這一點始終不容置疑。⁴ 我曾說過，你就是上主的旨意。⁵ 祂的旨意絕不是一個無謂的願望而已，你對祂的旨意認同與否也不是任你選擇的，因爲那是你的天性使然。⁶ 和我一起分享祂的旨意，這事看起來好似任君選擇，事實並非如此。⁷ 這種誤解便成了整個天人分裂之根。⁸ 擺脫這錯誤的唯一辦法便是下定決心，從此不再自行決定任何事情。⁹ 因爲上主已爲你決定了一切。¹⁰ 那是祂的旨意，不是你能化解得了的。

7.　　小我滿懷嫉妒地死守著你「自行作主」的特權，那不是你憑空夢想就消除得了的。² 唯有上主旨意能幫你做到這一點，祂從未棄你於不顧。³ 祂的天音會教你如何分辨苦樂，還會領你走出自己打造的迷宮。⁴ 上主之子的心中原是毫不迷惑的，他的意旨必然也是天父的旨意，因爲天父的旨意就是祂的聖子。

8.　　奇蹟與上主的旨意相互輝映，但你尚不知道祂的旨意爲何，因爲你仍搞不清自己究竟想要什麼。² 這又表示你並不明白自己的生命真相。³ 倘若你是上主的旨意，卻又不接受這個旨意，這等於是自絕於喜樂之外。⁴ 因此，奇蹟其實是教你明白喜樂是什麼的一課。⁵ 這一課也教人分享的真諦，故它又是一門愛的課程，因愛與喜樂是同一回事。⁶ 總之，每個奇蹟都在教人真相，你就在教人真相之際，學會了分辨苦樂。

拾壹．恩典之境

1.　　聖靈隨時都會真實無誤地爲你指引前程，因爲你的喜樂即是祂的喜樂。² 這是祂對每一個人的旨意，因爲祂是天國的代言人，天國就是喜樂。³ 因此，跟隨祂原本是世上最容易的事，也是唯一容易的事，因爲這事不屬於世界。⁴ 故也是最自然不過的

事了。⁵ 世界的運作違反了上主的天律，必也與你的天性背道而馳。⁶ 世界視一切事情都有難易之分。⁷ 這是因爲在小我的眼中沒有一樣東西是完美無瑕的。⁸ 你必須先親眼看到奇蹟確實沒有難易之分，才可能相信在你天生的境界中沒有所謂的難事，因爲那屬於恩典的境界。

2.　　恩典是每位上主之子的本來境界。² 他若不能活於恩典境界，等於失去了自己的天生環境，因而難以正常運作其中。³ 每一件事都會做得十分辛苦，因爲他本來就不是爲那後天打造出來的環境而造的。⁴ 因此他無法改造自己去適應那一環境，也無法改造環境來適應自己。⁵ 不要爲此枉費功夫了。⁶ 上主之子唯有知道自己與上主同在，才快樂得起來。⁷ 也唯有在那環境下，才不會活得如此辛苦，因爲那是他天生應在之處。⁸ 那也是唯一配得上他的地方，因爲他生命的尊貴不是他自己打造出來的。

3.　　反觀一下你爲自己打造的國度，公正地給它一個評價。² 它配作上主兒女的家嗎？³ 它保護得了他的平安嗎？它會以愛光照他嗎？⁴ 它能保護他的心不被恐懼騷擾、即使不斷付出也不受失落之苦嗎？⁵ 它能教他看出這種給予才會使他喜悅而且連上主都會親自向他致謝嗎？⁶ 你只有在恩典之境才快樂得起來。⁷ 然而，你打造不出那種環境，正如你打造不出自己一樣。⁸ 天國是爲你而造的，你也是爲天國而造的。⁹ 上主垂顧祂的兒女，毫不保留地賜給他一切。¹⁰ 他們一旦否定了上主，便再也無法知道這一眞相，因爲他們已經摒棄了自己的一切。¹¹ 原可把上主之愛給予你所見、所觸以及所憶及之物的你，竟然如此這般地把自己排拒於天堂門外了。

4.　　我要喚醒你的記憶：我揀選了你，是要你向天國宣講天國。² 這個課程不可設定任何例外，因爲「沒有例外」正是此課眞正要教的內容。³ 每個全心接受此課而回歸天國的聖子，不只療癒了聖子奧體，還向上主表達了謝恩。⁴ 而每一位學習此課的人也成了完美的教師，因爲他接受了聖靈的親自教誨。

5.　　心靈如果僅僅存在著光明，那麼它只可能知道光明。² 它的光輝遍照寰宇，且會延伸到其他心靈的黑暗角落，將它們轉化得莊嚴無比。³ 上主的神聖莊嚴就在那兒等著你瞻仰、欣賞、感激

與覺悟。⁴你若能在弟兄身上認出上主的神聖莊嚴，就等於接受了自己的天賦產業。⁵上主的賜予是一律平等的。⁶只要你在任何人身上認出祂的禮物，就等於也認可了祂所賜你的禮物。⁷沒有比認出真相更容易的事了。⁸這種認識如此直接、明晰而且自然。⁹只因你始終忙著訓練自己不要認出真相，這事對你才顯得如此困難。

6. 何謂真相？不就是你原本被它所造而且爲它而造的那個境界？若非你已離開了自己天生應在之處，你豈會提出「什麼是真相」之問？²因你再也不知道自己的真相，只因你不知道你的造物主。³你也不可能知道你所創造的一切，只因你不知道弟兄的真相，那一切原是你和弟兄共同的創造。⁴我先前說過，只有整個聖子奧體才配成爲上主的創造同工，因爲只有這「整個」奧體才具有與上主同等的創造力。⁵每當你認出一位弟兄的價值而療癒了他，你不只肯定了他的創造力，也肯定了你的。⁶你爲他認出之物，他不只再也不會失落，你必也享有你在他身上所看到的榮耀。⁷他是上主及你的創造同工。⁸否定他的創造力，等於否定你自己的，也否定了創造你的上主之能力。

7. 你不可能否認真理的任何一部分。²你之所以不知道自己所創造的一切，是因爲你還不知道它們的創造者。³你之所以不知道自己的真相，是因爲你不知道自己的造物主。⁴你的真相不是你所造之物打造出來的，正如上主的真相也不是你能打造出來的。⁵然而，你仍然可能知道二者的真相。⁶實存生命必須透過分享才能爲人所知。⁷由於上主已將祂的實存生命分享給你，你才得以知道祂的真相。⁸但你必須同時知道祂所創造的一切，才可能知道他們究竟分享到什麼。⁹若非你的天父，你不可能知道自己原是一切之父的。¹⁰上主的天國涵攝所有的聖子及其兒女，他們的兒女必然肖似聖子，就像聖子必然肖似天父一樣。¹¹因此，只要知道了上主兒女的真相，你自會知道一切造化的真相。

第八章　回歸之道

壹. 課程的方向

1.　　本課程的宗旨並非傳授真知，²而是傳授平安。³平安是抵達真知的先決條件，因為活在衝突中，人是不可能安心的；而平安卻是真知的必備條件，只因它是天國的必備條件。⁴唯有當你具足這一先決條件，真知方有現身的機會。⁵這並不是上主有意跟你討價還價，祂是從不講價的，⁶而是你自己幻想出一個與上主不同的旨意，且假借此名義、妄用上主天律而形成的後果。⁷真知才是上主的旨意。⁸你若與上主的旨意作對，怎麼可能獲享真知？⁹我告訴過你真知會帶給你什麼，你目前還不知珍惜這份禮物。¹⁰你若能認出這禮物的珍貴，絕不會一聽到小我的招喚，便不由分說地棄真知而去。

2.　　小我種種令人分心的伎倆似乎成了你學習的障礙，但除非你賦予它能力，否則小我是無法使你分心的。²小我的聲音純粹出自幻覺。³你不可能指望它承認「我不是真的」。⁴我也不期待你自己去驅逐那些幻覺。⁵我只是請你根據它所帶來的後遺症重新評估一下而已。⁶只要你不想活得如此不安而拒絕那些幻覺，它們自然會由你心中銷聲匿跡的。

3.　　你對小我的每個答覆其實都在挑起戰火，而戰爭確實會剝奪你的平安。²然而，這是一場沒有對手的戰爭。³若要確保平安，你必須重新詮釋現實真相，這是你唯一需要做的事。⁴你心目中那位對手原是你平安的一部分，你卻不惜捨棄自己的平安而發動攻擊。⁵你怎麼可能擁有自己存心揚棄之物？⁶唯有給出，才會擁有，真正的你是不會放棄平安的。⁷你若放棄平安，等於把自己放逐於平安之外。⁸這種心態對天國來講簡直不可思議，在此心態下，你也不可能了解天國內的任何境界。

4.　　你過去的經驗必然教了你不少錯誤，只因它不曾給你真正的快樂。²僅憑這一點，你就應該質疑它那些經驗的價值。³如果學習是為了改變（這是學習的一貫目標），那麼你是否滿意過去的學習經驗所帶給你的改變？⁴學習成效如果差強人意，表示你的

學習失敗，你並沒有獲得自己想要的結果。

5.　　救贖的課程與你自己設定的課程恰好相反，它們產生的結果自然截然不同。² 如果你自己學來的那一套令你如此不快樂，而你又想要得到不同結果的話，你顯然需要改換課程。³ 改變的第一步乃是轉變方向。⁴ 任何課程若有真實效用，它的內涵必然前後一致。⁵ 一個課程若出自兩位理念相反的老師，這課程怎麼整合得起來？⁶ 如果兩位老師同時教導這一課程，他們只會彼此干擾。⁷ 到頭來反而會讓學生進退失據，這種動盪稱不上是改變。⁸ 它所造成的衝擊吉凶難卜。⁹ 在他們還不能放下原有方向之前（即使那根本稱不上一種方向），他們是不可能選擇新方向的。¹⁰ 這自相矛盾的課程只是告訴他們，他們能選擇任何方向，然而卻沒有教他們如何選擇才是最合理的。

6.　　你必須全面認清這類課程的荒誕無稽，才有機會改變自己的方向。² 你不能同時向兩位見地南轅北轍的老師學習。³ 他們合教的課程會令人無從學起。⁴ 他們採取完全不同的教學方法，傳授完全不同的課程；教其他事情也許還說得過去，但他們所教的是關於你的真相。⁵ 縱然他們改變不了你的真相，可是，你若聽信他們，你對自己真相的看法便從此分裂了。

貳. 禁錮與自由之別

1.　　選擇的背後是有一理路可循的。² 只有一位聖師知道你的真相。³ 如果課程的目標是教你清除通往真知路上的障礙，你只能拜聖靈為師。⁴ 小我完全不懂自己想要教你的課程。⁵ 它根本不知道你的真相，卻想教你認識自己的真相。⁶ 它是一位混淆是非的專家。⁷ 除此之外，它一無所知。⁸ 小我這種老師純粹是自惑惑人而已。⁹ 縱使你想徹底否認聖靈的存在（這是不可能的事），你仍然無法由小我學到任何東西的，因為小我真的一無所知。

2.　　你還有什麼理由去選擇這種老師？² 徹底否認小我所教的課程，不是更合理的選擇嗎？³ 上主之子若想找回自己，豈能向這種老師請教？⁴ 小我從未合理地解答過你的問題。⁵ 就憑你自己由它那兒學來的經驗，難道還不足以撤銷它充當你未來老師的資

格？[6] 然而，小我對你的學習所造成的遺害絕不僅止於此。[7] 你若能順著自己的天性去學，幫你發揮原有的天賦，學習本是一件無比愉快的事。[8] 但你若被唆使違反自己的天性，你會愈學愈迷惘，甚至困在自己過去的經驗中。[9] 由於你的意志是你天性的一部分，你是不可能與自己的天性背道而馳的。

3.　　　只要你的意志保持自由，小我便無法傳授你任何東西，因為你不會聽信它的。[2] 受困的不可能是你的意志，因為你的意志是自由的。[3] 為此之故，小我本身即是對自由意志的一種否認。[4] 上主從不威脅利誘你，因為他與你共享同一旨意。[5] 他的天音只會教你與他旨意一致的事，不是因為那是聖靈的課程，而是因為那是你的天性。[6] 聖靈只會這樣教你：你的意志與上主的旨意是不可能牴觸的，因為它們原是一個。[7] 這一招便足以瓦解小我企圖傳授你的那一套了。[8] 此後，不只課程的方向不會自相矛盾，連它所教的內容也會前後一致了。

4.　　　小我企圖教你，是你自己想要與上主旨意作對的。[2] 這種違反天性的課程，你是學不來的，「蓄意去學」這一企圖本身便已侵犯了你的自由，使你開始害怕自己的意志，因為意志天生就是自由的。[3] 聖靈絕不會讓上主之子的意志受到任何禁錮，因祂深知上主之子的意志即是天父的旨意。[4] 聖靈必會引導你堅定地走在自由的路上，教你如何漠視或越過那些阻擋你前進的障礙。

5.　　　我們已經說過，聖靈會教你分辨痛苦與喜悅的不同。[2] 這與教你分辨禁錮與自由其實是同一回事。[3] 若非聖靈，你根本無法分辨兩者的不同，因為你一直在教自己：禁錮等於自由。[4] 你既已相信它們是同一回事了，還能認出兩者的不同嗎？[5] 你又怎能期待過去教你相信它們原是同一回事的那一部分心靈，回頭教你分辨兩者的差異？

6.　　　聖靈的教誨只有一個方向，也只有一個目標。[2] 祂的方向乃是通向自由，祂的目標即是上主。[3] 但祂心目中的上主是少不了你的，因為少了你，就不符合上主的旨意了。[4] 當你逐漸明白了自己的意志即是上主旨意，你再也不會容許自己的生命中缺少祂的，正如他也不願自己的生命缺了你一樣。[5] 這才是自由，這才是喜悅。[6] 你一旦否認了這一旨意，就等於剝奪了上主的天國，

因爲上主正是爲此而創造了你。

7.　　當我說：「所有的能力與榮耀全歸於你，因爲天國是祂的。」我的意思是：上主的旨意是無窮盡的，一切能力與榮耀都在這旨意之內。² 它的能力、愛心與平安也無量無邊。³ 它之所以無量無邊，只因上主的旨意擁有無窮的推恩能力，故能涵攝整個宇宙萬物，因爲那一切都是它創造出來的。⁴ 正因它創造了萬物，萬物成了它的一部分。⁵ 你就是上主的旨意，因爲你就是由此創造出來的。⁶ 你的造物主只可能造出與自己相同之物，因此你必然肖似於祂。⁷ 祂擁有一切能力及榮耀，而你又是祂的一部分，因此你也如祂一般不可限量。

8.　　除了那一切能力及榮耀以外，聖靈還能仰仗什麼力量重建上主的國？² 祂所仰仗的僅僅是天國的本來眞相，也藉此再次認可了天國的眞相。³ 你一旦如此接納了天國，自然會把這一接納帶給每一個人，因爲你已接納了所有的人。⁴ 你的接納喚醒了他們的認可，又藉著他們的認可而將你的接納推恩到每一個人身上。⁵ 你的覺醒會在天國中輕鬆而愉快地傳揚開來，答覆了人心對上主的呼喚。⁶ 這是每個聖子對造物主的呼聲最自然的回應，因爲那一呼聲道出了他所創造與推恩的生命裡的神聖心聲。

參 . 神聖的會晤

1.　　榮耀既歸於至高的上主，也歸於你這聖子，因爲這是祂的旨意。² 求吧！你必會得到的，因爲它早已答覆了你。³ 祈求光明吧！你才會明白你就是光明。⁴ 只要你有心開竅或覺悟，你必會如願以償的，因爲你學習的決心顯示出你聆聽那光明之聖師的願心，祂必會把光明傳給你的。⁵ 你有無窮的學習能力，因爲你的心靈是無限的。⁶ 聖靈的教誨必是無窮的，因爲上主正是爲了這一教學任務而創造了祂。⁷ 祂徹底了解自己的任務，故能圓滿完成，因爲那是祂的喜悅，也是你的喜悅。

2.　　全心承行上主的旨意，乃是人間所能知道的唯一喜悅與平安，也只有這一任務是人們能夠全面體驗到的。² 一旦完成了這一任務，其他經驗便不足爲道了。³ 你若還想追求其他經驗，必

會阻撓你完成這一任務，因為上主不會強迫你承行祂的旨意，那種經驗必須出自徹底的心甘情願。[4]聖靈懂得如何教你這些事，你卻不懂。[5]為此，你需要祂，這也是上主賜你聖靈的原因。[6]只有祂的教誨能使你的意志臣服於上主的旨意，且與祂的能力及榮耀結合，而成為你生命的一部分。[7]你會效法上主與人分享這一能力與榮耀的，因為這是它們天生的取向。

3. 　　天父及聖子的旨意因著祂們的推恩而結合為一。[2]這一推恩能力源自祂們的一體生命，祂們必須把自己的共同願力無止境地推恩，才能保住合一的境界。[3]這是圓滿的受造物與圓滿的造物主結合而生的圓滿造化。[4]天父不能不賜給聖子祂的「天父身分」，因為「天父身分」是不能不推恩的。[5]把上主的天父身分無窮地推恩出去，這是活在上主內的你的神聖任務。[6]讓聖靈指引你如何進行，因你只能由上主那兒得知這任務的真實意義。

4. 　　不論你遇到什麼人，應牢牢記得這一會晤的神聖性。[2]你如何看他，你就會如何看自己。[3]你如何待他，你就會如何待自己。[4]你如何想他，你就會如何想自己。[5]千萬不要忘了這一點，因為在他身上，你若不是找到自己，就是失落自己。[6]每當兩位上主兒女萍水相逢之際，就是天降救恩之刻。[7]不要錯過這個給予對方救恩和親自領受救恩的機會。[8]因為我會與你同在，為你憶起你的真相。

5. 　　不論你選擇什麼老師，課程的目標不外乎「知道自己的真相」。[2]除此之外，沒有什麼值得追尋。[3]每個人都在尋找自己，想找回他以為失落的能力及榮耀。[4]每次你與人邂逅，都是讓你重新找回能力與榮耀的機會。[5]你的能力與榮耀都在對方的心內，因為它們非你莫屬。[6]小我一直想由你身上尋回它們，因為小我根本不知該從何處下手才是。[7]聖靈則會告訴你，你若只往自己身上找，絕不會找到自己的，因為真實的你根本不在那兒。[8]唯有與你弟兄同在之際，你才可能明白自己的真相，因為你在教他你的真相。[9]他的回應不是痛苦就是喜悅，全看你想尊誰為師。[10]他不是被你囚禁就是被你釋放，全取決於你的決定；而你也難逃同一命運。[11]千萬別忘了你對他所負的責任，因為那正是你對自己應負的責任。[12]讓他重返天國的正位吧！你才會找到自己在天國的地位。

6.　　天國是不可能獨自尋獲的，身爲天國的你，也不可能獨自尋回自己。² 你若想達到本課程的目標，絕不能聽信小我，小我一向以打擊自己爲目的。³ 小我對此毫不自覺，因爲它一無所知。⁴ 然而你是知道的，只要你願正視一下小我想要把你造就成什麼模樣，你便不難認清這一眞相。⁵ 這是你的責任，因爲只要你敢正視眞相一眼，便等於親自接受了救贖。⁶ 除此之外，你還有什麼選擇的餘地？⁷ 唯有作此抉擇，你才會明白自己過去遇到他時爲何會看走眼。⁸ 只要你全心投入每個神聖的會晤，就會明白他其實不是那種人。

7.　　與你相會的人，只可能是你的一部分，因爲你只是上主的一部分，祂才是一切。² 祂的能力與榮耀無所不在，你也不可能置身其外。³ 小我告訴你，你的力量僅限於自己身內。⁴ 聖靈則教你看出，所有的力量都在上主內，因而也在你內。⁵ 上主不願任何人受苦。⁶ 祂更不願看到任何人爲了一個錯誤的決定而受苦，包括你在內。⁷ 爲此之故，祂才賜予你這個化解途徑。⁸ 也因著祂的能力及榮耀，你所有的錯誤決定才得以全面化解，助你與弟兄一起解除了禁錮之念，不論此念出自聖子奧體哪一部分。⁹ 錯誤的決定本身並沒有威力，因爲它們毫不眞實。¹⁰ 它們造成的禁錮假相也和它們自身一樣虛假不實。

8.　　能力及榮耀純屬於上主。² 你也純屬於上主。³ 上主會給出自己所有的一切，因爲祂只能給出自己的所有，而一切又歸祂所有。⁴ 把你自己也給出去吧！這是祂賦予你的任務。⁵ 只要你圓滿完成這一任務，便會憶起你因祂而擁有的一切，進而憶起了自己在祂內的眞相。⁶ 你不可能無力完成這一任務的，因爲這能力是你的天賦。⁷ 榮耀是上主給你的禮物，因爲那是祂的本來眞相。⁸ 不論何時何地，你只要矚目於這一榮耀，便會憶起自己的本來面目。

肆. 自由之禮

1.　　上主的旨意既要你活得徹底平安喜悅，除非平安喜悅成了你唯一的生活體驗，否則就表示你已拒絕了上主的旨意。² 祂的旨

意屹立不搖，而且千古不易。³ 你若體驗不到這一平安，只有一種可能，即你不相信自己活在上主內。⁴ 然而，他是一切萬有。⁵ 他的平安亦圓滿無缺，因此你必然涵攝其中。⁶ 你在天律的管轄之下，因為上主之律統轄一切。⁷ 縱使你能違抗天律，卻無法逍遙於他的法外。⁸ 縱使如此，也唯獨如此，你才會感到孤獨無助，因為你等於自絕於一切之外。

2.　　　「我之本體」有如光明進入這「自絕於一切萬有之外」的世界。² 世界會淪落到這個地步，只因它與一切萬有斷絕了關係。³ 因此，它最多只能給你一個孤獨的幻相，而害怕孤獨的幻覺愈強，孤立感就愈深。⁴ 我說了，我時時與你們同在，直到世界終結。⁵ 為此之故，我成了世界之光。⁶ 在這孤獨的世界裡，既有我與你同在，孤獨就不復存在。⁷ 你既不曾落單，那孤立的幻相便難以為繼。⁸ 我雖有克服世界的使命，⁹ 但我從不發動攻擊，我的光明所到之處，世界必然知難而退，這是基於世界的存在本質之故。¹⁰ 光明從不攻擊黑暗，但它的光輝確實能驅逐黑暗。¹¹ 我的光明若隨時隨地與你同行，你就能與我一同驅逐所有的黑暗。¹² 這光明成了我們的光明，你再也不會活在黑暗之中了，黑暗再也無法逗留在你身邊。¹³ 你只要憶起我來，等於憶起了自己的真相，最後終將憶起派遣我來到世界的那一位。

3.　　　在聖子奧體任何一部分完成上主旨意之前，你始終活在黑暗之中。² 直到那一部分完成這一旨意，整個奧體才算圓滿成就。³ 除此之外，還有什麼其他圓滿成就的途徑？⁴ 我的使命不過是覺醒於天父的旨意，才能將聖子奧體與天父的旨意結合為一。⁵ 我來到世界所要給你的正是這一覺知，而你卻感到難以消受，使得世界也無福消受。⁶ 一旦突破這一障礙，救恩便來臨了，為此之故，我確實堪稱為世界的救恩。⁷ 也為此之故，世界必會藐視我、排斥我，因為世界堅信愛是不可能存在的。⁸ 只要你接受了我與你同在的事實，這無異否認了世界而接受了上主。⁹ 我的意旨就是他的旨意，你決定聽從我的話，等於決定聽從他的天音並活出他的旨意。¹⁰ 上主派遣我到你這兒來，我也同樣將你派遣到別人那兒去。¹¹ 讓我們一起迎向他們，才能教他們平安與合一之道。

4.　　　你難道看不出世界和你一樣需要平安？² 你難道不願把自己

想要的平安分享給世界？³ 除非你給出去，否則你不可能得到。
⁴ 你若想由我這兒獲得，便必須先給出去。⁵ 療癒無法來自他人，
⁶ 你只能從自己內在接受指引。⁷ 而且必須全心渴望那一指引才
行，否則它對你就顯不出任何意義。⁸ 為此之故，療癒原是一趟
「聯袂探險」的旅程。⁹ 我會告訴你該做什麼，可是你必須跟我
配合，並且相信我知道你該做什麼。¹⁰ 唯有如此，你的心靈才可
能作出「跟隨我」的選擇。¹¹ 缺了這個抉擇，你是不可能療癒
的，因為你一定會抵制療癒；這等於抵制我為你作的決定，使得
療癒不得其門而入。

5.　　療癒不過反映了我們的共同願力。² 這是理所當然的，只要
你深思一下療癒的宗旨。³ 療癒乃是克服分裂之途。⁴ 唯有合一方
能克服分裂。⁵ 分裂是無法克服分裂的。⁶ 合一的決心不能模稜
兩可，否則心靈便會分崩離析而失其完整性。⁷ 你當前的處境是
出自你的選擇，靠的就是心靈的決定能力。⁸ 你能把這能力用在
分裂或合一上，因而經驗到痛苦或喜悅的不同結果。⁹ 我的決定
無法壓過你的決定，因為你我的決定都同樣強而有力。¹⁰ 若非如
此，上主兒女之間便沒有平等可言了。¹¹ 透過我們的聯合決定，
沒有做不到的事；單靠我的決定，對你並沒有什麼幫助。¹² 你的
意志與我的意志一樣自由，連上主都不會違逆你的意志。¹³ 非上
主所願之事，我是無法一廂情願的。¹⁴ 我只能給你我的力量，使
你的意志所向無敵，但我無法推翻你的決定，否則就等於與你的
意志較勁，這會冒犯上主對你的旨意。

6.　　沒有一個受造物能夠推翻你的決定，這與沒有一個受造物能
夠推翻上主的旨意是同樣的道理。² 意志力是上主賜你的禮物，
我只能尊重祂的旨意，接受你的意願。³ 你若有心效法我，我必
會助你一臂之力，因為我知道我們原是一樣的。⁴ 如果你存心與
我不同，我只好等待，直到你改變心態為止。⁵ 我能夠教導你，
但聽從與否完全操之於你。⁶ 除此之外，我還能如何？因為天國
即是自由。⁷ 你無法從專制作風學到自由真諦的，只要有一個心
靈強勢地操控另一個心靈，你便難以認出聖子之間完美的平等
性。⁸ 上主兒女的意願具有同等的重要性，因它們全代表了天父
的旨意。⁹ 這正是我來到世上所要傳授的唯一課程。

7.　　你我的意願若有所不同，便不可能是天父的旨意。² 這表示

你已囚禁了自己的意志，撤銷了它的自由。³ 憑你自己，你什麼
也做不成，因為憑你自己，你什麼也不是。⁴ 沒有天父，我什麼
也不是；沒有我，你什麼也不是，因為否認天父等於否認了你自
己。⁵ 我時時刻刻惦記著你，你對自己的記憶存於我對你的記憶
中。⁶ 我們對上主的記憶則存於我們對彼此的記憶中。⁷ 而你的
自由又存於這一記憶中，因為你的自由必存於祂內。⁸ 和我同聲
讚美上主吧！也讚美祂所創造的你。⁹ 這是我們獻給祂的感恩，
而祂會與整個造化一起分享這一禮物的；凡是祂能接受的禮物，
都會平等普施所有的人。¹⁰ 因為祂能接受之物，必定屬於自由之
禮，這也是祂對所有兒女的旨意。¹¹ 你只有在給人自由之際才能
重獲自由。

8. 　　　自由，表示你已接納了上主兒女與上主的本來真相，因此自
由是你能獻給上主兒女的唯一禮物。² 自由就是創造，因為它就
是愛。³ 凡是你有意囚禁之人，你便不可能愛他。⁴ 因此，當你
有意囚禁任何一人（包括你自己在內），表示你不愛他，也不可
能與他認同。⁵ 當你囚禁自己時，你便再也認不出你、我以及天
父的同一身分。⁶ 你的真實身分無法自外於天父與聖子的身分。
⁷ 你也不可能只認同一位而不認同另一位。⁸ 你若屬於其中一位，
必也屬於另一位，因為祂們原是一個。⁹ 三位一體的上主之所以
如此神聖，乃是基於祂的一體性。¹⁰ 如果你將自己放逐於一體之
外，你就會把三位一體視為三個神明了。¹¹ 三位一體既是一切萬
有，你的生命必然涵攝於祂內。¹² 除非你接受自己活在祂內的事
實，並且完成你那一部分任務，否則三位一體的上主會和你一樣
若有所失的。¹³ 你若想要知道祂的真相，你就不能囚禁祂內任何
一個生命。

伍. 聖子奧體一體無間的願力

1. 　　　你一旦失落了自己的真實身分，還可能活得心安嗎？² 與它
切斷聯繫解決不了你的問題，最多只是一個自欺的妄想。³ 懷此
妄想的人相信真相對自己是一大威脅，故寧可躲入幻想世界也不
肯接受真相。⁴ 他們一旦判定真相並非自己之所願，眼光自會轉
至幻相，而自絕於真知之外。⁵ 你若真想幫助他們，把你已然統

一之心獻給他們吧，正如我把自己的心獻給你一樣。⁶ 我們若靠自己，一事難成；但若能攜手合作，我們的心靈所匯聚的力量必然遠大於其他分裂個體。⁷ 只要不再分裂下去，上主的天心便會重現於我們心內，成為我們的心靈。⁸ 天心是所向無敵的，只因它一體無間。

2.　　聖子奧體一體無間的願力，本身即是完美的創造者，因為它全然肖似上主，且以上主旨意為依歸。² 你若想要知道聖子奧體之願以及你自己的真相，你就不能自絕於此願之外。³ 你若相信你的意願與我的意願是兩回事，無異自絕於上主旨意之外；上主的旨意，其實就是「你」。⁴ 所謂療癒，只是重歸完整而已。⁵ 若要療癒，就得與那肖似於你的人結合，因為認出你們的肖似之處等於認出了天父。⁶ 你的圓滿既在祂內，且只在祂內，你若認不出祂來，又怎能知道自己的圓滿真相？⁷ 認出上主，等於認出你自己。⁸ 上主及祂的造化是一體不分的。⁹ 你必須了解你我的意願也是一體不分的，才可能明白這一真相。¹⁰ 你唯有接納我，才可能沐浴於上主聖愛的光輝下。¹¹ 我的真相既是你的，也是祂的真相。¹² 你的心靈只要與我的結合，即意味著你已經意識到上主的旨意確實只有一個。

3.　　上主的一體生命與我們的一體生命密不可分，因為我們的一體性包含在祂的一體性內。² 與我結合，你才可能重建上主賜你的大能，因為那是我們共有的能力。³ 我不過是幫你認出「祂的能力盡在你內」這一終極的真相。⁴ 當我們結合時，就等於與祂結合。⁵ 榮耀歸於上主及其神聖兒女的一體生命。⁶ 一切榮耀歸於祂們，因為祂們終於合而為一了。⁷ 我們所行的奇蹟，不只為上主之子見證了天父的旨意，同時也為我們見證了與上主旨意結合的喜悅。

4.　　你只要與我結合，小我便無法從中作祟，因為我已徹底棄絕了小我，不可能與你的小我同流合污。² 因此，我們的結合便成了你棄絕小我的捷徑。³ 我們共有的真相也非小我所能動搖。⁴ 我們遲早會超越小我的，上主親自為我們作保；為了你我，也為了所有的人，我願分享這一信心。⁵ 我要把上主的平安帶回給祂的兒女，因為我是為了所有的人而領受這一平安的。⁶ 只要我們有志一同，必然所向無敵，因為沒有人抵擋得住上主的旨意。

5.　　　你可知道上主對你的旨意何在？² 向我請教吧，我已代你明白了，你終會找到它的。³ 我不會拒絕你任何事物的，因爲上主從未拒絕過我。⁴ 我們的旅程就是回歸上主，祂是我們眞正的家。⁵ 途中，若有恐懼侵入我們的平安，表示小我企圖加入我們的旅程卻無法得逞。⁶ 小我會深感挫折而惱羞成怒，設法爲自己遭受拒絕而伺機報復。⁷ 但它的報復威脅不了你，因爲我與你同在。⁸ 在這旅途中，你已決心捨棄小我而選擇我作爲你的同行伙伴。⁹ 千萬別腳踏兩條船，否則你會在兩條不同道路之間迷失了方向。

6.　　　小我之路絕非我的道路，亦非你的道路。² 聖靈爲所有的心靈指出了同一方向；祂爲我指出的道路也是你該走的路。³ 不要困於幻相而迷失了方向，只要你對其他方向還存有一絲幻想，便會遮蔽聖靈爲每個心靈指出的方向。⁴ 切莫爲虎作倀而賦予小我干擾你這旅程的能力！⁵ 它無此能耐，因爲這是通往眞相的旅程。⁶ 放下所有的幻相吧！跨越小我企圖牽制你的種種伎倆。⁷ 我在前面領路，因爲我已超越了小我。⁸ 因此，拉住我的手吧！只因你也同樣想要超越小我。⁹ 我的力量絕不會短缺的，只要你有心給出這一力量，你也必能如願以償。¹⁰ 我甘心樂意給你這一力量，因爲我需要你不亞於你對我的需要。

陸. 上主之寶

1.　　　我們代表了聖子奧體的共同願力，每位聖子都享有它的圓滿生命。² 讓我們一起動身，開始這回歸的旅程，並且沿途邀請弟兄加入我們的陣容。³ 讓我們把尋獲的每一份力量分給所有的人，使他們也能放下自己的軟弱無能，而成爲我們的生力軍。⁴ 上主等著歡迎我們每一個人，祂會像我現在一樣歡迎你。⁵ 別再貪圖世間的小禮而把上主之國拋諸腦後了。

2.　　　世界無法爲上主及神聖兒女的能力和榮耀錦上添花的，反之，上主兒女若仍著眼於世界，世界反倒會使他們盲目，再也看不見自己的天父。² 你若兩眼盯著世界，是不可能知道上主眞相的。³ 它們之間只有一個是眞的。⁴ 我來此是爲了告訴你一個事

實：「哪一個才是眞的」並非你決定得了的。⁵ 你若有此能耐，你早就毀了自己。⁶ 上主創造一切是爲了永恆，絕不樂見造化遭到毀滅。⁷ 是上主的旨意拯救了你，但不是從祂自己手中拯救出來，而是從你的自我幻覺中拯救出來的。⁸ 祂拯救你，純粹是爲了「你」。

3.　　讓我們來榮耀世界所否認的眞神吧！世界對祂的天國一籌莫展。² 上主的創造只可能在永恆中找到眞正的喜悅；不是因爲天國剝奪了其他的可能性，而是因爲那些東西都配不上他。³ 凡是上主及其兒女創造之物必是永恆的，也唯有永恆的創造才能帶給祂們喜悅。

4.　　請再聆聽一次浪子回頭的比喻吧！探討一下究竟什麼才是上主的寶貝、什麼是你的寶貝。一個備受父親疼愛的孩子離家出走了，且明知自己已爲虛幻的世物耗盡了家產（雖然他當時並不明白那些東西一文不值）。² 他羞愧得不敢返回父家，因爲他認爲自己傷透了父親的心。³ 當他返抵家門時，竟然看到父親興高采烈地迎接他，原來這個孩子才是父親心中的寶貝。⁴ 他才是父親唯一的指望。

5.　　上主一心想要的只是祂的聖子，聖子才是上主唯一的寶貝。² 你要的只是自己的創造，正如上主只要自己的造化一樣。³ 你創造的一切原本是你爲了自己的受造之恩而獻給那三位一體之上主的禮物。⁴ 你創造的一切離不開你，正如你離不開你的造物主；而你的創造又會不斷向外推恩，就如上主把祂自己推恩於你一樣。⁵ 虛幻不實之物豈能爲上主的造化帶來任何喜悅？⁶ 除了上主的造化以及你效法祂所造之物以外，還有什麼配稱爲眞實的？⁷ 你所有的創造都深深愛著你，如同你因著造化之恩而愛你的天父一樣。⁸ 除此之外，還有什麼禮物是永恆的？還有什麼禮物是眞實的？⁹ 那麼，你除了以喜悅回報創造之恩以外，你還能接受或給出什麼禮物？¹⁰ 除了喜悅之外，你還期待什麼？¹¹ 你既不是自己創造的，你也無法爲自己指派任務。¹² 只有那認爲自己不配的想法才是出於你自己的決定。¹³ 然而，你是上主之寶，永遠無法自貶身價；凡是祂看重之物必然珍貴無比。¹⁴ 你的價值不容任何質疑，因爲上主親自把祂的生命給了你，你才負有永恆不易的價值。

6.　　你的任務乃是透過自己的創造而使上主的寶貝增光添色。²他對你的旨意其實就是他給你的旨意。³他毫不吝惜地把造化全賜予你，因爲創造原是他的喜悅。⁴你唯有像上主一般地創造，才可能獲得這一喜悅。⁵他的喜悅就是創造了你，並且把自己的天父身分推恩於你，使你能如他一般推恩出去。⁶你尚未了解這一眞相，因爲你尚未了解他的眞相。⁷凡是不接受自己天命之人，是無從了解眞相的；而不知道自己眞相的人，也不可能接受自己的天命。⁸創造是上主的旨意。⁹他的旨意已把你造成一個充滿創造力的生命。¹⁰你的意願不是爲了違背他的旨意而造的，因此，你之所願必然合乎他的旨意。

7.　　一個「不情願的意願」，僅由字面上的矛盾就不難看出它的荒謬。²當你不願承行上主的旨意時，這一想法根本稱不上是一種想法。³上主的旨意才算是眞正的思想。⁴沒有一個想法能夠與它牴觸。⁵上主更不可能自相牴觸，與他肖似的聖子也不可能跟自己或跟他牴觸的。⁶然而，他們的思想如此強而有力，如果他們一意孤行，確有能力囚禁其他聖子的心靈。⁷這一決定對他的造物主雖然產生不了任何作用，卻會使聖子對自己的任務變得茫然無知。⁸然而，只要他的造物主知道之事，總有一天他也一定會知道的。

8.　　你只需隨時反問自己這句話：「我眞的想知道天父對我的旨意嗎？」²他絕不會隱瞞你的。³他已將自己的旨意啓示了我，又教我認出他所賜我的一切，只因我向他提過這一問題。⁴我們只有一個使命，就是攜手合作，因爲我們一旦分開，便無法運作自如。⁵上主之子全部的力量都存於我們所有人內，不在任何一個個體生命之內。⁶上主不願我們孤單地活著，因爲他自己也不願單獨地活。⁷爲此，他才創造了聖子，且賦予他與自己共同創造的能力。⁸我們所創造的一切和我們自身一樣神聖，而身爲上主親生兒女的我們，必也與他一般神聖。⁹我們只能透過創造將自己的愛推恩出去，爲三位一體的上主增添無邊的喜悅。¹⁰你目前還難以了解這些事，因爲身爲上主寶貝的你看不出自己的尊貴。¹¹活在這類信念之下，你是不可能了解任何事情的。

9.　　我和上主一樣，深知他賦予你的價值。²我對你的忠誠不亞於他，這一忠誠是建立在我對自己和上主的眞知上。³我們是一

體不分的生命。⁴凡是上主所結合的，沒有人能夠拆散；而上主已把所有聖子都結合於祂內了。⁵你能與自己的生命及存在分開嗎？⁶邁向上主的旅程不過是再次覺醒於你的本來境界以及你的永恆真相而已。⁷那是當下即至的旅程，目標永遠不變。⁸真理只能體驗。⁹那是無法描繪也無法解釋的。¹⁰我只能幫你意識到真理的先決條件，至於經驗層面，則是上主的事。¹¹只要我們同心協力，便已具足了真理要求的條件，但最後讓你開竅的則是真理本身。

10.　　凡是上主願你擁有之物，非你莫屬。²祂已經把自己的旨意賜給了祂的寶貝，祂的旨意就是祂的寶貝。³你的寶貝置於何處，你的心就在何處，而祂也是如此。⁴上主所愛的你實是最有福之人。⁵向我請教這一真相，並且一起釋放那些與你同屬有福之人的神聖意願吧！

柒．身體是交流的工具

1.　　攻擊一向離不開形體。²當你心裡起了任何攻擊之念，表示你已把自己當作一具身體了，而這正是小我對身體的詮釋。³即使你不作人身攻擊，也可能接受這個詮釋。⁴只要你相信攻擊能幫你得到自己想要的結果，你就已經接受那一詮釋了。⁵你若不相信它的效果，就不會對攻擊之念產生任何興趣。⁶你若把自己視為一具身體，不可能不意志消沉的。⁷自視如此的上主之子，不只貶低了自己，還會貶低他的弟兄。⁸既然他只能由弟兄身上找回自己的真相，如此一來，無異於斷了自己的救恩之路。

2.　　你應記得，根據聖靈的詮釋，身體只是一種交流工具。²聖靈才是上主與分裂兒女之間的交流管道，他能憑著他的光明自性重新詮釋你妄造出來的一切。³小我依賴身體進行分裂。⁴聖靈則藉身體與人相通。⁵你目前無法以聖靈的眼光來看待弟兄，因為你還無法把身體純粹視為結合心靈的媒介，也就是結合你我及所有的心靈。⁶只有聖靈的詮釋足以全面改變你對身體的價值觀。⁷身體本身其實是毫無價值的。

3.　　你若把身體當作攻擊的武器，它對你就會百害而無一利。

² 你若能把身體當作一種媒介，向其他仍然相信自己只是一具身體的人示範，身體不是攻擊人的武器，你才可能看出自己心靈的大能。³ 只要你把身體純粹用於此處，它就不可能淪為攻擊的武器。⁴ 身體若能為合一之境效力，它便成了教導共融的美妙課程；在達到共融境界以前，身體仍有存在的價值。⁵ 上主就這樣將你妄造的有限之物發揮出無限的妙用。⁶ 聖靈對身體的看法與你的觀點大相逕庭，因為祂知道，「恪盡天職，完成天命」才是萬物的唯一眞相。

4. 交流乃是結束天人分裂之道。² 攻擊只會助長分裂。³ 身體是美妙或醜陋，是安詳或蠻橫，是有益或有害，全憑你如何發揮作用而定。⁴ 你如何看待別人的身體，就會如何看待自己的身體。⁵ 你若把身體交託給聖靈，致力於聖子奧體的合一之境，你就不會被身體的形相蒙蔽，而認出它的眞相。⁶ 也唯有當它為眞理所用時，你才可能認出它的眞相。⁷ 你若誤用了身體，必定也誤解了身體，因為你在誤用之際，表示你已誤解它了。⁸ 你若不由聖靈的眼光去詮釋，必會誤信身體。⁹ 而誤信又會勾起你的怨恨、攻擊，最後失落了平安。

5. 任何失落只可能出自你自己的誤解。² 其實，你是不可能失落任何東西的。³ 但當你把弟兄視為那具外在形體，他的能力及榮耀對你而言便已經「失落」了，連你自己的能力和榮耀也會一併失落。⁴ 你攻擊了他，表示你必先攻擊了自己。⁵ 為了你自己的得救，不要這樣看待他吧！他便會因你而得救。⁶ 在你心中，不要給他藐視自己的機會，將他由自貶的心態中釋放出來，如此你自己才得以從中脫身。⁷ 他是你的一部分，如此的神聖。⁸ 你是我的一部分，也同樣的神聖。⁹ 只要你能與上主的某一部分恢復交流，表示你已透過上主賜你的天音，越過天國而直達它的造物主那兒了。

6. 你該感到慶幸，憑自己你什麼也作不成。² 你無法靠自己而活。³ 賜你眞實生命的祂，願你擁有祂的能力和榮耀；只要你願意接受，僅憑祂的願力，你便足以圓滿完成祂的神聖旨意。⁴ 祂從未撤回所有給你的禮物，是你認定自己已撤銷了祂給你的禮物。⁵ 為了祂的聖名之故，別再隱藏上主之子的眞實身分了，因為祂的聖名即是你的聖名。

7.　　　聖經有言：「聖言（或思想）成了血肉之身。」[2] 嚴格地說，這是不可能的事，因這似乎將某一層次之物轉譯為另一層次之物了。[3] 表面看來，真相好似有層次之別，奇蹟也好似有了難易之分。[4] 也只有在信念的層次，思想才可能變成血肉之身，因為思想原是無形之物。[5] 然而，思想也是一種交流，身體則不失為一種交流的媒介。[6] 這種用途倒很合乎身體的本性。[7] 你若以違反本性的方式利用身體，表示你不僅忘了聖靈給它的原有目的，也搞錯了祂這課程的目標。

8.　　　最使學徒飽受挫折的，莫過於一個令人無從學起的課程。[2] 這必會使他感到一無是處而意志消沉。[3] 世上沒有比一個想學而學不成的課程更令人沮喪的事了。[4] 事實上，這就是世界如此令人消沉喪志的根本原因。[5] 聖靈的課程絕不會讓人消沉，因祂的課程充滿喜悅。[6] 當學習令你沮喪之時，表示你已偏離了課程的真正宗旨。

9.　　　在這世界，連身體都不能當作一個完整生命來看。[2] 它的存在好似分裂為各司其職的生理機能，彼此少有關連，甚至毫不相干。[3] 受制於小我的身體正是如此。[4] 聖靈指引下的身體完全不然。[5] 原本有意與靈性分裂的那一部分心靈，仍可借用身體的媒介而克服種種扭曲，回歸靈性。[6] 如此，小我的聖殿便成為聖靈的聖殿；你對聖靈的忠誠也會在此取代你對小我的忠誠。[7] 如此，身體才能搖身一變而成為上主的聖殿；聖殿內的天音自會將身體導向正當的用途。

10.　　　只要你把身體純粹用於交流，必會帶來療癒效果。[2] 因為這是最合乎身體本性的用法，故有療癒之效；它使身體重歸完整，這也是最自然的結果。[3] 所有的心靈都是一個圓滿整體，你若相信其中一部分只是物質而非心靈的話，表示你已陷入片面或病態的詮釋了。[4] 心靈不可能變成一個物質的形體，但它卻能透過物質的形體來表達自己，只要它是為了超越身體而發揮身體之用。[5] 心靈藉著與外相通而自我延伸。[6] 它不會止於身體，否則，身體便妨礙了心靈原有的目的。[7] 心靈一旦受阻，便有遭受攻擊之虞，因為它已經與自己為敵了。

11.　　　因此，唯有清除障礙，才能保證你會得到援助及療癒。[2] 援

助及療癒是心靈「借用」身體所發揮的正常功能，它並非在身體「內」運作的。³ 如果心靈開始相信身體是它的存在目的，那麼它對身體的看法就已經扭曲了；心靈的延伸或推恩能力一旦受阻，它就會生病，因爲它助長了分裂。⁴ 視身體爲一具獨立的形體，不可能不生病的，因爲它與生命眞相不符。⁵ 交流的工具一旦用錯了地方，自然會失去效用。⁶ 把交流工具當成攻擊的工具，顯然已經誤解了身體的目的。

12.　　　交流就是結合，攻擊則是分裂。² 你若對同一具身體一邊進行結合，一邊又發動攻擊，怎麼可能不深受其苦？³ 唯有同一目的才可能給你統一的身體概念。⁴ 如此，心靈才不致老想由不同的眼光或角度去詮釋身體，而會把身體完全交託給那眞正了解它的唯一光明。⁵ 你若把學習的工具與課程的目標混爲一談，這一基本混淆會讓你同時曲解二者。⁶ 你必須朝著超越身體的目標努力學習，才能在身體之內重建心靈的力量。⁷ 心靈必須向其他心靈推恩而不畫地自限，才可能完成這一目標。⁸ 畫地自限正是所有疾病的起因，因爲向外推恩乃是心靈的天賦使命。

13.　　　喜悅的反面就是沮喪。² 你的學習如果只會加深消沉而非喜悅，表示你聽到的絕非來自上主那位喜悅之聖師，你學習的也不可能是祂的課程。³ 你若不能把身體純粹視爲交流的工具，等於限制了你的心靈而傷害了自己。⁴ 因此，健康不過是指你的生命終於恢復了一貫的目標而已。⁵ 身體唯有致力於心靈的目標，才可能恢復完整，因爲心靈只有一個目標。⁶ 攻擊只可能是身體假造的目的，因爲身體一旦與心靈分離，便已失落了存在的目的。

14.　　　你是不受身體限制的，思想也不可能變成血肉之身。² 只要心靈不受限於身體，也不把身體視爲一種限制，身體是可能成爲心靈的表達工具的。³ 每當你看到他人受身體限制，你就已經將此限制加諸自己身上了。⁴ 整個學習的目標原是幫你擺脫限制，你豈會甘心繼續受限？⁵ 凡是視身體爲攻擊的武器且相信它能帶來快樂結局的學生，可說是愚不可及。⁶ 他竟然接受一個分明與整個課程的一貫宗旨背道而馳的目標，使他更不可能把這課程當成自己的人生目標了。

15.　　　本課程的一貫目標就是喜悅，只要是一貫的，必是上主的目

標。² 一旦你的目標統一起來，便成了祂的目標。³ 你若認爲自己干擾得了祂的目標，表示你實在需要救恩。⁴ 因你已經詛咒了自己，這個詛咒絕非來自上主。⁵ 因此這個詛咒不可能眞實。⁶ 它所帶來的表面效應也沒有一個是眞實的。⁷ 當你只把弟兄視爲一具形體，你等於詛咒了他，因你已先詛咒了自己。⁸ 然而，所有的詛咒均非眞實（它絕對不是眞的，因爲它只是一種攻擊而已），那麼，它自然不會導致任何眞實的後果。

16.　　不要被自己幻想出來的後果所苦。² 也不要讓你的心靈相信那是可能發生的事。³ 那是完全不可能的，這是你解脫的唯一保證。⁴ 除此之外，你還有什麼其他的指望可言？⁵ 由幻相解脫的唯一秘訣，就是不相信它那一套。⁶ 你沒有攻擊之意，只有無限的交流，因而帶給你無限的能力及圓滿的生命。⁷ 圓滿的能力即是推恩。⁸ 只要你的思想不受世界羈絆，你的心靈便會向整個上主造化全然開放。

捌 . 身體是手段或是目的

1.　　你對身體所懷的心態等於你對攻擊採取的心態。² 小我對萬物的定義極其幼稚，通常根據此物在它心目中的功能而定。³ 因爲小我沒有眞正「放諸四海皆準」的能力，常把一物的功能視爲該物本身。⁴ 它看不出一物的眞實本質。⁵ 對小我而言，身體是用來攻擊的。⁶ 它之所以把你與身體等同視之，就是告訴你，你也是攻擊的武器。⁷ 爲此，身體是不可能成爲自己的健康之源的。⁸ 身體的狀況全憑你如何詮釋它的功能而定。⁹ 功能只算是生命的一部分，因爲它出自實存生命，兩者之間並非平等的雙向關係。¹⁰ 整體能夠界定部分，部分卻無法界定整體。¹¹ 然而，一旦知道部分的眞相，你便知道了整體的眞相，這是眞知與知見的根本不同之處。¹² 在知見領域內，整體是由部分組合而成的，各個部分能夠分分合合，建構爲不同的組合。¹³ 但眞知之境是永恆不變的，故它的組合必也恆常不變。¹⁴ 只有在變化無常的知見領域才有所謂的整體與部分的關係。¹⁵ 超越了知見層次之後，部分與整體之間其實毫無差別。

2.　　　身體所在的世界彷彿常有兩種聲音在爭奪身體的主權。² 在這種世界裡，身體好似能夠不斷調換它結盟的對象，這使得健康與疾病的概念具有舉足輕重的地位。³ 小我徹底混淆了手段與目的之別，這是它的一貫伎倆。⁴ 小我一旦把身體當成了最終目的，身體對小我便一無所用，因為身體本身沒有目的可言。⁵ 你一定已經注意到了，小我所追求的目標有個顯著的特質，⁶ 就是目標達成之後，你才發現**它根本滿足不了你**。⁷ 為此之故，小我才不得不持續地轉換目標，讓你不斷抱著一線希望，期待有朝一日它真能為你帶來一些什麼。

3.　　　想要克服小我「把身體當作生存目的」的信念，對你絕非一件易事，因為這與「相信攻擊是身體存在之目的」屬於同一信念。² 小我非常看重生病的價值。³ 你一旦病了，還擋得住小我認定你脆弱不堪的那個信念嗎？⁴ 這是小我最有力的辯詞，因它掩藏了疾病下面的攻擊企圖。⁵ 只要認清這點，而且決心抵制那個攻擊企圖，你就不會為小我的立場作假見證了。

4.　　　你很難看出疾病是一種假見證，因為你尚不明白那並非你真心所願。² 因此，這見證才會看起來相當無辜，值得你信任，因為你不曾質問過它。³ 只要你敢認真地與它對質一下，你就不會把疾病當作小我觀點的有力見證了。⁴ 說得更坦白一點，凡是有意護衛小我的人，必會為疾病辯護的。⁵ 因此，從一開始你就應該質疑小我所選的見證。⁶ 小我不會召喚與它作對的見證出庭的，聖靈亦不如此。⁷ 我已說過，判斷乃是聖靈的任務，只有祂能善盡判斷之責。⁸ 小我有如一位偏袒不公的法官。⁹ 它所召來的見證都是早已與它串通好的同謀。

5.　　　身體並沒有什麼功能可言，這話一點也不假，因為它本身不是目的。² 然而，小我故意把它定為你存在的目的，如此才能掩藏身體的真正功能。³ 小我所做的每一件事都暗藏這個企圖。⁴ 它唯一的目標就是讓你忘卻萬物原有的功能。⁵ 「有病的身體」這句話大有問題。⁶ 它之所以沒道理，只因疾病不是身體原有的功能。⁷ 除非小我的身體觀所根據的兩個基本前提是顛撲不破的真理，疾病才可能成為天經地義的事；那兩個前提即是：「身體是為了攻擊而存在」以及「你是一具身體」。⁸ 你若否認了這兩個前提，疾病根本是不可思議的事。

6.   疾病不過想要證明：你是可能受傷害的。[2] 它見證了你的脆弱、易受傷害，而且亟需外來的指引。[3] 小我以此作爲你亟待它指引的有力說詞。[4] 它不容分說地爲你開出一串處方，幫你預防所有的厄運。[5] 聖靈把這一切清清楚楚地看在眼裡，卻懶得分析其中原委。[6] 因爲蒐集的數據或資料本身若毫無意義，豈能分析出什麼結果？[7] 眞理的任務只是蒐集眞實的資料。[8] 不論你用何種方法來處理錯誤的資料，又會得到什麼結論？[9] 只不過，結論顯得愈複雜，使人愈難認清其實根本就沒有這一回事；你無需一一查證那些前提所導致的結論，照樣能對它們作出正確的評估。

7.   學習工具不能充當老師。[2] 它無法教你如何感覺。[3] 你連自己有什麼感覺都說不清，因爲你已被小我混淆了眼目，因而相信這個學習工具能夠告訴你，你究竟有什麼感覺。[4] 疾病只是另一個例證，顯示你死心塌地向一位不明就裡的老師求教。[5] 小我不可能知道你的感覺的。[6] 當我說，小我一無所知；關於小我，只有這一說法是千眞萬確的。[7] 再沿用一下三段論證的推理：如果只有眞知才有生命，而小我沒有眞知，那麼小我便沒有生命。

8.   你也許會問，一個不存在之物怎麼可能發出這種鍥而不捨的聲音？[2] 你不妨想想，當你渴望某物時，那種令你癡心妄想而又欲罷不能的魔力何其驚人（縱然那東西根本不存在）？[3] 你一定也多次經驗過，自己的知見如何受到想要之物的扭曲。[4] 沒有人會懷疑小我作假誣告的本領，[5] 也沒有人會懷疑你對小我必然言聽計從，直到你決心只接受眞理的那一刻爲止。[6] 唯有等到你決心放下小我，小我才會知難而退。[7] 你願聆聽聖靈多少，祂的聲音就會有多響亮。[8] 祂的聲音如果過度響亮，就有侵犯你自由選擇之嫌；聖靈一心只願幫你恢復自由，絕不會做出任何妨礙你自由的事。

9.   聖靈會教你如何把身體純粹用在你與弟兄的連結上，如此，祂才能透過你來傳播祂的信息。[2] 這不只會療癒他們，同時也會療癒你。[3] 任何一物只要按照聖靈心目中的任務而發揮其用，是不可能生病的。[4] 違反這一原則，才會引發疾病。[5] 不要讓身體成爲反映心靈分裂的一面鏡子。[6] 也不要讓它成爲你卑微無能的標誌。[7] 更不要讓它成爲你攻擊心態的倒影。[8] 只要你肯接受聖靈的詮釋，不難看出健康其實是萬物的自然狀態；萬物在聖靈眼中絲

毫不具攻擊性。[9] 只要你不再無情地利用身體，你不可能不健康的。[10] 只要你接受了那位深知生命真相且為生命發言的聖師的指引，健康不過象徵著正確的人生觀已然在你心中生根發芽而已。

玖. 療癒即是修正的知見

1.　　我已說過，聖靈是終極的答覆。[2] 祂是上主給萬物的答覆，因為只有祂才知道萬物的終極答案。[3] 小我連問題出在哪裡都搞不清楚，卻有不停發問的本事。[4] 當你真正學會質疑小我的價值以後，便會明白我所說的一切，如此，你才有能力評估它所提的問題。[5] 每當小我誘使你生病之際，不要祈求聖靈治療你的身體，否則，表示你已接受了小我的信念，認為身體才是有待療癒的對象。[6] 你應祈求聖靈傳授給你有關身體的正確知見，因為只有知見才有扭曲的可能。[7] 也只有知見能夠生病，因為只有知見會犯錯。

2.　　錯誤的知見不過是想把萬物扭曲為它原本不是之物。[2] 萬物的真相是全然無害而且徹底無辜的，因為那是真相的本來狀態。[3] 因此也是你想要覺於真相的先決條件。[4] 你不必尋覓真理。[5] 真理會來找你，只要你一具備它的先決條件，它自會找上門的。[6] 那些條件屬於真相的一部分。[7] 只有這一部分才操之於你。[8] 其餘的都操之於真理本身。[9] 你需要做的只有這麼一點；然而，你這一小部分卻具有莫大的能力，能把整個真理帶回給你。[10] 接受你那一點點責任吧，整個真理就非你莫屬了。

3.　　圓滿整體具有療癒之力，因為它屬於心靈層次。[2] 各種疾病，甚至死亡，其實都是害怕覺醒的具體信號。[3] 由於害怕覺醒，小我不能不讓你睡得更沉。[4] 這是何等可悲的事，這好比為了不想看到而不惜破壞自己的視力一樣。[5] 「永遠安息」是給活人的祝福，不是祝福死人的話，因為安息來自覺醒，而非睡眠。[6] 睡眠代表逃避，覺醒代表結合。[7] 夢境只會反映出小我對結合的曲解，給你一個結合的幻相。[8] 然而，聖靈也能利用睡眠達到喚醒人心的目的，只要你肯讓祂在你身上作工。

4.　　你如何讓自己甦醒，顯示出你如何善用了睡眠。[2] 你究竟把

睡眠交託給誰？³你究竟在接受哪一位老師的指導？⁴如果你甦醒得了無靈氣，表示你並未把睡眠交託給聖靈。⁵唯有在喜悅中甦醒，才表示你已照祂的旨意善用了睡眠。⁶如果你把自己的睡眠狀態託付給了疾病，就會被藥物搞得如「中蠱」一般。⁷睡眠代表一種死亡，而死亡又屬於無意識狀態。⁸但人是不可能完全無意識的。⁹唯有覺醒之後，你才可能真正安息。

5.　　療癒能消除人對覺醒的恐懼，並且以覺醒的決心取而代之。²覺醒的決心反映出愛的願力，因為任何療癒說穿了，就是以愛取代恐懼的過程。³聖靈不可能幫你區分錯誤的大小輕重，如果祂告訴你「這病比那病更嚴重」，這無異於說「某種錯誤比另一錯誤更真實」。⁴祂的唯一任務就是教你分辨真假虛實，如何以真實取代虛假之物。

6.　　小我想盡辦法削弱心靈的力量，它故意把身心分開，目的是要毀滅心靈。²而小我卻認定自己是在保護心靈。³由於小我相信心靈是極其危險的東西，唯有把它貶為「非心」之物，才有療癒的可能。⁴但心靈是不可能變成「非心」的，否則表示它能把上主的造化變成虛無。⁵小我輕視軟弱無能，卻不斷削弱你的力量。⁶小我追求的總是自己憎恨之物。⁷對小我而言，這是情非得已。⁸小我如此相信攻擊的力量，它不會不發動攻擊的。

7.　　聖經勸你活得完美神聖，療癒所有的錯誤，勿視身體為分裂的個體，因我之名而完成所有的任務。²不只因我之名，也因我們之名，只因我們的身分全然相同。³上主之子只有一個聖名，它勸你去作愛的事工，因為我們共享上主的一體生命。⁴我們的心靈完整無缺，因為它們屬於同一生命。⁵你若生病，表示你在逃避我。⁶然而，你不可能只迴避我一人的。⁷你迴避我之際同時迴避了你自己。

8.　　你一定逐漸意識到這課程的實用性，如此鐵口直斷，毫不含糊。²我不可能要求你去做你辦不到的事；凡是我能做到的，你不可能做不到。³基於此，沒有任何事情阻擋得了我要求你做的事，而且宇宙萬物都在為你聲援，我這話可是千真萬確。⁴我不會加給你任何限制的，因為上主從未限制過你。⁵當你畫地自限時，我們就不再同心一意了，那就是疾病之始。⁶疾病不是身體

的問題，而是心靈的問題。⁷ 所有的疾病都是心靈分裂的徵兆，表示它已拒絕了那個一貫目標。

9.　　聖靈唯一的療癒之方即是幫你重新把目標統一起來。² 因為唯有那一層次的療癒才有意義。³ 在混亂無序的思想體系中，唯有重新賦予它某種意義才可能產生療效。⁴ 你的職責只是備妥「意義」所需的先決條件，因為意義是屬於上主之境。⁵ 然而，唯有等到你重新活出意義，上主的意義才會圓滿，因為你的意義是祂意義的一部分。⁶ 因此，你的療癒成了祂健康的因素，因為你的療癒屬於祂圓滿生命的一部分。⁷ 祂不可能失去圓滿性，但你卻可能對這圓滿生命一無所知。⁸ 上主的旨意依舊願你活得圓滿，而祂的旨意必然永存於萬物之中。

第九章　接受救贖

壹. 接受眞相

1.　　害怕上主的旨意，實在是心靈所造出最怪異的信念了。² 若非心靈裂痕已深，否則怎麼會害怕自己的眞相？³ 眞相只可能「威脅」到幻相，因爲眞相只可能支持眞理。⁴ 上主的旨意就是你的眞相，你若對它心懷畏懼，表示你害怕面對自己的眞相。⁵ 換句話說，你所怕的並非上主的旨意，而是你自己的意願。

2.　　你的意願並非小我的意願，爲此，小我才會跟你作對。² 你表面上好似害怕上主，其實你怕的是自己的眞相。³ 在驚惶不安的心情下，你不可能學到任何始終如一之事的。⁴ 本課程的宗旨本是爲了幫你憶起自己的眞相，但你卻對自己的眞相退避三舍，自然不會好好學此課程。⁵ 然而，正因你不知道自己的眞相，這部課程才會來到人間。

3.　　你既不知自己的眞相，又怎能確定那是可怕的東西？² 眞相與恐懼之間的連帶關係純粹是後天形成的，而且是出自對眞相一無所知的心靈，自然毫無道理可言。³ 這表示你已武斷地把自己一無所知之物與你不想要之物聯想在一起。⁴ 那麼，你顯然是在評判一個自己一無所知之事。⁵ 你如此作繭自縛，若無一位了知你眞相的「嚮導」指引，你又如何脫得了身？⁶ 這位嚮導只會幫你憶起你眞正想要什麼。⁷ 祂無意把外來的意願強加於你。⁸ 祂只能在你允許的範圍內，盡祂所能地幫你重新意識到自己的意願。

4.　　你若將自己的意願防堵在你的意識之外；即便它仍在那兒，對你也愛莫能助。² 我曾說過，聖靈的任務只是幫你的心靈辨別眞假虛實；我的意思是，祂有能力透視藏在你心底的願望，認出上主的旨意即在其中。³ 聖靈一旦幫你指認出來，這一旨意對你便會顯得眞實無比，因爲祂就在你心中，祂就是你的眞相。⁴ 聖靈因著祂對你心靈的看法而把心靈的眞相帶還給你，這等於說，祂幫你憶起了自己的眞相。⁵ 這過程中唯一可能讓你害怕的，就是你認爲自己可能會因此失去某些東西。⁶ 事實上，唯有聖靈所著眼之物，你才可能眞正擁有。

5.　　我再三強調過，聖靈從不要求你作任何犧牲。[2] 如果你甘心犧牲自己的真相，聖靈只會提醒你，那不是上主的旨意，因為那也非你的意願。[3] 你的意願與上主的旨意原本無二無別。[4] 如果你的心靈不曾分裂，必已認出這一願心本身即是救恩，因為它代表了一種交流。

6.　　你不可能用彼此不懂的語言交流。[2] 你與你的造物主只能透過創造而交流，因為只有這種交流才是你們共同的願力。[3] 分裂的心無法交流，因為那等於是向同一心靈傳達全然不同的訊息。[4] 分裂的心早已喪失了交流的能力，因為似是而非的交流傳達不出任何意義。[5] 唯有言之成理的訊息才有交流的可能。[6] 你若祈求自己並不想要的東西，豈會得到任何有意義的訊息？[7] 然而，只要你對自己的意願還心存畏懼，你也只可能提出這類的祈求。

7.　　你可能會一口咬定，聖靈沒有答覆你的問題，但你若夠聰明，不妨反省一下自己發問的心態。[2] 你的祈求並非那麼單純。[3] 你其實害怕自己如願以償，而你的確會如此的。[4] 為此之故，你才會鍥而不捨向那不可能讓你如願的老師索求答覆。[5] 從他那兒，你永遠搞不清自己究竟想要什麼，這反而給了你一種安全假相。[6] 然而，安全只可能存在真相裡面，你在真相之外是不可能感到安全的。[7] 你的本來真相才是你的唯一保障。[8] 你的意願就是你的救恩，因為你的意願與上主的旨意相同。[9] 所謂分裂，不過就是相信你的意願與上主的旨意有所不同而已。

8.　　沒有一個正見之心會相信自己的意願比上主旨意的力道更強。[2] 心靈若相信自己的意願不同於上主的旨意，只可能導致兩種結論：一是相信上主根本不存在，二則認為上主的旨意無比可怕。[3] 前者會發展為無神論者，後者則會產生殉道者，因他相信上主指望他犧牲自己。[4] 不論哪一種瘋狂的選擇都會使人陷入驚惶不安，因為無神論者相信自己舉目無援；殉道者則相信上主存心置他於死地。[5] 沒有人真心願意被遺棄或遭受報復的，縱然人們常幹這類咎由自取的事。[6] 你若向聖靈提出這種要求，你認為祂可能給你這類「禮物」嗎？[7] 聖靈不可能給你不想要之物的。[8] 你若向那宇宙的大施主要求你不想要的東西，等於在要求一項無人能給之物，因為上主從來沒有創造過它。[9] 它不是上主的創造，因為那不是「你」真正想要之物。

9. 　　每個人終會憶起上主旨意的，因爲每個人終會認出自己的眞相。[2] 這番領悟等於悟出了自己的意願與上主的旨意原是同一回事。[3] 在眞相之前，既沒有無神論者，也不存在犧牲的念頭。[4] 在眞相的保障下，恐懼心態是不可思議的。[5] 只有當你否定眞相時，眞相才會顯得無比可怕。[6] 恐懼既然事出無因，自然不可能是眞的，唯有上主才是唯一的存在之因。[7] 上主是愛，祂才是你眞心想要之物。[8] 這才是你眞正的意願。[9] 你若祈求這個，必會獲得俯允，因爲你所求之物本來就非你莫屬。

10. 　　你若向聖靈求取對你有害之物，祂是無法回應的，因爲沒有一物傷害得了你，因此，即便你求了，等於什麼也沒求。[2] 凡是出自小我的願望，其實什麼也沒求，故根本不能算是一種祈求。[3] 它徒具祈求的形式，骨子裏卻是一種排斥或否認。[4] 聖靈毫不重視外在的形式，只注重內涵與意義。[5] 小我無法向聖靈要求任何東西，因爲他們之間的交流早已斷絕。[6] 但是你能向聖靈要求任何東西，因爲你對祂的要求是出自你的正見之心，故而眞實無比。[7] 聖靈豈會否認上主的旨意？[8] 祂在聖子心中怎麼可能認不出這一旨意？

11. 　　你尙未認清自己在否認眞相上所耗損的鉅大能量。[2] 對於「知其不可而爲之」而且「不達目的絕不罷休」的人，你能對他說什麼呢？[3] 認爲自己必須擁有那不存在之物才會幸福，這一信念徹底違背了上主的創造法則。[4] 上主的旨意不可能讓幸福奠基在你永遠不可能得到之物上頭的。[5] 上主是愛這一事實，不需要你信仰，只需要你接納。[6] 你有否認這一事實的本事，卻沒有改變它的能力。[7] 你若用手蒙住自己的眼睛，自然無法看見，因爲你違反了看的原則。[8] 你若否定了愛，就無法知道愛的眞相，因爲你的參與及配合正是愛的存在法則。[9] 幸福法則是爲你而造，卻不是由你所造的，爲此，你無法改變這些非你所造的法則。

12. 　　任何有意否認眞相的企圖，必會引發人心的恐懼；如果這種企圖心很強，必會讓人陷於驚恐而進退失據。[2] 存心抵制眞相，縱然枉費心機，仍可能形成一個極其頑強的目標（即或此目標並非你眞心所願）。[3] 你不妨試想一下這個令人費解的決定會帶給你什麼後果。[4] 你把自己的心力獻給了非你所願之事。[5] 這種奉獻還可能眞誠到哪裏？[6] 它若非你之所願，上主便不可能創造它。

⁷它既非出自創造，必然形同虛無。⁸你眞想獻身給虛無嗎？

13.　　　上主是懷著獻給你的心情而創造了你的，因此你必須獻身於萬物，而你獻身的萬物又是祂賜給你的禮物。²若非如此，你便稱不上是完美的造化了。³眞相是一切；而你擁有一切，因爲你眞實無比。⁴你無法造出非眞之物，非眞之物必會滋生恐懼，上主不可能創造恐懼的。⁵只要你還相信恐懼可能存在，你就創造不出任何東西。⁶眞相若自相牴觸，立即喪失了意義；然而，眞相本身就是意義。

14.　　　你應記住，上主的旨意即是一種已經存在的可能性，除此之外，別無其他的可能。²你只需如此單純地接受眞相，因爲只有那是眞的。³你不可能扭曲眞相之後還能知道眞相的。⁴眞相一旦被扭曲了，你會感到焦慮、沮喪，終至驚惶失措，因爲你存心把自己的生命變得虛假不實。⁵當你感到虛假不實，千萬不要向外尋求眞相，眞相只可能存於你內。⁶因此，你應如此說：

　　　⁷基督在我心內；祂所在之處，上主必然臨在，因為基督是上主的一部分。

貳. 祈禱的答覆

1.　　　凡是曾想祈求某些具體東西的人，都會有過「好似不靈」的經驗。²這不限於祈求有害之物，連完全符合本課程原則的祈求，都可能帶給你類似感受。³尤其是後面那種經驗，很可能被誤解爲本課程說話不算話的「證據」。⁴然而，別忘了本課程的反覆叮嚀，它的宗旨只是幫你擺脫恐懼。

2.　　　我們不妨假定一下，你向聖靈所求的確實是你想要之物，問題出在你對它仍然心懷畏懼。²在這心態下，你若獲得俯允，也不能算是如願以償。³這就是爲什麼某些療癒境界未必出現具體的療癒徵兆。⁴某人可能因害怕肉體折磨而祈求生理上的治癒。⁵就算他的身體已經治癒了，他的思想體系所承受的威脅可能遠比生理病症更爲可怕。⁶這種心態下的祈求未必眞想由恐懼中解

脫，它只祈求上主解除他自己過去所選的某種症狀而已。⁷ 因此，這類祈求根本不是爲了療癒。

3. 　　聖經一再說了，上主俯允了所有的祈禱，此言不虛。² 只要有人向聖靈提出任何祈求，保證他會獲得俯允。³ 聖靈的答覆絕不會加深人的恐懼，這也是同樣必然的事。⁴ 問題是人們可能對祂的答覆充耳不聞。⁵ 縱然如此，聖靈的答覆也不可能失落的。⁶ 你已經接到許多答覆，只是聽若罔聞而已。⁷ 我可以向你保證，祂的答覆一直都在那兒等候著你。

4. 　　如果你想要確認自己的祈禱受到俯允，絕不可懷疑上主之子。² 切莫質疑他，也不要迷惑他，因爲你對他的信心，就是你對自己的信心。³ 如果你想知道上主以及祂的答覆，相信我吧！因我對你的信心從未動搖過。⁴ 你豈能一邊眞心祈求聖靈，一邊卻猜疑自己的弟兄？⁵ 相信弟兄的話語眞實不虛，因爲眞相就在他內。⁶ 唯有在他內，你才能與眞理結合，因爲弟兄的話語眞實無比。⁷ 只有聆聽他，你才會聽到我的聲音。⁸ 只有聆聽眞理，你才可能「當下」聽到，並且明白它的眞義。

5. 　　你的弟兄會帶給你什麼訊息，全然操之於你。² 他會對你說什麼話？³ 你想要他說什麼？⁴ 你會收到什麼訊息？全憑你決定如何看待他而定。⁵ 別忘了，聖靈活在他內，天音會透過他向你發言。⁶ 如此神聖的弟兄，除了眞相以外，他還可能告訴你什麼？⁷ 然而，你在聆聽嗎？⁸ 你的弟兄未必知道自己的本來面目，可是他的自性光明知道一切眞相。⁹ 這光明會照耀你的心靈，且賦予弟兄的話語一切眞相，使你不得不側耳傾聽。¹⁰ 他的話語即是聖靈對你的答覆。¹¹ 問題是，你對弟兄的信心是否足以讓自己眞正虛心受教？

6. 　　你不可能只爲自己找到喜悅的，同樣的，你也無法僅爲你自己祈求。² 所謂祈禱，即是聖靈在上主天律的指引下再次重申了生命的「涵攝性」。³ 救恩屬於你的弟兄。⁴ 聖靈將救恩由你的心靈推恩至弟兄的心靈，成了祂給「你」的答覆。⁵ 你不可能單獨在自己心內聽到聖靈之聲，因爲你不是單獨存在的生命。⁶ 聖靈的答覆只可能針對你的實相而發。⁷ 你絕不會知道我對你有多大的信任，除非你已經把這信任同樣地推恩到弟兄身上。⁸ 你也不

會信任聖靈的指引，更不會相信那是爲你而設的，除非你已在他人身上聽到這一指引。⁹聖靈的指引必是爲你弟兄而設的，因爲那原是要給你的。¹⁰上主怎麼可能只爲你一人創造天音？¹¹除了上主給所有聖子的答覆以外，你還可能聽見什麼答覆？¹²你希望我如何聆聽你，你就得如何聆聽你的弟兄，因爲你並不眞想隱瞞我任何事情。

7.　　我如上主一般地深愛著你的生命眞相。²你的自欺也許蒙蔽得了你，卻蒙蔽不了我。³我深知你的眞相，故不可能懷疑你。⁴我只聆聽你內在的聖靈，祂會透過你向我發言。⁵你若想要聽到我，只需聆聽上主天音透過弟兄所說的話。⁶一切祈禱的答覆都在他們內。⁷只要你能在每個人身上聽出答覆，那就是給你的答覆。⁸不要聽從其他聲音，否則你就會錯失眞正的答覆。

8.　　相信你的弟兄吧，因爲我相信了你；你遲早會懂得我對你的信心是有憑有據的。²看在上主已將一切賜給了他們的份上，相信他們吧！你才可能相信我。³如果你懂得只向他們的眞相請教，他們必會答覆你的。⁴除非你祝福他們，否則不要祈求祝福；因爲唯有祝福他們，你才可能明白自己是多麼有福。⁵依此而行，你才可能找到自己內在的眞相。⁶我所要教你的，不是如何超越自我，而是如何邁向眞我。⁷只聆聽上主置於聖子內的「答覆」吧！那正是祂給你的答覆。

9.　　不信，就是抵制、作對或攻擊。²相信，便是接納、同心協力之意。³相信，並非輕信盲從，而是接納、欣賞與感激。⁴你不會欣賞自己不信任的東西，也不可能感激自己所藐視之物。⁵你得爲自己的評判付出代價，因爲評判本身就是一種定價。⁶你一旦定了價，你就得爲它付出代價。

10.　　倘若你把「付出」與「獲得」畫上等號，你必會設法降低定價，同時提高回報。²可別忘了，定價等於定值，爲此，你的回報必會比照你評判此物的價值而定。³「付出」既然與「給予」密切相關，那「付出」便不能算是一種損失；至此，你終於看出「給予」與「接受」之間的互惠關係了。⁴那麼，爲了高回報，你必得抬高此物的價值。⁵你若爲了獲得它而不惜罔顧它的眞實價值，那麼即使你得到它也不可能珍惜的。⁶一旦貶低了它的價

值，你就難以欣賞它，更不會想要它了。

11.　　　千萬不要忘了，是你爲自己所獲之物設定價值的，你付出的代價就成了它的身價。² 你若相信自己能以極低的價格換取貴重之物，這信念暗示了你相信自己能與上主討價還價。³ 上主的天律公正無私，而且完美一致。⁴ 你給出什麼，就會得到什麼。⁵ 得到代表接受，而非獲取。⁶ 你不可能一無所有，你卻可能不知道自己擁有。⁷ 若要認出自己擁有，必須心甘情願地給出；而且必須給得心甘情願，才能認出自己擁有的一切。⁸ 於是，你給出什麼成了你爲自己擁有之物所定的身價，你賦予它的身價又成了此物在你心目中的價值。⁹ 同時也反映出你眞正想要它的程度。

12.　　　因此，你只能向聖靈祈求你所獻給祂之物；你在何處認出祂來，那正是你獻給祂的禮物。² 如果你在每個人身上都能認出聖靈，想一想，你能從祂那兒求得多少東西，又會獲得多少禮物？³ 聖靈絕不會拒絕你任何一物的，因爲你也不會拒絕祂任何一物，如此，你倆才能共享一切。⁴ 這是你獲得聖靈答覆的唯一途徑，祂的答覆是你所能要求的，也是你眞正想要的一切。⁵ 因此，你應向每一個人這樣說：

> ⁶ 我願視你爲上主之子及我的弟兄，因爲我要知道自己的真相。

參. 修正錯誤

1.　　　聖靈要你保持儆醒，不是要你的小我對其他小我的錯誤提高警覺。² 小我對於那些錯誤所代表的「意思」頗具戒心。³ 它只對這類意思最爲敏感，因爲它只能懂得這類意思。⁴ 然而這些錯誤對聖靈而言，一點「意思」都沒有。

2.　　　對小我而言，指出錯誤並且加以「修正」，是正當的，也是一椿好事。² 小我感到理所當然；問題是，小我並不了解那些錯誤究竟錯在何處，也不明白該從何修正才好。³ 錯誤，全屬於小我層次；若要修正錯誤，只有根除小我一途。⁴ 當你糾正一位弟

兄時，無異於告訴他，他是錯的。[5]他有時可能真的不可理喻，其實，只要是出自小我的話語，沒有一句是有道理的。[6]然而，你的功課仍是告訴他，他是對的。[7]如果他出言不遜或愚昧，你無需在口頭上公然認可。[8]他有待修正之處在另一層次，因為他的錯誤發生在另一層次。[9]他仍是對的，因為他是上主之子。[10]至於他的小我，不論說什麼或做什麼，必定是錯的。

3. 如果你指出弟兄的小我所犯的錯誤，你只可能透過自己的小我才會看到，因為聖靈是看不見他的錯誤的。[2]這是**千真萬確**的事，因為在小我與聖靈之間沒有交流的可能。[3]小我是不可理喻的，聖靈也無意去了解小我的所作所為。[4]祂既不了解，故而無可置評，因祂深知小我營造之物沒有一個具有任何意義。

4. 只要你對任何錯誤有所反彈，表示你沒有聽從聖靈。[2]祂對那些錯誤只會視而不見；你若在意它們，表示你沒有聆聽聖靈之聲。[3]你若聽不見祂，表示你正在聽小我之音，你便會像那些在你眼中犯了錯的弟兄一樣不可理喻。[4]這哪裏稱得上是修正！[5]你不只害他錯過了修正的機會，[6]同時也表示你放棄了修正自己的機會。

5. 當弟兄表現得神智失常，唯一治癒之道就是幫助對方認出自己神智清明的那一部分心靈。[2]如果你不只見到錯誤，還把它當真了，你也會把自己的錯誤當真。[3]如果你有意把自己的錯誤交託給聖靈，你必須將他的錯誤也一併獻出。[4]除非你能以這種方式處理一切錯誤，否則，你不可能明白所有的錯誤是如何徹底化解的。[5]這跟我們先前說的「你教什麼，就會學到什麼」不是同一回事嗎？[6]你的弟兄和你一樣都是對的，你若認為他錯了，等於同時定了自己的罪。

6. 你無法修正自己的。[2]你豈有修正別人的能力？[3]反之，你是可能看出他的真實面目的，因為你能夠看出自己的真實面目。[4]改變你的弟兄不是你的責任，你只能接受他的現狀。[5]他的錯誤並非源自他內在的真相，而只有這一真相才是你的事。[6]他的錯誤改變不了他的真相，也影響不到你的內在真相。[7]你若在任何人身上看到錯誤，並且當真地回應的話，那些錯誤對你會變得真實無比。[8]你便不得不為他的錯誤付出代價，你不會為此受到懲

罰，只會因爲聽從了錯誤的嚮導而迷失了方向。

7.　　你弟兄的錯誤並不是他的，正如你的錯誤也並非你的。² 你若把他的錯誤當眞，無異於自我打擊。³ 如果你想找到自己的路而不再迷失的話，你必須只著眼於同行伙伴的眞相。⁴ 你內在的聖靈會寬恕你及弟兄內的一切。⁵ 他的錯誤會與你的錯誤一併受到寬恕。⁶ 救贖和愛一樣不容分裂。⁷ 救贖不可能分裂，因爲它源自於愛。⁸ 你若企圖糾正弟兄，表示你相信自己能夠糾正別人，小我傲慢的嘴臉於此暴露無遺。⁹ 修正是上主的事，祂對傲慢一無所知。

8.　　聖靈必會寬恕一切，因爲一切出自上主的創造。² 請勿越俎代庖，否則你會忘卻自己的任務。³ 只要你還活在時空世界裡，便只需接受療癒的任務，因爲那正是時間存在的目的。⁴ 上主已賜給你在永恆中創造的任務。⁵ 那是不待學習的，但你亟需學習讓自己想要這一任務。⁶ 所有的學習其實都是爲了這個目的。⁷ 唯有如此，聖靈才能把小我打造出來的一堆無用的本領發揮大用。⁸ 將小我的本領交託給聖靈吧！⁹ 你不懂如何善用這些能力的。¹⁰ 只有祂能教你如何不以自責的眼光看待自己，同時學習不以定罪的眼光看待一切。¹¹ 於是，一切罪罰對你就不再眞實，你的一切錯誤也一併得到了寬恕。

肆．聖靈的寬恕計畫

1.　　救贖是爲一切眾生而設的，唯有它能化解你根深柢固的信念：「一切都是衝著你個人而來的。」² 寬恕，就是視而不見。³ 那麼，越過他人的錯誤吧，別讓你的目光落在上頭，否則你就會相信你所看到的。⁴ 你若想知道自己的眞相，必須只把弟兄的眞相當眞。⁵ 如果你之所見並非眞正的他，這一錯認會使你也無法得知自己的眞相。⁶ 隨時記住，你們共享同一個終極的身分，而它的共享性正是它的眞相。

2.　　救贖雖然少不了你那一份任務，但救贖計畫本身遠遠超過你能力之所及。² 你還不懂如何視而不見一切錯誤，否則你就不會製造這些錯誤了。³ 你若認定自己並沒有犯下那些錯誤，或是認

爲你無需「嚮導」就能自我修正，這只會使你的錯誤愈陷愈深。[4] 你若不接受「嚮導」的指引，你的錯誤便無從修正。[5] 由於你對自己的眞相認知有限，故救贖大業不操在你手中。[6] 你的有限認知正是一切錯誤之始。[7] 因此，化解之道不可能出於你，反之，它純是爲你而設的。

3.　　　救贖是一部有關分享的課程，因爲**你早已忘記怎麼分享了。**[2] 聖靈只是提醒你，如何發揮你的天生稟賦。[3] 祂把攻擊的能力重新詮釋爲分享的能力，如此，方能將你的妄造轉譯爲上主的創造。[4] 你若想要藉助聖靈之力而完成這一大業，就不能再透過小我的眼光去看待那些能力，否則你會像小我那般地判斷。[5] 一切弊端都出自小我的判斷。[6] 所有的益處則出於聖靈的判斷。

4.　　　小我也會應你的要求而給你一套寬恕計畫，只是你找錯了老師。[2] 小我的計畫必然不可理喻，自然也不會有任何成效。[3] 聽從它的計畫，只會將你導入絕路，這一向是小我請君入甕的把戲。[4] 小我的策略是先讓你看清錯誤，然後要你假裝視而不見。[5] 問題是，你既已把錯誤當眞了，還漠視得了它嗎？[6] 你既然已對錯誤秋毫畢察，而且弄假成眞，你是**不可能**視而不見的。[7] 到此地步，小我只好向「神秘」學說求助，堅稱你必須相信某些無「理」可喻之事才能得救。[8] 不少人還假借我的名義，說得玄之又玄，他們忘了我所說的道理絕對是有「理」可喻的，因我的道理出自上主。[9] 不論我現在說的或是以前說過的話，必然合乎情理，因爲它們是千古不易的。

5.　　　我教給你的寬恕，絕不會用恐懼來化解恐懼。[2] 也不會先弄假成眞，然後再銷毀證據。[3] 聖靈所教的寬恕，從一開始就視而不見他人的錯誤，使那些錯誤對你顯得虛幻不實。[4] 不要讓你的心信以爲眞，否則你必會認定自己必得解除那些錯誤才會受到寬恕。[5] 凡是產生不了後果的事，就不必把它當眞；那些錯誤的後果在聖靈眼中根本就不存在。[6] 不論何時何地或何種錯誤，祂都會按部就班、始終一貫地爲你撤銷錯誤的一切後果，藉此教你明白，並且向你證實「根本沒有小我這一回事」。

6.　　　聽從聖靈所教導的寬恕吧！因爲寬恕是祂的天職，唯有祂才知道如何圓滿這一任務。[2] 我曾說過：「奇蹟原是最自然不過的

事了，當它匿跡不現時，表示你的生活出了問題。」意義即在於此。³ 奇蹟只是個標誌，表示你已認清自己並不了解救恩計畫，因而心甘情願地追隨聖靈的引導。⁴ 聖靈的天職並非你的任務；除非你接受這一點，否則你就再也不會知道自己的任務了。

7. 　　搞錯了自己的任務正是小我最常犯的毛病，如今你對此應當不再陌生了。² 小我相信自己應該肩負起所有的任務，縱然它對這些任務一無所知。³ 這比單純的混淆更糟。⁴ 混淆與自大一旦湊在一起，是非常危險的組合，會使小我不分青紅皂白地發動攻擊。⁵ 這正是小我的作風。⁶ 它的反應方式一向反覆無常，因為它根本不清楚眼前究竟是怎麼一回事。

8. 　　你若不清楚事情的原委，怎能指望自己作出適當的反應？² 不論你如何為自己的反應申辯，最好先捫心自問一下，如此反覆無常的小我適合作你的嚮導嗎？³ 讓我再重申一次，任由小我權充嚮導，是個徹頭徹尾的悲劇，把它當作救恩的老師，更是絕頂不智的選擇。⁴ 只有神智全然失常的人才會選擇如此神智失常的嚮導。⁵ 你不會不清楚它的瘋狂失常。⁶ 你心裡有數得很，因為我心裡有數，而且你是以我的判斷標準看出這一事實的。

9. 　　小我名副其實地活在借來的時間中，它的日子屈指可數。² 不用害怕末日審判，你應毫不遲疑地歡迎它的到來，因為小我的時間是由你的永恆「借來」的。³ 所謂的「基督二度來臨」，是應你之需而來的，第一次的來臨其實就是創造。⁴ 祂的二度來臨，不過代表你終於恢復了清明神智。⁵ 這有什麼可怕的呢？

10. 　　真正可怕的是幻覺，除了對真相已經死心或絕望的人以外，誰會轉向幻覺求助？² 幻覺絕不可能滿足你的，因此，改變你對真相的看法才是你唯一的出路。³ 唯有你那個「真相是可怕的」的看法是錯的，上主才可能是對的。⁴ 而我敢向你保證，上主**絕對是**對的。⁵ 那麼，你該慶幸自己始終搞錯了，而那不過是因你尚不知自己真相之故。⁶ 你一旦知道了真相，就會像上主一樣，永遠不再出錯。

11. 　　唯有在幻覺的世界裡，才會發生不可能的事情。² 你若想在幻相中尋找真相，簡直是緣木求魚。³ 幻境裡形形色色的象徵，其實就是小我的象徵，而且多到俯拾皆是。⁴ 但不要奢望在它們

身上找到任何意義。[5] 那些象徵與那一丘之貉的幻覺一樣沒有意義。[6] 童話故事不論是快樂還是可怕的，沒有人會把它當真。[7] 只有孩童才會相信，而他們最多也只會當真一時而已。[8] 只要真相一現身，幻相就會自行隱退。[9] 即便在幻相當道之際，真相也不曾消失過。[10] 「二度來臨」就是「覺於真相」，而不是指真相「逝而復返」。

12. 　　我的孩子，請看！真相就在這兒。[2] 它屬於你、我，以及上主，唯有它才圓滿得了我們的心願。[3] 只有這一覺，才有療癒的能力，因為它是覺於真相。

伍. 尚未療癒的治療師

1. 　　小我的寬恕策略遠比上主的寬恕計畫更受歡迎。[2] 因為它出自「尚未療癒的治療師」之手，也就是小我。[3] 我們在此不妨深入一下，究竟「尚未療癒的治療師」是何等人物。[4] 顧名思義，他企圖給人自己尚未得到的東西。[5] 打個比方，如果這個尚未療癒的治療師是一位神學家，他的思考前提很可能是：「我是一個可憐的罪人，你也好不到哪裡去。」[6] 如果他是一位心理治療師，他也很可能會用同樣荒誕的邏輯為前提，一邊相信那些打擊對他和病患都真實無比，卻又聲稱那些打擊其實左右不了他們。

2. 　　我再三強調過，小我的信念是無法與人共享的，因此，它們絕不可能是真的。[2] 你豈能藉著「挖掘」過去而把它弄假成真？[3] 任何治療師若企圖以幻覺來取代真相，表示自己尚未療癒，因為他不明白該由何處尋找真相，故在治療的問題上，他自己都還沒找到答案。

3. 　　幫你意識到自己的夢魘，只有一個好處，就是教你看出那不是真的，夢裡的一切毫無意義。[2] 尚未療癒的治療師由於不相信其中道理，故無法治療任何人。[3] 所有尚未療癒的治療師，不論採取何種寬恕方式，都擺脫不了小我的陰影。[4] 如果他們是神學家，他們很可能會定自己的罪，同時傳授罪罰的觀念，特別熱中令人恐懼不安的解脫法門。[5] 他們還會把罪罰觀念投射到神的身上，把祂變成一位報復成性的神，開始害怕自己受到天譴報應。

⁶ 這種手法與小我伎倆同出一轍；只要著眼於小我的所作所爲，這一誤解會使自己陷於萬劫不復。⁷ 上述概念經常引起人們的反彈，這是可想而知的；既然是反彈，表示他們相信它的威力。

4. 　　小我的某些新策略和過去的伎倆一樣幫不了大忙，因爲僅僅改變形式是毫無實益的，它的內涵仍一成不變。² 所謂新的形式，舉例來說，心理治療師會詮釋夢中的種種象徵，爲小我「解夢」，藉此證明夢魘的眞實性。³ 一旦把夢當眞，他若想撤銷夢魘的後遺症，只好貶低作夢之人的重要性。⁴ 如果他眞能把夢者一併視爲虛幻不實的話，還可能產生某些療效。⁵ 問題是，夢者就是心靈本身，此舉豈不同時否定了聖靈賦予心靈的修正能力？⁶ 這連在小我的說詞中都難以自圓其說，不論它已經迷糊到了什麼程度，都不可能看不出其中的矛盾的。

5. 　　如果只有貶低心靈的價值才抵制得了恐懼的話，又如何鞏固小我的力量？² 這樣明顯的矛盾，說明了爲何無人能清楚解釋心理輔導的過程究竟是怎麼一回事。³ 說實話，那個過程裡並沒有發生任何事情。⁴ 尚未療癒的治療師心裡也不曾產生任何實質的變化；不僅如此，他還會從中學到自己教人的觀念。⁵ 他的小我還會設法從中獲得一些好處。⁶ 故尚未療癒的治療師並不明白給予的道理，自然分享不出任何東西。⁷ 也不可能修正任何人，因爲他進行的方式明顯有誤。⁸ 他認爲自己有責任教病患了解眞相，其實他對眞相一無所知。

6. 　　那麼，應當如何是好？² 當上主說「有光」，就有了光。³ 分析黑暗能讓你得到光明嗎？心理治療師或神學家通常都是先認同了自身內的黑暗，再由遠處求取光明來驅逐黑暗，並且再三強調光明遙不可及。⁴ 療癒本身一點兒也不神秘。⁵ 唯有眞正了解療癒的眞諦，才有改變的可能，因爲光明代表了解。⁶ 你若想治療「可憐的罪人」或重建「卑微心靈」的自尊心，那可眞的需要神通的本事了。

7. 　　上述兩類小我策略，必會將人導入死巷，它最常陷入的下場就是給人回天乏術或一籌莫展之感。² 幫人指出他目前的處境或方向，也許還不無助益，但除非你能同時幫他改變方向，否則只是虛晃一招而已。³ 本身尚未療癒的治療師無法協助他人轉向

的，因爲連他自己都轉不過來。⁴ 治療師唯一眞實的貢獻，乃是爲病患親身示範自己的方向是如何被「不再相信夢魘的那一位」扭轉過來了。⁵ 如此，他心中的光明才可能成爲患者的答覆，使受困之人不得不與上主一起肯定「光明確實存在」，因爲他已親眼在治療師身上看到這一光明。⁶ 但治療師又需藉助患者的肯定，才可能確知光明眞在自己心內。⁷ 知見就是經由此途徑轉譯爲眞知的。⁸ 奇蹟志工必須由認出光明開始，再不斷把光明推恩出去，而且接受光明的認可，他的知見才會轉譯爲一種肯定。⁹ 這一光明之果方能爲他保證光明已經進入他心裡。

8.　　心理治療師本身並沒有療癒能力，他**只是讓療癒自然發生而已**。² 他最多只能指出黑暗，卻無法帶來光明，因爲光明並非來自於他。³ 然而，這光明既然爲他而存在，必然也爲他的病患存在。⁴ 只有聖靈才配稱爲心理治療師。⁵ 不論什麼場合，只要你尊祂爲師，祂必會爲你揭示療癒之道。⁶ 你唯一能做的就是讓聖靈完成祂自己的任務。⁷ 無需你插手代勞。⁸ 祂只會一步一步地指點你如何去協助祂要你幫助的人，只要你不自作聰明，祂會透過你直接向病患說話。⁹ 請記住，你選擇嚮導是爲了幫助別人；若選錯了嚮導，就會愈幫愈忙。¹⁰ 但也請記住，只要選對了嚮導，你一定幫得上忙。¹¹ 信任聖靈吧，因爲助人是祂的天命，祂跟上主是「同路人」。¹² 你若能仰賴聖靈之力（而非自己的力量）喚醒其他心靈，就會明白自己不再受制於世間的遊戲規則了。¹³ 只有你此刻所遵循的法則才會靈驗。¹⁴ 「有用的就是好的」，這句話雖然言之成理，但還不夠。¹⁵ 「只有好的才是有用的」。¹⁶ 其餘一切，一無所用。

9.　　本課程給人一個非常直接而又單純的學習環境，它還提供你一位「嚮導」，具體爲你指引迷津。² 只要你照著去做，便會看出它確實靈驗。³ 它的靈驗遠比這些文字解說更具說服力。⁴ 讓你不能不相信它所言不虛。⁵ 跟對了「嚮導」，你就能學到所有課程中最簡單的一課：

　　⁶ 你們可憑他們的果實辨別他們，他們也會認出自己的真相的。

陸．接受你的弟兄

1.　　若非透過聖靈的靈驗效果，你如何意識到聖靈真的活在你內？² 你的肉眼看不見祂，你的耳朵聽不見祂。³ 你從何認出祂來？⁴ 倘若你能帶給他人喜悅，他人也以喜悅回報，不論你是否感受得到，表示你內必有某個製造喜悅的源頭。⁵ 它不只為你製造喜悅，你還能看到它帶給別人喜悅；如果你自己感受不到它，表示你一定在自己心內與它切斷了關係。

2.　　你也許感受不到聖靈始終如一地帶給你喜悅，那是因為你自己沒有始終如一地帶給他人喜悅。² 你會根據他們對你的反應來評判聖靈是否始終如一。³ 你自己若不能始終如一，自然不會常生喜悅，那麼你也無法時時認出祂的始終如一。⁴ 你獻給弟兄的禮物等於是獻給祂，因為祂給予你的無法超過你獻給祂的。⁵ 這不是因為祂的賜予有限，而是因為你的接受有限。⁶ 你決定接受多少，等於決定你願得到多少。

3.　　你的弟兄若是你生命的一部分，你願接納他們嗎？² 唯有他們能教你認出自己的真相，因為你學到的正是你教他們的結果。³ 你在他們身上看到了什麼，也會在自己身上看到什麼。⁴ 你只要在他們身上看到了，那東西對你就變得真實無比。⁵ 上主只有一個聖子，祂知道他們全是一個生命。⁶ 只有上主大於他們，然而，他們並不小於上主。⁷ 你可明白其中的奧妙？⁸ 凡是你為我弟兄做的，就是為我做的，而你所做的每一件事又是為你自己做的，因為我們都是你的一部分，那麼，我們所做的每一件事必然也都歸你所有。⁹ 上主所創造的每一個生命皆為你的一部分，而且與你共享祂的榮耀。¹⁰ 祂的榮耀屬於祂，也同樣屬於你。¹¹ 那麼，你的榮耀絕不會少於祂的。

4.　　上主大於你，只因你是祂創造出來的，連這一能力祂都毫不吝惜地與你分享。² 為此，你才能如祂一般地創造；即使你與祂斷絕了關係，亦不致改變這一事實。³ 上主的光明或是你的光明不會因為你看不見而變得黯淡無光。⁴ 聖子奧體必須一體無間地創造，只要你認出造化的一部分，就會憶起祂整個造化。⁵ 你所憶起的那一部分會使你的圓滿生命更為增色，因為每一部分都是

整體。⁶圓滿本體是無法分割的，但除非你能隨處看出它的整體性，否則你無法明白生命的圓滿。⁷你所知道的自己只可能是上主所知道的聖子，因爲這是你與上主共享的眞知。⁸唯有當你覺醒於祂內，你才會知道自己的偉大，因爲你已經接納了祂的無限生命。⁹在此之前，你如何評判弟兄，就會如何評判自己；你如何接受他，也會如何接受自己。

5.　　　你目前尚未覺醒，但你能夠學習如何覺醒。²方法簡單無比，聖靈會教你如何喚醒別人。³你只要能夠認出他們原本就是覺醒的，便明白了覺醒的眞諦；他們感激你決心喚醒他們的抉擇，這一感恩之情反過身來又教你看出覺醒的價值。⁴於是他們搖身一變，成了你眞相的見證人，正如上主把你創造爲祂實相的見證人一樣。⁵當聖子奧體眾志成城地接受自己的一體生命，他們所創造出來的一切自然也會認出自己的眞相，這些創造又成了聖子奧體的見證，一如聖子乃是天父的見證一般。

6.　　　奇蹟無法躋身於永恆之境，因爲奇蹟只有補救性的功能。²然而，只要你還有待療癒，你的奇蹟便成了幫你認出自己眞相的唯一見證。³你無法爲自己行奇蹟的，你必須先「付出」自己所「接受」的，然後才能眞正領回奇蹟。⁴在時間領域內，第一步必是付出；在永恆境界裡，兩者其實是同時發生而且一體不分的。⁵當你逐漸學到了「施與受根本是同一回事」，時間對你便形同虛設了。

7.　　　永恆是唯一的時間，它只有一個「恒常不變」面向。²這句話對此刻的你不可能有任何意義，除非你開始憶起上主向你張開的臂膀，最後才會知道祂向你敞開的天心。³「你」和祂一樣，都是「恒常不變」的；你活在祂的天心內，也擁有一顆與祂相似的心靈。⁴你創造的一切也活在你展開的心中，你們必須惺惺相惜才可能完美地交流。⁵只要你眞能接受他們中的任何一位，就不可能繼續貪戀世界所要給你的任何東西了。⁶那一切會顯得毫無意義。⁷缺了你，上主的意義不再圓滿；缺了你的創造，你的生命也不再圓滿。⁸接受你世間的弟兄吧，此外不要接受任何東西，因爲在他內，你會找到自己所有的創造，因爲那是他與你一起創造出來的。⁹除非你學會認出弟兄是你的創造同工，否則你無從得知自己原是上主的創造同工。

柒. 兩種評價

1. 　　上主的旨意就是你的救恩。² 祂怎麼可能不同時賜給你尋得救恩的方法？³ 祂既然願你擁有救恩，必會讓你不只「可能」得到，而且還會「輕易」得到才對。⁴ 你的弟兄無所不在。⁵ 故你無需踏破鐵鞋滿地尋找救恩。⁶ 每分每秒都是你拯救自己的良機。⁷ 不要錯過這機會，不是因爲良機不再，而是因爲實在沒有耽擱喜樂來臨的必要。⁸ 上主願你現在就活得圓滿幸福。⁹ 這不正是你的願望嗎？¹⁰ 這不也是你弟兄之所願嗎？

2. 　　你們只會結合於同一意願之下，不妨深思一下此言的深意。² 在其他事上，你們可能會有異議，但對此則是英雄所見略同。³ 爲此，平安只可能寄身於你們的同一意願中。⁴ 只要你決心活在平安之中，你就會活得平安。⁵ 但你必須接受救贖，**才能享有這一平安**，因爲救贖乃是通往平安之路。⁶ 其中原委十分簡單；正因太明顯了，反而常遭人忽略。⁷ 小我最怕的就是這些顯而易見之事，因爲顯而易見正是眞相的基本特質。⁸ 然而，除非你決心不看，否則你是不可能視而不見的。

3. 　　聖靈若以愛心看待祂眼中的萬物，毋庸置疑的，祂也會滿懷愛心地看待你。² 祂對你的評價是根據祂所知的你的眞相，因此祂對你的評價必然眞實無比。³ 而這評價也必然存於你心，因爲祂就活在你心內。⁴ 小我也在你心中，只因你讓它寄身於此。⁵ 然而，它對你的評價卻和聖靈截然相反，因爲小我根本不愛你。⁶ 它對你的眞相毫無概念，它連自己的所知所見都不敢信任，只因它的知見反覆無常。⁷ 因此小我在最好狀態下，只是猜忌狐疑，最壞狀態便會心狠手辣。⁸ 因爲它的能力僅限於此。⁹ 它無法超越自己的限度，只因它本身反覆無常。¹⁰ 既然它永遠無法肯定，故永遠無法超越那種兩極反應。

4. 　　於是，你心中對自己便有了兩種矛盾的評價，它們不可能同時是眞的。² 你尚不明白這兩種評價根本南轅北轍，只因你不了解眞實的你在聖靈眼中何等崇高。³ 祂不會被你的所作所爲蒙蔽，因爲祂須與不忘你的眞相。⁴ 你的所作所爲卻常蒙蔽了小我，尤其當你與聖靈互通聲息之時，那些經歷只會加深小我的

迷惘。⁵ 因此，每當你以愛心與人互動之際，小我很可能大肆攻擊你，因爲它早已斷定你沒有愛心，而你竟然違反了它對你的評論。⁶ 只要你的意向與它對你的看法不符，小我便認爲你居心叵測而攻擊你。⁷ 這時，它的猜忌狐疑會頓時轉爲心狠手辣，因爲它反覆無常的本性會變本加厲。⁸ 你實在無需反擊回去。⁹ 否則你不就中了小我的圈套，證明它對你的評價正確無誤？

5. 　　你若甘心把自己視爲沒有愛心的人，你是快樂不起來的。² 如此詛咒自己之後，你必會認爲自己一無是處。³ 你難道會請那使你感到一無是處的小我來幫你擺脫這種窩囊之感？小我就是靠這形相而立足的。⁴ 它會想盡辦法維繫你這形相，你若繼續採用它的策略，豈能擺脫得了它給你的評價？

6. 　　你無法從一個神智失常的信仰體系作出正確評價的。² 它本身的限度排除了這種可能性。³ 你唯有把自己提昇到神智清明之境，俯視這一切，才可能**看清兩者的鮮明對比**。⁴ 神智失常的狀態只有在此對比之下，才會顯得確實瘋狂無比。⁵ 你雖具有上主的莊嚴偉大，卻自甘卑微，然後爲自己的渺小悲哀不已。⁶ 只要你一落入這一體系，你便沒有其他選擇的餘地，悲哀是勢所不免的。⁷ 你的渺小卑微在這個體系內被視爲天經地義，使你無從反問：「這是誰定的？」⁸ 這一反問對小我的思想體系可說是離經叛道，因爲它等於向整個思想體系提出質問。

7. 　　我曾說過，小我並不知道眞正問題之所在。² 缺乏眞知，通常與「不願知道眞相」有關，才會導致全面的無知，因眞知是全面性的。³ 你若不向自己的渺小卑微提出質疑，表示你爲了保護小我的思想體系而不惜否認一切眞知。⁴ 你無法只保留一個思想體系的某一部分，因爲你若要質疑，必須從基礎上釜底抽薪。⁵ 你還得超越這一體系之上，才有反身質問的餘地，因爲它的理論基礎在自己的體系內是可以自圓其說的。⁶ 聖靈之所以能夠反駁小我思想體系的眞實性，只因爲他知道小我的基礎虛假不實。⁷ 因此，由這基礎推衍出的理論是不可能有道理的。⁸ 聖靈是根據信念的源頭來判斷你心中每一種信念。⁹ 凡是來自上主的，他知道那必是眞的。¹⁰ 凡不是來自上主的，他知道都毫無意義。

8. 　　當你懷疑自己的價值時，不妨這樣說：

² 沒有我，連上主都無法圓滿。

³ 當小我發言時，只要記住這點，你就不會聽信它那一套了。⁴ 真實的你是如此崇高，凡是配不上上主的，也配不上你。⁵ 你應按此標準來選擇自己想要之物，而且不接受任何你認為不配獻給上主之物。⁶ 此外，你別無所求。⁷ 將你那部分生命歸還上主吧！袖樂於用袖的一切跟你交換；你所歸還之物雖然原是袖的，袖卻因而恢復了圓滿。

捌．莊嚴偉大與虛誇自大之別

1. 莊嚴偉大屬於上主的層次，也只可能出自上主。² 因此，它必也在你內。³ 只要你稍微意識到這一偉大，不論多麼隱約，你必會即刻放棄小我的，因為在上主的偉大之前，小我的荒謬立刻暴露無遺。⁴ 小我一旦面臨此境，縱然不明白究竟發生了什麼事，仍會認定「大敵」已發動攻勢了；於是，它便開始向你略施小惠，設法將你誘回它的保護傘下。⁵ 它所施予的小惠，最多只是一種自我膨脹而已。⁶ 小我想用「自大」來取代上主的「偉大」。⁷ 你會選擇哪一個？

2. 自大不過是小我想要掩飾自己的絕望而已。² 它活得毫無指望，因為它根本不是真的。³ 那只是為了反制你的自卑，因為它真的相信自己如此卑微。⁴ 若非這一信念作祟，自大便會顯得毫無意義，你也不會覺得有自大的必要。⁵ 自大是出自一種競爭心態，必然含有攻擊的意圖。⁶ 這種只想壓倒別人的妄想，根本不能幫你化解任何問題。⁷ 我先前說過，小我常在「猜忌狐疑」及「心狠手辣」之間擺盪。⁸ 你若甘於活在絕望之中，小我就會停留在猜忌狐疑的狀態。⁹ 當你忍受不了而想擺脫這種自卑感，它就會變得心狠手辣。¹⁰ 它會給你一種幻覺，以為只有攻擊才能解決問題。

3. 小我毫不了解偉大與自大的差別，因為它看不出你的奇蹟本能與小我那個來路不明的信念兩者的差別。² 我告訴過你，小我只會意識到它的存在受到威脅，卻分辨不出這兩種威脅的基本分

野。³ 它那根深柢固的脆弱感使它無法正確判斷，只好拼命發動攻擊。⁴ 當小我面對威脅時只有兩種選擇：應該立即反擊？還是延後報復？⁵ 倘若你接受了它獻給你的自大，它便會即刻反擊。⁶ 如果你不接受，它只好另伺良機。

4. 　　在上主的莊嚴偉大之前，小我不敢輕舉妄動，因為他的偉大確保了你的自由。² 祂只需稍微提醒一下你的真相，便有驅逐小我之效，因為你再也不會在它身上投注任何希望了。³ 莊嚴偉大之境沒有一點幻相的成分，因為它如此真實，讓你不能不信。⁴ 但只要你繼續縱容小我的攻擊，真相的可信性便會搖搖欲墜。⁵ 小我想盡辦法重整旗鼓，它不會輕易讓你脫身的。⁶ 它會告訴你，你一定瘋了，你不可能偉大的，因為小我早已判定你是渺小卑微的。⁷ 然而，你的偉大不可能出自你的妄想，因為那不是你能造出來的。⁸ 你只會造出自大，而自大會令你害怕，因它會影射出一種攻擊心態；至於你的偉大則出自上主，是祂在聖愛中為你造出的。

5. 　　你在自己的偉大中只能祝福，因為你的偉大即是你的富裕。² 唯有祝福，你才能在心中守住自己的偉大，且永存於天心之內，不受幻相所惑。³ 你該隨時記住，除了上主的天心之外，你別無立足之地。⁴ 一旦遺忘了這點，你便會陷入絕望，還會攻擊別人。

6. 　　小我全靠你心甘情願地容忍，才有存在的餘地。² 只要你真願瞻仰自身的偉大，你不可能絕望，也不可能執著小我的。³ 你的偉大是上主對小我的答覆，因為你的偉大真實無比。⁴ 渺小卑微與莊嚴偉大無法並存，也不可能交替登場。⁵ 渺小與自大則能輪番上陣，因為它們是一丘之貉，同等的虛妄不實。⁶ 它們屬於無常的層次，自然會給人變化無常之感，「走極端」便成了它的招牌作風。

7. 　　真相與渺小是互不相容的，因為只有偉大才是真的。² 真相不會搖擺不定，它永遠真實。³ 當這偉大由你身上溜走時，表示你已用自己營造之物取代它了。⁴ 也許是你相信的渺小，也許是你相信的自大。⁵ 這都表示你落入了神智失常之境，那不是真相。⁶ 你的偉大絕不會欺騙你，是你的幻覺一直想要欺騙你。⁷ 幻

覺基本上就是一種騙局。⁸ 你克勝不了幻覺，可是你能提昇於幻覺之上。⁹ 你一提昇上去，便會看到與自己有志一同的人，與他們歡樂並進。

8. 分辨偉大與自大並非難事，因為偉大只會得到愛的回報，不會淪於驕傲。² 驕傲是行不出奇蹟的，反而會害你看不見為你的真相作證的人。³ 真理毫不曖昧，也毫不隱密，但它的清晰度全憑你帶給它的見證人多少喜悅而定，只有他們才能將真相顯示於你。⁴ 他們只會為你的偉大作證，無法為你的驕傲作證，因為驕傲是無法共享的。⁵ 上主要你瞻仰祂的一切創造，因為他們全是祂的喜悅。

9. 連上主都會為你的偉大作證，你的偉大怎麼可能是一種傲慢？² 至於那些缺乏見證之物，又怎麼可能是真的？³ 它們能帶給你什麼益處？⁴ 凡是對你沒有益處的東西，聖靈便無法發揮大用。⁵ 凡是聖靈無法轉化為上主旨意之物，就不存在。⁶ 自大純是一種妄想，它想要取代你的偉大。⁷ 然而，凡是上主所造之物是無法取代的。⁸ 缺了你，上主就不算圓滿，因為他的莊嚴偉大是全面性的，你不可能從中缺席。

10. 你在上主天心中具有無可取代的地位。² 沒有人取代得了你，你一旦缺席，你的位子空了，你那永恆的席位便開始殷盼你的歸來。³ 上主透過自己的天音不斷地提醒你，你在天堂佔有一席之地，祂還會將你推恩之物護守在那兒。⁴ 除非你回歸自己的推恩與創造，否則你不會知道它們的真相。⁵ 你無法撤換天國，你也無法撤換自己。⁶ 因為那深知你身價的上主不願如此，故你無此能力。⁷ 你的價值存於上主的天心，並不只存於你心內。⁸ 接受上主所創造的你，不可能是一種傲慢，它其實是在幫你排除傲慢。⁹ 接受自己的渺小卑微才是傲慢的表現，那表示你相信自己的評價比上主的評價更為真實。

11. 然而，真相若是不可分割的整體，你的自我評價必然就是上主的評價。² 你的價值既不是你自己定出來的，故無需你的保護。³ 沒有一物侵犯或推翻得了你的價值。⁴ 你的價值也不會變化莫測。⁵ 它僅僅**始終如是**。⁶ 向聖靈請教這個價值吧，祂必會據實以告；但切莫害怕祂的答覆，因為那來自上主。⁷ 祂的答覆極

其高明，因它出自終極源頭，那「源頭」若是眞的，答覆必也是眞的。[8] 仔細聆聽吧！不要懷疑自己之所聞，因爲上主不會欺騙你。[9] 祂要你用祂對你眞相的無上答覆來取代小我的渺小卑微，如此，你才可能了知眞相，從此不再懷疑。

第十章　疾病的偶像

導　言

1.　　　沒有任何大於你之物能使你害怕或讓你更有愛心，因爲沒有一物大於你。[2] 時間與永恆都存於你心靈內，兩者勢必會衝突迭起，直到有朝一日你能夠認出時間只是重獲永恆的工具爲止。[3] 只要還相信任何外在因素支配著你的人生經歷，你是不可能認出上述事實的。[4] 你必須學會看出，時間完全操縱在你手裡，世上沒有一物撤銷得了你這一責任。[5] 你最多只能幻想自己能夠違抗天律，卻難逃天網恢恢。[6] 天律原是爲了保護你而設的，和你的永恆保障一樣凜然不可侵犯。

2.　　　除了你以外，上主從未創造過其他東西；除了你之外，沒有一物存在，因爲你是他的一部分。[2] 除了他以外，還有什麼東西能夠存在？[3] 在他之外不可能發生任何事的，因爲除了他以外，沒有一物存在。[4] 你的創造如你自身一樣，只會爲他增光添色，卻增添不了任何與他相異之物，因爲一切永恆如是。[5] 只有無常之物才會勾起你的煩惱不安，然而你是上主唯一的造化，他既將你創造爲永恆的生命，無常豈有立足之地？[6] 你所經驗到的一切，都是出自你神聖的心靈。[7] 至於要如何與眼前萬物互動，完全操之於你，因爲你會如何看待它們，完全操之於你心中一念。

3.　　　上主從未改變過他對你的初衷，因爲他對自己如此肯定。[2] 只要是他知道的事，人人均能知曉，因爲這一眞知不是僅僅爲他而設的。[3] 他是爲了自己的緣故而創造你的，他還賜給你同一創造的能力，使你跟他一樣。[4] 爲此之故，你的心靈神聖無比。[5] 有什麼東西大於上主之愛？[6] 又有什麼東西大於你的願力？[7] 世上沒有一物撼動得了你分毫，因爲你活在上主內，你的生命涵蓋了一切。[8] 相信這一點，你才可能領悟到，原來有那麼多事都操控在你自己手中。[9] 當你內心的平安開始動搖時，不妨問一下自己：「難道上主會改變他對我的初衷？」[10] 然後接受他的決定，同時拒絕改變你對自己的心態，因爲他的決定千古不易。[11] 上主的旨意不可能跟你作對，否則他就是跟自己過不去。

壹. 安居上主的家園

1. 　　你並不知道自己所創造之物的眞相，因爲只要你的心仍是分裂的，就會跟自己的創造作對；然而，你是不可能攻擊自己的創造的。² 請記住，**上主也同樣不可能攻擊祂的造化**。³ 你應愛你的創造如同愛自己一般，因爲它們是你的一部分，這是創造的法則。⁴ 所以凡是出自創造之物，必然安全無比，因爲它有上主天律也就是上主之愛的保護。⁵ 你的心靈任何一部分若不知這一事實，等於自絕於眞知之外，只因那一部分的你尚未具備眞知的條件。⁶ 除了你自己，誰能將你放逐？⁷ 你該慶幸自己終於認清了這一眞相！只有這一認知才足以讓你明白，你的放逐絕非上主之意，因此不可能眞有這一回事的。

2. 　　你正安居於上主的家園，只是在作一個放逐之夢而已；你隨時可以覺醒於眞相的。² 這豈非只有你才能決定的事？³ 你的經驗顯示出你確實已把夢中一切當眞了。⁴ 你必須等到清醒之刻才會恍然大悟，夢中好似發生的事，根本不曾發生過。⁵ 當你仍在夢境，縱使夢裡的情景完全違反你醒時世界的運作法則，你絲毫不以爲怪。⁶ 有沒有這種可能，你只是由一個夢轉到另一夢裡，其實你從未眞正清醒過？

3. 　　你豈會耗費心神去協調不同夢境裡的矛盾情景？或者，當你發現它們與現實不符，一併置之不理？² 你已記不得清醒是怎麼一回事了。³ 當你聽見聖靈時，也許會感到好受一些，因爲那一刻會爲你重燃愛的希望；只是你仍記不得它本來就是如此。⁴ 你必須透過這個記憶，才會知道它可能再度如此。⁵ 你尚未達到那種可能的境界。⁶ 但過去如此之物，若是永恆的，現在必也如是。⁷ 只要你能記住這一點，便不難知道，自己所憶起之事既是永恆的，當下此刻必然也是如此。

4. 　　只要全心全意地渴望，你就會憶起一切眞相；只因全心全意的渴望本身等於創造，因著這一願心便足以擺脫分裂狀態，讓你的心靈得以回歸造物主與自己的創造所在之處。² 你一旦知道了兩者的眞相，自然不可能繼續貪睡下去，一心只願快快活活地醒著。³ 夢境便無捲土重來的機會，因爲你一心只要眞相，當眞相

終於成了你一心之所願，它就非你莫屬了。

貳 . 存心遺忘

1.　　除非你早已認識某物，否則你是無法與它斷絕關係的。²因此你對它的認識必然先存於關係斷絕之前，如此說來，斷絕關係不過代表了你想要遺忘的決心而已。³被你遺忘之物自然會顯得無比可怕，只因斷絕關係無異於對眞理的一種侵犯。⁴你會開始害怕，因爲你已經遺忘了。⁵你已經用夢中的意識取代了你的眞知，只因你眞正害怕的是自己所切斷的關係，而不是與你斷絕關係的那個對象。⁶當你開始接納斷絕關係之物，它就不會顯得那麼可怕了。

2.　　然而，你若不再與眞相切斷聯繫，所消除的不只是恐懼而已。²這個決定本身便足以爲你帶來平安、喜悅以及創造的榮耀。³向聖靈獻上你要憶起眞相的願心吧！因祂爲你保存了有關上主與你的眞知，正等著你去領回。⁴欣然放下那些阻撓你憶起眞相的障礙吧！因爲上主就在你的記憶裡。⁵當你眞心願意憶起祂來，而且想要再度知道自己的眞相時，祂的天音便會告訴你這一事實：你是祂生命的一部分。⁶不要讓世上任何東西耽擱了你對祂的記憶，因爲你對自己的眞知就存於這一記憶內。

3.　　回憶只是幫你的心靈恢復它的**本來狀態**而已。²你記憶裡的那一切不是你能造出來的，你不過是再度收回自己原先排斥之物而已，它其實始終都在那兒。³接受眞相的能力，在世上就是最能反映出天國創造能力的一種知見。⁴只要你眞心願意盡自己這份責任，上主必會善盡祂那份責任；祂以自己的回報來交換你的回報，也就是以祂的眞知交換你的知見。⁵沒有一物凌駕於祂的旨意之上。⁶具體表明你要憶起祂的願心吧！⁷請看！祂必會賜你一切，只要你眞心祈求。

4.　　當你攻擊人時，等於否定自己。²你等於是向自己示範：你並不是那個眞實的你。³你一旦否認眞相，無異於撤銷了自己接受上主禮物的資格，表示你寧可用其他東西取代這份禮物。⁴你若明白這是攻擊眞相的一貫伎倆，而眞相就是上主，你便不難明

白，爲何否認眞相總是如此令人心悸。⁵如果你進一步明白自己是上主的一部分，那麼你便會了解，爲什麼當你攻擊時，首當其衝的受害者是你自己。

5.　　　所有的攻擊都是對自性的一種攻擊。²此外無他。³一切起因於你不想活出自己眞相的決定，這無異於攻擊你的眞實身分。⁴攻擊便如此使你失落了自己的身分；因爲當你攻擊時，表示你已忘卻自己的眞相。⁵而你的生命眞相既是上主的眞相，你一旦攻擊自己，自然不可能憶起上主。⁶不是因爲祂不見了，而是你決心不想憶起祂之故。

6.　　　你若明白這一決定如何徹底破壞心靈的平安，你是不可能做出這種神智失常的事的。²你之所以執迷不悟，純粹是因爲你仍寄望它會帶給你其他好處。³這透露了，除了心靈平安以外，你還在追求其他的東西，但你從未好好想過自己究竟在追求什麼。⁴這一決定會爲你招來什麼後果，是有目共睹的，只要你敢正視一下。⁵你一旦決心抵制自己的眞相，你對上主及其天國也就不能不隨時保持警戒。⁶就是這份戒心，使你害怕憶起上主的。

參. 疾病之神

1.　　　你並沒有攻擊上主，你仍是愛祂的。²你怎麼改變得了自己的眞相？³沒有一個人甘願自我毀滅的。⁴當你認爲你在攻擊自己時，充分顯示出你多麼嫌惡你心目中那個自我形象。⁵你所能攻擊的也只限於這一形象。⁶你的自我形象可能面目可憎，這一怪異形象還可能讓你做出極具毀滅性的事。⁷然而，那毀滅性並不會比那個形象本身眞實到哪裏去，不論製造這偶像的人膜拜得多麼虔誠。⁸偶像雖然不算什麼，卻能讓上主的兒女淪爲病態的信徒。⁹上主多麼想讓他們擺脫疾病而回歸天心。¹⁰故祂絕不會限制你協助他們的能力，因爲那力量正是上主賜給你的。¹¹不要害怕這一能力，它其實是你的救恩。

2.　　　除了上主賜你的大能以外，上主罹病的兒女還能指望其他的護慰者嗎？²請記住，聖子奧體的哪一部分接納祂，並無關緊要。³只要有人接納了祂，所有的人必會共蒙上主的恩典；只要

你的心靈一接納了上主，你對袘的記憶便足以喚醒整個聖子奧體。⁴ 你若想療癒自己的弟兄，只需代他們接受上主。⁵ 你們的心靈不是分裂的，上主只有一個療癒的管道，因為袘只有一個聖子。⁶ 上主與袘兒女僅餘的這一條「交流連線」，不只促進了他們的結合，還會進一步與上主合一。⁷ 只要你意識到這一點，便足以療癒他們，因為你等於悟出了「沒有一個人是分裂的個體，因此也沒有人會生病」的真相。

3.　　　相信上主之子會生病，等於相信上主某一部分可能受苦。² 愛是無法受苦的，因為它沒有攻擊的能力。³ 因此，愛的記憶能恢復他的百害不侵之境。⁴ 在上主之子面前，不要幫疾病撑腰，即使他相信自己真的生病了；你一旦接納了他內在的上主，就等於幫他肯定了被他遺忘的上主之愛。⁵ 只要你認出他是上主的一部分，也等於幫他憶起了被他否定掉的本來真相。⁶ 你豈願加深他對上主的否認而模糊了你自己的本來面目？⁷ 還是你寧願提醒他自身的圓滿無缺而與他一同憶起你們的造物主來？

4.　　　相信上主之子是有病的，等於與他崇拜同一偶像。² 上主只創造過愛，從未造過偶像崇拜這一回事。³ 不論你崇拜哪一類偶像，它們都是假冒創造之名，在破碎而病態的心靈調教之下，它們是不可能了解「創造乃是分享能力而非篡奪能力」的。⁴ 疾病，屬於一種偶像崇拜，因為它相信疾病能夠奪走你的能力。⁵ 那是不可能的事，因為你是全能上主的一部分。⁶ 病態的神明必是偶像無疑，是仿照偶像塑造者的自我形象而造成的。⁷ 這正是小我在上主之子身上所看到的形象：一個自我打造出來的病態之神、萬事不求人、窮凶惡極卻不堪一擊。⁸ 這可是你想要崇拜的偶像？⁹ 這可是你日夜精進所要拯救的形象？¹⁰ 你豈會擔心失落這個玩意兒？

5.　　　心平氣和地正視一下小我思想體系所推衍的結論，評判一下那可是你真心想要的禮物？因那正是小我所要給你之物。² 為了這個禮物，你不惜攻擊弟兄的神性，使你也一樣看不清自己的神性。³ 你為了保護心目中可能為你解危的那個偶像，不惜隱藏自己的神性；其實偶像本身才是危機所在，但那只是虛張聲勢而已。

6.　　　天國沒有偶像可以崇拜，你只能由衷欣賞上主的造化，這就

是「每個人都是上主的一部分」的寂靜智慧。² 上主之子不會知道偶像這類東西，他只知道自己的天父。³ 人間的「健康」，只是反映天國價值的一個倒影而已。⁴ 我給你的禮物，非關功德，而是我的愛，只因你還不懂得重視自己。⁵ 當你不重視自己時，就會生病；只有我對你的重視足以療癒你，因為上主之子的價值只有一個。⁶ 當我說「我將我的平安賜給你們」，絕非信口開河。⁷ 平安來自上主，經由我而通達於你。⁸ 它是要給你的，即使你可能並不想要它。

7.　　當某位弟兄生病了，是因他不想要平安，故不知道自己是在平安之中。² 接受平安就等於否認幻相，疾病即是一種幻相。³ 然而，每位上主之子都有能力否認天國裡的任何幻相，只要他肯全面否認自己心內的幻相。⁴ 我有療癒你的能力，因為我知道你的真相。⁵ 我能代你「知道」你的價值，唯有這個價值能恢復你生命的完整。⁶ 完整的心靈不可能崇拜任何偶像，它對人間矛盾的運作法則也一無所知。⁷ 我願療癒你，因為我的訊息只有一個，而且真實不虛。⁸ 只要你信得過我，你對我的訊息所懷的信心能使你的生命重歸完整。

8.　　我所帶來的上主訊息不會夾雜任何謊言，只要你逐漸明白「你願領受多少，就會接到多少」的道理，就會懂得我的訊息真實不虛。² 你現在就能為所有的人接受平安，帶給他們完全的自由，擺脫一切幻相，因為你已聽到了祂的天音。³ 但你在祂面前不能安置其他的神明，否則你就無法聽到天音了。⁴ 上主不會嫉妒你打造的神明，善妒的是你。⁵ 你一心想要拯救你的眾神，為他們效力，因為你相信自己是他們造出的生命。⁶ 你之所以認賊作父，是你為了取代上主而造出偶像，然後再把這可怕的事實投射到他們身上。⁷ 當他們好似向你說話時，請記住，不論你企圖用什麼來取代上主，他們全是子虛烏有之物。

9.　　道理十分簡單，你也許相信自己害怕子虛烏有之神，其實你害怕的是虛無本身。² 一旦明白了這個道理，你就痊癒了。³ 你想要聽從哪位神明，你必能聽到。⁴ 你造出了疾病之神，他既是你造的，你自然聽得見他。⁵ 問題是，你不可能真的造得出他來，因為他不是出自天父的旨意。⁶ 因此他不是永恆的；你只要一表明自己只願接受永恆之物，他就立刻化為烏有了。

10.　　如果上主只有一位聖子，那麼也只有一位上主。² 你與祂共享同一眞相，因爲眞相是無法分割的。³ 在祂面前接受其他神明，與你在自己面前安置種種自我形象，都是同一回事。⁴ 你還意識不到，你對那些神明是多麼言聽計從，你是多麼小心戒愼地守護著他們。⁵ 他們是因著你的重視而存活的。⁶ 你得把尊重用對地方，才可能活得平安。⁷ 那是你眞正的「父親」所賜你的產業。⁸ 你造不出天父的，你自己造出的父親根本造不出你來。⁹ 幻相不值得你的尊重，因爲尊重他們，無異於推崇虛無。¹⁰ 你也無需害怕他們，因爲虛無沒有什麼好怕的。¹¹ 你之所以害怕愛，只因它毫無傷人的能力；因著這一畏懼，你竟然甘心放棄自己完美的助人能力以及你所擁有的完美天助。

11.　　你只能在上主祭壇所在之處找到平安。² 這祭壇就在你內，是上主親自將它安置於此處。³ 祂的天音不斷喚你回歸，只要你不在祂面前安置其他神明，你一定會聽見祂的天音。⁴ 你能夠代自己的弟兄捨棄疾病之神；事實上，如果你也想放棄那些神明，你不能不如此去作。⁵ 因爲只要你在任何地方看到疾病之神，表示你接納了他的存在。⁶ 你一旦接受他，就只有俯身膜拜的份兒，因爲你當初就是爲了取代上主而造出他的。⁷ 他代表了「你相信自己有權決定哪個神才是眞實」的信念。⁸ 這顯然無關眞相，只關乎你自以爲的「眞相」。

肆．疾病的終結

1.　　所有的怪力亂神都是企圖協調原本水火不容之物。² 凡是道地的宗教都承認互不相容之物是無法和諧並存的。³ 疾病與完美，正是水火不容之例。⁴ 上主把你創造成完美的，你就是完美的。⁵ 你若相信自己會生病，表示你已在祂面前安置了其他的神明。⁶ 上主不會對你打造的疾病之神宣戰，你卻不時向上主宣戰。⁷ 疾病之神成了你抵制上主的一個標誌，你不可能不怕他，因爲他與上主的旨意互不相容。⁸ 你若攻擊疾病之神，反倒使他變得更加眞實。⁹ 但不論他呈現何種化身，不論現身何種場合，只要你拒絕膜拜，他便會銷聲匿跡，回歸他原本的虛無。

2.　　　眞相只能示現給拒絕蒙蔽的心靈。² 它始終都在那兒等你接受，但你必須先想要擁有它，才領受得到它。³ 想要知道「眞相是什麼」，你也必須先有評判「什麼不是眞相」的意願才行。⁴ 所謂「視而不見虛無」，就是指你爲虛無下了正確的判斷罷了；你需具備眞實的判斷能力，才捨棄得了虛無。⁵ 眞知無法示現給一顆充滿幻覺的心，因爲眞相與幻相是無法並存的。⁶ 眞相是全面性的，片面的心靈無從了解眞相。

3.　　　你也不能認爲某部分的聖子奧體是有病的，因爲這一認知等於無知。² 如果聖子奧體只是一個生命，那麼不論從什麼角度去看，它都是一個整體。³ 一體的生命是不可分割的。⁴ 只要你著眼於其他神明，你的心靈便陷入了分裂，而這分裂會一發不可收拾，因爲它顯示你已將自己這一部分心靈剔除於上主旨意之外了。⁵ 這意味你的心靈已經落入失控狀態。⁶ 失控等於失去理性，心靈必會變得不可理喻。⁷ 你一旦把心靈界定錯誤，你便會看到它運作失常。

4.　　　上主的天律維繫著你心靈的平安，因爲平安是祂的旨意，祂的天律爲你護守這一平安。² 天律就是自由之律，而你的運作卻受制於奴役之律。³ 既然自由與奴役無法相容並存，這兩種法則便不可等同視之。⁴ 上主之律純粹是爲了你的益處而設的；除此之外，沒有其他法則存在。⁵ 其他的法則必然亂無章法，徹底失序。⁶ 上主以天律保護祂的一切造化。⁷ 無一物存在於天律之外。⁸ 「無明亂世的法則」這個詞本身便自相矛盾。⁹ 創造是極其井然有序的，全然失序之物不可能具有任何意義，因爲它不在上主內。¹⁰ 雖然你已將平安「託付」給自己打造的神明，問題是他們根本不在那兒，故也接收不到你的禮物，你是不可能將平安託付他們的。

5.　　　你沒有放棄自由的自由，你只可能否認自由的存在。² 你無法做出上主無意要你做的事，因爲非祂所願之事，根本不可能發生。³ 這無明亂世並不是你的神明的傑作，是你把這無明亂世歸咎於他們，再由他們手中接收回來的。⁴ 這一切其實不曾發生過。⁵ 唯有上主的天律眞正存在，也唯有祂的旨意永遠常存。⁶ 你是由祂的天律及旨意創造出來的生命，而你的受造模式已將你塑造爲一位創造者了。⁷ 至於你妄造的那一切匹配不上你，你不可

能想要它的，只要你肯正視一下它的眞相。⁸ 你會發現它空無一物。⁹ 你的慧見便自動超越這些妄造之上，直指你內心與你周遭的一切眞相。¹⁰ 眞相無法突破你故意置於它前面的障礙；直到你自願撤除它們，眞相才可能將你全面籠罩在它內。

6.　　只要經驗過上主的眷顧，你是絕不可能打造偶像的。² 在上主天心內，沒有那些奇形怪狀的偶像；凡是天心所無之物，也不可能存於你心中，因爲你們同具一心，而那心靈又屬於上主。³ 正因它屬於上主，故也非你莫屬；因爲對祂而言，所有權就是共享權。⁴ 祂既是如此，你也是如此。⁵ 祂的定義即是天律，整個宇宙的眞相都隸屬於這一天律之下。⁶ 你故意在自己與你的眞相之間供置的虛假神明，絲毫影響不了眞相。⁷ 平安非你莫屬，因爲上主創造了你。⁸ 此外，祂什麼也沒創造過。

7.　　奇蹟就是上主之子放下一切虛假神明之後的結果，也是邀請所有弟兄共襄盛舉的呼喚。² 它顯示一種信心，因爲他已認出自己的弟兄同樣有此能力。³ 他在呼喚自己心內的聖靈，這一呼聲會因著他與弟兄的結合而日益堅定。⁴ 聽到上主天音的奇蹟志工，只要他不再相信疾病的力量，便能削弱罹病弟兄對疾病的信念，使得天音在弟兄心中日益清晰。⁵ 一個心靈的力量足以光照另一心靈，因爲上主所有的燈燭都來自同一火種。⁶ 它無所不在，永世不滅。

8.　　許多人身上就只剩下這一星星之火了，那「光明寶相」（Great Rays）已被遮蔽了。² 然而，上主會護守這星星之火，使它常明不熄，那「光明」才不至於完全被人遺忘。³ 只要你一看見這星星之火，表示你已學會著眼於更大的光明；「光明寶相」始終都在這兒，只是無人識得而已。⁴ 認出星星之火，能帶來療癒之效；但唯有「了知」那一光明，才有能力創造。⁵ 在回歸的途中，你必須先接受這一線微光；因爲分裂的過程，說穿了，就是由莊嚴偉大淪爲渺小卑微的過程。⁶ 但這星星之火與「光明寶相」一樣純粹，因爲它是創造僅餘的呼聲。⁷ 把你所有的信心置於其上吧，上主必會親自答覆你的。

伍. 否認上主

1.　　　疾病之神有他嚴峻且怪誕的一套儀式。²那兒嚴禁喜悅進入，沮喪或憂鬱才是與他同夥的標誌。³沮喪表示你已經背棄了上主。⁴許多人害怕褻瀆神聖，卻不了解「褻瀆」的真正含意。⁵他們不明白，否認上主等於否定了自己的終極身分，因此聖經才會有「罪惡的代價是死亡」的說法。⁶此言確實一針見血，一旦否定了生命，所見的一切自然顯得無生機；不論哪一種否定，都不外乎以虛假不實來取代真實境界罷了。⁷這一企圖是不可能得逞的，但無可否認地，你很可能自認為有此能耐，而且相信自己已經如願以償了。

2.　　然而，不要忘了，否認上主之後，你只剩下投射一途，因而相信一切都是別人加諸於你的，而不是你咎由自取。²你接收到的必是自己送出去的訊息，因為那正是你想要得到的訊息。³你也許還會相信，你對弟兄的評判是根據他們傳送給你的訊息，其實，你是根據自己傳給他們的訊息而評判對方的。⁴不要把自己拒絕喜悅的賬算在他們頭上，否則你就無法在他們內看到原本會帶給你喜悅的星星之火。⁵正因為否認了小小火花，你才會活得如此消沉；你若無法在弟兄身上看到那星星之火，表示你已否認了上主。

3.　　矢志否認上主，成了小我的宗教。²疾病之神理所當然會要求你否認健康，因為健康直接違反了它的生存法則。³不妨深思一下這事對你的影響。⁴除非你生病，否則如何保住你打造的疾病之神？只有罹病的人，才需要這類偶像。⁵因此，褻瀆神聖其實是在毀滅自己，而非毀滅上主。⁶它意味著你為了要生病，寧願不知道自己的真相。⁷這是你的神明向你索取的祭品，由於他是你在神智失常狀態下所打造之物，故他最多不過代表你的一個神智失常之念而已。⁸即使他的化身千變萬化，也都跳脫不出一個觀念：否認上主的存在。

4.　　疾病與死亡外表看來好似已違背了上主旨意而潛入聖子心中了。²這類「攻擊上主」之念會使上主之子認定自己是失怙之人，沮喪的他自然只能打造出憂鬱之神。³聖子寧可放棄喜悅而

選擇這一神明，只因他不能接納自己雖是創造者但也是受造物這
一事實。⁴失去天父的聖子自然感到舉目無援，因為唯有天父才
是他的唯一救援。

5.　　我曾說過，憑你自己，你做不出任何事情的，更何況，你
也不是出自於自己。²如果你是的話，你所打造的一切便成了真
的，而你就永遠擺脫不了它們了。³正因你不是自己造出來的，
所以什麼都用不著你來操心。⁴你那些神明根本就不存在，因為
天父從未創造過他們。⁵你沒有能力打造出任何異於你造物主的
創造者的，正如他也不可能創造出與自己不同的聖子，是同一道
理。⁶創造是一種分享，故它無法造出與自身相異之物。⁷它只能
分享自己所有的真相。⁸沮喪是一種孤立狀態，因此不可能出自
創造。

6.　　上主之子，你並沒有犯罪，你只是犯了不少的錯誤。²然
而，這是可以修正的，上主會幫助你，他深知你不可能犯下忤逆
上主的罪。³你之所以否認他，只因你曾經愛過他，你知道自己
一旦承認愛他，就再也無法否定他了。⁴因此，你對他的否認恰
好影射出你對他的愛，你也知道他對你的愛。⁵別忘了，你企圖
否認之物必是你一度相識之物。⁶如果你能接受這一「否認」，
你必也能接受對它的化解之道的。

7.　　你的天父從未否認過你。²他也不會報復，只是聲聲喚你回
家。³當你認為他沒有答覆你的呼求時，其實是你沒有答覆他的
呼喚。⁴本著他對聖子的大愛，他會透過聖子奧體的每一部分向
你呼喚。⁵只要你能聽見他答覆你的訊息，而且聽得正確無誤，
你便不難明白他的真相了。⁶上主之愛臨於一切造化之上，因為
他的聖子無所不在。⁷以平安之心去看你的弟兄吧！憑著你給上
主的這份禮物，他就會刻不容緩且滿懷感激地進入你的心中。

8.　　不要向疾病之神尋求療癒之道，而應轉向愛之真神，因為所
謂療癒，不過就是接納上主而已。²你一旦接納了他，才會知道
他從未否認過你；你的存在奠基於他對你的肯定與接納上頭。
³你既未生病，也不會死亡。⁴但你很可能誤把自己當成生老病死
之物。⁵請記住，這種自我觀才是褻瀆神聖，因為那表示你並未
以愛來看待上主以及與他一體不分的造化。

9.　　　只有永恆之物才能被愛，因爲愛是不朽的。[2] 凡是出自上主的生命，永遠非祂莫屬，而你確實來自上主。[3] 難道祂會讓自己受苦？[4] 祂豈會把自己所不屑之物賜給聖子？[5] 你若承認自己是上主的創造，就不可能受苦。[6] 若要活得不苦，你必須先接納祂是你的造物主。[7] 這並不是因爲你若不如此就會遭受天譴。[8] 而是因爲你接納了天父，等於接納自己的本來面目。[9] 你的天父所創造的你是全然無罪、全然無苦、也不可能受到任何折磨的。[10] 你若否認了祂，便等於迎接罪、痛苦及苦難進入自己心中，這是心靈的天賦本能。[11] 你的心靈既然能夠造出三千大千世界，必也能夠否認自己造出的一切，因爲心靈是自由的。

10.　　　你從不明白你爲自己否認了多少東西，深愛你的上主是多麼不忍見你如此。[2] 然而，祂不會插手干預，因爲祂的聖子若無自由，就稱不上是上主之子了。[3] 干涉你的行爲等於攻擊上主自身，上主可不至於神智失常到這一地步！[4] 當你否認祂時，神智不清的是「你」。[5] 你難道想與祂分享自己失常的神智嗎？[6] 上主對聖子的愛永恆不渝，聖子對上主的愛也永恆不渝。[7] 這是上主之子受造的眞相，永存天心，千古不易。[8] 知道了這一眞相，你的神智便恢復了清明。[9] 否認這一點，表示你的神智已經瘋狂。[10] 上主在創造你之際已將自己賜給了你，而且這一恩賜是永恆不渝的。[11] 你怎麼忍心拒絕把自己獻回給祂呢？

11.　　　因著你獻給上主的禮物，聖子方能重獲天國。[2] 上主之子若拒絕接受天父無始以來爲他所造的一切，以及自己因聖父之名所創造的一切，等於自絕於天父的恩賜之外。[3] 天堂仍在等候聖子歸來，因爲天國是上主爲他創造的居所。[4] 除此之外，都不是你的家。[5] 別再咎由自取了，接受上主爲你創造的喜悅吧！[6] 上主已賜你化解一切妄造的途徑。[7] 側耳聆聽吧！你終將學會如何憶起自己的眞相的。

12.　　　倘若上主知道自己的兒女是全然無罪的，那麼，你視他們罪孽深重便等於褻瀆神聖。[2] 倘若上主知道祂的孩子是不可能受苦的，而你卻在任何地方看到他們受苦，便是褻瀆神聖。[3] 倘若上主知道祂的兒女是全然喜悅的，而你卻感到沮喪憂鬱，等於褻瀆神聖。[4] 不論你以何種形式褻瀆，全是幻相，它們不過代表了你拒絕接受造化的眞相而已。[5] 倘若上主所創造的聖子是完美無缺

的，你必須學習如此看他，方能得知他的眞相。⁶你既是聖子奧體的一部分，你也應當如此看待自己，方能認出自己的眞相。

13.　　不要著眼於非上主所造之物，否則你等於否認了上主。²祂是唯一的天父，祂已將自己的「爲父身分」賜給了你，使你成爲萬物之父。³你給自己的禮物無足輕重，但你給自己的創造物之禮則如上主恩賜一般眞實，因爲你只可能因祂的聖名而給予。⁴爲此之故，你的創造才會如祂的造化一般眞實。⁵然而，你必須先接受祂道地的「天父身分」，才可能知道聖子的生命眞相。⁶你若把眼前種種病態形象視爲上主兒女，就不能不相信自己確實造出那些病態之物。⁷唯有接納上主的「天父身分」，你才可能擁有一切，因爲只有祂的「天父身分」能賜你一切。⁸爲此之故，否認祂，等於否認了你自己。

14.　　傲慢即是否認愛，因爲愛是共有共享的，而傲慢則有所保留。²只要這兩種可能性對你都有吸引力，選擇的概念便由此而生了，它絕非來自上主。³這一概念只存於時間領域，不存於永恆之境；爲此，只要你心中還有時間的觀念，你就有選擇的餘地。⁴連時間都是出自你的選擇。⁵如果你願憶起永恆，你必須僅僅矚目於永恆。⁶你若容許自己爲無常事物操心，你便落入了時空。⁷你的選擇必會受你的價值判斷所操縱。⁸時間與永恆不可能同時存在，因爲它們相互牴觸。⁹如果你只接受「超時空」爲眞實的境界，表示你終於了解了永恆之境，且納爲己有了。

第十一章　上主或小我

導　言

1. 　　上主或小我，兩者之中必有一個是神智失常的。[2] 如果你能公正地檢驗雙方的證據，就會明白此言不虛。[3] 上主與小我各有一套完整的思想體系。[4] 雙方都能自成一家之言；只是不論你由哪一個角度去看，兩者的立論恰恰背道而馳；因此你不可能片面忠於一方的。[5] 也請你記住，這兩種思想體系衍生而出的結果與它們的立論基礎一樣必定截然相反，即使你存心腳踏兩條船，也無法調和它們水火不容的本質。[6] 沒有一個生命沒有父親，因爲生命即是創造。[7] 因此，你的選擇其實是在答覆「我願尊誰爲父」這一問題。[8] 而你尊誰爲父，就會對誰效忠。

2. 　　對於認定這問題充滿矛盾的人，你該如何回應？[2] 小我若眞是你打造出來的，那麼小我又怎麼可能造出你來？[3] 衝突的唯一肇因其實不外乎主權歸屬的問題，因爲小我的形成乃是出自「上主之子想要成爲上主之父」的欲望。[4] 爲此，小我其實是出自一個妄想出來的思想體系，你藉此妄想而造出了自己的父親。[5] 切莫對這一思想體系掉以輕心。[6] 唯有如此追根究柢，掀出它的底牌，你才會看出這類妄想是何等神智不清；問題是小我從來不願坦誠正視自己的所作所爲。[7] 小我的前提確實瘋狂無比，但它會小心翼翼地藏身於這體系黑暗的一角。[8] 除非你營造出來的小我眞是你的父親，否則它整個思想體系便無立足之地。

3. 　　你藉投射而妄造，上主則藉推恩而創造。[2] 你，就是上主造化的基石，而祂的思想體系就是光明本體。[3] 請記住，上主的光明寶相永在，只是不爲人知而已。[4] 你愈接近祂思想體系的核心，那光明愈是歷歷在目。[5] 你愈接近小我思想體系的根基，一路愈顯得晦暗陰森。[6] 然而，你心中那一點星星之火，足以驅除它的黑暗。[7] 爲此，一無所懼地與光明同行吧！勇敢地舉起光明火炬，照亮小我思想體系的巢穴。[8] 你必須心甘情願地對小我作出徹底誠實的評判。[9] 揭開它恐怖的老巢，將它帶入光明之中。[10] 唯有如此，你才會看清它荒謬無稽的底細，你一直害怕的那一

切原來只是子虛烏有。

4.　　我的弟兄，你是上主的一部分，也是我的一部分。² 當你有朝一日不再畏縮，敢於正視小我的老巢時，你也會看到我們立足的根基。³ 我從天父那兒來到你這裡，再次將所有一切送還給你。⁴ 不要為了掩飾小我的陰暗基地而拒絕我的禮物，小我沒有保護或拯救你的能耐。⁵ 我為你點亮了明燈，且伴你同行。⁶ 你再也不會踽踽獨行於人生旅途了。⁷ 我會把你領到真正的天父那裡，祂如我一樣需要你。⁸ 你豈能不載欣載奔地答覆愛的呼喚？

壹. 「為父身分」之贈禮

1.　　你已經明白自己確實有待療癒。² 一旦認出了自己有待療癒，你豈會送給聖子奧體其他的禮物？³ 療癒乃是你回歸真知的第一步，在這基礎上，上主會幫你重建你與祂共享的思想體系。⁴ 你在這基礎所放置的每一塊石頭，都會蒙受祂的祝福，因你是在為祂的聖子修復神聖居所，那正是祂願聖子永世長存之處，也是上主之子真正所在之地。⁵ 不論你幫上主之子心中哪一部分恢復這一真相，你同時也幫自己恢復了真相。⁶ 你與弟兄同住在上主天心之內，因為上主從不願獨自生存。

2.　　獨自生存，表示你已由無限之境分裂出去了，但這怎麼可能？無限之境是沒有止境的。² 沒有人能活在無限之外，因為凡是無限的，必然無所不在。³ 上主之內也是無始無終的，祂的宇宙就是祂的本體。⁴ 你豈能將自己排除於宇宙或上主之外？祂就是你的宇宙。⁵ 我與天父是一個生命，故也包括你在內，只因為你是我們的一部分。⁶ 你豈會相信上主可能失去自己某一部分的生命？

3.　　你如果不是上主的一部分，祂的旨意就稱不上合一無間了。² 這簡直是無法想像的事！³ 祂的天心豈會包含虛無？⁴ 如果只有你才能填補你在天心的席位（而那填補之物其實就是你的創造），那麼，缺了你，天心不就出現了破洞？⁵ 沒有人阻止得了推恩的洪流，它內也沒有虛無存在。⁶ 不論你如何否認它，它照常運轉。⁷ 你若否定那一真相，最多也只能把它困在時間的領

域，而非永恆之境。[8] 為此之故，你的創造仍會繼續推恩下去，也為此之故，數不盡的恩賜正在等著你的歸來。

4. 　　只有在時間裡才需要等待，然而，時間本身是毫無意義的存在。[2] 你已耽擱了自己不少時間，你只需認出，「永恆的那一位」從未創造過開始或終結，也從未在自己的造化（也就是他的創造同工）之上設限，你便當下由時間中解脫了。[3] 你還不知道這個真相，只因你仍想限制他的造化，所以才會相信一切造化都是有限的生命。[4] 你一旦否認了它們的無限性，還可能知道自己所創造的一切嗎？

5. 　　宇宙的運作法則不允許矛盾存在。[2] 在上主之前站得住腳的，在你之前必也站立得住。[3] 如果你相信自己能夠遠離上主，必會相信他也遠離了你。[4] 缺少了你，「無限」的觀念便失去了意義；沒有上主，你也變得毫無意義。[5] 上主與聖子的生命無窮無盡，因為我們即是宇宙。[6] 上主不可能殘缺不全，也不會無兒無女。[7] 正因他不願獨自生存，才創造出與自己全然相同的聖子。[8] 不要奪走他的聖子吧！你若不接受他的天父身分，等於否認了自己的為父身分。[9] 把他的一切造化都視為上主之子吧！因為你的一切創造都是為了他的榮耀。[10] 愛的宇宙不會因你視若無睹而停止運轉，你也不會因為閉起眼睛而失去視力。[11] 瞻仰他造化的光輝吧！你才可能學會看出上主代你保存了多少寶物。

6. 　　上主在天心中為你保留了一席之地，那席位永遠非你莫屬。[2] 然而，你是怎樣得到它的，就必須怎樣給出去，如此你才可能保住這個恩賜。[3] 如果上主只是因為不願獨自生存而給你這一禮物，你又怎麼可能獨自生存？[4] 上主的天心是不可能愈縮愈小的。[5] 它只可能愈擴愈大，因為他所有的創造都負有創造的任務。[6] 愛從不設限，它所創造之物必然無限。[7] 無限地給予吧！這是上主對你的旨意，因為唯有如此，你才可能獲得他賜你的喜悅，那是他要與你共享的喜悅。[8] 你的愛與他的愛一樣浩瀚無邊，因為愛屬於上主。

7. 　　上主內怎麼可能有任何一部分生命享受不到他的愛？他的愛怎麼可能受到任何壓抑而壯志難伸？[2] 上主是你的天賦產業，因為他自身就是那獨一無二的禮物。[3] 唯有效法他的給予，你才可

能知道他賜予你的一切。⁴ 為此，無限也無盡地去給吧！你就會明白他給了你多少禮物。⁵ 你能由他那兒接受多少，全憑你願意效法他的給予到什麼程度。⁶ 你的為父身分和你的天父是同一回事。⁷ 創造是上主之願，而你的意願與他無異。⁸ 為此，你也具備了創造之願，因為你的意願是由他的大願中生出的。⁹ 你的意願既是他旨意的延伸，必然與他的旨意相同。

8.　　問題是，你並不知道自己有何意願。² 你若明白「否認就是不想知道」，這就不足為奇了。³ 你是上主之子，這是他的旨意。⁴ 否認這一事實，等於否認了自己的意願，從此你再也不知道自己的意願何在了。⁵ 你必須在一切事上徵詢上主的旨意，因為那其實就是你自己的意願。⁶ 你雖不知道自己的意願何在，聖靈會為你憶起它來。⁷ 向他請教上主對你的旨意吧！他必會告訴你你的意願何在。⁸ 我必須不厭其煩地提醒你：你對自己的意願一無所知。⁹ 每當聖靈告訴你的事顯得有些強人所難時，其實那是因為你尚未認清自己的意願之故。

9.　　因著小我的投射，上主旨意才會看似一種外力干預，而非出自你的意願。² 你一旦如此詮釋，上主旨意與你的意願便產生了矛盾。³ 上主似在索求一樣你還沒準備給出之物，這好似強行奪取你之所愛。⁴ 上主怎麼可能做出這種事？他要的只是你的一點願心而已。⁵ 你之所願其實就是他賜你的生命。⁶ 即使在時間領域中，你也無法離他而活。⁷ 睡得不省人事並不等於死亡。⁸ 他所創造的生命可能昏睡一陣，卻不可能死亡的。⁹ 永恆不朽是上主對聖子的旨意，也是上主之子的心願。¹⁰ 既然天父就是生命，而聖子又與天父一樣，故他也不可能生出死亡之願的。¹¹ 創造才是你的意願，因為那是他的旨意。

10.　　除非做自己真心所願之事，否則你不會快樂的，你無法改變這天經地義的事。² 這道理所憑藉的，正是上主與你的旨意；否則，他的旨意就無法向外推恩了。³ 你害怕知道上主的旨意，因為你認定那絕不可能也是你的意願。⁴ 這個信念成了你所有疾病與恐懼的溫床。⁵ 疾病及恐懼的一切徵候都由此而生，因為就是這個信念使你根本不想知道真相。⁶ 你若如此，等於否認自己的內在光明而隱沒於黑暗中了。

11.　　我只願你唯獨信賴聖靈之聲，因為祂才是你的代言人。² 祂也是上主的天音；千萬別忘了上主不願獨自生存。³ 祂把自己的旨意分享給你，但並非硬套在你頭上。⁴ 切莫忘記，祂給出之物仍然非祂莫屬，故祂給出之物絕不會跟自己作對的。⁵ 分享祂生命的你，也必須與人分享才可能了知這一真相，因為分享就是了知。⁶ 聆聽天父的旨意與了知自己的意願是同一回事，能明白這一道理，真是有福之人！⁷ 因為肖似天父是你自己之意願，這一意願又出自祂的旨意。⁸ 上主的旨意就是：聖子只有一個生命，而且與上主生命一體不分。⁹ 為此，所謂療癒，不過是指你已經開始認出自己的意願原來就是上主旨意罷了。

貳. 迎請療癒

1.　　疾病若是分裂，那麼決心療癒或接受療癒就等於認出自己真實意願的第一步。² 你每發動一次攻擊，都會使你遠離這目標一步，每個療癒之念則會幫你拉近目標一步。³ 上主之子同時擁有天父與聖子，因為他本身就是天父與聖子。⁴ 將你之「所有」與你之「所是」合而為一，就等於將你的意願與上主旨意合而為一，因為你原是祂之所願。⁵ 祂也是你之所願，等到你徹底了解祂，自然知道只有一個旨意存在。⁶ 你若攻擊上主及天國的任何一部分，表示你對此真相的了解不足，因而失落了自己真心所願之物。

2.　　因此，療癒其實是教你「如何了解」的功課，你練習得愈好，愈能成為一位好老師與好學生。² 你若已否定了真相，那麼，除了被真相療癒的人以外，你還能為自己的真相找到更好的證人嗎？³ 可別忘了把你自己也列入那群證人當中，因為就在你真心想要加入他們陣容之際，你便已療癒了。⁴ 你所成就的每個奇蹟，都在為你重申上主的天父身分。⁵ 你所接納的每個療癒之念，不論是來自你的弟兄或是自己的心靈，都在教你認出自己是上主之子。⁶ 你每個傷人的念頭，不論你在哪兒看到它的蹤影，其實都在否定上主的天父身分以及你自己的聖子身分。

3.　　「否認」和「愛」一樣都是全面性的。² 你不可能只否認自

己的某一部分，因為其餘部分也會狀似隨之分裂而失落了存在的意義。³ 它一旦對你失去了意義，你自然無法了解它了。⁴ 否定意義，等於不解其義。⁵ 你只可能療癒你自己，因為只有上主之子需要療癒。⁶ 你確實有待療癒；問題是你根本不了解自己是怎麼一回事，因此你無從知道下手之處。⁷ 你一旦忘記了自己的意願，自然無由得知自己真正想要什麼了。

4.　　療癒是你想要恢復生命圓滿的一個標記。² 這一願心會開啟你的耳朵，聽見聖靈的天音，他的訊息說來說去不過就是那圓滿生命。³ 他還會帶你越過自己的療癒經驗，因為他已將自己的圓滿旨意加於你想恢復生命完整的那個小小願心之上，滿全了你之所願。⁴ 上主之子憑著上主賜他的天父身分，還有什麼完成不了的大事？⁵ 關鍵在於，你必須親自發出邀請；你如今必已明白，你邀請誰來作客，你就會跟誰同在。

5.　　聖靈不可能向不歡迎他的主人說任何話的，因為說了也是徒然。² 然而，這位來自永恆之客也不會輕言離去，只是他的聲音在這陌生伙伴心裡會微弱得不復可聞。³ 他需要你的保護，你對他的關注乃是你想要他的標誌。⁴ 你的心念只要貼近他的聖念一點兒，那星星之火就會化為燦爛光明，充滿你的心靈，使他成為你唯一的貴賓。⁵ 你一邀請小我進入，他受歡迎的程度就會相對降低。⁶ 他仍會為你留下的，只是你會不斷地跟他唱反調而已。⁷ 不論你選擇哪一種旅程，他都會與你同行，並等著你回心轉意。⁸ 他的耐心，你大可放心，因他不可能遺棄上主任何一部分的。⁹ 反倒是你所需要的，絕不僅止耐心而已。

6.　　在你了知自己的任務並將它完成以前，你不可能心安理得的，因為你的意願與天父的旨意只可能在這任務之中合作無間。² 擁有他，等於肖似他，而他已將自己賜給了你。³ 擁有上主的你，必然與上主無異，因為他已把自己的任務當作禮物賜給了你。⁴ 把這一真知迎回你心中吧，不要讓任何障礙阻撓它的來臨。⁵ 上主遣發給你的那位「貴賓」必會教你如何進行，只要你能認出那星星之火，而且讓它在你心中燃燒即可。⁶ 你的願心無需十全十美，因為他的願心已足夠完美。⁷ 只要你甘願提供他一塊小小空間，他就會大放光明，你會為自己光明日增而感到與有榮焉。⁸ 隨此日增的光明，你逐漸憶起了整個造化的真相。

7.　　你願作小我的俘虜，還是上主的居所？² 你所接待的必是自己邀請來的客人。³ 對於邀請誰來作客，以及讓他留住多久，你有決定的自由。⁴ 然而，這並不是真正的自由，因它仍受制於你對此事的看法。⁵ 聖靈一直在你心中，只是沒有你的邀請，祂只能守候在旁卻愛莫能助。⁶ 至於小我，不論你請它與否，都無足輕重。⁷ 你只有在迎請真相之刻，才算是真正的自由；而在你的來賓之中，也只有聖靈是真實的。⁸ 為此，你若想知道與你同在的究竟是何許人，只需看清始終活在你心裡的那一位究竟是誰就行了；切莫幻想出其他的護慰來滿足自己，因為上主真正的「護慰者」就在你內。

參. 從黑暗到光明

1.　　當你感到力不從心時，表示你已經傷害了自己。² 唯有你的「護慰者」會幫你休養生息，你自己是無能為力的。³ 因為你不知其法，你若知道的話，就不致如此欲振乏力了，⁴ 除非你存心傷害自己，否則你是不可能受苦的，因為受苦並非上主對聖子的旨意。⁵ 痛苦與上主無關，因為上主對攻擊一無所知，祂始終默默地以平安環抱著你。⁶ 上主極其寧靜，因為祂內絲毫沒有矛盾。⁷ 衝突是一切邪惡之源，它會讓你盲目而認不出自己攻擊的究竟是誰。⁸ 其實，它攻擊的對象無非是上主之子，而上主之子就是你。

2.　　上主之子確實需要支持與安慰，因他不知道自己究竟在做什麼，甚至相信自己的意願並非自己想要的。² 天國原是他的家鄉，他卻淪為無家可歸的浪子。³ 他身在上主的家中，卻感到孤獨萬分；他有這麼多的弟兄作伴，卻苦於舉目無親。⁴ 上主豈會讓此事成真？連他自己都不願獨自生存。⁵ 你的意願若真是上主的旨意，那孤獨就絕不可能是你的真相，因為那不是祂的真相。

3.　　唉，我的孩子，如果你知道上主對你的旨意，你的喜悅便早就圓滿無缺了。² 而祂所願之事，必然早已實現，因為上主之願永遠真實不虛。³ 當光明來到時，你只要說「上主的旨意就是我的旨意」，就會見到祂的美妙莊嚴，而你也知道那不是你自己所

能打造的境界。⁴你會懷著喜悅之情，以祂的聖名繼續創造莊嚴世界，因你的喜悅會隨著祂的喜悅向外推恩。⁵這卑微而無情的世界便會回歸原有的虛無；而你的心靈則會喜不自勝地向天堂飛奔，融入上主之境。⁶我無法向你描述那一情景，因為你的心尚未準備妥當。⁷但我能告訴你，而且還得反覆叮嚀：凡上主所願之事，也為你「願」了；祂為你所「願」的，才是你一心想要的真正意願。

4.　　　這條道路並不難行，只是它與一般的途徑大異其趣。²你過去的路走得太苦了，上主對痛苦一無所知。³你那條路真是崎嶇難行，而且孤獨無比。⁴恐懼與悲哀成了你的座上客，一路上如影隨形。⁵那幽暗的旅程不是上主之子該走的路。⁶步上你的光明之路吧，不要去看那群陰森的伙伴，它們不配與上主之子結伴而行，因為上主之子是光明的造化，永存於光明之境。⁷那偉大的光明始終環繞著你，且透過你照耀四方。⁸在這樣偉大的光明中，你怎麼可能繼續著眼於那群陰森的伙伴？⁹當你看到它們的蹤影時，表示你已否定了光明。¹⁰反過身來否認它們吧，因為光明已經來到，你的前程暢通無阻。

5.　　　上主不曾隱瞞過聖子任何事情，可是聖子卻可能隱瞞自己。²所幸上主之子隱藏不了自己的榮耀光輝，因上主願他活在榮耀之中，而且賜下光明，由他心中照耀四方。³你絕不會誤入歧途，因上主在前領路。⁴你浪跡天涯的經歷根本稱不上是一趟真實的旅程。⁵陰森的伙伴，黑暗的道路，都只是幻相而已。⁶轉向光明吧，因為你內的星星之火原是那無上光明的一部分，它燦爛的光輝能為你一舉清除所有的黑暗。⁷因為你的天父就是你的造物主，你確實與祂一模一樣。

6.　　　光明之子不可能活在黑暗之中，只因為他們之內沒有黑暗。²切勿被那群陰森的「護慰者」所欺，也莫讓他們進入聖子的心中，因為他們不配立足於上主的聖殿。³當你禁不住想要否認祂時，請記住，沒有其他神明能立於上主前面的，因此，平平安安地接受祂對你的旨意吧！⁴你心裡若不平安，是不可能接受祂的旨意的。

7.　　　只有上主的「護慰者」足以撫慰你的心靈。²祂在聖殿裡靜

靜等待時機，把那原屬於你的平安給你。³ 請將祂的平安分享出去吧！如此，你才進得了祂的聖殿，發現平安始終在那兒等候著你。⁴ 在上主之境活出你的神聖本質吧！否則你不會知道自己一直活在上主之境的。⁵ 凡是異於上主之物，無法進入祂的天心，因為那既非祂的聖念，自然不屬於祂。⁶ 如果你想知道自己原有的一切，你的心靈必須如天心一般純潔才行。⁷ 請小心謹慎地護守祂的聖殿，因為那平安的居所正是上主所在之地。⁸ 那群陰森伙伴若還在你身邊打轉，你是不可能進入上主之境的；但是，你也不可能獨自進入那裡。⁹ 所有的弟兄必須與你一起進入才行；在你接納他們以前，你仍不得其門而入。¹⁰ 你必須先恢復完整，才可能了解那圓滿之境；而知道自己的圓滿天父之人，是不可能排斥任何一位聖子的。

8.　　你能接納整個聖子奧體進入自己的心裡，並以天父賜你的光明加以祝福。² 如此，你才配和祂安居於聖殿之內，因為獨自生存也非你之所願。³ 上主永遠祝福著祂的聖子。⁴ 只要你祝福了一位弟兄，即便你仍活在時空世界裡，你其實已躋身於永恆之境了。⁵ 因為你是為了永恆而利用時間，故時間再也無法將你跟上主分離了。

肆. 上主之子的天賦產業

1.　　切莫忘記，聖子奧體是你的救恩所在，因為聖子奧體即是你的自性。² 它是上主的造化，故非你莫屬；它若是你的，必也非上主莫屬。³ 你的自性無需救恩，但是你的心靈卻有待學習方能認出救恩的真相。⁴ 你無需「從」任何事物中拯救出來，你只是被救「入」榮耀的生命而已。⁵ 榮耀生命是你的天賦產業，是造物主賜給你的禮物，且等著你推恩出去。⁶ 只要你憎恨自性中的任何一部分，你就再也無法了解它的真相，因為你沒有以愛自己的心懷去看待上主的造化。⁷ 何況，祂的創造既是祂生命的一部分，那麼你等於是將上主逐出了祂的祭壇。

2.　　你若存心讓上主無家可歸，怎麼可能知道自己已安居家中？² 上主之子若否認了天父，他怎麼可能不相信天父也否認了自

己？³上主的天律絕非虛文，這純粹是爲了保護你。⁴連你否認天父之後所經歷到的滄桑，對你仍有一層保護作用；因爲除非上主親自下手，否則無人削弱得了你的願力；而限制你的願力絕非上主的旨意。⁵因此，唯獨仰賴上主爲救你而賜予的能力吧，並且牢牢記住，那能力非你莫屬，因爲那是祂的能力，你與弟兄便在祂的平安中合一了。

3.　　你的平安依恃的正是願力的無限本質。²你一旦限制自己所給的平安，你的自性就會變得晦暗不明。³每一座上主祭壇都是你生命的一部分，因爲祂創造的光明與祂自己是同一生命。⁴你豈能將弟兄由自己的光明中剔出？⁵你絕不會如此的，因你明白，那只會蒙蔽了你的心靈。⁶當你領他回家之際，你也一起回家了。⁷這就是上主爲了保護聖子生命的完整而訂的天律。

4.　　**只有你才剝削得了自己。**²不要抵制這句話的深意，因爲它確是光明來臨前的一線曙光。³你只需記得，小我會以千奇百怪的方式抵制這一單純事實，你必須學習辨認它的伎倆，而且抵制到底，絕不讓步。⁴這是你覺悟最關鍵的一步。⁵這一逆轉過程，在入門階段通常會苦不堪言，因爲當指責的箭頭自外收回時，極容易向內轉爲自責。⁶乍看之下，還眞不易看穿兩者原是同一回事，不論向內自責或對外指責，其實毫無差別。

5.　　你的弟兄既是你的一部分，你若指責他們剝削了你，無異於指責自己。²你也不可能只指責自己而不同時指責他人的。³這就是爲什麼你必須先根除指責的習性，不論何處都不再著眼於此。⁴指責的箭頭一旦轉向自己，你便無法得知自己的眞相了，因爲歸咎他人正是小我的看家本領。⁵因此自責也成了小我的獨門絕活，它與歸咎一樣，都屬於小我的防衛措施。⁶**只要你一向上主之子發動攻擊，便再也難以進入上主之境了。**⁷聖子唯有在高聲頌揚造物主之際，才可能聽見那代天父發言的天音。⁸問題是，你不可能只頌揚造物主而不頌揚聖子，因爲他們共享同一榮耀，故理當一併接受你的頌揚。

6.　　基督就在上主祭壇等著歡迎聖子的來臨。²但你必須全面做到不再定任何人的罪才行，否則你就會相信天門已上了鎖。³天門從不上鎖，你也不可能不得其門而入，因爲那是上主願你永世

長存之處。⁴ 試以基督之愛愛你自己吧，因為天父已然如此愛了你。⁵ 你能夠拒絕進入，卻無法封閉基督為你敞開的大門。⁶ 到我這裡來吧，我會為你保持天門敞開，只要我活著一天，這道門就不可能關閉，而我永遠活著。⁷ 上主是我的生命，也是你的生命，祂絕不會否定聖子任何權利的。

7.　　　　基督就在你心內的上主祭壇等著重新登基。² 上主知道聖子如自己一般純潔無瑕，唯有懂得賞識聖子之人才可能進入祂的生命。³ 基督等著你接納祂，如同你接納自己一般，接受祂的圓滿作為自己的生命。⁴ 因為基督是上主之子，祂活在造物主內，而且身披上主的榮耀。⁵ 基督是由上主的聖愛與美善延伸而出的生命，故與造物主一般完美，且平安地與祂同在。

8.　　　　光輝如天父的聖子，何其有福，他深願與人分享天父賜給他的榮耀。² 聖子不會定人的罪，只因天父從不定罪。³ 享有天父完美之愛的聖子，不能不與人分享上主的恩賜，否則他便無從知道天父與聖子的真相。⁴ 安息於上主之人，願平安永歸於你，你是整個聖子奧體最終的安息。

伍. 小我的「運作模式」

1.　　　　不願正視幻相的人，必然受制於幻相；因為「不願面對」本身即是對幻相的一種保護。² 你無需逃避幻相，因它傷害不了你。³ 我們一起深入探討小我思想體系的時刻到了，只要我們同心協力，這盞明燈便足以驅散小我的陰影；你既已明白，小我並非你之所願，表示你已準備妥當了。⁴ 讓我們平心靜氣、誠誠實實地正視一下真相。⁵ 我們會在「小我的運作模式」這一課深入一段時間，只因你已將它弄假成真了，若想超越過去，不能不先正視它的存在。⁶ 讓我們靜靜地一起化解這一錯誤，方能越過錯誤而一睹真相。

2.　　　　療癒之道無他，只需清除擋在真知之前的種種障礙。² 除非你能直接面對幻相，不再袒護，你才驅除得了它們。³ 即使你一眼看到恐懼之源，也切莫害怕，因你已明白，那恐懼其實虛幻無比。⁴ 你也學到了，只要你能否定恐懼對你的影響，它對你便一

籌莫展。⁵ 下一課便會幫你認出：產生不了任何作用之物，即非真實的存在。⁶ 沒有任何法則能在虛空中運作；終歸虛無之物，表示它不曾發生過。⁷ 如果我們能靠一物之果而認出它的本質，那麼，終歸虛無之物便不能算是真實的存在。⁸ 因此，不要害怕正視恐懼，因為你不會真正看到它的。⁹ 所謂「明朗化」，顧名思義，就是解除混淆而已；只要你能透過光明去看，你便已驅逐了黑暗。

3.　　在「小我的運作模式」這一課之始，讓我們先看看這個詞本身的荒謬。² 字面上的矛盾透露出這觀念的不足置信。³「運作模式」一詞好似暗示了它具有某種作用或能力；而相信小我確有成就某些事情的能力，正是整個分裂妄念的基石。⁴ 你一旦相信它有此能力，小我對你必顯得可怕無比。⁵ 真理其實非常簡單：

> ⁶ 所有的能力都屬於上主。
> ⁷ 凡不屬於上主的，便沒有能力成就任何事情。

4.　　為此，當我們正視小我時，所面對的並非什麼「運作模式」，而是一堆錯覺妄想而已。² 面對自己妄想出來的思想體系，自然沒什麼好怕的，它的起因既不真實，對你便產生不了任何作用。³ 你若認清小我目標的荒誕無稽，不論你如何為它賣命，必然徒勞無功，那麼你自然沒有害怕它的道理。⁴ 小我的目標不外乎爭取自主權而已。⁵ 它從一開始就懷有分裂的企圖，要求自立自足，不接受外力的干涉。⁶ 為此之故，小我本身成了分裂的象徵。

5.　　每個觀念都有一個目的，它的目的通常都是根據它的本質引申出來的必然結論。² 凡是出自小我的，自然也是由它的基本信念引申的結果；若要化解那些結果，只需認清它們的前提違反了自然法則即可，只因它與你的真實天性不符。³ 我曾說過，與上主旨意相反之意願只是一廂情願的想法，稱不上是真正的意願。⁴ 祂的旨意只有「一個」，因為由祂的旨意推恩而成之物，不可能與它本身相異。⁵ 你心裡感受到的衝突，其實只是小我的無謂願望和你與生俱來的上主旨意之間的矛盾而已。⁶ 這豈能算是真正的衝突？

6.　　　你所有的一切都具有造化的獨立性，卻沒有自主權。[2] 你整個創造能力都是建立在「你的生命完全依賴上主」這一基礎，是上主將祂的能力分享給你的。[3] 因著祂的分享之願，祂變得像你依賴祂一般地依賴你。[4] 祂不願離開你而獨立，切勿將小我的傲慢套在祂頭上。[5] 祂讓你參與祂的自主權。[6] 離開了祂，你豈會相信那自主權還有任何意義？[7] 正因你相信小我有自主權，害得你再也看不出自己與上主的依存關係，而那關係才是你真正的自由所在。[8] 小我把所有的依存性都視為一種威脅，它還會把你對上主的渴望扭曲為壯大自我的手段。[9] 不要被它對你內心衝突所作的詮釋所蒙蔽了。

7.　　　小我一向是為了分裂而發動攻擊的。[2] 它相信自己具有攻擊能力，這是它唯一的本事，分裂也是它尋求獨立自主的最終目的。[3] 小我徹底顛倒了真相，兩眼緊盯著分裂的目標不放。[4] 它遠比你警覺多了，因為它對自己的目標極其肯定。[5] 你對自己卻充滿迷惘與無知，因為你根本說不出自己生存的目的何在。

8.　　　你必須認清，小我最不想讓你看穿的，就是你害怕小我這一事實。[2] 因為小我如果這麼可怕，必然貶低了你的獨立性，削弱了你的力量。[3] 可是它卻宣稱自己會帶給你力量，藉此來爭取你的支持。[4] 若非這一信念的慫恿，你是不可能聽信它那一套的。[5] 你一旦明白了，接納小我不僅是在自貶身價，還會削弱你的力量，那小我還有立足的餘地嗎？

9.　　　小我會允許你視自己為目空一切的、毫無信仰的、遊戲人間的、漠不關心的、感覺膚淺的、冷漠無情的、置身事外的，甚至沮喪絕望的；但它絕不允許你看出自己其實只是害怕而已。[2] 它會設法幫你減低恐懼，但絕不徹底化解，這是小我一貫的伎倆，它的手段可說高明至極。[3] 沒有恐懼在後撐腰，小我哪有慫恿你分裂的能耐？你一旦看穿了它的伎倆，還會聽信它那一套嗎？

10.　　　你若認清了，使你與上主分裂的原來就是這一恐懼，不論它化身為何種形式，也不論它偽裝成任何其他的感受；這一認知會對小我構成極大的威脅。[2] 這一「覺」，足以瓦解小我追逐獨立自主的夢境。[3] 即使你還能容忍那些虛妄的獨立之念，一旦認出你必須承受那麼多的恐懼作為代價，你就不會接受它了。[4] 而你

確實需要付出那一代價的，小我絕對不會爲你降價。⁵你若罔顧愛的存在，等於罔顧自己的存在；那麼你必會害怕那些不存在之物，只因你已經否定了你自己。⁶你若相信自己已經成功地打擊了眞相，就等於相信你的攻擊確有力量。⁷那麼，你必會愈來愈怕自己，這是可想而知的。⁸沒有人願意承認自己信任之物竟有毀滅自己的能力。

11.　　倘若小我眞能達到它獨立自主的目標，表示上主的目標眞的不堪一擊，這是不可能的事。²你必須學會認清恐懼的廬山眞面目，才分辨得出究竟什麼是可能的、什麼是不可能的，什麼是眞的、什麼是假的。³根據小我的教誨，只有它的目標才有達成的可能，上主的目標則高不可攀。⁴根據聖靈的教誨，唯有上主的目標才可能達成，更妙的是，它已經完成了。

12.　　上主對你的依賴，一如你對祂的依賴，因爲祂的自主權涵括了你的自主權，你一旦失去了自主權，上主的自主權也不再圓滿無缺。²唯有與上主認同，你才可能恢復自主權，並完成你永存於眞理內的任務。³小我相信唯有完成它的目標，才有幸福可言。⁴但上主卻要你知道，你具有祂所有的能力，離開了你們的聯合願力，幸福也不復存在。⁵你只需認出，你不遺餘力追求的小我目標，所帶給你的無非恐懼而已；不論如何詭辯，你也很難把恐懼說成幸福。⁶小我卻企圖藉用恐懼來說服你。⁷然而，上主之子尚未神智失常到這種地步，他是不會相信那套說詞的。⁸只要讓他認清事實眞相，他就不會接受小我的詭辯了。⁹因爲只有神智不清的人才會選擇恐懼來取代愛，也只有神智不清的人才會相信攻擊能幫他爭取到愛。¹⁰反之，只要是神智清明的人，自然明白攻擊只可能讓人心生恐懼，唯有上主之愛才能全面保護他們不受傷害。

13.　　小我善於分析；聖靈只是接納。²唯有接納的心方能欣賞圓滿之美，而分析卻意味著支解或分裂。³想用支解的方式來了解整體，充分道出了小我那種「適得其反」的典型解決方案。⁴小我相信分裂能夠給人力量、理解及眞相，爲了鞏固這一信念，它必須發動攻擊。⁵小我毫不自覺這種信念是難以自圓其說的，它死心塌地相信分裂就是救恩，而它的攻擊手段就是把自己所見到的一切都支解爲互不相干、沒有連結的碎片，自然顯不出任何

的意義。⁶以混亂無序來取代存在意義，是小我的一貫伎倆，然則，分裂若是救恩，和諧就成了威脅。

14.　　爲此，對知見的運作法則，小我的詮釋勢必跟聖靈的詮釋背道而馳。²小我一味著眼於錯誤，而漠視底下的眞相。³它把眼前每個錯誤都當眞，它最拿手的循環論證就是：如果人能犯錯，那麼一貫眞理的概念便失去了意義。⁴接下去的推論就更理所當然了：⁵一貫眞理既成了無意義的概念，那麼不一貫性必然眞實不虛。⁶小我念茲在茲地護守那些已被自己弄假成眞的錯誤，它的思想體系只可能推出一個結論：錯誤是眞的，眞理是錯的。

15.　　小我一向無意深究上述的邏輯，因它明白那是無法自圓其說的，但它卻「當仁不讓」地爲自己的思想體系現身說法，而且不遺餘力。²小我用分析來打擊意義，才得以罔顧眞相，進而將被解析得支離破碎的知見，根據自己的需要來重新組合。³這就是小我眼中的宇宙。⁴而這一宇宙又會反過身來證明小我的存在。

16.　　不要低估了小我的現身說法對那些言聽計從之人的影響力。²「選擇性的知見」會謹慎地挑選它所需要的見證來自圓其說的。³神智不清的人對自己的瘋狂行徑仍能辯護得振振有詞。⁴因爲它的邏輯受制於它的前提，沒有一個思想體系超越得了它的思想源頭的。⁵然而，無意義的推論證明不了任何事情，只有精神錯亂的人才會聽信那一套說詞。⁶一向罔顧眞相的小我，能教給你什麼眞相？⁷它怎麼可能認出自己所否認之物？⁸它的見證最多只能證實它的否定而已，怎麼可能爲它所否認之物作證？⁹即使當著天父的面，小我也看不見祂，只因它已否認了聖子。

17.　　你願憶起天父嗎？²只要接納聖子，你就會憶起天父的。³世上沒有一物能夠證實聖子的微不足道，因爲沒有一物能證明謊言的眞實性。⁴你若透過小我的眼光來看上主之子，等於證明聖子不存在；然而，只要聖子所在之處，天父必在。⁵接受上主從不否認之物吧！它就會爲你顯示眞相的。⁶上主的見證立於祂的光明中，請你好好瞻仰祂的造化。⁷他們如此的寂靜，表示他們已瞻仰到了上主之子；面對基督之境，他們無需證實什麼，因爲基督會親自告訴他們有關自己與天父的眞相。⁸他們寂靜無聲，因爲基督在向他們說話，而他們也只可能說出基督的話語。

18.　　你所遇見的每位弟兄，不是爲基督作證，就是爲小我作證，全憑你如何看他而定。² 你想把他們看成什麼，你就會相信他們是什麼；你決心爲哪一種國度而儆醒，它對你就成了眞的。³ 你願把哪一個思想體系當眞，你所見到的每一事物都會爲它作證。⁴ 只要你眞想恢復自由，每位弟兄都有釋放你的能力。⁵ 除非你先提出假見證來控訴他，否則你不可能接受他的假見證。⁶ 如果他向你說的話不是出自基督，表示你向他所說的也不是基督之言。⁷ 你所聽到的，只是自己的聲音；如果基督透過你而發言，你怎麼可能聽不見祂？

陸．覺於救恩

1.　　你不可能不相信自己親眼看到之物，你也同樣不可能看見自己不相信之物。² 知見都是建立在經驗的基礎上，而經驗又促成了你的信念。³ 信念一旦確立，知見也就隨之固定了。⁴ 你實際上相信什麼，就會看見什麼。⁵ 這就是爲什麼我會說：「那些沒有看見而相信的人，眞是有福。」因爲那些相信復活的人，必會見到復活。⁶ 復活表示基督全面戰勝了小我，祂不會打擊小我，只是超越而去。⁷ 因爲基督確已超越了小我與小我的一切妄作而昇至天父與天國那兒了。

2.　　你究竟想要加入復活或是十字架的行列？² 你究竟想要定自己弟兄的罪還是釋放他們？³ 你願飛越自己的牢籠而昇到天父那裡嗎？⁴ 這些問題其實都是同一個問題，也必須一併答覆。⁵ 人們常混淆了知見的意義，因爲「知見」可以理解爲覺知，也可理解爲你對覺知的詮釋。⁶ 沒有詮釋，你無法意識到它，你所察覺得到的其實只是你的詮釋。

3.　　本課程已經講得不能再清楚了。² 如果你還無法了解其中道理，只有一種可能，你正以自己的詮釋抵制它，才會感到難以相信。³ 你的所知所見受制於你的信念，而你的知見又不足以認出其中的意義，你對它自然難以置信。⁴ 不同的經驗促成了不同的信念，繼而構成不同的知見。⁵ 因爲知見是經由信念而學來的，而經驗也確有教育的效用。⁶ 當我領你進入新的經驗之後，你就

再也不會否認那種境界了。⁷向基督學習原是最容易的事，因爲
用他的眼光去看事情，也是最輕鬆的事。⁸他的知見其實就是你
與生俱來的覺性；只有你自己造成的曲解，才會讓你筋疲力盡。
⁹讓你內的基督爲你詮釋一切吧！切勿讓那狹隘渺小的信念拘限
了你的視野，它實在配不上上主之子的身分。¹⁰在基督回歸自性
之前，上主之子永遠都會感到自己是失怙之人。

4.　　我是你的復活，也是你的生命。²你活在我內，因爲你活在
上主內。³所有的人都活在你內，你也活在所有人內。⁴那麼，你
若輕視某位弟兄，怎麼可能不輕視自己？⁵你若如此看待自己，
你豈能不如此看待上主？⁶相信復活吧，它不只完成了，而且是
在你內完成的。⁷不只現在如此，永遠都是如此，因爲復活原是
上主的旨意，它是不受時間限制的，也絕無任何例外。⁸只要你
自己不再製造例外，否則你就無法認出祂爲你完成的救恩。⁹我
們會一起昇到天父那裡，起初如是，今日亦然，直到永遠，因這
正是天父所創造的聖子的天性使然。

5.　　不要低估了上主之子的信仰力量，以及他所崇拜的神明對他
的影響。²不論那是他自己打造的神明，還是創造他的眞神，他
都會俯伏於他們的祭壇前。³爲此之故，他的奴役與自由都是全
面性的，因他不能不服從自己膜拜的神明。⁴十字架之神會把人
釘在十字架上，他的信徒只會唯命是從。⁵他們還會假借神旨將
自己釘死，相信犧牲與受苦能爲聖子帶來權能。⁶復活之神則一
無所求，祂不會奪取信徒任何一物。⁷祂甚至不要求他的服從，
因爲服從意味著屈服。⁸祂只願有朝一日你終能認出自己的意
願，且能自由而歡喜地乘願而行，內心毫無犧牲與屈服之感。

6.　　復活必會讓你喜不自勝地歸順於它，因爲它本身即是喜樂的
象徵。²它之所以能夠讓你如此情不自禁，只因它道出了你心底
的願望。³除了上主賜你的恩典以外，還有什麼力量能讓你自動
自發地拋棄所有傷害你、貶低你，並且不斷恐嚇你的那些東西？
⁴你是靠祂的恩典才獲此自由的，因上主永遠恩待自己的聖子，
毫不保留地接納了他，甚而視如己出。⁵那麼誰才是你眞正的親
人呢？⁶天父將自己所有的一切都賜給了你，祂把自己連同屬於
祂的人也一併賜給了你。⁷你應將他們守護於復活之境，否則，
你就無法覺於上主，祂賜你的那些人也無法安然常存你身邊了。

7.　　除非你拔除聖子手心的釘子，摘掉他額頭最後一根荊棘，否則你無法尋回心靈的平安。² 上主之愛始終環抱著被十字架之神定罪的聖子。³ 請勿向人宣揚我無謂的死亡。⁴ 而應教他們看出我並沒有死，我正活在你內。⁵ 所謂救贖大業，即是爲上主之子解除十字架的詛咒；每個人在救贖大業中扮演了同等重要的角色。⁶ 上主不會審判祂清白無罪的聖子的。⁷ 祂連自己都賜給了聖子，祂怎麼可能對他不仁？

8.　　其實，是你把自己釘上十字架，且將荊棘冠冕套在自己頭上的。² 然而，你無法釘死上主之子，因爲上主的旨意永遠不死。³ 聖子早已由自己的十字架獲救了，因爲上主賦予永生之人，你是不可能判他死刑的。⁴ 十字架的夢魘仍然沉重地壓在你的眼瞼上，但你在夢中所見的一切並非眞的。⁵ 只要你還會看到上主之子被釘在十字架，表示你仍陷於夢中。⁶ 只要你仍相信自己能把他釘在十字架，表示你還在作噩夢。⁷ 即將甦醒的你，對於夢境仍可能記憶猶新，難以釋懷。⁸ 唯有其他弟兄也甦醒過來，與你一起分享救恩，你才可能遺忘所有的夢魘而覺於基督。

9.　　覺醒的呼喚只可能出於你內，你會聽到自己的召喚而甦醒過來的。² 只要我活在你內，你就甦醒了。³ 但你必須看見我透過你所作的事工，否則你無法認出我爲你所作的一切。⁴ 不論你相信我會透過你完成什麼大事，切勿爲此設限，否則你就領受不到我能爲你作的大事。⁵ 那一切其實早已完成了，然而，除非你將自己領受到的全部給出，否則你就不會知道你的救主活得好好的，而且與你一起覺醒了。⁶ 你必須透過分享才能認出這個救贖。

10.　　上主之子已得救了。² 只要將這一覺識帶給聖子奧體，你在救贖大業中便扮起了與我同樣重要的角色。³ 你既是由我這兒學來的，你的任務必然和我的一樣。⁴ 你若相信自己的任務是有限的，等於限制了我的任務。⁵ 奇蹟沒有難易之分，因爲上主兒女具有同等價值，他們的平等性即是他們的一體性。⁶ 上主的每一部分都擁有祂全部的能力；事無大小，都不可能與祂的旨意相違。⁷ 凡是不存在之物就沒有大小程度之別。⁸ 對上主而言，沒有做不到的事情。⁹ 至於基督，祂與天父全然相似。

柒. 實相之境

1.　　你所見到的世界，不可能是天父所造的，因爲世界絕非你眼中的模樣。² 上主只可能創造永恆，然而，你所見的一切卻是可朽之物。³ 因此，必然還有另一個你看不見的世界存在。⁴ 聖經提到「新天新地」，你可別拘泥於字面的意思，因爲永恆之物是無法重新創造的。⁵ 你看到的「新」，不過表示你再次認出它的眞相而已，這影射出以前活在時間領域中的你壓根兒不曾認出它的眞相。⁶ 那麼，等著你去看、去知、去覺的，到底是一個什麼樣的世界？

2.　　上主之子所起的每個仁心善念都是永恆的。² 他的心靈在世上所認出的仁心善念才是世界唯一的眞相。³ 這些善念仍屬於知見的領域，因爲聖子依舊相信自己是分裂的個體。⁴ 然而，善念卻是永恆的，因爲其中有愛。⁵ 因爲有愛，故與天父肖似，且永遠不死。⁶ 人是可能親眼看到眞實世界的。⁷ 只有一個條件，就是決心不去看其他東西。⁸ 你若同時看見善與惡，表示你同時接納了虛妄與眞實，也影射出你已將兩者混爲一談了。

3.　　小我能夠看見某些美善之物，但它絕不會「只看」美善的一面。² 爲此之故，它的知見才會如此捉摸不定。³ 它不會全面排斥美善，因你不容許它如此。⁴ 可是它總有辦法在眞實之上添加一些非眞之物，將幻相與眞相搞得眞假難辨。⁵ 因爲知見不可能半眞半假。⁶ 你若同時相信眞相與幻相，自然分辨不出哪個才是眞的了。⁷ 你曾爲了鞏固個人的獨立自主，企圖以異於天父的方式創造，並相信自己能夠造出與祂不同之物。⁸ 然而，只要是眞實的，必然肖似於祂。⁹ 你若只著眼於眞實世界，遲早會將你領向眞實的天堂，只因你已具備了了解天堂的條件。

4.　　著眼於美善，這種知見仍非眞知；但你若能否定美善的反面，必有助於你認出那超越對立的境界。² 這是你獲得眞知的先決條件。³ 若非這一覺，你尚未具備眞知的條件；缺了它，你也無從知道自己早已擁有眞知這一事實。⁴ 你在自己與造物主之間塞滿了妄造出來的觀念，而這些信念正打造了你所見到的世界。⁵ 眞相並未因而消失，它只會變得模糊不清。⁶ 你既不知道自己的

妄造與上主的創造之間的區別,自然不會知道你營造之物與你創
造之物有何不同。⁷ 你若相信自己能夠認出真實世界,自然也相
信你是可能知道自己真相的。⁸ 你也可能知道上主的真相,因為
他「願」你知道。⁹ 所謂真實世界,其實就是聖靈從你自己打造
的世界裡救出的那一部分真相;即或只著眼於這一部分,你便已
得救了;因為得救不過是認清了「只有真相才是真的」而已。

捌 . 問題與答覆

1.　　本課程十分簡單。² 也許你會覺得自己並不需要這一課程,
因它最終不過告訴你「只有真相才是真的」。³ 問題是,你真的
相信這一點嗎?⁴ 等你有朝一日見到真實世界,才會豁然明瞭原
來自己不曾相信過它。⁵ 於是,這唯一真實的新知見當下便轉譯
為真知了,你會在瞬間了悟:唯有這個才是真的。⁶ 於是,你自
己打造的一切,不論好壞,不論真假,方能一併拋諸腦後。⁷ 因
為在天堂與人間合而為一之際,連真實世界都會由你眼前消逝。
⁸ 世界末日並非灰飛煙滅,而是被轉譯為天堂了。⁹ 重新詮釋世
界,就是把一切知見提昇到真知之境。

2.　　福音要你變得像個孩子一樣。² 因小孩會承認自己不懂所看
到的事物而願意向大人請教。³ 切莫誤以為你了解自己眼前的事
物,它的意義對你其實早已失落了。⁴ 幸好聖靈為你保存了它的
意義,只要你接受他的詮釋,他就能把你先前拋棄的再度奉還給
你。⁵ 但你若認為自己明白其中深意,自然不覺得有請教他的必
要了。

3.　　你並不知道自己所見事物的意義。² 你的想法沒有一個是徹
底真實的。³ 承認這一點,表示你已安穩地踏出了第一步。⁴ 你並
沒有被誰誤導,因你從不接受任何指導。⁵ 你最需要的就是學習
如何去看事情,因為你真的什麼都不懂。⁶ 認清這一點,但不必
接受它為事實,因為「了解」原是你的天賦能力。⁷ 知見都是後
天學來的,而那位「聖師」從來沒在你生命中缺席過。⁸ 你向他
學習的願心有多大,就看你有意質問自己後天所學的那一套的意
願有多強;已經陷入學習偏差的你,不能再師心自用了。

4.　　　　只有你能隱瞞自己的眞相。² 上主絕不會拒絕答覆你的問題。³ 現在就向祂要回你與生俱來的權利吧，那可不是你打造得出來的，切莫爲了保護自己而故意抵制眞相。⁴ 上主早已答覆了你自己造出的問題。⁵ 因此，你只需簡單地反問自己：

　　　　　　⁶ 我究竟是要問題，還是要答覆？

⁷ 你若選擇答覆，就必會獲得答覆的；你不只會看清它的眞相，還會認出原來自己早已擁有它了。

5.　　　　也許你會抱怨這課程不夠具體，不易了解，也不實用。² 這很可能是你沒有按照它具體的建議去做之故。³ 本課程不玩觀念遊戲，它著重實用性。⁴ 它說「只要你求，就會得到」，還有比這更具體的指示嗎？⁵ 只要你認爲自己的問題十分具體，聖靈自會給你具體的答覆。⁶ 你若相信單一就是多元，祂的答覆便會顯得單一又多元。⁷ 你很可能害怕祂答覆的具體性，因你害怕那答覆附帶的代價。⁸ 其實，只要你求，遲早會明白：凡是來自上主的，對你都一無所求。⁹ 上主只知給予，從不奪取。¹⁰ 你若拒絕開口要求，表示你依舊相信「要求就是奪取，而非分享」。

6.　　　　凡是聖靈給你的，必是本來就屬於你的東西，因此祂不可能要求任何的回報。² 因爲那一切本來就是你的，是你與上主共享的。³ 那才是一切的眞相。⁴ 一心只願恢復你的本來狀態的聖靈，怎麼可能誤解了你爲得到祂的答覆而必須提出的問題？⁵ 你已經聽到答覆了，只是你誤解了問題之所在。⁶ 你還以爲請求聖靈指引，無異於任人宰割。

7.　　　　上主的小小孩，你根本不了解自己的天父。² 你相信一個只知奪取的世界，因爲你相信只有爭取才會獲得。³ 就是這個知見使你視而不見眞實世界的存在。⁴ 你害怕自己見到的世界，所幸的是，眞實的世界仍屬你所有，只等你開口要回。⁵ 不要再剝奪自己的天賦權利了，它只想賜你自由。⁶ 凡是上主給出之物，絕不可能奴役聖子的，因爲上主不只把聖子造成自由的生命，祂還會親自維護他的自由。⁷ 自願放下恐懼而向上主眞相問道之人，眞是有福；因爲唯有如此，你才可能明白祂的答覆確有解除恐懼的能力。

8.　　　上主可愛的孩子，你所要求的不過是我答應要給你的東西。
² 你難道認爲我會欺騙你？³ 天國就在你心裡。⁴ 相信眞理就在我
內吧，因我知道它也在你內。⁵ 上主兒女擁有之物都是人人共享
的。⁶ 你若探問任何一位聖子的眞相，等於在叩求我的眞相。⁷ 我
們每一個人心中都擁有聖子的答案，足以答覆任何一位想要知道
他眞相的人。

9.　　　不論你想要知道上主之子哪一方面的眞相，天父都會替他作
答，因爲基督在天父內不受蒙蔽，天父在基督內也不受蒙蔽。
² 那麼，也不要在你弟兄身上受到蒙蔽，只把他的仁心善念視爲
他的眞相；你一旦否認他心靈的分裂，你自己的心靈便痊癒了。
³ 如他的天父一般地接納他吧，將他療癒到基督內，因爲只有基
督才是他與你所需的療癒。⁴ 基督，就是與天父一體不分的上主
之子，祂的每一念都如天父聖念一般充滿了愛，而祂正是由那仁
慈聖念創造出來的。⁵ 不要被上主之子的表相所蒙蔽，否則表示
你已蒙蔽了自己。⁶ 你若蒙蔽了自己，就會對上主有所蒙蔽，然
而，祂是不可能蒙蔽任何人的。

10.　　　在眞實世界，由於沒有分裂與隔閡，故疾病是無法存在的。
² 那兒只認得仁心善念；由於每個人都會受你之助，上主之助必
然隨時隨地與你同在。³ 當你終於想要天助而開口求助時，你不
會不給出天助的，只因你眞想得到它。⁴ 你的療癒能力所向無
敵，因爲只要你求，必會獲允。⁵ 上主的答覆一旦來臨，沒有問
題不迎刃而解的。⁶ 爲此，祈求自己能夠認出弟兄的眞相吧，你
便會在他身上看到眞相，同時也會看見他的眞相中反映出你的一
切美善。

11.　　　不要接受你弟兄對他自己反覆無常的看法，否則，你的心也
會跟著他的心靈一起分裂；他若沒有療癒，你是不可能療癒的。
² 因爲你們共享一個眞實世界，正如你們共享天堂一樣，他的療
癒即是你的療癒。³ 愛自己其實就是療癒自己，你無法一邊視自
己某一部分有病，一邊還能完成自己的目標。⁴ 弟兄，我們一起
生活，一起相愛，也會一起療癒的。⁵ 不要被上主之子的表相蒙
蔽了，因爲他不只與自己一體，也與天父一體。⁶ 愛他吧，他是
天父的愛子，唯有如此，你才體驗得到天父對你的愛。

12.　　如果你感到弟兄冒犯了你，請立刻由心中拔除這個感受，因為那等於是說，基督冒犯了你，表示你對他的認知已經受到了蒙蔽。² 在基督內接受療癒吧，不要接受他的冒犯，因為祂不可能冒犯任何人的。³ 不論你認為什麼東西冒犯了你，其實是你冒犯了自己卻諉罪於上主之子，上主是從不定聖子之罪的。⁴ 讓聖靈除去上主之子對自己的一切冒犯吧！遵照祂的指示去看每一個人，因為祂真的想將你由一切罪罰中拯救出來。⁵ 接納祂的療癒大能吧，將它用在祂派遣給你的所有人身上，因為祂心心念念只想療癒上主之子，祂在上主之子身上才不致受到蒙蔽。

13.　　當孩子以為自己看到了恐怖的鬼魂、怪獸或惡龍時，當然會嚇得半死。² 如果他們能向自己信任的大人請教這些東西的意義，而且願意放下自己的看法而接受真相的話，他們的恐懼立刻化為烏有。³ 只要有人幫這孩子解釋一下：他看到的「鬼魂」原是窗簾，「怪獸」原是陰影，「惡龍」不過是夢中魅影，他就不再害怕了，甚至開心地嘲笑自己膽小。

14.　　我的孩子，你也是這般害怕自己的弟兄、天父和你自己的。² 其實你只是被他們的表相蒙蔽了。³ 向「真相之聖師」請教他們的真相吧，仔細聆聽祂的答覆，你也會嘲笑自己的膽小而安心下來的。⁴ 因為恐懼無法在真相內立足，它只會出現於不明真相的孩子心裡。⁵ 孩子們因為不了解真相而害怕，等他們學會正確的看法之後，從此再也不害怕了。⁶ 下回他們開始害怕時就知道如何向人請教真相了。⁷ 讓你害怕的並不是你的弟兄、天父或自己的真相。⁸ 只因你不知道他們的真相，才會視他們為鬼魂、怪獸或惡龍。⁹ 向知道真相的「那一位」請教吧，祂會告訴你他們究竟是什麼。¹⁰ 只因你不了解他們，被自己的看法所蒙蔽，故需要真相來為你祛除恐懼。

15.　　如果只要你求就能得到，你豈會不想看清真相來取代恐懼？² 既然上主不可能被你蒙蔽，那麼，你只可能蒙蔽自己。³ 然而，你能由聖靈那裡學到自己的真相的，祂教你明白：身為上主一部分的你，是不可能被蒙蔽的。⁴ 當你看待自己的眼光不受任何蒙蔽時，表示你已準備好接受那個真實世界，取代你自己原先打造的虛妄世界。⁵ 於是，你的天父便會俯身向你，為你踏出最後一步，把你接到祂那裡去。

第十二章　聖靈的課程

壹. 聖靈的判斷

1.　　我曾再三叮嚀你，不要把錯誤弄假成眞，方法其實很簡單。² 錯誤原本非眞，但你如果寧可相信錯誤，就不能不弄假成眞了。³ 但眞相必然是眞的，因此相信眞相，**無需你費任何心力**。⁴ 你只要了解，你對某事的反應絕非針對事件本身，而是基於你對它的詮釋。⁵ 你只是透過詮釋來爲自己的反應找藉口而已。⁶ 因此，分析別人的動機，對你百害而無一利。⁷ 如果你認定某人眞的存心攻擊你、遺棄你或欺壓你，你就會當眞，並且反擊回去，如此一來，他的錯誤對你便會顯得更加眞實。⁸ 分析他人的錯誤，等於賦予錯誤力量，一旦如此，你就再也看不見眞相了。

2.　　分析小我的動機是非常複雜而且容易混淆的過程，你的小我不可能不從中攪和的。² 你如此大費周章，顯然是爲了證明自己有能力了解眼前的事物。³ 實際上，你只是根據自己的詮釋自以爲是地反彈回去而已。⁴ 表面上，你可能會自我約束，隱忍不發，然而情緒上的翻攪則是另一回事了。⁵ 這種表裡不一的狀態，對你心靈的完整性不啻是一大打擊，它會引發你內心各層次之間的衝突。

3.　　只有一種分析動機的方法是言之成理的。² 那就是聖靈的判斷，它不需要你費力或費心。³ 只有仁心善念才是眞的。⁴ 其餘的念頭，不論是以何種形式呈現，只是渴望療癒的求助之聲罷了。⁵ 面對弟兄的求助，有誰能理直氣壯地報之以忿怒？⁶ 除了給他所需的協助之外，你還能給予什麼更合理的回應？因他所要的只是如此而已。⁷ 你若報之以其他任何答覆，表示你相信你有權按照自己的詮釋回應，因而不惜攻擊他的眞相。⁸ 也許你還未能徹底看清這種行爲對於心靈的危害有多大。⁹ 如果你把求助的呼聲理解爲其他東西，那麼你就回應錯了問題。¹⁰ 如此，你的回應必與眞相不符，僅僅反映出你自己的成見而已。

4.　　若非你自己幻想出來的攻擊欲望從中作祟，否則你不會認不出那些求助之聲的。² 就是這個攻擊欲望使你自甘與眞相「奮

戰」到底，一味否認自己需要療癒的事實，裝作沒有這一回事。³ 若非你早已下定決心排斥眞相且存心抵制到底，你豈會做出這種事情？

5.　　　不了解的事，就別去評判，這確是對你最好的忠告。² 凡是牽扯到自身利益的證人，都不可靠，因爲他們會把眞相扭曲成自己想要的樣子。³ 你不願認出他們求助的呼聲，不過反映出你不願伸出援手，更不願接受援助。⁴ 認不出求助之聲就等於拒絕伸出援手。⁵ 你敢說自己都沒有求援的需要嗎？⁶ 你若拒絕認出弟兄的請求，其實就是在作此聲明；唯有答覆他的呼求，你自己才會得到援助。⁷ 你若拒絕伸出援手，必然難以認出上主給你的答覆。⁸ 聖靈無需你幫忙分析他人的動機，亟需祂的詮釋的其實是你自己。

6.　　　唯有欣賞與感謝才是你對弟兄最得體的回應方式。² 你的感恩不只是針對他的善念，同時也針對他的求助之聲，因爲只要你沒有看走眼，兩者都同樣會幫你覺醒於愛的。³ 你若還不想如此回應，必會感到焦慮緊張。⁴ 由此可見，上主的救恩計畫何其單純。⁵ 回應眞相的方式只有一種，因眞相不可能激發衝突。⁶ 眞相之聖師也只有一位，唯有祂了解一切的眞相。⁷ 祂絕不會改變自己對眞相的看法，因爲眞相是永恆不變的。⁸ 縱然你在分裂狀態對眞相作出荒謬的詮釋，祂的詮釋依舊永遠眞實。⁹ 祂已將自己的詮釋賜給了你，因爲那本來就是爲你準備的。¹⁰ 不要企圖按照自己的想法去「幫助」弟兄，因爲你對自己都幫不上忙。¹¹ 你只要聽到他向上主發出的求助之聲，就會認出你自己多麼需要天父的協助。

7.　　　你如何詮釋弟兄的需要，你就會如何詮釋自己的需要。² 伸出援手等於你也在求助；你若能認出自己只有這麼一個需求，你就痊癒了。³ 你想要上主給你什麼答覆，必會看到那個答覆的。因此，你要的答覆若是眞相，它就眞的成爲你的了。⁴ 因著基督之名，你每答覆一個求助，都會進一步喚起你對天父的記憶。⁵ 爲了你自己的益處，試著從每個呼聲中聽出它的求助之意，如此，上主才能答覆你的需求。

8.　　　只要你能鍥而不捨地把聖靈的詮釋用在他人的反應上，就會

深深意識到祂也會以同一標準來評判你的。²認出恐懼並不足以擺脫恐懼；然而摸清它的底細卻是讓你意識到自己需要擺脫恐懼的先決條件。³你仍然有待聖靈爲你譯出恐懼的眞相。⁴祂若在你認出恐懼之後棄你於不顧，你從此必會對眞相退避三舍。⁵不論如何，我們必須再三強調認清恐懼以及正視恐懼的必要，不再爲它掩飾，這是化解小我的關鍵。⁶由此不難看出，聖靈幫你詮釋他人的動機對你的幫助會有多大。⁷祂教你只接受他人的善念，而把其餘一切都視爲一種求助，同時也教你認清了恐懼本身其實也是一種求助信號。⁸這是認清恐懼的底細之途徑。⁹只要你不再爲恐懼找藉口，祂就會爲你重新詮釋的。¹⁰它的終極價值就是教你如何把攻擊看成愛的求助。¹¹我們已經學會看出恐懼與攻擊之間唇齒相依的關係。¹²既然只有攻擊能激發恐懼，而你又能看出攻擊其實是一種求助的信號，那麼，恐懼的假相就被你戳破了。¹³恐懼確實是愛的求助，因爲它冥冥中意識到自己失落了愛。

9.　　　恐懼是你內心深處的失落感反射出來的病徵。²當你在他人身上看到了恐懼，你若懂得如何針對他的失落感而拉他一把，等於幫他解除了恐懼的肇因。³你也會因此明白了恐懼亦無法滯留於你內。⁴消除恐懼的方法在你自身之內，但你必須具體給出，才能證實它的效用。⁵恐懼和愛是你僅有的兩種情緒。⁶其中一個必是虛妄的，因爲它出自否定；你若否定一物，表示你已經把那被否定之物當眞了。⁷只要你能正確地詮釋恐懼，全盤托出它企圖隱藏的信念，便無異於揭穿了它自認有用的伎倆，使它一籌莫展。⁸防衛措施一旦失去了效用，你自然會棄之如敝屣的。⁹只要你能把恐懼企圖隱藏的東西，一五一十地攤在光天化日之下，恐懼便會顯得荒謬無比。¹⁰如此，你便已否定了它掩飾愛的能力，而那正是它的最後陰謀。¹¹你先前罩在愛的面容上頭的面紗必將從此消失蹤影。

10.　　　愛乃是世界的眞相，你若想看到愛，不妨從所有抵制愛的防衛措施中認出那是愛的求助，沒有比這更高明的手法了。²而你若想學會認出愛的眞相，也沒有比以愛來答覆愛的求助更有效益的學習途徑了。³只有聖靈對恐懼的詮釋足以祛除恐懼，因爲祂所意識到的眞相，無人否定得了。⁴這就是聖靈以愛取代恐懼以及把錯誤轉譯爲眞相的不二法門。⁵也唯有如此，你才能由祂那

兒學到如何以合一的眞相來取代分裂的夢魘。⁶因分裂不過是否定合一的眞相而已；只要你詮釋得正確，它其實也能爲「合一之境，眞實無比」這一永恆眞知作證。

貳. 憶起上主之道

1.　　　奇蹟只是將否定轉譯爲眞相而已。²如果愛自己就等於療癒自己，那麼，人若生病，表示他並不愛自己。³若要療癒自己，他們只能祈求那已被自己拒絕或否定的愛。⁴知道自己眞相的人，是不可能生病的。⁵因此，奇蹟志工的任務便是**幫忙否定他們對眞理的否定**。⁶病人只能自我療癒，因爲眞理已在他們心內。⁷由於他們已掩蓋了自己的光明，才需借助其他心靈之光來照亮自己，因爲那原是他們的光明。

2.　　　儘管濃霧籠罩在他們心中，原有的光明依舊光華四射。²只要你漠視那遮蔽光明的濃霧，它對你就無計可施了。³因爲唯有上主之子賦予它能力時，它才有機會逞能。⁴因此聖子必須親自收回它的能力，隨時提醒自己，一切能力來自上主。⁵你還能爲整個聖子奧體憶起這一眞相。⁶不要讓你弟兄忘記，因爲他一遺忘，你也跟著健忘。⁷你一憶起，他也跟著記起來了，沒有人能夠單獨憶起上主的。⁸**這正是你所遺忘的眞相。**⁹把你弟兄的療癒視爲自己的療癒吧，這是憶起上主唯一的方法。¹⁰由於你早已把弟兄和祂一塊兒忘了，上主答覆你的「遺忘」的方法，就是幫你恢復記憶。

3.　　　你應把疾病視爲愛的另類求助，這是你給弟兄的最大禮物，因爲他相信這是他無法給自己的。²不論是什麼疾病，只有一帖藥方。³唯有幫人恢復完整，你自己才得以完整；你若能從疾病中認出呼求健康的求助之聲，表示你也能在憎恨中認出愛的求助。⁴給予弟兄他眞正想要之物，等於給你自己同一禮物，因爲你的天父願你有朝一日了悟弟兄的眞相就是你自己的眞相。⁵你若答覆了他向愛發出的求助，表示你自己的求助也得到了答覆。⁶所謂療癒，就是基督對天父及祂自己的那個愛。

4.　　　你可還記得我先前提到孩子最怕的念頭，只因他們不明就

裡，才會如此大驚小怪。² 只要他們有心覺醒，且願接受眞相，恐懼就會消失了蹤影。³ 如果他們還想隱瞞噩夢，便難以擺脫那些魅影。⁴ 幫助一個徬徨無助的孩子其實不難，因爲他知道自己並不明白所見之物的意義。⁵ 問題是，你卻相信自己十分了解所見的一切。⁶ 孩子，你正扯著厚厚的棉被罩住自己的頭呢！⁷ 你存心把噩夢藏在自以爲是的黑暗中，拒絕張開眼睛正視那些魅影。

5.　　別再抓著噩夢不放了，它不配獻給基督，故也不配作爲你的禮物。² 掀開那棉被正視一下你所害怕的東西吧。³ 你所怕的只是一些假想敵而已，什麼也不是之物有什麼好怕的？⁴ 願我們別再耗費光陰了，因爲若無外援，你那充滿仇恨的噩夢是不會放過你的；所幸天助就在眼前。⁵ 學習在動盪的人生中靜下心來，因爲寧靜的心情反映出你已放下奮鬥心態而邁上了平安的旅程。⁶ 定睛正視一下那存心耽擱你前程的每一個陰影吧，你的結局已定，因爲它千古不易。⁷ 愛的結局乃是你的天賦權利，不論你作的是什麼夢，愛永遠屬於你。

6.　　上主之願始終是你心之所願，沒有任何噩夢摧毀得了上主兒女的人生目的。² 你的人生目的乃是上主的恩典，它註定會圓滿成就，因爲那是祂的旨意。³ 醒來吧！憶起你的人生目的才是你眞心所願。⁴ 上主已爲你完成之事，必然屬你所有。⁵ 不要任由瞋心阻攔愛的來臨，因爲沒有一物阻擋得了基督對天父之愛或天父對基督之愛的。

7.　　再過一會兒，你就會看見我了，因爲我從未隱藏過自己，是你把自己隱藏起來的。² 我一定會喚醒你的，如我喚醒了自己那般必然，因爲我是爲你而覺醒的。³ 我的復活乃是你的解脫。⁴ 我們的使命不是逃避救贖，而是由十字架上脫身。⁵ 信賴我的救援力量吧，因爲我從不獨行；我必然與你同在，只因天父與我同行。⁶ 你既已知道我一度與祂同行於平安之境，⁷ 這不正保證了平安也會一路伴隨我們？

8.　　完美的愛中沒有恐懼。² 我們只是把你內在的完美眞相彰顯於你眼前而已。³ 你怕的不是未知而是已知。⁴ 你的任務不可能失敗的，因爲我已完成了我的使命。⁵ 因著我對你的完全信任，你只需對我顯示一點信心，我們便能輕而易舉地一起達到完美之

境。6因為完美之境始終如是，無人否定得了它的存在。7否定你
對完美境界的否定，比你否定真相要容易多了；只要你能看出這
一圓滿境界早已完成，便不再懷疑我們聯手所能完成的大事了。

9.　　　你曾企圖驅逐愛，卻無法得逞，但你若決心驅逐恐懼，卻
保證成功。2因為上主與你同在，你只是毫不知情而已。3你的
救主平安地活在你心裡，因祂自己也是在平安中受造的。4你難
道不願以平安的覺識來取代恐懼的覺識？5我們一旦戰勝了恐懼
（不是隱藏或淡化它，也不再企圖否定它的能耐），你就會看
清這一真相了。6你若不敢正視它，便無法跨越障礙而抵達真實
慧見的，因在逃避之際，你已經下了判斷。7只要你願正視恐懼
一眼，聖靈便會出面代你判斷，而祂的判斷永遠真實。8關鍵在
於，祂無法用光明驅散你存心隱藏之物，你若不願自動獻出，祂
絕不會由你手中奪走的。

10.　　　因此，我們現在所學的，乃是一套組織完備、結構縝密，而
且深思熟慮的課程，它教你如何把你不想要的東西交託給聖靈。
2祂知道如何處置那些東西。3你目前還不懂得如何發揮祂所知
道的真相。4只要你一交給聖靈，那些原非上主之物便消失了蹤
影。5但你必須自動自發地正視它們，否則上主的真知對你發生
不了任何作用。6有一點你大可放心，祂絕不會不伸出援手的，
因助人是祂存在的唯一目的。7「正視恐懼之源，徹底予以了
結」難道會比你眼前這個世界更可怕嗎？

參. 投資真相

1.　　　我曾這樣要求我的門徒：變賣你的所有，施捨窮人之後，再
來跟隨我。2其實我要說的是：不再投資於這個世界，你方能教
窮人看出他們真正的財富。3我所謂的窮人，是指那些投資錯誤
的人，那才算是真的貧窮。4他們有待你的援助，你也有責任施
以援手，因為你是他們的一份子。5試想一下，如果你學會了如
何拒絕分享他們的貧窮，這對你將是多麼完美的一課。6貧窮就
是匱乏，而匱乏只有一種，因為需求也只有一種。

2.　　　試想有位弟兄要你去做你心裡並不樂意的事。2他堅持的態

度顯示出他相信「做那件事」是他的救恩所在。³ 如果你當下心生反感而堅持拒絕，表示你相信「不做那件事」才是你的救恩所在。⁴ 那麼，你和他犯了同樣的錯誤，還會使他的錯誤對你們兩人都變得無比真實。⁵ 堅持，意味著一種投注，你投注什麼，絕對離不開你的救恩觀念。⁶ 救恩觀又離不開兩重問題：第一，究竟是什麼需要拯救？⁷ 第二，如何才能把它救回？

3.　　每當你對弟兄發怒，不論什麼原因，都表示你相信小我才是有待拯救的對象，而且只有反擊回去才能挽救小我一命。² 攻擊如果是他發動的，表示你贊同他的信念；如果是你發動的，你就強化了這一信念。³ **請記住，動輒攻擊的人才是真正的窮人**。⁴ 正因貧窮，他們不得不索取禮物，企圖讓自己脫貧。⁵ 本來能夠幫助他們的你，一旦認同了他們的貧窮，只會愈幫愈忙。⁶ 如果你的「投資」能夠與他們反向而行，就絕對不可能認不出他們真正的需要的。

4.　　**你應先認清哪些事是無關緊要的**。即使你的弟兄向你提出一些「蠻橫無理」的要求，去做吧，因為那事無關緊要。² 你若斷然拒絕，你的反對反而透露出那事對你的重要性。³ 因此，使那要求顯得蠻橫無理的反而是你；每個弟兄的要求，其實都是為你而提出的。⁴ 你為什麼堅持拒絕他的請求？⁵ 你的拒絕不只否定了自己，還使雙方都陷入困境。⁶ 他和你一樣，都在尋求救恩。⁷ 貧窮屬於小我的層次，與上主毫無關係。⁸ 凡是認出真有價值之物而且別無他求的人，是不可能提出那些「蠻橫無理」的要求的。

5.　　救恩是為心靈而設的，你只能從平安中獲得。² 心靈是唯一有待拯救的對象，平安則是得救的唯一途徑。³ 只要不是出自愛的答覆，不過反映出他在救恩的「對象」與「方法」上的蒙昧無知；愛才是唯一的答案。⁴ 絕對不要忘卻這個愛，片刻也不容許自己相信還有其他的答案。⁵ 否則你勢必淪入窮人之列，毫不了解自身所擁有的富裕與近在咫尺的救恩。

6.　　認同小我，無異於自我攻擊，陷自己於貧困。² 為此之故，凡是與小我認同的人，必會感到自己被剝削。³ 沮喪憤怒勢所難免，因為他對小我之恨已經取代了他對自性之愛，使他不能不害怕自己。⁴ 問題是他毫不自覺。⁵ 他只會意識到內心很深的焦

慮，卻看不出那是因爲他與小我認同的緣故；而他的應對手法通常是與世界建立一種神智不清的「協議」。6 世界對他永遠是身外之境，若要「適者生存」，他不得不如此。7 他毫不明白，世界是他打造出來的，在他外面並沒有所謂的「世界」。

7.　　如果上主之子的仁心善念才是世界的眞相，那麼眞實世界必然存在他的心靈裡。2 問題是，那神智不清的念頭也同時存在他心中，於是他內在的衝突常會白熱化到令他忍無可忍。3 分裂的心靈自然會感到草木皆兵，當它認出自己心中同時接納了兩種全然相反的思想模式，自然坐立難安。4 因此，心靈才會將這分裂（而非眞相）投射出去。5 只要你還會把任何一物視爲「外界」，表示你仍抓著小我的身分不放，因爲「身分認同」對每一個人都代表了救恩。6 你不妨反省一下自己的經歷，因爲想法必然會爲思想之人帶來具體後果。7 你感到自己與現實世界扞格不入，認爲它處處跟你作對。8 這是你的所作所爲必然導致的後果。9 一旦把心裡的對立感投射於外，你自然會看到世界處處跟你對立。10 爲此之故，你必須明白，憎恨出自你心內，而非心外，如此，你才驅除得了它；你必須先根除心頭之恨，才可能認出世界的眞相。

8.　　我曾說過：上主如此愛了世界，不惜賜下祂的獨生子。2 上主愛的是那眞實世界，凡是認出世界眞相的人，再也不會看見死亡的世界。3 因爲死亡不屬於眞實世界，那兒處處反映出永恆的境界。4 上主願用眞實世界來與你分裂心靈所打造的那個象徵死亡的世界交換。5 如果你眞能與上主天心分開，只有死路一條。

9.　　你眼中的世界是個充滿分裂的世界。2 也許你寧可接受死亡也不惜否定自己的天父。3 但你不會如願以償的，因爲此非上主所願。4 你的意願仍不足以違反祂的旨意，爲此，你才會對自己打造出來的世界束手無策。5 那個世界並非出自意志，它受制於一種「不願肖似上主」的欲望。欲望與意志豈能同日而語？6 你打造的世界受制於專橫無理的「法則」之下，才會如此混亂無序，顯現不出任何意義。7 由於那個世界是出自你所不要之物，你因爲怕它才把它從心中投射出去的。8 世界始終存於打造它的心靈，與眞正的救恩同在你心內。9 切勿相信世界在你心外，因爲你必須先認清世界眞正的所在，才有駕馭它的可能。10 你確有

駕馭自己心靈的能力，因爲心靈乃是你的決定中樞。

10.　　你若認出自己所受到的攻擊原來是出自你的心內，而非來自心外，才算找到了元兇；它在何處萌生，便會在何處告終。² 救恩便在那兒現身了。³ 那兒就是上主的祭壇，亦是基督的居所。⁴ 被污損的，是你的祭壇，而非外在的世界。⁵ 然而，基督已在祭壇爲你安置了救贖。⁶ 把你的世界觀帶到祭壇來吧！它會幫你看到眞相。⁷ 你的眼睛會霎時一亮，在那兒學會眞正的看。⁸ 從此上主與聖子方能平安共處，使你賓至如歸；你在平安中向外一望，便看到了世界的眞相。⁹ 然而，你必須先放棄自己在世上的投資，也就是你投射到世界的一切，才可能找到平安之境，聖靈也才能把眞實世界由上主祭壇那兒推恩於你。

肆．尋求與尋獲

1.　　小我一口咬定愛是危險的，這是它一直想要教給你的核心觀念。² 但它從不直截了當地講；反之，凡是把小我當作救命恩人的人，看起來都在如饑似渴地尋求愛。³ 小我也積極鼓勵你努力追求愛，卻附帶一個條件：不准找到。⁴ 「去找，但不要找到」是小我的一貫指令。⁵ 這是小我給你的唯一許諾，也是它必會實現的許諾。⁶ 小我追逐目標時一向狂熱而堅持，縱使它的判斷能力嚴重受損，卻有鍥而不捨的精神。

2.　　因此，小我致力追尋的目標註定會失敗。² 只因它要你相信它才是眞實的你，因此，它領你踏上的旅程必會害你咎由自取。³ 小我無法愛，它狂熱追求的正是它最怕找到之物。⁴ 然而小我又不能不追尋，因爲它是你心靈的一部分，爲此，它無法完全與心靈脫節，否則你絕不會相信它的。⁵ 小我是因著你對它的信心而得以存活的。⁶ 那麼，你的心靈必然也能否定它的存在；只要你敢正視一下小我爲你精心策畫的旅程，便會毫不遲疑否定它的。

3.　　毋庸置疑的，沒有人眞想要找到最後會打敗自己之物的。² 小我既然無法愛，在愛的面前必會手足無措，不知如何回應才是。³ 那時，你自然會放下它的指引，因爲它教你的那一套顯然不敷你之所需。⁴ 於是，小我不能不扭曲愛的眞相，它這樣告訴

你：它所傳授你的回應方式正是愛所要求的答覆。⁵ 你若聽從它的教導，縱使踏破鐵鞋找到愛，你也無法認出它的。

4.　　　你可明白，小我所爲你安排的人生之路必然陷你於絕望？² 「去找，但不要找到」，絕不可能是件愉快的事。³ 這可是你想要圓的夢？⁴ 聖靈賜給你另一種圓夢之法，那才眞能爲你帶來喜悅。⁵ 因爲祂的許諾永遠是「去找，你必會找到」，有祂指點迷津，你不可能失敗的。⁶ 祂帶領的旅途必是成功之道，你的目標旣是祂爲你設定的，祂必會讓你如願以償。⁷ 祂絕不會蒙騙自己的聖子，因祂對聖子始終懷著天父之愛。

5.　　　你遲早會踏上這一旅程的，因爲世界並不是你的家鄉。² 即使你還不清楚「何處是兒家」，也不能不去追尋。³ 你若相信家鄉在自己的身外，你是不可能找到的，因爲它根本不在你尋找之處。⁴ 你已記不得如何往內尋找了，因爲你不相信自己的家鄉就在心裡。⁵ 然而，聖靈會幫你憶起來，祂會領你回家的，這是祂的使命。⁶ 祂完成這一使命之後，必會幫你找到你的使命，因你的使命與祂的完全一致。⁷ 就在你引導弟兄歸家之際，你其實已經跟上了祂的腳步。

6.　　　好好瞻仰天父賜你的「嚮導」吧！你才可能明白自己確有永恆的生命。² 因爲死亡不是天父的旨意，也非你心所願；唯有眞實的才屬於天父的旨意。³ 你無需爲生命付出任何代價，因那純是上天的恩典；但你卻要爲死亡付出代價，而且是相當沉重的代價。⁴ 你若把死亡當作寶物，自會不惜變賣一切而買下它。⁵ 你一旦買下了它，怎麼可能不相信它？只因你已變賣了其他的一切。⁶ 問題是，你是不可能賣掉天國的。⁷ 上天賦予你的產業，旣無法購買也無法出售。⁸ 聖子奧體內的每一部分，都是由上主那兒承繼過來的；上主若是圓滿無缺的整體，由祂延伸而出的生命必然與祂同樣的圓滿無缺。

7.　　　救贖，並不是你爲自己的圓滿生命所付的代價，而是你爲了意識到自己的圓滿所必付出的代價。² 你企圖「出售」的東西，上主都會爲你妥善保存，因爲你是不可能再把它「買」回來的。³ 但你必須在它身上下注才行，不是用金錢，而是以你的靈性下注。⁴ 因爲靈性等於意志，而意志乃是天國要求的「代價」。⁵ 只

要你能認出原來自己已經得救了，天賦產業就非你莫屬。⁶ 聖靈會領你進入永恆生命，關鍵在於你必須停止在死亡上頭下注，否則縱使生命就在你身邊，你也不會認出它的。

伍．健全的課程

1.　　只有愛是堅強的，因為它一心不二。² 堅強的人不會攻擊，因為他們覺得無此必要。³ 你相信自己是脆弱的，攻擊之念才可能侵入你心裡。⁴ 因為你先打擊了自己，並相信攻擊確有效力，才會看到自己如此不堪一擊。⁵ 由於你已認不出自己與弟兄的平等性，甚至認為自己比他更脆弱，才不能不設法「扳回一城」。⁶ 你為了「扳回一城」而發動攻擊，只因你相信攻擊確有削弱自己的能力。

2.　　為此之故，認清自己百害不侵，正是恢復神智清明的關鍵。² 因為你若接受了自己的百害不侵，等於認清了攻擊其實只是枉費功夫。³ 即使你曾打擊過自己，仍然能夠顯示自己一點也不受其害。⁴ 這表示你的攻擊毫無作用。⁵ 一旦明白了這一點，所有的攻擊在你眼中就變得毫無意義，因它顯然無濟於事，更遑論保護你了。⁶ 認清自己百害不侵，其價值不只限於消極方面。⁷ 你的自我打擊既然削弱不了你，表示你依舊強而有力。⁸ 因此你無需「扳回一城」來鞏固自己的勢力。

3.　　除非你能認出即使自我打擊也傷害不了你，你才會明白攻擊確實只是白費力氣。² 因為他人若感覺受到了攻擊，一定會加以反擊；你若真有攻擊他人之意，不可能不認為這是助長自己的勢力。³ 故只有你才能撤銷這一惡性循環。⁴ 因為你攻擊時，首當其衝的是你自己；如果那只是虛張聲勢，你是不可能受害的。

4.　　聖靈之愛才是你的力量所在，因為你的愛已經支離破碎，已非真愛了。² 你一旦打擊了自己的愛，便再也無法信任它了。³ 分裂的心是無法懂得完美之愛的，因為分裂的心使人淪為拙劣的學徒。⁴ 你企圖把分裂變成永恆狀態，因為你老想用自己那套重新界定造化的特質。⁵ 幸好，造化並不出自你的手；資質不足的學徒確實需要接受特殊教育。

5.　　　你有學習障礙，這話一點兒也不誇張。² 你的學習能力已受到多方嚴重的損傷，若非那位超越你有限資源的「聖師」爲你具體指點迷津，你是難以進步的。³ 祂是你的無限資源，因爲憑你自己，你無法學到任何東西。⁴ 你爲自己打造的學習環境是不可能學到任何東西的；你目前的處境亟需一位特殊聖師及一套特殊課程。⁵ 不論是教自己，或是教別人，遲鈍的學生都不宜充當老師。⁶ 你怎能指望他們爲你制定課程？他們自己都有待這套課程來跨越學習障礙。⁷ 他們若能明白自己的限度，就不算有學習障礙了。

6.　　　你尚不知愛的眞諦，這是你眞正的障礙。² 別再試著教自己所不了解的事了，也別再爲自己學得一敗塗地的課程設定目標了！³ 你學習的目的始終是「不要眞正學會」，這顯然無助於你的學習成效。⁴ 你尚未學會之事自然無法舉一反三，也無法普遍運用到生活層面，這是你最大的學習關卡。⁵ 你豈會向學習的失敗者請教那些學習工具的效用何在？⁶ 他們不會知道的。⁷ 如果他們能夠正確地解釋那些教學工具，他們早就從中學成了。

7.　　　我曾說過，小我的原則是「去找，但不要找到」。² 若把它轉譯到教學原則上，即是「去學，但不要眞正學會」。³ 以此爲學習目標的課程，其結果可想而知。⁴ 任何正當的教學工具、道地的教學方法、合乎情理的指導方針都會被它扭曲的，因爲它們要教你的正是這怪異課程全力抵制之物。⁵ 如果你企圖去學「怎樣才學不會」，那麼你的教學結果不只註定失敗，還會令你陷入更深的迷惘，這是意料中的事。⁶ 這種課程荒謬絕倫。⁷ 它的「學習」動機也嚴重削弱了心靈的力量，使你無法去愛；只因你所選的課程都在抵制愛，這簡直是在學習如何打擊自己。⁸ 這種課程還暗藏另一目標，即是教你如何不去克服天人分裂之境，如此它才保得住上述的首要目標。⁹ 你無法在這類課程中克服分裂的，因爲你所學的一切都在爲分裂之境撐腰。¹⁰ 你的學習既然有違自己的心意，你的心靈自然會與你的學習唱反調，你就這樣成功地抵制了所有的學習機會，大快小我之心。¹¹ 即使你目前仍看不出來，然而，有樣東西是你眞正想學也是你能學會的，因這完全出自於你的選擇。

8.　　　一直在學習自己並不想學會之物的你，打起精神來吧！縱然

你自己制訂的課程令你愈學愈喪氣，然而你只需正視一下，便不難看出它的荒謬。² 你竟想用「不去完成」的方式來完成一個目標，世上哪有這種道理？³ 現在就辭去你自以爲師的角色吧。⁴ 這一辭職絕不會讓你更加沮喪或絕望的。⁵ 這只是你誠實評估了自修自學的成效之後必然產生的結論。⁶ 只要有合適的學習環境（那既非你能安排，也非你能了解的），你必會變成一位優秀的學生及優秀的教師。⁷ 你目前還未達到這一境界，除非你能徹底扭轉自己設計的學習場景，否則你的目標必然遙遙無期。

9. 　　若了解得正確，你的學習潛能是不可限量的，因爲它會把你導向上主之境。² 你能一邊教導他人上主的道路，一邊從中學習，只要你願追隨那位「聖師」，只有祂才知道上主之道，且通曉祂的課程。³ 本課程一點兒都不曖昧，因爲它的目標一心不二，目的與方法之間也前後一致。⁴ 它只要求你能做到心無旁鶩。⁵ 其餘的一切自會賜給你。⁶ 只要你真正有心學習正確的方法，沒有人能違逆上主之子的決定。⁷ 他的學習成果會像他自身一樣不可限量。

陸 . 基督的慧見

1. 　　小我企圖教你如何賺得整個世界卻賠上你的靈魂。² 聖靈所教你的卻是：你不可能喪失自己的靈魂，世上也無利可圖，因世界本身根本無利可言。³ 投資於毫無利潤的生意，根本是浪費資源，它的代價太高了。⁴ 這投資不只毫無利潤可言，還會害你血本無歸。⁵ 它會害你否定自己的真相，因而賠上了世界的真相，卻一無回報。⁶ 你無法出賣自己的靈魂，但你卻能出賣你對靈魂的覺知。⁷ 你的靈魂本來就不是肉眼可見的，只要你仍然重視其他東西，保證你更加無由得知靈魂的真相。

2. 　　聖靈是你的力量，因爲他只知道一件事：你是靈。² 但祂同時清楚你並不知道自己的真相，祂也完全清楚該如何教你憶起本來面目。³ 祂愛你，樂於告訴你祂所愛的究竟是什麼，因爲祂一心想要分享此愛。⁴ 祂始終記得你，絕不會讓你忘卻自己的價值。⁵ 由於天父隨時提醒聖靈上主之子的真相，聖靈也會隨時提

醒上主之子天父的眞相。[6] 上主是透過聖靈而永存於你記憶中的。[7] 你一度決心忘掉自己的天父，其實那絕非你眞正的意願，你是可以改變自己的決定的。[8] 我既能作出這一決定，你也能作出同樣的決定。

3. 　　你並不想要這個世界。[2] 它的唯一價值只在你愛的眼神所注視的那一部分。[3] 是你的眼光賦予它絕無僅有的眞實性。[4] 它的價值不在它自身內，但你的價值卻在你自己內。[5] 自我的價值源自自我的延伸，爲此，你的自我價值「觀」必然源自你的善念延伸之物。[6] 讓你的世界愈來愈眞實吧，因爲眞實世界乃是聖靈的禮物，而它非你莫屬。

4. 　　凡是視而不見的，都是有待修正之人。[2] 聖靈的使命即是開啓盲者的眼睛，因爲他深知這些人並未喪失視力，只是睡著罷了。[3] 祂要將他們由遺忘之夢喚醒而憶起天父。[4] 基督的眼睛永遠明亮，只要你接納祂的慧眼，祂愛的眼神便會落於你所見之物。[5] 聖靈爲每一個沉睡的聖子護守著基督慧見。[6] 在聖靈的慧眼裡，上主之子完美無缺，祂一心只願與你共享這一慧見。[7] 祂要幫你看清眞實世界，因爲上主已將天國賜給了你。[8] 你的天父願透過聖靈而喚回聖子的記憶。[9] 聖子覺醒的第一步乃是開始投資眞實世界，如此，他才會學到如何重新投資自己。[10] 因爲眞相必與天父及聖子同在，聖靈是藉聖父聖子之名而祝福了這個眞實世界。

5. 　　你遲早會看到眞實世界的，你一看到它，即刻便會憶起我們。[2] 然而，你必須學會看清沉睡的代價，並且拒絕支付才行。[3] 唯有如此，才能顯出你甦醒的決心。[4] 眞實世界便會出現於你眼前，因爲基督從不入睡。[5] 基督一直等著你的眼光轉向他，他的眼光片刻不曾離開你。[6] 他安詳地凝視著眞實世界，一心只願與你同享，因爲他深知天父對他的愛。[7] 基督就是在此一眞知下給你那原屬於你的禮物。[8] 他在天父的祭壇上，寧靜安詳地等待你回頭，他在聖靈的祝福之光下，默默地將天父之愛傳送到你身上。[9] 聖靈會引領所有的人回歸天父的家園，基督在那兒等著與自性團圓。

6. 　　上主的每一個孩子在基督內都屬於同一生命，因爲他的生命存於基督內，一如基督存於天父內。[2] 基督對你的愛就是他對天

父的愛，祂知道自己對天父的愛，因祂知道天父對祂的愛。³當聖靈終於由天父祭壇將你領回基督那兒時，知見便會轉爲眞知；它變得如此神聖，自然融入了神聖之本體。⁴愛延伸到愛內，有如水乳交融，因爲兩者原是一物。⁵當你在各種人生場景中愈來愈能認出它們的共通性，表示你在聖靈的指點下，不僅增強了舉一反三的能力，且能普遍用在現實生活中。⁶你慢慢學會了如何將此知見套用於每個人及每件事上，顯示出它放諸四海皆準的實用價值。⁷一旦臻至此境，知見與眞知變得極其相似，因兩者都具備了上主天律的結合能力。

7.　　凡是一體的，就不能視爲分裂的，否定分裂就等於重申眞知。²聖子的知見在上主祭壇前顯得如此神聖，洋溢著悟性光明，聖子的靈性同時返照回天心，與它融爲一體。³上主的光輝溫柔地照在自己身上，深深愛著由祂生命延伸而出的聖子。⁴當世界融入上主的終極目標後，它的存在目的便告終了。⁵眞實世界會悄悄地滑向天堂，回歸它千古不易的永恆之鄉。⁶救主與得救之人就在那兒結合於上主圓滿之愛以及彼此的愛中。⁷天堂是你的家，它既在上主之內，必也在你內。

柒‧往內看去

1.　　奇蹟不過證明你在正確指引之下終於學到了東西。學習經驗是肉眼看不到的過程，唯有透過結果才能認出你究竟學到了什麼。²你必須不斷將所學運用於各種場合，方能顯示它放諸四海皆準的效用。³直到你能在各種場合施展奇蹟，你才敢說自己眞正懂得「奇蹟沒有難易之分」的道理。⁴沒有一種場合不能發揮奇蹟的妙用，一旦你的奇蹟能在任何場景下發生作用，表示你已進入了眞實世界。⁵這神聖的知見會使你重歸完整。就在你親自領受救贖之際，救贖的光輝也會透過你而照耀在所有人身上，他們都是聖靈派遣到你這兒來領受祝福的人。⁶每個上主兒女都深受祂的祝福，就在你祝福上主兒女之際，祂也祝福了你。

2.　　世上每一個人都必須在救贖大業中善盡自己的一份責任，才可能認出「原來世界早已得救」這一事實。²你看不見無形無相

之物的。³ 可是你一旦看到它所產生的效果，便無法否定它的存在了。⁴ 你若能見到它的作為，便不難肯定它的真實不虛。⁵ 你得透過它的作為學習認出它的真相。⁶ 即使你還無法看見自己力量之所在，當它在後面催促你行動時，你自然深信不疑它的存在。⁷ 你不可能看不見那些行動的效果的。

3.　　聖靈雖然無形無相，你仍然可以看見祂臨在的具體效果；你不難透過那些效果而學會認出祂的臨在。² 祂推動你去做的事，顯然不限於這個世界，因為按照世界的評判標準，奇蹟可說是違反了現實世界的每一條自然法則。³ 它超越了時、空、量、度上的每一條定律，聖靈助你完成的事顯然不受那些範疇所限。⁴ 只要你能看到祂所促成的效果，便不難體會出祂的境界；終有一天你會知道祂的真相的。

4.　　你無法看見聖靈，卻不難看見祂彰顯的證據。² 你必須具備看的能力，才可能認出祂的臨在。³ 奇蹟即是祂的見證，為祂的臨在發言。⁴ 唯有透過這些代祂發言的見證，無形無相的祂才會顯得真實無比。⁵ 你是可能意識到肉眼看不見之物的；尤其是當祂透過你而顯示自己的臨在時，你就再也不會懷疑祂的真實性了。⁶ 去為聖靈工作吧，因為你身負祂的任務。⁷ 你在天堂具有創造的任務，同樣的，你在世間也具有療癒的任務。⁸ 在天堂裡，上主與你分享祂的任務，在這世間，聖靈也會與你分享祂的任務。⁹ 只要你還相信自己負有其他的任務，表示你還有待「修正」。¹⁰ 因為那個信念與聖靈的目的完全背道而馳，它會毀掉你的平安。

5.　　你期待什麼，便會看到什麼；你邀請什麼，便會期待什麼。² 你的一切所知所見都是你自己邀請來的，它們會應你之請而至。³ 你究竟想看到哪一位現身？⁴ 你寧願相信哪一位的臨在？⁵ 你自己顯示什麼，必會相信什麼；不論你在外面看到什麼，表示你已在自己心內先看到了它。⁶ 你的心靈有兩種看待世界的方式，你的所知所見不過反映出你究竟選擇了哪一位嚮導而已。

6.　　我就是聖靈的示現，當你看見了我，就表示你已邀請了祂。² 祂必會為你送來祂的見證，只要你肯正視他們一下。³ 你應隨時記得，你所見到之物都是你自找的；因你想要什麼，就會找到什

麼。[4] 小我找到的，必是它想要之物，絕無例外。[5] 它找不到愛，因爲那不是它想要的。[6] 想要與找到是一事的兩面，如果你同時追求兩個目標，你有可能找得到，只是你一個也認不出來。[7] 你會以爲它們是同一回事，因爲你兩個都要。[8] 心靈會不斷設法整合自己；如果它分裂了，同時又想保持分裂狀態，它自然會把不同目標僞裝成一模一樣，才能讓你相信它確實只有一個目標。

7.　　　我曾經說過，你會投射或推恩，決定權操之於你；可是你只能在兩者之間選擇其一，因爲這是心靈的運作法則；而且你必然先在心內看到，才會在外面看到的。[2] 當你往內看時，你得選擇一位「看的嚮導」。[3] 然後你往外一看，就會見到那嚮導帶給你的見證。[4] 爲此之故，你想要什麼，就會找到什麼。[5] 你想要自己變成怎樣，也會將它顯示於外，然後再從世界領回它來，其實是你先想要如此而把它放在外面的。[6] 即使你認爲你所投射的是自己不想要的東西，你其實很想要它。[7] 這立刻使你的心靈陷於分立、失聯的狀態（dissociation），因爲你接受了兩個不同體系的目標；它們分裂爲二，是因你把它們當成不同東西的緣故。[8] 於是，心靈才會在自身之外（而非自身之內）看到一個分裂對峙的世界。[9] 這會給你一種好似裡外一致的幻相，讓你相信自己所追求的只是一個目標。[10] 但只要你眼中的世界是分裂的，表示你的心靈尚未療癒。[11] 所謂「療癒」，不過表示你追尋的目標只有一個，因爲你只接受這一個，故也只想要這一個而已。

8.　　　你若只要愛，就不會看到其他的東西。[2] 你若在外面看到對立或矛盾的見證，不過反映出你發出了矛盾的邀請函罷了；[3] 表示你心裡想要那些矛盾或對立，因而在心中看到且接受了它們的存在。[4] 其實你不必相信那些支持對立狀態的証物，因它們不過把你的選擇顯示給你看，而且把你賦予它們的訊息送還給你而已。[5] 愛，也是一樣，你得靠愛的使者方能認出愛來。[6] 你想要彰顯的若是愛，那麼愛的使者必會應你之請而前來的。

9.　　　「決定能力」乃是困在世界的你所剩下的最後一點自由了。[2] 你是有能力下定決心去正確看待世界的。[3] 世界的眞相不在於你把它當作什麼，而在於你在它身上賦予了什麼意義。[4] 除了愛，你無法給任何人任何東西；除了愛，你也無法從人們那兒眞正領受到任何東西的。[5] 你若以爲自己領受過其他東西的，表示你往內

看時，誤以為自己確有給予其他東西的可能。[6] 就是這個決定左右了你追尋的結果，因為你早已決定自己想要什麼了。

10.　　你怕我，因為你在自己內看到令你害怕之物。[2] 其實，你所看到的並非真相，因為心靈的真相原是上主造化的精華。[3] 它純粹來自上主，**只要你真願正視它一下**，它的全能和偉大必會帶給你平安。[4] 倘若你還害怕，表示你看到了根本不存在之物。[5] 你原本會在那兒看到我和所有的弟兄安穩地活在創造我們的天心裡。[6] 因為在那兒，我們確實共同活在天父的平安中，而且祂一心指望透過你而把自己的平安推恩出去。

11.　　你唯有接下推恩平安的使命，才可能享有平安，因為你必須先讓平安現身，自己才可能目睹它的存在。[2] 它的神聖見證會應你之請而來，環繞在你身邊。[3] 我已聽到了你的祈求，而且俯允了你，但你不會看到我，也聽不到你想要的答覆。[4] 因為那並非「唯一」想要之物。[5] 必須等到我對你顯得愈來愈真實時，你才會明白那確是你唯一想要之物。[6] 那時，當你往內一看，就會看到我的臨在，我們便能一起看到真實的世界。[7] 基督的慧眼裡只有真實世界，因祂只可能看到真實的世界。[8] 你決定要看什麼，你就會看到什麼。[9] 不論你看到了什麼，不過反映出你內心的決定而已。

12.　　你若能往內一看而看到我，表示你已下定決心為真相作證了。[2] 就在你彰顯真相之際，你會在心內與心外同時都看到真理的蹤跡。[3] 你能在外面看到真理，只因你先在心內看見了它。[4] 你可以根據自己在外面所看到之物，判定那必是你在心內所見之物。[5] 這種判斷若出自於你，必然錯誤百出，因為判斷原非你的任務。[6] 只有出自聖靈的判斷才可能正確無誤，因為判斷乃是祂的任務。[7] 唯有按照祂的方式判斷，完全放下自己的評判，你才算是分享了祂的任務。[8] 你的評判常跟自己過不去，聖靈的判斷卻始終護著你。

13.　　請記住，每當你向外看到不悅之事而心生反感，表示你不只評判自己毫無價值，還定了自己的死罪。[2] 死刑乃是小我的最終企圖，因它深信你罪孽深重，死有餘辜；唯有上主知道你配受生命的祝福。[3] 死刑始終在小我心中縈繞不去，因為那是它一直

爲你保留的結局。⁴ 一心想要置你於死地,這是小我對你最大的陰謀;即使它讓你活下去,也只是讓你坐以待斃。⁵ 你活著的時候,它要折磨你,而且非把你折磨至死不能一洩心頭之恨。⁶ 置你於死地是小我一生致力的目標,而且不達目的誓不甘休。

14.　　小我並非上主的叛徒,因爲沒有人可能背叛上主。² 小我其實是你的叛徒,因它一口咬定你背叛了天父。³ 爲此之故,化解罪惡感成了聖靈最重要的一課。⁴ 只要你還心存一絲罪咎,你對小我就不能不言聽計從。它這樣告訴你:你已背叛了上主,因此罪該萬死。⁵ 你始終認爲死亡是上主的懲罰而非小我的傑作;又因你已誤把小我當成了自己,故認爲是你自己想死的。⁶ 你若眞有此意,連上主都愛莫能助。

15.　　當你開始向死亡的誘惑讓步時,**請記住,「我並沒有死!」**² 只要你能向內看去而看到我,便會明白此言不虛。³ 我怎麼可能只爲自己一人戰勝死亡?⁴ 天父怎麼可能只賜我永生而不賜給你?⁵ 你一旦學會如何將我顯示於人,就再也不會看見死亡了。⁶ 因爲你已在自己內看到了不死之境;你眼中只有永恆,向外望去,也只會看到一個不死的世界。

捌 . 愛對愛的吸引

1.　　你眞的相信自己有殺害上主之子的能耐嗎?² 天父已將聖子妥藏於自己的生命內,使你的毀滅之念鞭長莫及;然而,你自己卻因著這些念頭作祟,再也無法得知天父與聖子的眞相了。³ 由於你每日、每時、每刻都在攻擊那個眞實世界,你看不見它的蹤影豈非意料中事?⁴ 如果你是爲了打擊愛而尋找愛,你是絕對找不到它的。⁵ 愛的本質既是分享,那麼除非經由愛本身,你還能由何處找到它?⁶ 唯有給出愛,它才會來到你這兒,因爲愛會被愛吸引。⁷ 你給的若是攻擊,愛就會隱身不見,因它只能活在平安裡。

2.　　上主之子與他的天父一般安全無虞,因爲聖子深知自己有天父的保護,故一無所懼。² 天父的愛已將聖子護守於完美的平安中,故他一無所需,也一無所求。³ 他就是你的自性,你卻感到

他遙不可及，只因你心中仍有攻擊之念，他才由你眼前遁跡，藏身於天父那裡。⁴ 他始終未曾變過，改變的是你。⁵ 因爲分裂的心及其一切妄造均非天父的創造，也不可能進入祂的眞知。

3.　　你若把原本非眞之物搞得活靈活現，它原有的眞相便會在你眼前遁跡。² 但眞相本身是不可能看不見的，因爲它在聖靈眼中清晰無比。³ 你之所以看不見它，只因你的眼睛老是盯著其他的東西。⁴ 你沒有權利決定什麼才是眞的；同理，什麼是看得見的或什麼是看不見的，你也做不了主。⁵ 所謂可見之物，其實就是指聖靈著眼之物。⁶ 眞相的定義來自上主，不是由你界定的。⁷ 既然眞相是祂創造出來的，故唯有祂了知眞相。⁸ 你原本知道這些事的，如今已忘得一乾二淨；除非祂教你如何再度憶起祂來，否則「遺忘」會使你萬劫不復。

4.　　因著天父之愛，你永遠無法忘懷祂的，只因上主親自將它置於你的記憶中，沒有人能忘得了。² 你能夠否定愛，卻無法失落它。³ 有一種天音將答覆你的每個疑問，有一種慧見會修正你所有的知見。⁴ 只因唯一的眞相已被你搞得不復可見，那唯一的答覆對你也不復可聞。⁵ 上主會幫你與你自己重新復合，祂絕不會棄你於痛苦而不顧。⁶ 你在等待的其實就是祂而已；只是你毫不知情。⁷ 然而，祂的記憶會始終在你心內照耀，不可能完全滅跡。⁸ 過去如此，未來如此，千古皆然。

5.　　只要你祈求恢復這一記憶，你就會憶起祂的。² 如果人心千方百計想要抹殺這個記憶，上主自然無法照耀此心。³ 因上主的記憶只可能降臨於有心憶起它而且不再瘋狂地想要操弄眞相的心靈。⁴ 你連自己都掌控不了，實在不該懷有操控宇宙的野心。⁵ 只要看看你自己的傑作，你該慶幸自己沒那本事。

6.　　上主之子，不要認命於虛無之境！² 凡是虛妄不實的，既不可見，也無價值。³ 上主不可能賜給聖子無價值之物，聖子也不會接受這類禮物的。⁴ 上主早已在你自以爲遺棄上主的那一刻拯救了你。⁵ 你所打造的那一切也不曾存在過，你看不見它們，因爲聖靈從不著眼於它們。⁶ 祂所著眼之物才是你該看見的，你的知見便如此被祂的慧見療癒了。⁷ 你已經把這個世界的唯一眞相弄得不復可見。⁸ 還把虛無當寶似地追求得不遺餘力。⁹ 虛無被你

弄假成眞之後，你自然隨處都只能看到它的蹤跡。¹⁰ **其實它根本就不存在**！¹¹ 只因你滿眼全是自己打造的虛無，基督自然由你眼前遁形。

7.　　　然而，不論你企圖在自己的覺識與眞理之間拉開多大的距離，全都無濟於事。² 你是可能看到上主之子的，因爲人人具有這一慧眼。³ 聖靈在你身上所看到的就是這個上主之子。⁴ 你視而不見之物在祂眼中卻歷歷在目。⁵ 祂始終記得你，因爲祂不可能遺忘天父。⁶ 你以前只知著眼於非眞之物，自然只會找到沮喪絕望。⁷ 你想要的若是非眞之物，豈能期待找到他物？⁸ 非眞的世界必然令人絕望，因它永遠無法成眞。⁹ 分享上主生命的你，若不活在眞相內，是不可能心安的。¹⁰ 凡不是上主賜你之物，沒有控制你的能力；而愛吸引愛的力量，則非你所能抗拒。¹¹ 因爲愛的任務乃是將萬物結合於自身之內，又能把自己的圓滿本質推恩於萬物，使它們重歸一體。

8.　　　上主在愛中賜給你一個眞實世界，想要與你所造及所見的世界交換。² 你只需由基督手中接收過來，正視一下它的存在。³ 它的眞相便會使一切幻相當下破滅，因爲注視眞相，給了你一種全面性的知見。⁴ 你只要正視一眼，便會憶起原來它始終不曾改變過。⁵ 虛無當下便消失了蹤影，因爲你終於懂得如何眞正去看了。⁶ 經過救贖的知見便輕而易舉轉爲眞知，因爲唯有知見才可能錯誤，而知見根本就不存在。⁷ 它一被修正，便會讓位給眞知，那才是唯一且永恆的眞相。⁸ 所謂救贖，不過是領你回到那不曾失落之境的方便法門而已。⁹ 只因你的天父對聖子的愛永恆不渝。

第十三章　清白無罪的世界

導　言

1. 若非罪咎作祟，你是不可能發動攻擊的，因爲定人之罪乃是你發動攻擊的根本原因。² 意味著某個心靈已判定另一心靈不值得愛，理當受罰。³ 對立由此形成。⁴ 因爲評判之心必會把自己與對方視爲毫不相干的生命，而且相信唯有懲罰對方，自己方得倖免。⁵ 這充分反映出心靈的錯亂，它一面企圖否定自我，一面又怕受到懲罰。⁶ 此舉非但無助於放下否定，反而會使自己愈陷愈深。⁷ 因爲罪咎會讓你再也看不清天父的面容；你就是被這罪咎逼瘋的。

2. 上主之子讓罪咎進入了自己心中，這是天人分裂之始；那麼，當他接受救贖之際，自然成了分裂的終結。² 你眼前的一切乃是被罪咎逼瘋的心靈妄想出來的世界。³ 只要仔細端詳一下世界，你便明白此言不虛。⁴ 因爲世界確是懲罰的具體象徵，它的運作法則好似全受死亡控制。⁵ 孩子們在痛苦中誕生，歷盡滄桑地活下去。⁶ 痛苦伴隨著他們成長，他們所學的盡是悲傷、分離與死亡。⁷ 他們的心靈好似囚禁在頭腦裡，身體一受到傷害，腦力就隨之減退。⁸ 他們很想愛人，然而，一生不是遺棄別人就是被人遺棄。⁹ 他們好似隨時都會痛失所愛，沒有比這更瘋狂的信念了。¹⁰ 他們的身體日漸衰頹，一口氣接不上來，便是黃土一坏，重歸虛無。¹¹ 任誰都會感到造物主何其不仁。

3. 如果這是眞實的世界，上主確實不仁。² 因爲沒有一個有愛心的父親可能要求孩子爲救恩付出這種代價的。³ **愛豈會用死亡拯救人？**⁴ 否則，攻擊不就成了救恩？只有小我才可能想出這種點子，上主絕不可能有此想法。⁵ 唯有充滿罪咎的世界才會索求這種代價，也唯有自視有罪之人才會生出這類念頭。⁶ 當初如果亞當不相信是天父將他逐出樂園的，他的「罪」便不至於遺害萬年。⁷ 人們因著那一念之差而忘卻了天父的眞相；因爲唯有不認識祂的人，才會相信小我那套說詞。

4. 「上主之子被釘十字架」，是世界活生生的寫照。² 除非你

徹底明白上主之子是不可能被釘死的，否則你眼中只可能看見這種世界。³ 唯有你先接受上主之子永遠無罪的事實，才可能明白這一道理。⁴ 他理當接受愛，因他只能給出愛。⁵ 他不可能被定罪，因爲他從不定任何人的罪。⁶「救贖」是他最後一堂必修課程，它教聖子看出自己不曾犯罪，故也不待拯救。

壹. 清白無罪與百害不侵

1.　　我先前說過，聖靈與所有優秀教師一樣，祂會將自己所知的一切傾囊相授，最後的目的是讓自己形同虛設。² 此即聖靈之所願；祂爲了把天父之愛帶給聖子，必先設法消除聖子心中所有的罪咎，他才可能心安理得地憶起天父。³ 平安及罪咎是勢不兩立的，唯有平安的心靈才可能憶起天父。⁴ 愛與罪咎也無法並存，你若接受一方，表示你已否定了另一方。⁵ 罪咎會使你看不見基督的臨在，因它否定了聖子無瑕可指的本質。

2.　　在你自己打造的荒誕世界裡，上主之子確實罪不可赦。² 那麼，你還可能真正看到他嗎？³ 他的真相一旦從你眼前消失，因果報應的世界便會從這罪咎的濃霧中浮現，你不只接受它，還會百般珍惜。⁴ 唯有基督無瑕可指的本質才能證明小我不曾存在也永遠不可能存在。⁵ 沒有罪咎的支撐，小我了無生機可言，而上主之子確是清白無罪的。

3.　　只要你能誠實地反省一下自己的所作所爲，就會忍不住懷疑自己怎麼可能清白無罪！² 你不妨這樣想：你是在永恆境界裡清白無罪，而非時空世界。³ 你過去確實「犯了罪」，問題是「過去」根本不存在。⁴「永遠如此」之境哪有方向或座標？⁵ 時間只是看起來朝著某一方向推進，但當你抵達盡頭時，過去的時間會像你身後那條漫長的地毯，瞬間捲起而消失於無形。⁶ 只要你相信上主之子是有罪的，表示你仍在這地毯上徘徊，並且相信它正一步一步地將你導向死亡。⁷ 這旅程顯得如此無情、漫長又了無意義；它確實如此。

4.　　上主之子爲自己設定的旅程只是虛度一生而已，天父爲聖子安排的才是解脫與喜樂之道。² 天父絕非不仁，聖子也傷害不

了自己。³他眼中所見的可怕報應其實不曾傷他分毫；不論他多麼相信因果不爽，聖靈知道那不是真的。⁴聖靈就立於時間的盡頭，那也是你真正所在之地，因爲聖靈必然與你同在。⁵祂會幫聖子解除所有與他不配之物，這是天父賦予聖靈的任務。⁶只要是出自上主之願，必然永遠如此。

5.　　　只要你學會認出上主之子的清白無罪，你就會看到我。²上主之子一直都在尋找自己的清白，其實他已經找到了。³每個人都千方百計想要逃離自己打造的監獄，他遲早會找到脫身的途徑的。⁴因爲脫身之途就在他的心內，爲此他其實已經找到了。⁵至於何時找到，只是遲早的問題；幸好，時間只是幻相而已。⁶上主之子在當下這一刻已經清白無罪了，他純潔無染的光明在上主天心內光華四射。⁷上主之子永遠不會失落他受造之初的本來面目。⁸否認你的世界吧！不要評判你的弟兄，因他在天父心中永遠清白無罪，這才是聖子永恆的護身符。

6.　　　你一旦親自接受了救贖，自然便會了悟上主之子的清白無罪。²唯有著眼於他無罪的一面，你才可能認出他內的一體生命。³因爲罪咎觀念會讓人生出「此人能夠定彼人之罪」那種信念，且將分裂投射於本來的一體之境。⁴你只能定自己的罪，一旦定罪，你再也不知道自己是上主之子了。⁵因你已否定了他的生命真相、他無瑕可指的完美本質。⁶他是由愛中創生的，故只能活在愛中。⁷善良與仁慈始終伴隨他左右，因他的生命一直在延伸天父之愛。

7.　　　你若能認出自己的同行伙伴是何方神聖，便會瞬間了悟根本沒有所謂的「旅程」，只有覺醒才是真的。²那從不入睡的上主之子，一直在爲你向天父表達忠貞。³這根本就是一趟無「程」之旅，也沒有所謂的「時光隧道」。⁴上主不會在時間裡等待祂的聖子的，因爲祂從來不願離開聖子而活。⁵故祂不曾離開聖子一步。⁶讓上主之子的神聖光輝驅散那籠罩你心頭的罪咎之雲吧！你只需把他的純潔納爲己有，便能從他身上學到原來那一切本來就是你的。

8.　　　你是百害不侵的，因爲你清白無罪。²只有罪咎才會使你飽受過去的糾纏。³因爲罪咎相信你該爲自己所作的一切受罰，將

你打入從過去到未來的「一次元」時空世界。⁴凡是相信時間的人，不可能了解「永遠」的含義，罪咎便如此奪走了你對永恆的嚮往。⁵你是不朽的，因為你有永恆生命，「永遠」必然就在此刻。⁶由此可知，罪咎不過想把過去與未來的觀念打入你的心內，確保小我的生存。⁷如果你會為過去一切受到懲罰，小我的續存便得到了保證。⁸問題是，只有上主（而非小我）才能保證生命的永續性。⁹不朽是時間觀念的反面，時間轉眼即逝，唯有不朽之境恆常不變。

9.　　唯有接受救贖，才能教你認出什麼是不朽的；唯有接受了自己的無罪，你才會明瞭過去確實不存在，未來也沒有存在的必要。²未來的時間觀念常與補償心態互通聲息，唯有罪咎心念才會衍生出贖罪心態。³因此，接受上主之子的無罪作為自己的生命本質，這是上主幫你憶起聖子真相的途徑。⁴既然上主從未定過聖子的罪，他的清白無罪必是永恆的。

10.　　你一旦把罪咎當真，而且還想為它贖罪的話，你就再也難以脫身了。²這是小我高明之處，它不僅不會幫你除去罪咎，反而助長了自己的聲勢。³小我相信唯有攻擊才能贖回自己，只因它早已信服「攻擊即救恩」的瘋狂信念。⁴你若還戀戀不捨罪咎心態，必然對它言聽計從；若非你已與小我認同，否則你怎麼可能如此珍惜自己根本不想要之物？

11.　　小我教你攻擊自己，因為你罪有應得；而攻擊又會讓你內咎，使你更感到罪孽深重。²因此，在小我的教導下，你不可能擺脫罪咎的。³因為攻擊會把罪咎弄假成真；一旦弄假成真，你就難以制服它了。⁴聖靈消除罪咎的方法就是心平氣和地看清罪咎不存在的事實。⁵祂只需正視無罪的聖子一眼，就知道這是千真萬確的事。⁶你若也能看到這一真相，就不可能攻擊自己了；因為了無罪咎之人不可能發動攻擊。⁷你便如此得救了，只因上主之子天生清白無罪。⁸心地徹底純潔的人必然百害不侵。

貳. 上主之子的清白無罪

1.　　投射的目的最終不外乎擺脫自己心裡的罪咎。²然而，按照

小我的一貫作風，它最多只會把罪咎從自己的觀念中剔除；不論小我多麼想要保留罪咎，你遲早會忍無可忍的，因為罪咎阻礙了你憶起上主，而上主對你卻有難以抗拒的吸引力。³ 你的心靈在此便發生了嚴重的分歧，你若聽從小我而保留罪咎，**你就無法活出自己**。⁴ 小我唯有讓你相信它才是真正的你，方能唆使你把罪咎投射出去，使它得以更深地埋藏在你心裡。

2.　　想一想，小我的解決方案何其怪異！² 你原想擺脫罪咎才將它投射出去的，結果你只是把它藏起來而已。³ 你仍然感到罪孽深重，卻不明所以。⁴ 你甚且會把罪咎與小我種種怪異的「理想」混為一談，因小我常控訴你辜負了它對你的殷切期望。⁵ 你毫不明白自己辜負的其實是上主之子，因你已把他視為有罪之人。⁶ 你若相信你已不是本來的你，對不起你的其實是你自己。

3.　　你對罪咎的信念一直隱藏在心靈最黑暗且隱秘的角落，不讓自己意識到它的存在。² 那角落隱藏的祕密即是：你心知肚明自己背叛了上主之子，且定了他的死罪。³ 它所隱藏的謀害之念瘋狂至極，你卻從不質疑，只因小我的毀滅傾向如此強烈，不釘死聖子是誓不甘休的。⁴ 小我對上主之子的真相一無所知，只因它已徹底盲目。⁵ 它一看到清白無罪，就會驚惶失措，不置之死地絕不罷休。

4.　　小我大部分的荒誕行為，都可直接追溯到它對罪咎所下的定義。² 對小我而言，**清白無罪等於罪大惡極**。³ 凡是不發動攻擊之人都成了小我的「敵人」，因為他們沒有尊重它對救恩的詮釋，這意味著他們隨時都可能放棄罪咎，揚長而去。⁴ 如今他們逼近了小我巢穴最黑暗的角落；小我可以忍受你質詢任何事情，拼死也要守住這一祕密，它必須守住這道防線才能生存下去。⁵ 因此，我們必須正視這一祕密，小我便阻止不了你接受真相；真相一現，小我便被驅逐出境了。

5.　　讓我們在真理的寧靜光明下，看一看「你相信自己釘死了上主之子」這一事實。² 你始終不敢招認這「可怕的」陰謀，因為一旦找到了上主之子，你仍舊會想釘死他的。³ 就是這一可怕陰謀使你認不出上主之子，只因連你自己都怕找到他。⁴ 而你對付這種自殺心態的辦法，就是乾脆忘掉自己究竟是誰，寧可活成另

一種生命。⁵ 你不敢掀它的底牌，只好盲目地將罪咎胡亂投射出去。⁶ 小我確有置你於死地之意，你一旦與它認同，就不能不與它沆瀣一氣了。

6.　　我已說過，十字架乃是小我的象徵。² 它只要一碰到上主之子真正清白的面容，就想置他於死地；它的理由是：清白無罪乃是對上主的褻瀆。³ 對小我而言，它即是上主，那麼清白無罪在它的詮釋下自然罪該萬死。⁴ 你至今還不明白，你就是因為小我的這類詮釋，才這麼害怕這部課程；你只需回顧一下自己的種種反彈，就不能不承認自己真的如此。

7.　　本課程再三明言，它的宗旨只是給你平安與幸福。² 你卻對它避之猶恐不及。³ 它再三向你保證，它會幫你恢復自由，你卻認定它有意束縛你，因而不斷反彈。⁴ 你為了逃避這一課程所費的心思遠超過你逃避小我的思想體系。⁵ 這多少影射出你相信不學這一課程對你才算是一種保護。⁶ 你絲毫不明白，只有你清白無罪的本質才是你唯一的護身符。

8.　　人們常把救贖詮釋為擺脫罪咎的束縛，這並沒有錯，但你必須真正了解其意。² 即使我苦口婆心地解釋，你仍可能心生排斥而拒絕接受。³ 即使你已看清小我及其誘餌一無所用，心裡根本不想要它們，但這未必表示你已欣然準備接受另一種可能性了。⁴ 說到究竟，你真正害怕的是救贖，你相信那才會害死你。⁵ 千萬不要低估這恐懼的嚴重後果。⁶ 你確實相信自己一看見真相之後便會轉頭攻擊自己，甚至不惜毀滅自己。

9.　　親愛的孩子呀！這絕非事實。² 你那「罪孽深重的祕密」裡其實什麼都沒有，你只需將它帶到光明之中，它就會煙消雲散了。³ 那麼，再也沒有烏雲能妨礙你憶起自己的天父，因你會憶起祂清白無罪的聖子，他不曾死亡，因他是不朽的生命。⁴ 如此，你便會親眼看到自己與他一起得救了，你根本不曾與他分開過。⁵ 了解這一道理，你就會恢復自己的記憶，因那是對愛大無畏的肯定。⁶ 天堂因著你的歸來而歡樂無比，這份歡樂也終歸於你。⁷ 得救的「人子」即是清白無罪的「聖子」；認出他的真相，你便得救了。

參. 對救贖的恐懼

1.　　你也許會奇怪：正視自己的瞋心，且明白它的全面影響何以如此重要？² 你也可能會想：何不請聖靈直接指出你的瞋心，不待你本人覺察，就自動爲你驅除，不是更省事嗎？³ 問題是，你早已在救贖與自己之間另加了一道障礙。⁴ 我們先前說過，沒有人會在看清恐懼的面容之後還能忍受它的存在。⁵ 已被扭曲的心靈，眞正怕的不是恐懼。⁶ 儘管你不喜歡恐懼，但你更不想招惹那眞正令你害怕的東西。⁷ 你心裡的恨還沒有到讓你坐立不安的程度。⁸ 你寧願繼續讓它隱藏下去，只因你更害怕它下面覆蓋的東西。⁹ 你絕不會一無所懼地正視小我最黑暗的角落，因爲你仍相信，若非小我這塊擋箭牌，你會在心底發掘出更可怕的東西。¹⁰ 你害怕的其實不是十字架。¹¹ 你眞正恐懼的是救贖。

2.　　藏在小我黑暗基地下面的其實是你對上主的記憶，這才是你眞正害怕面對之物。² 因這記憶當下即能幫你恢復原有的面目，那正是你千方百計想要逃避之故。³ 你對攻擊的恐懼遠比不上你對愛的恐懼。⁴ 你絕不願面對自己存心殺害上主之子的野蠻企圖，因爲你相信那能幫你逃避愛的魔掌。⁵ 這一居心即是天人分裂之因，而你千方百計掩飾這個企圖表示你還不想要療癒這一分裂。⁶ 你明白，一旦撤去了蔽日的烏雲，你對天父之愛會使你不能不答覆祂的召喚而直升天堂。⁷ 因此你寧可把攻擊當成救恩，以便防止此事發生。⁸ 然而，你對天父熾烈的愛，以及祂對你的愛，遠比小我的基地更深，也遠比小我的力量更大。⁹ 這才是你眞正想要隱藏的事實。

3.　　說實話，要你說「我愛」是否比說「我恨」更難啓齒？² 你已習慣把愛與脆弱、恨與力量聯想在一起；你眞正的力量反似成了你的弱點。³ 因爲只要你聽到愛的召喚，必會情不自禁地欣然相應，而你自以爲打造出來的那個世界就會全盤瓦解。⁴ 爲此，聖靈看起來反而像在攻擊你的生存基地，因你存心把上主關在門外，幸好祂不會被你推出去的。

4.　　你爲自己建立了一個神智不清的信仰體系，因你擔心自己在上主面前毫無招架之力，你想要逃避祂的愛，因爲你認定愛會將

你碾爲虛無。² 你害怕那愛會使你失去自我，變得渺小卑微，因爲你相信只有抗衡才能壯大你的聲勢，只有攻擊才會顯示你的偉大。³ 你認定上主企圖毀掉你所打造的世界；你若愛祂（而你分明如此），無異於放棄自己的世界（你確實會如此）。⁴ 於是，你只好利用這世界來覆蓋你的愛；其實你愈深入小我的黑暗巢穴，離它所隱藏的愛反倒更近了。⁵ **這才是最讓你害怕的事。**

5.　　你能接受自己的神智不清，只因那是你自己造成的；你卻無法接受愛，只因那不是你造得出來的。² 你寧願作十字架的奴隸，也不願作得救的上主之子。³ 你個人的生死好似遠比你那道地的一體生命更爲可貴，因爲上天賜予你的遠比不上你自己打造之物來得貼心。⁴ 你對上主的恐懼遠甚於你對小我的恐懼，愛是不可能來到不受歡迎之處的。⁵ 只有憎恨才會如入無人之地，因爲它一向爲所欲爲，毫不顧及你的意願。

6.　　幻相無法靠自己存在，但你必須正視它們而且不再企圖掩飾才行。² 你若存心隱藏，反倒給了它們存在的基礎，它會顯得生龍活虎，自給自足。³ 世上所有的幻相都是由這一基本幻相衍生出來的。⁴ 因爲你若隱藏這一幻相，等於把埋藏其下的愛心一併封鎖了，原本是愛的心靈不能不相信自己確實在憤怒下造出了那些幻相。⁵ 心靈所受之苦可想而知；直到你揭開痛苦的眞相，它才可能承認自己有待療癒。⁶ 你那些伎倆和本事沒有一個平撫得了它的痛苦，這才是上主之子眞正在背的十字架。

7.　　其實，他並沒有被釘上十字架。² 這既是他的痛苦，也是他療癒的基礎，因聖靈的慧眼仁慈無比，祂的藥方效果神速。³ 不要對祂隱瞞你的痛苦，欣然交託到祂手裡。⁴ 把你一切痛心之事都放到祂永恆清明之境，接受祂的療癒。⁵ 讓祂的光明照耀在你每一絲痛苦上，再仔細檢查心中每個念頭，看看還有什麼是你害怕揭露的。⁶ 祂會療癒你心中所隱藏的每一個有害念頭，不論多麼微不足道，祂都會淨化它，將它匯入上主的莊嚴偉大之中。

8.　　在你珍視的狂妄自大之下，隱藏著你求助的呼喚。² 那是你對天父發出的愛之呼求，也是天父對你的愛之呼喚。³ 那兒隱藏著你一心想要與天父結合的渴望，因你願在愛中憶起祂來。⁴ 只要你能在弟兄身上認出求助之聲，你便已找到了眞理所在；縱

然他們寧願自欺下去，其實他們像你一樣嚮往自己原有的莊嚴偉大。[5]一旦看到這一偉大，只要你欣然接納，它便非你莫屬。[6]因莊嚴偉大是上主之子的天賦權利，沒有任何幻相滿足得了他，或害他失落了真實的自己。[7]只有他的愛真實不虛，也只有回到自己的真相，他才可能活得心滿意足。

9. 　　　將上主之子由自己的幻相中解放出來吧！你才可能平安喜樂地領受天父的崇高偉大。[2]不要將任何人摒除於你的愛之外，否則你是在自己心裡保留了一個黑暗角落，不准聖靈進來。[3]如此，你等於把自己摒除在聖靈的療癒大能之外了！因你若不獻出完整的愛，便得不到全面的療癒。[4]療癒與恐懼都是全面性的，只要有一絲恐懼在那兒攪局，愛就無法進來。

10. 　　　你若寧願分裂，而不願恢復清明的神智，你是不可能恢復正念的。[2]在你向上主要求那一「特殊」恩惠之前，你原本活得平安無事。[3]上主無法答應你的，因為那種請求對祂完全是不可理喻之事，而你也不可能真的向深愛聖子的天父提出這種要求的。[4]向天父要求唯有不仁之父才可能俯允之事，等於存心把祂變成不仁之父。[5]上主之子的平安便這樣破滅了，因他再也無法了解自己的天父。[6]他不只會開始害怕自己所造之物，他更怕真正的天父，因他自知冒犯了天父與他的偉大平等關係。

11. 　　　當他活在平安之中，一無所需，也一無所求。[2]當他陷於苦戰之際，就什麼都想要，卻什麼都得不到。[3]溫柔的愛怎麼可能答覆他的祈求？它只好平靜地離去，回到天父那裡。[4]上主之子若不想活在平安中，根本沒有其他的立身之處。[5]日趨黯淡的心靈承受不了光明，只好另覓一個陰暗的去處，假裝自己活在那裡；然而事實並非如此，[6]上主並不曾讓此事發生。[7]但你硬說它發生了，因而相信確有其事。

12. 　　　「特別揀選」（single out）與「陷入孤立」（make alone）是同一回事，孤獨感就是這樣形成的。[2]上主從未如此對待過你。[3]祂怎麼可能將你孤立起來？祂明知你的平安是建立在祂的一體性上。[4]上主只會拒絕你自找苦吃的要求，因祂的創造是無法受苦的。[5]祂既已將造化賜給了你，豈會收回成命？[6]祂只能以神智清明的答覆來回應你神智不清的要求；即使在你神智不清之

際，那答覆仍然在你心中迴響。[7] 這是祂所能做的事。[8] 凡是眞正聽到祂答覆的人，必會放棄自己神智不清的要求。[9] 因爲祂的答覆等於給了你一個超越幻相的座標，你若由此座標回顧以往，便會看出它們的瘋狂之處。[10] 全心尋找這一座標吧，你會找著的，因爲愛就在你內，它必會將你領到那裡去。

肆．時間的功能

1.　　如今，你害怕這個課程的原因非常清楚了。[2] 因爲這是愛的課程，也因爲這課程是針對你而發的。[3] 我曾告訴你：你在世間負有療癒的任務，你在天上則負有創造的任務。[4] 小我卻有另一套說詞：你在世間負有毀滅的任務，你在天上則根本沒有任務。[5] 它就這樣將你毀滅於此，葬身於此，除了那一坏黃土，你一無所有，因你認定生命源自塵土。[6] 根據小我的原則，只要它對你還算滿意，它會讓你回歸虛無；[7] 它若翻臉無情，你會被打入十八層地獄。

2.　　然而，不論是化爲虛無或淪落地獄，對你都比天堂容易接受一些。[2] 天堂對你而言，無異於地獄與虛無，在你心目中沒有比眞實天堂更可怕的威脅了。[3] 地獄與虛無既是你自己造出的觀念，你會不計代價地證實那是你眞正的處境。[4] 倘若有人質疑它們的眞實性，你會感到自己的眞實性受到了質疑。[5] 你相信攻擊是你的存在現實，你同時相信自己的滅亡成了證明上述看法無誤的最終憑據。

3.　　由此觀之，上述看法若是錯的，豈不對你更爲有利？事實上，你的想法確實錯得離譜。[2] 也許有人會這樣反駁：死亡至少影射出生命「一度」存在過。但沒有人會用死亡來證明生命「眞的」存在的。[3] 縱使死亡能夠影射出一度存在的生命，但最後依舊不免一死，還要藉死亡來證明生命曾經存在過，這種生命究竟有何意義？[4] 你只會質疑天堂的存在，卻不敢如此質疑死亡。[5] 唯有等到你開始質疑死亡，才有療癒別人而獲得療癒的希望。[6] 縱然你還不知道天堂的眞相，它總比死亡更令人嚮往吧！[7] 你的質疑就跟你選擇性的知見一樣，常常避重就輕。[8] 開放的心靈必須

更坦誠一些才行。

4.　　小我的時間觀念極其怪異，你不妨針對這一觀念開始你的質疑。² 小我把心力大量投資於過去，最後竟然相信只有過去才有意義。³ 你可記得我說的：小我不惜強調罪咎的存在，設法把「未來」變得像「過去」一樣來逃避「現在」，而維繫小我的延續性。⁴「未來得爲過去付代價」這一觀念，使過去的經驗成了決定未來的因素，而且把「過去」與「未來」串連起來，致使「現在」毫無插手的餘地。⁵ 對小我而言，現在只是通往未來的短暫過渡，它根據過去的經驗來解釋現在，就這樣把過去直接帶入了未來。

5.　　「現在」對小我毫無意義，² 最多只能提醒它過去的創傷，因此它會把現在當成過去那樣來應付。³ 小我絕不容忍你輕易擺脫過去的經驗，即使過去已經過去了，它爲了保存舊夢，不惜把過去的事當成發生在此時此刻一般地看待。⁴ 它命令你依過去的心態回應此刻發生的事，使你再也看不清此事的當下眞相。⁵ 你若聽從小我的指令，必會把弟兄當成另一種人來看待，使你再也無從認出他的眞相。⁶ 你會根據過去的經驗來接收他的訊息；「過去」一旦被你還魂於「現在」，你自然不會輕易放手。⁷ 你就如此這般地回拒了每一位弟兄此刻所帶給你的解脫訊息。

6.　　你眞正該躲避的乃是過去的陰森魅影。² 它們都不是眞的，你不讓它們與你同行，它們對你就無計可施。³ 它們懷著你心中之痛，命令你「現在」發動攻擊，爲已不存在的「過去」進行報復。⁴ 這一決定又會帶給你「未來」的痛。⁵ 除非你已學會看穿過去的痛只是一種幻相，否則那些幻相必會在未來重演，使你錯失當下解脫的大好機會。⁶ 小我想盡辦法保留你的噩夢，防止你悟出這一切原來早已過去的事實。⁷ 如果任何會晤都成了你跟自己的過去重逢，你還可能認出「神聖會晤」嗎？⁸ 因爲你既沒有結交到任何人，也沒有分享任何救恩，自然不可能看出這一會晤的神聖性。⁹ 聖靈要你明白，你所會晤的始終是你自己，這會晤必是神聖的，因爲你是神聖的。¹⁰ 小我則會教你，你所會晤的始終是過去的你，往日的夢既無神聖可言，未來也不會神聖到哪裡去，現在更是毫無意義。

7.　　　聖靈與小我的時間觀顯然南轅北轍。² 原因也十分明顯，因時間在雙方眼中具有截然相反的目的。³ 在聖靈的詮釋之下，時間是爲了解除你對時間的需求。⁴ 因此，時間在祂心目中只有暫時的功能，純爲祂的教學任務而設，最多只能算是一種方便法門而已。⁵ 因此祂只會重視能夠延伸至永恆的時間，而「現在」可說是人間最貼近永恆的時間了。⁶ 沒有過去與未來的「現在」這個眞相，才能爲你開啓對永恆的嚮往。⁷ 此刻只有「現在」，「神聖會晤」也只可能發生於「現在」，給你一個得救的機會。

8.　　　在小我眼中，時間的目的只是爲了延伸自己來取代永恆；小我和聖靈一樣，對時間的存在目的各有一套詮釋。² 時間在小我世界裡，唯一目的就是把過去延續至未來，封殺現在，把時間延續得天衣無縫。³ 它企圖用這一延續性把你封鎖在時間之內，聖靈之意則是幫你由時間脫身。⁴ 若想要接受聖靈託付給你的救恩目標，你得先學習接受祂爲你詮釋的救恩方法才行。

9.　　　你也一樣，你如何詮釋自己的任務，就會如何詮釋時間的功能。² 你若認可自己在時空世界只有療癒的任務，自然只會重視可能帶來療癒的那種時間。³ 療癒無法完成於過去，⁴ 它只有完成於現在，才能釋放未來。⁵ 這種詮釋也把未來與現在串連了起來，所不同的，它是把現在（而非過去）延伸到未來。⁶ 但你若把自己的任務詮釋爲滅亡，你是不可能看見現在的，你必會緊抓著過去，確保一個毀滅性的未來。⁷ 時間本來什麼也不是，你如何詮釋它，它就成了什麼。

伍．兩種情感

1.　　　我曾說過，你只有兩種情感：愛與恐懼。² 一種情感永遠不變，它是永恆生命與永恆生命彼此不斷的交流互換。³ 它藉此互換而向外推恩，透過給予而日益豐盈。⁴ 另一種情感則千變萬化，因爲個體幻相的內涵差異頗大。⁵ 它們只有一個共通性，全都瘋狂失常。⁶ 它們是由看不見的形色及聽不見的音聲拼湊成的。⁷ 造出一個無法與人共享的私有世界。⁸ 那些幻相只對打造它的主人才有意義，那根本稱不上什麼意義。⁹ 它們的主人孤獨地

活在世上，因爲只有他才感受得到那些情緒。

2.　　　每個人的世界都塞滿了過去經驗中的人物，正因如此，他的私有世界才顯得如此不同。² 問題是，他所見的人物並非真的存在，純粹是由他對弟兄的心態投射而成，其中並不包括弟兄對他的反應心態。³ 因此他看不出那些人物都是自己的投射，並非他們的全部真相。⁴ 那些人物也沒有任何見證，因爲只有那顆分裂的心才看得見他們。

3.　　　神智失常的人就是透過這些陰森詭異的形相而與這個瘋狂世界互動的。² 他們所見到的只限於與這些形相有關之人，他們所有的關係也都建立在這些形相上。³ 換句話說，他們結交了一群根本不存在的人，也只有那些不存在的人在回應他們。⁴ 誰召喚他們前來，誰就會聽見他們的答覆，也只有他會相信那類答覆。⁵ 投射形成知見，你的所知所見超越不了自己的投射。⁶ 你之所以會再三攻擊自己的弟兄，因爲你在他身上看到了自己私有世界裡的魅影。⁷ 你企圖攻擊的既然不是那個人，表示那攻擊只會落在你身上。⁸ 那些形相只存於你心念裡，當你攻擊他人時，你等於攻擊根本不存在之物。

4.　　　妄想症患者有著極強的毀滅傾向，他們意識不到他們是在詛咒自己。² 他們雖不想死，卻又緊抓著這一詛咒不放。³ 他們只好精神分裂，躲到自己的私有世界，活得錯亂而顛倒，內心的念頭搖身一變都成了外在的現實。⁴ 他們完全不明白自己裡面是怎麼一回事，只因他們認不出那些弟兄的真相。

5.　　　你只有兩種情感，在你私有的世界裡，你常指鹿爲馬，相互混淆。² 愛無法存在於對立的世界，一旦落入那個世界，便無人能認出它的真面目。³ 如果你把自己的恨當成了弟兄的恨，你當然認不出他來了。⁴ 每一個人都想親近自己之所愛，迴避自己之所懼。⁵ 你卻對愛心懷戒懼，避之猶恐不及。⁶ 又把恐懼誤認爲愛，禁不住它的吸引而喚它前來。⁷ 你那私有世界裡因此塞滿了應你之請而來的牛鬼蛇神，對於弟兄獻給你的那一切愛反倒視若無睹。

6.　　　如果你真能張開眼睛正視這個世界，必會若有所悟：自己確實神智失常了。² 所看到的盡是不存在的幻影，聽到的亦是無音

之聲。³ 你的情緒反應常與你眞正的情感恰恰相反。⁴ 你只是跟一堆幻影交往而已，你好似被遺棄於眞相之外，孤零零地活在大千世界裡。⁵ 當你發狂時，完全看不見眞相，所看到的一切不過反映出你的精神錯亂。⁶ 你聽不見上主召喚的聲音，因你腦中塞滿了自己的聲音。⁷ 你眼中不可能有基督慧見，因你所看到的只有自己一人。

7. 　　小小孩童，你豈會把這種東西獻給天父？² 你若獻給自己此物，表示你必已獻給了天父。³ 祂不會退還你這項禮物的，因爲那東西既配不上祂，必也配不上你。⁴ 反之，祂會幫你擺脫它的束縛，還你自由。⁵ 祂會神智清明地答覆你：你給自己之物並非眞的，祂賜你的禮物才永恆不渝。⁶ 即使你還不知道自己在做什麼，但是你有能力學會認出它的瘋狂之處而超越過去的。⁷ 你現在就能學習否認自己的神智失常，平安地走出你那私有世界。⁸ 你會再度看到你先前因否定了自己而否定弟兄身上的那一切。⁹ 因爲你確實愛他們，你愈親近他們，他們便愈受你的吸引，你便能透過他們的見證而看到你與上主共享的一切。¹⁰ 我與他們同在，就如我與你同在一樣，我們會把他們由自己的私有世界裡吸引過來；當我們結合時，便與他們結合在一起了。¹¹ 天父會滿心歡喜地向我們所有的人大表歡迎，而這份歡喜心也是我們獻給祂的回禮。¹² 上主既然連自己都賜給了你，當然也會把所有聖子一併賜給你。¹³ 而你能獻給聖子的禮物也唯有上主而已，唯有如此，你方能認出祂所賜你的禮物。

8. 　　慧見需要光明。² 在黑暗中，你不可能看見的。³ 然而，在黑暗中，也就是你的私人夢境裡，即使闔上了眼睛，你仍可能看見夢裡的一切。⁴ 也只有在夢中你才會看到自己打造的世界。⁵ 一旦捨棄黑暗，你打造的那一切便消失了蹤影；因你必然已經否定了自己的慧見，才可能看到那一世界的。⁶ 問題是，否定慧見之後，未必保證你看不見。⁷ 它會讓你神智失常，相信你能爲自己打造一個私有世界，操控得了自己所見的人物影像，這是「否認」的眞正企圖。⁸ 爲達此企圖，你必須先驅逐光明。⁹ 然而光明一至，夢境必然消失，你才能看得一清二楚。

9. 　　不要企圖透過肉眼去尋找慧見，縱然你自行發明了一種能在黑暗中看見的伎倆，把自己騙得團團轉。² 所幸，基督慧見仍在

你內，祂能超越黑暗而在光明中俯視萬物。³ 你個人的「見地」只可能出自恐懼，基督慧見才源自於愛。⁴ 祂會為你看，為你的真實世界作證。⁵ 祂是聖靈的化身，永遠著眼於真實世界，祂會把所有能為真實世界作證之人吸引到你身邊。⁶ 祂深愛自己在你內所看到的一切，還要把它們推恩出去。⁷ 在祂將你的知見延伸到天父那兒之前，祂誓不回歸天父。⁸ 知見至此才會銷聲匿跡，因祂已帶你一起回歸了天父。

10.　　你只有兩種情感，一種是你自己發明的，另一種則是上天所賜。² 每一種情感不過代表一種看的角度，不同的眼光也會架構出不同的世界。³ 請用天父賜給你的慧眼去看吧！因基督在此慧見下只會看到自己。⁴ 基督一旦看到了自己的真相，自然知道天父的真相。⁵ 祂終於越過了你最黑暗的夢境，在你的心內看到那清白無罪的聖子，聖子的圓滿光輝不曾因你的夢境而黯淡。⁶ 這就是你與基督一起去看時必會見到的影像，這一慧見正是祂在愛中所給你的禮物，天父是為了你才賜給祂的。

11.　　聖靈就是基督所要啟示於人的光明。² 凡是有心瞻仰基督的人，表示他們已經祈求了光明，因此他們必會看見基督。³ 他們不會只看見基督，因基督和他們都不是獨存的生命。⁴ 只要認出聖子，表示他已經在基督內覺醒於天父了。⁵ 他們遲早會了解這一事實的，因為他們已學會向內去看，越過了黑暗而看見心內的基督，認出祂的本來面目。⁶ 在基督的清明慧見下，他們方能滿懷愛心地看待自己，一如聖靈看待自己那般。⁷ 一旦看清了自己生命的真相，整個世界的美善都會隨著那一慧見而返照於他們身上。

陸．尋找當下

1.　　所謂「真正看到」，是指你透過自己的覺性而全面覺於自己的真相。² 這表示你眼裡不能存有任何幻相，因真相是不容任何謬誤的。³ 換句話說，當你著眼於弟兄時，只看當下此刻的他。⁴ 這一刻他的過去已不存在，因此你不可能看見過去的他。⁵ 你過去對他的感受也同樣不存在了，如果你仍針對那些感受而反應，

表示你所見到的並不是他，而是自己心目中的他，你重視那個形相甚於他本人。⁶ 當你質疑幻相時，不妨如此自問：把過去的他當成現在的他，這種心態正常嗎？⁷ 你面對弟兄時若只記得過去的他，怎麼可能看到他當前的真相？

2.　　藉由過去的經驗作為評判現況的座標，你認為是「很自然」的事。² 其實它一點兒都不自然，那是精神錯亂的徵兆。³ 你必須學會不再用過去的經驗指標來評論任何人（不論在你心目中那是他的過去或是你的），你才可能從眼前的事件學到東西。⁴ 過去的陰影遮蔽不了現在，**除非你害怕光明，那就另當別論了**。⁵ 唯有害怕光明，你才會寧可與黑暗為伍，任它縈繞你心中，有如一團烏雲籠罩在你弟兄身上，使你再也見不到他們的真相。

3.　　**這黑暗其實是在你內**。² 此刻示現於你眼前的基督，是沒有過去的，因祂千古不易；祂的不易性成了你解脫的希望。³ 只要祂仍是受造之初的祂，罪咎便不可能存於祂內。⁴ 罪咎之雲也遮蔽不了祂的面容，只要你有「透過基督去看基督」的本事，祂便會示現於你所遇到的每一個人。⁵ 所謂重生，即是放下過去，不再以定罪的眼光去看當前的一切。⁶ 遮蔽聖子的烏雲早已過去了；如果你希望它一逝不返，此刻絕不能再著眼於它了。⁷ 你在這一刻若還看到幻相，表示你尚未擺脫它的束縛，雖然它早已不在此地了。

4.　　時間能夠釋放人，也能禁錮人，端看你接納哪一種詮釋而定。² 過去、現在與未來本非延續的，是你硬把它們串連起來的。³ 你把它們看成是延續的時間，它們對你自然便成了時間之「流」。⁴ 切莫甘受蒙蔽而相信它們原本如此！⁵ 你若按自己的需要，一廂情願地把一物當成自己想要看到的模樣，這就是精神錯亂的徵兆。⁶ 你為了自己的目的而把時間之「流」切為過去、現在及未來三段。⁷ 你自然會根據過去的經驗而預期未來或計畫未來。⁸ 如此，過去與未來就被你串連起來了，這使得奇蹟毫無插手的餘地，完全無法給你一個重生的機會。

5.　　奇蹟一旦幫你放下弟兄的過去而看到現在的他，他便在你心目中重生了。² 他的過錯早已過去，只要你不由那些錯誤去看他，你等於還他自由。³ 既然他的過去也是你的過去，你必會與

他一起重獲自由的。⁴不要讓自己過去的烏雲遮蔽了你對他的眼界，因真相只存於當下此刻，只要你願往當下去尋，必會找到真相的。⁵以前你習慣往真相不在之處去找，難怪遍尋不得。⁶為此，學習往真相所在之地下手吧！它就會出現於你眼前。⁷你的過去是在憤怒的心態下編織出來的，你若用它來攻擊現在，當然看不見「現在」所要給你的自由。

6.　　放下評判與定罪的心態吧！只要你不再與它們為伍，必會看到它們對你也無計可施。²用愛的眼神去看當下此刻吧！因為永恆真實之物只可能存於這一刻。³一切療癒能力都蘊含其中，因只有它才具有真實的延續性。⁴它還會推恩於聖子奧體的每一部分，且使他們彼此相通。⁵在時間存在之前，「現在」即已存在；當時間消失以後，它依舊存在。⁶在它內，所有的生命不只是永恆的，還是一體的。⁷他們的延續性超越了時間的範疇，他們的相通性也永不間斷，「過去」無法分割他們。⁸雖然只有「過去」才有分裂的能力，所幸，過去早已無跡可尋了。

7.　　當下此刻呈現給你的是你光明的弟兄，那光明不只幫你結合於他們內，還會幫你釋放過去。²那麼你還要執著過去而跟他們過不去嗎？³你若如此，等於自願滯留於其實並不存在的黑暗中，拒而不受上天賜你的光明。⁴圓滿慧見的光明只能自由地給出，自由地接受，必須無條件才會領受得到。⁵在這唯一、寂靜且永恆不變的時間裡，你再也看不到自己的過去；你只會凝視基督的面容，邀請祂的見證前來光照你，**那些見證全是應你之請而來的**。⁶他們絕不會否認你內在的真相，只因你曾經在他們身上找過而且在他們內找到了那一真相。

8.　　當下此刻乃是救恩的一刻，因為此刻已經從時間中解脫了。²去找你所有的弟兄，以基督的手去接引他們吧！³你與他們的結合超越時間之上，那才是你生命的延續性，而且永不間斷，因為那是人人全面共享的本質。⁴上主清白無罪的聖子是純粹的光明。⁵他內沒有一處黑暗，因他是一個完整的生命。⁶我如何邀請你與我合一，你就同樣地邀請所有的弟兄為聖子的圓滿生命作證。⁷讓每個人的聲音都成為救恩的一個音符，向光明之主獻上歡樂與感恩之歌。⁸上主之子身上散發的神聖光輝，足以證明他的光明直接來自天父。

9. 　　以你的光明照耀弟兄吧！你才會憶起自己的造物主，因為你必須喚出造化的見證，才可能憶起造物主。² 你所療癒的人自然會為你的療癒作證，你也只能在他們的圓滿中看到自己的圓滿。³ 當你向造物主讚美歌頌之際，祂才能清晰而滿懷感激地答覆你的邀請。⁴ 祂絕不可能對聖子的呼求充耳不聞。⁵ 祂對你的呼喚就是你對祂的呼喚。⁶ 你的請求必會在祂的平安中獲得答覆的。

10. 　　光明之子，你還不知道光明就在你內。² 你必須透過光明的見證才會目睹光明的臨在；只要你先給他們光明，他們必會以光明回報。³ 你每在某人身上看到一點光明，光明就離你的覺性更近一步。⁴ 愛永遠導向愛。⁵ 病患渴求的是愛，必會感激愛的到來，他們的喜悅也會洋溢著神聖的感恩之情。⁶ 這一喜悅乃是你帶給他們，也是他們回報你的禮物。⁷ 他們成了你喜悅旅程的嚮導，因為他們不只由你那兒收到喜悅，還會為你守住這份禮物。⁸ 你也會將他們奉為平安的嚮導，只因你已在他們身上顯示了平安。⁹ 你一看到平安，它便會化為家鄉的美妙呼喚。

11. 　　有一種光明是世界無法給你的。² 只有你能給出，因為那是上天賜你的禮物。³ 只有在你給出光明時，它才會光華四射，且殷殷呼喚你捨棄世界來追隨它。⁴ 這光明對你的吸引，世界望塵莫及。⁵ 你遲早會捨棄這個世界而追尋另一個世界的。⁶ 那個世界因著你賦予它的愛而閃閃發光。⁷ 那兒所有的一切都會喚醒你對天父與聖子的記憶。⁸ 光明無所不在，寧靜而喜樂地籠罩著整個世界。⁹ 與你同行的人一路照耀著你，你也滿懷感恩地返照他們，因為是他們把你帶到這一境地的。¹⁰ 你們所匯集的光明能量，萬夫難當，你們的眼光不論落在何人身上，都能將他引出黑暗。

12. 　　所謂「覺於基督」，不過是聽從你自由意志中的愛之法則，且默默認可那些法則的真實內涵罷了。² 光明只會吸引心懷此願之人，也只有「給與」才能彰顯出這一願心。³ 凡是由你那兒領受到愛的人，自然願為你所給的愛作證，其實是他們先把愛傳給你的。⁴ 你在夢境裡極其孤獨，因你的覺知對象始終限於一己身上。⁵ 為此之故，噩夢才會伺機而入。⁶ 你夢到自己孤立無援，只因你闔上了雙眼。⁷ 為此，你才看不到自己的弟兄。一旦陷入黑暗，你怎麼可能看到自己帶給他們的光明？

13.　　　然而，愛的法則並不因爲你睡著而停止運作。² 即使在你所有的靈夢中，依舊脫離不了愛的法則，你一直忠實地給出愛，因你從未落單過。³ 基督始終護守著睡夢中的你，保證你醒來時，真實世界安然依舊。⁴ 祂會因你之名不斷給人這一世界，那正是祂要給你的禮物。⁵ 上主之子始終與天父一樣充滿了愛。⁶ 他延續著天父的生命，他那段「過去」並不曾將他與上主分開。⁷ 因此，他始終都在爲天父及自己作證。⁸ 縱使在他入睡之際，基督慧見也不曾離開他一步。⁹ 爲此，他才能夠吸引這許多見證，教他看出自己並非真的睡著了。

柒. 真實世界的境界

1.　　　靜靜地坐下來，端詳一下眼前的世界，告訴自己：「真實世界不是這樣的。² 它沒有什麼高樓大廈，沒有供人獨行或獨居的街道。³ 亦無供人終日採購並非所需的商店。⁴ 真實世界不需要人工照明，黑夜也從不降臨。⁵ 沒有日夜輪轉、陰晴交替。⁶ 那兒沒有死亡。⁷ 只有永恆照耀的光明。」

2.　　　你必須否認眼前的世界，因爲那景象會使你失落另一種眼界。² **你不可能同時看到兩個世界**，因它們要求不同的看的方式，端看你珍惜哪一種眼光而定。³ 你必須否認其中之一，才可能看到另一個世界。⁴ 兩者不可能同時真實，只有一個會因著你的愛惜而顯得更加真實。⁵ 然而，兩者的力量有天壤之別，它們對你真正的吸引力也不可相提並論。

3.　　　你並非真正想要眼前的世界，因爲無始以來，這個世界始終辜負了你的期待。² 你打造的家園也不足以庇蔭你。³ 你自己鋪設的道路常讓你不知何往又不知所終；你營造的城市也沒有一座經得起時間的摧殘。⁴ 凡是出自你手的，全都刻著死亡的印記。⁵ 不要再留戀這個世界了，在你造出它的那一刻，它已陳舊不堪、氣數將盡，轉眼之間便會煙消雲散。⁶ 這令人痛心的世界根本影響不了那充滿生命的世界。⁷ 你無法賦予這個世界真實的生命，因此，即使你悲傷地闔眼而去，也無法在世上找到通往另一世界的道路。

4.　　　在世間，唯有你深愛的眞實世界才有影響你的能力。[2] 只要你的邀請發自愛心，它必會來臨。[3] 愛隨時都在答覆，因它不可能回拒任何求助，也不會聽不見那由你所造卻又非你所要的世界所發出的痛苦呼號。[4] 只要學會看出自己打造的世界是如此虛妄不實，你便能捨下這個世界，欣然接受另一個非你能造的世界。

5.　　　對這個世界，你始終看走眼，只因你一直誤判了自己。[2] 你若根據一個扭曲的座標去看，還能夠看到什麼？[3] 一切觀點都是出自認知的那個主體，是他在評判何者爲眞、何者爲妄的。[4] 凡是被他判爲虛妄之物，他就看不到了。[5] 你若憑自己來論斷眞相，是不可能看見它的，只因你一評判，眞相便悄然溜走了。[6] 你想都想不到的事，自然看也看不到；遭你否定之物，即使相逢也不會相識的。[7] 基督始終活在那兒，你只是一無所知而已。[8] 祂的實存生命無需你的認可。[9] 在這寂靜的當下此刻，祂就活在你內，等著你放下過去的一切，進入祂在愛中爲你準備的世界。

6.　　　即使在這令人目眩神迷的世界裡，沒有人不曾驚鴻一瞥自己的另一世界的。[2] 然而，只要他還珍惜自己的世界一天，就會拒絕去看另一世界，他寧可繼續去愛自己根本不愛之物，也不會追隨愛的指引。[3] 然而，愛始終欣然在前領路。[4] 你若追隨基督，就會欣然認出這位良伴，向祂學習那條快樂的返鄉之路。[5] 你等待的其實是你自己。[6] 交出這悲傷的世界，用你的錯誤來換取上主的平安，這才是你眞正的心願。[7] 基督始終都在向你傳遞上主的旨意，因祂明白那才是你與祂的共同旨意。

7.　　　除了上主以外，沒有一物掌控得了上主之子的命運，也沒有一物能動他分毫，這是上主的旨意。[2] 上主之子像上主一樣不可能受苦，因他無時無處不受到上主的眷顧。[3] 他周遭的世界始終散發著愛的光輝，因爲上主已將他安置於自己的生命內，那兒沒有痛苦，只有永無止境且完美無瑕的愛環繞著他。[4] 他的平安永不受侵擾。[5] 他神智清明地注視著愛，因那是他的眞相，也是他的一切。[6] 只要他感受到環繞著他的愛，必會當下否認這個痛苦的世界。[7] 他由這一安全港靜靜地環顧四周，便不難認出世界與他是一體不分的。

8.　　　上主的平安超乎你的了解，那是過去的事了。[2] 如今，平安

就在此地；此刻，你已經能夠了解它了。³ 上主永遠愛著自己的聖子，聖子也永遠以愛回報。⁴ 真實世界即是教你憶起那唯一徹底真實又非你莫屬之物的途徑。⁵ 至於其他東西，不過是你由時間裡暫時借用之物，轉眼都會消逝。⁶ 只有這個世界才是上主賜給聖子的禮物，而且始終非你莫屬。⁷ 你的唯一真相乃是出自天賜，上主已將你創造為與祂同一個生命了。

9.　　　你必須先夢到平安，才有機會覺醒於平安。² 你必須把自己妄造之物轉換為真心想要之物，也就是把噩夢轉換成愛的美夢。³ 真實知見方能由此生出，因為聖靈為你修正夢中世界時，也一併修正了所有的知見。⁴ 真知不待修正。⁵ 但充滿了愛的夢境會將你領向真知境界。⁶ 你再也不會在夢中看到恐怖景象，這成了你歡迎真知的一個標誌。⁷ 愛等待的不是時間，它在等著你的歡迎信號；而真實世界不過反映出你終於歡迎那個始終如是的境界。⁸ 那是喜悅的召喚；而你的欣然答覆也顯示出你開始覺醒於自己從未失落的生命真相了。

10.　　　因此，為至聖聖子終於恢復了清明神智而讚美天父吧！² 你的天父深知你圓滿無缺。³ 這就是天堂境界；你在永恆中可能欠缺什麼？⁴ 在你自己的世界裡，你才會有一堆渴望與需求。⁵ 正是那種欠缺感使你淪落於一個匱乏的世界。⁶ 你豈能在這種世界找到真正的自己？⁷ 若非聖靈之助，答案必然是「否」。⁸ 有了聖靈，答案遂成了令人歡欣的「是」！⁹ 身為兩個世界的中介，聖靈很清楚你真正需要什麼，什麼才不會帶給你任何後遺症。¹⁰ 擁有的觀念一落入你手裡就變得十分危險。¹¹ 小我總想在救恩中得到什麼，因佔有是它的遊戲規則。¹² 因為它要，故占有，這是小我的基本信條，它的神廟就建在這一基石上。¹³ 小我在自己的祭壇命令你去爭取、去占有，然後獻出一切所獲，令你無福消受。

11.　　　不論小我告訴你你需要什麼，對你一定百害無益。² 縱使小我百般慫恿你盡力爭取，你終歸一無所有，因它會命你獻出一切所得。³ 不論你如何緊抓著不放，遲早會被剝奪殆盡而化為烏有。⁴ 小我只能在分裂中看到自己的救恩，為此，不論你因它之名獲得何物，也都終將失落。⁵ 因此，不要問你自己，你究竟需要什麼，因為你不會知道的，你給自己的總是有害的建議。⁶ 你心目中認定的需求，只會鞏固你舊有的世界，抵制光明的到來，

使你更不願去質問這世界對你的眞正價値。

12.　　只有聖靈才可能知道你需要什麼。² 不論他賜你什麼，都不致妨礙光明的來臨。³ 此外，你還需要什麼？⁴ 他會賜你在時空世界所需的一切，還會配合你的需要自動更新。⁵ 只要它們對你還有用處，聖靈絕不會由你那兒奪走。⁶ 然而，他知道那些需求只是暫時性的，不可能持久，終有一天他會讓你明白，一切的需求原來早已滿全，你就由那些需求中解脫了。⁷ 因此，連聖靈自己都不重視他所給你的禮物，他只需確定這些東西不會害你在娑婆世界流連忘返。⁸ 因聖靈知道這兒不是你的家鄉，他絕不樂見你延誤自己的返鄉之日。

13.　　因此，把你的需要交託給他吧！² 他會供應你所需的一切，雖然這不是他眞正關切的重點。³ 不論你從他那兒得到什麼，都安全無比，他確保此物不會在你心中留下任何陰影而傷害到你。⁴ 在他的指引下，你可以卸下心頭重擔，輕裝上路，因他的眼光須臾不離旅途的盡頭，也就是他的目的地。⁵ 上主之子無需踏破鐵鞋地浪跡天涯。⁶ 不論他的所知所見顯得多麼神聖，他都不會從外在世界找到自己的天賦產業。⁷ 他在自己內圓滿自足，因爲光明寶相一無所需，只是靜靜地散發光輝，無聲無息地伸向永恆之地。

14.　　每當你忍不住想浪跡天涯，遠離自己內在光明時，不妨提醒一下自己，你究竟想要什麼，並對自己說：

　　² 聖靈會將我領到基督內；除此之外，我還想去哪裡？
　　³ 除了覺醒於他，我還需要什麼？

15.　　滿心喜悅地追隨他吧！相信他會引導你安然通過世界爲你設下的重重關卡，邁向你平安的心靈。² 不要在犧牲的祭台前屈膝，別再追求你註定失去之物了。³ 安心享受那註定屬你之物，切勿心浮氣躁，因你已經踏上了上主的平安之旅，他願你享有那一安寧。

16.　　你已經在我內克服了每一個阻礙你前行的誘惑。² 讓我們攜手邁上這條通往寂靜的道路，那是上主給我們的禮物。³ 親近我

吧，除了弟兄，你還需要什麼？⁴ 我們必須同行，你才可能恢復
心靈的平安。⁵ 聖靈會教你如何覺醒於我們的真相以及你的真
相。⁶ 這是你在時空世界唯一有待完成的任務。⁷ 世界的得救全看
你了。⁸ 我把我的平安賜給了你。⁹ 歡欣地領受我的平安吧！用它
來取代世界所給你而終將索回的一切吧！¹⁰ 讓我們把平安遍撒出
去，好似一層光明面紗，覆在世界哀傷的臉上；如此，我們便能
幫弟兄避開這世界，也讓世界避開我們的弟兄。

17.　　我們無法獨自詠唱救恩之歌。² 我必須激發每個人的聲音加
入我的歌聲才算完成任務。³ 其實那並不是「我」的任務，而是
我給你的禮物，也是天父透過聖靈給我的禮物。⁴ 那歌聲會把哀
傷從神聖之子心中一掃而空，使它再也無「地」自容。⁵ 時空世
界需要療癒，因哀傷所至之處，喜樂無法建立它的永恆居所。
⁶ 你並不住在這哀傷的世界，你活在永恆裡。⁷ 你只是在夢中流
浪，其實你安居家中。⁸ 你應感謝自己生命裡的每一份子，是你
教他們如何憶起你的真相的。⁹ 這才是上主之子為自己的純潔本
性而感謝天父的一條路途。

捌. 由知見到真知

1.　　所有的療癒，不外乎由過去中解脫。² 為此之故，只有聖靈
堪稱為「治療師」。³ 祂教人看出過去並不存在，這一事實屬於
真知境界，超乎世人所能了解。⁴ 活在世上的人不可能擁有真
知。⁵ 徹底了悟真相的心靈，必定知道自己身在永恆，知見對它
便一無所用。⁶ 從此它不在乎自己身在何處，因為「何處」的概
念對它來講已無意義。⁷ 它知道自己無所不在，無所不有，並且
永恆如是。

2.　　你一旦明白沒有片面的真知這一回事，就不難看出知見與真
知的根本差異。² 真知的每個層面都代表它的全部，裡面沒有獨
立或分裂的層面。³ 你是真知的一面，存於上主天心內，故唯有
祂知道你的真相。⁴ 整個真知也都屬你所有，因整個真知均存於
你內。⁵ 知見不論多麼高明，都不可能包含一切。⁶ 即使是聖靈的
知見，可說是最完美的知見了，一到天堂便失去意義。⁷ 知見在

聖靈的指點下無遠弗屆，萬物在基督慧眼下晶瑩剔透。⁸然而，知見不論多麼神聖，終究無法永存。

3.　　完美的知見與眞知有不少共通處，因此才有轉爲眞知的可能。²然而，最後一步必然出自上主，因爲救贖的最後一步看似發生於未來，其實它在你受造之初便已完成。³即使分裂也無法打斷它的存在。⁴因爲沒有一物阻撓得了創造之功。⁵分裂不過代表眞相受到了扭曲而已，產生不了任何實質影響。⁶奇蹟在天堂一無所用，在世上卻妙用無窮。⁷它能彰顯眞相的某些層面，取代毫不眞實的層面。⁸不論在任何地方、任何事上，你都可能看到某些層面的眞相。⁹唯有上主能匯集眞相的所有層面，最後並以「永恆」之禮把它們加冕爲一個生命。

4.　　聖靈一旦與天父及聖子分開，便失落了自己的任務。²聖靈與聖父聖子一體不分，且活在祂們的天心內，故祂知道天心只有一個。³聖靈是上主的聖念，上主將祂賜給了你，因爲沒有一個聖念上主不會與你分享的。⁴祂向時空世界傳遞超乎時空的訊息，基督因此才能以愛的慧眼俯視萬物。⁵但是，基督慧見仍不算是祂的終極實相。⁶實相中種種尊貴的層面，即使在上主之愛的凝視下燦然發光，它們充其量也只是那超越一切的天堂之靈光一現罷了。

5.　　造化的奇蹟即在於此：**它永遠都是「一」**。²你帶給上主之子的每個奇蹟，不過傳達出那整體生命某一層面的正知正見罷了。³每一層面都足以代表那一整體，除非你能看出各個層面的同一性，否則你無法得知這一眞相；你只能在同一光明下才可能看出它們的一體性。⁴只要眼光不受過去蒙蔽，你所看到的每一個人都會將你向時間的盡頭拉近一步；因你已把受療癒者帶進了黑暗的世界，讓整個世界親眼目睹療癒之景象。⁵光明若不進來，基督便難以在黑暗中發揮慧見。⁶請幫基督把光明帶給所有自認爲活在黑暗中的人，讓他們相聚於基督寧靜的眼神下，且因之重歸一體。

6.　　他們完全相同，全然的美善，同等的神聖。²當初天父是如何將他們交託給基督，基督也會同樣地將他們交還天父。³只有一個奇蹟，因爲只有一個眞相。⁴你所行的每個奇蹟都包含了全

部的奇蹟，你所見到的每一層面的眞相，都靜靜匯入上主的終極實相。⁵無始以來只有一個奇蹟，就是天父由他的實相生命創造出來的神聖之子。⁶基督慧見乃是天父賜你的禮物。⁷實存生命則是天父賜給基督的禮物。

7.　　安心地接受療癒吧！你能給出基督的禮物，你也不會失落天父給你的禮物的。²隨時隨地把基督的禮物送給你遇到的每一個人吧！這就是天父經由聖靈而賜給聖子的奇蹟，它會幫你調整頻率，與眞相共鳴。³聖靈深知你在救贖大業中的任務，祂知道誰正在找你，你又該如何找到他們這類事情。⁴眞知領域之事無需你操心。⁵身為眞知一部分而又是全部的你，只需明白這事：眞知是天父的事，不是你的事。⁶你只要在自己心中重新肯定眞知的一體性，你在救贖大業所負的任務便足以領你進入眞知之境。

8.　　當你能夠視弟兄如己時，眞知之門便會為你開啓，因你已由了知自由眞諦的「那一位」學到了自我解脫的途徑。²讓我們結合於祂神聖教誨的旗幟下，只要我們日益堅定，上主之子的大能便開始在我們內運作起來，這一能力不僅無遠弗屆，而且不會遺漏任何一人。³時間便在那一剎那告終了，我們全都結合於天父的永恆之境。⁴你在身外所見到的神聖光明，不過是你為弟兄所行的每一個奇蹟的迴光返照而已。⁵那時，你便會知道光明一直在你自己內，你所創造的一切也始終與你同在，正如你與天父同在那般。

9.　　當人間的奇蹟將你與弟兄結合在一起，你的一切創造也會在天上認你為父的。²你等於是在為上主的天父身分作證；是祂賜你為自己創造見證的能力，你的為父身分與上主的天父身分其實是同一回事。³你在此地否認任何一人，等於否認了一個在天上認你為父的見證。⁴上主所創造的奇蹟完美無比，你因祂的聖名所行的奇蹟也是如此。⁵這些奇蹟不待療癒，你若接受了這些奇蹟，自己從此也無需療癒了。

10.　這個世界無法為你的完美作證。²唯上主知道你的完美，你自己毫不知情，因此你無法同祂一起為自己的完美作證。³那表示你也無法為祂作證，因有待你作證的眞相其實只有一個。⁴上主等著你為祂的聖子及自己作證。⁵你在世上所行的奇蹟都會昇

到天堂與祂那裡。⁶ 你的奇蹟會為你仍不知的眞相作證，當這些奇蹟抵達天堂之門時，上主必會大開天門。⁷ 因祂絕不會棄自己的愛子於天門之外，而讓自己鞭長莫及的。

玖．罪咎之雲

1.　　罪咎成了你遮掩天父面容的唯一屏障，因罪咎與攻擊聖子是同一回事。² 心懷罪咎的人常會定人之罪，還會把未來與過去串連起來，繼續定罪下去；這就是小我的運作法則。³ 你若服從小我之律，光明便無法進入，因它會命你效忠黑暗，不准你甦醒過來。⁴ 小我之律非常嚴厲，稍有違犯，便會受到嚴厲懲罰。⁵ 因此，切莫聽信它的法律，因那不過是懲罰人的規矩。⁶ 凡是奉行此律之人，必然相信自己罪有應得，理當受罰。⁷ 如果你眞想釋放自己，必須讓上主的天律介入未來與過去之間。⁸ 救贖才能有如燦爛的明燈矗立於兩者之間，為你解除自我束縛的黑暗鎖鏈。

2.　　由罪咎中脫身，你等於全面化解了小我。² **不要讓任何人擔心害怕**，否則他的罪咎就會轉到你身上，你若服從小我無情的誡命，等於定了自己的罪，小我的信徒再也難逃受罰的命運。³ 小我慣用痛苦來賞報自己的忠僕，因為你對它的信仰本身即是一種痛苦。⁴ 你信的是什麼，你就會從它那兒得到相對的回報。⁵ 是你對它的信心賦予那個信念力量；它為何方效力，決定了它當受何種回報。⁶ 因為你必會相信自己所愛之物，而你之所愛也必會轉回你這兒來。

3.　　你給世界多少，世界才能給你多少，因為世界純粹是你的投射，除了你在世上所看到和所相信的一切以外，世界沒有其他的意義。² 你若投效黑暗，自然看不見任何東西；因不論你信什麼，都會按你對它的信心而收到相稱的回報。³ 你珍惜什麼，就會接受什麼，你若把信心放在自己的過去，未來便如過去一般延續下去。⁴ 凡是你心愛的，你必會視為己有。⁵ 這一切都是拜你的「重視」所賜。

4.　　救贖，不過是給你一個機會重新評估自己所愛之物，如此，聖靈才能幫你分辨萬物的眞假虛實，因你早已不分青紅皂白全都

納入自己心中了。² 你需要此物的對比才能評估彼物之價值，於是，罪孽深重與純潔無罪對你變得同等真實。³ 你不相信上主之子的清白無罪，因你一著眼於過去，便再也看不見真正的他。⁴ 當你定弟兄之罪時，等於聲明：「我是有罪之人，決心留在罪中。」⁵ 你拒絕放他自由，等於拒絕了一位爲你的自由作證之人。⁶ 其實你原本可以輕易將他由過去中釋放，掀開籠罩在他心頭的罪咎之雲的。⁷ 他一旦自由了，你也會一併解脫。

5.　　即使他自認爲傷害了你而感到內疚不已，也不要把罪咎套在他身上。² 否則你等於告訴他，那些錯覺妄想都是正確的。³ 你若認爲清白無罪的上主之子可能把自己打成有罪之人，這種觀念才是徹底瘋狂的。⁴ **千萬不要相信這種事情**，不論你面對什麼人或什麼事情。⁵ 因犯罪與定罪是同一回事，你若相信其一，就會相信其二，這表示你在招惹懲罰而非祈求愛。⁶ 神智失常之人自然不可理喻，自討懲罰的人必然已經神智失常了。

6.　　爲此之故，不把任何弟兄視爲有罪之身，等於重申自己清白無罪的眞相。² 你若定了任何一位上主之子的罪，等於相信自己有罪。³ 你若想要聖靈幫你釋放罪咎，你得先爲所有弟兄領受祂的救贖才行。⁴ 如此，你才會逐漸看出那也是你的眞相。⁵ 你應謹記於心，你不可能只定某些上主之子的罪。⁶ 你看誰有罪，他便成了你也有罪的明證；那些罪證會歷歷在目地呈現於你眼前，直到你將它徹底化解爲止。⁷ 只要你還繼續定罪，罪咎便會在你心中陰魂不散。⁸ 別再投射了，否則你更沒有化解它的機會。⁹ 你每幫一人擺脫罪咎的束縛，天堂的喜樂就增加一分；在天上等著認你爲父的那一群見證必會爲此歡欣不已。

7.　　罪咎使你盲目，你只要在自身內看到一點罪污，就看不見光明了。² 你若把它投射於外，世界便籠罩在你的罪咎下，顯得更加陰森可怕。³ 你等於在罪咎上頭罩了一層黑紗，自然看不出它的廬山眞面目，因爲你還不肯向自己心內看進去。⁴ 你害怕自己可能在心內看到某物，其實那東西根本就不存在。⁵ **你怕的那個東西早已不在了**。⁶ 你若往內看去，你只會看到救贖之光，寧靜而安詳地照耀在天父的祭壇上。

8.　　不要害怕往內去看。² 小我告訴你，心內只有一片漆黑的

罪咎，不要去看。³ 反之，它要你把眼光轉向弟兄，去看他們的罪過。⁴ 只有甘於盲目之人才會這樣去看的。⁵ 因爲只有怯懦得不敢著眼於自心光明的人，才會往暗處去看那群有罪的弟兄。⁶ 你心裡其實並非你想像的模樣，更不是你心目中那副德性。⁷ 你內在的神聖印記，值得天父對你全然信任。⁸ 天父不會按照你的眼光來評價你。⁹ 祂深知自己的眞相，故也知道你的眞相。¹⁰ 祂知道兩者無二無別，因祂毫無分別心。¹¹ 你豈能在上主明知純潔無罪之處看到罪咎之雲？¹² 你只可能否定祂的眞知，但你無法改變眞相。¹³ 現在就去瞻仰祂置於你內的光明吧，學習看出你所害怕的那個東西其實早已被愛取代了。

拾. 由罪咎中解脫

1.　　人心可能在並非痛苦之源看到痛苦之因，這是眾所周知的觀念。² 人心爲了掩飾罪咎的眞正肇因，不惜顛倒眞相，讓你無法覺察這一思想體系本身徹底瘋狂的一面，這種伎倆對你究竟有何益處？³ 你之所以想顛倒眞相，只因你誤以爲自己存心迴避的那個罪咎之因一定是眞的，而且可怕無比，否則你就不會把罪咎推諉到你認爲比較不可怕的事物去了。⁴ 爲此，你只願面對與問題毫不相干的種種「原因」，只要它們不觸及那更深的源頭就行了。

2.　　神智失常的諸多觀念之間也不會有眞實的關聯，爲此，我們才會說它們神智失常。² 眞正的關係無法建立於罪咎上，只要心存一絲罪咎，都會污染這關係的純淨。³ 而所有受罪咎污染的關係，都暗藏了你有意逃避面對對方與罪咎感的居心。⁴ 想一想，爲了這個荒謬的目的，你打造了多少詭譎的人際關係？⁵ 你忘了眞正的關係必然神聖，根本不是你能妄加利用的。⁶ 只有聖靈能發揮其用，也唯有爲祂所用的關係才稱得上純潔。⁷ 如果你把自己的罪咎誤加其上，聖靈就無法發揮其用了。⁸ 你本應交託給聖靈的關係，一被你的私心所用，祂便無法藉此關係來釋放你了。⁹ 凡是爲了個人的救恩而與人建立關係的人，不可能從這種詭譎關係找到救恩的。¹⁰ 因爲這種關係無法與人分享，故不可能是眞實的。

3.　　你若還想把自己的罪咎加在弟兄身上，或要他一起承擔，甚至認為那根本是他的罪過，你們所結合的關係只會加深你的罪咎感。² 你無法在彼此身上找到滿足與平安，因為你們並非真正的合一。³ 你在那關係中只會看到罪咎，因為是你把它放在那兒的。⁴ 凡是深為罪咎所苦的人，必會設法把它東塞西藏，因為他們相信罪咎確有其事。⁵ 他們即使深受其苦，也不肯往心內去看，給自己一個脫身的機會。⁶ 他們不知道自己在愛，也毫不了解愛的真諦。⁷ 他們一心只想在自己掌控不了的外界揪出罪咎的禍首。

4.　　你若感到自己有罪，又認為罪咎源於過去，表示你還沒有準備好往自心去看。² 過去已不存於你內。³ 你與過去的詭譎關係此刻已無任何意義。⁴ 你卻任由這些關係橫梗在你和弟兄之間，使你無法與他建立真正的關係。⁵ 你若利用弟兄作為「解決」過去問題的手段，還會看見真正的他嗎？⁶ 凡是利用弟兄來解決那根本不存在的問題之人，是不可能找到救恩的。⁷ 你過去根本不想得救。⁸ 你若讓上述無謂的妄想侵入當下此刻，你還可能在此找到救恩嗎？

5.　　下定決心從此不再重蹈覆轍吧！² 別再利用任何關係把自己困在過去，而且決心讓它在每一天、每一個人身上重生。³ 只需一個剎那，你便能釋放自己的過去，安心地將你的心交託給救贖。⁴ 你願天父如何歡迎你，你就如何歡迎每一個人，如此，你絕不會在心內看到罪咎的蹤影。⁵ 因你已願接受救贖；其實在你耽溺於罪咎之夢而不願往內去看之際，救贖之光始終在你心中照耀不停。

6.　　只要你認定對方才是罪魁禍首（不論他做了什麼），你自然不會往自己心內去看問題，因而錯失了獲得救贖的機會。² 只要你相信罪咎有它存在的理由，它就永遠不會消失。³ 你必須學會看清罪咎只可能出自瘋狂的神智、徹底的不可理喻才行。⁴ 聖靈絕不會驅逐任何真實之物。⁵ 如果罪咎真的存在，救贖便無法立足。⁶ 救贖的目的是驅逐幻相，而不會先把幻相當真然後再寬恕它的。

7.　　聖靈也不會把幻相留在你心中來嚇唬你，祂無意向你炫耀祂

是從哪些猙獰可怕的幻相中將你救出的。² 祂一將你救出，那些幻相便消失了。³ 不要把罪咎當眞，也不要爲它找理由。⁴ 聖靈只是履行天父託付的使命，祂必然不負衆望。⁵ 祂看得見分裂，但祂更知道一體境界。⁶ 祂教人療癒之道，但祂更知道創造之功。⁷ 祂願你藉祂之力，看祂所見之物，做祂所行之事。⁸ 即使你還不知道祂所知道的眞相，而那其實也是你自己的眞相。

8.　　在當下這一刻，祂賜給你一個療癒與示範的機會，讓你得以把那註定的結局化爲當下的現實。² 然而，這一刻仍未來到。³ 上主之子仍相信自己失落於罪咎的迷宮，孤獨地活在黑暗的世界中，認爲外界無時無刻不以痛苦施壓。⁴ 他若肯往自己心內看去，必會看到生命的光輝，也會憶起天父對他無比的愛。⁵ 那時，他會感到不可思議，爲什麼自己過去一直認爲天父不愛他而且認爲自己無藥可救。⁶ 你一旦意識到罪咎的瘋狂且徹底的不可理喻，你就不會害怕面對救贖，而願全面接受這一禮物了。

9.　　凡是對自己不夠仁慈的人，是無法憶起天父之愛的。² 凡是不能仁慈對待弟兄的人，也不可能記得自己原是多麼愛上主的。³ 然而，那是千古不易的事實。⁴ 你心裡透亮的平安始終反映出你受造之初的完美與純潔。⁵ 別再害怕面對自己內在的美妙眞相了！⁶ 看穿那遮蔽你視野的罪咎之雲，你的眼光便能超越黑暗而目睹那神聖的光明。⁷ 你天父的祭壇與造此祭壇的天父一般神聖。⁸ 凡是基督要你看的，沒有一物擋得住它。⁹ 基督的旨意與天父如出一轍，祂會對每個上主兒女都網開一面，而且要你效法祂的仁慈。

10.　　你若想由罪咎脫身，需先幫人釋放罪咎才行。² 這是「往內看」的唯一途徑，唯有如此，你才可能在那兒看到愛的光輝屹立不搖，一如上主對聖子千古不易的愛。³ **又如聖子對天父的愛。**⁴ 愛中沒有恐懼，因愛內沒有罪咎。⁵ 永遠愛著天父的你，沒有任何理由害怕往內去看自己的神聖性。⁶ 你絕不是自己心目中的模樣。⁷ 你沒有理由感到罪咎，因爲罪咎無法立足於你所在的天心內。⁸ 這就是聖靈願爲你恢復的「理性」。⁹ 祂一心只想爲你解除幻相。¹⁰ 祂只願你看到幻相之外的一切。¹¹ 祂要透過基督的慧眼顯示給你聖子與生俱來的完美與聖潔。

11.　　除非你能以一視同仁的愛對待所有的聖子，否則你無法與任何一人建立眞正的關係。²愛內不含特殊性。³你若只愛聖子奧體的某一部分，你所有的人際關係都會蒙上罪咎的陰影，變得虛假不實。⁴你只能以上主的心態去愛。⁵不要刻意找出與祂不同的方式，因爲除了祂的愛，沒有眞愛可言。⁶除非你體會得出個中深意，你是不會了解愛的眞諦的。⁷凡是定了弟兄之罪的人，不可能看見自己的清白無罪，也無法在上主前活得心安理得。⁸如果他明明清白無罪而且應該活得心安理得，自己卻毫不知情，那不是精神錯亂還會是什麼？這也表示他根本不敢去看自己的眞相。⁹我只會對這種人說：

> ¹⁰請瞻仰這個上主之子，在他純潔本性下寂然不動。
> ¹¹靜靜瞻仰他神聖的生命，沒有任何罪咎污染得了他，
> 並請為此感謝他的天父。

12.　　從前你拿來跟他作對的那些幻相，不曾傷及他的純潔本性分毫。²他聖潔而光輝的生命也不受罪咎所染，依舊滿懷愛心地在你心內照耀。³讓我們一起瞻仰他，愛慕他。⁴你對他流露的愛顯示出你的清白無罪。⁵只要正視一下自己，並爲你所見到的景象歡欣感謝，你的罪咎便會一掃而空。⁶天父，我要爲神聖而純潔的聖子感謝祢，因祢將他創造成爲永遠清白無罪。

13.　　我和你一樣，珍惜什麼，就會相信什麼，且對它百般信任。²我們不同之處，在於我「只」愛上主與我共同珍惜之物，爲此之故，我對你的珍惜遠超過你重視自己的程度，合乎上主賦予你的身價。³我愛祂所創造的一切，對它們具有無比的信心。⁴我對你的信心與我對天父的愛一樣堅定。⁵我對你的信心無限，不擔心你不聽我的話。⁶我會爲你的美善而感謝天父，因爲你給了我如許機會獻給天國種種禮物，向天父賞賜的圓滿境界致敬。

14.　　天父與聖子因你之故而重歸一體，你也當受讚美。²當我們落單時，顯得何其卑微；當我們聯手之際，所放射的光明燦爛無比，超乎任何一個單獨生命之想像。³罪咎便會在天國的神聖光輝中消融，脫胎換骨爲仁慈，往昔的猙獰不復存在。⁴它會將你的每一個交往經驗淨化爲堪當獻給天父的讚美。⁵把一切造化視

爲對上主的讚頌吧，因祂一刻不停地讚美著你。⁶讓我們在天堂門前同聲齊唱這一讚頌，了無罪咎地跨進天堂之門。⁷上主深愛著你。⁸我若對你失去信心，還能毫無保留地愛祂嗎？

拾壹. 天堂的平安

1.   當罪咎悍然襲捲你的平安，小我的對策就是遺忘、沉睡，甚至死亡。²凡是自認爲捲入了衝突而陷於苦戰的人，必然相信交戰的雙方確有其人或確有其事。³如此相信之後，他不能不設法爲自己脫身，因這場戰爭勢必奪走他心靈的平安，甚至毀了他的生命。⁴其實，只要他能看穿這不過是眞實與虛無之戰，便能把眼光轉回自己身上，看到自由之所在。⁵他一旦認出那些無休止的戰爭如此荒誕不經，自然不受戰禍波及了。

2.   上主絕不願聖子活在交戰狀態，爲此，聖子的假想敵不可能存在。²你早已擺脫了自己千方百計想要逃離的戰火。³戰爭已經過去了。⁴你已聽到了響徹雲霄的自由凱歌。⁵上主必會因你重獲自由而歡欣不已，那不是你自己所能成就之事。⁶你既造不出自由，故也造不出可能威脅自由的戰爭。⁷凡是具有毀滅性之物，既不曾存在，也永不存在。⁸戰爭、罪咎、過去，它們一併來自虛無，也會一併回歸虛無。

3.   當我們全在天堂團聚之刻，你再也不會重視自己此刻所珍惜之物了。²其實你對世間事物的重視也常三心兩意，那根本說不上是重視。³只有上主能夠賦予一物價值，上主所重視之物，無人可以置喙，因天命在此。⁴那才算是眞正的重視。⁵你能賞識它，也能不賞識它。⁶你若只看重一點點，表示你根本沒認出它的價值。⁷上主只重視天堂的一切，此外都不在祂眼裡。⁸天堂之事從不模稜兩可。⁹一切是如此清晰透明，故你也只有一種回應方式。¹⁰天堂裡沒有黑暗，也無對立。¹¹它不會變幻莫測。¹²沒有一物干擾得了天堂的運行。¹³那種深湛的平安不是這個如夢似幻的世界所能想像的。

4.   世上沒有一物能給人這種平安，因世上沒有一物是人人共享的。²完美的知見最多只能讓你見識到什麼才是人人共享之物。

³ 它還會把共享之後的結局顯示給你，即使你對以前未共享時的後果記憶猶新。⁴ 聖靈靜靜爲你指出兩者的對比，他知道你遲早會請他爲你分辨兩者的差異，請他顯示給你看哪個才是徹底的眞實。⁵ 他對你最後的判斷有絕對的信心，因爲他知道自己遲早會替你作出這一判斷的。⁶ 你若懷疑這一點，等於懷疑他有完成自己使命的能力。⁷ 那是上主給他的任務，他怎麼可能完成不了！

5.　　　雖然你的心靈已被疑慮及罪咎所蒙蔽，但請記住一點：上主賜給了你聖靈，且命他爲至愛的聖子撤除他自找的罪咎和疑慮。² 這一使命永不敗北。³ 任何障礙都阻擋不了上主所要完成的事。⁴ 不論你對聖靈之聲懷有何種的心態，不論你決定要聽從誰的聲音，不論你腦子冒出什麼奇怪的想法，上主的旨意「已經」完成了。⁵ 你遲早會找回他爲你備妥的平安，因爲「天意」永遠不變。⁶ 他和你與生俱來的平安一樣屹立不搖，這就是聖靈要你記得的事。

6.　　　你不可能記得天堂曾經發生任何改變的。² 只有在世上才需要變化作爲對比。³ 對比與差異是人間必備的教學工具，使你從中學到什麼是你該避免的，什麼又是你應追求的。⁴ 你一旦學會這本事，便已找到了答案，從此再也無需差異或對比來協助你學習。⁵ 眞理會自然迎向與它相應的心靈。⁶ 只要你學會看出自己是眞理的一部分，它就會輕輕地流向你，而你什麼也沒改變。⁷ 因你已無需對比來幫你看出什麼才是你眞心想要與唯一需要之物。⁸ 不要擔心聖靈可能辜負天父給他的使命。⁹ 上主的旨意是不可能失敗的。

7.　　　你只需相信這一點就夠了：上主「願」你安居天堂，故沒有一物阻擋得了你回歸天堂或天堂降臨於你。² 你那些離譜的妄見、怪異的想像，或最陰森的噩夢，對此都一籌莫展。³ 它們抵擋不了上主要給你的平安。⁴ 聖靈必會恢復你清明的神智，因爲神智不清絕非上主的旨意。⁵ 凡是令他心滿意足之物，必也能滿全你的心願。⁶ 他要幫你撤除的種種障礙，你再也不願抓著不放了，因爲它們會切斷上主與你交流的管道。⁷ 你遲早會聽見他的天音的。

8.　　　上主爲了結合你的心靈與天心，親自在你心內放置了一個交

流管道，那是無人能夠破壞的。² 但你若相信自己確有切斷交流之意，這一信念才干擾得到上主想跟你建立甜蜜而穩定的交流，使你和那深湛的平安絕緣。³ 所幸的是，你根本無法完全封死祂的交流管道而與祂徹底分離。⁴ 你終會享有這一平安，因為祂的平安一刻不停地由祂的生命流向你，這是祂的旨意。⁵ 你此刻其實已經擁有這一平安了。⁶ 聖靈只是教你如何發揮其用而已，這樣你才能學習一邊推恩一邊認出原來平安始終在你心內。⁷ 上主有意賜你天堂之願始終如一，這是祂的唯一旨意。⁸ 聖靈也只知道這一旨意。⁹ 你不可能失落天堂，因上主是萬無一失的，而祂之「所願」與祂之「所是」同樣萬無一失。

9.　　　你終將學到救恩的真諦，因為祂會教你如何救人。² 這是聖靈要教你的課程，你怎麼可能不共霑其恩？³ 救恩也像上主一般萬無一失。⁴ 祂的千古不易即是最大的保證。⁵ 你會學到，陰森的夢魘最多只能攪亂上主之子沉睡的心靈，並沒有控制他的能力。⁶ 他終會學成這一覺醒的課程的。⁷ 因上主始終眷顧著他，光明與他片刻不離。

10.　　　上主已在聖子心內設置了一座歡樂的醒鐘，他怎麼可能迷失於自己夢中？² 他不可能把自己跟自己內在的真相視為二物的。³ 即使睡眠也抵擋不了喚醒他的呼聲。⁴ 救贖大業註定會圓滿成功，就如造化的千古不易那般必然。⁵ 即使你不知道天堂原本屬你所有，天堂依舊非你莫屬。⁶ 因為本來如是。⁷ 但你若想知道這一真相，需先把上主的旨意當作自己的意願才行。

11.　　　聖靈會為你化解過去學來的一切，也就是小我教你如何讓虛妄與真實之物和睦相處的本領。² 小我企圖用這種和解方式來取代你跟平安清明的大團圓。³ 聖靈親自為你準備了一種截然不同的和解方式，且保證有效，至於小我的策略則保證無效。⁴ 只有小我才可能失敗，上主是不可能失敗的。⁵ 你也不可能流落到祂生命之外，聖靈為了每個人的得救而賜給每個人的救恩必會圓滿成功。⁶ 你終會解脫的，那時，你會徹底遺忘自己的一切妄造；那既非上主為你創造的，故你也不可能造出它們。⁷ 你怎麼可能記得毫不真實之物卻記不得永遠真實之事？⁸ 這才是你與真相的和解之道，唯有與真相重歸舊好，你才可能享有天堂的平安。

第十四章　眞理的教誨

導　言

1.　　　你確實是蒙受祝福之人，² 只是你在世上並不知道這一眞相。³ 然而，你仍有辦法可以學習認清這一事實。⁴ 聖靈同小我一樣，懂得如何善用邏輯，所不同的，聖靈不會將你導向神智失常的結局。⁵ 他們採取了截然不同的路線；聖靈清晰地指向天堂，小我則指向黑暗與死亡。⁶ 我們已經討論了不少小我的邏輯，也看到它所推出的結論。⁷ 唯有看清那些結論，我們才會豁然明白，這一切只可能是幻相，也只有在幻境中，它那看似清晰的結論才會被你識破。⁸ 現在，讓我們放下那些幻相，聆聽聖靈所教的單純邏輯，以及始終指向那唯一眞相的單純結論。

壹. 學習的條件

1.　　　你既已蒙受祝福，卻不知自己有福，表示你仍有待學習認出這個眞相。² 眞知是無法傳授的，縱然如此，你仍得備妥眞知所需的條件，因那些條件早已被你拋到九霄雲外了。³ 你能學習祝福，但無法給人自己沒有之物。⁴ 換句話說，你若祝福別人，表示你已先蒙受了祝福。⁵ 而且你必已納爲己有，否則你又如何給出它？⁶ 爲此之故，奇蹟不過證明了，你確實已蒙受祝福。⁷ 只要你能給出徹底的寬恕，表示你已放下罪咎，親自領受了救贖，而且明白自己的確清白無罪。⁸ 上天如何待你，你就如何待人。除此之外，你從何得知自己擁有你本來一無所知的福分？

2.　　　在這個「因否認眞相而迷失方向」的世界裡，你確實需要能爲眞理作證的間接證據。² 但你得先識破「否認眞相不過顯現你決心不想知道眞相」的企圖，才會明白自己確實有此需要。³ 世界的思想邏輯必然導向虛無，因爲虛無正是它的最終目標。⁴ 如果你決心只要夢境，也只分享夢境，甚至一生都活在夢裡，那麼你的思想理路自然會導入虛無。⁵ 如果你原本擁有一切，也與人分享一切，而且自身就是一切，那麼你一旦否定了這一切，你的

思想體系便會全面封閉，而與眞理徹底決裂。⁶ 這就是瘋狂世界最眞實的寫照，不要低估了它所導致的遺害。⁷ 你的所知所見無一不受它影響，爲此，你的夢境才會變得神聖不可侵犯。⁸ 也爲此，上主才會把聖靈放入你的夢裡。

3.　　看，往往是朝外的。² 如果你的念頭全然出於自己，那麼你打造的思想體系便會永不見天日。³ 凡是出自上主之子心靈的念頭，不論是投射或推恩，都具有他所賦予的一切能力。⁴ 聖子與上主共享的意念遠超乎他自己的信念，而那些信念全是他自己打造出來的。⁵ 他絞盡腦汁所要保護的也只是這些信念，而非眞相。⁶ 沒有人會奪走他的信念。⁷ 除非他自動放棄，因爲化解那些信念的力量仍在他內。⁸ 世間之物絕不可能告訴他世界的邏輯瘋狂至極而且導向幻滅。⁹ 幸好，編出這瘋狂邏輯的心靈裡還有一位聖者，祂深知那些邏輯是空幻的，因祂知道一切眞相。

4.　　只要不是聖靈爲你指出的方向，必然不知所終。² 你若否定祂所了知的眞相，等於否認了你自己的眞相，而祂所要教你的不過是如何不再否認眞相而已。³ 化解（undo）和造作（do）一樣，只有間接的功能。⁴ 你受造的目的是創造，不是爲了看什麼或做什麼。⁵ 看與做的能力不過間接表達出你的生存意志，你的生存意志已被死亡與謀害之念窒息了，而那些不潔且無常之念絕非來自天父。⁶ 你總想與人分享一些無法分享之物。⁷ 你若認爲自己可能學會這一本事，自然不會相信你原本應該學會的事了。

5.　　因此，聖靈所教的第一件事，就是讓你明白什麼是你絕對學不會的事情。² 祂的訊息從不拐彎抹角，祂要幫你把單純的眞理引入你那複雜得不知所云的思想體系。³ 祂只需看一眼小我的立論基礎，便會看穿它的底細而不予理會。⁴ 問題是你還無法識破小我思想體系的迷宮，化解不了自己的妄造，也卸除不下令你心靈窒息的重擔。⁵ 小我欺騙得了你，只因你存心欺騙自己。⁶ 凡是存心自欺的人，必會攻擊我這一針見血的教法，因爲它不啻是對小我騙局的當頭棒喝。

貳. 快樂的學徒

1.　　聖靈需要快樂的學徒，祂才能透過他們快樂地完成自己的使命。²死心塌地甘願受苦的你，首先得認清自己確實活得很不快樂才行。³由於你已把受苦視爲一種樂事，聖靈只好用苦樂的對比來開導你。⁴你已經分不清苦樂之別，才會卯盡全力去學永遠也不可能學會的事，甚至相信唯有學會這本事，才有快樂的一天。⁵你不只看不出這怪異的學習宗旨之立論基礎虛妄至極，⁶還常覺得它言之有理。⁷你如此寄望於虛無，自認遲早會找到自己想要的這個「寶貝」，⁸反倒爲你沉重的心靈再添一層重擔。⁹你如此相信虛無的價值，且對它百般重視。¹⁰一小片玻璃，一粒塵沙，一副軀體，或一場戰爭，對你都一樣重要。¹¹只要你珍惜一個虛無之物，表示你認可了虛無的價值，而且相信自己確有把它們弄假成眞的本事。

2.　　聖靈雖然看得見你身在此地，卻知道你其實活在他處，祂的基本教誨單純無比，終歸一句即是：**眞理就是眞的**。²這可說是所有課程中最難學的一課，也是你唯一需要學的課題。³對扭曲的心思而言，單純反而是最難懂的道理。⁴不妨想一想，你由虛無中營造出來的一切，你編織出來的錯綜複雜、稀奇古怪的感覺、作爲及反應。⁵沒有一物比單純的眞相更令你感到陌生而且更不想聽聞。⁶連什麼是眞的，什麼不是眞的，如此鮮明的對比，你都分辨不出。⁷這並不奇怪，對喜歡憑空幻想出皇宮、金冠及龍袍且自命爲王的人來說，愈是單純而明顯的事，愈是難以辨認。

3.　　聖靈把這一切看在眼裡，只想教你認清這一切都不是眞的。²凡是灌輸給自己虛無，還想騙自己那不是虛無的人，不可能成爲快樂的學徒，聖靈只會堅定而平靜地告訴他們：

　　　³眞理就是眞的。⁴其餘一切無關緊要，因為它們既非眞的也不存在。⁵你目前還力有未逮，有待學習，讓我來為你分辨眞假吧。⁶你已被自己所信仰的虛無蒙蔽了。⁷把你的信心轉向我吧，我會輕輕將它放回它原先所在

的聖地。⁸ 在那兒，沒有謊言，你只會找到單純的真理。⁹ 你會喜愛它的，因為你會了解它的。

4.　　聖靈跟你一樣造不出真理。² 但祂跟上主一樣知道「真理就是真的」。³ 祂把真理的光明帶入了黑暗，且光照在你身上。⁴ 當它照耀時，你的弟兄便會看見它的光輝，且明白這光輝並非出自於你，他們在你身上所見到的你遠勝於你眼中的自己。⁵ 這光明的一課會把他們轉為快樂的學徒，因為這一課在教他們如何擺脫虛無本身以及虛無所生之物。⁶ 除非你把光明帶給他們，否則他們無法識破那陷他們於絕望的沉重鎖鏈原來什麼也不是。⁷ 鎖鏈便在他們眼前頓時消失而暴露它虛無的本質。⁸ 你也會跟他們一起看到這一事實。⁹ 因著你教給他們的快樂解脫之道，他們成了幫你快樂地解脫的老師。

5.　　只要你教任何一個人明白「真理就是真的」，你就會與他們一起學到這一真相。² 如此，你才會懂得，看似最難的事常是最簡單的。³ 學習做個快樂學徒吧！⁴ 你永遠學不會把虛無（nothing）變成萬物（everything）的本領的。⁵ 當你看到自己竟然一度以此為志，便會為自己的愚不可及而啞然失笑。⁶ 但你更會慶幸自己終於化解了這一愚昧，因只要你敢誠實正視，它就會自行化解的。⁷ 我先前說過，「不要認命於虛無」，那是因為你始終相信虛無能夠滿足你。⁸**事實絕非如此。**

6.　　想要成為一個快樂的學徒，你必須將自己學來的一切交託給聖靈，讓祂為你解除過去的一切。² 如此，你才可能學會那由「真理就是真的」基礎所生的喜悅課題。³ 凡是以此為基石的課程必然真實無比，因它等於建立在真理上。⁴ 宇宙的學堂便會為你揭開真理的美妙與單純。⁵ 真相一旦現前，過去再也不值得你留戀了。

7.　　快樂的學徒不只具備了世間的學習條件，同時具備了天國真知所要求的資格。² 這一切都在聖靈的計畫中，祂要將你由過去釋放出來，為你打開一條自由之路。³ 因真理就是真的，⁴ 除此之外還有什麼？還能怎樣？⁵ 這單純的一課有如一把鑰匙，為你開啟那扇你以為永遠封鎖了的黑暗之門。⁶ 這門既是由虛無打造出來的，門後必然空無一物。⁷ 這把鑰匙其實就是一道光明，它會

幫你驅散你從虛無造出的紛紜萬象以及種種擔心害怕。⁸ 由基督手中接下祂賜你開啟自由之門的鑰匙，領受祂帶給人類光明的神聖使命吧！⁹ 因你和所有弟兄一樣，都不知道光明已經來到，你們早已由黑暗夢境脫身了。

8.　　　仰望你那已獲自由的弟兄吧！向他們學習如何擺脫黑暗勢力的控制。² 你內在的光明會喚醒他們，他們也不會任由你繼續昏睡下去。³ 你只要見到光明，基督的慧見就會當下現前。⁴ 萬物立即變得如此清晰，如此神聖。⁵ 慧見的單純本質會給你寧靜的力量，讓你頓時了悟無人否認得了那單純的真理。⁶ 因為除了真理之外，空無一物。⁷ 上主無所不在，聖子與萬物共存於祂內。⁸ 果真如此，聖子還能繼續唱他哀傷的輓歌嗎？

參. 決心無罪

1.　　　快樂的學徒不可能對自己的學習充滿罪咎的。² 這是學習的關鍵，切莫掉以輕心。³ 了無罪咎的學徒才會學得輕鬆愉快，因為他的心念自由無礙。⁴ 這會幫他認清：罪咎只會干擾，無法帶來救恩，也毫無正面功能。

2.　　　也許你一向習慣用無罪來抵制罪咎所帶給你的痛苦，卻不曾正視過無罪本身的真正價值。² 你相信罪孽深重與清白無罪對你都深具意義，因兩者都能提供另一方所無法給你的退路。³ 你不會只要其中一個，因為缺了任何一個，都會讓你感到自己不再完整，也不可能幸福。⁴ 事實上，唯有了無罪咎的人才會感到自己的完整性，也唯有這份無罪感才可能帶給人幸福。⁵ 它不會引發任何衝突。⁶ 只要你對罪咎還有一絲依戀，不論透過何種途徑或形式，你都不會珍惜無罪的可貴，自然再也不會看到自己的無罪本質了。

3.　　　你與罪咎之間沒有妥協的餘地，唯有清白無罪才能減緩你的痛苦。² 在世上，學習就是生活；在天上，創造就是生命。³ 每當你好似被罪咎之苦纏縛時，請記住，只要你一向它屈服，就表示你決心放棄幸福，如此，你豈有幸福可言？⁴ 因此，不妨秉持天父與聖子的大愛，溫柔且堅定地對自己說：

^{5}我願把我的經驗公諸於世。

^{6}只要了無罪咎，我就一無所懼。

^{7}我決心向人證明自己接受了救贖，不再存心抵制。

^{8}唯有公開與人分享這無罪本質，我才會接受自己的無罪。

^{9}我願從天父那兒把平安帶給每一位上主之子。

4.　　每一天，每一時，每一分，甚至每一秒，你都在十字架與復活、小我與聖靈之間作選擇。^{2}小我代表你已選擇了罪咎，聖靈則代表你選擇了無罪。^{3}決定之權操之在你。^{4}選擇的對象早已限定，你只能在真相與幻相之間作選擇。^{5}兩者沒有任何交會，因為它們截然相反，毫無妥協的餘地，因此不可能同時真實存在。^{6}你不是有罪，就是無罪；你不是受縛，便是自由；你若非不幸，必是幸福之人。

5.　　奇蹟不過教你看出，你已經選擇了無罪、自由與喜樂。^{2}奇蹟不是因，而是果。^{3}它是正確抉擇的自然結果，是你幸福的佐證，顯示你願放下罪咎的決心。^{4}你所療癒的人都會反身療癒你。^{5}你所攻擊的人，則會懷恨於心，伺機報復。^{6}對方是否付諸行動，不是問題之所在，因你已認定他會這樣作了。^{7}你不可能在「己所不欲而施於人」之後卻不受報應。^{8}你給出什麼，就會回收什麼，這是必然的代價。^{9}那代價不是令你受盡報應之苦，就是讓你喜獲自己深愛的幸福。

6.　　沒有人懲罰得了上主之子，唯有他自己能夠如此。^{2}上主所賜的每一個療癒，其實都是讓他以光明取代黑暗和以愛取代恐懼的良機。^{3}他若存心拒絕，表示他甘願活在黑暗裡，只因他不肯釋放自己的弟兄，不願與弟兄一起進入光明。^{4}他一旦賦予虛無力量，無異於放棄重獲喜悅的機會，因而無法認出虛無對他其實一無所能。^{5}他既不願驅逐黑暗，難免會變得既害怕光明，又畏懼黑暗。^{6}聖靈所要教你且要你與祂一起教人的幸福課題，就是要幫你欣然認清黑暗對上主之子一無所能。^{7}教導這課題是祂的最大喜悅，也成了你的喜悅。

7.　　這個簡單課程即是教人明白：了無罪咎就是百害不侵。^{2}因此，向所有的人顯示你百害不侵的本質吧！^{3}教他們了解，不論

他們怎麼對你，只要你絲毫不信自己會受任何傷害，你等於向對方顯示了他的清白無罪。⁴ 他無法做出任何傷害你的事情，只要你不讓他認爲他有傷害你的能力，你已經在教他救贖之道了；你不只由此領受救贖，連他也與你一併獲救了。⁵ 沒有什麼好寬恕的，⁶ 沒有人傷害得了上主之子，⁷ 也沒有理由感到內疚，罪咎既無存在之因，便不可能存在。

8. 　　上主是唯一的存在之因，罪咎與祂毫不相干。² 不要讓任何人覺得他傷害了你，否則，你等於告訴自己，那與上主毫不相干之物竟有控制你的能力。³ **沒有存在之因的東西就不可能存在。**⁴ 不要爲它撐腰作證，更不要爲任何心靈助長這種信念。⁵ 永遠記得，只有一個心靈，故也只有一個存在之因。⁶ 唯有當你學會否認無因之物，並以上主的終極之因作爲自己眞正的存在之因，你才可能學會如何與這一體生命溝通。⁷ 如此，聖子才算眞正擁有了上主賦予他的能力。除此以外，凡是上主之子所見或想看之物，都會爲自己的罪咎帶來報應，因而錯失了聖靈樂於傳授的幸福課程。

9. 　　每當你一意孤行時，你的想法便具有破壞性，你的決定也必然錯誤百出。² 因爲作此決定的過程對你即是一種傷害。³ 你是不可能憑自己或爲自己作任何決定的。⁴ 上主之子任何一個念頭所產生的後果絕不僅止於他一人。⁵ 每個決定都指向整個聖子奧體，不分內外，它的影響無遠弗屆，涵攝之廣亦超乎你的想像。

10. 　　凡是接受救贖的人必然百害不侵。² 凡是認爲有罪之人，自會與罪咎相應，因爲他們已把罪咎當成救恩，眼光須臾不離其上，甘願與它沉瀣一氣。³ 他們相信加深罪咎對自己是一種保護。⁴ 自然無法了解「自己不想要的，必然對自己有害」這一簡單道理。⁵ 只因他們不相信自己眞心想要的才是好的。⁶ 上天賦予他們一個意志，這意志不只是神聖的，還能滿足所有的需求，像平安那樣對他們有求必應。⁷ 只要是眞有價值之物，意志都會滿全他們的心願。⁸ 問題是，他們並不了解自己的意願，於是，聖靈悄悄地代他們了解，不費吹灰之力即能滿全他們所願，免除他們獨自決定所需與所欲之際內心難以負荷之苦。

11. 　　絕對沒有「你必須爲自己作決定」這一回事。² 你在世上並

非孤苦無依的，你的天助會給你一切所需的答案。³ 那位神聖的施主早已平白賜給你一切，你豈會滿足於你給自己的那一點東西？⁴ 祂不會質疑你究竟做了什麼才配得到上主的恩賜。⁵ 因此，不要向自己索求禮物。⁶ 你只需接受聖靈的答覆，因祂知道你配接受上主願你擁有之物。⁷ 別再推卻聖靈想要平白送你的上主禮物。⁸ 祂所給的原是上主為你而給祂的禮物。⁹ 你是否配得這一切，不由你來決定。¹⁰ 上主知道你配得即可。

12.　　你豈否認得了上主決定的真相，用你那卑微的自我評價來取代上主賦予聖子屹立不搖的價值？² 沒有一物動搖得了上主對自己的聖潔造化的信心，因為它確實聖潔無比。³ 不要存心與造化作對，它既來自上主，必然真實不虛。⁴ 任何心靈只要放下自己的計畫，靜靜地接受上主為他制訂的救贖大業，必能活在平安中。⁵ 你對救恩一無所知，因你對它毫不了解。⁶ 切莫妄自認定救恩是什麼，或應發生於何處，凡事請教聖靈，把一切決定交託給這位偉大慈祥的顧問吧！

13.　　聖靈願意教你明白上主的計畫，祂知道上主願你參與其事。² 只有祂的智慧堪當引領你的腳步。³ 你個人所作的每個決定，不過凸顯出救恩在你心目中的定義是什麼，以及你究竟想要擺脫什麼。⁴ 聖靈深知救恩只是擺脫罪咎而已。⁵ 此外，你沒有其他「敵人」，只有你的道友聖靈才抵制得了純潔聖子所遭受的惡意扭曲。⁶ 祂堅守著你的純潔無罪，這才是你自由的保障。⁷ 祂決心幫你袪除任何使你清白心靈蒙塵之物。

14.　　因此，唯獨請祂來作你救恩的嚮導吧！² 祂深知救恩之途，也願邀請你與祂快樂地同行。³ 唯有與祂同行，你才可能學會看出，上主對你的旨意其實就是你心之所願。⁴ 若無祂的指引，你必會以為只有自己才明白真相，進而作出讓你不安的決定，重蹈你過去認定救恩全靠自己的覆轍。⁵ 救恩來自聖靈，上主是為了你才把救恩賜給祂的。⁶ 祂一刻不忘這一使命。⁷ 你也切莫忘記祂，讓祂為你作出所有的決定吧！因你的救恩及上主的平安就在你這決定之中。

15.　　不要企圖評估聖子的價值，他是上主的神聖造化，否則你就等於是在評論他的天父而跟祂作對了。² 你會為這異想天開的罪

行感到罪咎的；歸根究柢，不論天上或人間，沒有人能夠犯下這種罪行的。³ 聖靈只會教你明白，企圖篡奪上主寶座之「罪」並非你罪惡感的源頭。⁴ 凡是不可能發生的事，你就不用擔心任何後果。⁵ 安心地相信深愛你的那一位吧！祂會領你走出自己的瘋狂心態。⁶ 即使你可能選擇瘋狂，那也不會變成你的眞相。⁷ 切莫忘記上主之愛，祂始終惦記著你。⁸ 聖子是由聖愛之心創造出來的生命，上主絕不可能任他淪落於天心之外，聖子必然永存於圓滿的平安中。

16.　　你只需對聖靈說：「爲我作決定吧！」萬事便如此成就了。² 因祂的決定只可能反映出祂所知道的你，在這光明下，是不可能產生任何差錯的。³ 既然聖靈爲你所作的每個決定都藏有一切的眞相，你何苦枉費心機去揣測自己不可能知道的事？⁴ 向祂的智慧及愛學習吧，並將祂的答案教給所有仍在黑暗中奮鬥的人。⁵ 因你不只爲他們作了決定，這決定也是爲你自己而作的。

17.　　讓那博愛眾生的聖靈爲你作決定，是多麼美妙的事。² 祂不會讓你遺忘任何一人的。³ 就這樣，祂把原本非你莫屬之物還給了你，因爲天父願你與祂共享這一切。⁴ 一切事物都有祂在指引，不用你來操心。⁵ 信任祂會及時且明確地以愛答覆每一個人，而他們不可能不受惠於你這決定的。⁶ 是的，所有的人都因你而受惠。⁷ 難道你還會自不量力，認爲自己有責任爲每個人作出最好的決定？⁸ 這豈是你所能知道的？

18.　　你已爲自己培養出與造物主不相往來的習慣，這徹底違反了你的天性。² 其實，你與祂，還有屬於祂（也就是屬於你）的人，依舊保持著親密的聯繫。³ 接受祂慈愛的指引，捨下你後天學來的孤立心態，從頭學習天人相通的幸福之境吧！雖然你一度捨棄了它，卻不曾失落過它。

19.　　當你心生疑慮，不知何去何從時，請記住，聖靈活在你內，你只需這樣告訴自己：

> ² 祂會指引無知的我前行，因祂深曉此道。
> ³ 祂絕不會隱瞞祂要我學習的功課。
> ⁴ 因此，我信任祂會告訴我祂為了我才知道的事。

⁵ 然後，就讓聖靈靜靜地教你認清自己的無罪本性，它始終不變，完好如初。

肆. 你的救贖任務

1.　　只要你承認一位弟兄無罪，你就會在他身上看到救贖。² 你一旦認可救贖就在他內，救贖便成了你的囊中之物，你所尋找之物便會歷歷在目。³ 你一旦認定他不是清白無罪的，你便不可能在他身上看到無罪的光明標誌。⁴ 他的無罪乃是你的救贖。⁵ 你必須先承認他無罪，才可能親眼看到自己在他身上認可之物。⁶ 然而，你必須先給出真理，才可能收到真理，連上主都得先把真理賜給聖子才行。⁷「首先」或「第一」在時間領域內毫無意義；但在永恆之境，「第一因」代表天父。祂既是第一因，也是絕對的一。⁸ 除了第一因，沒有其他的原因存在，更沒有次序或第二、第三諸如此類之物。

2.　　你是屬於第一因的，因祂將你造成和祂同樣的生命，你不僅清白無罪，且已成了祂的一部分。² 無罪性不過代表一種存在狀態，反映出你已清除了病態心靈所見的幻相。³ 清白無罪才是你唯一有待證悟之境，上主必會助你一臂之力。⁴ 然而，在臻至此境之前，你始終認為自己與祂是兩個不同生命。⁵ 即使有時你感到祂在你身邊，但你不可能知道自己與祂原是一個生命。⁶ 這種真知是無法傳授的。⁷ 它只會自行浮現，學習最多只能為真知鋪路而已。

3.　　只要你肯讓祂化解那蒙蔽你聖潔心靈之真相的一切障礙而活在天父的恩典中，祂就會將自己的生命賜予你，一如往昔。² 祂只知道一事，就是給出自己，這也是真知的一切內涵。³ 凡是祂不知道的事，不可能存在，故也不可能給予任何人。⁴ 你無需祈求上天寬恕，因那早已完成了。⁵ 你應祈求的乃是學習如何寬恕，讓你再度看見自己不寬恕的心靈所視而不見的真相。⁶ 唯有善用救贖之人，救贖才會對他昭然若揭且真實無比。⁷ 這是你在世上唯一的任務，但你必須先認出這是你唯一想要學習之事才行。⁸ 除非學會這一課，否則你無從擺脫罪咎的陰影。⁹ 不論哪一

種愧疚心態，推到究竟都不外乎你沒有全心履行自己在天心（包括一切心靈）內的任務。[10] 你若不履行自己在世的任務，怎麼可能擺脫罪咎的作祟？

4. 　　在你領悟眞知之前，即使尚不了解造化的眞相，你仍能做自己該做的事。[2] 上主不會破除你的障礙，也不會製造障礙。[3] 你只需放下它們，它們就會消失了蹤影。[4] 上主不可能失敗，在任何事上，祂從未失敗過。[5] 決心承認你對自己看走了眼吧！只有上主對你的看法才是正確的。[6] 你既是由祂生命中創造出來的，必然始終活在祂內。[7] 唯有祂徹底知道你的眞相。[8] 請記住，除了祂以外，別無第二人。[9] 因此，無人不具備祂的神聖本質，也無人不配得到祂圓滿的愛。[10] 在這充滿黑暗與謊言而且缺乏愛心之地，不要忘卻你愛的任務，只有愛才化解得了陰森的謊言。[11] 不要辜負了自己，你應把祂無瑕可指的聖子獻給上主與你。[12] 直到你懂得感恩，上主才能用祂的聖愛換取你的小小禮物。

5. 　　在你爲自己作出任何決定前，請記住你始終在抗拒自己應負的天堂任務；此刻不妨三思，你還想繼續這樣自作主張嗎？[2] 你在世只有一個任務，就是承認自己一無所知，並下定決心不再自作聰明。[3] 那麼，你還能決定自己該做什麼嗎？[4] 把一切決定交託給上主的代言人吧！祂知道你的任務，也會爲你發言的。[5] 祂會教你如何卸下因不愛聖子而壓在自己心頭的重擔；因爲你不僅沒有教他愛，反而讓他感到罪咎。[6] 放棄這個既瘋狂又失常的企圖吧，它騙走了你與天父同在的喜悅，使你無法欣然甦醒於祂的聖愛及神聖本質而融入祂的一體生命；那才是你的眞相。

6. 　　你一旦學會了如何與上主一起作決定，所有的決定就會像呼吸一樣自然且當然。[2] 無需你操心費神，自會有人溫柔地爲你領路，踏上有如夏日寧靜的小徑。[3] 只有當你獨斷獨行時，作決定才會變成苦差事。[4] 聖靈會毫不遲疑地答覆你的每個問題，告訴你如何進行。[5] 祂無所不知。[6] 祂會告訴你，甚至替你去做。[7] 歷盡滄桑的你，終於得享比睡眠更深的安息了。[8] 雖然你仍可能把罪咎帶入夢裡，但罪咎絕對無法潛入這一安息的。

7. 　　除非你清白無罪，否則你無法知道上主，而上主的旨意卻是要你認識祂。[2] 因此你必然無罪。[3] 你若不願接受認識祂的先決

條件，等於存心否認祂；即使祂在你身邊出現，你也不會認出祂的。⁴ 唯有上主之子才可能認出上主，無罪本質則是聖子認出上主真相的先決條件。⁵ 認定上主之子是有罪的，無異於全面否認了天父，那麼天父置於心靈內的真知，也就不為人知了。⁶ 只要你肯聆聽我，自會懂得那是不可能的事！⁷ 不要把你自己所懂的那些有限特質套在上主身上。⁸ 你打造不出上主的，你所懂的那一切，與祂扯不上任何關係。

8.　　　你也沒有打造真相的任務。² 真相就在此地，無需你營造，但它又少不了你。³ 你若存心自暴自棄，等於藐視上主，請仔細聆聽我代祂和你自己所說的話。⁴ 天父愛你之深，遠遠超乎你的了解，因為世間沒有任何類似的經驗能幫你了解祂的愛。⁵ 世間也沒有一物足以與此聖愛相提並論；你在上主之外所經驗到的愛，與上主的聖愛有如天壤之別。⁶ 你連一個徹底溫柔的祝福都給不出，⁷ 你豈會知道那只知給予的永恆大施主？

9.　　　天堂的兒女安居於天父的榮福光明裡，因為他們知道自己的清白無罪。² 由於心靈先否認了自己的清白而否認了天堂，才有待救贖來恢復它的無罪真相。³ 救贖會教你認出上主之子的真實身分。⁴ 但它無法教你看出自己的真相或天父的真相。⁵ 連為你記住這一真相的聖靈，也只能夠教你如何撤除蒙蔽你真知的障礙。⁶ 祂的記憶原本就是你的記憶。⁷ 你若只記得自己打造的世界，表示你什麼也不記得。⁸ 真相的記憶始終存於祂內，必也一直在你心裡。

10.　　　無罪之心與有罪之心沒有相互了解的可能。² 彼此都會把對方看成同類，故沒有真正交流的餘地；因為每一方看待對方的心態，與對方看待自己的心態有莫大的出入。³ 上主只能與你心中的聖靈溝通，因為只有聖靈與上主同時知道你的真相。⁴ 因此，唯有聖靈能代你答覆上主，因為只有祂才知道上主的真相。⁵ 除此之外，你心裡塞滿的東西沒有一樣真的存在，因為凡是不能與天心交流的，就不存在。⁶ 與上主交流，就是生命。⁷ 除此之外，空無一物。

伍．救贖之圓

1.　　你心靈與上主依舊緊密相連的那一部分，才是唯一眞實的部分。²你可願把它全部轉化爲上主之愛的光明訊息，分享給所有因否認了祂而陷於孤獨的人？³上主會讓你如願以償的。⁴你豈能拒絕祂被人了知的渴望？⁵因你對祂的思念，不亞於祂對你的思念。⁶這是永恆不易的事實。⁷接納這千古不渝的眞相吧，⁸將死亡的世界拋諸身後，悄悄地回歸天堂。⁹這個世界毫無價值，所有的價值都在天上。¹⁰聽從聖靈的指引吧，你會由祂那兒聽到天父的話語。¹¹祂會告訴你有關你的眞相。¹²你內不可能存有罪咎的，因上主需要聖子的祝福，如同聖子需要上主的祝福一樣。

2.　　每個人在救贖計畫裡都負有特殊的任務，但每個人領受的訊息卻是同一個：**上主之子清白無罪**。²每個人都會以不同的方式傳達這一訊息，也會從不同管道學到這一訊息。³在他邊教邊學這個訊息以前，內心必然常有任務未了的隱痛。⁴那種罪咎感沉重無比，上主不願你被它束縛。⁵祂賜你的覺醒計畫完美無比，只有你自己的計畫才會錯誤百出。⁶你不知道自己該做什麼，幸好，無所不知的聖靈始終與你同在。⁷祂的仁慈亦存於你心內，還會爲你護守上主與你同有的大愛。⁸祂要教你的只有一事，就是如何幸福地活下去。

3.　　你是深受天父祝福的聖子，祂爲你創造了喜樂。²凡是上主祝福的，誰能定他的罪？³凡是活在天心內的，必有上主的純潔無罪。⁴一切造化只是那完美聖潔的本體之自然延伸。⁵上主召喚你自願獻出這一生，在一切事上，任何形式下，否認罪咎的存在。⁶只要還想諉罪於人，**表示你仍不解真相**。⁷唯有獻身於救贖的快樂學徒才可能成爲教導純潔無罪的教師，純潔無罪是上主造化的天賦權利。⁸切莫否認他們這一天賦，你若有所保留，傷害到的絕不僅止於他們而已。

4.　　天國是上主在創造之初賜給聖子的產業。²不要企圖竊走他的天國，否則你會自食罪咎的苦果。³保護上主之子的聖潔吧，莫讓任何念頭盜去他的聖潔，使他視而不見。⁴把他的純潔無罪置於朗朗天日之下，你才算答覆了救贖的召喚。⁵切莫遮掩他的

聖潔，而應照穿罪咎的層層面紗，使他看到上主之子的面容。

5. 　　如此，我們才算結合於救贖之內，此外，世上沒有一物能夠將我們結合在一起。² 分裂的世界終將消逝，天父及聖子必會恢復全面交流的。³ 只因心靈已經否認了自己的無罪本質，才需要奇蹟爲你指認心靈的無罪，爲你帶來療癒。⁴ 歡喜地認出它吧！不要有任何保留，因爲幸福與解脫都寄望於此。⁵ 有誰不希望由痛苦解脫？⁶ 即使他尚未學會如何以無罪來取代罪咎，也不明白唯有這樣取代才有擺脫一切痛苦的可能。⁷ 然而，尚未學會這一課題的人特別需要開導而非攻擊。⁸ 你一旦攻擊那些有待學習的人，便再也無法從他們身上學到任何東西了。

6. 　　宣揚純潔無罪的教師們，即使各有所司，仍能同心協力，爲自成一體的救贖課程克盡一份力量。² 除此之外，沒有任何學習目標能夠如此自成一體。³ 這一課程不會自相牴觸，教學的形式雖有萬千，目標永遠只有一個。⁴ 你爲它付出的每一份心血都會將你導向這一目標，也就是由罪咎解脫，邁向上主及一切造化的永恆榮福之境。⁵ 凡是以此爲目標的課程，都會直指天堂和上主的平安。⁶ 這類教學能爲你免除學習過程可能經歷的一切痛苦、掙扎與懼怕。⁷ 上主必以自己的大能支持這類教誨，並且保證了它造福人類的無量功德。

7. 　　把你的精力投入那必會帶來平安的大能吧！² 沒有人感受不到這一教誨的感召。³ 如果你獨獨傳授這一課題，不可能經驗不到上主德能的。⁴ 你也不可能不受惠於這神聖的課題，它只願爲你恢復上主造化的天賦權利。⁵ 你每幫一人擺脫罪咎，都能助你認出自己的純潔無罪。⁶ 救贖之圓既無邊界，亦無止境。⁷ 你每帶一個人進入這安全又寧靜之圓，便會更加確信自己必在圈內。

8. 　　平安必會降臨於每一位平安之師。² 因爲平安即是認可人人本具的完美聖潔。³ 只要是上主創造的聖子，必然在這神聖之圓內。⁴ 喜樂成了結合的象徵，沒有人會被摒棄於圈外，獨受罪咎的折磨。⁵ 上主的德能會吸引每一個人進入這愛與合一的安全碼頭。⁶ 安然立於圈內的你，又會吸引所有受苦的心靈加入這一平安聖地。⁷ 請你與我安住於此圓之內，充當救贖之師，不再傳播罪咎。

9.　　　與我一起教學的人何其有福！² 我們的力量不出於自己，而是來自天父。³ 只有無罪的心靈才可能知道天父的真相，如同天父知道我們的無罪一樣。⁴ 我在圈內邀你進入我的平安，⁵ 與我同立於這一聖地，共同傳揚平安的訊息，⁶ 幫每一個人憶起天父賜給他的能力。⁷ 切莫相信自己不配傳揚他那完美平安的訊息。⁸ 別在圈外徘徊了，與我一起進入此圓吧！⁹ 不要辜負了我召請你和教導你的唯一目的，¹⁰ 就是教導上主之子認出自己的純潔無罪，恢復他受造之初的本來面目。

10.　　　十字架對救贖大業一無所用。² 只有復活才是我的救贖任務。³ 復活象徵了你的無罪本質已將你由罪咎解救出來了。⁴ 凡是在你眼中有罪之人，你必會把他釘上十字架。⁵ 凡是在你眼中無罪之人，你才會還他清白。⁶ 十字架永遠都是小我的最終目標。⁷ 每一個人在它眼中都罪孽深重，它必須定罪在先，才好痛下殺手。⁸ 唯有聖靈之眼才會看到無罪本質，祂溫柔地教人釋放恐懼，為他重建愛的國度。⁹ 祂的溫柔充滿了愛的力量，這力量來自上主，故不可能將人釘在十字架，也不可能身受十字架之苦。¹⁰ 你所重建的聖殿便成了你的祭壇，也唯有透過你才有重建的可能。¹¹ 你獻給上主的每份禮物都成了你之所有。¹² 這是上主的創造法則，也是你恢復本然的必經途徑。

11.　　　你願把自己所見之人置於神聖的救贖之圓內或拒他於圈外，全憑你評判他該被釘死或應得救贖而定。² 你若領他進入這聖潔之圓，你便會在圓內與他同享安息。³ 你若拒他於圈外，就會與他一起淪落圈外。⁴ 除非你已證入那遠遠超乎你的寂然聖境，否則不要再自行判斷任何事了。⁵ 莫將任何人排斥於救贖的祝福之外，而應以祝福將他領入圈內。⁶ 神聖性必具分享性，因為分享性正是構成神聖性的因素。⁷ 歡欣地進入這神聖之圓吧！以平安的目光去看那些自以為在圈外的人。⁸ 不要排斥任何一人，因為這是他和你一生嚮往之境。⁹ 來吧！讓我們與他一起進入上主為所有的人設立的和平聖地，讓我們在和平的崇高目標中結合為一個生命。

陸．交流之光

1.　　　我們踏上的旅程，乃是以光明取代黑暗、以了解取代無知的旅程。²任何一物，你一旦了解了它，就不再害怕它了。³唯有藏在黑暗及無知裡的東西，才會讓你害怕而縮回更陰暗的角落裡。⁴唯有曖昧隱晦之物才嚇得了人，那是因爲它莫測高深，並非因爲面目可怖。⁵曖昧不明之物所以嚇人，是因爲你不了解它的內涵。⁶一旦摸清它的底細，你便不致受它擺佈或蒙蔽了。⁷沒有所謂隱秘的價值這一回事，隱秘表示無法與人共享，它的價值自然無人知曉。⁸隱秘代表一種隔離，但價值需要共同的賞識。⁹沒有人會喜愛曖昧不明之物，只會對它滿懷戒心。

2.　　　聖靈活在你心內的寂靜光明裡，那兒徹底開放，毫不隱秘，故沒有什麼好怕的。²攻擊之念必須帶到愛前，不再遮遮掩掩，它就會臣服於愛。³沒有任何黑暗是愛的光明無法驅散的，除非它故意逃避愛的慈顏。⁴你若存心與愛保持距離，自然難以得享愛的療癒能力，因爲你已跟愛分道揚鑣而投奔黑暗了。⁵黑暗勢力會派衛兵嚴密監視著你，即使這些衛兵都是你憑空幻想出來的，你對他們仍然畏懼萬分。

3.　　　你難道還想借用幻想來鞏固你那莫名其妙的安全感？²這些感覺其實說不上安全或不安全。³它們既無保護作用，也無攻擊能力。⁴它們徹底虛無，且毫無作用。⁵至多只是黑暗與無知的守衛，你只會在它們身上看到恐懼，因爲它們愈想隱藏的，愈會顯得陰森恐怖。⁶你只需放下它們，它們就嚇不到你了。⁷只要你不再遮遮掩掩，愛的光明便會當下浮現，因爲只有愛才有意義，也只有愛能存於光明之中。⁸其餘一切必會隨之銷聲匿跡。

4.　　　死亡必會屈服於生命，因爲毀滅只是虛妄的幻相。²清白無罪的光輝會驅散罪咎，因爲生死一旦相遇，一方的眞相會使他方的虛妄無所遁逃。³不要把罪咎與無罪看成兩回事，以爲自己可能同時擁有兩者，這種信念極其荒誕不經。⁴你一旦把它們視爲兩回事，便難免指鹿爲馬，而看不出它們的眞相。⁵更難看出兩者之中只有一個具有眞實內涵，⁶另一個則毫無意義可言。

5.　　　　你一直把分裂當作切斷你與天父交流的手段。² 聖靈則將分裂轉譯成恢復交流的工具，天人交流其實從未中斷過，只是被你搞得曖昧不明而已。³ 祂能將你的一切妄造轉用於自己的神聖目標。⁴ 祂深知你從未與上主分裂過，但也清楚看見那些令你誤以爲與上主分裂的原因。⁵ 祂只願幫你由那些妄念脫身。⁶ 你既已爲自己編造了一種決定能力，取代了原有的創造力，聖靈就不能不教你如何發揮出決定能力的正面作用。⁷ 你造出的決定能力害死了你自己，現在，你必須好好向祂學習如何把它轉用於神聖的修復大業上。

6.　　　　一向借用晦暗迂迴的象徵來說話的你，並不了解自己所發明的語言。² 它毫無意義，因爲它的目的不是爲了溝通，而是存心破壞交流。³ 語言的目的原是爲了溝通，這些南蠻鴃舌能說出什麼意義來？⁴ 即使你是爲了不想交流而發明出這種拐彎抹角的溝通方式，但只要你肯另請一位高明的「詮釋者」，你仍能賦予這一交流形式足夠的愛而傳達出某些意義。⁵ 你當初是爲了衝突而製造語言，聖靈卻能藉此而助你由衝突中脫身。⁶ 把你想交流的內涵交託給聖靈吧！⁷ 祂會爲你清晰地詮釋，因爲祂深知你與上主的交流依舊暢通無阻。

7.　　　　你並不知道自己在說什麼，故也不會知道別人究竟跟你說了什麼。² 幸好，你有一位「詮釋者」能由你的南蠻鴃舌聽出話中的意義。³ 祂絕對不會傳達你話裡荒誕的部分。⁴ 祂只會抽出有意義的部分而捨棄其餘，把你眞正想要交流的內涵傳達給和你一樣眞心想要交流的人。⁵ 由於你隨時都在使用兩套語言，當然會莫知所云。⁶ 如果一種語言毫無意義，而另一種則充滿了意義，自然只有有意義的話語才可能達到交流的目的。⁷ 另外一種只會壞事而已。

8.　　　　聖靈的任務純粹是爲了幫你恢復天人交流之境。² 祂必須清除所有的干擾，才能恢復交流的暢通。³ 你無需對祂隱瞞任何干擾因素，因祂絕不會攻擊你的衛兵。⁴ 你只需把那些衛兵領到祂跟前，祂就會慈愛地教你看出，這些衛兵在祂的光明裡一點也不可怕；它們根本守不住你小心翼翼藏在黑暗之門背後的一切，那兒其實什麼也沒有。⁵ 我們必須打開所有的門窗，光明方能照入。⁶ 上主的聖殿裡沒有什麼密室。⁷ 它隨時向上主之子大開歡迎

之門。[8] 上主邀請的人不可能進不了天門的，只要他自己不再拒天父於千里之外。

柒. 分享聖靈的知見

1.　　你究竟想要什麼？[2] 光明或黑暗、眞知或無知？不論想要什麼，你都會如願以償的，但你無法同時擁有兩者。[3] 相反之物必須同置一處，不宜各據一方。[4] 因爲它們只有在你心中才會顯得好似兩回事，唯有將它們拉到一起，才有和解的機會，就像你們一樣。[5] 唯有合在一起，非眞的一方才會消失，因爲眞理即是結合。[6] 黑暗一遇到光明就會消失，同理，眞知一現，無知亦會隨之消逝。[7] 知見乃是將無知帶入眞知的媒介。[8] 但這知見絕不能摻雜自欺，否則它就成了無知的爪牙，而非尋找眞理的助手了。

2.　　追求眞理其實只需誠實地揭開所有遮掩眞相的障礙就夠了。[2] 眞理永恆如是。[3] 它既不可能失落，故無需尋覓，更不會失而復得。[4] 它始終都在，不論你在哪兒，它一直都在你內。[5] 問題是，你可能認得出來，也可能認不出來；它有時對你很眞實，有時顯得十分虛假。[6] 你若存心隱藏眞相，它對你自然變得虛假不實，因爲你一隱藏它，就已將它覆蓋於恐懼下了。[7] 然後你會在每一塊恐懼的基石上頭建立起一個瘋狂失常的信仰架構，埋藏那一眞相。[8] 然而，你卻不可能知道自己所做的事，因眞相一被你覆蓋在恐懼下，你自然不會相信我們反覆強調的：你愈正視恐懼，它就愈難招架，於是它企圖隱藏之物反倒欲蓋彌彰了。

3.　　想要使渾然不覺之人相信自己其實是知道的，幾乎是不可能的事。[2] 他們心目中認定自己不可能知道。[3] 其實他們知道，因爲上主知道他們知道。[4] 雙方對這「渾然不覺」狀態的看法截然相反。[5] 在上主眼中，人不可能渾然不覺的。[6] 因此這不是觀點的問題，僅僅顯示這人相信了不可能的事情罷了。[7] 渾然不覺的人必會基於他的信念而作出錯誤的自我評價。[8] 他們對自己的界定與創造的初衷徹底相違。[9] 問題是，他們的受造並不屬於觀念的問題，而是永恆不易的眞相。[10] 「變化無常」一被帶到「永恆不易」之前，就失去了立足點。

4.　　　　我們再三強調過：你該把「不可欲」帶到「可欲」之物前，把你「不想要的」置於「想要的」之前。[2]這是你得救的唯一門路，只要你深思一下「切斷聯繫」的眞正企圖，就不難明白我說的道理了。[3]「切斷聯繫」，不過是一種扭曲而變態的思想模式，它企圖保住兩套無法並存的信仰體系。[4]你只要將兩者同置一處，便不難看出自己是不可能同時接受兩者的。[5]然而，若有一方隱身於黑暗中，這一分裂狀態好似能爲雙方保住同等的眞實性而共存下去。[6]因此，你很怕它們碰面，因爲它們一旦相會，就會逼得你不能不放棄其中之一。[7]你無法同時活在這兩套體系下，因它們相互否定。[8]兩者若避不相見，你便無從看清這一事實，因它們的背後都有你頑強的信念支撐著。[9]唯有同置一處，它們水火不容的事實才會當下現形。[10]其中一個必須退下，因爲另一個已佔據了它的領地。

5.　　　　只要心靈仍相信黑暗、依戀黑暗，光明便不可能照入。[2]眞理不會與無知爭鬥，愛也不會攻擊恐懼。[3]凡是無需防衛的，就不用爲自己辯護。[4]自衛是你自己造出來的把戲。[5]上主對此一無所知。[6]是你先用那些防衛措施來抵制眞理，聖靈才會借用它們來防衛眞理。[7]不論你防衛什麼，他都能將你攻擊的對象轉爲你眞正渴望之物來達到他的目的。[8]這些防衛伎倆，就像你所有的妄造一樣，必須慢慢轉爲對你有益的事，聖靈會把你那些自我毀滅的伎倆轉譯爲保護你與釋放你的工具。[9]這任務何等艱鉅，但上主的德能與他同在。[10]因此，對他而言是輕而易舉的，當上主爲了你而託付給他這一重任之際，便已完成了。[11]不要懷疑他是否能完成上主的託付，否則便會延誤你獲享平安之日。[12]把一切都交託給無所不知的那位導師吧！[13]他並不期待你做出什麼大事。[14]你只需去做他所建議的那些微不足道的小事就夠了；只要你對他懷有一點信心，相信自己必能做到他所要求之事便成了。[15]你自會看出他所要求的事是如此的輕而易舉。

6.　　　　聖靈僅僅要求你一事：與他分享你封鎖在心底的所有祕密。[2]爲他開啓每一扇門，邀請他的光明驅散你心中的黑暗。[3]他樂於應你之邀而來。[4]只要你敢向他揭開每個黑暗的角落，他的光明便會進入。[5]你若仍存心隱瞞，他也不會窺探你的隱私。[6]他只能爲你而看，除非你願意與他一起面對，否則他不能去看。[7]基

督的慧見不只是為聖靈而設的，更是為祂與你一道準備的。[8] 因此，把你暗中隱藏的一切念頭都帶到祂那兒，與祂一起去看吧！[9] 祂充滿了光明，你內則是一片黑暗。[10] 當你們兩個一起正視時，光明與黑暗便無法並存了。[11] 祂的判斷必然無往不利，但你得把自己的知見融入祂的知見，祂才能給你祂的判斷能力。

7.　　　與祂一起去看吧！如此，你才可能由祂那兒學到直指真知之境的知見與詮釋。[2] 你沒有單獨去看任何事情的能耐。[3] 上主既然賜給了你聖靈，自會教你如何去看眼前的一切，接下祂賜你的知見吧！[4] 你就會認出，自己是看不出任何一物的意義的。[5] 唯有與祂一起去看，你才可能看出所有的意義，包括了你的存在；不要用雙重眼光去看，你得學習把萬物融入一個意義，一種情緒，以及一個目標才行。[6] 上主只有一個目標，祂已分享給你了。[7] 只有聖靈賜你的唯一眼光才能幫你的心靈看出萬物一體；這一體性如此光明燦爛，即使給你整個世界，你也不會放棄上主所賜的這一禮物。[8] 請看，你的意願就是上主的旨意，祂所有的愛即是你自己的愛。[9] 一切榮耀都會經由聖靈而流向你，再由聖靈回流上主那裡。

捌．神聖的交會點

1.　　　你已暗中把上主賜你的榮耀以及祂賦予無罪聖子的能力搞得曖昧不明了。[2] 在心靈最黑暗的一角，你把上主的恩賜覆蓋在陰暗的罪咎下，不斷否認聖子的純潔無罪。[3] 其實你那扇漆黑而緊閉的門後空無一物，因為沒有一物遮掩得了上主的恩賜。[4] 是你封鎖門戶的意向使你視而無睹那正在你內發光的上主德能。[5] 不要抵制你心靈的力量，把那掩藏你榮耀的障礙交給聖靈判斷，祂才好為你化解。[6] 祂要為誰保留榮耀，那榮耀就已經為他留下了。[7] 祂已向天父許過願，要將你由卑微救回到榮耀之境。[8] 祂全心信守這一許諾，因那是祂與上主共懷的大願，也是上主要祂與你分享的恩典。

2.　　　為了你，聖靈不斷重申這一許諾。[2] 其餘大大小小、輕重貴賤的許諾，都會被祂這一許諾所取代，因這才是上主要祂獻給天

父與聖子祭壇的禮物。³ 沒有一個上主的祭壇可以沒有聖子的。
⁴ 凡是配不上天父及聖子的，聖靈都會把它轉換爲雙方都能接受
的禮物。⁵ 你豈能獻給上主罪咎？⁶ 那麼你也不應獻給聖子。⁷ 因
牠們並非兩個不同的生命，你獻給天父的禮物，必然同時獻給了
聖子。⁸ 只因你還不明白這個道理，故無法知道上主的眞相。⁹ 然
而，你其實知道上主，也明白這個道理的。¹⁰ 那一眞相依舊安然
存於你內，充滿聖靈的光輝。¹¹ 牠不會個別照耀於天父或聖子身
上，只可能照在牠們的交會點，也就是上主與聖子結合並透過聖
靈向聖子發言之處。¹² 凡是不可能分開的生命，便不可能中斷交
流。¹³ 一體不分的天父及聖子的神聖交會點就在聖靈內，故也在
你內。¹⁴ 只要上主願意與聖子交流，無一物阻擋得了牠的旨意。
¹⁵ 聖愛始終在天父與聖子之間流動，永續不斷，只因牠們想要如
此，¹⁶ 故而必然如此。

3.　　　不要讓你的心靈遠離光明的軸心，徘徊於黑暗的長廊。² 你
與弟兄可能都已選擇了流浪他鄉，唯有上主的那位「嚮導」才
能幫你們相聚。³ 牠必會將你領到那交會點上，與上主和聖子相
認。⁴ 牠們會聯手送給你這個一體生命，一切分裂都會在這禮物
前銷聲匿跡。⁵ 與眞實的你結合吧。⁶ 除了眞相以外，你無法與任
何東西結合的。⁷ 唯有在眞相內，你享有上主及聖子的榮福。⁸ 此
外，無其他榮福可言，此外，你也無法給予自己任何東西。

4.　　　沒有一物能夠取代眞相。² 當你在聖靈指引下與眞理相會
時，自會看清這一眞相。³ 牠必會將你領至此地，那溫柔的教誨
豈會將你領向他處？⁴ 那是上主所在之地，也是你所在之地。⁵ 這
就是眞相。⁶ 沒有一物能把上主賜你的眞知變爲無知。⁷ 上主創造
一切，就是爲了讓他們知道自己的造物主。⁸ 造物主和牠的造化
全是依此法則而創造的。⁹ 天父和牠的造化，以及聖子和他的創
造，都結合於這神聖的交會點。¹⁰ 只有一種聯繫能把牠們結合爲
一，且將牠們護守於一體性內，這就是一切造化之源。

5.　　　天父與自己造化的「創造同工」這個連線，無人能夠解除。
² 天堂所代表的即是整個造化與它唯一造物主的結合體。³ 天堂
仍是上主對你的旨意。⁴ 除此之外，不要在你的祭壇放置其他獻
禮，因爲沒有一樣東西能跟它分庭抗禮。⁵ 你小小的獻禮會和上
主的大禮同置於此祭壇上；只有配得上天父的，才配給聖子，因

這禮物原是爲聖子準備的。[6]上主願把自己給誰，就給了誰。[7]祂的大禮一出現於祭壇，你小小的獻禮便消失了蹤影。

玖 · 神聖本體的倒影

1.　　救贖並不能使人「變得」神聖。[2]你在受造之初已被「造成」神聖的了。[3]救贖只是將不聖之物帶回神聖之境而已，也就是將你營造的自我帶到你的本來眞相前。[4]聖靈的唯一任務，即是將幻相帶入眞相，將小我帶到上主內。[5]不要向你的天父隱瞞自己的妄造，否則你便無從得知天父與自己的眞相。[6]唯眞知境界才是徹底的安全，離開了它，毫無保障可言。[7]你打造出一種時間，企圖取代永恆，表示你已作出不願活出眞我的決定。[8]從此眞相變成了「過去」，「現在」開始爲幻相效力。[9]於是，「過去」改頭換面，插足於始終不變之境與現在之間，從中作梗。[10]你記憶中的過去，根本就不存在，它不過反映出你已否定了永恆不變之境而已。

2.　　把小我帶到上主面前，就是將謬誤帶到眞理前，讓小我面對那與自身截然相反的眞相，因而得以修正。[2]兩者之間的矛盾既然無法存在，小我只有自行化解一途。[3]當矛盾看出自己不可能存在時，它還能支撐多久？[4]小我在光明中只能知難而退，這並非受到攻擊之故。[5]它之所以消失，純粹是因自己本身不眞實。[6]「不同的眞相」這一說法毫無意義，因眞相只有一個。[7]眞相不會因著時間、心情或機緣而改變。[8]它的不易性襯托出自身的眞實性。[9]無人解除得了眞實之物。[10]只有非眞之物才有被化解的可能。[11]也唯有眞相能爲你化解非眞之物。

3.　　眞理僅憑自身的眞相便足以幫你由一切非眞之境脫身。[2]救贖是如此的溫柔體貼，你只需向它悄悄示意一下，它就會全力以赴地伸出援手。[3]有上主與你同在，你一點兒也不脆弱。[4]沒有祂，你什麼也不是。[5]救贖就是把上主送還給你。[6]你一度拒絕的禮物，上主依舊爲你保存於你心內，[7]而且還有聖靈負責爲你看守。[8]上主從未離開祂的祭壇，縱然祂的信徒曾在那兒供奉其他神明。[9]聖殿依舊神聖無比，只因那神聖本體始終臨於此地。

4. 　　　神聖的本體留在聖殿，靜候深愛它的人回頭。² 神聖的臨在知道他們終將回歸聖潔及恩典之境。³ 上主的天恩會溫柔地領他們進來，以千古不易的天父之愛撫慰他們的痛苦和失落。⁴ 生命的喜樂會在那兒取代死亡的恐懼。⁵ 因上主即生命，故他們必然活在這一生命內。⁶ 這個生命和它的神聖源頭同等神聖，因為它是由神聖本體創生的。⁷ 那一神聖性活在每一個生命裡，因神聖本體創造了生命，故而不可能遺棄自己所造神聖如己的生命。

5. 　　　在世上，你能成為一面纖塵不染的鏡子，讓造物主的神聖本質在你的明鏡裡大放光明，照亮周遭的世界。² 你能夠把天堂反映於人間。³ 切莫讓其他神明的形相污穢你的明鏡而反映不出上主的聖容。⁴ 世界能夠反映天堂，也可能反映地獄；能夠反映上主，也可能反映小我。⁵ 只等著你拭淨自己塗抹在明鏡上的陰森魅影。⁶ 上主必會在那兒大放光明。⁷ 人們在你的鏡中只會看到上主的清澈倒影。

6. 　　　只有在光明中，才可能看見倒影。² 在黑暗中，它會變得模糊不清而難以顯示自身的意義，只得依賴變化無常的詮釋。³ 上主的倒影本來是不待詮釋的。⁴ 它清晰明確。⁵ 只要拭淨鏡面，它的訊息便會昭然若揭，無人不識。⁶ 聖靈會在心靈明鏡中向人展示這一訊息。⁷ 他會認出這訊息的，因聖靈已教他看出自己有此需要，他只是還不知該從何尋找罷了。⁸ 為此，讓他在你身上看到這一訊息吧，他才可能將此訊息與你分享。

7. 　　　只要你明白，照耀於你心內的上主倒影能帶給世界的療癒力量有多大，即使只是一瞬的領悟，也會讓你迫不及待地拂拭內心的明鏡，接受那足以療癒世界的神聖倒影。² 由你心裡反映出來的神聖倒影既不模糊，也不會變形。³ 所有仰望它的人都會看到同一倒影，而且意義炯然。⁴ 他們會把形形色色的問題帶入那個療癒光明中，所有的問題都會在此同獲療癒。

8. 　　　神聖本體對形形色色的錯誤，永遠只有一個答覆。² 凡是出自神聖本體的答覆不會自相矛盾的。³ 不論什麼問題，它的答覆只有一個，就是療癒。⁴ 凡是看到了心內的神聖倒影而全心想學療癒之人，表示他已準備好接受天堂了。⁵ 神聖本質在那兒已不再只是倒影，而是倒影的真身。⁶ 上主也不再是一種形相，祂創

造的生命既是自己的一部分，他們在眞相裡必然永遠擁有上主。
⁷而且不只反映眞理，他們本身即是眞理。

拾 . 奇蹟的平等性

1.　　在上主與祂的造化，或聖子與自己的創造之間，只要沒有知見從中作梗，造化的眞相便會流傳千古。²你心靈的明鏡在時空世界所反映的倒影，不是讓你接近永恆，就是讓你遠離永恆。³但永恆本身卻是超越時空的境界。⁴何妨借助它在你心內的倒影，飛越時間而投奔永恆？⁵神聖的倒影必會召喚所有的人放下一切罪咎，正如你遲早也會由時空領域升至神聖之境。⁶將天堂的平安映照到世界吧！你等於把世界帶向天堂。⁷因眞理的倒影會吸引每一個人進入眞理，一旦進入此境，他們再也無需倒影之助了。

2.　　在天堂裡，人人享有眞相，不只是倒影而已。²但在世上，你必須先給出天堂的倒影，上主之子才有可能唯獨著眼於天堂的眞相。³他對天父的記憶才會開始浮現；此後，除了自己的眞相以外，世上再無一物足以滿足他的心靈了。⁴世上的人缺乏無限的概念，因爲你好似活在其中的世界，處處充滿了限制。⁵世上的一切也不可能沒有難易之分。⁶爲此，一位獨特的「聖師」得把另一世界的運作法則帶入人間，從而構成了奇蹟的獨特任務。⁷唯有奇蹟才能幫你超越自然律，它不再憑藉差異性，而是基於平等性。

3.　　奇蹟不會互比高下，你所能行的奇蹟無可限量。²它們可能同時發生，也可能成群出現。³只要你開始認出這個可能性，就不難了解這一事實。⁴最令人難以理解的，是「奇蹟沒有難易之分」，然而，這也成了奇蹟不可能出自世界而其實另有所本的有力證據。⁵因若根據世界的觀點，這根本是不可能的事。

4.　　你大概不難察覺自己腦子裡的念頭並沒有彼此牽制或競爭的現象，即使相互矛盾，仍能同時蜂擁而出。²對此現象，你可能已經司空見慣而絲毫不感到奇怪。³你也習慣性地把那些念頭分門別類，視某些念頭比較重要，較有份量、較好、較明智、較有

用或更有價値。⁴凡是認爲自己是一個個體生命的人，他們的想法都逃不出這種模式。⁵有些念頭能夠反映天堂，有些則是出於那自以爲很有思想的小我。

5.　　結果，醞釀出一個錯綜複雜、變化莫測而且片刻不息的思想模式。²它在你心靈明鏡上興風作浪，瞬間遮蔽了天堂的倒影。³只要光明一現，黑暗立刻前來抵制；光明和黑暗的勢力在你心靈不斷相互消長。⁴你千方百計想在心中建立一種秩序，維繫神智的最後一點清明。⁵你能爲這失控的亂世帶來一點秩序，僅憑這一點，足以顯示出你不完全等於小我，你內必有一個大於小我之物。⁶因小我乃是混亂失控的化身，它若是你生命的全部，你是不可能爲它帶來任何秩序的。⁷問題是，你自行賦予心靈的那一秩序，不只限制了小我，也把你自己限制住了。⁸若要建立秩序，不可能不判斷，評估之後方能重新排序。⁹爲此，這是聖靈的任務，不是你的責任。

6.　　你似乎很難接受，你內心缺少一個足以調整自己念頭的基準。²唯有聖靈的課程能利用奇蹟的光明例證，教你看出你的調整方式有誤，祂要爲你指出一條「更好的途徑」。³奇蹟對每個求助之聲所給的答覆全然相同。⁴它不會評判求助之聲，⁵只會認出求助背後的眞義而予以答覆。⁶奇蹟毫不在意哪個呼聲較大或較重要。⁷你也許會困惑，不能不作判斷的你，又如何施行得出這類不靠自己判斷的奇蹟？⁸答案很簡單。⁹奇蹟來自上主的德能，而非你的能力。¹⁰奇蹟本身不過向你證明：你確實擁有上主的能力而已。¹¹爲此之故，奇蹟才會帶給所有參與其事之人同等的祝福；也爲此之故，所有的人必然同受其惠。¹²上主的德能本是無限的。¹³由於祂一給就給出全部，故能答覆所有人的需求。¹⁴這對祂而言，沒有所謂難易的問題。¹⁵只要你肯求助，必會獲得天助。

7.　　聖靈只有一種判斷，即是二分法：一是愛，另一則是向愛求助。²你自己是作不出這種二分法的判斷的，因你的迷惑已深，不但無法認出愛，更難以相信其餘一切只是向愛求助的呼籲罷了。³你太受外在形式的束縛，難以看清它的內涵。⁴你視爲內涵的，其實不是內涵。⁵它只能算是一種形式。⁶你並沒有把弟兄的要求當成給你的禮物而予以答覆，你只是根據小我對那禮物先入

為主的看法而去回應罷了。

8.　　小我是不可能了解內涵層次的，也從不把它放在眼裡。² 對小我而言，只要形式上可以接受，便可接受它的內涵。³ 否則，小我就會朝那形式發動攻擊。⁴ 如果你自認為對小我的「運作模式」略有所知，我敢跟你保證，你對它一無所知！⁵ 因憑你自己，是不可能了解它的。⁶ 研究小我和研究心靈是兩回事。⁷ 事實上，小我喜歡研究自己，也鼓勵學生「分析」它，如此更顯示了它的重要性。⁸ 其實，他們所研究的只是一個毫無內涵的形式罷了。⁹ 不論這位老師如何以響亮動人的解說謹慎地掩飾自身的荒誕，也難以自圓其說。

9.　　這顯示出了小我判斷的特性。² 你若個別去看，那些判斷好像言之成理，然而，你若把它們串連在一起，所形成的思想體系立刻顯出其中的矛盾和混亂。³ 形式本身並不足以帶來意義，凡是缺乏內涵之物，是架構不出一貫的思想體系的。⁴ 於是小我決定接受這一分裂狀態。⁵ 沒有人能獨自為小我痛下針砭的。⁶ 唯當兩三個以上的人決心共同尋求真相時，小我才難以遮掩自身的缺乏內涵。⁷ 合一本身成了小我這種分裂狀態最有力的反證。

10.　　你是不可能獨自在暗中憶起上主的。² 因憶起上主，不僅證實你不是孤單的生命，而且顯示你有憶起此真相的意願。³ 不要為你自己盤算，因為你的想法沒有一個對你有益。⁴ 若想憶起自己的天父，你得讓聖靈幫你調整心念，而且只用祂給你的答覆去回應別人。⁵ 每一個人都和你一樣在尋找愛，除非他與你一起追尋，他是不可能認出愛的。⁶ 只要你們攜手前進，燦爛的光明必會與你同行，令你所見的一切頓時充滿了意義。⁷ 孑然獨行的旅程註定失敗，因為它一開始便已摒棄了自己所要尋找之物。

11.　　上主只會在你心內與聖靈交流，聖靈也必須透過你才能轉譯祂所交流的內容，讓你得以了解祂的訊息。² 上主從不進行祕密交流；祂的一切都全面開放給所有的人，任何一人隨時隨地都能接近祂。³ 沒有一樣東西能夠祕密存在，凡你有意隱瞞聖靈的，其實什麼也不是。⁴ 你加在弟兄身上的詮釋也毫無意義。⁵ 讓聖靈為你顯示弟兄的真相吧，祂會教你認出弟兄的愛以及他向愛所發的求助之聲。⁶ 任何念頭，不論是出自他的或你的心靈，都不外

乎上述這兩類。

12.　　奇蹟，表示你已認出了這一真相。² 愛一現身，你的弟兄必
會給你愛，因為這是愛的本質。³ 當愛的求助之聲一起，你必須
給他愛，因為那是你的本質。⁴ 我先前說過，這課程要教你憶
起自己的真相，恢復你原有的身分。⁵ 我們已經學到，這個神
聖的身分是眾生本具的。⁶ 奇蹟只是幫人認出這身分的一種途徑
而已。⁷ 當無人得識這一身分之際，你唯有先獻出自己的神聖身
分，才能認出它的臨在。⁸ 每當一位聖子認出這一真相，永遠與
聖子同在的上主必會用祂為聖子保留的聖愛親自祝福。⁹ 你為上
主之子所行的每一個奇蹟，不可能不含有上主之愛的德能。¹⁰ 那
麼，奇蹟怎麼可能會有難易之分？

拾壹. 真理的考驗

1.　　學習的關鍵，在於你終於明白了**自己一無所知**。² 真知是一
種能力，一切能力來自上主。³ 你一度想把這能力據為己有，結
果反倒「失落」了它。⁴ 你仍然擁有這一能力，只是你已在這能
力與你的覺知之間設置了許多障礙，使你難以發揮其用。⁵ 你後
天學來的一切只會使你對自己的能力更加模糊不清。⁶ 你既不知
道這是什麼能力，也不曉得能力存於何處。⁷ 你佯裝出來的能力
只是虛張聲勢，終會令你失望。⁸ 因能力不是佯裝得出來的，真
相也無從仿製。⁹ 是你錯誤的學習經驗及抹滅真相的企圖，使你
發揮不出上主的德能。

2.　　那麼，何不心甘情願地放下這一切錯誤，慶幸自己不必永遠
受它束縛？² 你過去一直在教自己如何囚禁上主之子，只有神智
不清或沉睡不醒的人才會作出這種不可思議的夢。³ 上主怎能學
習如何不作上主？⁴ 身負上主一切能力的聖子，豈能學會把自己
變為無能之人？⁵ 你究竟教了自己什麼，值得你死抓著不放，寧
可放棄與生俱來「所有」與「所是」的一切？

3.　　救贖，只是教你如何擺脫過去學到的經驗、當下認出自己的
真相。² 學習其實遠在你看到成果以前便已完成了。³ 因此，學
習屬於過去的經驗，只因它會把你認定的意義套在當前的事物上

頭，才左右得了現在的你。⁴ 你過去所學的那一套，是無法賦予現在任何意義的。⁵ 過去的種種也無助於你了解現在，更無法幫你化解過去。⁶ 你過去的經歷，不過讓你看到你曾經教了自己什麼而已。⁷ 放下後天學來的一切吧！⁸ 不要透過它的「光明」去了解任何事情，因那等於透過黑暗去看，反而變得更加曖昧不明。⁹ 不要寄望黑暗來光照你的悟性，這不過表示你仍在抵制光明；那麼不論你著眼何物，自然只會看到黑暗。¹⁰ 問題是，黑暗本身是不可見的，它只是讓人看不見的一種限制因素而已。

4.　　你若不能將學到的黑暗經驗帶到自己內在的光明裡，與之對質，你便沒有評判眞相的能力，也不可能重視本課程。² 縱然如此，上主不會捨棄你。³ 聖靈不只爲你帶來上主託付於祂的「另類」課題，祂還爲每個光明之子學會這一課。⁴ 祂傳授的課題充滿了上主的榮耀，因那榮耀充滿了上主樂於與聖子共享的德能。⁵ 追隨祂的喜悅吧，那是你的喜悅。⁶ 你若想活出這一喜悅，必須心甘情願地把過去學到的黑暗經驗一併帶到眞理前，欣然放下它，空出雙手去領受，不再緊握拳頭去奪取。⁷ 你其實並不想學那些陰暗的人生課題的，何不交給傳授光明的那位導師，祂會由你手中收回。⁸ 祂十分樂意借用祂爲你學習的光明經驗來換取你陰暗的人生課題。⁹ 切勿相信你向其他老師學到的那些經驗可能會有什麼意義。

5.　　有一個試金石，靈驗有如上主，能驗出你所學的是否眞實。² 如果你心內一無所懼，而你所遇見的人，甚至想起你來的人，都能感受到完美的平安，你才能肯定自己所學的不是舊有的那一套，而是上主的課程。³ 否則，殘留你心中的黑暗經驗不只會傷害你，還會連累你身邊的人。⁴ 你心內若無圓滿的平安，只有一種可能，表示你知道自己並沒有按照天父的旨意來對待上主之子。⁵ 你人生中每一個陰暗的課題，不論以何種形式出現，所教的不外乎此。⁶ 你必須先拒絕那一黑暗經驗，聖靈才能把它替換成祂的光明課題，教你看出天父與聖子的旨意其實是你自己的眞實意願。

6.　　不用擔心自己怎能學會那和你過去經驗截然不同的人生課題。² 這豈是你能知道的？³ 你的任務十分簡單。⁴ 你只需認出過去所學的那一套並非自己想要的。⁵ 隨時祈求祂來指導，不要再

用你的經驗爲過去所學撐腰。⁶ 當你的平安受到任何威脅或騷擾時，不妨這樣對自己說：

> ⁷ 我不知道任何事情的意義，包括這件事在內。⁸ 因此，
> 我也不知道如何回應才是。⁹ 從今以後，我不再借助過
> 去的經驗作爲我的指路明燈。

¹⁰ 只要你決心不再教導自己所不了解的事情，上主所賜的那位嚮導便會向你說話的。¹¹ 只要你肯放下過去的經驗，交託到祂手裡，你便不難意識到祂始終安然活在你內。

7.　　你無法將自己導向奇蹟，因爲當初就是你把事情搞砸，才有待奇蹟的拯救。² 上主爲此才給了你萬無一失的奇蹟妙方。³ 不論聖子爲自己造出多少需求，天父都能一一滿全，只要聖子稍微向祂示意一下就夠了。⁴ 祂是不會迫使聖子投靠祂的，這有違祂的身分。⁵ 上主不可能失落自己的終極身分，否則，你也會失去你的身分。⁶ 祂的身分即是你的身分，祂不可能改變自己的，爲此，你的終極身分必也千古不易。⁷ 奇蹟就是幫你認出上主之子的本來面目（而非自己營造的形相），再度重申上主的千古不易而已。⁸ 只有無罪的心靈才能帶來奇蹟之果，唯有如此，方能證實聖子的清白無罪。

8.　　你若自甘屈服於罪咎的控制，還能證實自己無罪嗎？² 那是不可能的。³ 而且你務必眞心承認那是不可能的事才行。⁴ 只要你還認爲自己能夠私下處理某些生活細節或人生層面，聖靈的指引就被你限制住了。⁵ 你就這樣把祂變得好似很不可靠，進而以自己想像中的「不可靠」爲藉口，設法對祂隱瞞自己某些陰暗經驗。⁶ 你若只想接受祂的片面指引，自然不會寄望奇蹟來答覆你所有的問題。

9.　　你難道認爲聖靈可能不會給你祂要你給人的禮物？² 你的問題沒有一個是祂的奇蹟不能解決的。³ 奇蹟是爲你而設的。⁴ 它早已化解了你心內所有的恐懼、痛苦與掙扎。⁵ 祂會爲你收回這一切，而非收回你本人，並且幫你認出那一切不曾眞正發生過，使你得以重見光明。⁶ 祂會爲你光照每一個黑暗經驗，⁷ 還會幫你修正你這一生所教給自己的課題。⁸ 這一切在天心內毫無立足之

地。⁹ 過去既束縛不了祂，也束縛不了你。¹⁰ 祂對時間的看法和你大不相同。¹¹ 祂給你的每個奇蹟，都能幫你修正時間的用途，並且轉化爲祂的時間。

10. 　祂既已將你由過去釋放出來了，自會教你如何不受過去的束縛。² 你只需接受祂爲你完成之事，只因那是祂爲「你」而作的。³ 正因是祂作的，故成果屬於你的。⁴ 祂就這樣將你由自己過去的妄作中救拔出來了。⁵ 你可以否認祂，但你對祂的祈求卻不可能無效。⁶ 祂一直設法用祂的禮物來替換你的禮物。⁷ 祂願將自己的光明訊息深植你心中，使那些宣揚罪咎的陰暗課程無法侵入你神聖的心靈，因爲那是祂所在的聖地。⁸ 感謝上主，祂不只活在你內，還要藉你施展祂的大能。⁹ 祂的大化功德都成了你的福德。¹⁰ 只要你自願成爲祂施展奇蹟的工具，祂會經由每一個人賜給你奇蹟的。

11. 　上主之子永遠是一個不可分割的整體。² 因爲我們在上主眼中是一個生命，我們才可能明瞭自己在祂內的一體性。³ 上主的聖師活似祂的造物主，聖子亦然；上主透過祂的「聖師」不斷重申自己與聖子的一體關係。⁴ 安靜下來，仔細聆聽，勿再提高自己抗議的分貝。⁵ 一切分裂都會在祂教你的一體性奇蹟前銷聲匿跡。⁶ 你在世上也應像祂一樣地教人，才可能憶起自己原來一直都如天父一般地創造。⁷ 創造的奇蹟從未間斷過，上面銘刻著神聖而不朽的印記。⁸ 這是上主對一切造化的旨意，一切造化也只能在這一大願之下合而爲一。

12. 　凡是隨時提醒自己一無所知且願從頭學起的人，才會學有所成。² 他們一旦開始信賴自己，就再也學不到任何東西了。³ 因爲他們認爲自己已經知道，自然就會打消學習的念頭。⁴ 除非你通過了那完美的平安試金石，否則不要自以爲懂得任何事情，因爲平安與了解是互爲表裡的，它們不會單獨出現。⁵ 兩者相輔相成，這是上主之律。⁶ 兩者互爲因果，形影不離，若缺了其中之一，另一個也必會消失。

13. 　除非他們親眼看到自己這番了解的具體成效，否則他們必須承認自己什麼都不知道，唯有如此，他們才可能有心學習。² 爲此，他們必須只求平安，對其他則一無所求才行。³ 每當你認爲

自己知道時，平安就會離你而去，因這表示你已背離了平安的聖師。⁴ 等到你徹底承認自己一無所知，平安才會再度返回你身邊；因你必須決心為祂捨棄小我，才可能邀請祂來臨。⁵ 不要向小我索求任何東西，這是你唯一需要做的事。⁶ 只要你肯在心裡為聖靈留下一點空間，祂必會翩然而至，充滿每一顆心靈。

14.　　如果你真心只想得到平安，必須撤下教你攻擊的老師。² 和平聖師絕不會棄你不顧。³ 你能離棄祂，但祂絕不會離棄你的；因著祂對你的了解，故對你有莫大的信心。⁴ 就和祂對造物主的信心一般堅固，因祂知道，自己對造物主的信心必須包含祂對一切造化的信心在內。⁵ 祂的神聖性即在於這一貫性，祂不可能背叛自己的神聖性，因為這是上主的旨意。⁶ 你在聖靈眼中是完美無缺的，祂願把平安之禮賜給所有自知需要平安而且真心想要平安之人。⁷ 為平安鋪路吧！平安必會如期而至。⁸ 因為那番了解就在你內，它是平安的先聲。

15.　　你的能力就是聖靈的能力，兩者都出自上主的德能。² 你認為自己對祂一無所知，只因無人能夠憑藉自己而知道祂的真相。³ 然而，只要你能看到祂透過你所行的偉大事工，你便不能不信你確實藉著祂的大能而行了大事。⁴ 你一旦看到了祂的偉大事蹟，便再也無法否認它的神聖源頭遠超乎你的小小能耐。⁵ 你若能在心中為祂保留一席之地，便會發現自己確實無所不能，也沒有一物侵擾得了你的平安。⁶ 唯有透過這一試金石的考驗，你才可以大膽說自己真正了解了。

第十五章　神聖的一刻

壹. 時間的兩種用途

1.　　你想像得出那種平安寧靜又無憂無慮的心境嗎？²時間沒有其他用途，純粹是供你學習如此生活而已。³除非上主的聖師能把祂的教誨融入你的每個人生課題裡，否則祂是不會心滿意足的。⁴直到你能鍥而不捨地獨尊聖靈為師，祂的教學任務才算功德圓滿。⁵此後，你再也無需老師或時間這類學習工具了。

2.　　你竊自認為聖靈的課程一定要求你投入大量時間，成效又遙遙無期，難免會心生挫折。²事實絕非如此。³因為聖靈利用時間的方式極其特別，且不受時間的約束。⁴時間成了祂的教學良伴。⁵時間會消耗你的生命，卻消耗不了祂。⁶唯有當你認同小我之時，時間才有消耗你的能耐，因為時間是支持小我毀滅信念的利器。⁷小我會和聖靈一樣用時間來說服你，讓你相信它要教你的目標與必然結局。⁸小我的目標既是死亡，死亡便是它的結局。⁹聖靈的目標則是生命，故它永恆不朽。

3.　　即使小我與時間結盟，雙方仍稱不上是朋友。²因為小我既不信任死亡，也不信任生命；它為你爭取來的東西，連它自己都感到難以忍受。³小我真正想要置於死地的是你，而非它自己。⁴小我的詭異信仰就是要讓你相信，即便在你死後都難逃它的魔掌。⁵它造出了地獄的永罰，讓你死後都不得安寧。⁶它當然也會提到天堂的存在，卻向你保證，天堂不屬於你這種人。⁷你這罪孽之身哪有資格嚮往天堂！

4.　　凡是與小我認同的人，不會不相信地獄的存在。²他們所有的夢魘及恐懼都與這個信念脫離不了關係。³小我告訴他們，地獄是他們未來的結局，它所有的教導都遙指這個方向。⁴地獄正是它的目標。⁵雖然小我為你接受了死亡及毀滅的結局，它自己卻不相信。⁶連它為你招來的死亡結局都無法令它稱心如意。⁷凡是接受小我教誨之人，沒有一個不害怕死亡。⁸如果死亡在他們眼中只是痛苦的結束，那又有什麼好怕的？⁹我們先前談過小我思想體系似是而非之處，在此更顯得一清二楚。¹⁰小我必須假裝

幫你躲避掉恐懼，你才會甘心效忠它。¹¹ 然而，它又必須令你害怕，如此它才有存在的價值。¹² 小我通常雙管齊下，切斷兩個矛盾目標之間的關聯，才能讓兩者表面上得以和平共存。¹³ 小我是這樣教你的：天堂的希望一遇到死亡便幻滅了。¹⁴ 由於你和小我無法分開，而它又無法想像自身的死亡，只好繼續投射到你身上，因為罪咎在它心目中是永恆的。¹⁵ 那是小我眼中唯一的「不朽」。¹⁶ 小我的時間觀念所標榜的也只是這種不朽。

5.　　小我會這樣教你，天堂就在此時此地，未來才是你的地獄。² 即使對它唯命是從的人，小我照舊毫不留情，不置他於死地絕不罷休，不斷以地獄的種種向他耳提面命。³ 小我還會告訴他，地獄也是在此時此地，而且慫恿他躍過地獄而落入虛無的陷阱。⁴ 小我唯一容許人以平等心去面對的時間只限於過去。⁵ 即便是過去，它僅餘的價值就是它已不復存在了。

6.　　時間在小我的手中顯得多麼陰暗而令人絕望。² 小我何其恐怖！³ 它狂熱地宣稱過去與未來必然如出一轍，這一信念威脅得你坐立難安。⁴ 小我從不透露自己的最後下場，因小我要信徒相信它能為他們找到一條生路。⁵ 然而，相信罪咎的人，不可能不相信地獄的存在。⁶ 小我為了讓人經驗到地獄的恐怖，必先把地獄帶到此時此地，讓人預嚐未來的可怕。⁷ 沒有一個相信自己必受天譴的人，會認為自己逃避得了地獄的永罰。

7.　　聖靈卻這樣教你：根本沒有地獄這回事。² 地獄是什麼？不過是小我打造出來的「現在」。³ 你若相信地獄的存在，便不可能了解「現在」的含意，因為你開始對它心懷恐懼。⁴ 小我一步一步地領你走向地獄，聖靈則一步一步將你導向天堂。⁵ 因聖靈只知道現在，而且知道如何利用現在來化解你的恐懼；小我則利用恐懼把現在變得一籌莫展。⁶ 在小我利用時間的手法下，恐懼在所不免。⁷ 在小我的教誨下，時間不過是為你累積罪咎的一種工具罷了，等它惡貫滿盈時，就會招致永恆的報應。

8.　　聖靈願意現在就幫你化解這一切。² 恐懼不可能來自現在，它來自那根本不存在的過去及未來。³ 只要你每一刻都能跟過去劃清界線，不讓過去的陰影侵入未來，恐懼便無法侵入當下這一刻了。⁴ 於是，每一刻都成了清淨無染的你的重生之刻，上主之

子就這樣擺脫過去而活於當下了。⁵當下一刻便會由此延伸至無窮盡。⁶它如此美妙清淨，無罪無咎，且幸福無比。⁷黑暗的記憶從此一逝不返，不朽及喜樂隨之當下浮現。

9.　　時間的課題不需要靠時間來學習。²既然沒有過去和未來，還有什麼時間可言？³然而，讓你迷失到這麼徹底的程度，倒挺耗費時間的；至於恢復你的本來眞相，則無需時間之助。⁴試著效法聖靈把時間當作邁向幸福與平安的教學工具吧。⁵把握當下這一刻，視所有的時間盡在此刻之中。⁶過去的一切無法動你分毫，你便在這一刻獲得了全面的赦免、徹底的自由，再也不受罪罰所苦。⁷在這神聖的一刻，你的神聖本質重獲新生，得以大無畏地邁入時間的洪流而不受無常之苦了。

10.　　若非變化無常，便難以想像時間的存在；然而生命的神聖性是恆常不變的。²這一刻，不只會教你認出地獄並不存在，³你還會看到天堂就在這一刻的救恩之中。⁴天堂是恆常不變的，所謂重生於神聖的當下一刻，其實就是由無常解脫。⁵無常是一種幻相，是不認可自己清白無罪之人最愛教人的課題。⁶天堂的恆常性是基於上主本身的千古不易。⁷在這神聖一刻，你一看到自己散發的自由光輝，便會憶起上主。⁸因爲憶起上主與憶起自由的你是同一回事。

11.　　當你失意喪志時，難免會問：還需要多久才能徹底扭轉自己的心態？在這一刻，不妨反問自己一句：「一瞬是多長的時間？」²你難道不願爲了自己的救恩而獻給聖靈如此短暫的一瞬？³祂只要求這一點時間，因祂無需更多的時間。⁴祂教你自願獻出這一瞬所費的時間，遠遠大於祂把整個天堂送還給你所需的一瞬。⁵祂已準備好用永恆的記憶與你交換這短短的一瞬了。

12.　　你若不願將這神聖一刻給予弟兄來幫助他們解脫，你是不可能將這一刻交託給聖靈而獲得解脫的。²你不可能單獨擁有神聖的一刻，因這是眾生共有的。³當你企圖攻擊弟兄時，不要忘了提醒自己，他解脫的一刻就是你解脫的一刻。⁴奇蹟所指的乃是你在釋放他人之際同時被釋放的那一刻。⁵它不過驗證了你確有解脫之願，而且願把時間交給聖靈發揮大用。

13.　　一瞬究竟有多長？²它對你弟兄和你而言，都一樣短暫。³學

習把這充滿祝福的自由一刻帶給所有受時間奴役的人吧！幫他們把時間轉為自己的益友。⁴ 聖靈必須藉由你給他們的那一刻，才能把他們所蒙受的祝福回贈於你。⁵ 祂只能在你給出之際還報於你。⁶ 心甘情願地把你想由聖靈那兒獲得的恩賜先給出去吧，因在給予之際，你已與聖靈結合了。⁷ 只要你能痛痛快快釋放一位弟兄，就在那一刻，你已由自己的罪咎脫身了。⁸ 你若認可了別人的神聖性，便證明你自己必也神聖無疑。

14.　　　一瞬究竟有多長？² 就是你為每個人、為上主以及你自己恢復徹底清明、全然平安與圓滿之愛所需的時間。³ 就是你憶起永恆之境與你不朽的創造所需的時間。⁴ 也是你用地獄換取天堂所需要的時間。⁵ 只需一瞬，便足以讓你越過小我打造的世界，回昇至天父那裡。

15.　　　只要你肯把時間交給聖靈使用，時間就成了你的朋友。² 祂只需些許時間便能為你恢復上主賜你的一切能力。³ 祂了解時間的意義，故能幫你超越時間。⁴ 你的神聖本質不存在時間裡，它屬於永恆之境。⁵ 上主之子不曾一刻失落自己的純潔本性。⁶ 他恆常不變的存在境界超越時間之上，因這一聖潔生命必然千古不易，而且凜然不可侵犯。⁷ 時間在他的神聖本質之前寂然不動，也不再變化無常。⁸ 因此它已經不算是一種時間。⁹ 它只需驚鴻一瞥上主造化那神聖而永恆的境界，便永遠脫胎換骨了。¹⁰ 請與人分享那永恆的一瞬吧！你就會在徹底解脫的光明一瞬憶起永恆。¹¹ 只要你願透過聖靈獻出那神聖一刻的奇蹟，祂就能把這一刻回贈於你。

貳. 終結疑慮

1.　　　救贖雖然發生在時空世界內，卻不是為時空世界而存在的。² 救贖存於你內，屬於永恆境界。³ 凡是懷有上主記憶之人，已不受時間的束縛。⁴ 你也如此。⁵ 除非連上主都受到束縛，否則你是不可能受縛的。⁶ 你交託給聖靈的一刻，即是你為自己獻給上主的禮物；就在這一刻，你徐徐覺醒於上主了。⁷ 在這充滿祝福的一刻，你決心放下過去的一切滄桑，聖靈便會在這一刻讓你學到

整套平安的課程。⁸ 一旦清除了所有學習障礙，你還需要時間做什麼？⁹ 遠遠超乎時空的真相，便會瞬間整體畢現於前。¹⁰ 它的一體性既然出自上主的創造，故無需時間之助。

2.　　不要操心時間的問題，也不要害怕那神聖的一刻，它會消除你所有的恐懼。² 和平的一刻是永恆的，因為它內沒有恐懼。³ 平安必會來臨，這是上主賜你的人生課題，祂的「聖師」會為你把時間轉譯為永恆。⁴ 深受上主祝福的聖師最大的喜悅就是教聖子認出自己的神聖本質。⁵ 時空世界容納不了祂的喜悅。⁶ 祂給你這些教誨，是因為祂要與你分享這一喜悅。⁷ 唯有在祂內，你才可能來到上主的祭壇，祂會在那兒慈祥地將地獄轉譯為天堂。⁸ 因為上主只願你活在天堂。

3.　　回到上主願你所在之地需要多少時間？² 你根本就在你一直都在且永遠都在之地。³ 凡是屬於你的，永遠都屬於你。⁴ 那充滿祝福的一刻會不斷延伸出去，直到涵蓋了整個時空世界；就如上主不斷延伸自己，直到涵蓋了你的生命。⁵ 你若還想鞏固小我，為了保護不堪一擊的它而經年累月忙著囚禁自己的弟兄，這樣的你斷不可能認出力量的終極源頭。⁶ 這神聖的一刻幫你解除了所有弟兄的鎖鏈，不再助長他們或你自身脆弱的一面。

4.　　你尚未意識到自己是如何糟蹋弟兄的，把他們當成了小我的後勤部隊。² 在你眼中，他們是為小我撐腰的證人，讓你更有理由緊抓著小我不放。³ 其實，他們原是聖靈最有力的見證。⁴ 是聖靈力量的生力軍。⁵ 為此，他們究竟是支持小我或支持聖靈，全在你的一念。⁶ 你會由他們的反應看到自己所作的選擇。⁷ 只要有人藉助弟兄心內的聖靈之力而獲釋，你不會認不出這位上主之子的。⁸ 沒有人否認得了他的。⁹ 你若懷疑他，不過反映出你自己尚未徹底釋放他而已。¹⁰ 這也表示你並沒有把那一刻徹底地交到聖靈手中。¹¹ 因為你若真正交託了，心中一定非常篤定。¹² 你敢如此肯定，因為你親眼看到祂的見證，清楚聽到祂的證詞。¹³ 你必須先親耳聽到一位因你藉助於聖靈而徹底釋放的弟兄的親身作證，才可能釋去心中的疑慮。¹⁴ 此後，你再也不會懷疑他了。

5.　　神聖的一刻尚未出現你心中。² 但它必將來到，你也會十分肯定地認出它來。³ 唯有如此，你才可能認出上主的禮物。⁴ 這神

聖一刻是可以按部就班修成的，這一學習過程會讓你獲益良多。⁵ 然而，這一刻所生的慧見，光芒燦爛得讓你為之目眩，使你視而不見眼前的世界；這可不是你修得出來的。⁶ 這個慧見，盡在這一刻中，它早已圓滿完成，而且全都賜給了你。

6.　　現在就開始練習你這一點功課吧，讓神聖一刻得以脫穎而出。² 只要你肯按部就班操練，必會得到清晰而具體的指示。³ 學習在生活中汲取這絕無僅有的一刻，感受一下它的永恆特質，你便會逐漸悟出自己並非獨立的生命。⁴ 不必擔心，你在世上絕非孤軍奮鬥。⁵ 上主的聖師以及祂給你的人生課題都在你身邊大力支持著。⁶ 在操練過程當中，你唯一可能失落的只是以前的脆弱感，因為你已開始操練上主的能力了。⁷ 只要你試用過祂的能力一刻，便再也否認不了祂的大能。⁸ 整個宇宙都快樂感恩地向祂俯首稱臣，還有誰否認得了那神聖的臨在？⁹ 一看到整個宇宙都在為祂的臨在作證，你的疑慮從此便煙消雲散了。

參. 卑微與偉大之別

1.　　不要甘於卑微。² 但你必須先明白卑微的含意，以及為何它永遠滿足不了你的道理。³ 卑微是你給自己的禮物。⁴ 當你給出卑微，且以此取代偉大時，表示你已經接受了卑微。⁵ 世上的一切之所以微不足道，是因為整個世界都是由卑微之物構成的，而你也一直設法說服自己接受卑微。⁶ 你若相信自己在世奮力追求的種種俗物能讓你活得心安，那實在是自貶身價，無視於自身的榮耀。⁷ 你究竟願為卑微或為榮耀而儆醒奮鬥，完全操之於你。⁸ 只要你選擇其中之一，必會喪失另一的。

2.　　然而，你並不明白，你的每一個選擇都代表了你對自己的評價。² 你若選擇了卑微，此後沒有平安可言，因你已判定自己不配活得心安理得了。³ 不論你用什麼來取代平安，那禮物必然過於寒酸，根本配不上你。⁴ 關鍵在於，你必須樂於接受「你不可能滿足於任何卑微之物」這一事實。⁵ 你大可屢試屢敗卻仍執迷不悟，但這只會一再延誤你的歸家之期。⁶ 因為唯有莊嚴偉大滿足得了你，那才是你安「心」立命之處。

3.　　你虧欠自己一個最深的人生責任，你需要學習把這責任隨時牢記在心。²乍看之下，這功課好似其難無比，但只要你慢慢看出它不僅真實，且還會不斷增長你的力量，你就會漸漸愛上它了。³一直在卑微世界尋尋覓覓的你，切勿忘記這一點：你所作的每個決定，都是基於你對自己的看法，影射出你對自己的評價。⁴你企圖說服自己認命於卑微，但你是不可能如此自貶身價的。⁵因上天賦予你的任務毫不卑賤，唯有找到自己在世的任務且付諸實現，你才可能由卑微中脫身。

4.　　你的任務不容置疑，因聖靈知道那是什麼任務。²它的偉大也不容置疑，因它出自莊嚴偉大的生命本體，經由聖靈而進入你的生命。³你無需奮力爭取，因你早已擁有了它。⁴你所有的精力都應該用來抵制自甘卑微的心態，你在世上確實需要隨時警覺自慚形穢的傾向，才能守住自己的偉大真相。⁵自慚形穢的人是不可能在這卑微的世界找回自己的莊嚴偉大的。⁶而這正是你的任務所在──向偉大的自己（而非卑微的你）致敬。⁷這也不是你個人的任務。⁸只要你為祂所愛的一位聖子付出一份力量，上主必會大力支持。⁹你若著眼於對方的卑微，等於自動摒棄了上主給你的能力。¹⁰祂絕不願聖子認命地接受任何次等禮物的。¹¹離開了聖子，上主不可能心滿意足；任何次於天父所賜的禮物，聖子也不可能感到滿足的。

5.　　我曾問過你：「你願作小我的階下囚，還是上主的居所？」²每當你作決定時，都應記得請聖靈如此提醒你。³因你的每個決定，都等於在答覆這個問題，也會為你帶來相稱的痛苦或喜樂之果。⁴上主在你受造之初已把自己賜給了你，把你當成祂永恆的居所。⁵祂不曾離開你，你也不曾離開祂。⁶你一旦否定了祂的莊嚴偉大，聖子便淪為小我的俘虜，但這陰謀依舊貶低不了他的半點價值，因為上主與他同在。⁷你的每個決定不是指向天堂，就是指向地獄；不論選擇哪一個，你只會覺知於自己所選之物。

6.　　聖靈能為你洗去一切卑微，而將你偉大的生命本質清晰又完美地護守在你的心中，不受卑微世界的微薄禮物所動。²你若想達此境地，切莫抵制聖靈對你所懷的大願。³藉助祂的力量而選擇上主吧。⁴因為卑微本身以及你甘於卑微的信念，都是你為自己所作的選擇。⁵上主賜你的能力及榮耀則是為了一切眾生，他

們和你一樣自甘卑微，且相信卑微可能虛張聲勢，冒充莊嚴偉大來滿足自己的心靈。⁶切勿讓他人感到卑微，你自己也不接受卑微。⁷一切榮耀歸於上主的居所。⁸你的卑微蒙蔽了你的眞相，但你的偉大卻是出自上主；祂住在你內，你也住在祂內。⁹因著基督之名，亦即天父永恆的居所之名，萬萬不要讓任何人在你面前感到卑微！

7.　在這慶祝神聖生命降臨人間的（聖誕）佳節，與我一起爲你選擇生命的神聖性吧！²讓我們同心協力幫助上主所選定的居所重新意識到自身的偉大。³上主的禮物不是你的卑微所能給的，只有「你」才能給出。⁴因上主自願透過你而給出自己。⁵祂要從你這兒開始伸向所有的人，再由他們伸向聖子創造的一切，卻始終不曾離開你一步。⁶祂越過你的卑微世界，不斷向外推恩，依然不出你的生命之外。⁷最後，祂會將自己推恩出去的一切都帶入你生命內，因你原是祂的居所。

8.　把卑微拋諸身後，不再無謂地流浪，這豈是一種犧牲？²覺醒於榮耀之境，也不能算是犧牲。³你若接受任何低於榮耀的生命，那才是眞的犧牲。⁴你需要學習看出自己配得上那位和平君王的青睞，他爲了光榮上主而誕生於你內，使你成爲上主的居所。⁵你尙不明白愛的眞諦，因你仍企圖以卑微的禮物去收買愛；你一旦低估了愛，自然體會不出它的偉大。⁶愛一點兒都不卑微，它始終存於你內，因爲你原本就是上主的居所。⁷你一旦看清了自己與生俱來的偉大生命，便不可能自貶身價，先前所有的菲薄獻禮也會瞬間化爲虛無。

9.　上主的神聖之子，你何時才能明白，唯有這神聖性方能滿足你的心靈，讓你活得心安理得？²不要忘了，你跟我一樣，都不是爲自己學習的。³正因我是爲你而學，你才能由我而學到東西。⁴我只是教你認出你與生俱來的天賦；唯有你我聯手，上主的居所方能欣然覺於自己原有的榮耀，取代那陷他於罪咎及脆弱的自貶心態。⁵我誕生於你內之意，是指你已覺醒於自己的莊嚴偉大。⁶不要把我放到馬槽裡，而應將我送上神聖的祭壇，那才是神聖生命完美的安息之地。⁷我的天國不在世界，因爲天國只可能在你心內。⁸你的生命又出自天父。⁹讓我們一起向你致敬，你的生命永遠不是卑微所能比擬的。

10.　　我決心與你同在，接受我這決定吧。[2] 我只願天父所願之事，因我深知他的旨意永遠不變，也從不自相矛盾。[3] 除了他的旨意以外，你不可能滿足其他事物的。[4] 不要接受次等禮物，請記住，我所學到的真相都是爲你而學的。[5] 凡是天父所愛的，我也會如他一般地愛；我和他一樣，無法接受任何不真實的東西。[6] 你也是如此。[7] 當你學會如何接受自己的真相，自然不會爲自己編造其他禮物了，因你已知道自己圓滿無缺，沒有錦上添花的必要。[8] 而且你會樂於把自己領受到的禮物與人分享。[9] 上主的居所從此再也無需向外追尋了。

11.　　只要你全心全意把救恩計畫交到上主手裡，不再靠自己求取平安，救恩自會降臨於你。[2] 切莫認爲你能用自己的計畫取代他的。[3] 請和我一起加入上主的計畫，如此，我們才有釋放所有受縛弟兄的能力，與他們齊聲宣告聖子乃是上主的居所。[4] 如此，沒有一人遺忘得了你憶起之事。[5] 也唯有如此，你自己方能永誌不忘這一事實。

12.　　去喚醒每一個人心中的上主記憶吧！共同憶起天堂就在他心裡。[2] 因爲你願弟兄活在哪兒，你便會認爲自己也活在那裡。[3] 不要聽信他對地獄及卑微的嚮往，只去聆聽他心中對莊嚴偉大天堂的呼喚。[4] 不要忘了，他的呼喚也代表了你自己的心聲，與我一起答覆他的呼求吧。[5] 上主的德能永遠都與他的居所同在，因他只會保護自己居所的平安。[6] 不要把卑微獻於神聖的祭壇，上主的祭壇凌駕群星之上，直達天庭，因爲這是他的旨意。

肆．操練神聖的一刻

1.　　這課程是可能當下學會的，除非你相信上主需要時間來完成他的旨意。[2] 這個信念不過反映了你目前還沒準備好認出他的旨意而已。[3] 神聖的一刻就是當下這一刻，也是生活中的每一刻。[4] 任何一刻，只要你把它當成神聖一刻，它就是神聖的一刻。[5] 你若不想把它當成神聖一刻，你就錯失了這一刻。[6] 它何時變成神聖的，全然操之於你。[7] 不要再拖延了。[8] 你無法在過去及未來找到這一刻的，它立於過去與未來之上，殷切等候你接受它的

來臨。[9] 這一刻乃是你徹底由卑微解脫的機會，你若不想要這一刻，自然無法欣然覺察它的臨在。

2.　　因此，你修練功夫的深淺全看你放下一切卑微之念的意願有多強。[2] 那偉大的一刻離你多近，也全憑你想要它的意願有多深。[3] 你多麼珍惜種種卑微而放棄自己的偉大，它就會離你多遠。[4] 你多想要它，它就離你多近。[5] 你若繼續用過去的方式尋求救恩，只是緣木求魚而已。[6] 把你自訂的救恩計畫跟上主交換吧。[7] 唯有他的救恩計畫滿足得了你；除此之外，沒有一物能讓你滿意。[8] 因平安來自上主，除他以外，別無其他來源。

3.　　你應在上主前謙虛，而在他內感到偉大。[2] 在上主的計畫前，別再珍惜小我的任何計畫了。[3] 你若決定加入任何與他無關的計畫，那麼他在自己計畫裡為你安排的位置就空缺了；你唯有自願與我結合，才可能填補那個空位的。[4] 他已為世界訂了一個由卑微處境脫身的計畫，這也是我召喚你完成的神聖任務。[5] 上主願自己的居所活得徹底自由。[6] 你每效忠和他無關的救恩計畫一次，上主旨意在你心中的價值就會降低一點。[7] 問題是，你的心靈根本就是上主的居所。

4.　　你可想知道天父所在的祭壇是多麼完美無瑕？[2] 只要你自願把一切計畫交託給他，就能在那神聖一刻認出這一真相。[3] 平安必會在那一刻清澈地浮現，因為你已甘願配合平安所要求的條件。[4] 只要你願意，隨時隨地都能領受這神聖一刻的。[5] 只要你不斷練習把自己企圖由卑微中找到偉大的念頭全盤交到他手裡。[6] **偉大不在卑微之中**。[7] 唯有透過這神聖的一刻，你才會認清自己是不可能知道偉大的藏身之處的，而你的種種努力不過是一種自欺而已。

5.　　我已活在神聖一刻中，你希望我顯現得多清楚，我就會多清楚地顯現給你。[2] 你學會接受我到什麼程度，你就會擁有多少的神聖一刻。[3] 我由衷盼望你及早接納這神聖一刻，上主的居所若真心想要由卑微中解脫，靠的是一份願心，而非時間。

6.　　這課程之所以單純無比，因為真理本身極其單純。[2] 複雜乃是小我愛玩的把戲，它存心把原本一目了然的真相搞得曖昧不明。[3] 你是可能永遠活在神聖一刻的，且由這一刻開始通向永

恆；其中的道理極其簡單。⁴ 不要把這簡單的道理搞得錯綜複雜，否則，表示你根本不想認出真相，寧可執迷不悟下去。⁵ 這簡單的道理，一言以蔽之，即是：神聖的一刻就是你接受並給出完美交流的那一刻。⁶ 也是你心靈徹底開放，得以自由地接受和給予的一刻。⁷ 這影射出你已明白所有心靈其實一直都在交流之中。⁸ 因此，你無意改變任何一物，只是毫不保留地接受一切。

7.　　你若還想保留自己的隱私念頭，怎麼可能與人交流？² 你必然已經否認了完美的交流（也就是神聖的一刻），才可能生出這種念頭。³ 你相信自己能夠隱藏一些不足為外人道的念頭，甚至相信你得保護這些隱私才有解脫的可能。⁴ 在唯獨你自己知道的私心裡頭，你千方百計隱藏自己不願分享之念，而只去分享自己想要分享的那一部分。⁵ 然後竟又大惑不解，不明白為何跟其他人無法全面交流，更遑論與那涵容一切生命的上主交流了。

8.　　你所隱藏的每個念頭都會關閉這一交流管道，只因你存心如此。² 你不可能既想切斷交流，同時又想看到完美的交流。³ 不妨誠實地反問自己一下：「我真心想要那種完美的交流嗎？我真心願意永遠放棄所有阻礙我交流之物嗎？」⁴ 如果答案為否，那麼，即使聖靈已準備好與你如此交流，你也領受不到祂的禮物的，因為你還不打算與祂共享這種交流形式。⁵ 交流是無法進入那存心抵制交流之心的。⁶ 因為不論是給出神聖一刻或接受神聖一刻，所需要的願心都是一樣的，你得甘心把自己所有的念頭交給上主的唯一旨意去掌管才行。

9.　　神聖一刻的必備條件並不要求你的每個念頭必須全然純淨。² 但它會要求你別再存心隱藏任何念頭。³ 純潔無罪不是你修得出來的。⁴ 只要你想要，你就會得到。⁵ 如果沒有救贖的必要，救贖就不會存在。⁶ 你若存心迴避交流，自然接收不到完美的交流。⁷ 你若想隱藏什麼，自然無法看到它的存在。⁸ 因此，你修練的重點應該全力放在防止自欺上，不再設法保護自己存心隱藏的念頭。⁹ 讓聖靈的聖潔光輝驅散它們，集中自己所有的心力，準備接受聖靈賜你的聖潔生命。¹⁰ 如此，你才會在祂的協助下接受自己是上主的居所，不再作任何人的俘虜或被任何事物奴役了。

伍. 神聖一刻與特殊關係

1.　　　神聖一刻是聖靈教你了解愛的真諦最有效的工具。[2] 它的目的是要全面終止你的判斷。[3] 因判斷不能不根據過去，過去的經驗乃是你判斷的憑據。[4] 沒有過去，你無法判斷；沒有判斷，你不可能了解任何事情。[5] 你一旦看清了自己根本不了解任何事情，自然不會生起判斷之心。[6] 這是你最擔心的事，因爲你相信，沒有小我的話，一切就會失控。[7] 然而，我可以向你保證，如果沒有小我從中作崇，一切都成了愛。

2.　　　過去乃是小我最主要的學習教具，因爲你一向根據過去學到的經驗來界定自己的需求，以及你滿足那需求的方式。[2] 我們已經說過，你若偏愛聖子奧體的某一部分，罪咎就會侵入你的人際關係，把它變得十分虛僞。[3] 你若企圖由整體抽離出某一部分，寄望他們滿全你心目中的需求，就等於企圖用分裂來拯救自己。[4] 罪咎怎麼可能不乘虛而入？[5] 因分裂乃是罪咎的源頭，期待它來救你，等於重申自己是一個獨立的個體。[6] 孤獨的人心中不可能沒有罪咎。[7] 因孤獨的感受等於否定了天父與聖子的一體關係，因而凌辱了生命的真相。

3.　　　你若只愛真相的某一部分，就不可能了解愛的真諦。[2] 上主心中沒有「特殊的愛」，你若用和祂不同的方式去愛，怎麼可能了解？[3] 相信特殊關係中的特殊之愛有拯救你的能力，等於相信分裂是你的救恩。[4] 救贖的徹底平等性才是救恩之所在。[5] 你怎敢確定聖子奧體的這一特殊部分會比另一部分帶給你更大的益處？[6] 過去是這樣教你的。[7] 然而，神聖一刻卻告訴你，事實絕非如此。

4.　　　因著罪咎的作崇，所有的特殊關係都擺脫不了恐懼的陰影。[2] 爲此之故，它們才如此變化無常。[3] 因它們並非純粹出自那永恆不易的愛。[4] 恐懼一旦侵入，愛就顯得不足信賴，因爲它不再完美。[5] 聖靈既然負起了重新詮釋你打造的世界之任務，就會利用你先前爲小我撐腰的特殊關係當作教材，將你導向真相。[6] 在祂的教誨之下，所有的人際關係都成了學習愛的人生課題。

5. 　　聖靈深知沒有一個人是特殊的。² 但祂也非常清楚你打造的特殊關係是怎麼一回事，祂會幫你淨化這一關係，不容你糟蹋。³ 不論你那些特殊關係是基於什麼「不神聖」的理由，祂都能在你允許的範圍內消除你的恐懼，將它轉譯為神聖的關係。⁴ 不妨把所有的關係都交到祂手裡，只要你表明自己願意奉行祂的旨意，你放心，這些關係絕不會為你帶來任何苦果的。⁵ 人際關係若交給你來處理，只會孳生罪咎。⁶ 若交給聖靈發揮其用，則會帶給你世上所有的愛。⁷ 因此，不要害怕放下自己心中的需求，它們只會糟蹋你的人際關係。⁸ 唯有聖靈的需求才是你唯一的需求。

6. 　　倘若你還想用這個關係來取代那個關係，表示你仍未交託給聖靈去發揮大用。² 愛是無可替代的。³ 如果你有意以這個愛來取代那個愛，表示你重視這人而輕視那人。⁴ 你厚此薄彼的判斷不只會造成他們的分裂，同時也傷害了雙方。⁵ 你必先誤判了自己，否則不會虛構出弟兄的那些假相。⁶ 除非你先認定自己沒有愛心，否則你不會判斷他們像你一樣缺乏愛心。

7. 　　小我利用人際關係的方式，都是非常片面的，有時比片面還更為過火，它一面利用一種關係的某一特質達到它的目的，同時又垂涎另一關係的其他特質。² 小我就是這樣按照自己反覆無常的好惡之心來拼湊出自己的現實世界，為你心目中的對象勾勒出一幅根本不存在的圖像。³ 那張拼圖既不存於天堂，也不存在人間，不論你如何努力去找，也絕不可能找著，因為它根本就不存在。

8. 　　世上每一個人都會為自己編織出一個特殊的關係網，雖然天堂沒有這種關係，但聖靈知道如何將天堂的法則用到世界。² 在神聖一刻，沒有一個人是特殊的，因為你的私心私願成不了大事，也無法把弟兄塑造成另一種人。³ 若沒有過去的價值判斷作祟，你必然能夠一視同仁，且視之如己。⁴ 你也不會在自己與他們之間看到任何裂痕。⁵ 你若只著眼於現在，便不難由這神聖一刻看出每個人際關係的真相。

9. 　　上主知道你當下的真相。² 祂只知道此時此刻的你，除此之外，祂什麼也不記得。³ 神聖一刻只是為你反映出祂所知道的真

相，它會把一切知見由過去抽離，撤銷你爲了評判弟兄而自行建立的思想座標。⁴你必須先撤銷自己的評判座標，聖靈才能用祂的座標取而代之。⁵祂的座標純粹來自上主。⁶這充分顯示了聖靈的超時空特質。⁷因爲在神聖一刻中你不再受過去束縛，必會看到自己心裡的愛，從此再也不向外求，更不會滿懷罪咎地向你認定的對象蠻橫地索求愛了。

10.　　你所有的人際關係都會在神聖一刻蒙受祝福，因爲祝福並不受限於任何關係。²神聖一刻賦予聖子奧體的祝福是針對整體的，但它的祝福必須與你的祝福結合，聖子奧體才會向你顯出自己的一體性。³愛的眞諦唯獨來自上主賦予的意義。⁴你若賦予其他的意義，就再也無法了解它了。⁵上主愛每一位弟兄，就像愛你一般，不多也不少。⁶上主同等地需要他們，你也同樣需要他們。⁷我曾要求你：根據我的指導，在時空世界裡行使奇蹟，讓聖靈將那些尋找你的弟兄全都吸引到你這兒來。⁸但在神聖一刻中，你直接與上主結合，所有的弟兄也與你結合於基督自性內。⁹凡是結合於基督內的人是不可能分裂的。¹⁰因基督就是聖子奧體共有的自性，上主則與基督分享祂的神聖自性。

11.　　請想一想，你有資格判斷上主的自性嗎？²上主所創造的生命是無人能夠置評的，因那是聖愛的自然延伸。³這愛就在你內，你只有一個需求，就是把愛推恩出去。⁴神聖一刻不會引發自相矛盾的需求，因爲眞正的需求只有一個。⁵神聖一刻會上通永恆，直達天心。⁶唯有在那兒，愛才有意義；也唯有在那兒，你才可能了解愛是什麼。

陸. 神聖一刻與上主之律

1.　　你不可能爲了利用一種關係，不惜犧牲另一種關係而不受罪咎所苦的。²你也同樣不可能嫌惡某一關係的一部分，而還能安心享有這一關係。³所有的人際關係在聖靈的指導下，都要求你完全的投入，它們之間也不會產生矛盾。⁴唯有完全信任自己的人，才能全然信任每個人際關係，這一關係也才能全面滿足你的需求。⁵只要還有一點兒罪咎隱隱作祟，你就不可能全然信任。

⁶ 你若相信自己能把弟兄變成你想要的那種人，並且爲此沾沾自喜，你必然擺脫不了罪咎的糾纏。

2.　　　你對自己的信心可說微乎其微，因爲你仍不願接受圓滿的愛就在你內這一事實。² 於是，你向外尋求根本不可能在外面尋得之物。³ 我願用自己對你的完美信心取代你一切的懷疑。⁴ 只是別忘了，我對其他弟兄的信心和對你的信心一樣完美，否則我對你的信心就不會起太大的作用。⁵ 只有在神聖一刻我們才可能對上主之子生出這種信心，因爲只有當我們同在一起，才會看出他確實值得我們全然信任；一旦懂得欣賞他的價值，我們便再也不會懷疑他的神聖性了。⁶ 如此，我們才算眞正的愛他。

3.　　　唯有認可彼此的神聖本質，所有的分裂才會消失蹤影。² 因神聖本質是一種能力，你唯有給出這一能力，自己方能獲得此一力量。³ 你若一心只想滿足自己心目中的需求，必會相信對方比你更強大，如此一來，你之所獲便成了他之所失。⁴ 你若認定自己脆弱不堪，必會想要打倒別人。⁵ 幸好聖靈給我們另一種詮釋人際關係的角度，它完全超乎這種成敗得失的概念之上。

4.　　　你不難相信，當他人向上主發出愛的求助時，你的求助之聲也一樣強烈。² 切莫認爲上主若答覆了他的求助，你的祈求就會落空。³ 相反的，你應把他的成功視爲你勝利的先聲。⁴ 因爲冥冥中你已體會出上主其實是一種「理念」，你對祂的信心會藉著分享而更爲堅固。⁵ 眞正讓你難以接受的，乃是你的存在與天父一樣也屬於一種「理念」而已。⁶ 你的生命原本如祂一般，徹底給出之後，你的生命只增不減，有得無失。⁷ 這才是平安的基礎，因它內沒有衝突。

5.　　　在匱乏的世界裡，愛是無意義的，平安也無從在此安身立命。² 只因世界同時接受了得與失的雙重可能性，使人無法意識到自身內圓滿的愛。³ 唯有在神聖一刻中，你才能認出存於自己心內的愛之理念，並將此理念融入天心，是上主天心「想」出了這個愛的，絕不會任愛泯滅。⁴ 你只要在心中守住愛的理念，失落感便無由而生了。⁵ 如此，神聖一刻就成了你學習將所有弟兄護守於心中的功課；你在其中只會感到圓滿，而非失落。⁶ 由此可知，給予乃是你唯一的選擇。⁷ 這就是愛，也只有這個才是上

主的「自然律」。⁸ 在神聖的一刻中，上主之律大化流行，唯獨此天律足以賦予一切意義。⁹ 世上一切法則在它之前頓失其義。¹⁰ 只要上主之子自願接受上主之律，再也沒有任何法則限制或束縛得了他。¹¹ 在那一刻，他恢復了上主一直願他擁有的自由。¹² 只要他拒絕任何限制，沒有一物束縛得了他的。

6.　　　神聖一刻不會發生任何新事。² 它只是掀開了罩在真相上的紗幔而已。³ 真相始終如是，一成未變。⁴ 時間的紗幔一旦撤去了，你就會當下覺於永恆不易之境。⁵ 任何人若從未有過掀開紗幔的經驗，亦未感受過紗幔後面令人難以抗拒的光明磁力，他是不可能一無所懼地信任愛的。⁶ 只有聖靈能給你這一信心，因祂已賜給了我，而我也接受了。⁷ 你無需擔心自己可能與神聖一刻無緣，因我已與它結緣了。⁸ 聖靈會透過我賜你這一刻的，你也會如法與人分享的。⁹ 不要讓你心目中的需求蒙蔽了這真實的需求。¹⁰ 神聖一刻會幫你認出上主兒女心中共有的唯一需求；只要體認出這一點，你就已經與我攜手，帶給世人真正之所需。

7.　　　平安必須經由「我們」方能來到人間。² 與我一起加入平安的理念吧，因心靈只有在理念層次才有交流的可能。³ 你唯有按照天父自我給予的方式給出自己，方能經驗到上主的自性。⁴ 也唯有如此，你才可能了解愛的真諦。⁵ 但請記得，了解是心靈的工作，也只出自心靈層次。⁶ 為此，真知也出自心靈，獲得真知的條件也只存於真知所在的心靈。⁷ 你純粹只是一個理念而已；你若不是理念，是不可能與永恆境界全面交流的。⁸ 你若寧可活成另一種生命，或存心腳踏兩條船，就絕不可能記起自己所熟悉的那種交流語言。

8.　　　你會在神聖一刻憶起上主，同時與祂一同憶起那能與所有弟兄交流的語言。² 因交流和真理一樣，是整體畢現地進入記憶的。³ 神聖一刻不會排斥任何一物，只因過去無法從中作梗，自然沒有排斥的理由了。⁴ 排斥的藉口一旦撤除，排斥現象自然隨之消失。⁵ 於是你的生命之源（也是所有弟兄的源頭）才能取代這排斥之源而進入你的覺知。⁶ 上主與祂的德能便名正言順地進駐你心中，讓你經驗到理念與理念之間通暢無阻的交流。⁷ 這一能力又會進一步幫你學會認出自己的真相，因你已開始明白自己的造物主以及與祂同在的造化之真相了。

柒. 不必要的犧牲

1.　　「特殊之愛」的關係那一點兒可憐的魅力，既比不上天父對聖子的強烈吸引，還會把它搞得曖昧不明。² 沒有任何其他的愛能夠滿足你，因為根本就沒有其他的愛存在。³ 唯有毫不保留地給出與領受的愛才是真愛。⁴ 它圓滿無缺，故一無所求。⁵ 它聖潔無比，凡結合於它內的人必然擁有一切。⁶ 這種關係不是小我所能介入的。⁷ 小我建立的每個關係都充滿了特殊性。

2.　　小我所建立的關係必然另有所圖。² 它會利用罪惡感來操控給予的一方。³ 小我建立的關係不可能不勾起憤怒，因小我相信不打不相識。⁴ 它當然不會明講憤怒才是它真正的目的所在。⁵ 小我真的相信，唯有**讓對方感到罪咎**，才能予取予求。⁶ 這是它吸引人之處，這一魅力雖然不堪一擊，卻沒有人拆穿它的西洋鏡。⁷ 因為小我表面上仍是用愛來吸引人，人們若看穿它用罪咎吸引人的伎倆，就會對它興趣索然。

3.　　你必須看穿罪咎的病態魅力。² 由於你已經把它弄假成真了，看清它的真面目才變得如此重要，你才可能學習放下它，不再與它沆瀣一氣。³ 沒有人會捨得放棄自認為有價值之物的。⁴ 然而，罪咎的魅力對你之所以有價值，純是因為你一向在黑暗與無知中作評估，從未看清它的底細。⁵ 只要我們將它帶入光明，你勢必會大惑不解以前怎麼會想要這種東西。⁶ 張開眼睛去看，對你絕對百益而無一害，那醜陋的罪咎實在配不上你神聖的心靈。⁷ 上主的居所不可能與它有任何瓜葛的。

4.　　我們已經說過了，小我千方百計想要保存甚至助長你的罪惡感，然而它一向老謀深算，絕不讓你看出它這伎倆所導致的後果。² 因為小我的基本信條是：只要你把問題嫁禍他人，自己就能免受其害。³ 小我對任何人都居心叵測。⁴ 它的存活全賴你相信它邪惡的企圖會特別對你網開一面。⁵ 因此，小我會和你協議，你若願意充當它的寄身之所，它就能幫你把怨憤投射於外，使你不受其害。⁶ 於是，它懷著怨憤為你編織出一連串得不償失的特殊關係，矢志效忠這瘋狂的信念：你向外投射的憤怒愈多，你的處境就會愈安全。

5.　　就是這一鎖鏈，把上主之子牢牢拴在罪咎之中；聖靈要幫他解除的正是緊扣在他神聖心靈上的鎖鏈。² 因這冷酷的鎖鏈本來就不配躋身於上主選定的居所，上主之子也沒有能耐把自己變成小我的寄身之所。³ 為了讓上主之子重獲自由，也為了一心想要釋放他的聖靈之故，讓我們深入小我所設計的人際關係，請聖靈公正地評估。⁴ 只要你敢正視它們的原貌，保證你會樂於把它們交給聖靈處理的。⁵ 你不會了解祂如何妙手回春，但你會愈來愈懂得樂見其成；只是，你得先有勇氣看清自己把這些關係弄成什麼樣子了。

6.　　小我所建立的每個關係，不論哪一類，都不出這一信念：「犧牲自己，等於壯大自己」。² 它把「犧牲」視為淨化過程，其實早已種下了怨憤之根。³ 因此，只有迎頭痛擊，才會大快小我之心。⁴ 但小我也不得不遷就眼前的「現實」，它明白沒有人會把它的攻擊詮釋為愛的。⁵ 然而，讓人心生罪咎，其實與迎頭痛擊無異，只是人們看不出來而已。⁶ 因心懷罪咎的人必會預期他人的反擊，這一預期心態又吸引了外來的攻擊。

7.　　這種神智不清的人際關係為你引來的不想要之物遠多於你想要之物。² 因為每個人都認為自己在為別人犧牲，為此而懷恨在心。³ 他還以為自己甘心如此。⁴ 他並非真的愛上那人。⁵ 他所愛的其實是心目中的犧牲。⁶ 他要求自己犧牲之後，自會指望對方感到愧疚，然後報之以相稱的犧牲。⁷ 寬恕在此可說毫無立足之地，因小我相信，寬恕對方等於放走對方。⁸ 唯有毫不留情地攻擊，小我才能放心罪咎會把它所有的關係鎖在一起。

8.　　然而，他們只是表面上繫在一起。² 小我眼中的關係純粹是形體上的聚合。³ 小我也只要求這麼多，它毫不在意對方的心在何處，或有何想法，因那一切好似無關宏旨。⁴ 只要有個形體在那兒接受它的犧牲，它就滿足了。⁵ 對小我而言，心靈屬於隱私，只有身體才能與人分享。⁶ 它毫不重視理念的層次，除非那些理念能拉近或疏遠彼此有形的距離。⁷ 這成了小我評估理念好壞的標準。⁸ 凡是能使對方感到罪咎而將他拴在身邊的，就是「好的」。⁹ 凡是會讓對方掙脫罪咎的，就是「壞的」，因為對方既然不再重視形體上的交流，他就等於從你身邊「消失」了。

9. 　　痛苦與犧牲是小我用來祝福一切結合的禮物。²凡是結合於小我祭壇之人，必須為結合付出痛苦與犧牲的代價。³這種充滿怨恨的結盟，原本是因害怕孤獨而結合的，結果孤獨感更深而且揮之不去，因為雙方都想要擺脫自己的罪咎而轉嫁到對方身上。⁴他們都相信這會減輕自己的罪惡感。⁵因此，彼此都感到對方在攻擊自己、傷害自己，一直在逼自己犧牲，儘管那可能只是一些「無意識」的小動作。⁶凡是結合於小我祭壇之人，內心的怨憤遠遠超過你的想像。⁷但小我執意將你蒙在鼓裡。

10. 　　每當你一憤怒，你可以肯定自己必已建立了一個蒙受小我「祝福」的特殊關係，因憤怒正代表了小我的祝福。²你已明白愛絕不會給人罪惡感，凡是給人罪惡感的，便不可能是愛，那麼必是憤怒無疑；從此，不論憤怒化身為何種形式，都無法蒙蔽你了。³所有的憤怒不過是為了讓對方感到罪咎而已，小我接受特殊關係的真正目的即在於此。⁴罪咎是小我的唯一需求，一旦認同了小我，你就會被罪咎吸引。⁵然而，你必須記住這點，形體上的聚合不足以代表交流。⁶你若把它當作交流，就會對交流生出罪咎而害怕聽見聖靈，更怕在他的聲音中聽到你內心對交流的渴望。

11. 　　聖靈絕不會透過恐懼來教你的。²你若相信交流會陷你於孤獨之中，他怎麼可能與你交流？³相信自己會因著交流而遭到遺棄，沒有比這更瘋狂的想法了。⁴然而，的確有不少人如此相信。⁵因他們認為若不守住隱私，就會喪失自己的心靈；他們只想要形體繫在一起，至於心靈，依舊是私人的事。⁶就這樣，形體的結合反而促成了心靈的分裂。⁷身體是沒有寬恕能力的。⁸它們只會遵照心靈的指示行動。

12. 　　認為身體可以獨立自主而且具有克服孤獨的能力，這種幻覺不過是小我企圖建立自主權的伎倆罷了。²只要你相信兩個形體在一起就叫同伴，你必會想盡辦法，不惜用罪咎將弟兄鎖在那一形體之內。³於是，罪咎會給你一種安全感，交流反而顯得危機四伏。⁴因小我一再告訴你，只有罪咎能解除孤獨，交流才是令你孤獨的原因。⁵儘管這種說法瘋狂至極，卻被許多人奉為圭臬。

13. 　　交流必能帶來寬恕，心懷罪咎之人不可能不定他人的罪的。

²聖靈的任務即是教那些把交流視爲罪罰之人看出交流其實是他的救恩。³聖靈必然不負眾望，因爲他內的上主德能已與你結合於眞實無比的關係了，這關係如此神聖偉大，它一無所懼而且所向無敵。

14. 原本看似不可能的事，都在神聖一刻成就了，事實證明了這是可能達成的目標。²在神聖一刻中，罪咎喪失了吸引力，因爲天人已經恢復了交流。³一心只想阻撓交流的罪咎，在此發生不了任何作用。⁴這一刻，既無隱藏的必要，亦無隱私的念頭。⁵交流的願心會吸引交流，徹底克服孤獨。⁶這就是全面的寬恕，因你霎時認清了，每個人在你圓滿的生命裡都佔有一席之地，你再也不會將他排除於自身之外。⁷爲了保全生命的完整，你向萬物伸出了歡迎的手。⁸你已了解自己的圓滿就是上主的圓滿，你的圓滿也是他唯一的需求。⁹唯有在此圓滿中，你才會意識到自己非他莫屬。¹⁰也唯有如此，你才可能悟出上主造你的初衷，那就是你的眞相。

捌．唯一的眞實關係

1. 神聖一刻無法取代學習的必要性，因爲在神聖一刻延伸至永恆以前，聖靈絕不能讓你自以爲聖師。²他必須利用世上的一切來幫你解脫，才算善盡了他的教誨之責。³只要你稍微表露一點想向他請教眞理的意願，他就會全面與你配合。⁴你若懷此動機學習，不論你交託給他什麼，他都會刻不容緩地發揮大用。⁵他對你的關照可說無微不至。⁶他深知寬恕才是解脫之道，但也深曉你對寬恕的恐懼，故他會教你記住，寬恕對你不是損失，而是你的救恩。⁷直到有朝一日你認清了根本沒有寬恕的必要，徹底的寬恕便爲你帶來全面的赦免。

2. 欣然聽從他的話吧！學會看出自己其實不需要任何特殊關係。²你只想透過那些關係找回早被自己遺棄之物。³你心裡對它念念不忘，問題是，特殊關係並不能幫你認出那些東西的價值。⁴讓我們一起把這神聖一刻變成唯一的現實，只要你全心渴望如此。⁵你絕對想像不到上主之子多麼需要你爲此而奮鬥的願心。

⁶ 請看，這才是上主與聖子的唯一需求，下定決心與他們共襄盛舉吧！⁷ 你絕不會孤軍奮鬥的。⁸ 你的一切創造也會發出同一願心，加入你的大願。⁹ 安心地走出你的罪咎，轉向上主及你的創造吧。

3.　　你應只和那些絕不會離棄你而你也不可能離棄他們的對象建立關係。² 上主之子的孤獨就是天父的孤獨。³ 別再抵制你對自己圓滿境界的覺識了，切勿企圖自行恢復你的本來面目。⁴ 也別怕把救贖之責交付到救主的愛中。⁵ 祂不會辜負你的期待，因祂來自永遠不負所望的上主。⁶ 你明白你的挫折感不過是因爲誤解了自己的眞相而已。⁷ 因爲上主神聖的居所永無挫敗的可能，也沒有人抵擋得住他的願力。⁸ 你永遠都活在極其神聖的關係中，殷切呼喚所有的人擺脫孤獨而進入你的愛。⁹ 不論你在何處，眾人必將尾隨而至，並在那兒找到你。

4.　　上主爲了確保你這造化的完美無缺，把整個聖子奧體都賜給了你，好好體會此話的深意吧。² 這是祂的禮物；祂連自己都毫不保留地給了你，怎麼可能吝惜自己的造化？³ 祂創造的一切，全都非你莫屬。⁴ 你所有的關係都離不開這個宇宙。⁵ 而這宇宙又來自上主，它遠大於你眼前微不足道的個體加起來的總合。⁶ 因爲宇宙的每一部分都會在基督內與上主結合，愈來愈肖似他們的天父。⁷ 基督對天人分裂之事一無所知，祂只有一個關係，就是與天父的關係，在這關係裡，天父賜給了基督什麼，基督就給出什麼。

5.　　聖靈不過代表了上主願將你由祂一無所知之境救拔出來的願心。² 由於這一願心出自上主，絕不可能失敗。³ 聖靈只會如上主那般等待你的回應，因祂一心想教一無所知的你認出眞相。⁴ 不論你有何需求，上主都會一一答覆。⁵ 爲此，聖靈爲你確保交流管道的暢通，你才能與上主，上主也才能與你溝通。⁶ 上主對你的交流障礙一無所知，因爲祂內沒有那個問題。⁷ 只有你才會相信那種障礙有其道理。⁸ 聖靈明知那是不可理喻的，但祂仍能理解你所造出的問題。

6.　　只有在聖靈內，你才會意識到這類上主不可能知道而你也不會了解的事情。² 聖靈的神聖任務就是接受兩者，清除它們之

間任何的牴牾，再將兩者融爲一體。³ 他必會這樣做的，只因這是他的任務。⁴ 因此，把你認爲不可能的事全交給他吧！他知道那是絕對可能的，因那是上主的旨意。⁵ 聖靈的教誨純粹來自上主，讓他教你明白人際關係的唯一意義吧！⁶ 因上主只創造了一個有意義的關係，那就是祂與你的關係。

玖. 神聖一刻與上主的吸引力

1.　　小我存心將你對弟兄的認知拘限於這具身體，而聖靈則有意開啓你的眼界，讓你看到他們的「光明寶相」放出無窮的光輝直達上主天庭。² 神聖一刻的宗旨乃是幫你改變眼界。³ 你亟需練習去看這改變眼界的具體效益，而後你才會心悅誠服，永不退轉。⁴ 只要你心懷此願，它就不會辜負你，因它本身永恆不易。⁵ 你一旦接受了這一眼界，而且當成自己唯一想要的知見，上主便會擔起他在救贖中的那一部分責任，把知見轉譯爲眞知，因爲祂只知道這一步。⁶ 因此，只要你準備就緒，救贖大業便會即時展開。⁷ 上主此刻已經準備安當了，尚未就緒的是你。

2.　　我們的職責只是繼續正視所有的障礙，看穿它的底細，不再無謂地拖延。² 如果你還捨不得放下那些障礙，便不可能認清它絕對滿足不了你這個事實。³ 身體是小我的象徵，而小我又是分裂的象徵。⁴ 兩者不過企圖限制你的交流，使天人難以相通而已。⁵ 交流絕不可設限，才算是有意義的交流；交流若失去了意義，便再也無法全面滿足你的需求。⁶ 然而，你必須靠交流才能建立眞實的關係，這交流不可限量，因它是上主所建的。

3.　　神聖一刻會幫你意識到弟兄的「光明寶相」，而非他的形體，它還會幫你認出這一關係所含的無限能力。² 但你需先放棄小我利用身體的一切伎倆，而且承認小我與你並非同道，你才可能看清這一事實。³ 因爲小我會爲了一己之利，把每個人都當作一具身體；你一旦認可它的目的，就會與它同流合污，爲它的理想效力。⁴ 它的理想註定會功虧一簣的。⁵ 然而，你一定早已看出，儘管小我的目標必然徒勞無功，它仍會利用你所賦予的力量，竭盡全力，奮鬥到底。

4.　　　上主賜你能力的唯一目的就是要你創造，你不可能在天堂與地獄、上主與小我之間分散投資力量後，還有餘力創造的。² 愛只會愈給愈多。³ 小我卻不斷設限，顯示出它想讓你變得卑微無能的企圖。⁴ 你若不把弟兄由身體釋放出來，而只把他當作一具身體，你等於拒絕了他要給你的禮物。⁵ 他那具身體無法給你任何真正的禮物。⁶ 也不要透過你自己的身體去找。⁷ 幸好，你們的心靈早已銜接在一起了，只要你願接受心靈的一體性，天堂從此不再寂寞了。

5.　　　只要你聽見了聖靈所說上主對你的愛，以及你自己的創造又如何想永遠與你同在的訊息，你不可能感受不到永恆境界的吸引的。² 也不會有人聽到祂的訊息之後還想在世間蹉跎下去。³ 因為活在天堂是你最大的心願，只有在那兒你才會感到安心而圓滿，享受那既可靠又充滿了愛，而且不受任何限制的關係。⁴ 你難道不想用你那些無謂的人際關係來換取這種關係？⁵ 身體確實萬般卑微而有限，你必須不再著眼於小我在弟兄身上所加的種種限制，才能獲得上天賜你的自由解脫。

6.　　　你絕對想像不到，你為自己的所知所見加上了多大的限制；你也很難想像，自己原本可能見到的完美境界。² 但你必須記住：罪咎的魅力與上主的吸引力是彼此相斥的。³ 上主對你的吸引永遠不受限制，問題是上主給了你與祂一樣偉大的能力，因此你也擁有捨棄愛的能力。⁴ 你投入罪咎多深，就離上主多遠。⁵ 你的眼力會愈來愈弱、愈陰暗、愈窄化，只因你企圖離間天父與聖子，阻撓他們的交流。⁶ 切勿一邊追逐分裂，一邊還想找到救贖。⁷ 也不要讓那阻撓上主之子解脫的障礙拘限了你對他的慧見；聖靈必須先幫你化解那一障礙，才釋放得了上主之子。⁸ 因為他已被自己認定的限制所因禁了。

7.　　　當形體不再吸引你的注意力，你也不再指望它來滿全需求時，交流自然暢通無阻，你的思想會變得如上主一般自由。² 只聽從聖靈的教誨，把身體純粹當作交流的工具，同時抵制小我把身體用在分裂或攻擊的企圖，你便會瞬間明白自己根本不需要這一具身體。³ 在這神聖的一刻，身體已然不存在，你只會感受到上主的吸引。⁴ 你再也不願為你們的結合設限了，只要你接受這神聖一刻，你便會全面融入上主的生命。⁵ 這種真實的關係成了

你此生的唯一渴望。[6]一切眞理盡在其中。

拾. 重生之刻

1.　　在時空世界裡，你有拖延天父與聖子圓滿結合的權利。[2]因爲在世上，罪咎的魅力確實會橫梗於他們之間。[3]在永恆境內，時間或季節根本不具任何意義。[4]但在世上，善用時間與季節，成了聖靈的一大任務；而祂的用法與小我迥異。[5]目前正是你慶祝我誕生人間的節日。[6]你卻不知道該如何慶祝才是。[7]讓聖靈指點你，也讓我透過祂來慶祝「你」的誕生吧！[8]我必須經由你才能收到我所給你的禮物。[9]釋放我吧，因我決心釋放你。[10]我們必須一起慶祝基督的時辰；我們一旦各行其是，它就變得毫無意義了。

2.　　神聖的一刻其實就是基督的時辰。[2]因在這解脫的一刻，上主之子擺脫了罪咎的束縛，收回自己的無限能力。[3]這是我決心獻給你的唯一禮物，你豈能回報我其他的禮物？[4]所謂「看見我」，是指你能在每個人身上看見我，同時把你給我的禮物也分享給他們。[5]我和上主一樣，無法接受犧牲的獻禮，每次你要求自己犧牲時，等於要求我作同樣的犧牲。[6]如今你已逐漸學會看出，每個犧牲都顯示出你在限制自己給予的能力。[7]你畫地自限的同時，必也限制了我要給你的禮物。

3.　　原是一體的我們，不可能各自給人任何東西的。[2]你一認可了我們之間的眞實關係，罪咎對你便頓失魅力。[3]因你會將所有的弟兄都迎入我們的結合中。[4]合一乃是我的誕生所給世界的唯一禮物。[5]先給我這份禮物吧，你才可能擁有它。[6]基督的時辰就是上主賜給每個人自由之禮的時辰。[7]你必須親自接受它，方能分享給所有的人。

4.　　唯有你能聖化這個聖誕佳節，因爲唯有你能把基督的時辰帶到人間。[2]這是一蹴即至的事，你的知見只需要一個轉變，因爲你只犯了一個錯誤。[3]表面上看來，你犯了一連串的錯誤，其實那全是同一錯誤。[4]就好比小我雖有不同的化身，卻始終不出同一觀念。[5]凡不屬於愛的，只可能是恐懼，此外無他。

5.　　你沒有必要去追蹤恐懼的足跡，它一向是黑箱作業，最喜歡
鑽洞築穴，拐彎抹角，然後再改頭換面，冒出頭來。² 為此，你
必須隨時檢視每一種恐懼，才可能抓出躲在種種化身背後的元
兇。³ 只要你不被那些化身蒙蔽，認出它們全都代表了你根本不
想要的那「一個」觀念而已，所有問題就迎刃而解了。⁴ 那個觀
念就是：你相信自己可能成為小我的寄身之所，也可能成為上主
的俘虜；⁵ 你以為自己有選擇的餘地，並且以為這是你必須作的
決定。⁶ 你看不到其他出路，因你還無法接受「犧牲一無所用」
的事實。⁷ 犧牲的觀念在你的思想體系裡如此根深柢固，無需犧
牲的救恩對你反而顯得無何價值。⁸ 你嚴重混淆了犧牲與愛，根
本想像不出那種無需犧牲的愛。⁹ 這才是你必須深思的問題：犧
牲不是愛，它是一種攻擊手段。¹⁰ 只要你能接受這個觀念，你對
愛的恐懼就會煙消雲散。¹¹ 犧牲的觀念一旦消除，罪咎便無立足
之地。¹² 因為犧牲的觀念影射出必得有人付出代價，他人才會從
中得利。¹³ 那麼隨之而來的只有一個問題：該付多高代價？可得
多少利益？

6.　　只要你允許小我寄身於你內，你就會相信自己隨時都能把一
切罪咎推給別人，買回一個心安。² 你好似無需為此付出任何代
價。³ 其實，小我一定會索求代價的，只是看起來它不是直接向
你討債而已。⁴ 你至今還無法承認自己所邀來的小我最會折磨那
些自願收留它的主人了。⁵ 小我絕不會讓你看到這一真相的，它
的陰謀一旦被你拆穿，它就無處容身了。⁶ 你若能看清真相，此
後不論小我化身為何種形式，都瞞不了你的慧眼了。⁷ 你會認出
每種化身所掩飾的同一觀念：愛既然要求犧牲，故攻擊及恐懼也
必然在所不免。⁸ 愛要你付出罪咎的代價，罪咎又要你付出恐懼
的代價。

7.　　於是，上主變得十分可怕，在你心目中，上主之愛所要求的
犧牲其大無比。² 因為全然的愛勢必要求全面的犧牲。³ 相形之
下，小我的要求好像小得多了；兩害相權取其輕的話，小我算是
客氣的了；縱然它有時令你害怕，但另一個卻可能毀掉你。⁴ 愛
在你眼中一旦帶有殺傷力，你不能不追究清楚：該向誰下手？你
自己？還是別人？⁵ 這就是你在自己的特殊關係中設法答覆的問
題。在這關係內，你好似同時扮演了毀滅者與被毀滅者，不會純

然只演一種角色。⁶你認爲只有這樣才擺脫得了上主，因祂毫無保留的愛會徹底毀掉你。

8.　　你認爲身外每個人都在要求你犧牲，絲毫看不出只有你在要求自己犧牲，也只有你才能犧牲自己。²犧牲的代價如此冷酷無情，使你無法承認那是你對自己的要求。³爲了否定這個事實，你不惜付出更大的代價，寧可放棄上主，也不願正視這一眞相。⁴如果是上主要求你徹底犧牲，那麼，最穩當的對付方法就是把上主投射到外面去，丟得愈遠愈好，絕不讓祂住在你內。⁵而後再把小我的叛逆罪名套在上主頭上，迎請小我前來篡奪上主之位，使上主再也難以在你心中還魂。⁶殊不知，是你請來的客人想要置你於死地，是它在要求你全面的犧牲。⁷片面的犧牲根本無法滿足這無情的客人；這個外來的侵略者，表面裝得相當仁慈，其實它存心要你犧牲到底。

9.　　你不可能只獻出一部分的自己充當小我的俘虜，因它不給你討價還價的餘地，它會將你洗劫一空，²不允許你兼差似地充當它的寄身之所。³你必須在徹底自由與全面奴役之間作一抉擇，此外沒有其他可能。⁴你試過各種妥協辦法，企圖逃避自己必須作的這個決定。⁵其實，你只要認清了這決定的眞正內涵，沒有比這更簡單的事了。⁶救恩單純無比，因它出自上主，故而不難了解。⁷不要將救恩向外投射，把它看成你的身外之物。⁸問題與答案都在你內，問題是「犧牲的要求」，答案則是「上主的平安」。

拾壹. 結束犧牲的聖誕節

1.　　鼓起勇氣來！承認這個犧牲觀念全都是你自己編造出來的。²試著不再借用子虛烏有之物來保護自己的安全。³否則，弟兄與天父對你會變得十分可怕。⁴你企圖跟他們建立特殊關係，並且討價還價，指望那樣會給你一點安全感。⁵別再執迷不悟地把自己的意念與上主賜你的聖念分藏兩地。⁶若能把它們同置一處而看清它們不同的源頭，你就不會舉棋不定；好似睡飽之後面向晨光張開眼睛，悠然甦醒過來。

2. 　　星光是聖誕節的標誌，象徵黑暗中的光明。²不要向身外去找，而應從自己心內學會看到天堂之光，把它當成基督時辰已至的標誌。³基督來到人間，沒有任何要求。⁴祂不曾要求任何人作任何犧牲。⁵整個犧牲觀念在基督的臨在下頓失其義。⁶因爲祂是上主神聖的居所。⁷祂其實一直臨在於此，等著你的邀請；換句話說，你必須先認清祂只有一個居所，凡是不識這「唯一」的任何念頭，都無法與祂安住於那一居所。⁸唯有毫無保留的愛才能邀祂前來，因爲只有祂的神聖臨在方能造出這一神聖性來護守此愛。⁹在基督的時辰裡，恐懼便無法侵入那孕育上主的居所，因爲這居所和祂所護守的純潔無罪一般神聖，而祂的大能即是祂的保護。

3. 　　趁此聖誕佳節，把凡是有害於你的都交託給聖靈吧。²讓自己徹底的療癒，你才能加入祂的療癒行列；讓我們一起釋放所有的人，共同慶祝我們的解脫。³不要遺漏任何一人，因解脫必是全面的，只要你願與我一起領受，就能與我一起給出這一禮物。⁴所有的痛苦、犧牲與卑微都會從我們的關係中消逝，使我們的關係與我們和天父的關係一樣純潔無罪，一樣充滿能力。⁵痛苦會來到我們面前，然後在我們眼前消逝；沒有痛苦，犧牲便無以立足。⁶沒有犧牲，愛便現身了。

4. 　　由於你還相信「犧牲就是愛」，故你必須學習看出「犧牲等於自絕於愛」。²因犧牲必會帶來罪咎，好比愛必然帶來平安，是同樣的道理。³罪咎是犧牲的先決條件，有如平安是幫你覺於天人關係的必備條件。⁴罪咎會使你把天父與弟兄一併逐出身外。⁵唯有平安才能將他們一起迎回，那時你會恍然大悟，原來他們一直都在你祈望他們蒞臨之處。⁶凡是被你驅逐於外之物，都會顯得十分可怕，因你必已把它看成是可怕的，才會將它摒斥於外；其實，它是你生命的一部分。⁷有誰會嫌惡自己某一部分，卻還活得怡然自得？⁸你若爲了解決天堂與地獄在你心中的「衝突」而不惜把天堂驅逐外，甚至把它變得像地獄一般，你豈能不感到生命的殘缺和孤獨？

5. 　　只要你還把身體當成自己的生命，不會不感到孤獨而且飽受欺壓的。²你一旦把自己看成是他人的犧牲品，自然會理直氣壯地犧牲別人。³拋棄了天堂及造物主的人，內心怎麼可能不生出

犧牲與失落之感？⁴ 深受犧牲與失落之苦的人，豈能不設法扳回一城？⁵ 但你既然認定自己是被欺壓的一族，哪有扳回劣勢的能耐？⁶ 受人欺壓的感覺必會滋生攻擊之念，甚至認為反擊是天經地義的事。⁷ 只要你感到受人剝削，攻擊就成了你的救恩，犧牲反倒更像真愛了。

6.　　　於是，你以為自己在追尋愛，找到的卻是犧牲。² 你不會找到愛的。³ 因你已否定了愛，又怎麼可能認出愛來？⁴ 愛的真諦其實一直藏在你所拋棄之物裡頭，愛一旦成了你的身外之物，便失去了意義。⁵ 你寧可死守著那些無意義之物，殊不知被你棄於身外之物藏有宇宙所有的意義，而且整個宇宙都得靠這意義來維繫自身的完整。⁶ 除非整個宇宙與你結合，否則它就會淪落於上主之外，凡是淪落於上主之外的，便失去了存在的意義。

7.　　　唯有神聖一刻具足了愛所要求的條件，因為身體再也無法從中作梗，心靈便自然回歸一體；何處恢復了交流，平安就在何處現身。² 和平之君誕生人間，就是幫你具足愛的條件；他教你明白，即使身體毀滅了，天人的交流依舊永恆不斷，只要你不再把身體當作交流的必然媒介。³ 你一旦學會這一課，自然就明白身體的犧牲根本稱不上犧牲；而交流屬於心靈層次，是不可能被犧牲的。⁴ 那麼，還有何犧牲可言？⁵ 我誕生人間，就是要告訴所有的弟兄：「沒有犧牲，只有愛。」⁶ 天人交流是無所不容的，平安一旦重現，愛便自然現身了。

8.　　　不要讓絕望的陰影掩蓋了聖誕的歡樂，因為沒有歡樂，基督的時辰便失去了意義。² 願我們同心慶祝平安的到來，不再要求任何人犧牲，這才表示你學會了以愛還愛。³ 沒有人剝奪得了我們任何東西，還有什麼比這一領悟更令人歡欣的？⁴ 這就是基督的時辰帶給人的喜訊，上主將它賜給了我，我把它轉贈於你，你再分享給人，最後一起回歸天父那裡。⁵ 在基督的時辰裡，天人一旦恢復交流，天父便會與我們一起慶祝聖子的創造。

9.　　　上主由衷感謝接待他的這一神聖居所，使他得以進入且安住於他一心想要臨在之處。² 因著你的歡迎，上主才能歡迎你進入他的生命，活在你內的那一位，也因而在歡迎他之際回歸了上主。³ 我們歡迎上主進入自己的生命，等於是在慶祝他的圓滿生

命。⁴凡是接受天父的人，已與祂合一而成了造物主的居所。⁵凡是歡迎上主之人，必會憶起自己的天父；因著天父的臨在，他們開始憶起自己擁有的唯一關係，也是渴望已久的關係。

10.　　新的一年會在這一聖誕佳節由基督的時辰誕生。²我全然信任你必會全力以赴完成你的理想。³你從此一無所缺，不傷眾生，只願玉成一切。⁴你會向你的弟兄這樣說：

> ⁵我把你當作自己的一部分，交託給聖靈。
> ⁶我知道你終會得到解脫，只要我不利用你來囚禁我自己。
> ⁷為了我的自由之故，我決心釋放你，因為我已明白，我們只能同時釋放，同獲自由。

⁸如此，我們會在喜樂與自由之中開始新的一年。⁹該做的事情很多，我們已經耽擱太久了。¹⁰在一年之始，接受神聖的一刻吧，重新肩負起你荒廢已久的覺醒大業。¹¹讓我們以「同等」的心對待一切，而使這一年有所「不同」。¹²讓你所有的關係都轉化為神聖關係。¹³這就是我們今年的大願。¹⁴阿們。

第十六章　寬恕的幻相

壹. 眞正的感通

1.　　與人感通並不表示陷入別人的痛苦裡，你必須抵制這種曲解。² 那是小我對感通的詮釋，它只想藉此建立一個「有難同當」的特殊關係。³ 唯聖靈最擅於利用感通能力，只要你肯讓他以他的方式發揮大用。⁴ 祂的手法自成一格。⁵ 祂不只不了解痛苦，還要你去教人明白痛苦的無理可喻。⁶ 當祂通過你與人接觸時，並不是透過你的小我與另一個小我建立關係。⁷ 祂絕不會加入你們的痛苦的，因祂深知，加入受苦的行列這種障眼法療癒不了任何痛苦，「有難同當」的幻相根本減輕不了任何人的痛苦。

2.　　小我的感通伎倆充滿了殺傷力，最明顯的例證就是，它只會把感通能力用在某些問題及某類人物上，² 經過一番精挑細選之後才願與他們結合。³ 它結合的目的純粹是爲了鞏固自己的勢力。⁴ 小我只會與它自以爲熟悉之物認同，從它們身上認出自己，因著同類相聚而壯大自己的聲勢。⁵ 不要低估了小我的伎倆，它的感通永遠是爲了削弱對方，而削弱根本就是攻擊行爲。⁶ 你毫不了解感通的意義所在。⁷ 然而，我敢保證，只要你肯靜靜坐下片刻，讓聖靈透過你與人相通，你的感通便會充滿力量，因此，它只會強化你而非削弱你。

3.　　你的本分只是提醒自己，別再期待這一關係會給你什麼夢寐以求之物，² 而且決心不再根據自己的想法去打擊或治療這一關係。³ 因爲你尙不明白療癒的眞諦。⁴ 你所了解的感通能力都是從過去學來的。⁵ 如今，你再也不想與人分享過去的經驗了，因你已不想繼續與過去周旋。⁶ 切莫因著感通而把過去弄假成眞，使它在你心中揮之不去。⁷ 靜靜地退下，讓自己療癒吧！⁸ 不論面對何種境遇，不論你多想評判，甚至根據自己的判斷去回應，請牢記這一念，且須臾不忘。⁹ 將你的心念專注於這些話上：

　　　¹⁰ 我不是獨自一人，我不願再用過去的經驗騷擾我的「貴賓」。

11 我已邀請了祂，祂也已經來臨。

12 我什麼都不必做，只要我不再干預祂的運作。

4.　　真正的感通必然出自聖靈，唯祂方知感通的真諦。² 只要你肯讓聖靈發揮你的能力，強化你而非削弱你，你就會慢慢學會祂心目中的感通。³ 祂絕不會遺棄你，但你得先確定自己沒有遺棄祂才行。⁴ 唯有如此，你才能看出謙卑就是力量；你也才會看出，承認自己一無所知其實就是認清而且接受了祂的無所不知。⁵ 你若擔心祂是否會善盡祂的本分，這不過反映出你尚未徹底盡到自己的本分。⁶ 你不了解的事，自然不懂得如何回應。⁷ 切莫掉入這個陷阱而讓小我得逞，妄用感通能力來炫耀自己。

5.　　任由弱點得逞，絕不是你想獻給弟兄的禮物。² 很不幸的，這是你唯一懂得的「勝利」。³ 這絕非真知，感通能力一旦被人扭曲，會反身囚禁自己原想釋放之物。⁴ 自身尚未得救的人豈有拯救別人的能力？幸好他們擁有同一位「救主」。⁵ 切莫指點這位「救主」該怎麼做才是。⁶ 你是學徒，祂才是真正的師父。⁷ 不要顛倒了你們的角色，這樣絕不可能帶給任何人平安的。⁸ 將你的感通能力交到祂手中吧！因你只想與人分享祂的知見和力量。⁹ 接納祂所賜你的力量及知見吧！如此，人們才可能由你手中獲得祂的禮物。

6.　　任何一種關係，若只著眼於對方的弱點而期望從那兒找到愛，是不可能了解愛的真諦的。² 愛的力量，也就是愛的真諦，只存於上主的大能中，默默蒙受祂的護翼與祝福。³ 讓此事圓滿成就吧！不要企圖用你自己的「奇蹟」從中攪局。⁴ 我先前說過，如果有弟兄要你做一件愚蠢的事，你就去做。⁵ 但請留意，我不是要你去做傷害他或你自己的事；凡是對一方有害的，必會殃及另一方。⁶ 愚蠢的要求之所以愚蠢，是因它們充滿了矛盾，表示「特殊性」已經從中作梗了。⁷ 只有聖靈分辨得出何者是愚蠢的需求，何者是真實的需求。⁸ 只有祂能教你如何滿全雙方的要求而皆大歡喜。

7.　　你自己暗地裡其實也想如此進行。² 你以為只要把這些愚蠢的需求隔離起來，不讓它們碰頭，你就能滿足一方的需求而不致傷及另一方。³ 這絕非正途，因它和生命真相背道而馳了。⁴ 只要

你肯把所有的需求交託給聖靈，聖靈必會一一滿全的，因這原是聖靈的本分。⁵切記，那是祂的本分，而非你的。⁶祂不會暗自答覆你的需求的，因凡是你透過祂而給出的一切，祂都會與人分享。⁷這是祂給你這份禮物的真正原因。⁸凡是你藉著祂而給出的任何一物，都是為了整個聖子奧體，不會只為了某一部分的聖子。⁹讓祂安心地盡祂的本分吧，只要你邀請祂進入你的關係，祂必會祝福你所有的關係的。

貳. 神聖性的力量

1.　　你也許認為不會有人了解神聖性這個東西，你也無法想像神聖性怎麼能夠推恩到每一個人身上。²然而，你卻一再聽到我說，它必須涵蓋每一個人，才堪稱神聖。³你無需為神聖性的推恩力量操心，因奇蹟的本質不是你所能了解的，⁴也不勞你插手。⁵奇蹟的推恩力量超乎你的知見所及，這一點恰恰證明了它們不可能出於你。⁶你連奇蹟本身是什麼都不了解，又何苦去為如何把奇蹟推恩到整個聖子奧體而操心？⁷了解一物的特性未必會比了解它的整體更難。⁸只要是道地的奇蹟，它的屬性即屬於奇蹟的一部分，必然顯得神奇無比。

2.　　人們總愛支解真相，一味著眼於整體的某一部分。²這是避重就輕的伎倆，故意不從整體著眼，只去看自以為熟悉的那一部分。³這充分顯示出你仍認為你的看法是你個人的事。⁴若要了解奇蹟，不論是從局部或整體而言，對你最有益而且安全的途徑乃是承認自己根本不了解奇蹟。⁵然而，奇蹟又需要透過你才能成事。⁶因此，你對奇蹟的了解並非奇蹟的關鍵。⁷問題是，你也不可能完成一件自己毫不了解的事。⁸由此可知，你內在必有某個「東西」是了解奇蹟的。

3.　　對你而言，奇蹟似乎有違自然或你的天性；那是因為你已傷害了自己的心靈，與自己的天性背道而馳，它才會忘記那些原是天經地義的事。²即使別人告訴你那是你的天性，你也不可能了解的。³然而，你是明白每一部分都是整體，而整體也在每一部分之中的，這對你原是最自然的事，因為這是上主的思維方式；

凡是合乎上主天性的，必然合乎你的天性。⁴你在這天經地義的知見之中會瞬間明白，奇蹟之間不可能有難易之分，因這徹底違背了奇蹟的本質。⁵一旦了解奇蹟的眞諦，你就不會爲它這類特質而大驚小怪了。

4.　　你已經行過不少奇蹟，那顯然不是單靠你自己的本領就能成就的。²唯有當你觸動另一心靈而與它結合時，你才可能成就奇蹟。³當兩顆心靈結合爲一，平等共享同一理念時，表示你已經跟一體性的聖子奧體建立了第一道連線。⁴只要你能遵照聖靈指點的方式與人結合，再把這關係交給祂發揮大用，這天經地義的知見會讓聖靈一眼認出你的禮物，而你也會藉用祂的慧眼洞見而大有一番作爲的。⁵然而，你若相信凡是自己不了解之物就不是眞的，我便無法讓你相信奇蹟確實是透過你的願心而成就的了。

5.　　你若老想把眞相弄得虛幻不實，怎麼可能對眞相生出信心？²難道堅持把幻相當眞，會比欣然感恩地接受眞相帶給你更大的保障？³你該向上天賜給你的眞相獻上至高的敬意，並且慶幸自己對它一無所知才是。⁴對那始終在爲上主發言的聖靈而言，奇蹟乃是天經地義之事。⁵聖靈的任務即是把奇蹟詮釋回它所代表的眞知，因你對眞知依舊莫測高深。⁶聖靈對奇蹟所作的詮釋於你已經綽綽有餘了，以此爲足吧！也別再迴避祂所賜你所有爲祂眞相作證的人了！

6.　　凡是你故意不想看的，不論我提出什麼證據都無法讓你相信它的眞實性。²然而，你和聖靈的關係卻是千眞萬確的。³爲此歡欣吧，不要害怕。⁴你一直在呼求的「那一位」其實就在你身邊。⁵何不欣然邀祂前來，且向祂的見證獻上崇高敬意，因他們爲你帶來了「上主已經來臨」的喜訊。⁶只要你能認出祂來，等於爲自己推翻了過去自以爲是的一切；而這正是你的隱憂所在。⁷問題在於，你自以爲是的那一切，無一是眞的。⁸你緊抓著它們不放，寧可罔顧眞相的種種證據，這對你究竟有何益處？⁹此刻，眞理就近在你眼前，你無法否認它的存在，你遲早會臣服於它那難以抗拒的魅力的。¹⁰此刻你還想要拖延，但你逃避不了多久的。¹¹你已聽到了上主的居所──基督的殷殷呼喚，¹²你不能再像以前那樣充耳不聞了。

7. 　　　　這是充滿喜悅的一年，你的聆聽能力會逐漸增強，平安也會隨之增長。[2] 你還會同時意識到神聖性的力量以及攻擊的脆弱。[3] 這個意識早已深植人心了，即使是堅信神聖是脆弱而攻擊才是力量的人也不例外。[4] 這個奇蹟不正充分證明了那位「聖師」絕非出自於你？[5] 不過你還得隨時憶起自己每次聆聽祂的詮釋時所獲得的喜悅之果才行。[6] 誠實地想一想你的詮釋曾經帶給你的遺害，你還想繼續留戀它嗎？[7] 上主一心願你活得更好。[8] 你豈能不仁慈地對待上主所愛之人？

8. 　　　　不要讓你的詮釋妨礙了上主聖愛的來臨，眼前已有足夠的見證為你清晰道出祂的愛，只有瞎子和聾子才會視而不見、聽而不聞。[2] 今年就下定決心不再拒絕上主給你的恩賜吧！[3] 該覺醒了！與人分享這一覺醒吧，這是祂召喚你的唯一理由。[4] 祂的天音鏗然有聲，只是你還不敢相信自己的所見所聞，只因你更加信賴自己打造出來的種種不幸。[5] 今天，讓我們一起下定決心接受這個喜訊：人間的災難絕非真相，而真相也不可能是災難。[6] 真相必然安全無虞，且對萬物慈愛有加。[7] 沒有比欣然接受這一真相更偉大的愛了。[8] 因愛一心只願你活得幸福快樂，它必會賜你一切能讓你幸福之物。

9. 　　　　你交託給聖靈的問題，沒有一件祂不曾替你解決，將來亦然。[2] 你自己從未徹底解決過任何問題。[3] 此刻不正是你作一總回顧而汲取教訓的最佳時刻？[4] 今年，你該把自己學到的觀念學以致用一下。[5] 因為觀念具有無比的力量，等著你發揮大用，別再任其荒廢了。[6] 它們已向你展現了自身的力量，足以讓你心悅誠服，別再否定它們了！[7] 把這一年的精力投注於你對真相的了解吧，讓真相得以安心地一展身手。[8] 相信聖靈吧！因祂相信了你。[9] 深思一下你真正看見及聽見之事，好好洞察其中的深意。[10] 有這群見證的陪伴，你怎麼可能感到孤獨？

參. 教誨的回報

1. 　　　　我們先前說了，每個人都在教人，而且隨時都在教。[2] 也許你已經懂得如何教人了，但卻未必明白如何領受教誨帶給人的溫

暖慰藉。³ 你只要反省一下自己所教的內容，與你自以爲知道的一切相去何其遙遠，你便不能不承認，你內的那位「聖師」絕對超越你的思想體系之上。⁴ 爲此，祂才能如此公正地看待你的思想體系，且看破它的虛假不實。⁵ 祂的洞察力必然來自與你的思想體系截然不同的立論基礎，兩者毫無相通之處。⁶ 因爲祂所教你的以及你透過祂而教人的，和你在祂來臨前所教人的那一套，確實有如天壤之別。⁷ 正因如此，才能把平安帶到哀傷之地，讓喜悅驅逐人間的痛苦，且取而代之。

2. 你也許教導過自由的道理，自己卻尚未學會如何活得自由。² 我先前說過：「你們可憑他們的果實來辨別他們，他們也能藉此而辨認自己。」³ 因爲你一定會按照自己所教的內容來評判自己的。⁴ 小我的教誨常有「現世報」的效應，因你會刻不容緩地把它的決定當作自己的選擇。⁵ 這一接納表示你心甘情願地根據它的決定來評判自己。⁶ 在小我的思想體系裡，因果不爽，你過去的學習經驗一直爲你印證前因後果之間的關係。⁷ 你豈能不相信你卯盡全力讓自己相信的事情？⁸ 可別忘了你花了多少功夫爲小我挑選出它的見證的，至於爲眞相之因果作證的那群見證，你卻避之猶恐不及。

3. 你拿來教人的東西，自己都還未學會，這一事實不正顯示出你還不了解聖子奧體只是一個生命？² 不正透露了你也看不出自己是一個生命嗎？³ 若無深刻的信念，你的教誨不可能帶來任何成果的；而那信念又不可能不在你內。⁴ 除非你眞正相信自由，否則你無法教人自由。⁵ 你所教的一切，必須出自你內。⁶ 然而，你對自己的自性分明一無所知，即使它仍在不停的運作，你卻認不出來。⁷ 只要是在運作之物，必然存在。⁸ 你必須否定它所有的作用，才否定得了它的存在。

4. 這部課程旨在教你明白自己的眞相。² 你其實一直都在告訴別人你的眞相，卻不讓自己的眞相來教你。³ 你千方百計迴避有目共睹的事實，不願面對歷歷在目的因果關係。⁴ 你所教的那一切必然出自你內。⁵ 那麼究竟是什麼還有待你去學習？⁶ 有待學習的這部分一定另有來源，不是源自你的投射，而是出自眞相。⁷ 這正是你納入自己生命之物，而它並不是你（而你納入的正是那「非你」之物）。⁸ 不論你納入心中什麼，都改變不了你的心

靈。⁹ 所謂幻相，不過是指你相信了根本不存在之物。¹⁰ 你必須先將自己和幻相（而非與眞相）一刀兩斷，眞相及幻相之間的表面衝突才有化解的可能。

5.　　你的教誨其實已經做到這一點了，因爲聖靈是你生命的一部分。² 祂出自上主的創造，對上主及祂的造化永遠不離不棄。³ 祂既是上主，也是你；你是上主與聖靈的綜合體。⁴ 而聖靈是上主對分裂之境的答覆，祂所加之於你的，遠遠超過你存心丟棄的。⁵ 祂不只會保護你，也保護了你創造的一切，祂把你存心丟棄之物一併守護於你生命裡。⁶ 那些創造會取代你先前存心取代眞相的贗品。⁷ 即使你對自性依舊一無所知，他們仍然眞實無比，只因爲他們是你自性的一部分。⁸ 他們必須透過聖靈方能與你交流，他們也樂於爲你效力，回報你的創造之恩，因你在教他們你的眞相，那正是他們的家。⁹ 身爲上主居所的你，必然也是他們的居所。¹⁰ 因任何東西離開了創造它的心靈便不再眞實。¹¹ 凡是不眞實的，根本就不存在。

6.　　那永遠都在對立狀態的兩個自我並不是你。² 上主之外還有什麼？³ 如果你擁有祂、祂也擁有你，而這一切又代表了整個宇宙的話，那麼所謂的「其他東西」必然落在這個宇宙之外了；問題是，在宇宙之外只有虛無。⁴ 你一直在教人這個眞相，你所教出的見證即使遠在天邊，仍不出你的生命，他們會蜂擁而至，助你明白這一眞相的。⁵ 他們的感恩加入上主的感恩之後，必會鞏固你對自己所教眞相的信心。⁶ 因爲你所教的眞實不虛。⁷ 當你落單時，你也落在自己的教誨之外，難以同霑其恩。⁸ 唯有與那些見證同在，你才會明白，你只能教你自己，你也只能從你教給別人的信念中學習。

7.　　從今年起，你要開始學習，而且務必教學相長。² 這是你眞正的選擇，因你是自願去教的。³ 縱然外表上你深以爲苦，但你終會嚐到教學的喜悅。⁴ 只有甘爲學徒的人才能領受教學的喜悅，而且他會感恩圖報，與老師共享這一喜悅。⁵ 在學習過程中，你會愈來愈感激那顯示你眞相的自性；感激愈深，你對祂的敬意也愈深。⁶ 你會逐漸體會出祂的德能、力量及聖潔，且如天父一般地愛祂。⁷ 祂的天國浩瀚無際且永無止境，祂的一切皆是完美而永恆。⁸ 這一切就是「你」，此外沒有其他的「你」。

8. 　　願一切讚美歸於神聖的自性，也就是眞實的你；願一切讚美歸於創造了眞正的你的「那一位」。² 每個人遲早都會跨越自己妄想出來的種種自我之間的溝距。³ 只要肯好好花功夫，每個人都能建築一座橋樑，跨越那一溝距的。⁴ 他那一點努力必會如有天助，因爲構成天堂的聯合大願必會助他一臂之力。⁵ 爲此，只要是有心跨越的人，都可說是被保送過去的。

9. 　　你所建造的橋樑遠比你想像的更爲堅固，你的雙腳已經穩立其上了。² 無庸擔心在對岸等著接引你的人無法將你保送到彼岸。³ 你必會回到命中註定的歸宿的，你的自性正在那兒等候著你。

肆. 愛的幻相與眞相

1. 　　不要害怕正視「恨的特殊關係」，唯有正視它，你才有解脫的希望。² 若非這種關係從中作梗，你是不可能不明白愛的眞諦的。³ 因爲在「愛的特殊關係」中，愛的眞諦已經蒙塵，人們不過是想用它來制衡心頭之恨，並無意放下深藏的恨意。⁴ 只要你正視這一事實，你的雙眼就會開啓，救恩便已歷歷在目。⁵ 你是壓制不了恨的。⁶ 「愛的特殊關係」也制衡不了內心之恨，你最多只能將它驅趕入地下，眼不見爲淨而已。⁷ 當前要務乃是把恨拉回你的視線之內，不再加以隱藏。⁸ 正因爲你企圖用愛來平衡恨，才使得愛對你顯得荒謬無比。⁹ 你尚未意識到這種分裂心態的遺害有多深。¹⁰ 除非你能意識到這點，否則這分裂會繼續作崇下去而錯失了療癒的機會。

2. 　　恨的象徵物與愛的象徵物之間的衝突，其實並非眞的。² 因象徵所代表的乃是另一物；如果愛本身是無所不包的，那麼它就沒有象徵的必要。³ 你終將安然化解這最後的挑戰而活出眞實的自己。⁴ 這是你迎接上主來臨的最後一門功課。⁵ 現在，別再三心兩意了，這座橋樑已經近在咫尺，你必會安然跨越的，默默地將鬥爭轉譯爲平安。⁶ 愛的幻相絕對無法滿足你的；愛的眞相正在彼岸等著給你一切呢！

3. 　　「愛的特殊關係」企圖壓制恨所引發的殺傷力，在罪咎的風雨中尋覓一個可供藏身的避風港。² 它並無意脫離那個暴風圈

而升至陽光普照之地。³反之，它會刻意誇大避風港外的罪咎，為自己築起重重路障而藏身其後。⁴「愛的特殊關係」本身毫無價值可言，它只是為了與恨劃清界線而找的避風港。⁵「特殊之愛」中的伴侶必須不負這一重託才會受人青睞。⁶恨依舊能夠進入他們的關係；事實上，這關係中有一部分相當歡迎恨來攪局，但愛的幻相仍能維繫這愛恨交織的關係。⁷愛的幻相一旦破滅，這一關係不是立即破裂，就會因著希望的幻滅而生出怨尤。

4.　　　愛不是幻相，²而是事實。³凡是會幻滅之物，絕不是愛而是恨。⁴因恨屬於一種幻相；凡是變化無常的，不可能是愛。⁵若有人在某段人生場景裡，為了某種不可告人的目的而選擇某個伴侶，表示這人寧可活在罪咎內，與它同歸於盡。⁶這是他們心目中唯一的選擇。⁷對他們來講，愛只是一種逃避死亡的手段。⁸他們不計代價地追求愛，就是不肯往平安中去尋；其實只有在平安中，愛才會無聲無息地來臨。⁹直到有一天，他們發現自己仍然活在死亡的恐懼下，愛的西洋鏡便被拆穿了。¹⁰護守幻相的那些路障應聲倒塌，恐懼隨之排山倒海而至，恨的凱歌也高聲揚起。

5.　　　愛絲毫不在意勝敗輸贏。²只有仇恨才會擔心「愛的勝利」。³愛的幻相有可能戰勝恨的幻相，結果卻使得兩者都淪為幻相。⁴只要恨的幻相存在一天，愛對你必然也如幻相。⁵於是，你只有一個選擇的餘地，就看你寧願要哪一個幻相了。⁶你若只是在真相與幻相之間作選擇，內心是不會有任何矛盾的。⁷光是看到這兩個名詞，沒有人會舉棋不定的。⁸然而，倘若你只是在這個幻相與那個幻相之間作選擇，心中就不可能不起衝突了，即使這種選擇根本無足輕重。⁹如果不論你選擇哪一個都會後果堪憂的話，這種決定必然令人沮喪。

6.　　　你在人間的功課並不是尋求愛，而是找出你為了抵制愛而在心內打造出來的所有障礙。²凡是真實之物都不用你去找，只有虛幻不實之物才有待尋覓。³每個幻相，不論化身為何種形式，都離不開恐懼。⁴你若想由一個幻相遁入另一個幻相，絕對得不償失的。⁵你若想從自身之外尋找愛，反而會在自身之內看到恨而恐懼不已。⁶愛的幻相不可能帶給人平安，平安只可能來自愛的真相。

7. 　　「愛的特殊關係」存心把愛帶入分裂之境；你得識破這個企圖，因爲你必須先認出一物的眞相，才可能辨別它的幻相，此言不虛。² 爲此，「特殊的愛」影射出你有意把愛帶入恐懼的企圖，進而藉用恐懼把這種愛弄假成眞。³「愛的特殊關係」徹底違反了愛的基本原則，它竟然還能爲你完成這「不可能的任務」。⁴ 這怎麼可能？除非它只是一場幻劇。⁵ 我們目前最重要的課題，就是徹底看清你一向如何自以爲是地解決那些根本不存在的「切身」的難題。⁶ 眞理之境已經近在咫尺了，唯獨這個問題還橫梗於你通向眞理的那座橋樑前。

8. 　　天堂靜靜地等候你的來臨，你所創造的一切正向你伸出援手，幫你跨越過去而欣然接受他們。² 因爲他們才是你眞正渴望之物。³ 你一直在尋找自己的圓滿，其實只有他們才能帶給你圓滿。⁴「愛的特殊關係」極其虛假，一文不值，它始終想要取代那眞正讓你在眞相（而非幻相）中重歸圓滿之物。⁵ 罪咎再也無法在你與自己的創造物之間作祟了，如此，你才能以感恩的心看待所有弟兄，因爲你必須與他們聯手才可能創造。⁶ 接受你所創造的一切，等於接受了整個造化的一體生命；缺了這一環，你永遠不可能圓滿。⁷ 沒有一種特殊性能給你上主賜你的一切，也給不出你與上主聯手而給的禮物。

9. 　　你的圓滿就在橋樑的彼岸，你必會徹底回歸上主的。你再也不要什麼特殊的禮物了，只願全然肖似祂，不僅圓滿了自己，也圓滿了祂。² 切莫害怕跨上橋樑，你會安然抵達平安與神聖之境的。³ 只有那兒才有上主及聖子永存不替的圓滿。⁴ 在荒涼而虛幻的世界裡，沒有一物恆常不變，也沒有一物滿足得了你，別再設法從世間尋找圓滿的自己了。⁵ 因上主之名，心甘情願地捨棄一切幻相吧！⁶ 不論你處在何種關係，都眞心誠意地接受這一圓滿吧！唯有如此，上主才得以重歸圓滿，聖子也與祂一起圓滿了。

10. 　　將你導向內在合一之境的橋樑，必然同時導向眞知之境，因那是你與上主攜手打造的橋樑，它會領你直抵上主。祂是你的圓滿，而你的圓滿毫不遜色於上主的圓滿。² 每一個你誤以爲可能實現而納入心中的幻相，都會害你失去你對自己的圓滿意識，因而也否定了天父的圓滿境界。³ 任何幻覺，不論是發自愛或是恨，都會剝奪你的眞知，因爲幻覺正是企圖遮蔽眞相的一帘紗

幔。⁴ 只要你重視真理甚於任何幻覺，而且決心不再爲幻相而犧牲真相，你就能夠掀開這帘看來陰沉無比的紗幔了。

11.　　你難道不想穿越恐懼，向愛奔去？² 這不正是人生旅程的最佳寫照？³ 愛殷勤地呼喚著你，偏偏恨又拉著你不放。⁴ 別再聽從恨的呼聲了，也別再著眼於那些幻覺了。⁵ 你的圓滿就在真相裡。⁶ 試著將恨的呼聲與存心牽制你的每個幻覺都當成內心向造物主所發出的求助吧！⁷ 你的圓滿就是祂的圓滿，你既已求助了，祂豈會充耳不聞？⁸ 祂對你的愛不含絲毫幻相，你也應該如此去愛。⁹ 凡是不夾雜幻相的愛，自然一無恐懼。¹⁰ 凡是上主記得的人，必然完整無缺。¹¹ 上主絕不會忘懷那些使祂重歸完整的人。¹² 你的圓滿有賴於你憶起祂生命的完整性，以及祂爲自己的圓滿而對你所懷的感恩之心。¹³ 基於祂和你的生命聯繫，祂不可能忘懷你，你也必會憶起祂的。¹⁴ 你願意去愛的那個願心便和那從未忘懷過你的聖愛結合於上主內了。

12.　　你的天父不可能忘懷你的生命真相，而你也不可能記不得這一真相的。² 聖靈是通往上主的橋樑，這橋樑是由你想要與祂合一的願心打造來的，也是由祂與你合一的喜悅中創造出來的。³ 這趟看似永無盡頭的旅程即將完成了，因爲那無盡的盡頭已近在咫尺。⁴ 你就要認出它來了。⁵ 此刻就下定決心與我一起放下所有的幻相吧！不讓任何一物橫梗在真理道上。⁶ 我們會一起走完實相之外最後一段徒然無用的旅程，然後，大步邁向上主，歡欣地答覆祂對「自身圓滿」的召喚。

13.　　任何特殊關係若有礙於上主的圓滿，哪裡值得珍惜？² 凡是干擾上主的，必會干擾到你。³ 只有在時空領域裡，上主的圓滿才有受阻的可能。⁴ 祂領你通過的那座橋樑，會將你由時空領域提升到永恆之境。⁵ 你的時空大夢該醒了，一無所懼地答覆祂的召喚吧！祂在你受造之初便已賜給你永恆的生命。⁶ 當你還在那座通往超越時空之境的橋樑的這一頭，你真的一無所知。⁷ 但是，只要你肯輕輕移前一步，那超越時空之境便會托住你，把你保送到上主的心坎裡。⁸ 只有在祂心中，你才永遠安全無虞，因爲你在那兒永遠圓滿無缺。⁹ 只要我們心裡懷有上主之愛，就沒有掀不掉的紗幔。¹⁰ 通往真理之路已爲我們打通了。¹¹ 與我一同上路吧。

伍．選擇圓滿之境

1. 　　正視特殊關係時，必須要有心理準備，因它會激起你相當大的痛苦。² 焦慮、絕望、罪咎以及攻擊之念都會不時乘虛而入，來去無蹤。³ 你必須認清它們的廬山眞面目。⁴ 不論它們化身爲何種形式，都是一種自我攻擊卻存心嫁罪於對方之舉。⁵ 我先前已經提過這一現象，只是尙未深入剖析它眞正的企圖而已。

2. 　　它的企圖，一言以蔽之，即是讓人生出罪惡感，這無異是對上主的直接抗議。² 小我要你定上主的罪，認定祂（也唯獨祂）罪責難逃，因祂任憑聖子奧體飽受打擊而未盡保護之責。³ 「愛的特殊關係」是小我害你自絕天堂之門的利器。⁴ 雖然它看起來不像是兇器，然而，你只要反思一下自己爲何如此看重它，就會明白它確實是一把兇器無疑。

3. 　　「愛的特殊關係」是小我最得意的禮物，對那些不想放下罪咎的人別具吸引力。² 小我的「運作模式」在此暴露無遺。它那誘人的禮物爲這關係激發的種種幻想，一點都不曖昧。³ 人們常把那些幻想視爲可接受的，甚至是理所當然的現象。⁴ 沒有人會爲了自己的愛恨交織而大驚小怪，即使恨在他心目中是一種罪，最多也只會稍感內疚，根本不認爲有改正的必要。⁵ 這是分裂境界的「自然」現象；你若逐漸明白這一點也不「自然」，你反倒成了最「不自然」的人。⁶ 世界乃是天堂的反面；正因它處處與天堂相反，故世界的一切和眞相的境界必然背道而馳。⁷ 在天堂，人人皆知愛的眞義，而且愛就是合一。⁸ 在世上，愛的幻相則已篡奪了愛的地位，分裂及排外反而成了人類心目中的愛。

4. 　　小我暗地裡期待著上主給它某種特殊之愛，特殊關係就是由此而生的，小我之恨也藉此而戰勝了愛。² 建立特殊關係等於自甘放棄上主的愛，目的是爲自己討回上主所沒有給它的特殊性。³ 特殊性在你心中不僅不是地獄，還美若天堂，就是這一信念維繫了小我的存在。⁴ 因爲小我絕不會讓你看出分裂對你其實是最大的失落，只因天堂無法涉足其間。

5. 　　天堂是所有人的圓滿境界。² 小我和聖靈都會毫無異議接受此說。³ 至於究竟什麼是圓滿？如何才能圓滿？雙方的看法卻有

天壤之別。⁴聖靈深知，圓滿有賴合一，圓滿之道在於推恩。⁵對小我而言，圓滿是靠戰勝別人，圓滿之道是乘「勝」追擊，直到打敗上主為止。⁶這才是小我心目中的終極自由，因為從此再也沒有任何東西騷擾得了它。⁷這是小我的天堂觀念。⁸也因此，那令小我手足無措的合一境界，對它必然形同地獄。

6. 　　特殊關係是小我在天堂與地獄之間穿針引線，存心想要混淆兩者的詭異伎倆。²它企圖腳踏兩條船，追求這兩個世界裡的「夢幻仙境」，結果兩個世界都淪為幻相，使你再也看不清它們的真實面目。³特殊關係不過顯示出小我魚目混珠的伎倆得逞了而已。⁴它所標榜的合一排斥了真正的合一，使得排斥反而成了合一的基礎。⁵還有什麼能比特殊關係把小我「去找，但不要找到」這個座右銘演繹得更加淋漓盡致的？

7. 　　小我在特殊關係中打造出來的自我概念就更加令人匪夷所思了。²這個「自我」企圖藉用某種關係來滿足自己的需求。³當它認為找到了一個能夠滿全這一目的的特殊關係，便會毫不吝惜地給出自己，想用自己來交換他人的自我。⁴這不是合一，因其中沒有增長，也沒有推恩。⁵雙方都設法犧牲自己不想要的自我，換成心目中更好的另一個自我。⁶他會因為奪人所好之「罪」而感到內疚，因他知道自己回報之物一文不值。⁷他當初既然會為另一個「更好」的我而放棄自己的我，這個「我」對他還會有何價值？

8. 　　小我所尋求的那個「更好」的我，通常具有較強的特殊性。²誰具備了那個特殊的我，誰就會因這個價值效益而「人見人愛」。³如果雙方都能在彼此身上看到這個特殊的我，就成了小我心目中的「天作之合」。⁴他們一點都意識不到這是在敲地獄的門，因此不會去打擾小我的天堂之夢；殊不知，小我所給的這個幻相反而會攪亂他的天堂。⁵既然所有的幻相都離不開恐懼，那麼天堂的幻相最多只能算是比較「迷人」的恐懼而已；於是，小我會因著恐懼而把罪咎埋到心底，然後打著「愛」的招牌四處招搖撞騙。

9. 　　地獄的吸引力就藏在罪咎可怕的魅力中，這正是小我獻給所有自認為卑微無用之人的禮物。²每個特殊關係都暗含著「我是

卑微的」信念，因為只有受到剝削的人才會重視特殊性。³ 要求特殊待遇，並且把特殊待遇視為愛的表達，遲早會讓人轉愛為恨的。⁴ 特殊關係的真正目的和小我的目標可說是有志一同，都是為了毀滅真相，代之以幻相。⁵ 只因小我屬於幻相，故唯有幻相才能為它的「真相」作證。

10. 　　若能看出特殊關係不過是你戰勝上主的一個標誌，你還會要它嗎？² 姑且不提它那可怕的本質，以及它必然引發的罪咎、哀傷及孤獨。³ 這些只不過是「信仰分裂」的宗教以及「認為分裂確實發生過」的信念背後那套思想體系的幾個特質而已。⁴ 在特殊關係所標榜犧牲的連環禱詞下，真正要傳達的只有一個中心思想，那就是：上主必須死亡，你才可能生存。⁵ 特殊關係所要傳達的正是這個觀念。⁶ 你認為既然已經犧牲了自我，當然有權利攻擊別人的自我，並把別人的自我搶過來，取代你所鄙視的自我。⁷ 你之所以鄙視自我，是因你認為它沒有給你一心想要的特殊性。⁸ 你怨它恨它，把它貶得一文不值，其實你是在怕它。

11. 　　你這樣打擊自我之後，還可能認可它擁有無限的能力嗎？² 真相對你顯得如此可怕，因此除非你把自我變得卑微無能、一無所用，否則，你是不敢正視它的。³ 你設法從真相那兒盜取力量，加在你打造的小小自我身上，命令它跟真相放手一搏，使真相束手無策，如此你才能高枕無憂。⁴ 這就是特殊關係所上演的祭儀。⁵ 它在兩個個體生命之間建起一座祭壇，雙方都在祭壇前設法除掉自我，再由死亡中浴火重生出另一個自我來。⁶ 這種儀式在人間一而再、再而三地上演，⁷ 沒完沒了，無法收場。⁸ 這種祭典儀式是不可能有圓滿結局的，因為死亡不可能孕育生命，地獄也打造不出天堂。

12. 　　每當特殊關係引誘你加入這一祭儀去尋找愛，你應記住，愛屬於「內涵」，而非「形式」。² 特殊關係不過是一種祭禮而已，它企圖犧牲「內涵」而提昇「形式」，以取代上主的位置。³ 「形式」本身沒有意義，而且永遠也不會有意義。⁴ 你必須認清特殊關係的陰謀才行；這種荒謬的祭典儀式，企圖藉由上主的死亡來盜取其力量，壯大謀害祂的兇手之陣容，藉此證明「形式」戰勝了「內涵」，愛也失去了意義。⁵ 儘管這是不可能的事，但你真想讓此事弄假成真嗎？⁶ 若真有此可能，你早已把自己打入

萬劫不復之地了。[7] 上主不會爲此而發怒。[8] 祂只是不允許此事發生而已。[9] 你也沒有能力改造上主的天心。[10] 不論你爲了自娛而編導出什麼死亡祭舞，都無法將死亡帶入永恆。[11] 你爲了取代上主的圓滿而選擇的那個贗品，對祂也完全起不了任何作用。

13.　　你應明白，特殊關係不過是想在上主面前樹立其他神像的無謂之舉；偶像的渺小卑微與上主的莊嚴偉大兩者之間的差別，因著你的偶像崇拜而變得曖昧不明。[2] 爲了你自己的圓滿結局，你絕不會樂見此事。[3] 因爲你在上主面前設置的每一個偶像，都會擋在你自己面前，遮住了你眞正的面目。

14.　　幻相並不可怕，因爲它們不是眞的，這一單純事實成了你得救的基礎。[2] 當你看不出幻相的底細時，它才顯得可怕無比；只要你心裡還有一絲想把幻相弄假成眞的企圖，你便再也難以認出它的廬山眞面目了。[3] 同樣的，你否定眞相到什麼地步，你在眞相與幻相之間、上主與幻境之間作此單純選擇的難度就有多大。[4] 只要牢牢記住這點，你就不難看出，再沒有比這一決定更單純的事了。

15.　　「你已毀滅了愛的眞諦」這一錯覺窩藏了整個分裂幻相的核心。[2] 除非愛對你已逐漸恢復意義，否則你無法知道這一意義即是自己的眞相。[3] 分裂不過影射出你仍不想知道自己眞相的這個決定而已。[4] 這一整套思想體系，都是經過精心策畫的學習過程，企圖引人遠離眞相而陷於幻覺。[5] 幸好，上主針對每個有害的學習經驗都賜給你一個修正的機會，讓你不受任何遺害之苦。

16.　　你決定聆聽並跟隨這個課程與否，其實就代表了你在眞相和幻相之間所作的選擇。[2] 因眞相就在當下此地，與幻相涇渭分明，毫不混淆。[3] 只要你認出這個選擇的眞正含意，沒有比這更容易的決定了。[4] 只有活在錯覺幻想中的人才會進退失據，舉棋不定，幸而那些幻覺沒有一個是眞的。

17.　　今年是你作出這最簡單的選擇（也是你此生始終面對的唯一選擇）的大好機會。[2] 你遲早會越過這座橋樑而進入眞相之境的，因爲你終將認出，上主就在彼岸，此岸只是虛無。[3] 一旦明白了這點，你自然會作出這個天經地義的選擇。

陸．通往眞實世界的橋樑

1. 　　追求特殊關係，表示你已認同了小我而非上主。² 因爲特殊關係只對小我具有價值。³ 對小我而言，一種關係若不具特殊價值，就沒有意義，因所有的愛在小我眼中必須具備某種特殊性。⁴ 這根本不合乎人的天性，因這種特殊關係與上主和聖子的關係大不相同，凡是不同於衪們的關係的，就不可能合乎人的天性。⁵ 既然上主是按照自己的旨意而創造了愛，衪也只可能給出這種愛。⁶ 除了造物主爲愛界定的意義以外，愛別無其他意義。⁷ 你若把愛界定成另一種東西，你就不可能了解愛了。

2. 　　愛就是自由。² 你既想要自由，卻又自甘活於束縛中，等於自絕於愛。³ 爲了上主之愛的緣故，不要再由分裂中尋找合一，更別從桎梏裡尋找自由了。⁴ 你如何釋放別人，自己便會如何解脫。⁵ 不要忘記這點，否則愛便無法尋獲你而給你慰藉。

3. 　　只要你願意獲得聖靈之助，衪就會給你機會來助衪一臂之力的。² 神聖一刻可說是衪最高明的一招，保護你不受罪咎的誘惑，而罪咎正是特殊關係最大的誘餌。³ 你不清楚罪咎對特殊關係具有多大的吸引力，因爲小我一直告訴你，特殊關係會讓你重獲自由。⁴ 只要仔細觀察特殊關係，事實便擺在眼前，特殊關係其實是罪咎的溫床，它必會讓你陷身其中而難以自拔。

4. 　　特殊關係若無身體從中穿針引線，就會顯得毫無意義。² 你若重視特殊關係，就不可能不重視身體。³ 不論你重視的是什麼，自然不會輕言放棄。⁴ 特殊關係乃是將你鎖在身體內的一種伎倆，使你對他人的眼光也局限在他們的身體上。⁵ 唯有當你能夠透視對方的「光明寶相」，才可能視特殊關係如糞土。⁶ 你一見到他的光明寶相，身體立即隱退下去，因它再也沒有存在的價值了。⁷ 你就這樣撤除了畢生聚焦在身體上的心力。

5. 　　你看到什麼世界，就會重視那個世界。² 在橋的這一頭，世界充斥著有形的身體，每一具身體都千方百計想跟其他身體結合，寧可喪失自我，也要與對方合一。³ 兩個獨立的個體若要合爲一個，便不能不貶抑或壓縮自己。⁴ 雙方都得否定自己本有的能力，而這種個別的結合方式其實已把整個宇宙力量排拒於外

了。⁵ 他所排拒的遠大於他所接收的，因他排拒的是上主，接收的卻是虛無。⁶ 如果這一關係是結合於無瑕可指的信念中，整個宇宙都會加入它的陣容。⁷ 然而，小我追求的特殊關係連一個完整的個體都包容不了。⁸ 它只要對方的某一部分，也只想看到那一部分，其餘的它一概視若無睹。

6.　　橋的那一頭則是另一番景象。² 雖然身體還會繼續存在一段時間，卻不再像橋這一頭的身體那般排外了。³ 人們在身體看到的那一點火花，蘊含了「光明寶相」在內，而這星星之火不久就會大放光明了。⁴ 只要你一越過這座橋樑，身體的價值便會在你眼中驟然消減，你再也不想渲染它的重要性了。⁵ 因你已經明白了，身體只有一個價值，就是讓你能伴同弟兄跨越這座橋樑，一起獲得自由。

7.　　從真相的角度來看，橋樑只代表了一種過渡階段。² 你在此岸所見的一切，都極盡扭曲之能事而徹底失真了。³ 原本微不足道的被誇大了，原本真實有力的，卻被貶成渺小卑微。⁴ 過渡期間難免會經歷一段混亂，讓你不知何去何從。⁵ 不要害怕，這不過表示你已甘願放下那好似維繫著你舊有世界的錯誤思想座標。⁶ 那個思想座標就是繞著特殊關係而建立的。⁷ 這個幻相一除，你就再也不會想在這兒追尋你心目中的意義了。

8.　　不必擔心自己會在瞬間被連根拔起而捲入真相裡。² 時間是仁慈的，只要你將它用在真相上，它就會不疾不徐地陪你穿越這一過渡期。³ 你唯一刻不容緩之事就是不再把自己的心念拴在此地。⁴ 這樣做，絕不會害你無家可歸而失落了人生座標的。⁵ 在你決心穿越過渡期之前，你那段不知何去何從的經歷，比起你把自己的心靈孤注一擲於幻境所費的時間要短暫多了。⁶ 此後，拖延對你的傷害可能大於往昔，因為你已明白脫離苦海原非難事，只是自己存心拖延而已。⁷ 不久，你連特殊關係中的愛之幻相都不希罕了；你應為此感到欣慰而且充滿希望才是。⁸ 因你不再像以前那般神智失常了，你很快就會認出那背棄自我的罪咎究竟是怎麼一回事的。

9.　　你在特殊關係中所重視或珍惜之物，本來就不屬於你生命的一部分。² 只要你仍保留一點點錯誤的思想體系，而且把它當

真，你就不可能了解那個聖念，唯有那個聖念才知道你的真相。³ 你其實已經邀請了你生命真相的聖念進入心中，它必會應邀前來，與你同在。⁴ 你對它的愛使你再也不允許你背叛自己；你也不想建立一個無法與聖念同行的關係，因你再也不願與它分開了。

10. 　　你該慶幸自己終於擺脫了小我送給你的那種荒謬救恩，不再留戀它為你演出的那齣人際關係的鬧劇。² 如今，沒有一個人需要受苦，因你已走到這一步，不可能再臣服於罪咎所打造的幻相了，不論它看起來多麼美麗或神聖。³ 只有神智徹底失常的人才會對死亡、痛苦、疾病及哀傷懷有那類幻想。⁴ 罪咎的傑作通常十分醜陋、可怕而且危機四伏。⁵ 別再著眼於那些真善美的幻相了。⁶ 你該慶幸真善美仍在另一處等候著你。⁷ 快樂地迎向前吧！你便會發現有這麼多的恩賜只等著你這單純的一願，甘心放下虛無，因它真的空虛無比。

11. 　　你在跨越的過程所獲得的新知見，會讓你明白天堂真正之所在。² 從橋的這一頭望去，天堂好似在外邊，在橋的另一頭。³ 當你跨越過去，加入它的陣容時，它便融入你內，與你合而為一。⁴ 你會驚訝不已，原來只需放棄虛無，便能獲得這一切。⁵ 每當一道光明回歸它的源頭，天堂無邊無盡的歡樂便會增添一分。⁶ 為了上主的愛及你的真相之故，別再踟躕了。⁷ 願這神聖一刻能夠加快你的腳步；只要你讓它進入你內，它必然義不容辭。

12. 　　聖靈只需你幫祂這一點忙，當你的念頭開始落回往昔戀戀不捨的特殊關係之時，立即與祂進入神聖一刻，讓祂在那兒釋放你。² 只要你真的有心享有祂的知見，祂就會毫不保留地賜你這一知見。³ 你的願心不必十全十美，因為祂的願心已經完美無缺了。⁴ 用祂完美的信心來贖回你的不甘原是祂的責任，你在神聖一刻與祂共用的正是祂的信心。⁵ 你必須清楚覺察出自己根本不想自由解脫，祂的完美願心才可能進入你心內。⁶ 向祂呼求吧，只有祂能為你喚來天堂。⁷ 請祂為你召喚天堂吧。

柒 . 幻相的終結

1. 　　只要你還留戀特殊關係，你是不可能放下過去的。² 特殊關

係的目的就是為你重演過去，而給你一個改變它的機會。³ 想像中受人輕忽，記憶中的痛苦，過去的失望，眼前不仁不義的事物，這一切都會滲入你的特殊關係裡，給你一個機會，彌補你受創的自尊。⁴ 你挑選特殊的伴侶時，哪一次不是憑著過去的經驗？⁵ 你所作的每個選擇，依據的都是過去的某種「邪惡」經驗，你至今難以釋懷，故要另一個人付出代價。

2. 　　　特殊關係乃是對過去的報復。² 它原想藉此消除過去的痛苦，卻因著對過去的念念不忘與執著不放，以至於錯過了現在。³ 特殊關係的種種經驗是無法存於當下的。⁴ 你所經歷到的現在，其實一直籠罩在過去的陰影下。⁵ 特殊關係在當下此刻是顯不出任何意義的，它在此刻若毫無意義，表示它根本沒有任何意義。⁶ 除了在幻想之中，有誰改變得了過去？⁷ 有誰彌補得了過去在你心目中所造成的不公？⁸ 過去什麼也沒有。⁹ 別再找藉口怨怪過去對你的不公不義了，因為過去已經過去了。¹⁰ 已經過去的事，你豈能不讓它過去？¹¹ 因此，當你緊抓著過去的幻相不放時，表示你還期待它來為你完成某個特定的目的。¹² 而且那目的只能在過去完成，現在對它根本無濟於事。

3. 　　　可別低估了小我想要為過去平反的強烈驅力。² 它已徹底瘋狂，徹底無情。³ 小我會牢牢記住你得罪它的每一件事，而且伺機向你報復。⁴ 它為了宣洩心頭之恨而結交的人際關係之幻相，其實就是想要置你於死地的幻想。⁵ 小我會死抓著過去來跟你作對，你若想擺脫過去的陰影，它會認為你剝奪了它報復的機會，那是你罪有應得的懲罰。⁶ 但你若不投入自我毀滅的鬧劇，小我就無法將你困於過去。⁷ 你的特殊關係不過影射出你已同意毀滅自己。⁸ 其中的瘋狂不說自明。⁹ 你比較難以看清的是：你若與小我沆瀣一氣，現在對你就等於形同虛設了。

4. 　　　過去已經過去了，別再藉特殊關係之名來保護你的過去，而把自己綑綁住了；特殊關係一直教你：救恩是在過去，你必須回到過去才能找到救恩。² 沒有一個幻覺不包含想要為過去平反的夢魘。³ 你究竟是想繼續圓你的舊夢，還是棄它而去？

5. 　　　特殊關係外表看起來一點都不像是你在存心報復。² 即使你的恨意偶爾會露出凶光，也不足以動搖愛的幻相。³ 只有一事小

我絕不會讓你覺察到：特殊關係其實是你對自己的報復。⁴除此之外，它還會是什麼？⁵你追求特殊關係，並非爲了自己的榮耀。⁶反之，你必已否定了自己的榮耀，才會想要藉此關係來亡羊補牢。⁷爲此，報復或平反搖身一變成了你的救贖；你若放棄報復之念，對你反而是莫大的損失。

6.　　然而，聖靈針對小我神智不清的救恩觀念溫柔地賜下了神聖一刻。²我們先前說過，聖靈不能不透過「比較」來施教，借用反面教材來襯托眞相。³小我堅信，唯有爲過去平反，你才算是得救；神聖一刻正好相反。⁴它只是教你明白過去已經過去了，報復或平反的驅力才會隨之而去，並且徹底根除。⁵當下此刻的寧靜與平安開始溫柔地籠罩著你。⁶一切都已過去了，唯有眞相永存。

7.　　你偶爾也會把幻相帶入神聖一刻，不讓自己全面意識到眞相與幻相的經驗實有天壤之別。²然而，你這個企圖絕對撐不了多久的。³聖靈的大能在神聖一刻中無堅不摧，因爲你已加入了他的陣容。⁴尚未放下的幻相雖然不時削弱你對他的體驗，使那經歷難以長存於心。⁵然而，神聖一刻是永恆的，你那些時空幻相阻擋不了超時空眞相的出現，也阻擋不了你對它的眞實體驗。

8.　　凡是上主要給你的，都已眞正給了你，而你也眞正收到了。²你若收不到上主的禮物，那些禮物就形同虛設了。³你的接受成全了他的給予。⁴你會收到的，因給你乃是出自他的旨意。⁵上主純粹是爲你賜下神聖的一刻，你不可能收不到，因爲那是他給你的。⁶只要他眞願聖子自由，聖子在那一刻便已自由了。⁷他藉著神聖一刻提醒你，聖子永遠也不可能失落自己受造之初的眞相。⁸聖靈的每個教誨也在提醒你同一件事：你已收到上主所要給你的一切了。

9.　　你是抵制不了眞相的。²你對弟兄的種種抵制，都是有待你寬恕的幻相。³他們的眞相是沒有過去的，只有幻相才需要你的寬恕。⁴上主不會跟任何人過不去，因他絲毫不受幻相影響。⁵寬恕你在弟兄身上看見的一切幻相吧，將他們由那些幻相的桎梏中釋放出來。⁶如此，你才會逐漸明白自己也被寬恕了，因爲當初就是你將那些幻相套在弟兄身上的。⁷這就是神聖一刻在時空中

為你完成的大事，它為你預備了進入天堂的真正資格。

10.　　請記住，你一直都在真相與幻相之間作選擇，也就是在有療癒之效的真實救贖與深具殺傷力的小我救贖之間作選擇。²只要你一心不二地加入上主聖愛的救贖計畫，愛的德能自然會毫無保留地支持你。³當你邀請救贖進入你的心靈時，切記要與上主結盟，而非與小我結盟。⁴祂的救援對你已綽綽有餘，因祂的神聖使者深知如何幫你重建天國，而且會把你投注於救恩的一切努力都轉用到你與祂的關係上。

11.　　只要你肯在神聖一刻下功夫，必會找到聖靈給你的訊息；所有的幻相也會在那一刻得到寬恕。²奇蹟的祝福方能從那一刻推恩到每個人身上，一切的問題，不論表面的大小難易，都會迎刃而解。³沒有一個問題不會臣服於祂的大能下。⁴你只要與聖靈緊密結合，這一關係影射出你接受了所有關係真實的一面，你也是透過這些真實性而把關係中虛幻的一面交託到你與上主的真實關係內。⁵除了你與祂的關係以外，沒有任何關係值得頌揚。⁶真理也只存於這一關係。⁷你若不選擇這個，就等於選擇了虛無。

12.　　天父，寬恕我們的幻相吧！幫助我們接受自己與祢的真實關係；這關係內不夾雜一絲幻相，幻相也永遠無法侵入這一關係。²我們的神聖性就是祢的神聖性。³祢的神聖性既然圓滿無缺，我們裡面還有什麼需要寬恕的？⁴遺忘之夢不過表示我們還不願憶起祢的寬恕和祢的愛而已。⁵願我們不再陷入這種誘惑了，因祢無意試探自己的聖子。⁶願我們只接受祢的禮物，也只讓祢的創造與祢的所愛進入我們的心靈。⁷阿們。

第十七章　寬恕與神聖關係

壹. 將幻覺帶入眞相

1.　　上主之子的叛逆只可能發生於幻境，他所有的「罪過」也純然出自幻覺。²他的眞相永遠是無罪的。³他無需被寬恕，只需被喚醒。⁴他僅在夢中背叛了自己、弟兄與上主。⁵然而，夢中的一切並未眞的發生。⁶不幸的是，作夢的人不會相信你的話，夢之所以爲夢，即是因爲夢境企圖把眞相變成幻相。⁷唯有甦醒才能讓你完全脫離夢境；覺醒之後，你便會恍然大悟，原來夢境對眞相不起任何作用，也不曾改變它分毫。⁸幻覺只是爲了改變眞相。⁹這是幻覺眞正的企圖。¹⁰它們對眞相原本一無所能，但是心靈若懷有改造眞相的企圖，它們的陰謀便會得逞了。

2.　　因此，你企圖改造眞相的夢想才是最可怕的。基於夢想的能力，你會以爲自己眞的如願以償了。²你這詭異的處境，從某一方面來講，乃是對你能力的一種肯定。³問題是，你一旦扭曲了自己的能力，爲「邪惡」勢力效命，這能力便不再眞實了。⁴你無法同時效忠兩個主人，因他們會向你提出相反的要求。⁵當你爲幻覺效命時，表示你已否定了眞相。⁶當你爲眞相效命時，幻覺對你便一籌莫展。

3.　　你若還相信奇蹟有難易之分，不過透露了你仍想在眞相之外隱藏某些東西。²你寧可相信眞相解決不了你隱藏的問題，其實是你存心不讓那些問題面對眞相而已。³你不願相信它有療癒一切痛苦的能力，理由很簡單，因你竊望眞相能夠包容自己的某些幻覺。⁴你可明白此舉對你的傷害？它會讓你不再珍惜生命的整體性。⁵你想要隱藏之物，其實就是你不願祂爲你釋放之物。⁶除非你把那些東西交還給祂，否則你對眞相的知見必會產生偏差而無法修正。

4.　　只要你還懷有這一私心，就會看見奇蹟確有難易之分的幻相。²只因你已把某些問題交給這位老師，其他問題卻交給另一位老師，你就這樣把難易之分帶入了眞相。³於是，你會以這一方式處理這一部分的問題，又以另一方式處理那一部分的問題。

⁴眞相四分五裂之後，便喪失了原有的意義，這無異於毀滅眞相。⁵把眞相分門別類的知見，是不可能了解眞相的，它最多只能提供你一個思想座標，而與眞相本身不可相提並論。

5.　　你眞的認爲自己能把眞相帶入幻想世界嗎？你可能從這些幻相學到眞相的意義嗎？²眞相一落入幻相，便喪失了意義。³眞理之思想座標的意義必然離不開眞理。⁴你若企圖將眞相帶入幻相，表示你存心把幻相弄假成眞，幻相便得以假借你對它的信心而理直氣壯地存下去。⁵你若能把幻相交到眞相手中，就等於給眞相一個機會教你認出幻相的虛假，這樣，你才有擺脫幻相的機會。⁶別再執著於眞理之外的任何觀念了，否則你等於在爲眞理分門別類而作繭自縛。⁷眞理是沒有層次或等級之分的，因它的每一部分都全然眞實。

6.　　爲此，你該心甘情願地把你企圖隱藏於眞相之外的一切都交託給深知眞相的那一位，唯有祂能將那一切領回眞相內。²分裂之境若非圓滿得救，就等於沒有得救。³你的本分只是發出「願此事成就」的願心而已，其餘事情輪不到你來操心。⁴因爲成就此事的是祂而不是你。⁵但你千萬別忘了一點：如果你看到別人寧可在幻境中解決問題而感到不悅或不安，表示你也不會寬恕自己類似的企圖。⁶如此，你已把兩人一塊兒摒棄於眞理與救恩之外了。⁷你若寬恕了他，則表示你同時爲兩人恢復了你們所否定的眞相。⁸於是，你會在給出寬恕之處親眼看到寬恕的臨在。

貳. 被寬恕的世界

1.　　你豈能想像得出你所寬恕的人在你眼中將會何等美麗？²那種美妙是你在幻想世界前所未見的。³你在世上見到的一切，不論是夢是醒，都無法和這一美景相比。⁴你也不曾如此重視或珍惜過任何一物。⁵這一美景所帶給你的喜悅，遠非過去一度讓你怦然心動之景物所能比擬。⁶因爲你看到了上主之子。⁷你親眼見到那令聖靈情不自禁地感謝天父的至愛美景。⁸聖靈受造的目的就是爲了代你去看，直到你學會親眼看見這一景象爲止。⁹祂所有的教誨都是在教你如何去看、如何與祂一起感謝。

2. 　　這種美妙不是一種幻覺。² 它是「眞實世界」，光明聖潔，在朗朗日照之下熠熠生輝。³ 它不再隱藏任何東西，因它內的一切已被寬恕，想要隱藏眞相的幻覺在此已無立足之地。⁴ 那個世界與這個世界之間只隔了一段極短的橋樑，如此容易跨越，令你難以相信在此相會的兩個世界竟有天壤之別。⁵ 切莫小看了這座橋樑，它是唯一影響得了世界的最大力量。⁶ 這小小的一步，小得常遭人忽略，卻是由時空之境跨入永恆的一大步；它會越過一切醜陋，奔向你所嚮往的美景，讓你情不自禁地爲它的完美聖善而讚歎不已。

3. 　　這一步，雖是你所走過的最小的一步，卻是上主的救贖大業中最偉大的成就。² 其他的功夫都是後天學來的，唯有這一步是出自上主的恩典，不僅完美而且圓滿具足。³ 唯有負責策畫的聖靈才能想出這一妙法完成救恩。⁴ 面對這美妙無比的眞實世界，你的任務只是學習向它邁進。⁵ 等你化解了所有的幻覺，釋放了所有的人與物，你便會透過自己的寬恕之眼，無礙地看到它的蹤影。⁶ 究竟說來，你所看到的，不過是你自己所造之物，只是如今罩上了一層寬恕的祝福。⁷ 這也是上主之子所能給自己的最後祝福，正知正見會從他學來的新眼光之中誕生，而且發揮它的大用。

4. 　　白日一至，星辰相繼隱沒，連讓世界看見一切美景的太陽也自甘隱退。² 知見一旦圓滿，便失去存在的意義，因過去學習所需的道具已失去了所有的功能。³ 萬物不再變化無常，不再起伏不定，知見所仰賴的差別與變化也不復存在。⁴ 讓你認出眞實世界的那一知見，短暫得僅夠你向上主謝恩。⁵ 因爲在你抵達眞實世界且準備接受上主之際，上主會在瞬間完成祂最後的一步。

5. 　　你只需全面寬恕舊有的世界（也就是你寬恕之前所見到的世界），便能抵達眞實世界。² 一直在潛移默化你知見的那位「改造者」，會陪伴你逐步檢查你當初打造出這個世界的心態，掀出你打造世界的種種「理由」。³ 只要你願跟隨祂，祂會向你顯示祂眞正的「理由」，你便會看出自己在世上的那些「理由」一個都站不住腳。⁴ 凡是被祂的「理由」所觸及的，無一不生氣蓬勃，美妙非常；連你那不可「理」喻的黑暗世界裡的醜陋表象，都會瞬間透出可愛的光輝。⁵ 即使是上主之子在神智失常中造出

之物，也會在那溫柔的「理由」下放出美麗的光芒。

6.　　　當你把寬恕的眼光投向世界，世界會在那一瞬報以種種美麗來祝福你的眼光。² 因寬恕真的能夠轉化你的視野，讓你看到真實世界正溫柔寧靜地穿越這個無明亂世，為你消除那些扭曲你的知見而使你陷於過去的種種幻相。³ 即便一片綠葉，都會化為動人的景觀；一莖小草也足以映現上主的美善。

7.　　　上主之子就這樣輕鬆地從一個被寬恕的世界昇往自己的天鄉。² 到了那兒，他才會知道原來自己始終安息於彼處。³ 連救恩都如南柯一夢，從他心底消失得無影無蹤。⁴ 因救恩乃是夢境的終點，夢境一旦結束，救恩也失去了存在的價值。⁵ 有誰在天堂覺醒後，還會繼續作著得救的夢？

8.　　　你得先問自己究竟有多渴望救恩？² 救恩迫不及待地想給你這個真實世界。³ 連聖靈都迫不及待想給你這一禮物，但祂仍會耐心等待。⁴ 你百般拖延你們的會晤，當你對自己失去耐心時，效法祂的耐心吧！⁵ 歡欣地迎向你的救主，滿懷信心地與祂一同步出這個世界，走進那充滿寬恕與美善的真實世界。

參. 過去的陰魂

1.　　　寬恕，就是只記住你過去給出以及接受的種種善念，² 而將其餘的一切拋諸腦後。³ 寬恕只是一種篩選的記憶，但不是按照你的標準。⁴ 因為那個被你搞得好似不朽的陰魂，已成了真相的「大敵」。⁵ 心甘情願地寬恕上主之子並未真正做出的事情吧！⁶ 你抓著過去的陰魂不放，不過想證明他確實做了那些他其實並沒有做過的事情。⁷ 那些陰魂如影隨形，你自然會言聽計從。⁸ 一旦與它們沆瀣一氣，你便再也搞不清它們是怎麼潛入心中的，更看不透它們真正的企圖了。⁹ 它們代表著你認為發生在自己身上的厄運。¹⁰ 為了以牙還牙，你讓過去留在身邊，希望這些見證隨時提醒你他人的罪過，讓你免受其害。¹¹ 它們公然鼓吹分裂；只有心心念念想要分裂的人才會聽信它們。¹² 那些見證給你種種的「理由」，邀你加入那極「不神聖」的聯盟，為小我效忠，利用所有的關係擁護小我的勢力。

2.　　就是這些陰魂使得小我在你眼中變得神聖無比，它們一直教你：只有保護小我的舉動才算是眞正的愛。² 這些陰魂口口聲聲都是報復，它們與人建立的關係也瘋狂無比。³ 那些關係只有一個目的，就是抹殺別人與你的眞相。⁴ 這就是爲什麼你們會在彼此身上看到根本不存在之事，且同受報復心態的驅使。⁵ 這也是爲什麼凡是能讓你憶起往日舊怨之事，對你特別有吸引力，不論你靠什麼病態方式把這兩件事聯想在一起，它都會打著愛的旗幟。⁶ 最後，這也是爲什麼這類關係全都致力於身體的結合，因爲在它們的眼中身體是最稱職的報復工具。⁷ 爲此，身體順理成章地成了這些「不神聖」關係的焦點。⁸ 你自己的經歷已爲你提出最好的例證。⁹ 但你未必明白究竟是什麼因素使得這個關係變得如此不神聖。¹⁰ 那不神聖性也會像神聖性一樣，四處招攬心目中的同類，鞏固自己的勢力。

3.　　「不神聖」的關係所矚目的對象，並非對方的身體，而是根本不在場的其他身體。² 即便是其他身體（那也只是他生命微乎其微的一部分），仍非這關係矚目的焦點或是關注的對象。³ 凡是可供不神聖關係進行報復的幻相，或是最容易與它想報復的對象扯上關係的，它就會把這一部分切割出去，視爲對方身上最有價値的一部分。⁴ 這不神聖關係不論是爲了建立關係或維繫關係，甚至切斷關係，它每一步都會把你帶向更深的分裂及幻滅。⁵ 這些陰魂愈是猖獗，被它們頂替的本人就愈加顯得微不足道。

4.　　時間對「不神聖」關係確實是無情的。² 因爲時間在小我手中一向很殘忍；它只會在你溫柔待人的那一刻顯出仁慈的面容。³ 就在那一刻，不神聖關係的魅力開始消褪，即刻受到質疑。⁴ 不神聖關係一旦建立，即已令人疑慮叢生，因爲它的目標根本不可能完成。⁵ 爲此，不神聖關係的「理想」就是絕對不讓對方的眞相露面而「破壞」好夢。⁶ 對方的眞實面目參與得愈少，關係就會「愈好」。⁷ 於是，結合的初衷反而成了排外的手段，甚至排斥了原想結合的對象。⁸ 因爲當初建立這關係的目的就是要把那人驅逐於外，如此才能高枕無憂地與自己幻覺中的對象結合於「永福」之境。

5.　　身體在聖靈的眼中只是一種交流工具，然而，祂怎麼可能把這一詮釋帶入一心只想與眞相分裂的關係中？² 唯有眞正的寬

恕才能讓祂完成此願。³你若甘願只記得愛的善念而忘卻其餘一切，剩下的唯有永恆。⁴過去便會煥然一新，變得像現在一樣。⁵過去與現在之間再也沒有任何矛盾或衝突了。⁶它們的連續性強化了現在的真實性，當下一刻便藉著你對現在的珍惜而延伸出去。⁷閃爍著美麗火花的愛的善念，常被壓在那因恨而顯得醜陋的不神聖關係下；然而，只要你把這關係交託給生命與美善的神聖源頭，那星星之火便會重燃起來。⁸這就是為什麼救贖要在「過去」下功夫，因為那是分裂之始，故只能在那兒化解。⁹唯有在分裂的肇端痛下針砭，才有修正的可能。

6.　　小我想盡辦法在枝節上「解決」問題，絕不追溯問題的起因。²如此才能保證問題永遠不得解決。³反之，聖靈只願幫你一了百了解決所有的問題，因此祂會追根究柢，在問題的源頭徹底化解。⁴分裂之境便在祂的化解之下逐步瓦解；合一之境則會逐步向你接近。⁵祂絲毫不受任何分裂的「理由」蒙蔽。⁶祂在分裂之處只會看到化解的必要。⁷讓祂從你的人際關係為你重新燃起那隱藏的美麗火花吧，你才會親眼看到它的存在。⁸你會被它的美麗深深感動，再也不願失落它的芳蹤。⁹你深盼這一星星之火能徹底轉化你的關係，讓你隨處看到它的光明。¹⁰因為你愈來愈想親近它，也愈來愈難忍受它的離去。¹¹為此，你會四處尋覓，努力學習為它鋪路，使人得以一睹它的芳蹤。

7.　　你會做得心甘情願而且樂此不疲；只要你讓祂為你護守這星星之火，照亮眼前的路，這一火花便會歷歷在目。²上主只有一位聖子。³凡是結合於上主內的生命，小我無法拆散他們。⁴每一個關係都蘊含著神聖的火花，不論多麼隱蔽，無人毀得了它。⁵因為造物主只有一個關係，這關係中的每一部分都能反映出它的造物主。⁶聖靈在這關係所看到的也只限於這一部分，因為祂知道只有這一部分才是真的。⁷你卻老想從它所不在之處以及它所不是之物去尋找它，以至於把這關係搞得虛假不堪，神聖性喪失殆盡。⁸將過去一切都交到祂的手中吧，祂會幫你改變你對過去的看法。⁹但是，你必須先搞清楚自己究竟賦予了過去什麼意義，以及你之所以這樣做的目的何在。

8.　　過去會給你充分的理由與小我繼續建立這種極不神聖的聯盟來抵制現在。²因現在就是寬恕。³因此，不神聖的聯盟所結交

的關係，絕不准你看到或感受到當下這一刻。⁴ 在它的思想座標下，所謂當下，就是根據過去的幻相，並且只保留對「不神聖聯盟」有利的因素，而放棄其餘一切。⁵ 不幸的是，它所放棄的都是眞相的見證，它們原是過去爲現在所能提出的最好見證。⁶ 至於它所保留的見證，則只能爲夢境作證。

9. 你究竟想與眞相或幻相合一？決定權操之於你。² 但你必須記住，選擇一方等於放棄另一方。³ 凡是被你選中的，你必會賦予它美善與眞實性，因爲你一定對它非常重視才會選中它。⁴ 美麗的火花或是醜陋的紗幔，眞實的世界或是充滿罪咎及恐懼的世界，眞相或是幻相，自由或是奴役，這些選擇其實都是同一選擇。⁵ 萬變不離其宗，它們所代表的就是在上主或小我之間的選擇。⁶ 思想體系不是對的，就是錯的；而思想體系的屬性必然離不開它的本質。⁷ 只有上主的聖念才是眞實的。⁸ 由聖念衍生之物必然也離不開聖念本身，故與它的神聖源頭一般眞實。

10. 我神聖的弟兄，我願進入你所有的人際關係裡，置身於你和你的幻想世界之間。² 讓我和你建立眞實的關係，把眞相帶入你如何看待弟兄的知見裡。³ 上主創造他們，不會讓你利用他們來傷害自己的。⁴ 上主創造他們，是爲了讓他們與你一同創造。⁵ 這就是我願在你和你先前那些瘋狂目標之間所注入的眞相。⁶ 別再與我分裂了，也不要讓救贖的神聖目的迷失於你那充滿報復的夢魘裡。⁷ 凡是珍惜這類夢魘的人際關係，表示已將我驅逐於外了。⁸ 因上主之名，讓我進來吧！我才能帶給你平安，你也才能獻給我平安。

肆．兩種畫面

1. 爲了你的幸福，上主才與你建立關係，因此，你的所作所爲若與祂的目的不合，就不可能是眞的。² 上主賦予萬物的目的，就是萬物在世上唯一的任務。³ 基於祂創造了與你的關係這一「理由」，所有關係永遠都含有「製造幸福」的功能。⁴ **此外別無其他任務**。⁵ 你必須效法上主對待祂的造化那樣對待你的創造，才算滿全你的任務。⁶ 凡是上主創造的生命都與幸福分不

開，爲此，上主的創造也必須效法造物主將幸福推恩出去。⁷凡是與此任務相違的，都不是眞的。

2.　　你無法在世上眞正地創造，²但卻能帶給人幸福。³我再三強調過，聖靈不會奪走你的特殊關係，祂只會加以昇華。⁴也就是說，聖靈會恢復上主所賦予那些關係的原有功能。⁵至於你所賦予那些關係的任務，絕不會是爲了別人的幸福。⁶神聖關係既以上主的目的爲己任，是不會用其他目的取而代之的。⁷至於你所營造的特殊關係，沒有一個不是爲了顯耀自己的意願來取代上主的旨意，只因你已被「上主旨意與你的意願大不相同」的幻相所蒙蔽。

3.　　其實你在世上造出的關係已經相當眞實了。²你只是認不出它們而已，因爲你任憑它們的替身當家作主，以至於眞理一刻不停地召喚你時，你竟讓那替身代你答覆。³你所營造的每一種特殊關係，最終目的都是爲了全面佔據你的心靈，使你再也聽不到眞理的呼喚。

4.　　特殊關係可以說是小我對聖靈創造的一種答覆，而聖靈則是上主對天人分裂的一種答覆。²雖然小我並不了解上主創造的聖靈究竟是什麼，它卻仍備感威脅。³爲了抵制聖靈，小我插足於分裂之境而發展出來的整套防衛系統，就是企圖抵制上主所祝福的那份「禮物」，使得分裂之境無法在聖靈的祝福下獲得療癒。⁴這一祝福本身道出了萬物的終極眞相。⁵這眞相即是：聖靈與你的關係極其密切，因爲只有祂才能幫你恢復天人關係。⁶你與上主的聯繫不曾中斷過，因爲自分裂以來，聖靈不曾離棄任何一人。⁷你所有的神聖關係都妥善地保存於祂內，祂一直都在代你爲上主的目標效命。

5.　　由於小我對威脅一向十分敏感，以致你心內已然接受小我的那一部分，常會焦慮地爲自己心中的理由辯護，²完全意識不到這是何等的瘋狂失常。³你必須認清此舉的瘋狂之處，才有恢復正常的可能。⁴瘋狂的人會以瘋狂的方式保護自己的思想體系。⁵他們的防衛措施必然和他們想要保護的思想體系同樣瘋狂。⁶分裂之境其實空無一物；它每一部分、每種「理由」、每個特性，沒有一個不是瘋狂的。⁷分裂的「防衛機制」既然屬於分裂的一

部分，必和整個分裂之境一樣瘋狂。[8] 那麼，身爲首要防衛機制的特殊關係，怎麼可能不隨之瘋狂？

6.　　現在，你已不難明白，特殊關係所要保護的那個思想體系根本只是一堆錯覺妄想而已。[2] 你大致也能看出小我的瘋狂之處。[3] 但特殊關係在你眼中則是「另一回事」。[4] 你對特殊關係的愛戀不捨超過小我任何其他伎倆，因此，我們對特殊關係的剖析之深，也遠勝於小我思想體系的其他部分。[5] 只要還抓著特殊關係不放，你是不可能放下小我體系任何一部分的。[6] 因爲這一部分跟其餘毫無不同。[7] 你若保留了這一個，等於保留了它整個思想體系。

7.　　最重要的，你得明白一個關鍵，所有防衛措施所「做」的，恰恰變成了它們所「防」的。[2] 而它們所給的解決辦法也成了它們設法抵制之物，如此才顯得出它們法力無邊。[3] 殊不知，愈想防衛的，反倒愈加安全地保存了下來；而且，就在防衛之際，此舉又把那問題送還給你，成了你的問題。[4] 每一道防衛措施都是靠賄賂，它送出的禮物常是防衛措施所要保護的那一思想體系的縮影，只是加了一道金框罷了。[5] 那金框雕琢精緻，鑲金鏤玉，顯得富麗堂皇，[6] 目的就是要把你的焦點吸引到畫框上，讓你的視線離開框內的畫面。[7] 你不可能只有畫框而無畫面的。[8] 然而，防衛措施卻設法讓你相信這是可能的事。

8.　　在小我所有的防衛措施中，特殊關係可說是最炫目的畫框了。[2] 它所給你的思想體系正是那個極盡雕琢之能事的畫框，張狂地喧賓奪主，使得畫面幾乎全然淡出。[3] 框上鑲著愛之幻相的浮光掠影，夾雜著犧牲與自我膨脹的夢魘，交織著自我毀滅的金線。[4] 這就是小我的獻禮，斑斑的血跡如寶石一般發光，成串的淚珠好似鑽石在朦朧燈光下閃爍。

9.　　仔細端詳畫面本身吧！[2] 不要讓畫框分散了你的注意力。[3] 小我的禮物只會帶給你詛咒，你一旦接納它，定會感到自己必遭天譴。[4] 你不可能只取外框而不連帶著畫面的。[5] 其實你想要的是那畫框；因只看畫框，你不會看到任何衝突。[6] 然而，畫框只是衝突迭起的禮物加上華麗包裝而已。[7] 畫框並非禮物本身。[8] 不要被這思想體系的表相蒙蔽了，因這表相窩藏了它的整體，而且每一

表相又會自成一體。⁹ 死亡就隱藏在閃閃發光的禮物裡面。¹⁰ 切莫讓畫框的幽光催眠了你的視線！¹¹ 好好端詳框裡的畫面，你就會明白，小我所給你的禮物其實只是死亡。

10.　　這就是為什麼，神聖一刻在保護真相之際扮演如此重要的角色。² 真相本身並不需要任何防衛，需要防備的，是「你自己」想要接受死亡贈禮的意圖。³ 你就是真相，當你甘心接受一個有損真相的觀念時，就等於存心毀滅真相。⁴ 如今，你的防衛措施必須用來保護真相的完整。⁵ 天堂的德能、上主的聖愛、基督的眼淚，以及祂的永生聖靈之喜樂，一一前來保護你不被自己所傷。⁶ 只因身為祂們一份子的你正在攻擊祂們；祂們必須拯救你，因祂們如此愛自己。

11.　　神聖一刻即是天堂的縮影，那是天堂送你的禮物。² 它也是鑲在畫框裡的一幅畫。³ 你若接下這份禮物，自然不會在意畫框；若非你已自願把眼光集中於畫面，否則你根本收不到這份禮物。⁴ 神聖一刻乃是永恆之境的縮影。⁵ 它是鑲在時間框架內的一幅超越時空之畫。⁶ 好好凝視這個畫面，你便會恍然大悟，原來正是這個華麗的畫框使你誤把它看成畫面本身。⁷ 畫框一除，你便會看見這幅畫所代表的真相。⁸ 正如小我的整個思想體系都藏身於小我的禮物下；同樣的，整個天堂也藏身於神聖一刻，那是由天堂借來而特地為你鑲在時間框架下的禮物。

12.　　如今，你面前擺著兩種禮物。² 每一種禮物都自成一體，你無法只接受其中一種的一部分。³ 每種禮物都如一幅畫面呈現你所擁有之物，兩者看起來如此不同。⁴ 它們的價值有如畫面和畫框，是不能相提並論的。⁵ 你只能在這幅畫與那幅畫之間作比較，否則無法看出兩者的優劣。⁶ 不要忘了，畫面本身才是禮物。⁷ 你必須先認清這一事實才有選擇的自由。⁸ 仔細看看這些畫面吧。⁹ 同時注視這兩幅畫。¹⁰ 其中一幅是小得幾乎看不見的畫面，鑲在一個沉重巨大得不成比例的畫框中。¹¹ 另一幅畫只配著簡樸的畫框，懸在光明中，美得讓人目不轉睛。

13.　　你窮一生之力鍥而不捨地想把賞心悅目的畫面鑲進錯誤的畫框內，硬生生把毫不相稱的東西搭配在一起。你該知道，也該慶幸，這兩幅畫面其實各有與自身內涵完美搭配的畫框。² 一幅配

上了不成比例的畫框，故意讓人看不清楚其中的畫面。³ 另一幅則跟畫框相得益彰，醒目動人。⁴ 只要你能識破它的包裝而不被蒙蔽，那充滿死亡氣息的陰森畫面便會顯得不足以置信。⁵ 鑲在畫框上的廉價玉石，在黑暗中好似十分搶眼，一放到陽光下，就變得黯淡無光，了無生氣，再也無法干擾你觀賞畫面了。⁶ 終於，你能正視框內的畫了；沒有畫框的障眼，你總算看清它確實毫無意義。

14.　　另一幅畫只配上簡樸的框，畢竟時間是框不住永恆的。² 畫框不應分散你的注意力。³ 天堂及永恆的畫面在你的凝視下益發顯得眞實可信。⁴ 如今，經過這番眞實的對照，兩張畫面都開始蛻變。⁵ 只要澄清了它們的關係，每一幅畫都會各得其所。⁶ 陰暗的畫面一旦置於光明下，不再顯得那麼可怕，你終於在它自己的位置上看清那只是一幅畫而已。⁷ 你一眼就看清了它的底細，那不過是你一度誤以爲眞人眞事的一幅畫。⁸ 從此，你不會在這畫面看到其他東西了。

15.　　至於另一張光明的畫面，經過一番清晰無誤的對比，也開始脫胎換骨，已非原有的圖像了。² 你只需正視一下，便會恍然大悟，那根本不是圖像，而是眞相。³ 那不是某個思想體系的有形象徵而已，而是聖念本身，⁴ 是它所象徵的本體。⁵ 於是，畫框漸漸隱沒，上主緩緩由你的記憶中昇起，祂願以整個造化與你那既無價值也無意義的小小畫面交換。

16.　　當上主重昇天堂，正名復位時，你也會找到自己得以安「心」立命之處；那時你才會領悟人際關係的眞諦，並且知道沒有比那更眞實的東西了。² 讓天父在我們心中昇起吧！我們方能平安地一起昇到天父那裡。³ 你只需把能力和榮耀歸還上主，不再留戀那些幻相，這一切便非我們莫屬。⁴ 能力和榮耀便會隨著祂在我們心中昇起而進入我們的生命。⁵ 祂的恩賜仍然非祂莫屬。⁶ 這一恩賜在祂生命的每一部分發光，其光輝與整體相比毫不遜色。⁷ 你與祂的關係以及這整個實相全都存於我們彼此的關係中。⁸ 神聖一刻在每一個關係中都閃耀著同一光輝，因爲所有的關係在那一刻都是同一個關係。⁹ 這就是療癒，而且渾然天成。¹⁰ 因爲這就是上主，唯有在祂內，才有渾然天成的可能。

伍. 療癒的關係

1.　　當你還活在世上，神聖關係即是神聖一刻的化身。² 神聖一刻和所有的救恩工具一樣，不僅實用而且可以驗證。³ 神聖一刻絕不會辜負你的期待。⁴ 你能隨時感受到它的臨在。⁵ 只不過若無具體的形式，你很難憶起它來。⁶ 神聖關係好似隨時提醒你一切關係的真相。⁷「不神聖關係」總是反覆吟唱恨的曲調，歌頌它的主人；神聖關係唱的卻是歡樂之頌，讚美一切關係的救主。

2.　　神聖關係乃是幫你認識真實世界最關鍵的一步，而這是有待學習的。² 你舊有的不神聖關係必須脫胎換骨，才能在你新的眼光下煥然一新。³ 神聖關係具有驚人的教學效能。⁴ 它從關係之始直至完成的每一過程，都能幫你扭轉不神聖的關係。⁵ 請你放心，只有開始的階段會顯得比較吃力。⁶ 因為它一百八十度地扭轉了那一關係的原有目標。⁷ 這其實正彰顯出你將此關係交託給聖靈且為祂的目標效命的初步成效。

3.　　聖靈會迫不及待地應你之邀而來，刻不容緩地讓你看到你邀請祂的具體效益。² 祂會即刻以自己的目標來替換你的目標。³ 這雖是瞬間完成之事，卻會造成你關係的動盪，產生摩擦，讓你深感挫折。⁴ 原因十分明顯。⁵ 你們此刻的關係與原有的目標大相逕庭，再也無法滿全你們彼此的舊願了。⁶ 而你們過去那極不神聖的關係，原是靠你的目標而賦予它某種存在的意義。⁷ 如今顯得荒謬無比。⁸ 許多人際關係在這節骨眼上破裂，轉而追逐另一關係來滿全自己的舊願。⁹ 因為不神聖的關係一旦接受了神聖的目標，它以前的遊戲就再也玩不下去了。

4.　　在你轉換目標之際，小我的誘惑變得前所未見的強烈。² 因你那關係尚未扭轉到足以讓舊有目標徹底喪失魅力的地步；又因你同時認清了它本身的架構根本無法勝任這一新目標，以至於令它飽受「威脅」。³ 這關係的目標和本身架構之間的矛盾，充分顯示出兩者無法並存的事實。⁴ 如今，它又不甘改變目標，⁵ 深陷不神聖關係的人只好根據自己的目標來改造他們的關係。⁶ 除非有一天他突然懂得了聖靈的幸福方案，而且願意接受它為解決衝突的唯一途徑，否則這關係很可能會每況愈下。

5.　　　慢慢地轉換目標，未必緩和得了這一情勢，有時反而會因模糊了兩者的鮮明對比，而給小我充分時間妄自詮釋你緩緩踏出的每一步。² 唯有當機立斷，才可能徹底轉變你對整個關係之目標的心態。³ 只要你堅持改變，不生退轉之心，這一關係必會漸入佳境而充滿喜悅的。⁴ 但在開始之際，你的關係會顯得動盪不安。⁵ 因為兩個獨立生命原是為了某種不神聖的目的而建立關係的，如今驟然選擇神聖關係為其目標，⁶ 這一新目標會讓雙方對原有關係感到無所適從。⁷ 他們會因彼此關係的混亂不堪而進退失據。⁸ 問題是，舊有觀念中那種原有的秩序感對他們新建立的目標又已派不上用場了。

6.　　　這就是需要信心的時刻了。² 讓這目標為你作主吧！³ 這才是信心的表現。⁴ 如今，你已嚐到了信心給你的種種甜頭，別再背棄它了。⁵ 你當初既已相信聖靈藉你的信心而接受了你的關係，為何現在卻不相信祂會透過你的信心淨化祂所指引的關係？⁶ 相信你的弟兄吧！即使他好似面臨極大的考驗。⁷ 既然目標已定，⁸ 你的關係也會隨此目標恢復正常的。⁹ 這一光明的目標會讓你發現目前的關係竟然瘋狂到這一地步。

7.　　　此刻，小我會如此勸告你：換一個人際關係吧！你才可能如願以償的。² 唯有除掉這個弟兄，你才擺脫得了當前的苦惱。³ 然而，你若還不準備放下他的話，也無需完全與他切斷關係。⁴ 但你必須放掉你對弟兄所懷的幾個基本幻覺，才有可能保持神智清明。⁵ **現在，別再聽信小我那一套了**。⁶ 把信心轉向真正答覆了你需求的那一位吧！⁷ 祂聽到了。⁸ 祂的答覆難道還不夠明確嗎？⁹ 你的神智目前尚未落到徹底瘋狂的地步。¹⁰ 你豈能否認祂所給你明確無比的指示？¹¹ 此刻，祂只要求你在困惑之際，堅持你的信心片刻。¹² 因這困惑終會過去，你將親眼看到那些讓你相信的充分理由，從此堅定不移。¹³ 此刻，你再也不會背棄祂，也不再遺棄你的弟兄了。¹⁴ 你們的關係已經重生，而且神聖無比。

8.　　　即使你還不明白其中的道理，仍然可以歡喜接受的；終有一天，當你看到那目標把你們的關係轉化得何等神聖，便會明白其中的奧妙。² 你隨時都能找到機會為這「失敗」的關係而責怪你的弟兄，因為這關係好似失去存在的目的了。³ 不知這關係會將你帶向何處的茫然之感，在心頭揮之不去，讓你開始懷念起以

前你爲了滿足自己而且還以爲如願以償的那些手段。⁴ 此刻，你得提醒自己，你那時找到的其實只是煩惱和痛苦，別再爲那奄奄一息的小我注入生機了。⁵ 應知，你的關係並沒有被攪亂，⁶ 而是被拯救了。

9.　　在救恩道上，你仍算是新手上路，難免以爲自己迷失了。² 其實，你失落的僅僅是過去的路，那實在說不上是一種失落。³ 請記住，你這嶄新的生命是與弟兄「一起」開始的。⁴ 牽起他的手，一起向前邁進，這條路對你其實一點也不陌生。⁵ 你必會憶起那千古不變的目標的。⁶ 因你選擇了上主的目標，那才是你一直藏在心底的眞正願望。

10.　　整個聖子奧體都聽到了這首自由之歌，快樂地與你所作的選擇歡聲回應。² 在神聖一刻中，你其實是與許許多多的人結合，而他們也都結合於你內。³ 無需擔心你這選擇可能讓你感到孤苦無依，上主會親自祝福你的神聖關係。⁴ 就與祂一起祝福吧，別再吝惜你的祝福了。⁵ 此刻，這個新關係正等待你的祝福，你終會明白，你的祝福才是救恩的關鍵。⁶ 別再詛咒救恩了，它已來到你面前。⁷ 你們一起歡迎救恩的到來吧，因它正是爲了把你與弟兄結合於這一關係而來的，整個聖子奧體才能由此關係而同受祝福。

11.　　你們必已共同迎請聖靈進入你們的關係了。² 否則祂是不可能進來的。³ 雖然此後你們還會犯下不少錯誤，其實你已爲祂的事工提供了莫大的協助。⁴ 你爲祂所做的一切，祂永遠銘記在心。⁵ 而且祂從不著眼於你的錯誤。⁶ 你是否也能這樣感謝自己的弟兄？⁷ 你是否也能始終如一地肯定他們的努力而忽視他們的錯誤？⁸ 或者，你的感激之情常因你眼中所見的錯誤而搖擺不定，黯然無光？⁹ 也許你現在正爲自己的不快而向他發動一連串的責難。¹⁰ 一旦失去感謝與珍惜之心，你就無法活出神聖一刻，也因而與它失之交臂了。

12.　　神聖一刻的體驗，不論多麼深刻，只要一籠罩在時間下，你就會忘卻它的存在。² 你必須在時間意識中護持它聖潔的光輝，使它不被時間隱沒才行。³ 這一刻始終都在那兒。⁴ 問題是，你在哪裡？⁵ 感謝你的弟兄，等於感謝神聖一刻，如此，你才領受得

到也才能分享給人這一刻的種種效益。⁶ 你若攻擊自己的弟兄，即使不至於因之讓你失落這一刻，卻會使它變得一無所能。

13.　　你已經接受了神聖的一刻，但你仍可能讓自己陷於某種處境，使這一刻欲振乏力，² 以至於意識不到它始終在你身邊。³ 你若自絕於代表這神聖一刻的神聖關係，自然享受不到這一刻的效益。⁴ 你每攻擊弟兄一次，等於重演一次這個悲劇，因爲攻擊必會使你加倍盲目於自己的眞相。⁵ 你不可能一邊否定自己的眞相，一邊還能認出自己所領受的天恩。

14.　　你和弟兄並肩立於神聖的眞理之前。² 這就是你的目標，它始終與你們同在。³ 這一目標怎麼可能不樂於提供你完成它的途徑？⁴ 雖然你所領受的目標與你採用的途徑之間毫無相通之處，讓你好似飽受折磨，天堂卻爲此而爲你慶幸。⁵ 如果天堂在你之外，你便無福享有它的快樂了。⁶ 然而，天堂就在你內，因此，歡樂也非你莫屬。⁷ 你們已經結合於同一目標下了，只是在方法上猶有歧見。⁸ 因爲這個目標乃是天定，所以只要確立目標，並且堅定不移，你們遲早會在方法上取得共識的。⁹ 你會與聖子奧體一起爲此眞相歡樂不已。

15.　　當你開始認清並接受了自己無條件給予弟兄的禮物，你將同時領受到神聖一刻所有的效益，你也會因此修正所有的錯誤，不再深受其害。² 一旦學到這一功夫，表示你已學會如何釋放整個聖子奧體了；你會歡欣且感恩地將這一刻獻給祂，因爲是祂釋放了你，祂也希望透過你而釋放所有的人。

陸 . 設定目標

1.　　具體實踐聖靈目標的方法其實簡單無比，毫無模稜兩可之處。² 事實上，若要簡單，必然不能模稜兩可。³ 所謂簡單，是指易於了解，爲此，方法必須清晰而明確。⁴ 聖靈所設定的目標本是一般性或原則性的。⁵ 如今，祂必須與你合作，把這原則具體化，因爲運用之際不能不具體可行。⁶ 祂爲所有的境遇提供了幾個相當具體的指標；只是別忘了，你目前尚未領悟出這些指標放諸四海皆準的本質。⁷ 因此，這一階段你仍需把這些指標逐一運

用到每一事件，直到你的經驗超越了目前的認知，方能萬無一失地超越事件的個別性而掌握全局。

2.　　當你碰到不太確定的狀況時，首先應該簡單地反問自己：「我想要得到什麼結果？²我這樣做究竟是爲了什麼？」³你必須一開始就先把目標澄清一下，因爲你的目的決定了事件的結局。⁴小我行事的程序恰好相反。⁵它認定外在事件才是造成結局的決定因素，自然吉凶難卜。⁶這一程序之所以亂無章法，理由極其明顯。⁷因爲小我並不清楚自己想要從中得到什麼結果。⁸它只曉得自己不想要什麼，僅止於此。⁹它根本就說不出什麼正面的目的。

3.　　如果一開始就缺乏明確而正面的目標，什麼事情都可能發生，你只好迷迷糊糊地隨波逐流，直到事情已成定局。²這時，你才設法把那些片段串連成某種自以爲是的意義。³爲此，你不可能不犯錯的。⁴錯誤的不僅是你過去的判斷，你連事情究竟應該怎樣也毫無概念。⁵既然目標不明，自然難以找出與它相應的方法。⁶於是，你的評估只能根據小我的好惡：應該接受嗎？還是應該反擊回去？⁷既然你對結局沒有預設一個準則，你對此事的理解必然充滿疑惑而作不出正確的評估。

4.　　先決定你希望得到的結局，最大的好處就是能幫你把眼前事件轉爲心想事成的工具。²如此，你才會爲此卯盡全力，越過所有阻撓你完成目標的障礙，而把焦點完全放在幫你達成願望的事物。³這一途徑顯然與聖靈分辨真假的方式極其相近。⁴凡是真實的，必會幫你完成目的。⁵凡不真實的，在此前提下自然變得一無所用。⁶於是，事件頓時顯出了它的意義，而其意義又純粹來自它的目標。

5.　　你若以真理爲目標，這個目標還會進一步帶給你更實際的利益。²任何事件，只要是爲真理和清明神智服務，必會帶給你平安的結局。³這與事件本身的具體結果是兩回事。⁴平安既是真理和清明神智的必備條件，缺了這兩者，平安便無以立足；反之，平安所至之處，真理和清明神智必在。⁵真理必出自真理。⁶你若經驗到平安，表示真理已進入你內，你才能真正看到這一結局，因你再也不被任何謊言蒙蔽。⁷你會認出那一結局的，因爲你已

活在平安之中。⁸ 在此，你再次看到了與小我相反的那種眼光，因小我認定你的經驗是外在事件所造成的。⁹ 聖靈卻知道，是你的目標決定了那一事件的意義，故你的經驗也會隨著目標而定。

6.　　以真理為目標，確實需要信心。² 這一信心就包含在你所接受的聖靈目標當中，而一切也都包含在這個信心裡頭。³ 真理的目標置於何處，信心就會出現在何處。⁴ 聖靈對每一件事都只會著眼於全局。⁵ 祂的目標凸顯了一個事實：凡是與此事件有關的人，在完成此事上都扮演了不可或缺的角色。⁶ 這是必然之事。⁷ 沒有人完成不了自己的那一份。⁸ 這種信念好像有點兒強人所難。⁹ 然而，只有從小我的觀點來看才會如此，因為小我從不由整個事件著眼，它認為只有個別處理每一問題，才「解決」得了衝突。¹⁰ 因此，它會設法把事件切割成片段，分別處理；因它只相信分裂，不相信整體。

7.　　小我一旦碰到棘手的狀況，就會轉移陣地，把這一問題移到他處去解決。² 表面上它也許處理得可圈可點，但這種伎倆徹底違反了一體性，而使真理的目標變得曖昧不明。³ 小我宣稱，除非你躲在幻想世界裡，否則你是不可能活得平安的。⁴ 信心一遭到否定，真理便舉步維艱，無法在它本來應在之處現身。⁵ 使你無從了解真理之目標所賦予這一事件的意義。⁶ 幻想出來的解決方案，只會將人帶入幻境；而真理是不可能進入平安幻境的。

柒．信心的必要

1.　　你若企圖以替換的伎倆來處理某一事件的某一部分問題，表示你對此事缺乏信心。² 證明了你不相信這一事件和你的問題其實是同一回事。³ 你的缺乏信心才是問題的癥結，當你企圖把問題撤離它的源頭而向他處尋求解答時，即是最好的明證。⁴ 這樣一來，你再也無法看清問題所在了。⁵ 若非你缺乏信心而不相信它是可以解決的，這問題早就解決了。⁶ 這一事件對你也會變得深具意義，因為再也沒有一物能夠妨礙你看清它的真相。⁷ 你若想從別處下手解決問題，反倒保全了問題，因為你一旦讓問題跟自己脫鉤，它就永遠也解決不了。

2.　　　不論是什麼事件，絕無信心解決不了的問題。²轉移問題的焦點，反而使問題無從解決。³你若把某部分的問題移至他處，問題便失去了它原有的意義；然而，解決方案與問題的意義是分不開的。⁴有沒有這種可能，你的問題早已解決了，而你一直在迴避這個解答？⁵你必須在問題所在之處親眼目睹它已解決了，才會生出信心來。

3.　　　一個事件代表一種關係，而每個關係都是由各種念頭連結出來的。²當你看到問題時，表示你已判定那些念頭是有衝突的。³你若以真理為目標，是不可能發生這種事的。⁴那不過表示身體之念已經侵入了你們的關係，因為心靈根本沒有攻擊的能力。⁵任何出自身體的念頭都會勾起你的不信之心，只因身體確實解決不了任何問題。⁶它們一旦侵入你們的關係，你對這一事件就會產生錯誤的認知，這一誤解使你更加理直氣壯地不信任對方。⁷這種錯誤是難免的，但你千萬不要陷在裡面。⁸錯誤本身並無關緊要。⁹你只要把不信帶到信心前，便侵擾不到真相。¹⁰但你若用不信來跟真相作對，則會毀掉自己的信心。¹¹當你缺乏信心時，只能設法在失落之處尋回它，不要企圖從他處尋求彌補，假裝你的信心是被別人奪走似的。

4.　　　任何事件唯一可能缺少之物，不外乎你尚未給出的那一份。²但請記住這一點：人際關係的神聖目標不是由你制定的。³你也制定不了，因為唯有信心之眼才可能看見神聖性，而你的關係還不夠神聖，只因你對弟兄的信心依舊微乎其微。⁴你的信心需要不斷成長、茁壯，方能完成它既定的目標。⁵目標本身會激發你的信心，讓你親眼看見平安與信心只可能同時出現。⁶缺了這份信心，你怎麼可能在任何事件或處境中對弟兄保持忠信？

5.　　　你所面臨的每個事件或處境，都成了幫你完成這一關係原有目標的助緣。²你若賦予這關係另一目的，你便成了不信之人。³別再放縱自己的不信了。⁴你可以讓它進來，但只是平心靜氣地正視一番，卻不縱容它。⁵不信是幻相的爪牙，只會對它的主人盡忠。⁶你若一味縱容，它就會將你一路帶入幻境。⁷切勿受它的禮物所惑！⁸它干擾不了那個目標，卻會攪亂那目標在你心中的價值。⁹不要接受它所給你的平安幻相，你只需正視它的禮物，認出那只是一個幻相就夠了。

6.　　幻相的目標與不信之心的關係就如信心和眞相的關係一樣密切。²你若已獻身於眞相，卻不相信某人在某一事必會稱職地扮演他的角色，表示你致力於眞相的決心必然不堅。³你才會對弟兄這麼沒信心，拿自己的不信與他作對。⁴人際關係若無神聖性伴隨左右，稱不上是神聖的關係。⁵神聖性與信心只可能同時出現，你的關係也必須與信心攜手並進。⁶然而，目標本身自會喚出這一關係所需的奇蹟而完成此一大業的。⁷一切事情，不論大小，嚴重或輕微，都會默默地爲這一目的效力。⁸整個宇宙也樂於爲此目標服務，就如它也樂於爲宇宙服務一樣。⁹但請切記，千萬別插手干預！

7.　　只要你眞以聖靈的目標爲己任，天賦於你的能力遠非你對無限境界那一點薄弱的認知所能領會，你絕對想像不出自己究竟負有多大的能力。²但你確實能夠萬無一失地發揮這一力量的。³縱然你的力量高達眾星之上，超越宇宙之外，你若寧願選擇不信，這小小的不信之心足以使那無限力量一籌莫展。

8.　　你只需深思一下便不難明白，你認爲你對弟兄的反應只是以其人之道還治其人而已，這一念正是你對他缺乏信心的基本原因。²你其實是想把自己對他所做的一切歸罪於他。³你所責怪的並非他的過去，而是你自己無法釋懷的過去。⁴你對他缺乏信心，也是基於過去的經驗。⁵然而，不論過去如何，你與他始終一樣純潔無罪。⁶凡是不曾眞正存在的，就沒有存在之因，干擾不了眞理實相。⁷不信之心也沒有存在之因，只有信心才有絕對的存在之因。⁸任何事件，只要爲此目的效力，這絕對之因必然樂於與該事件共襄盛舉。⁹眞理會由事件的核心大放光明，照耀在受此目標所召喚的每個人身上。¹⁰它召喚了每一個人。¹¹世上每一件事都與你的整個關係網絡休戚相關，不論哪一種關係，不論這關係的哪一部分，都完整圓滿地自成一體。¹²只要你不把自己任何一部分剔除於此關係之外，你就保全了這一事件的神聖性。¹³因它以你整個關係的目標爲志，從中獲得了存在的意義。

9.　　懷著你對弟兄的信心去面對每一事件吧！否則表示你對自己的關係毫無信心。²這目標當初如何喚起你的信心，這一信心也能同樣喚起別人與你共襄盛舉。³你便會親眼看到，以前將你打入幻相的那些陷阱如何轉而爲眞相服務了。⁴眞相喚起了信心，

信心爲眞相鋪路。⁵ 當聖靈用祂的目標與你的交換而轉變了你所有關係的目的時，祂所制定的目標便會隨著你而延伸到你當前或未來的每一經歷。⁶ 使所有發生在你身上的事，都能擺脫過去的陰影，重顯它的眞正目的。

10.　　你呼求信心，因爲不論你身在何處，聖靈都與你同行。² 你不再那麼神智不清，也不會感到孤單了。³ 因爲在上主內感到孤獨的人，必已落入夢境。⁴ 只要把聖靈的目標納入你的關係，你便和孤獨絕緣了，因爲眞理已經來到。⁵ 眞理喚起信心的呼聲愈來愈強。⁶ 別再縱容你的不信而抵制它的來臨，眞理要喚你進入救恩與平安之境。

捌．平安的條件

1.　　神聖一刻不過是透過某個特殊案例或是極端範例爲你顯示每一事件的眞正意義。² 聖靈的目標賦予這一刻的意義，也同樣賦予了每一事件。³ 神聖一刻呼喚你放下不信之心，將它打入冷宮，效法信心如何答覆眞理的呼喚。⁴ 神聖一刻可說是一個耀眼的示範，清晰地向你顯示每一關係與每一事件在「整體」眼中的意義，而且毫不含糊。⁵ 信心會接受每一事件的每個層面，不信之心則剔除不了任何一面。⁶ 這一事件才有完美平安的可能，只因你讓它呈現了本來眞相。

2.　　聖靈只要求你對眞理表現一些基本的尊重。² 讓它自由地呈現。³ 不去侵犯或干擾它，不再攻擊它，也不要阻撓它的來臨。⁴ 讓它保護著你的每個處境，帶給你眞正的平安。⁵ 眞理一無所求，它甚至不要求你具備信心。⁶ 只要你讓它進來，它就會喚起信心而且確保你的平安。⁷ 萬萬不可存有抵制之心，因爲眞理不可能違抗你的抵制而強行前來。

3.　　你難道不想讓每個事件都變爲神聖一刻？² 這正是信心無條件給你的禮物，只要你願放下自己的不信。³ 唯有如此，聖靈的目標方能自由地一展神能。⁴ 這一力量能把所有事件瞬間轉化爲一種效用持久而且穩定無比的工具，鞏固聖靈的目標，彰顯它的眞相。⁵ 眞相一旦歷歷在目，它不僅會要求你的信心，它其實一

直都在給你信心。⁶ 如今，它已成了眼前不爭的事實，你再也不能拒絕相信它了！⁷ 拒絕相信眞相所帶給人的心理壓力，遠比你所意識到的嚴重得多。⁸ 你若相信了眞相，反而不會感到任何心理負擔。

4.　　既然你已意識到救主的召喚，若還拒絕回應，心理壓力可能比以前更爲沉重。² 事實並非如此。³ 那種壓力一直都在，你以前只是把它轉移到其他事情去了，認定那都是「其他事情」造成的。⁴ 事實絕非如此。⁵ 因爲「其他事情」所引發的哀傷、絕望、疾病、痛苦、恐怖的魅影、陰森的幻相，以及地獄之火的噩夢，⁶ 全是因爲你拒絕相信近在眼前的眞相所致。

5.　　這就是上主之子一直在背的十字架。² 而這又是他的不信所造成的。³ 你若還想以不信之心對待他，最好三思而行。⁴ 因他已重生了，你其實也已接受了那令他覺醒的終極之「因」。⁵ 你既已爲他的得救承諾了一份責任，如今，你對他負有完全的責任。⁶ 如今，你不能再辜負他了，因爲你十分清楚你對他缺乏信心對你自己所造成的影響。⁷ 他的得救成了你此生唯一的目的。⁸ 不論你身在何處，面對什麼事件，只要你以此爲志，它就會幫你完成這一目標的。

6.　　你若能以接受眞相作爲自己所有關係的目標，你便能如天父賜你平安那般將平安賜給所有的人。² 因你在接受平安的目標之際，必然也接受了它所附帶的一切條件；這表示你對這個目標充滿信心，因爲沒有人會接受一個連自己都不相信的東西。³ 你的目標從來沒有改變過，而且永不改變，因你所接受之物是千古不易的。⁴ 只要是與這千古不易相關之物，你再也不會抵制它了。⁵ 你的解脫乃是定數。⁶ 把你領受的天恩給出去吧！⁷ 親身向人示範，你已不受任何事件或處境的牽絆，因你已答覆了上主的呼喚，沒有一事能將你和祂分開了。

第十八章　穿越夢境

壹. 取代眞相

1.　　　取代，就是用他物替代此物之意。² 你只需深思一下此事的後果，便不難看出這與聖靈賜給你且願代你完成的目標有天壤之別。³ 取代就是以此代彼，它否定了聖子奧體某一部分，而獨鍾另一部分。⁴ 根據自己的特殊目的，用自己判定比較有價值的一方取代另一方。⁵ 經過這種取代的人際關係必然支離破碎，它的目的也隨之分裂。⁶ 支離破碎其實就是一種排斥與拒絕，爲此，取代便成了小我保護分裂狀態最大的防衛武器。

2.　　　聖靈絕不會採用取代的伎倆。² 在小我眼中，這人是可以替代那人的；在聖靈眼中，他們卻是不可分割的一體。³ 聖靈知道他們原是一個生命，故不會在他們中間評斷高下。⁴ 正因一體，故是一個生命，只因他們全然相同。⁵ 取代之念分明已把他們看成兩個不同的生命了。⁶ 聖靈意在結合，小我意在分裂。⁷ 凡是上主結合的以及聖靈視爲一體的，沒有一物能夠分化他們。⁸ 然而，小我所主導的充滿毀滅性的分化關係中，任何東西似乎都能橫梗其間。

3.　　　只有一種情感是絕對無法取代的，那就是愛。² 恐懼既是取代愛的替身，表示恐懼與取代必然脫離不了關係。³ 恐懼本身既是一種破碎的情感，也具有分化的作用。⁴ 它並擁有各式各樣的化身，每一種化身似乎都必須透過不同形式，才足以宣洩這一情緒。⁵ 雖然它會衍生出種種行爲，但最嚴重的後遺症卻是來自行爲背後的那個破碎且分化的知見。⁶ 在此知見下，沒有一人是完整的。⁷ 它一向以身體爲焦點，還會厚此薄彼地偏愛身體某一部分，憑此作爲接納或拒絕他人的考量，充分流露出自己某種特殊的恐懼心態。

4.　　　凡是相信上主可畏的人，只會打造一種替身。² 縱然這替身千變萬化，卻萬變不離其宗，那就是以幻相取代眞相，以片面取代整體。³ 因著它一而再再而三的切割、分化、再分化，最後讓人再也認不出它原本一體而且永遠一體的眞相。⁴ 你其實只犯了

一個錯誤，就是把眞相帶入幻相，將永恆帶入時間，把生命帶入了死亡。⁵你的整個世界都建立在這個錯誤上頭。⁶你所見到的紛紜萬象，無一不是這個錯誤的倒影，你所經歷的每個特殊關係也都離不開這個錯誤。

5.　　當你聽到萬物的眞相與你之所見是如此不同時，也許會驚訝萬分。²這表示你尚未意識到那個錯誤的遺害如此之深。³它的後果涵蓋之廣，大到不可思議的程度，整個「非眞」世界都「不能不」由此而生。⁴除此之外，世界還可能出自何處？⁵整個世界如此分崩離析，你只需正眼一瞧，就會望而生畏。⁶然而，你眼前所見的，根本顯示不出原始錯誤的遺害之深，那個錯誤好似已將你逐出天堂之門，將眞知粉碎爲互不相關又毫無意義的殘破知見，使你不能不換來換去，反覆取代不休。

6.　　那就是上述錯誤向外發出的第一個投射。²整個世界都是爲了掩飾這一錯誤而形成的一道屛障，企圖遮掩你在自己與眞相之間投射出來的屛障。³眞理只會向內延伸，失落的觀念在此毫無意義，只有增益的觀念才是理所當然。⁴你眞的覺得不可思議嗎？這一錯誤竟然投射出如此本末倒置的世界！⁵這是理所當然的結果。⁶當眞理淪落至此，它只好沉默，如如不動，不插足於那個錯誤瘋狂投射出來的世界。⁷你無需稱之爲罪，只需視爲瘋狂，因它確實如此，而且始終如此。⁸不要讓罪咎壯大了這一錯誤的氣勢，因罪咎影射出那錯誤已經弄假成眞了。⁹最重要的是，**你不必怕它。**

7.　　當你好似看到那原始錯誤化身爲一個奇形怪狀之物來恐嚇你時，你只需說，「上主不是恐懼，上主是愛」，它就會銷聲匿跡的。²眞相便如此拯救了你。³它從未離棄過你，也不曾離你而去，進入瘋狂的世界裡。⁴在你之內的一切始終清明而健全，在你之外的才是神智不清的世界。⁵不要相信那一錯誤的反面說詞：「你內只有錯誤與罪咎，眞理都在外邊。」⁶你所打造的那些替代品，渺小而荒謬，毫無實質可言；它們在瘋狂失常之下，好似一片羽毛不由自主地在狂風中亂舞。⁷它們在空中聚聚散散、合合分分，變幻莫測，毫無軌跡可循；實在不值得你品頭論足。⁸你對它們所下的個別定義更無意義可言。⁹它們外表的小小差異，稱不上是差異，¹⁰根本不值一提。¹¹這一點倒成了它們唯

一相通之處。[12] 此外，它們還有什麼相同之處？

8.　　放下它們吧，任憑它們在風中亂舞，忽上忽下，愈飄愈遠，最後消失了蹤影。[2] 然後，你才可能轉入內在的寧靜，上主就活在這神聖的寂靜裡；你從未離開祂，祂也不曾離開過你。[3] 聖靈會溫柔地牽起你的手，沿著你先前瘋狂無比的旅程原路折返，再溫柔地將你帶回那一直在你內的平安真相。[4] 祂會幫你把瘋狂中投射於外的種種怪誕替代品一一帶入原有的真相。[5] 祂就這樣扭轉了你那瘋狂而失常的人生旅程，恢復了你的清明理性。

9.　　聖靈已經應邀前來，為你與弟兄的關係指點迷津，且將此關係帶入你與弟兄同享的真相內。[2] 外在的瘋狂世界是不可能共享的，你只能不斷地汰舊換新；然而，在真理實相中，共享與替換是無法並存的。[3] 在你心底，你其實深深摯愛的弟兄。[4] 任何取代之念都無法在這神聖之境立足，這兒只容得下你弟兄的真相。[5] 這神聖之境也是你們結合於上主之地，你們在此的結合，足以媲美你與上主的結合。[6] 那原始的錯誤無法侵入此地，也永遠無法置身其中。[7] 這兒只有燦爛的真相，聖靈已將你們的關係獻給了它。[8] 讓祂把你們的關係帶入這一真相吧！因為這也是你願這關係安身立命之處。[9] 聖靈仍需你對弟兄懷有一點點信心，才可能幫你看清這一事實：天堂並不曾因為你打造的贗品而失落過。

10.　　在你內，任何分裂或取代都不能使你和弟兄分離。[2] 你的真相乃是上主的創造，無人能夠取代。[3] 你們緊緊結合於真相裡，那兒唯有上主才能臨在。[4] 除了你以外，祂不會接受任何替身的。[5] 祂同等地愛你們，有如愛著同一人。[6] 祂如何愛你們，就成了你們存在的真相。[7] 你們並非結合於幻相內，而是在上主至聖而完美的聖念中，沒有任何殘存的幻相污染得了你們同在的聖地。[8] 我的弟兄，上主與你們同在。[9] 讓我們安心而感恩地結合於祂內，接納祂的禮物，也就是我們至聖完美的真相，那是我們在祂內共有的天賦遺產。

11.　　天堂終於能夠藉著你們的關係而重生於整個聖子奧體了；聖子奧體也因著你們之間的愛而彰顯出它是如此美麗，如此安全，如此渾然天成。[2] 天堂已經悄悄來到，因所有的幻相都被溫柔地帶入了你內在的真相；愛正照耀著你們，並且用此真相來祝福你

們的關係。³上主與祂的整個造化都參與了這一盛事。⁴在眞相的照耀下，你們的關係是何等的美麗神聖！⁵連天堂都仰慕不已，且爲你的接納喜不自勝。⁶上主也會因爲你們的關係反映出創造的初衷而喜悅萬分。⁷始終存於你內的宇宙會和你的弟兄一起與你同在。⁸天堂也會與它的造物主一起以愛的眼光俯視這個愛的關係。

12.　　凡是接受上主召喚的人，再也不會聽信那些替身了。²它們的聒噪不過是粉碎了你的天堂那個原始錯誤的回音罷了。³聽從此回音之人，怎麼可能活得安心？⁴與我一起回歸天堂吧，和弟兄攜手走出這個世界，邁向眞實世界，進入它那美善而喜悅的境界。⁵你難道還想落井下石，繼續打擊那殘破得無可救藥的世界？⁶你還期待從它那兒尋覓幸福嗎？⁷你難道不想治癒那支離破碎的世界？幫那飽受分裂和疾病蹂躪的世界重歸完整？

13.　　聖靈已同時召喚了你和弟兄，賦予你們世上最神聖的任務。²只有這個任務超乎人間任何的限制，它的療癒與結合力量會帶給聖子奧體每一個破碎肢體莫大的安慰。³這就是神聖關係給你的禮物。⁴在這關係裡接受這份禮物吧！然後把你收到的禮物施予所有的人。⁵這燦爛無比的目標不僅玉成了你和弟兄的結合，還會爲你帶來上主的平安。⁶而玉成你們結合的這一神聖光明，會藉著你們的領受而推恩出去。

貳．夢境的基礎

1.　　夢中的世界看起來不也相當眞實嗎？²你不妨想一想夢中世界的面目。³它絕對不是你入睡前的那個世界。⁴它把你的世界扭曲變形，純粹是根據你的好惡取捨。⁵在夢裡，你能「自由」改造那好似侵犯了你的東西，把它改頭換面，供那飽受攻擊而憤怒不已的小我頤指氣使。⁶除非你已經和小我認同，否則不可能生出那種夢想的；小我老是認爲自己飽受欺壓，岌岌可危，你當然也難免遭受池魚之殃。

2.　　夢境一向亂無章法，因它被你心裡的衝突願望所操控，根本顧不得究竟什麼才是眞相。²你若想知道人們是如何利用知見製

造幻相來取代眞相的，夢，可說是你在世間所能找得到的最佳範例了。³清醒過來的人不會把夢境當眞，只因夢把現實扭曲得如此離譜，反而使它們原形畢露。⁴然而，它們仍屬於你看世界的一種眼光，你只是把世界改變得更投小我之所好而已。⁵爲此，夢境成了「小我無法忍受眞相」以及「你不惜爲小我扭曲眞相」這兩種心態的最佳明證。

3.　　你不會因爲夢醒時所見的世界與夢境有所不同而坐立不安。²你很清楚自己醒時的那個世界只是一時被夢境遮蓋住了而已。³醒來之後，你也不會指望入睡以前的世界從此一逝不返。⁴在夢裡，一切都由「你」主導。⁵你能把夢中人物變成你希望的模樣，他們也會遵照你的指令行事。⁶你可以無限地替換或取代任何景物角色。⁷在那一刻，整個世界好似掌握在你手中，任你隨心所欲地改造。⁸你根本意識不到，這其實是你攻擊世界的一種手法，你一心想要控制這個世界，讓它爲你效命。

4.　　夢不過是你放縱自己的知見，使性子地叫囂「我偏要這樣」而已。²於是，夢就變成了你所願的模樣。³然而，夢境離不開它的源頭。⁴它必然依舊活在憤怒與恐懼的陰影下，那逞一時之快的幻相會瞬間被恐懼的幻相所吞噬。⁵因爲，認爲自己有能力玩弄眞相而把世界改造成自己想要的樣子，這種夢其實十分嚇人。⁶眞正可怕的是你想要湮滅眞相的居心，但你絕不會承認這一企圖的。⁷所以你才會另造一個幻相取而代之，你這樣騙自己：眞正可怕的是眞相，而不是你在眞相上所動的手腳。⁸於是，罪咎便這樣弄假成眞了。

5.　　夢，證明了你有能力打造自己想要的世界；而且，你想要什麼，就能看到什麼。²當你看到它時，絲毫不懷疑它的眞實性。³這個分明出自你內心的世界，如今好似赫然屹立於外。⁴你跟它互動時，絕不會認爲那是你自己製造出來的東西，更意識不到夢中表露的情緒其實都是你自己的情緒。⁵外表看來，是夢中人物及他們的所作所爲架構出你的夢境。⁶殊不知他們是你打造來爲自己傳達心聲的；你一旦看清這一點，就不會怪罪他們了，夢境給你的虛幻滿足也會隨之消失。⁷夢裡的人物一點都不曖昧。⁸當你「好似」醒過來，夢裡的種種頓時消失得無影無蹤。⁹但你未必意識到，自己當初作出此夢的原因並沒有隨著夢境一併消失。

¹⁰ 你想要打造一個虛幻世界的願望仍不時在心中作祟。¹¹ 你好似醒過來的那個世界，其實只是你夢中世界的另一翻版而已。¹² 你一生的光陰都耗在夢中。¹³ 睡時的夢也好，醒時的夢也罷，不同的只是形式而已，¹⁴ 內涵則毫無差別。¹⁵ 它們代表的都是你對真相的抗議，也就是你自以為能改變真相的那個牢不可拔的瘋狂念頭。¹⁶ 在你醒時的夢中，特殊關係扮演了特殊的角色。¹⁷ 你企圖藉此關係把自己睡中之夢演得像真的一樣。¹⁸ 你至今尚未從這夢裡醒來。¹⁹ 你寧願死守幻相世界，絕不讓自己清醒的決心在特殊關係中一覽無遺。²⁰ 只要你對夢境的珍惜超過覺醒的渴望，你是不會輕易放棄特殊關係的。

6.　　聖靈的智慧一向非常務實，祂會接受你的夢境，只是把它轉為幫你覺醒的工具而已。² 而你呢，只會藉著作夢讓自己昏睡下去。³ 我先前說過，在夢境徹底消失以前，第一個轉變的徵兆即是你的恐怖噩夢變成了幸福美夢。⁴ 這是聖靈藉你的特殊關係所發揮的大用。⁵ 祂無意摧毀你的關係，也不會將它由你身邊奪走。⁶ 祂只會轉變它的用途，幫你看清，只有祂的目的才是真的。⁷ 你還能繼續保持自己的特殊關係，只是這些關係不再是你的痛苦與罪咎之因，而成了喜悅與自由之源。⁸ 這關係不是單獨為你而設的，因為「單獨」正是滋生痛苦的溫床。⁹ 特殊關係的「不神聖本質」只會造成彼此的隔閡，唯有神聖本質才會帶給每個人禮物。

7.　　在神聖關係的祝福下，原有的特殊關係便轉成了化解罪咎的工具。² 那必定是個美夢，連你身邊的人都有幸與你同享此夢。³ 聖靈所賜的祝福便經由你的美夢而推恩出去了。⁴ 切莫認為聖靈所賜你的目標可能遺漏任何一人。⁵ 更不要認為給你這份禮物的「那一位」可能遺忘了你。⁶ 祂會善用每一位向祂求助的人，將他們化為拯救所有人的道具。⁷ 因為你已獻出了自己的關係，供祂發揮大用，祂才能因你之故而喚醒你身邊每一個人。⁸ 但願你已體會到祂對你的感激之情。⁹ 也願你從祂的感激中體會出我對你的感激。¹⁰ 因我們已結合於這一目標且與祂同心一意了。

8.　　不要讓夢境控制了你，封閉了你的眼睛。² 夢境確實能夠造出一個虛假不實的世界，這並不足為奇。³ 人心竟然會生出這種「願望」，那才真的匪夷所思！⁴ 唯有你與弟兄合一，那個願望

才可能由你們的關係撤除，只因你們的目標已經從夢境轉向真理了。⁵你對這種變化仍無信心，很可能認為這個轉變也只是另一個夢而已。⁶因你習慣在夢境與夢境之間作選擇，自然認不出你如今終能在真相與「所有」假相之間作選擇了。

9.　　　天堂是千古不易的。²這絕不是夢。³它的來臨意味著你已經選擇了真相；它的來臨表示你有誠心配合天堂的要求，去改造自己的特殊關係。⁴聖靈已溫柔地將真實世界置於你的人際關係裡；由真實世界的美夢中甦醒，成了何其輕鬆且自然的事。⁵因為不論是你睡時或醒時的夢，都脫離不了你心內的同一願望；同樣的，真實世界與天堂的真相也不出上主旨意的同一願望。⁶醒時之夢很容易轉入真相。⁷因為這個夢反映出你的願心已經結合於上主旨意。⁸而祂要完成的事，必然早已圓滿成就了。

參. 夢裡的光明

1.　　　你終日忙著把真相帶入幻相，把真理帶入幻覺，一生都在夢幻之境徘徊。²原本清醒的你，落入睡眠狀態之後，一日比一日睡得更深。³每一個夢都會把你導向另一個夢，每個幻想好似為黑暗帶來一線光明，其實只會使黑暗顯得更加陰森。⁴你一旦決心為黑暗效力之後，任何光明都無法進來。⁵你故意把黑暗變得漆黑無比，使自己永遠不必面對真相，寧可隱身於徹底瘋狂之境。⁶你卻忘了，上主是不可能毀滅自己的。⁷光明始終存在你內。⁸黑暗能夠覆蓋光明，卻毀滅不了光明。

2.　　　光明一臨近，你便即刻躲入黑暗，迴避真相；有時你會退縮到比較輕微的恐懼中，有時你會陷入劇烈的恐怖裡。²然而，你仍會進步的，因為你已立志走出恐懼，邁向真理了。³你已經接受真知為目標而且矢志為它效力。⁴恐懼最愛藏身於黑暗，當你害怕時，表示你已撤退到黑暗裡了。⁵因此，讓我們盡快加入光明的陣容，即使只是一瞬的光景，已足以讓你憶起光明才是你真正的目標。

3.　　　只要你一呼求真相，真相便會迫不及待應邀而來。²不論你選擇什麼道路，倘若知道是誰在陪你同行，你絕不可能害怕的。

³ 可惜，你對祂渾然不覺，因為黑暗的旅程是如此漫長而無情，你已經陷得太深了。⁴ 你的眼瞼緊閉了這麼久，一閃即逝的光明不足以讓自貶身價的你重建信心。⁵ 你雖朝著愛走去，卻仍懷恨於心，自然會怕愛無情地審判你。⁶ 你尚不明白，你真正怕的不是愛，而是被你扭曲的愛。⁷ 如今你愈來愈接近愛的真諦，也逐漸放下自己蓋在愛上的一切幻相。⁸ 你若還想逃回那些幻境，只會加深你的恐懼，因為你心目中的那種愛確實可怕無比。⁹ 幸好，那一切已影響不到我們了，因為我們正快速且堅定地與恐懼分道揚鑣。

4.　　你一牽起弟兄的手，等於牽起了我的手，因為你們結合時，絕不只限於你們兩人而已。² 你既已同意與我一起離開黑暗，我怎麼可能把你遺棄在黑暗裡？³ 你們的關係成了世界的光明。⁴ 如今，恐懼必會從你眼前消失。⁵ 別再被它所惑而收回你對弟兄的信心了。⁶ 那樣做只會加深你自己的恐懼。⁷ 你送出去的禮物已永遠送出，因為上主已親自接收下來。⁸ 你再也無法取回了。⁹ 你已接納了上主。¹⁰ 你們關係裡的神聖性已經穩立於天堂。¹¹ 雖然你並不了解自己究竟收到了什麼，但別忘了，你的了解與否無關緊要。¹² 你只需要發出「我願了解」之心就夠了。¹³ 這一願心也是你渴望重返神聖之境的願心。¹⁴ 上主已把自己的旨意賞賜了你。¹⁵ 你所渴望的，其實就是你始終「擁有」，也是你始終「所是」之物。

5.　　我們攜手合作的每一刻，都能幫你明白你遲早會完成這一目標的，而你想要完成目標的渴望也會日益加深。² 完成這一目標，所靠的就是你這份渴望。³ 如今，你的渴望亦步亦趨地跟隨著聖靈旨意的力量。⁴ 你小小的步伐即使還會搖擺不定，並不足以使你的渴望與祂的旨意及力量分道揚鑣。⁵ 你願握住弟兄的手多緊，就會握住我的手多緊。⁶ 你們再也不會鬆開手了，因為我會與你們同在，陪你們一起邁向真理之境。⁷ 我們足跡所至之處，成了上主最好的見證。

6.　　你已透過自己的人際關係，與我一起將天堂帶給仍陷身於黑暗的上主之子。² 你一心一意願把黑暗帶入光明，這個願心為所有黑暗之子帶來莫大的鼓舞。³ 只要是真想看見的人必會看見的。⁴ 他們還會與我一起將此光明帶入黑暗之地，但他們必須先

把自己內在的黑暗交託給光明而使黑暗永不復返才行。⁵我對你只有一個要求，就是與我結合於你那神聖光明的關係中，這也是你的救恩對你唯一的要求。⁶凡是你給我的，我豈會捨不得還給你？⁷唯有與你的弟兄結合，你才算答覆了我的請求。

7. 　　如今，你成為帶給人救恩的使者，負起了把光明帶入黑暗的任務。²因你已將自己內的黑暗帶入了光明。³現在將此光明經由神聖一刻再帶到黑暗之境吧！因先前是你把黑暗帶入這一刻的。⁴就在我們渴望恢復完整之際，我們已經完整了。⁵不必操心時間的因素，因為你和弟兄之間那些可怕的經歷，真的都已過去了。⁶時間會自行調整，給我們機會去做你們過去分裂時企圖阻撓之事。⁷如今，你們終於越過了恐懼，因為只要兩顆心靈同心渴望愛，愛必已降臨他們中間了。

8. 　　天堂的每一道光明都會與你同行。²永恆照耀於天心的光輝，如今同樣照耀著你。³你一邁上天堂之路，天堂便已加入了你的行列。⁴如此偉大的光明加入你的陣容，又以上主的大能加持你那微如星火的願心，你怎麼可能繼續活在黑暗中？⁵你與弟兄分道揚鑣之後，各自踏上既無意義又不知所終的旅程已久，如今，你們終於得以同返家園了。⁶因為你們總算找回了自己的弟兄，照亮了彼此回家的路。⁷你們的光明寶相會由此光明先折回黑暗的世界，再進一步伸向上主之境，驅散過去的陰影，為祂永恆的臨在鋪路；萬物便會在祂的光明下粲然發光。

肆. 小小的願心

1. 　　只要你滿懷恢復神聖面目的大願心，必能獲享神聖一刻的。²它是一切的答覆。³渴望它來臨的願心，正是它來臨的先決條件。⁴你心靈所能為它做的準備，頂多只是認清自己對它的渴望超乎世上任何一物。⁵此外，你無需做更多的事了；其實你最需要做的，就是明白自己不可能做得更多了。⁶不要企圖獻給聖靈從不要求你之物，否則你會把小我加在祂身上，因而模糊了小我與聖靈的不同處。⁷祂的要求就這麼一點點。⁸唯有祂能在偉大與能力之上繼續增光添色。⁹因著祂的加入，神聖一刻才會偉大得

超乎你的想像之外。¹⁰唯有當你明白自己需要做的竟然這麼少，祂才可能給出那麼多。

2.　　不要信任自己的善意。²僅憑善意是不夠的。³不論什麼事情，什麼場合，唯一值得信任的唯有你的願心。⁴把你的精力集中在這一願心上吧！拒絕四周魅影的干擾。⁵這才是你來到世上的功課。⁶如果你這一生不需經歷那些魅影的糾纏，表示你也無需神聖一刻。⁷放下你的傲慢，進入那一刻吧！切莫認為自己應該預先修好神聖一刻所要帶給你的功課。⁸你得甘心讓神聖一刻去做它該做的事情，奇蹟才可能發生。⁹這一願心充分顯示出你已能接受真正的自己了。

3.　　謙遜絕不是要你安於卑微。²它反而請你切勿滿足於任何配不上偉大的你之物。³你堅信自己不配，這才是你無法享有神聖一刻的主要原因。⁴這種心態影射出你決心活成你所打造的自己。⁵上主不會創造一個不配祂寄身的居所的。⁶你若寧可相信祂無法進入自己有意駐留之所，無異於刻意與祂的旨意作對。⁷幸好，願心所靠的不是你自己的力量，而是上主的旨意。

4.　　神聖一刻不是單靠你的小小願心就能成就的。²你那小小願心必須先融入上主旨意的無限能力，神聖一刻才可能發生。³你一直誤以為，為了祂，你必須先把自己準備妥當。⁴你若如此傲慢地想先把自己準備得無比神聖，表示你必也相信，平安的先決條件是由你來制定的。⁵制定這些條件的是上主。⁶它們應該如何，不需要你的願心來配合。⁷但你若想了解平安的先決條件，你的願心是少不了的。⁸如果你堅持認為自己不配學習這門功課，認定你必須先把自己這個學徒改造一番才行，你其實已經干擾了這一課程的運作。⁹你既打造不出這位學徒，更改造不了他。¹⁰想一想，你怎麼可能自己先造出一個奇蹟，然後再期待他人為你打造另一奇蹟？

5.　　你只能提出問題。²答案必然來自天賜。³不要企圖答覆自己的問題，而應學習接受天賜的答覆。⁴在預備神聖一刻之際，也不要裝得神聖無比，好讓自己配得這份禮物。⁵那表示你已混淆了自己與上主的角色。⁶救贖不可能來到那些認為自己必須先行贖罪的人身上，它只會降臨於那些甘心只獻上願心來迎接它的

人。⁷淨化的工作純粹屬於上主的事，故是爲你而設的。⁸你不必忙著爲祂準備自己，而應這樣想：

⁹我是上主的居所，與祂一樣尊貴。
¹⁰祂已把我創造成祂自己想要的居所了。
¹¹我無需爲祂作任何準備，只要我不干擾祂的計畫，我便會意識到自己其實早已準備就緒。
¹²我無需在祂的計畫上畫蛇添足。
¹³然而，我若想領受祂的計畫，必須甘心不再妄自僭越祂的計畫。

6. 如此而已。²你若還想錦上添花，反而會搞砸了祂那小小的請求。³不要忘了，罪咎是你製造出來的；你那些擺脫罪咎的計畫，反而把救贖拖進罪咎的泥沼，使得救恩顯得可怕無比。⁴你爲了得到愛而改造自己，反而爲自己增添不必要的恐懼。⁵爲神聖一刻作準備，根本就是賜你神聖一刻的那一位的事。⁶把自己釋放到祂手中吧！因爲釋放乃是祂的任務。⁷你不用去替天行道，扛起祂的任務。⁸你只需給祂祂所要求的那一點，你便會明白，你需要做的簡直微不足道，而祂所做的卻何其偉大！

7. 正因如此，神聖一刻才顯得如此容易且自然。²是你把它搞得其難無比，因爲你始終認爲自己必須多做一點。³你實在很難接受這類觀念：你只需付出這麼少，就能得到那麼多。⁴你與聖靈所付出的簡直不成比例，這難免讓你感到有辱尊嚴。⁵你寧可相信自己的了解具有左右眞理的力量，眞理全靠你的了解才可能成眞。⁶然而，我再三提過，你無需了解任何事情。⁷救恩之所以如此容易，正因它所要求的沒有一件是你目前做不到的事。

8. 不要忘了，是你的決定把本來自然而且容易的事變得遙不可及。²你若認爲神聖一刻對你幾乎是不可能的，表示你已自封爲有權決定「什麼才是可能之事」的仲裁者了，始終不甘讓位給全知的那一位。³相信奇蹟有難易之分的整個信仰核心，就是源自這一心態。⁴上主所願之事，不僅是可能的，而且已經發生了。⁵爲此之故，過去才眞的一逝不返。⁶因爲它在眞相中根本不曾發生。⁷只有你認定「它眞的發生了」的念頭，才是眞正有待化解的問題。

伍. 幸福美夢

1.　　現在，你該準備化解那不曾真正發生的事了。²你若明白真相與幻相之別，你就無需救贖了。³神聖一刻、神聖關係、聖靈的教誨及救恩所需的一切道具，都會變得英雄無用武之地。⁴因為它們不過是把你的恐怖靈夢轉化為幸福美夢的方便法門而已；而美夢又會讓你比較容易悟入真知之境。⁵切莫在這事上自作主張，因你連進步或退步都分辨不清。⁶你曾把自己幾個顯著的進步評為失敗，卻把嚴重的退步視為成功。

2.　　切勿等你千方百計消除了內心所有的恐懼與怨恨之後，才肯求助於神聖一刻。²那是神聖一刻的本分。³你若要向聖靈求助，不可故意視而不見自己的罪咎。⁴那是聖靈的本分。⁵至於你的本分，只是獻給祂小小的願心，讓祂為你消除所有的恐懼與怨恨，並因而獲得寬恕。⁶你的小小信心一旦與祂的智慧結合，祂便能把你引進救贖大業，而且保證你馬到成功。⁷只要與祂在一起，你等於在堅固的信仰基石搭起了一座直達天堂的天梯。⁸有幸沿此天梯直昇天堂的也絕不會僅你一人而已。

3.　　雖然神聖一刻不是你安排得出來的，但你的神聖關係卻會在這一刻得到重生及祝福，成千上萬的人也會因著你而同昇天堂。²這豈是你計畫得了的？³你怎麼可能為這種任務預作準備？⁴但是，它一定會實現的，因為這是上主的旨意。⁵而且上主永遠不改其志。⁶救恩的方法與目的都在祂手中。⁷你只要接納其一，另一個就會自然來到。⁸祂的目的是不可能沒有方法的。⁹凡是願為上主目的效命之人，上主必會提供他完成的途徑。

4.　　幸福美夢得以成真，不是因為它們是「夢」，而是因為它們是「幸福」的。²這種夢必定充滿了愛。³它們傳遞的信息是「願祢的旨意成就」，而非「我偏不要這樣」。⁴至於方法與目的之間如何前呼後應，則不是你所能了解的。⁵你甚至意識不到自己其實已經接納了聖靈的目的，只不過你還想用不神聖的手法來完成祂的目的而已。⁶改變原有的目的是需要一些信心的，唯有如此，你才可能接受聖靈的方法而發揮大用。

5. 　　愛你的弟兄如同愛自己一樣，這並不是痴人說夢。² 你的神
聖關係也不是一個夢。³ 這神聖關係若還帶有一些夢的成分，是
因為它仍屬於一種特殊關係。⁴ 不過，這對聖靈特別有用，因袍
在世上負有特別的使命。⁵ 袍必須藉此關係才能把你的夢境轉為
幸福美夢，且將喜悅散播給成千上萬仍然相信愛是恐懼而非幸福
的人。⁶ 聖靈既然賦予你的人際關係這一任務，就讓袍代你接受
這一任務吧！除此之外，這個關係不需要任何東西來滿全聖靈之
所願。

6. 　　當你感到這個關係的神聖性受到威脅，最好立刻停下腳步，
不理會內心的恐懼，而向聖靈獻上你的願心，請袍把這一刻轉為
你衷心想要的神聖一刻。² 袍絕不會讓你的希望落空的。³ 不要忘
了，你的關係只有一個，不論這關係的哪一部分受到威脅，其他
部分必遭池魚之殃。⁴ 如今，你和弟兄再也不可能各自面對恐懼
了，你們也無法獨自處理恐懼的，這是合一之力給你們的祝福。
⁵ 切莫認為你必須或能夠獨自面對並處理這種恐懼。⁶ 這是不可能
的，同理，你們任何一方也不可能獨享神聖一刻的。⁷ 不論哪一
方邀請了神聖一刻，雙方都會得到這一刻的祝福。

7. 　　當危機來臨時，神智比較清明的一方應該記得自己虧欠對方
多深，真誠地感念對方的恩德，並且高興自己終於有償還的機
會，讓彼此都能活得幸福快樂。² 願他不斷如此提醒自己：

　　　³ 我渴望得到這神聖的一刻，才好與我所愛的弟兄
　　　分享。
　　　⁴ 沒有他，我不可能擁有這一刻；沒有我，他也無
　　　法擁有。
　　　⁵ 現在，正是我們同享神聖一刻的大好時機。
　　　⁶ 因此，我願選擇這一刻，作為獻給聖靈的禮物，
　　　袍的祝福才得以降臨，讓我們活得心安理得。

陸. 超越身體

1. 　　在你之外，沒有任何東西存在。² 這是你最後必須學習的課

題，這才表示你已覺悟天國重歸於你了。³ 天國是上主唯一的創造，上主從未離開天國，天國也不曾離開過祂。⁴ 天國原是上主之子的居所，聖子從未離開天父一步，也不可能活在天父之外。⁵ 天堂不是一個地方，也不是某種境界。⁶ 它只是對一體生命的圓滿覺悟，也就是悟出「此外無他」的那個眞知：在這一體之外，別無他物，在這一體之內，也別無他物。

2. 　上主除了讓你知道祂的眞相以外，還能給你什麼？² 祂還有什麼其他東西可以給你？³ 殊不知，正是「你認爲自己能夠給出或得到其他東西」那種信念，使你喪失了對天堂與眞我的覺知。⁴ 而你還做了一件連自己都不明白的怪事。⁵ 你竟把自己的罪咎由心靈轉移到身體去。⁶ 問題是身體不可能有罪，因爲它憑自己根本一無所能。⁷ 你若認爲自己憎恨這具身體，那純是自欺之談。⁸ 你恨的其實是你的心靈，因罪咎已經滲入其中了，爲此，你的心靈才會設法與弟兄的心靈保持距離；而那也是不可能的事。

3. 　心靈原是一體不分的，身體則不然。² 當你把身體的特性硬套在心靈以後，分裂的幻相才可能發生。³ 從此，心靈好似變得支離破碎，成了一個孤單的個體生命。⁴ 然後又把那製造分裂的罪咎投射到身體上，讓身體受盡痛苦及死亡的折磨；而身體的侵犯更加深了心靈的分裂感，使它無從得知自己的本來身分。⁵ 心靈原本沒有攻擊力，卻有製造幻覺的能力，它會唆使身體代它出馬。⁶ 然而，不論身體怎麼做，似乎都滿足不了心靈。⁷ 除非心靈相信身體完全按照自己幻想的戲碼演出了，否則它就會打擊身體，在它身上投射更多的罪咎。

4. 　由此看來，心靈顯然是錯亂的。² 它明明沒有攻擊能力，卻堅稱自己能夠，還盡其所能地傷害身體來證明自己的能力。³ 心靈雖不可能攻擊，卻有自欺的能力。⁴ 它最大的本事就是騙自己確實打擊了身體。⁵ 它把自己的罪咎投射出去，但罪咎並不會因爲它的投射而消失蹤影。⁶ 儘管心靈確能曲解身體的功能，但它改變不了聖靈所賦予身體的功能。⁷ 身體不是愛的產物。⁸ 然而，愛不會詛咒身體，反而慈愛地善用它，一邊尊重上主之子所造的身體，一邊借用身體把他由種種幻相拯救出來。

5. 　你難道不想把分裂的手段轉譯爲救恩的途徑，而爲愛的目

標效命？²你難道不歡迎也不贊成把報復的幻想轉化為解脫的機會？³縱然你確信親眼看到身體分明有病，也不要把這知見投射在身體上。⁴因為那表示你企圖把原無殺傷力之物變得有殺傷力，這種妄念是不會有任何結果的。⁵上主只可能創造祂所願之物，這就是祂的旨意。⁶你無法把祂的旨意轉成毀滅的力量。⁷只有在幻境中，你才可能用自己的意願與祂的旨意抗衡，僅此而已。

6. 你把身體當作代罪羔羊，承受你的罪咎之苦，慫恿它發動攻擊，然後又為你唆使它做的事來怪罪它，實在是瘋狂至極！²你不可能把幻想轉為現實的。³因為你真正想要的其實只是那些幻想，它們與這具身體表現如何完全是兩回事。⁴那些幻想並不是身體夢想出來的；它原本可以成為你的助手，你卻把它視為罪魁禍首。⁵你的幻想把身體變成了自己的「敵人」，只因它脆弱無能，隨時會背叛你，難怪你對它如此痛心疾首。⁶你把全部的希望寄望於它，結果呢？⁷你痛恨這個報復的工具及罪咎之禍首，卻又不能不與它認同。⁸你就是這樣對待這原本無意義的身體：你封它為上主之子的居所，任它處處與上主之子為敵。

7. 這就是你所營造的上主居所。²上主與聖子是不可能進入這仇恨的庇護所的，因為你在那兒散播了復讎、暴力與死亡的種子。³你造出這具身體，供罪咎驅使，任它在你與其他心靈之間作祟。⁴心靈與心靈原是一體不分的，你卻不去認同它們，⁵寧可認同自己的私人監獄，切斷一切聯繫，向外聯繫不到任何人，也無人能聯繫到你。⁶你痛恨自己所造的這所監獄，一心想要毀掉它。⁷你就是不願從中脫身，還它一個清白，讓它全身而退。

8. 其實，那才是你唯一的脫身之道。²充滿復讎與報應的地方並非你的家園，你企圖私藏仇恨之處所也不是真的監獄，那純粹出自你的幻覺。³與萬物相通，屬於心靈的永恆資產，身體只是外加於心靈上的限制。⁴心靈的相通是向內運作的。⁵心靈只可能通向它自己。⁶它不是由許多部分湊合為一物，然後彼此相通互動的。⁷它也不向外拓展。⁸在它之內，是無限之境；在它之外，空無一物。⁹它涵容一切，¹⁰也包含了整個你；你在它內，它在你內。¹¹此外別無他物，不論何時，不論何地。

9. 身體在你的外邊，好似把你包裹起來，與外人隔絕，使你在

他之外，他也在你之外。² 這種身體並不存在。³ 上主與聖子之間並沒有這道藩籬，聖子也不可能與上主分離，除非在幻境裡。⁴ 這並非他的真相，縱然他確信如此。⁵ 然而，除非上主犯了大錯，他才可能如此。⁶ 那表示上主必有其他的創造方式，而且把聖子造成與自己不同的生命了。⁷ 那也表示祂不能不創造出種種不同的東西，把存在真相分成不同的層次，而愛只佔了其中一小部分。⁸ 但是，愛必須永遠肖似它自己，千古不易，也無可替代。⁹ 這才是愛。¹⁰ 你不可能在自己的周圍樹起屏障，因為上主絕不會在祂與你之間設置任何藩籬的。

10. 伸出你的手，向天堂高舉。² 你的手一握住弟兄的手，你們便開始超越了身體（但超越不了你），通向你們共同享有的真實身分。³ 這事怎麼可能發生於你之外？⁴ 怎麼可能發生於上主不在之處？⁵ 難道祂也成了一具身體不成？祂可能把你造得跟祂不一樣嗎？祂可能把你丟到自己不在的地方嗎？⁶「包」在你外面的其實是祂。⁷「含」在祂生命內的你，怎麼可能是有限的生命？

11. 每個人都可能有過某種「靈魂出竅」的經驗。² 那種解脫之感遠超乎你夢想特殊關係所能帶給你的自由。³ 那是一種好似擺脫一切限制的感受。⁴ 你只要深思一下就會明白，「靈魂出竅」不過是指一種剎那間意識不到身體的感受，心靈豁然開展，融入另一生命的那種合一之感。⁵ 你們一結合，另一生命便成了你的一部分。⁶ 雙方頓時感到完整，不再是個別的生命。⁷ 那一刻其實表示你放下了虛幻的有限意識，放下了你對合一的恐懼。⁸ 愛在剎那間取代了恐懼，伸向那釋放你的力量，結合於它內。⁹ 在那瞬間，你對自己的終極真相篤定不疑，而且不再畫地自限。¹⁰ 你終於擺脫了恐懼，進入平安之境，不再質疑真相，只是全然地臣服與接受。¹¹ 這才是你真正收到的禮物，而非那具身體；只要你的心靈不再接受身體的限制，你就與那超乎身體之物合一了。

12. 不論你跟自己結合的對象相隔多遠，不論你們各在天涯何處，不論你們的外型或氣質有何不同，絲毫無礙於你們的結合。² 時間變得無足輕重，你能與過去、現在或未來的任何一物結合。³ 這「任何一物」可以是任何東西，在任何地方；可能是一個聲音、一種景象、一個意念、一絲記憶，甚至一個泛泛的觀念。⁴ 然而，不論是什麼，你都會毫無保留地融入它內；因為你

衷心愛它，願意與它同在。⁵你會迫不及待迎向前去，讓自己的限制慢慢消融，輕輕拂去身體不敢違背的自然法則，不再受它的擺佈。

13. 這一解脫途徑，不含任何暴力，²也不會打擊到身體，你只是對它有了正確的認識而已。³它限制不了你，只因你不再接受它的限制。⁴你並非真被「提」到身體之外，只不過它再也禁錮不住你了。⁵你必會去到自己註定該去之地，重拾（而非失落）真正的你，也就是你的自性。⁶超脫身體限制的那些片刻經驗，其實就是神聖一刻的體驗：時空的障礙瞬間消失，平安與喜悅油然而生，尤其是失去了身體的意識，此時，你心裡再也沒有「這是否可能」的疑問了。

14. 這當然是可能的，只因你「願」如此。²神聖一刻最令人無法抗拒的魅力就是這種瞬間擴大的存在感；但別忘了，它只會應你的渴望而來。³它召喚你到神聖一刻的安全傘下活出真實的自己。⁴它會為你撤銷所有限制你的自然法則，將你迎入開放的心靈，享受片刻的自由。⁵到它的避風港來吧，在這兒，你才能安心地活出自己。⁶你無需經歷生死掙扎，也無需過關斬將，你只是靜靜地融入其中。⁷平安會在那兒加入你的陣容，只因你已心甘情願地放棄自己套在愛上的種種限制，在愛所在之處以及它領你前往之處與它結合，答覆它喚你回歸平安的溫柔呼聲。

柒. 我什麼都不需要做

1. 你仍然過分信賴身體，認為它是你的力量之源。²你每天的計畫裡，哪一個不是為了身體的舒適、保障或享受？³這樣把身體充當目的而非手段的心態，充分顯示出罪對你依舊充滿了魅力。⁴凡是仍以罪為目的的人，斷不可能接受救贖的。⁵如此，你就沒有善盡自己唯一的責任。⁶仍受痛苦與毀滅吸引的人，怎麼可能歡迎救贖的來臨？

2. 有一件事，你至今尚未完全做到，就是徹底放下你的身體。²身體有時可能會由你眼前隱沒一陣子，但不會全然消失。³我只要求你放下身體片刻，救贖的奇蹟便會在這一刻出現。⁴即便一

轉眼身體又回到你的視野，你對它的看法已跟以前大不相同了。
⁵你每忘卻身體一刻，都會讓你對身體產生截然不同的心態。

3. 　　身體連一刻都不曾存在過。²它不是存於你的記憶中，就是
存在你的期待裡，你從未當下經驗過它。³它是靠過去和未來襯
托自己的真實性的。⁴身體完全受時間的操控，因為罪咎絕不會
全面出現於當下。⁵只要有一刻體會出罪咎的魅力原來只是痛
苦，你對它就會避之猶恐不及了。⁶它在當下此刻是沒有吸引力
的。⁷罪咎的全部魅力都是想像出來的，不是過去的想法，就是
未來的想法。

4. 　　你必須甘願不再著眼於過去與未來，即使只是瞬間也好，
如此，你才可能全心全意接納神聖一刻。²你一旦想為這一刻作
準備，就已經把它推到未來了。³你只需真心渴望解脫，解脫在
那一刻就已來臨。⁴許多人耗盡畢生之力準備自己，這倒也會有
一時的成就；⁵本課程所要教你的，未必超過他們經年累月修出
的境界，然而我們只有一個目的，就是為你節省時間。⁶此刻你
也許很想嘗試其他漫長的修行之路，達成你想要的某個目的。
⁷但你要知道，與罪惡奮戰是很難獲得救贖的。⁸要把自己所痛恨
及藐視的身體變得神聖，那得投入多大的精力？⁹你若真心想要
放下身體，未必需要長年的冥想靜坐。¹⁰雖然那樣鍥而不捨的努
力，仍會有成功之日。¹¹但那些法門往往極其繁瑣複雜，費心又
耗時，因為它們全都讓人把當下的自己看得一無是處，而把解脫
寄望於未來。

5. 　　你的道路大不相同，但並非目的不同，而是方法不同。²神
聖關係只是為你節省時間的一種途徑。³你只需與弟兄同在一
刻，整個宇宙都非你們莫屬。⁴你已經準備好了。⁵如今，只需
記住，你什麼也不需要做。⁶如今，你若能把精力專注於這一事
上，遠比操心自己該做什麼，對你更為有益。⁷當平安終於降臨
那些與誘惑奮戰到底而不與罪惡妥協的人身上，或者當光明終於
得以進入冥想的心靈，或者任何人終於圓滿成就時，他們都會因
著同一覺悟而歡呼：「**原來我什麼都不需要做！**」

6. 　　這才是終極的解脫，每一個人遲早都會以自己的方式、在自
己的時刻覺悟到這一真相的。²你連這些時刻都不需要。³只要與

弟兄同在，這個時間就省下來了。⁴本課程用你們的關係當作幫你節省時間的特殊工具。⁵如果你還堅持採用他人推薦的特效方法，漠視這專門為你打造的法門，表示你沒有善用我們的課程。⁶你若只練習這一法門，放下其他的修行途徑，就等於為我節省了許多時間。⁷「我什麼都不需要做」好似一種宣誓，顯示出忠貞不二之心。⁸你若相信這句話，即使僅僅一刻的光景，你的成就會遠遠超過上百年的冥想或與誘惑奮戰的苦行。

7.　　不論你做什麼，都與身體脫離不了關係。²當你認清自己什麼都不需要做，等於撤銷了身體在你心中的價值。³這條捷徑為你開啓了一扇門，省下你累生累世的修行，幫你由時間的束縛下脫身。⁴這種修行法門會讓罪惡當下失去它所有的魅力。⁵因為在這一刻，時間被否定了，過去與未來亦不復存在。⁶什麼都不需要做的人，自然不需要時間。⁷什麼都不做，就是安息，在這一片淨土內，身體不再造作以爭取你的注意。⁸聖靈只可能降臨此地，且樂於常駐此地。⁹即使你一時忘失了這片淨土，身體又蠢蠢欲動而控制了你的意識之際，聖靈依然與你同在。

8.　　所幸，你永遠有這一席安息之地可以回歸。²而且你對這暴風眼之寂靜核心的敏覺度，遠遠超過了在它四周肆虐的風暴。³你什麼都不需要做，這寂靜的核心始終與你同在，讓你每天在為聖靈服務的忙碌行程中仍然得享安息。⁴因為這一核心會指點你如何以無罪的心態發揮身體之用。⁵身體無法存在於這一核心的，當你意識到這一核心，就會失去身體的意識。

捌. 小小的花園

1.　　正因身體意識的作祟，愛才好似處處受限。²因身體的目的即是為愛設限。³它源自「愛是有限的」信念，企圖限制那不可限制的愛。⁴不要以為這說法只是打個比方而已，身體真的是為了限制「你」而形成的。⁵當你看到自己活在身體裡頭，怎麼可能知道你原本只是一個「理念」？⁶世上每一樣東西，都得靠外在形狀才能指認出來。⁷若沒有身體或是你熟悉的形式，你連上主是什麼模樣都想像不出。

2.　　　身體不可能知道任何眞相。² 當你的意識受限於身體的小小感官時，是不可能認出那包圍在自己身上的莊嚴偉大的。³ 上主無法進入一具身體，你也無法在身體內與上主結合。⁴ 爲愛設限，等於將上主推出門外，存心與祂背道而馳。⁵ 身體就是企圖圈住你那光輝圓滿的小小理念的圍欄。⁶ 它好似從整個天堂撕下一小部分，畫個圓圈，把這一丁點的天堂圍起來，宣稱那是自己的王國，請上主止步。

3.　　　小我殘暴地統治著這個王國。² 它命你守住這一粒塵沙，與宇宙爲敵。³ 你若懂得欣賞心靈的整體，便不難看出，你心靈中微不足道的那一部分，有如太陽的一線微光，又如海面的一絲漣漪。⁴ 這一線微光開始自命爲太陽，那小得難以辨識的漣漪竟自詡爲海洋，眞是狂傲得不可思議。⁵ 想一想，你那微不足道的念頭，小得不能再小的幻覺，把自己與宇宙對立起來，它怎能不感到孤獨害怕？⁶ 因著它自己想要吞併太陽的企圖，太陽成了它的天敵；海洋好似也恐嚇著小小的漣漪，隨時要將它吞併。

4.　　　然而，太陽和海洋作夢都想不到居然有這般怪誕而荒謬的反應。² 它們只是依然故我，渾然不知自己內在極小的一部分竟會害怕且痛恨它們。³ 縱然如此，那一部分也絕不會失去太陽與海洋的，因爲它一離開了母體，根本無法生存下去。⁴ 它的整個存在完全依賴那一母體，不論它作何感想，都無法改變這一事實。⁵ 它的整個生命依舊留在母體內。⁶ 沒有太陽，陽光便消失了蹤影；沒有了海洋的漣漪，更是令人無從想像。

5.　　　凡是自認爲活在身體內的人，全都脫離不了這種怪異的境況。² 每一具身體裡面好似住著一個獨立的心靈，一個互不相通之念，孤獨地活著自己的生命，無法與創造它的聖念相通。³ 每一碎片看起來好似自給自足，偶爾也得依賴其他部分，但絕不至於全然依賴它唯一的造物主，或是需要生命本體賦予它存在的意義（只因它本身沒有任何意義）。⁴ 若與那本體分開，或是僅憑自己，那部分的心靈是沒有生命的。

6.　　　你的自性有如太陽與海洋一般依然故我，根本意識不到那自稱爲「你」的那一小部分。² 你並沒有失落這一部分，如果它眞的分裂出去了，根本不可能存在；缺少了它，整體也不再完整。

³它不是一個與其他部分互不相干的獨立王國。⁴它的周圍也沒有柵欄，阻擋它與其餘部分相通或與造物主繼續分裂下去。⁵這一小部分與生命整體毫無差別，它不只是整體生命的延續，它們根本是同一個生命。⁶它沒有自己的生命，因它的生命始終是自己受造之初的那個一體生命。

7.　　不要把自己看成如此渺小而孤立的生命。²連太陽和海洋都無法媲美真實的你。³陽光只能在太陽下發光，漣漪也只能在海面上輕舞。⁴你內所擁有的力量，讓太陽或海洋都自嘆弗如。⁵何苦留戀你的小小王國，戀棧那讓你辛酸且痛苦的王位？明知那兒一無所有，還拼命護守一片虛無？⁶那渺小的我其實不是你的國度。⁷在你小小王國之上，如彩虹一般環抱著你的愛，其實是那光明燦爛的生命本體，它把所有的幸福賜給了自己的每一部分，讓它們活得心滿意足。⁸連你自以為獨立出去的那一小部分也不例外。

8.　　愛完全不了解身體層次的事，它只會把自己推恩於與它肖似的受造生命。²愛完全不受限制，這正是愛的真諦。³它給出的愛必然徹底公正無私，它無所不包的特性確保了它推恩之物的完整。⁴你那小小的王國如此貧乏，⁵你為何還不呼求愛蒞臨此地？⁶看看你擁為重鎮的那片沙漠吧，它如此的乾涸、貧瘠、焦熱，了無歡樂的氣息，⁷你才體會得出愛所帶給你的喜悅與生命，愛來自何處，也願與你同歸何處。

9.　　上主的聖念環繞著你的小小王國，它正在你築起的藩籬之外等著你讓它照耀這一片荒土。²看哪，大地的生命即將欣欣向榮！³沙漠轉眼變為花園，青翠、深邃而寧靜，為迷失於荒野塵沙的流浪者提供了一處安歇之地。⁴愛就這樣在原有的荒漠為他們打造出一處庇身之所。⁵你在此接待的每一個人都會為你帶來天堂之愛。⁶他們來到這神聖之地時，是一個一個地進來，離去時，卻不再像以前那樣獨自離開。⁷他們所帶來的愛，不只伴隨他們左右，同樣也伴隨著你。⁸這小小花園會在你的慈心善意下不斷延伸，伸向所有渴望生命之泉卻感到舉步維艱的人。

10.　　去把他們找回來吧，因為只有他們才能幫你找回自性。²溫柔地將他們領入你的寧靜花園，且在自己的園中接受他們的祝

福。³ 你的花園便這樣延伸出去了，它會橫跨整個沙漠，使散居各地的小小郡國再也無法把自己封鎖於愛之外，而讓你一人獨守花園。⁴ 如此，你才可能認出自己的真相，親眼看見這小小花園緩緩地轉變成天國，閃耀著造物主無所不容的愛。

11.　　神聖一刻不過代表了你願邀請愛進入自己那荒涼而了無生趣的王國，且願將它轉變為一座洋溢平安與熱情的花園。² 愛不會不欣然俯允的。³ 它必會來臨，因為你不再拖著身體，也不再忙著設障，它才能乘願而來。⁴ 你在神聖一刻提出的要求，其實就是愛原想賜給每一個人的禮物，不多也不少。⁵ 因此，不論要求什麼，你都會如願以償的。⁶ 你那神聖的自性才能將你心靈中一直想要逃避天堂的那一小部分，一舉提到天堂。⁷ 當愛的某一部分向愛的本體求助時，是不可能徒勞無功的。⁸ 沒有一個上主之子能自絕於天父之外。

12.　　只要你低聲提出請求，愛不僅會進入你的特殊關係，還會全面參與，這一點你大可放心。² 你認不出愛已來臨，只因你還放不下自己存心抵制弟兄的那些障礙。³ 你和他是不可能獨自歡迎愛的來臨的。⁴ 只憑自己，你無法得知上主的存在；若非你的弟兄，上主也無法知道你的存在。⁵ 但是，你們一聯手，你不可能體驗不到愛，愛也不可能不知道你的存在，它必會在你裡面認出自己。

13.　　你已經抵達這古老旅程的終點了，只是尚不明白這一旅程早已結束。² 你感到疲憊不堪，沙漠的塵土仍然罩在你眼瞼上，讓你的視線模糊不清。³ 然而，聖靈會應你之邀前來。⁴ 祂一直在等待機會向你表達歡迎之意。⁵ 現在就接受祂的歡迎吧，因祂深願你知道祂的真相。⁶ 你與弟兄之間只剩下一層沙牆的阻隔。⁷ 只消輕輕一吹，哂然一笑，它就會應聲而倒。⁸ 你們便能雙雙走進愛為你們打造的花園了。

玖. 兩個世界

1.　　我曾經跟你說過，請把黑暗帶入光明內，把罪咎帶入神聖之境。² 我也曾說，錯誤必須在它的源頭修正過來。³ 因此，聖靈只

需要你獻出你那一小部分，也就是那好似分裂出去的小小念頭。
⁴ 其餘的部分，全是上主的事，你無需其他的指引。⁵ 只有你那
既瘋狂又錯亂的念頭有待拯救，因它在錯覺妄念下自恃爲圓滿而
全能的上主之子，獨立稱王，以瘋狂的暴政強迫你服從，淪爲它
的奴隸。⁶ 這正是你認爲自己由天堂偷走的那一小部分。⁷ 把它還
給天堂吧。⁸ 天堂絕不可能失落它，倒是你會因此失落天堂的慧
見。⁹ 現在就讓聖靈爲你取走那一小部分吧！也就是你分裂出去
的衰弱王國，它困在黑暗中，不能不發動攻擊來保衛自己，靠仇
恨來壯大自己的聲勢。¹⁰ 然而，上主之子的這一小部分，即使陷
於防禦的堡壘，依舊不失它的圓滿、神聖、平安、莊嚴，絲毫不
受你存心堵塞它的重重障礙所困圍。

2.　　　不要再搞分裂了，因眞正圍繞著它的「那一位」，已爲你帶
來了合一，祂還要把你陰暗的禮物放回永恆的光明。² 這事究竟
怎麼成就的呢？³ 其實，簡單無比，完全是靠你這小小王國的現
實眞相。⁴ 也就是你肉眼所見那了無生趣的陰暗荒漠。⁵ 那荒涼的
景象被扭曲到這一地步，你爲了限制自己的意識而製造出來的這
具身體，所傳給你的信息又是如此卑微有限、殘缺不全，如此荒
謬且無意義。

3.　　　這些神智不清的信息，好似在充滿形體的世界兜了一圈，然
後又回到製造它的心靈內。² 這些信息搖身一變而成了世界的見
證，證明世界的眞實不虛。³ 因爲是你派遣這些使者爲你帶回這
些信息的。⁴ 他們傳給你的信息，只限於表面現象。⁵ 沒有一個信
息能夠顯示出現象下面的深意，只因身體無此能耐。⁶ 肉眼看不
見，感官覺不出，口舌也無法言傳現象之下的深意。⁷ 只有上主
能夠領你一探究竟，只要你眞心願意跟隨聖靈，穿越那看似凶險
之地，且信任祂絕不會遺棄你。⁸ 祂絲毫沒有嚇唬你的意思，只
有你最愛嚇唬自己。⁹ 恐懼一出現，你就忍不住想要棄祂而逃；
而祂卻一心想帶你度過難關，更上一層樓。

4.　　　恐懼的小天地就藏在肉眼所見的那一層次底下，它成了整個
世界的存在基礎。² 世上的幻相、妄想、瘋狂、攻擊、憤怒、報
復、叛逆，全是爲了庇護罪咎而形成的，而世界又是爲了隱藏
這一企圖而形成的。³ 罪咎的那些陰影一旦浮現出來，足以覆蓋
罪咎顯而易見的表相，世界才會如此孤獨絕望而了無生趣。⁴ 然

而，這一罪咎的強烈程度卻被罪咎的重重掩飾遮蓋住了，讓你認不出罪咎與掩飾它的世界其實是同一回事。⁵身體無法看破罪咎的陰謀，因爲身體本身也是爲了掩飾罪咎而形成的，故絕不會讓你看清這一眞相。⁶爲此，肉眼從不著眼於自己的罪咎。⁷它們只會去看罪咎要它們看的東西。

5.　　　只要你還相信罪咎的眞實性，身體就不能不唯唯諾諾地接受罪咎的指使。²看似眞實的罪咎，其實是一種幻相，把自身變得如此沉重、晦暗而讓你看不透，它是小我思想體系的眞正基礎。³你很難看出罪咎薄弱與透明的一面，除非你著眼於它後面的光明，⁴你才可能看清罪咎不過是懸在光明之前的一片輕薄面紗而已。

6.　　　那看起來沉重無比的障礙、堅實如岩的人造地基，好似銅牆鐵壁，其實只是一團低垂的烏雲，擋在陽光前面。²它那無法穿透的外表，純粹是個幻相。³一遇到高聳的山峰，就會輕輕退讓，絲毫阻擋不了嚮往陽光而決心攀登頂峰的人。⁴它甚至擋不住一粒釦子掉落，也承受不了一根羽毛。⁵沒有東西能駐留其上，因爲它是一個虛幻的地基。⁶你只需伸手輕觸，它就消失了蹤影；你若企圖捕捉它，也一定撲個空。

7.　　　然而，你不難在這團烏雲中看到整個世界的生起。²堅實的山巒、湖泊、城市，有如海市蜃樓浮現在你的想像中；而你根據自己的知見所派出的信使，又會從烏雲那兒回來向你擔保那個世界眞實無比。³芸芸眾生不只影像鮮明，行動舉止都活靈活現；他們的外型變化萬千，有時可愛，有時古怪。⁴只要你還熱中扮家家酒的遊戲，他們就會輪番登場表演給你看。⁵不論你想在世界裡玩多久，加入多少自己的幻想，請你不要把這世界跟隱身其下的眞實世界混爲一談，更別企圖把它弄假成眞了。

8.　　　你也應當這樣看待罪咎那團烏雲，一眼看穿它的假相，不再把它當成眞人實物。²你若穿越過去，才不會撞得鼻青臉腫。³你內的「嚮導」領你穿越之際，必會同時教你看出烏雲的空無，因爲一個光明世界就在它的下面，烏雲無法在那世界投射任何陰影。⁴那些陰影只會投在烏雲上端的世界，因爲它與光明仍有相當的距離。⁵但它是無法侵入從烏雲到光明之間那塊地方的。

9.　　　這光明的世界，燦爛的天地，才是眞實世界，也才是罪咎與

寬恕的交會點。² 你若由此向外瞻望，世界顯得煥然一新，毫無罪咎的陰影。³ 在此，你已被寬恕，只因在此，你已寬恕了每一個人。⁴ 新的知見由此而生，你會看到萬物閃爍著純潔無罪的光輝，因爲它們已被寬恕的清泉洗淨，滌除你投射其上的一切邪念。⁵ 在此，上主之子不會受到攻擊，反而處處受歡迎。⁶ 在此，你的純潔無罪等著爲你打點行裝，保護你，幫你準備好踏出內在旅程的最後一步。⁷ 在此，它開始褪下罪咎那黑暗而沉重的外衣，純淨無比的愛會溫柔地取代罪咎。

10. 連寬恕也不是這一旅程的終點。² 寬恕雖能造出美妙之物，卻沒有創造的能力。³ 縱然它是療癒之源，但它充其量也只是愛的使者，而非愛的源頭。⁴ 在此，上主會親自引導你，自由無礙地踏出祂最後的一步，因爲此地已無任何東西妨礙得了愛活出自己的眞相了。⁵ 越過寬恕的聖地，繼續向心靈深處推進的那一步，可不是你所能踏出的，你是被它保送到一個截然不同的新天地。⁶ 你終於抵達了光明的源頭，此地不再有知見，不再需要寬恕，也不再變化無常。⁷ 你只是被祂「知道」了而已。

11. 本課程只能將你導向眞知，然而眞知本身卻超乎本課程的能力範圍。² 我們不必勉爲其難地討論那超乎言詮之事。³ 我們只需記住，凡是已抵達眞實世界的人，註定會超越過去的；只是，超越的方式絕對是你後天學來的那一套所望塵莫及的。⁴ 學習的盡頭，即是上主的起點，一切學習到祂這兒就結束了，因爲祂是圓滿的。祂開始的那個起點是沒有終點的。⁵ 我們不必爲那「不可說」或「不可修」之境枉費精力。⁶ 那已非學習能力所能及。⁷ 但我們必須爲眞知之境準備自己，這是我們不能不修的功夫。

12. 愛不是學習來的。² 它的意義存於自身之內。³ 當你終於全面認清了愛「不是」什麼之時，學習就結束了。⁴ 然而，愛所「不是」的那一切最多只是有待化解的一些干擾而已。⁵ 愛不是學習來的，因你沒有一刻不知道它的眞相。⁶ 當造物主臨在你內時，學習變得一無所用，祂對你的認知及你對祂的認知，遠遠超過了任何學習，而且還會使你過去所學的一切變得毫無意義。從此，愛的眞知以及愛的唯一眞諦才能一舉取代了你的學習。

13. 你和弟兄的關係也會從那魅影幢幢的世界救拔出來，那原本

不神聖的目的必會安然穿越罪咎的重重關卡,接受寬恕的洗滌,重新安穩且榮耀地紮根於光明世界。[2] 這關係會由光明世界召喚你跟隨它前進,它會溫柔地帶你越過黑暗,把你安然送到天堂門口。[3] 你與弟兄結合的那個神聖一刻,其實就是超乎寬恕之境所送來的愛之使者幫你憶起那超乎寬恕的世界。[4] 然而只有透過寬恕,你才可能憶起這一世界。

14.　　當上主的記憶在神聖的寬恕之境浮現於你心中,你就再也記不得其他事物了;記憶便與學習一般失去了作用,此後,你的生命只有一個目的,就是創造。[2] 但除非所有的知見都被洗滌淨化、徹底清除,你才可能真正知道生存的目的。[3] 寬恕只會撤銷本來就不真實之物,消除了世界的陰影,溫柔無比又萬無一失地把它保送到光明世界,那兒只有嶄新且純淨的新知見。[4] 如今,你終於找到存在的目的了。[5] 平安就在那兒等候著你。

第十九章　平安之境

壹. 療癒與信心

1.　　我們已經說過，只要你全心致力於真相，不論在何種際遇下，必能活得心安理得。²故平安之心成了測量你的努力是否全心全意最可靠的試金石。³我們也曾說過，若無信心，你是不可能安心的，因為凡是全心致力於真相之人，必須憑藉信心才能完成這一目標。⁴你的信心還需要把所有相關的人都包括在內才行；唯有如此，方能看出這個際遇的全面意義。⁵你不能遺漏任何一人，否則你的信心便會受限，你的奉獻也將殘缺不全。

2.　　不論何種際遇，只要你有正確的認知，便是上主之子的療癒機會。²他之所以獲得療癒，是因你給了他你自己的信心，又將他交託給聖靈，同時撤銷了你的小我對他所有的要求。³唯有如此，你才可能看出他原是自由的，這正是聖靈願與你分享的慧見。⁴祂也只能藉著與你分享而給出這一慧見，且經由你而療癒別人。⁵這一目標因著你與祂共襄盛舉變得真實無比，是你圓滿了這一使命。⁶這就是療癒。⁷身體也會隨之獲癒，因為你已不再依恃身體，直接融入了療癒之源的天心。

3.　　身體沒有療癒的能力，它也沒有讓自己生病的能力。²它不需要療癒。³身體健康與否，端賴心靈如何看待它，以及讓它致力於何種目標而定。⁴無可諱言的，心靈內有一部分確實能夠把自己置身於宇宙唯一的目的之外。⁵一旦如此，身體便淪為心靈的武器，抵制那唯一的目的，為分裂的「現實」作證。⁶身體便這樣淪為幻相的工具，對幻相言聽計從，一味著眼於不存在之物，只會聆聽真理從不曾說過的事，活得神智失常，最後陷於瘋狂。

4.　　不要輕忽了我們先前說過的，「不信」之心會直接把你打入幻境。²因為視弟兄為一具身體的眼光充分顯示出你的不信心態，使身體再也無法為合一的目標效力。³你若視弟兄為一具身體，等於自絕於你們的結合境界之外。⁴你對他的不信是你們分裂的肇因，使得你們兩人都與療癒失之交臂。⁵你的「不信」其

實是在抵制聖靈的目標，而讓那些以身體爲核心的種種幻相得以橫梗於你們之間。⁶身體便會顯現生病的模樣，因爲是你把它當成了療癒的「大敵」，與眞理對立。

5.　　每個人都明白信心與「不信之心」是相對的。²然而，很少人能看清兩者截然不同的運作方式乃是直接源自兩者迥然相異的本質。³不信志在設限與攻擊；信心則旨在爲你除去限制而重歸完整。⁴不信志在破壞與分裂；信心則旨在結合及療癒。⁵不信存心讓幻相橫梗於上主之子及造物主之間；信心則務求除去那些似有還無的障礙。⁶不信全心致力於幻相；信心則專一心志於眞相。⁷人不可能只作片面的奉獻。⁸眞相內不可能有幻相，幻相內也不可能有眞相。⁹兩者絕對無法妥協並存，也不可能同時出現。¹⁰你若同時爲雙方效命，等於給自己一個永遠無法達成的目標。一部分的目標會借助於身體，把身體當成尋求眞相的攻擊武器；¹¹另一部分又眞想療癒，轉而求助心靈，而非身體。

6.　　最後不能不妥協，就是相信眞正需要治療的只有身體，而非心靈。²內在分歧的目標會賦予身體與心靈同等眞實性；此計若想得逞，唯一的辦法就是先把心靈限制於身體內，再把心靈分割得支離破碎，表面依舊維繫爲一個整體，內在其實毫無關連。³這伎倆雖不至於傷害身體，卻使這虛妄的思想體系從此深植人心。⁴這才是眞正需要療癒之處。⁵而療癒也只可能發生於此。⁶因上主不會給你一個與病症無關的療癒；也不會在不可能生病之處爲你下藥。⁷處方與病症不能各行其是；唯有兩者同時進入你的視野，你才會識破自己想把眞相與幻相並存心中的企圖（它們也只可能存於心中），且看清了這不過是爲幻相效命的伎倆；當這企圖一被揭露，你就會棄之如敝屣；因爲不論從什麼角度來看，它與眞相都勢不兩立。

7.　　眞相與幻相之間毫無關連。²這是永遠不變的眞理，不論你如何費心爲兩者牽線。³但幻相與幻相之間卻常互通聲息，眞相與眞相亦然。⁴兩者都自成一體，各有一套完整的思想體系，彼此卻不通聲息。⁵你一旦認清這個事實，便不難看清分裂的關鍵以及有待療癒之處。⁶一個觀念所產生的後果一定離不開它的源頭。⁷分裂的觀念形成身體之後，依舊藕斷絲連，它還會害身體生病，只因心靈把自己與身體視爲同一物了。⁸你以爲藏匿起身

體與心靈的關係就能保護身體，或者隱藏了心靈對身體的認同就能不受眞相的「威脅」，其實大謬不然。

8.　　但願你了解這一怪異的隱藏企圖對你的心靈會造成多大的傷害，又如何混淆了你的自我認同。² 你看不出自己的不信所構成的嚴重傷害，因不信是一種攻擊行爲，它的後遺症又會給你更多的攻擊藉口。³ 因爲信心一被撤去，你就會看到對方實在不值得你信任，你便再也跨越不過那道障礙，看不見那始終與你一體的生命。

9.　　充滿信心的人已經療癒了。² 那是你已親自接受了救贖而且與人分享救贖的一個標誌。³ 因著信心，你把自己所接受的禮物，也就是從過去解脫的自由，帶給所有的人。⁴ 你再也不會用弟兄的過去爲此刻的他定罪了。⁵ 你會甘心罔顧他所有的過錯，越過你與他之間所有的障礙，而看出你倆原是同一生命。⁶ 唯有這一體性才會讓你看出自己對他的信心乃是理所當然的。⁷ 你的不信才師出無名，唯有信心始終顯得天經地義。

10.　　信心與恐懼是相對的，信心與愛的關係就像恐懼和攻擊的關係一樣深。² 信心等於肯定了你們的一體性，³ 也等於慨然肯定了每一個人都是天父至愛之子；天父愛他如同愛你一樣，你也愛他如愛自己一般。⁴ 是祂的聖愛將你與弟兄結合爲一個生命的，你若想得到祂的愛，就不能讓任何人得不到你的愛。⁵ 每個人都會像你在神聖一刻所見到的那個模樣，他們全都結合於你決心擺脫罪咎的目標之中。⁶ 你在他內看到了基督，他就被你療癒了，因爲你已能在每個人身上看到永遠值得你相信之物。

11.　　信心是上主透過祂所賜你的聖靈而給你的禮物。² 你若以不信的眼光去看上主之子，自然會評判他不配得到寬恕。³ 但在信心的眼裡，上主之子早已被寬恕，所有咎由自取之舉並未傷他分毫。⁴ 信心只會著眼於當下此刻的上主之子，不再根據過去而加以評判；信心在他內只會看到它在你內所見的一切。⁵ 信心從不借助於肉眼，也不會從外在形體去找尋值得它相信的理由。⁶ 信心乃是新知見所派出的使者，它會爲這新知見的來臨尋找見證，再把見證的訊息帶還給你。

12.　　信心很容易轉爲眞知，就像眞實世界一樣。² 因爲信心出自

聖靈的知見，是你與聖靈英雄所見略同的一個標誌。³ 信心是你透過聖靈而獻給上主之子的一個禮物，天父也會像聖靈一般地欣然接納。⁴ 因此，這也是給你的禮物。⁵ 在這新目標下，你的神聖關係會給你信心，讓你分享給所有的弟兄。⁶ 你以前因著不信而造成了你們的分裂，使你無法在他內認出救恩之所在。⁷ 如今，信心藉由你在他內看到的神聖本質而將你們重新結合為一；這不是靠你的肉眼，而是透過聖靈的慧眼，只有在祂內，你們才有合一的可能。

13. 恩典不是賜給身體的，而是給心靈的禮物。² 心靈一接受了恩典，眼光立刻超越身體而看到那早已療癒它的聖地。³ 那就是天恩霈降與天恩永在的祭壇。⁴ 你也會獻給弟兄這一恩典與祝福的，因為你們如今已立於同一祭壇前，上面供著上天為你們兩人共同準備的恩典。⁵ 願你們在天恩中一起獲得療癒，然後透過信心療癒所有的人。

14. 在神聖一刻中，你與弟兄並肩立於上主為祂自己也為你們兩人設立的祭壇前。² 放下你的不信吧，一起來到祭壇前。³ 在那兒，你會看到你的人際關係在信心中重生的奇蹟。⁴ 在那兒，你終於體悟出，世間沒有信心無法寬恕之事。⁵ 它平靜的眼神不受錯誤的干擾，不論哪一種錯誤，都會同樣輕易得到療癒的奇蹟。⁶ 你從祭壇派出的愛的使者所發出的愛心善行，不斷為你們送回佳音，報告它們在你與弟兄身上完成的奇蹟。

15. 不信會使你們小小的國度陷於孤立而荒蕪，信心則能幫助聖靈耕耘祂所打造的神聖花園。² 信心是要給你平安，因此它必須邀請真理同行，才能將已經準備好的花園打造得美輪美奐。³ 真理會尾隨信心與平安而至，為它們所進行的美妙工程劃下圓滿的句點。⁴ 由於信心是有待學習的，學習完成之後，就沒有存在的必要了。⁵ 然而真理卻會存留永遠。

16. 為此，把你的精力奉獻於永恆大業吧，學習怎樣才能不干擾它的運作，使它不致淪為時間的奴隸。² 凡是你認為是為永恆而做的事，其實是為你自己做的。³ 凡是出自上主創造的聖子，與造物主一樣貴為萬物之主，自然不受萬物的奴役。⁴ 你只能奴役身體，觀念卻是自由的，不受任何形式的囚禁或限制，只有想出

這觀念的心靈才有這種能力。⁵ 觀念始終都與念頭之源同在，因此，心靈才是觀念的繫鈴與解鈴之人，就看它要爲自己選擇哪一種人生目標了。

貳. 罪惡與錯誤之別

1.　　切莫把錯誤與罪惡混爲一談，這一點極其重要，唯有辨明兩者的不同，你才有得救的可能。² 因過失能夠修改，錯誤得以匡正，³ 然而，罪若眞的存在，就會回天乏術了。⁴ 罪的信念必然建立在相信「只有心靈才有攻擊的能力，身體無此能耐」的信念上。⁵ 因此，眞正有罪的乃是心靈；除非外面有另一心靈赦免它的罪，否則它就會百罪難消，萬劫不復。⁶ 罪惡要求懲罰，錯誤只待修正，相信懲罰等於修正的人，顯然已經精神錯亂了。

2.　　罪不是一個錯誤，罪的觀念隱含了錯誤所沒有的傲慢心態。² 犯罪，表示你不只冒犯了眞相，並且詭計得逞。³ 罪，等於聲明攻擊確實發生了，你理當爲此感到罪咎。⁴ 它認定上主之子眞的犯了罪，必然喪失了純潔本性，就這樣，上主之子把自己轉變爲另一個與上主創造初衷截然不同的生命。⁵ 由此證明上主的創造絕不可能是千古不易的，祂的旨意也會遭人抵制而挫敗。⁶ 罪是一個極大的幻相，凸顯出小我所有的傲慢與自大。⁷ 它好似改造了上主，使祂不再圓滿無缺。

3.　　上主之子會犯錯，他能欺騙自己，甚至用心靈的能力與自己爲敵。² 但他無法犯罪。³ 不論他做什麼，都不可能改變他的生命眞相，更不可能讓自己變成眞正的有罪之身。⁴ 罪的意圖就是讓你感到罪孽深重，這正是它的目的所在。⁵ 然而，不論這個罪惡的念頭瘋狂到什麼地步，也不可能弄假成眞的。⁶ 罪惡的報酬是死亡；問題是，不朽的生命怎麼可能死亡？

4.　　小我的瘋狂信仰中有一基本信條：罪絕不是一個錯誤，它是事實眞相；純潔無罪之說才是自欺欺人。² 純潔被視爲一種傲慢，承認自己罪孽深重，反而被視爲一種聖德。³ 這類教義存心否定天父爲聖子創造的永恆不變的眞相。⁴ 這豈稱得上謙遜？⁵ 它其實是在暗中扭曲造化的眞相，使它再也看不見自己的眞相。

5.　　把罪詮釋為錯誤，在小我眼中是無法自圓其說的。² 罪的觀念在小我思想體系裡神聖而不可侵犯，你必須對它抱以敬畏之心。³ 它是小我體系中最「神聖」的觀念，不只惹人憐愛，還有呼風喚雨之力，它真實不虛，你應不遺餘力地加以保護。⁴ 罪也是小我最「高明」的防衛措施，其餘的伎倆只是為它搖旗吶喊而已。⁵ 罪是小我的盔甲，它的保護者，也是特殊關係在小我心目中的真正目的。

6.　　我們確實可以說，小我的整個世界都是建立在罪之上的。² 只有這種世界才會如此是非顛倒。³ 就是這種詭譎而虛幻的「罪」撒出了「咎」的天羅地網，密不透風，把人壓得喘不過氣。⁴ 整個世界就這樣在罪咎中找到一個穩固的基地。⁵ 因為罪已將一切造化由上主的神聖理念改造為小我理想中的模樣，小我世界於焉形成。它造出了一堆喪失心靈的身體，逃避不了腐朽與死亡的結局。⁶ 如果這只是一個誤解，真相便能輕而易舉地將它化解。⁷ 只要你肯讓真相去評判，任何錯誤都會當下獲得修正。⁸ 但錯誤一旦篡奪了真相的寶座，它還能往何處接受修正？⁹ 小我就是靠這詭譎的伎倆保住了罪的「神聖」地位。¹⁰ 罪一旦取代了真相，自然變得凜然不可侵犯，一切都得歸它審判。¹¹ 罪若只是一個誤解，你只需把它帶到真理之前。¹² 你不可能「相信」罪的，因為罪根本是一種「不信」心態。¹³ 然而，你仍有理由相信錯誤是可以修正的。

7.　　在小我嚴陣以待的防禦堡壘下，沒有一塊基石會比「相信罪是真實的」這個觀念受到更嚴密的保護了，上主之子重新打造了一個自我來取代本來真相之後，不可能不生出這一觀念的。² 對小我而言，這可不是什麼錯誤。³ 因為這是它存在的現實，它一旦成為「真相」，就再也無人能夠逃出它的魔掌了。⁴ 這一信念構成了上主之子的過去、現在及未來。⁵ 因他似乎已打垮了自己的天父，徹底改造了上主的心靈。⁶ 他也許會為那已被罪處死的上主哀悼，⁷ 而大快小我之心，因它已瘋狂到相信自己真能打敗上主的地步了。

8.　　你難道不希望這一切只是一個能夠全面修正的誤解，而且你能輕易擺脫所有的遺害，就像走過迷霧或迎向陽光一般？² 事實就是如此。³ 有時你還會忍不住認同小我之見，覺得有罪會比犯

錯對你更為有益。⁴但在作此選擇之前，請務必三思。⁵切莫掉以輕心，因為天堂或地獄，就在這一念之間。

參. 罪的不真實性

1.　　只有在罪裡頭你才看得到咎的魅力，錯誤則缺乏這種吸引力。²正因咎的魅力，罪才會周而復始，不斷重現。³你會因為對罪的極度恐懼而不讓罪公然露面。⁴然而，只要罪咎的魅力存在一天，心靈就深受其苦，更難擺脫罪的觀念。⁵因為咎會不斷吸引罪前來，心靈隨時聽到它的呼喚，渴望它的來臨，自甘屈服於它病態的魅力之下。⁶罪屬於無法修正的一種邪惡，這正是它的永恆魅力。⁷在小我心目中，罪是構成你之為你的基本要素，因此你才會對它如此戀戀不捨。⁸唯有不受罪所控制的那位「降報應於人間」的判官，才能用恐怖手段幫你撲滅這種罪惡感。

2.　　小我絕不會相信罪真正渴望的是愛而非恐懼，愛也**一直都在答覆它的祈禱**。²小我會把罪帶到恐懼前，要求懲罰。³然而，懲罰只是保護罪咎的另一種手法而已；因為該受懲罰的，表示確有其事。⁴懲罰一向是罪最有效的護身符，它對罪絕不會掉以輕心，甚至萬般推崇罪的嚴重性。⁵凡是必須懲罰的，表示它必是真的。⁶凡是真實的，必是永恆的，且會永無止境地循環下去。⁷因為只要你認為是真的東西，必會想盡辦法得到它，而且絕不輕言放棄。

3.　　反之，錯誤則沒有這種魅力。²只要你看清那只是一個錯誤，自然會想要修正它。³至於罪，則會一再重演，即使令人飽受痛苦，罪的魅力始終不減。⁴你一旦把罪「降格」為一種錯誤，⁵就不會舊戲重演了，你會當下打住，放棄那老戲碼，除非罪咎依然在你心裡作祟。⁶果真如此，你就會設法改換罪的外形；即使承認那是一個錯誤，你也無意修正過來。⁷這表示你對罪的看法並未真正改變；因為只有罪才會要求懲罰，錯誤則不致如此。

4.　　聖靈不可能懲罰任何罪惡的。²祂只認得錯誤，且按照上主委託祂的方式逐一修正。³祂不知道罪，也不認得任何修正不了

的錯誤。⁴ 因爲「無法修正的錯誤」對祂是一種不可理喻的觀念。⁵ 犯錯只是爲了修正，此外別無其他目的。⁶ 凡是尋求懲罰的心聲，絕不會如願以償的。⁷ 每一個錯誤其實都是向愛求助。⁸ 那麼，罪又是什麼？⁹ 它不過是你存心隱藏的錯誤而已，是你不想要別人聽見也不眞想得到答覆的求助之聲。

5.　　在時空領域裡，聖靈很清楚地看到上主之子是可能犯錯的。² 只有在這一事上，你和聖靈英雄所見略同。³ 只是你沒有祂洞察時間與永恆之別的本事。⁴ 待你完成修正的功課以後，時間便成了永恆。⁵ 聖靈會教你不同的時間觀念，越過時空的限制去看一切，但關鍵在於你得先放下罪的信念。⁶ 你只能把它當成一種錯誤，如此，心靈才能予以修正。⁷ 但是罪卻屬於一種信念，要你相信自己所見的景象不可能改變，心靈便不得不把罪所教你的那一套當眞。⁸ 心靈若不聽信它那一套，反而會被認爲神智失常。⁹ 於是，原本足以改變知見的唯一能力頓時感到欲振乏力，由於心靈害怕無所不能的「聖師」會改造自己的知見，索性就把那能力轉交給身體使用。

6.　　當你忍不住想要承認罪的眞實性之際，請記住這點：如果罪是眞的，上主和你就不可能是眞的。² 創造屬於一種自我延伸並向外推恩的能力，故造物主不能不將自己延伸出去，而祂推恩出來的這一部分也不可能和另一部分有所不同。³ 罪如果眞的存在，等於上主跟自己起了內訌。⁴ 祂必分裂了，分裂成善與惡兩部分，一部分清明正常，一部分瘋狂失常。⁵ 這又影射出上主必已造出一個企圖毀滅且也有能力毀滅上主自己之物。⁶ 承認自己僅僅誤解了一切，難道不比你相信上述說詞還來得容易嗎？

7.　　你若相信自己和弟兄的眞相都限於這一具身體內，你不可能不相信罪的。² 你若相信身體眞有結合的能力，你會感受到罪咎的吸引，而且相信罪的可貴。³ 你一旦相信身體限制得了心靈，這一信念會讓你在世上處處看到分裂的證據。⁴ 上主與祂的造化好似分道揚鑣，各行其是，祂們的國度也好似整個被你推翻了。⁵ 罪是爲了向你證明上主的神聖造化不僅抵制不了罪，而且在罪的淫威之下自身難保。⁶ 罪顯得比上主還偉大，連上主都不能不俯首稱臣，將自己的造化拱手讓給這位霸主。⁷ 這種信念究竟是謙虛，還是瘋狂？

8.　　　如果罪真的存在，你就永無療癒的指望了。²正因那影射出上主之外還有一股更大的勢力，而且別有企圖，足以打倒上主的旨意，給聖子另一個與上主不同甚至高於上主的旨意。³上主的造化便如此分裂了，各懷鬼胎，不只與他的旨意抗衡，彼此也永遠處於對立狀態。⁴如今，你的神聖關係有了另一目的，就是為你證實絕對沒有上述那種事情。⁵天堂會以微笑相迎，罪的信念就在愛的微笑中煙消雲散了。⁶但你仍會看見罪的蹤跡，因你尚不明白罪的根基早已撤除了。⁷它的源頭一旦撤除，罪咎最多只會在你身邊徘徊片刻便消失蹤影。⁸然而，你仍可能習慣性地不時探尋它的蹤跡。

9.　　　只是，你如今看它時，嘴角會帶著天堂的微笑，眼中只會看到天堂的祝福。²你的眼光不會老在罪上徘徊。³當罪的蹤影一現，心靈會用新知見來修正，罪便消失了蹤影。⁴你會愈來愈快認出錯誤，也會愈來愈快扭轉過來；這才算是療癒，而非隱藏起來。⁵只要你不再賦予罪控制你弟兄的能力，你就在那一刻獲得了療癒，不受罪的怒焰所苦。⁶為此，你會樂此不疲地幫弟兄克服種種錯誤，讓他由罪的信念脫身。

10.　　　在神聖一刻中，你會看見天堂的微笑映照在你與弟兄的臉上。²你同時照亮了他，而且欣然接受他為你帶來的天恩。³因罪抵制不了那在天堂微笑下蒙受祝福的合一境界。⁴你的知見便在天堂賜於你的神聖一刻獲得了療癒。⁵忘卻你以前看到的一切吧，抬起雙眼，懷著信心去看眼前之物。⁶遮蔽天堂的障礙便會在你神聖的眼光下知難而退；以前總是視而不見的你，終於喜獲慧見，看清了真相。⁷別再回頭去找你已清除的障礙了，純然著眼於天堂為你展現的榮耀吧！

11.　　　仰望你那神聖的救世主吧，你會看到祂在你弟兄身上顯示給你的一切，切莫讓罪死灰復燃而遮蔽了你的眼睛。²因罪存心要你與弟兄分裂下去，你的救世主卻請你視弟兄如己。³你的人際關係如今已成了療癒的聖所，所有勞苦困頓的人得以安息於你內。⁴這個安息之所等待所有風塵僕僕的浪子歸來。⁵所有的人都會因著與你的關係而愈來愈靠近這安息之地。

肆．平安的障礙

1.　　當平安由你心靈深處向外延伸，涵攝了整個聖子奧體，且為它帶來安息之際，途中會歷經不少障礙。² 有些是你存心自找的。³ 其餘的則好似外界加於你的，可能來自你的弟兄，也可能基於形形色色的外在因素。⁴ 然而，平安會溫柔地越過它們，暢行無阻地向前流去。⁵ 聖靈將自己的目的透過你的人際關係延伸到他人身上，溫柔地把他們引入平安，就這樣，祂把方法與目的連結起來了。⁶ 祂放在你和弟兄心靈深處的平安，也會悄悄延伸到你生活的每一層面，使你與弟兄都沉浸在幸福中，容光煥發，享受上天對你無微不至的照應。⁷ 凡是願意接近你心靈聖殿的人，都會從你帶給他的愛、安全和自由的訊息中獲得療癒。⁸ 你不會只在那兒靜候良機，你還會殷殷呼喚，使他得以循聲而應，而且在你的呼喚中認出那原是他自己向上主的呼喚。⁹ 你就這樣把他吸引進來了，與他共享上天賜你的安息。

2.　　你會這樣做的。² 只是你得先把心靈深處的平安向外推恩，讓它流過你自己置於平安前面的障礙才行。³ 你會這樣做的，因為凡是與聖靈聯手的事，絕不可能中途而廢。⁴ 身外所見之物，你一概沒有把握；你有絕對把握的只有這件事：聖靈期待你獻給祂一處安息之地，供你安息於祂內。⁵ 祂不僅會答覆你的祈求，還會加入你的人際關係。⁶ 你此刻難道不願回報祂的恩典，與祂建立關係？⁷ 是祂給了你這個人際關係，若非這一神聖禮物，你永遠也無法欣賞自己的弟兄。

3.　　你欠祂的恩情，祂只要求你為祂接收下來。² 當你用慈悲溫柔的目光看待弟兄時，你等於看見了祂。³ 因為你的目光正落在祂所在之處，而非祂之外。⁴ 你無法看見聖靈，然而你卻能看清弟兄的真相。⁵ 他們內在的光明會幫你看到你真正需要看到之物。⁶ 等到你內在的平安已能推恩於每一個人，聖靈便完成了祂在世的任務。⁷ 此後，還有什麼值得你矚目的？⁸ 當上主親自踏出了最後的一步，聖靈就會蒐集你所獻給祂的一切感恩，以祂至聖聖子之名，輕輕放置於造物主前。⁹ 天父也會因聖子之名而接收你的禮物。¹⁰ 面對天父對你的感恩，還有什麼值得你追尋的？

一．第一個障礙：驅逐平安的欲望

1. 　　平安必須通過的第一個障礙，即是你想要驅逐平安的欲望。[2] 因為你自己必須先擁有平安，才可能推恩於人。[3] 平安必須以你為核心據點，向外放光，吸引他人進入你的心中。[4] 你是平安的家，它寧靜的居所，平安必須由你這核心默默向外推恩，卻一步不曾離開過你。[5] 你若存心讓平安流離失所，它還有機會安住於上主之子內嗎？[6] 平安若想運行於整個造化之中，就必須由你開始，並且從你延伸向每一位求助之人，讓他得以結合於你內而獲享安息。

2. 　　為什麼你要讓平安流離失所？[2] 它若進駐你心內，會剝奪你什麼？[3] 你不甘付出的代價究竟是什麼？[4] 在你與弟兄之間仍然橫梗著一座小小的沙丘。[5] 如今，你難道還想去鞏固那個障礙不成？[6] 基督請求你放下它，不只為了你的緣故；[7] 祂要你為祂而放下。[8] 只因祂一心想把平安送給每一個人；除非經過你，祂別無他路可循。[9] 你難道還想讓那有如沙丘或塵灰之牆的小小障礙硬擋在你的弟兄與救恩之間？[10] 當你把心中的平安推恩出去時，所遭遇到的第一個障礙即是你攻擊弟兄的傾向，那個念頭仍在你心中隱隱作祟。[11] 這面小小的怨憤之牆，企圖跟上主旨意作對，令上主壯志難伸。

3. 　　聖靈的目的其實就存於你心靈深處的那個平安裡。[2] 只不過你仍不願讓它全面融入你的生命而已。[3] 你仍想為自己保留一點私心，抵制上主的旨意。[4] 這一點私心反映出你想限制那個整體生命的企圖。[5] 上主只有一個旨意，而非很多旨意。[6] 世上沒有一物推翻得了祂的旨意，因為除此之外，別無其他旨意。[7] 你為了繼續與弟兄分裂而故意隱藏在那小小障礙之後的一點私心，看起來威力無窮，讓整個宇宙及造物主一籌莫展。[8] 這小小的一面牆竟想隱藏天堂的目的，使天堂無法完成它的目標。

4. 　　你豈會當著救恩的施主之面把救恩棄如敝屣？[2] 然而你確實幹了此事。[3] 幸好，平安不會離你而去，就如它不可能離開上主一樣。[4] 不要害怕這小小的障礙。[5] 它限制不了上主的旨意。[6] 平安遲早會流過那一障礙，通行無阻地融入你的生命。[7] 沒有人扣留得住你的救恩。[8] 而救恩正是你此生的目的。[9] 你沒有放棄它

的自由。¹⁰ 離開了弟兄，離開了你要求聖靈賜給你的那位弟兄，你等於失落了生存的目的。¹¹ 只要平安一展翅，這面塵灰之牆便會悄然坍塌。¹² 平安會從你這兒向世界送出它的使者；而使者一到，所有的藩籬都將應聲而倒，你便能輕易越過自己為平安設置的障礙了。

5.　　　戰勝世界並不比越過那一小片灰牆更難。² 所有的奇蹟都離不開你撤除了障礙之後的神聖關係那一奇蹟。³ 奇蹟沒有難易之分，它們全是同一回事。⁴ 每一個奇蹟不過代表了愛的呼喚溫柔地征服了罪咎的訴求。⁵ 不論你由何處下手，不可能得不到這一奇蹟的。⁶ 罪咎打造不出真正的藩籬，阻止不了愛的來臨。⁷ 只要你一答覆愛的呼喚，狀似梗在你和弟兄之間的障礙便會消失得無影無蹤。⁸ 你必須先答覆他，才可能聽到聖靈給你的答覆。⁹ 你的神聖關係就是祂的家。¹⁰ 祂的神聖目的即是你存在的目的，切莫從中阻撓。¹¹ 祂是為了所有的人才給你這人際關係之奇蹟的，為此，讓祂靜靜地將這奇蹟推恩到所有相關的人身上吧！

6.　　　天堂霎時寂靜無聲，充滿了興奮與期盼，為你的旅途已達終點而歡欣不已。² 天堂知道你的真相，一如你知道天堂一樣。³ 如今，你與弟兄之間已無任何幻相橫梗其間。⁴ 別再頻頻回顧那面陰暗之牆了。⁵ 太陽已經高照在牆上。⁶ 那一點陰影怎麼遮得住你的太陽？⁷ 它哪裡阻擋得住那即將為你結束一切幻相的光明？⁸ 每一個奇蹟代表了一個幻相的結束。⁹ 這就是你的旅程，也是旅程的結束。¹⁰ 你一接受真相作為你的人生目標，一切幻相便就此告終了。

7.　　　你想邀祂前來，又想把祂推走，你企圖擺脫祂的這一瘋狂願望不可能不激起內心的衝突。² 當你放眼於世界，那小小願望有如飄萍，仍會不時寄身於某物上苟延殘喘，因為它如今已無所適從了。³ 在聖靈進入你生命以前，那個願望一直雄心大志且死心塌地為罪及其餘孽效命。⁴ 如今，它六神無主，東飄西盪，再也干擾不了愛的呼喚了。

8.　　　一度被你視為世界的那個東西，最後只剩下這輕如鴻毛的願望、微不足道的幻相，以及罪的信念所殘留下來肉眼難察的餘孽。² 它再也無法對平安構成嚴重的威脅。³ 它不知何去何從，它

所引發的後果比以前更加變幻莫測。⁴ 然而，有什麼會比結構嚴密的幻覺體系更不穩定的？⁵ 表面上的穩定處處凸顯了它的不堪一擊，而且無孔不入地潛入了萬物之內。⁶ 這小小餘孽所引發的變數透露出它已無影響大局的能耐。

9.　　在眞理的雙翼下，一片羽毛能有多大的能耐？² 它抵擋得住老鷹的翱翔，阻撓得了夏日的來臨嗎？³ 它能遮蔽夏日陽光暖暖照在雪花覆蓋的花園嗎？⁴ 你瞧，這片羽毛弱不禁風地在空中飄盪，隨風而逝，一去不返；就無怨無悔地放任它去吧！⁵ 因它本身一無所有，即使你一度信賴它的保護，它依舊空無一物。⁶ 迎向夏日的陽光吧！何苦留戀那轉眼即逝的雪花，而寧可在嚴冬的記憶裡瑟瑟發抖？

（1）罪咎的魅力

10.　　罪咎的魅力會使人對愛敬而遠之，因爲愛對罪咎一向視若無睹。² 愛天生只矚目於眞理實相，它只會在那兒看到自己，而與眞相結合於圓滿神聖的合一之境。³ 由於愛必須越過恐懼去看，因此恐懼根本看不到愛的蹤影。⁴ 因愛會終結罪咎，正如恐懼必會滋生罪咎一樣。⁵ 愛只會吸引愛。⁶ 它對罪咎視若無睹，自然也不會看到恐懼的存在。⁷ 由於愛中沒有攻擊之念，故而一無所懼。⁸ 恐懼只吸引得了愛所不屑一顧之物，雙方都認定對方之所見根本不存在。⁹ 恐懼著眼於罪咎，就像愛著眼於愛那般虔誠。¹⁰ 雙方各自派出使者，它們奉命出使時得到什麼指示，就會帶回相應的訊息。

11.　　愛溫柔地派出的使者，會帶回愛的溫柔訊息。² 恐懼兇狠地派出的使者專門尋找罪咎，把自己找到的每一絲邪惡和罪過都視爲珍寶，虔敬地供在主人面前；稍有一點閃失，便會受到死亡的懲罰。³ 知見無法同時服侍兩個主人，每個主人要求不同的訊息，使用不同的語言。⁴ 凡是恐懼仰賴之物，愛都不屑一顧。⁵ 恐懼所提出的要求，愛連看都不看一眼。⁶ 愛的溫柔知見裡完全沒有恐懼對罪咎那種強烈的吸引力。⁷ 至於愛所看到的一切，恐懼不僅不解其意，根本就視而不見。

12.　　世上所有的人際關係都是你的世界觀投射出來的結果。² 全

憑你根據哪一類情緒派出使者去看世界而定，使者必會回來稟報自己所見到的世界。³ 恐懼的使者接受的是恐怖訓練，當它們受主人徵召時，常常戰慄不已。⁴ 即使對自己的盟友，恐懼照樣手下不留情。⁵ 那些使者滿懷罪咎地溜出去，饑渴地搜尋罪咎；因它們的主人是以挨餓受凍的方式磨出它們的凶性，只准食用它們帶回給主人之物。⁶ 沒有一絲罪咎能逃過它們饑渴的目光。⁷ 它們無情地四處搜尋罪的蹤跡，一看到有情生命便直撲上去，不顧獵物的哀號，拖回給主人大快朵頤。

13. 別再差遣這類野蠻的使者進入世界，劫掠真相，吞噬生命了。² 因它們帶回的都不外乎皮相與血肉層面的消息。³ 它們奉命只去尋找可朽的生命，回來時，嘴裡塞滿了腐敗腥臭之物。⁴ 它們以為那些東西能減輕自己的饑渴之苦，因而視之為珍饈美味。⁵ 它們已被恐懼折磨得六神無主，為了逃避主人的懲罰，不得不把自己心愛之物獻回派遣它們的主人。

14. 聖靈給了你另一位愛的使者供你差遣，別再派出那些恐怖訓練出來的爪牙了。² 愛的使者會像恐懼使者一樣，迫不及待地為你獻上它們找到的寶貝。³ 你派出的若是愛的使者，它們只會看到完美無瑕、慈愛溫柔之物。⁴ 愛的使者一樣慎重地不放過任何一點善行，一點寬恕的心意，一點愛的氣息。⁵ 它們會幫你找回幸福美好之物，而且滿懷愛心地與你共享。⁶ 不要害怕這些使者。⁷ 它們會帶給你救恩。⁸ 它們的訊息是你真正的安全保障，因世界在它們眼中處處充滿溫情。

15. 你若只差遣聖靈所賜你的使者，一心只想收到它們的訊息，你便再也看不到恐懼了。² 世界就會在你眼前脫胎換骨，洗盡所有的罪咎，散發出溫柔美麗的神采。³ 只要你不把恐懼投到世上，世界就沒有恐懼可言。⁴ 你只需延請愛的使者為你清除恐懼，恐懼便會由你眼前隱退。⁵ 聖靈已經賜給你祂的使者，供你派到弟兄那兒去，為你帶回愛所看到的景象。⁶ 祂願你用愛的使者取代你先前派出的那群在恐懼中豢養出來的餓犬。⁷ 愛的使者一現身，恐懼便告終了。

16. 愛會設宴款待你，在鳥語花香的寧靜花園裡為你備宴，餐桌上鋪著一塵不染的桌巾。² 這場盛宴是向你的神聖關係致敬，每

個人都會被視為嘉賓。³ 在神聖的一刻，眾人齊誦飯前禱詞，安心地結合於共融的喜宴中。⁴ 我會在那兒加入你們的行列，我的許諾至今未變。⁵ 因為你們的新關係充分表達了對我的歡迎。⁶ 何處歡迎我，我就會現身於何處。

17.　　在這充滿恩典之境，我受到了你的歡迎，因你終於寬恕我了。² 我過去一直是你的罪的象徵，因此該死的是我，而不是你。³ 對小我而言，罪意味著死亡，因此贖罪之道不能不以謀殺為手段。⁴ 在小我眼中，只有謀殺上主之子（而非你）才有得救的希望。⁵ 我深知身體的渺小卑微，豈會把自己的身體賜給我所深愛的你？⁶ 我不是更該教你看清身體無法隔絕我們才對嗎？⁷ 我的身體並不比你的身體更有價值，它既不是通傳救恩的上等途徑，更非救恩之源。⁸ 沒有人能為另一個人而死，死亡也無法為任何人贖罪。⁹ 反之，你可以好好活著證明死亡的虛幻。¹⁰ 只要你還相信身體能滿足你的需求，身體便會淪為罪的象徵。¹¹ 只要你還相信肉體能帶給你快樂，你就會相信它也能帶給你痛苦。¹² 你若認為這卑微之物能讓你心滿意足，你其實是在貶低自己，也傷害了自己，限制了你本該擁有的幸福；因那等於是向痛苦求援，來填塞你那貧乏的倉儲，彌補你生命的殘缺。¹³ 這是小我眼中的圓滿。¹⁴ 幸福一被驅逐，罪咎便會悄悄潛入，從此鳩佔鵲巢。¹⁵ 還有另一種圓滿的途徑，就是共融；由於它超越了身體，罪咎自然望塵莫及。

二. 第二個障礙：相信身體有它的貢獻與價值

1.　　我們已說過，平安首先要跨越的障礙是你暗地裡想要驅逐平安的欲望。² 只要罪咎的魅力還在那兒招搖，沒有人會想要平安的。³ 平安需要通過的第二個障礙，與前一個障礙唇齒相依，那便是相信身體有它的貢獻與價值。⁴ 因罪咎的魅力只能透過身體而呈現，故也只能在身體內看見它的蹤影。

2.　　你害怕平安會剝奪你的，正是身體的價值。² 你相信平安會奪走你的身體，使你流離失所。³ 為此，你拒絕以平安為家。⁴ 你覺得這個「犧牲」實在太大，要求實在太高。⁵ 這究竟是犧牲，還是解脫？⁶ 身體到底給了你什麼甜頭，讓你產生那種怪異信念，死心塌地相信這具身體能給你救恩？⁷ 你難道看不出來，相

信身體等於相信死亡嗎？⁸ 它眞正的用意是要你把救贖視爲一種謀殺。⁹ 讓你視愛爲畏途，原因也在此。

3.　　聖靈派出的使者是超越身體的，它邀請心靈加入神聖的共融，活得安然自若。² 這才是我的使者要給你的訊息。³ 恐懼使者所見的盡是血肉之軀，因爲它們只會去找能夠受苦之物。⁴ 擺脫那個受苦之物算是一種犧牲嗎？⁵ 聖靈並非要求你犧牲身體的快感，因身體是不可能讓你快樂的。⁶ 同樣，身體也不可能用可怕的痛苦加害你。⁷ 聖靈要你「犧牲」的只是痛苦而已，這是祂一心想爲你除去之物。

4.　　由你推恩出去的平安只可能伸向永恆，那是你內在永恆生命的延伸。² 它會流經世間萬物。³ 第二個障礙與第一個障礙一樣不堪一擊。⁴ 因爲你並不眞想擺脫或壓制平安。⁵ 你在平安前面所設置的障礙，其實等於阻擋你完成自己的心願。⁶ 你要的是共融，而非恐懼之筵。⁷ 你要的是救恩，而非罪咎之苦。⁸ 你願天父成爲你的歸宿，而非那一坏黃土。⁹ 與你締結神聖關係的乃是天父的聖子。¹⁰ 他從未失落過他與天父以及自己的共融生命。¹¹ 當你同意與弟兄結合之際，等於重申了這一眞相。¹² 你無需爲此付出任何代價，你從此也無需爲任何事情付出任何代價了。

5.　　你已經爲自己的幻相付出了相當高的代價，而那些代價不曾爲你帶來一點平安。² 你應慶幸，你犧牲不了天堂，也沒有人能要求你作此犧牲。³ 你阻擋不了我們的合一的，因爲我已經進入你的神聖關係了。⁴ 我們會一起越過所有的障礙，因我們已身在大門之內，而非門外。⁵ 你可以輕而易舉地從裡面開啓大門，邀請平安前來祝福這心力交瘁的世界。⁶ 你既已加入了無限生命的行列，那些障礙豈能難倒我們？⁷ 終結罪咎的關鍵就在你的手中，且等著你分享給人。⁸ 你現在豈能中途而廢，回頭去看弟兄的罪咎？

6.　　讓我成爲你的罪咎已經終結的象徵吧，你願如何看待我，就該如何看待你的弟兄。² 爲上主之子在你心目中所犯的一切罪行而寬恕我吧。³ 他會在你寬恕的光輝下，憶起自己的眞相，徹底放下那不曾發生的事情。⁴ 也請你寬恕我，因爲你若有罪，我也必然有罪。⁵ 同理，我若克服了罪咎，戰勝了世界，你也跟我一

樣。⁶ 你願把我當成罪咎的象徵還是終結罪咎的象徵？請記住，我對你象徵什麼，你就會在自己身上看到什麼。

7.　　因著你的神聖關係，眞理得以傳揚眞理，愛也看到了自己。² 救恩便會由你獻給天父與我的家園深處流出。³ 我們會在那兒團聚，天父與聖子便這樣靜靜地融爲一體了。⁴ 啊！你這忠實的信徒，快來天父與聖子在你內合一的聖地吧！⁵ 別再推辭上主所賜你的禮物了，他感謝你把平安帶回天堂。⁶ 歡欣地向整個世界傳佈罪咎已經終了的喜訊吧！全世界都會高聲附和。⁷ 想想看，如果每個人都成了罪已終結的見證，同時讓你看到罪對你一無所能，那是何等幸福的事！⁸ 罪的信念一旦消失，咎還能藏身何處？⁹ 死亡的頭號擁護者一旦銷聲匿跡，死亡還有立足之地嗎？

8.　　爲你所有的幻相而寬恕我吧，別再爲我不曾做的事而懲罰我了。² 如此，你才會藉教導弟兄自由而親自學會自由，同時也釋放了我。³ 我已進入了你的神聖關係，只是你還想把我擋在你所設置的障礙之後，使我難以接近你。⁴ 神聖的基督已經在你內了，你怎麼驅逐得了祂？⁵ 唯有活在祂內，新知見的焦點才會落在我們始終一體不分的共融上，不只爲世界帶來光明，還會牢牢紮根於你心內。

（1）痛苦的魅力

9.　　你只有一個小小的責任，就是把整個犧牲觀念交託給聖靈。² 接受祂所賜你的平安，不再限制平安的推恩能力，否則你對平安的體驗也會大打折扣。³ 祂賜給你的禮物必須推恩出去，你才可能擁有平安的無限能力，而發揮出釋放上主之子的大能。⁴ 你並非眞想把平安驅逐出境，但是你若眞心想擁有平安，絕不可爲它設限。⁵ 平安一旦流離失所，你我也就無家可歸了。⁶ 連身爲我們家園的祂，也和我們一起流離失所了。⁷ 這可是你的心願？⁸ 難道你願永遠淪爲追尋平安的流浪者？⁹ 難道你還想把平安與幸福的希望投注在註定失敗的事物上？

10.　　把信心置於永恆之上乃是天經地義的事，因永恆永遠是仁慈的，它有無限的耐心與無比的愛心。² 它毫無保留地接納了你，且賜給了你平安。³ 然而，永恆只可能與始終安息於你內且與它

一樣不朽之物結合。⁴ 身體既不能給你平安，也無法使你混亂；身體不能給你喜樂，也不會令你痛苦。⁵ 它只是一種工具，而非目的。⁶ 它本身毫無目的可言，只能接受心靈賦予的目標。⁷ 你指派身體去完成什麼目標，它就會變成那類工具。⁸ 只有心靈才能賦予目標，也只有心靈才知道如何幫身體達成目標，且恰如其分地發揮大用。⁹ 平安與罪咎屬於心靈的兩種心境。¹⁰ 每一種情緒都會喚出與自身相應的心境，且以此為家。

11.　　想一想，哪種情緒才配得上你？² 這就看你的選擇了，而你確實有選擇的自由。³ 你必會收到這選擇的後果；而你對自己的看法與這個選擇絕對脫離不了關係。⁴ 身體看起來好似徹底背叛了你對它的信賴。⁵ 那是因為你向身體強索它所無法給出之物，它才破滅了你的幻想，為你埋下「不信」的種子。⁶ 你豈能以這種錯誤作為沮喪與絕望的理由？你豈能以身體辜負了你的期待而作為報復攻擊的藉口？⁷ 不要用你的錯誤來為自己的「不信」撐腰。⁸ 你並沒有犯下什麼大罪，你不過是弄錯了什麼才是值得信任的對象而已。⁹ 這個錯誤一經修正，你的信心便有了穩固的基礎。

12.　　你若想從身體尋求快樂，所找到的必是痛苦。² 了解兩者的連帶關係是你學習的關鍵，因為小我一向以此來證明你是有罪的。³ 其實痛苦並不是上天的懲罰，⁴ 而是你與身體認同的必然結果，純粹咎由自取。⁵ 因與身體認同等於邀請恐懼作為你的人生指標。⁶ 罪咎的魅力必然接踵而至，因此，不論恐懼慫恿身體做什麼，都會是件苦差事。⁷ 它承受了所有幻相之苦；即便是肉體的快感，也會變得與痛苦一樣虛幻。

13.　　這是註定的結局。² 身體在它主人發佈的恐懼指令下，不得不追逐罪咎，只因整個幻相世界就是靠主人對罪咎的留戀而維繫下去的。³ 痛苦的魅力即在於此。⁴ 身體在此知見的控制下，不惜充當痛苦的僕役，把「痛苦與快感是同一回事」的觀念奉為圭臬，恪盡職守地自討苦吃。⁵ 就是這個觀念迫使小我在身體上孤注一擲的。⁶ 小我設法隱瞞你痛苦與快感之間瘋狂愚昧的關聯，且趁機坐大。⁷ 它告訴你肉體的快樂才是幸福所在，⁸ 卻悄悄地對自己說：「那其實是死亡。」

14. 　　身體對你為什麼會有那麼大的意義？² 其實身體是由許多平凡無奇的元素構成的，這是眾所周知的事。³ 它不會感覺，這也是千真萬確的，⁴ 它只能傳遞你自己想要的感覺。⁵ 身體就像所有的交流媒介一樣，只會接收及傳送它所得到的訊息。⁶ 身體本身對那些訊息並沒有感覺。⁷ 訊息所引發的感受都是寄件人與收件人自己賦予的。⁸ 小我和聖靈都很清楚這一點，雙方都心知肚明，寄件人與收件人其實就是同一人。⁹ 聖靈會很樂意告訴你這個事實，¹⁰ 而小我則千方百計地隱瞞，不讓你意識到這一真相。¹¹ 若明白了所有的訊息都是送給自己的，還有誰會送出怨恨與攻擊的訊息？¹² 還有誰會控訴自己，定自己的罪，這樣懲罰自己？

15. 　　小我的訊息一向是由你這兒發出的，因你相信那些攻擊及罪咎的訊息只會傷害別人，自己卻能倖免。² 縱然你可能受到一點池魚之殃，但別人所受的苦更大。³ 這個大騙子心裡明白此非事實，但為了跟平安作對，它慫恿你不斷發送恨的訊息，讓自己倖免於難。⁴ 為了說服你相信這個可能性，小我命令身體發動攻擊而招致痛苦，卻還要你引以為快，甚至向你誇耀它已幫你逃過了一劫。

16. 　　別再聽信小我那套瘋狂的說辭了，那絕非事實，切莫當真。² 不要忘了，小我已經獻出身體為罪效命，而且下定決心，勢在必成。³ 追隨它的門徒只好繼續哀聲歌頌身體，枕戈待旦地慶祝小我的統治，⁴ 迫使人們相信唯有臣服於罪咎的魅力之下，才逃避得了痛苦。⁵ 每個人也不得不把身體當成自己；沒有身體，他就會死；問題是，他有了身體，還是不免一死。

17. 　　小我絕不會讓它的門徒意識到自己根本是在為死亡效命。² 上天早已賜給他們自由，他們只是尚未接受而已；然而，任何禮物必須有人接下來，才代表真正給出了。³ 因為聖靈本身就是一種交流媒介，由天父那兒接收訊息，再傳給聖子。⁴ 祂和小我一樣，既是寄件者，也是收件者。⁵ 凡是經由祂送出的訊息，必會回到祂這兒來，一路上還會鍥而不捨地尋找自己所要的訊息。⁶ 小我亦然，它也會找到自己想要的死亡，再把死亡帶回給你。

三 . 第三個障礙：死亡的魅力

1.　　聖靈進入你和弟兄的特殊關係，是爲了幫你們解除彼此對死亡的忠誠。² 這個禮物已賜給了你，而你其實也已接納了。³ 但你仍需進一步了解這種忠誠的詭異之處，因它正是平安必須越過的第三個障礙。⁴ 沒有人會死亡，除非他選擇死亡。⁵ 外表看來，人人都怕死，其實死亡的恐懼正代表了死亡的魅力。⁶ 罪咎也一樣，可怕無比，令人望之生畏。⁷ 然而，它只控制得了受它吸引而自投羅網的人。⁸ 死亡亦然。⁹ 它是小我發明的把戲，把所有生靈覆蓋在它的陰影之下，因爲小我乃是生命之大「敵」。

2.　　然而，陰影本身並沒有任何殺傷力。² 對活生生的人而言，陰影算得了什麼？³ 他們只需昂頭走過，陰影便形同虛設。⁴ 至於那些決心不想活的人，好似身披喪服的「罪人」，又如小我的喪禮儀隊，個個腳鐐手銬，拖著沉重的腳步，與生命背道而馳，哀悼著他們陰狠的主人，那死亡之神。⁵ 你只要用溫柔的寬恕之手去撫慰其中一人，就會看到他的腳鐐手銬和你自己的一併脫落，⁶ 你還會看見他褪下黑色的喪服，聽到他嘲笑死亡的荒謬。⁷ 因著你的寬恕，他終於擺脫了罪所加給他的懲罰。⁸ 這絕非傲慢自大。⁹ 這是上主的旨意。¹⁰ 只要你選擇他的旨意作爲你的意願，還有什麼是你做不到的事？¹¹ 死亡對你又算得了什麼？¹² 你再也不願爲死亡效忠了，更不必聽命於死亡之神。¹³ 你一旦接納了聖靈的目的取代小我的目的，便足以顯示你已棄絕死亡而獲得了生命。¹⁴ 我們都知道，觀念離不開它的源頭。¹⁵ 死亡其實就是我們稱之爲「小我」的念頭帶給你的必然結局，一如上主之念會帶給你生命之果那般必然。

（1）不朽的身體

3.　　罪、咎與死亡都是小我的傑作，它存心跟生命、純潔無罪，甚至跟上主的旨意作對。² 只有決心抵制天國的平安、寧可陷於瘋狂的病態心靈才可能唱出這種反調的。³ 有一件事是肯定的：那從未創造過罪惡與死亡的上主，是不會袖手旁觀而任你陷身其中的。⁴ 祂對罪以及罪的苦果一無所知。⁵ 披麻帶孝走在喪禮行列中的人，絕非在向他們的造物主致敬，因爲上主願他們好好活下去。⁶ 他們沒有聽從上主的旨意，違逆了祂的心願。

4.　　那個裹著黑布、等著埋葬的屍體究竟代表了什麼？² 它代表人們對死亡的忠誠，象徵著生命的可朽，爲了彌補罪過而獻上的犧牲，而罪就是靠身體的祭品而存活的；這具身體飽受主人的摧殘，身邊只有一群同病相憐的人爲它哀悼。³ 你若相信自己能把上主之子打入這一慘境，才是眞正的傲慢自大。⁴ 只有決心釋放他這個意願，才算是光榮了造物主之旨意。⁵ 罪的狂傲、咎的驕矜、有如墳場的分裂世界，處處反映出你下意識對死亡的效忠之意。⁶ 你投在身體的罪咎，發出誘人的熒光，那才是謀害身體的兇手。⁷ 凡是小我喜愛之人，都會因服從它而深受其害。⁸ 只要你不再聽信它那一套，它就暗算不了你。

5.　　你還有另外一種效忠的途徑，能保持身體完美不朽，那就是把身體轉用於神聖的目的上。² 身體不會死亡，就如它無法感覺一樣。³ 它一無所能。⁴ 身體本身既非可朽之物，也非不朽之物。⁵ 它什麼都不是。⁶ 它只是源自一個小小瘋狂的可朽之念，而那觀念是可以修正的。⁷ 因上主已用自己的聖念答覆了這神智不清的一念，祂的答覆同樣離不開自己這一源頭，故能幫助心靈覺於造物主的存在，聽見祂的答覆且欣然接納。

6.　　唯有你決心獻身於不朽之境，上主才能藉著你的接納而賜你由腐朽中脫身的能力。² 讓你親眼目睹最難的事卻最先完成了，爲你示範了奇蹟課程的第一條基本原則，除此之外，還有什麼比這更高明的手法？³ 身體只能爲你所設定的目標效命。⁴ 你把它看成什麼，它看起來就像什麼。⁵ 死亡若是眞的，那豈不成了天人交流最後也最徹底的斷滅而正中小我的下懷？

7.　　怕死的人通常都覺察不出自己其實是在高聲召喚著死亡，求死亡將他們由天人交流中救拔出來。² 死亡其實成了他們的某種保障，他們請求那黑暗勢力的偉大救星把他們由眞理之光救拔出來，這是他們對上主的答覆所作之回應，存心爲上主的「天音」消音。³ 然而，躲到死亡裡，解決不了任何矛盾或衝突。⁴ 唯有上主的答覆才有了結衝突的能力。⁵ 你對死亡的暗戀成了平安必須越過的障礙，這障礙看起來嚴重無比，⁶ 因爲小我所有的祕密、所有怪誕的欺騙伎倆、所有病態的觀念、所有離奇的幻想都藏身於此。⁷ 死亡是天人合一的最後喪鐘，是小我之妄造打敗上主的創造的凱旋之歌，也是無生命戰勝生命的標誌。

8.　　　小我把上主之子置於這病態世界陰暗的一角，下達屠殺令，以腐朽的身體證明上主在小我的大能前束手無策，抵制不了小我屠殺的陰謀，保護不了上主所創造的生命。² 我的弟兄，天父之子，這純是一場死亡之夢而已。³ 身體帶你參加的喪禮、黑暗的祭壇、陰險的誡命、變態的罪罰儀式等等，這一切都不是真的。⁴ 你無需設法從中解脫。⁵ 你只需撤銷自己加在身體上的無情指令，寬恕你命令它所做的種種事情；⁶ 甚至命令它去死，這實在抬舉了它，因為唯有死亡才好似有戰勝生命的能力。⁷ 除了神智失常的人以外，誰會希望上主一敗塗地且信以為真？

9.　　　當死亡的吸引力屈服於愛的真實魅力時，死亡的恐懼便會逐漸消退。² 罪的結局已近，它默默安歇於你安全的關係網內，在你和弟兄的聯合保護下，逐漸匯入上主的大能之中。³ 尚在襁褓中的救恩，有了愛的細心呵護，不受任何攻擊之念的侵犯，悄悄地開始進行上天賜你的偉大任務。⁴ 你的人生目標也如新生兒一般，接受天使的餵養、聖靈的疼愛以及上主的親自保護。⁵ 這個目標雖然非你莫屬，但無需你的保護。⁶ 因它永遠不死，故成了死亡的喪鐘。

10.　　全然純潔無罪的人怎麼可能受到威脅？² 了無罪咎的人怎麼可能受到打擊？³ 豈有任何恐懼侵擾得了清白無罪的平安？⁴ 凡是上主賜給你的禮物，即使尚在襁褓中，必然已和上主與你進行全面的交流了。⁵ 等著你去施行的每個奇蹟，安然握在它小小的手中，等候機會轉交給你。⁶ 生命的奇蹟與年歲無關，它雖生在時空領域裡，卻養於永恆之境中。⁷ 仰望這個嬰兒吧，你給弟兄的寬恕為它提供了一處安息之地，它會顯示給你上主的旨意。⁸ 這是伯利恆的聖嬰重生之處。⁹ 誰收容了他，就表示已跟隨了他，那不是十字架之路，而是邁向復活及生命的旅程。

11.　　每當你快要被某些事物激出恐懼，或任何恐怖打擊令你戰慄不已、冷汗直冒之際，請記住，真正的原因只有一個，即是小我已把身體當作恐懼的象徵或罪與死亡的標誌了。² 也請記住，不論是標誌或象徵，都不可與它的實體混為一談，因象徵只是代表另一物而非它自身。³ 故那些標誌或象徵的意義也不可能存於自身之內，你只能由它們所象徵之物去找。⁴ 如此，你才會看出它們可能具有一切意義，也可能毫無意義，全憑它們所反映觀念的

眞假虛實而定。⁵萬物的表層意義如此變幻莫測，爲此，切莫妄加評斷。⁶勿忘上主已在你內賜下一位神聖導師，作爲你判斷的終極「資料庫」。⁷此後不妨請祂爲你判斷，並這樣說：

> ⁸請將此事由我手中拿走，幫助我看清它的真相，且為我判斷。
> ⁹願我不再把它看成罪與死亡的標誌，也不將它用於毀滅之途。
> ¹⁰請教我如何使它不再成為平安的障礙，而讓祢為我發揮其用，迎接平安的來臨。

四. 第四個障礙：對上主的恐懼

1.　　若無死亡的恐懼作祟，你會看到什麼？²如果死亡對你失去了魅力，你會生出何種感覺或想法？³一言以蔽之，你會憶起你的天父。⁴你會憶起你的造物主，一切生命之源，三千大千世界之「父」，你甚至可能憶起超乎三界的實相。⁵當這記憶開始由你心底浮現，平安仍需跨越最後一道障礙，救恩才算完成，上主之子方能徹底恢復清明的神智。⁶你的世界到此便結束了。

2.　　第四道有待跨越的障礙，好似一方罩在基督聖容上的沉重面紗。²縱然如此，祂的聖容仍能透過面紗而射出喜悅的光輝，只因祂身在天父之愛裡；平安便會輕輕掀開面紗，迫不及待地與祂相認，投入祂的懷抱。³然而，在那陰森面紗之下，基督聖容變得像是一張麻瘋病患的臉，即使天父之愛的燦爛光輝照在祂臉上，卻顯得血跡斑斑；唯有等到你對死亡的恐懼徹底消除後，這方面紗才會自行隱遁於耀眼光明之中。

3.　　這陰沉無比的面紗，有賴死亡信念的撐腰和死亡魅力的保護。²為死亡及其王權效命，等於對小我暗中發下重誓，絕不掀開這面紗，與它保持距離，甚至不去猜疑它的存在。³這是你和小我的祕密協定，你答應把那聖容隱藏在面紗之後，讓它永不見天日，你也永不致憶起。⁴這是你對小我的許諾，絕不讓那一體生命把你由分裂世界中救拔出來；你寧願罹患失憶症，也要徹底遺忘上主的存在，結果造成了你與自性的分裂；這就是所謂的

「**上主恐懼症**」，是你決心與祂斷絕關係的最後一道殺手鐧。

4. 　　你現在應該看清了，死亡的信念究竟是怎樣假裝要「拯救」你的。² 死亡信念一旦消失，還有什麼好怕的，你難道會害怕生命不成？³ 死亡的魅力使生命顯得如此醜陋、無情且殘酷。⁴ 你對小我的恐懼並不亞於你對死亡的恐懼。⁵ 它們都是你精挑細選的伙伴。⁶ 在你們的祕密協定裡，你同意絕不揭發你對上主的恐懼，以免你一不小心看見了基督的聖容而與祂結合於天父之內。

5. 　　平安會以同樣的途徑越過每一道障礙，即是：恐懼會打造障礙來抵制愛，愛卻能跨越障礙而收服恐懼，恐懼從此一逝不返。² 第四道障礙也是如此。³ 當你默默認清了自己原來如此愛著聖靈，先前想要驅逐平安與聖靈的欲望自然日益消減。⁴ 你對靈性的愛遠超過這具身體，你終於寧選聖靈而不再抬舉身體了。⁵ 愛的呼喚如此吸引著你、感動著你，死亡的魅力也會同樣的一逝不返。⁶ 愛會越過每一道障礙，親自呼喚著你。⁷ 它的吸引萬夫難當，必會幫助你越過重重險關。⁸ 除非你還緊抓著恐懼不放，否則不會感到障礙重重。⁹ 然而，你一旦聽到了凌駕其上的愛之呼喚，並且即刻回應的話，那些障礙便會頓時消失蹤影。

6. 　　如今，你戰戰兢兢地立於曾發誓不看的容顏之前。² 你垂著雙眼，記起了你對那些「朋友」的許諾。³ 罪的「美妙」，咎的「魅力」，死亡的「神聖」蠟像，還有你曾發誓絕不背棄小我因而怕它報復的心態，此刻都會一一現前，命令你不准抬起眼睛。⁴ 因你明白，你若掀開面紗，看到了愛的聖容，上述那些「寶貝」就會永遠離你而去。⁵ 你所有的「朋友」，你的「守護神」，你的「家園」都會消失得無影無蹤。⁶ 從此，你再也記不得此刻所記得的事了。

7. 　　你也許以為自己一旦抬高眼界，整個世界就會跟你不告而別。² 事實不然，其實是你永遠揮別了那個世界。³ 至此，你才算是壯志重伸了。⁴ 張開你的眼睛，正視那聖容吧！你便再也不會相信外面有任何力量控制得了你的生活，讓你身不由己地生出與自己心願相違的念頭。⁵ 你此生只剩一個願望，即是瞻仰愛的聖容。⁶ 過去那些瘋狂的欲望、想要遺忘的小小衝動，或是刺心的恐懼，甚至令你冷汗直冒的死亡幻相，沒有一個抵擋得住你這真

實的願望。⁷因為在那面紗之後深深吸引著你的東西，也存於你心靈深處，兩者根本是同一物，此呼彼應，永不分離。

（1）揭開面紗

8.　　不要忘了，你已經與弟兄聯袂同行了這麼遠的路。²將你們領到此地的絕不會是小我。³它不可能幫助任何人跨越平安的障礙。⁴它也絕不會向你揭露自己的祕密，讓你看個究竟而後超越過去。⁵它更不會讓你目睹它的弱點，讓你看出它根本阻擋不了你看清真相。⁶是那位神聖的嚮導領你來到此地的，祂與你寸步不離；只要你肯抬起眼睛，便能一無所懼地面對任何恐怖的威脅。⁷但首先，你得抬高眼界，以信心之眼徹底寬恕弟兄的種種幻相，你才可能看到他的純潔無罪。

9.　　沒有人看到自己對上主的恐懼之後卻能不驚駭萬分的，除非他已接納了救贖，且明白幻相的虛假不實。²也沒有人能夠單獨面對這道障礙的；若非弟兄伴他同行，他根本不可能抵達此境。³除非他心裡已全然寬恕了弟兄，否則他也不敢面對這一挑戰。⁴請你繼續在此逗留片刻，放下一切掛礙與恐懼。⁵你遲早會準備妥當的。⁶讓我們結合於神聖一刻，這是神聖一刻領你來此的目的。⁷願我們全心相信領我們同赴此地的「那一位」必會帶給你所需的純潔無罪，你也會因著我與祂的愛而接受祂這份禮物的。

10.　　沒有人能過早面對「上主恐懼症」。²但這一關卡每個人遲早都得準備面對的。³唯有找到了自己的弟兄，他才算準備就緒。⁴然而，光是面對這一障礙，仍非究竟。⁵缺了目的，整個行程變得毫無意義；即便你走完了全程，也不會明白自己所為何來。⁶除非你看到目的已經達成，否則你怎知一切已經結束了？⁷在旅途即將抵達終點之前，這道關卡會讓你明白此生的目的所在。⁸你在此必須作一決定，究竟是要面對障礙，還是繼續東飄西蕩，留待日後再回頭選擇？

11.　　面對自己心中的「上主恐懼症」，確實需要一些心理準備。²只有神智清明的人才能懷著悲憫之心，正視這神智失常的瘋狂世界而一無所懼。³如果他們與這瘋狂認同，世界便會露出猙獰的面目；你若不能以完美的信心、愛心及溫柔對待弟兄，表示你

確實與瘋狂世界認同了。⁴ 除非你已全面的寬恕，否則你仍屬於不寬恕的一群。⁵ 你害怕上主，只因你害怕自己的弟兄。⁶ 凡是你無法寬恕的人，你不可能不怕他的。⁷ 你若與恐懼爲伍，自然不可能經驗到愛。

12. 站在你身邊的弟兄看起來如此陌生。² 你不知道他的眞相，卻又把他詮釋得極其可怕。³ 爲了保護自己不受外來的侵犯，你只好不斷向他發動攻擊。⁴ 然而，你的救恩卻握在他手裡。⁵ 你看到他的瘋狂而痛恨不已，因爲你跟他一般瘋狂。⁶ 於是，原本能夠療癒瘋狂的悲憫之心，只好向恐懼屈服了。⁷ 弟兄，你需要寬恕自己的弟兄，因爲你們不是一起陷入瘋狂，就是一起進入天堂。⁸ 若不和他一起在此信心中抬起眼睛，你就根本沒有抬眼的可能。

13. 你身邊的那一位就是遞給你救贖聖杯的人，因聖靈活在他內。² 你究竟想緊抓著他的罪繼續跟他作對，還是寧願接下他要給你的禮物？³ 你想把這位救恩的施主當成朋友還是仇敵？⁴ 請記住，你決定把他看成哪一種人，你就會因著自己的選擇而從他那兒照單全收。⁵ 他內擁有寬恕你一切罪過的能力，你對他也是如此。⁶ 你們倆誰也不可能獨自寬恕自己。⁷ 然而，你的人間救主如今已站在你們身旁了。⁸ 讓他活出自己的眞相吧，別再把愛當作仇敵看待了。

14. 看哪！你的道友基督就站在你身邊。² 祂是何等神聖美麗！³ 你視祂爲有罪之身，只因你替祂罩上的罪之面紗，遮蔽了祂美好的面容。⁴ 然而，祂依然向你伸出寬恕之手，與你分享祂的神聖生命。⁵ 這個「仇敵」，這位「陌生人」始終把你當成祂的道友，想要給你救恩。⁶ 凡是與基督爲「敵」的，等於崇拜罪惡，他們絲毫不覺自己攻擊的究竟是何方神聖。

15. 他是你的弟兄，被罪釘上了十字架，等待著從痛苦中脫身。² 既然唯有他才能帶給你寬恕，你難道還不願獻給他你的寬恕？³ 爲了他自己的救贖，他不能不給你原屬於你的救贖，這與上主創造一切生靈之後不可能不愛之護之，是同樣的道理。⁴ 他給你的救贖最爲眞實，因爲他不只給出同時領受到了。⁵ 天堂每一個恩典都等著你獻給自己的弟兄，再由那神聖道友的手中接收

回來。⁶ 不要讓自己的救贖被扣在弟兄那兒，因為你的接受正是你給他的禮物。⁷ 你從他那兒領受了什麼，他便會由你這兒領受到什麼。⁸ 上天賜你救贖就是為了讓你分給弟兄，再由他那兒領回的。⁹ 受你寬恕的人已經自由了；你給出什麼，自己便享有什麼。¹⁰ 寬恕你的弟兄自以為犯下的罪以及你誤以為在他身上看到的咎吧！

16. 如今，我們再度來到了復活的聖地，我們必會不斷回到此地，直到救贖完成、人人領受了為止。² 在你定弟兄的罪以前，不妨想一想他是何方神聖。³ 並為他的神聖性而感謝上主吧！上主是為了你才賜給他這神聖生命的。⁴ 欣然與他結合吧！為他那焦慮不安、受盡煎熬的心靈清除所有罪咎的痕跡。⁵ 幫他卸下罪的重擔吧！那是你加在他身上、他才納為己有的；現在，不妨哂然一笑，若無其事地為他卸下這一罪咎。⁶ 切莫把它製成荊棘冠冕扣在他的額頭，更不要把他釘在罪咎的十字架，使他無緣獲得救恩而陷入絕望。

17. 給你的弟兄一些信心吧，因信心、希望及仁慈，都是供你布施的。² 只有交到施主手中的禮物才算是真正的禮物。³ 好好正視你的弟兄，你會在他內看到自己想要的上主禮物。⁴ 復活節已經臨近了，這是慶祝復活的佳節。⁵ 讓我們彼此以救贖相贈而共沐於天恩之中，如此，我們才能復活為同一生命，而不是孤零零地死去。⁶ 請看我為了你才獻給聖靈的自由之禮吧！⁷ 你們只要獻給聖靈同一禮物，你們便同獲自由了。⁸ 你給出什麼，就會由祂那兒回收什麼，那是上主給你的回報。⁹ 祂把你我一起領到此處，使我們得以在此神聖之境重逢，一起作出這「同一」決定。

18. 就在此地釋放你的弟兄吧，如同我釋放了你一樣。² 給予他這「同一」之禮，不再用定罪的目光去看他。³ 看出他的清白無罪，就如同我看你這般，視而不見他在自己身上所見到的種種罪過。⁴ 就在這充滿痛苦與死亡的幻境中，向你的弟兄獻上自由之禮，將他由罪中徹底釋放出來。⁵ 如此，我們等於是一起為上主之子的復活鋪路，再給他一次復活的機會，歡欣地憶起天父；天父對罪與死亡一無所知，祂只知道永恆的生命。

19. 於是，我們便會一起消失於隱身在面紗之後的神聖「臨在」

中；這不是迷失，而是被尋獲；不是被看見，而是被了知。² 了知上主救恩計畫中的一切必會圓滿完成。³ 這是你此生的目的，缺了這一目標，你的人生旅程顯得荒謬無比。⁴ 上主的平安盡在其中，而且祂已將此平安永遠賜給了你。⁵ 你所尋覓的寧靜與安息亦在其中，你當初就是為此目的而踏上這一旅程的。⁶ 天堂是你虧欠弟兄的禮物，你有眼不識上主之子的真相，也就是天父創造他的本來面目，你至今仍虧欠他一份感恩之情。

20.　　不妨深思一下，你該如何對待為你帶來這份禮物的施主？因你是怎麼看待他的，這禮物就會顯現成你心目中的樣子。² 你認為他帶給你的是罪咎或救恩，你就會在這禮物看到罪咎或救恩而照單全收。³ 身受十字架之苦的人，自然只能給人痛苦。⁴ 唯有痛苦已經療癒的得道之人，才能帶給人真正的喜悅。⁵ 每個人給出什麼，就會收到什麼，但他得先決定自己究竟想要得到什麼才行。⁶ 他會由自己給出以及回收的禮物上，認出自己究竟作了何種選擇。⁷ 天上地下沒有一物能夠插手干預他這一決定。

21.　　你走了這麼漫長的旅程，也是出於自己的選擇。² 沒有人會選擇去走一趟自認為毫無意義的旅程的。³ 你以前相信之物，對你依舊忠誠，它一直以溫柔卻無比堅定的信心護守著你，領你飛越那道紗幔，將上主之子安置於天父的安全港裡。⁴ 這是娑婆世界以及人生旅途的唯一目的和意義所在。⁵ 此外，沒有任何意義可言。⁶ 此刻，你和弟兄一起站在娑婆世界與人生旅途之前，仍然不敢相信它們是有目的的。⁷ 為此，聖靈才要幫你從那位神聖道友身上學習認出這一目的，而且明白那確實是你自己的人生目的。

第二十章　神聖本質之慧見

壹. 聖週

1.　　今天正值「聖枝主日」，是天主教慶祝世人接受眞理的凱旋佳節。²我們別再把這神聖的一週浪費在哀悼上主之子被釘十字架的事件上，就歡欣地慶祝他的解脫吧！³因復活節是平安的象徵，而非痛苦的標誌。⁴「被宰殺的基督」這一觀念毫無意義可言。⁵「復活的基督」才是上主之子已經寬恕自己的象徵，表示他已視自己爲一個痊癒而完整的生命了。

2.　　聖週的慶典是以棕櫚枝開始，而以百合閉幕；百合的雪白與聖潔，象徵上主之子的純潔無罪。²不要讓十字架的陰森魅影攪亂了他的旅程，使他壯志難伸，也使我們無緣一見他所接受的眞相。³在這一週內，我們慶祝的是生命，而非死亡。⁴讓我們向上主之子的完美純潔致敬，而不再著眼於他的罪過。⁵獻給你的弟兄百合吧！別再獻上荊棘冠冕；獻給他愛的禮物，別再獻上你的恐懼。⁶此刻，你正站在弟兄身旁，一手持著荊棘，一手握著百合，舉棋不定該獻出哪個禮物才好。⁷現在就與我一起拋掉那些荊棘，獻出百合吧！⁸這個復活節，我希望收到你給我的寬恕之禮，我才好用寬恕回報你。⁹我們不可能結合於十字架與死亡之下。¹⁰除非我們兩人的寬恕一起安息於基督內，否則復活之境永不得圓滿。

3.　　一週原是很短的時間，但這一聖週象徵的卻是上主之子的整個生命旅程。²他是在耶穌的凱旋標誌與復活許諾下啓程的。³不要任他徬徨於十字架的誘惑而延誤了行程。⁴幫他平安地跨越過去，讓他以自己的純潔無罪之光，照亮救恩與解脫之道。⁵他的救贖已近在眼前，別再用荊棘和鐵釘延誤他的前程了。⁶願你獻給他的雪亮百合，能幫他加速踏上復活之路。

4.　　復活節所慶祝的不是罪的代價，而是罪的結束。²你若能由自己一邊接受、同時又一邊給出的雪白花瓣間驚鴻一瞥那隱在面紗後面的基督聖容，表示你已能從弟兄的臉上認出他的本來面目了。³當初你並不知道我是誰，卻收容了我這陌生人。⁴如今你會

透過自己獻出的百合而知道我的眞實身分。⁵ 這個令你感到生疏的陌生人，其實是陪伴你百千萬劫的道友；當你寬恕他時，不僅他獲得釋放，你也隨著他一起得到了救贖。⁶ 復活節是歡樂的節日，別再哀悼死亡了。⁷ 瞻仰那已復活的道友吧！與我一起慶祝他的神聖生命。⁸ 因爲復活節不只是我的也是你的得救之日。

貳 . 百合花之禮

1. 　　你不妨看看身體打造的種種裝飾，有些是爲了掩飾，有些是供它享用，² 也看看你所造看似賞心悅目卻一無所用之物，³ 再想想你提供身體的聲色犬馬之享樂；請記得，這一切全是爲了粉飾你所厭憎的臭皮囊而已。⁴ 你怎會用自己厭憎之物來吸引弟兄，取悅他的眼睛？⁵ 你可知自己獻給他的其實是荊棘冠冕？你不僅認不出自己的禮物，還企圖利用他的接納爲你所賦予此物的價值辯護。⁶ 這禮物其實透露了他在你眼中毫無價值；他若欣然接納，表示他也認定自己一文不值。

2. 　　身體絕對打造不出眞正值得你給予或接受的禮物。² 因爲身體本身既無法給出也無法接受，既無法拿進也無法交出任何東西。³ 唯有心靈才具備評估的能力，也只有心靈能決定自己想要得到或給出什麼。⁴ 至於它會給出什麼，全憑它想要得到什麼而定。⁵ 心靈必會認眞地裝飾自己所選的家園，爲接受自己想要的禮物作準備；它準備的方式就是把自己想要的東西先獻給來訪的客人或是它有意引上門的人。⁶ 他們會在心靈所選定的家園交換禮物，各自給出並接受心靈判定自己配得之物。

3. 　　每個禮物都代表了心靈對施者與受者的評價。² 每個人都會把自己選擇的家園奉爲自己的祭壇。³ 每個人又設法吸引別人來膜拜自己祭壇上的供品，企圖把供品打造成別人的偶像。⁴ 每個人還會在自己的祭壇懸掛明燈，好讓別人一眼就看到祭壇上的供品，搬回自家去供奉。⁵ 這供品代表了你對弟兄及你自己的評價。⁶ 而你對上主之子眞相的評價便成了你給雙方的禮物。⁷ 不要忘了，這禮物是獻給你的人間救主的。⁸ 你若獻給他荊棘，你自己就被釘上十字架了。⁹ 你若獻給他百合，你便釋放了自己。

4.　　　我亟需你的百合，因上主之子尚未寬恕我。² 他若只獻給我荊棘，我怎能獻給他寬恕？³ 只要他還想送給任何人荊棘，表示他仍在跟我作對；缺了他，還有誰能恢復生命的完整？⁴ 爲了我的緣故，作他的朋友吧！如此，我才會被寬恕，你也才可能看到上主之子的生命終於重歸完整。⁵ 但你得先檢視一下自己家中的祭壇，看清你在它上面究竟獻給我什麼東西。⁶ 如果是血跡斑斑的荊棘，表示你已選擇了身體作爲你的家園，那麼你所獻給我的只可能是分裂。⁷ 其實，荊棘已經撤除了。⁸ 此刻，你若仔細端詳，就會看到你已把自己的祭壇改造得面目全非了。

5.　　　你若仍透過肉眼去看，只會看到荊棘。² 所幸，你已開始祈求另一種眼光了，而你必會如願的。³ 凡是接納聖靈目標作爲自己目標的人，必然享有祂的慧眼。⁴ 如今這慧眼非你莫屬，使你得以跟祂一樣看到祂的目標在每個祭壇上大放光明。⁵ 祂眼中沒有陌生人，只有祂深愛的慈愛朋友。⁶ 祂眼中沒有荊棘，只有百合，發出柔和寧靜的光輝，照在祂所見所愛的萬物之上。

6.　　　這個復活節，不妨換一種眼光去看你的弟兄吧！² 你其實已經寬恕了我。³ 然而，你自己若還看不見百合，這禮物對我一無所用。⁴ 除非你能與人分享我的禮物，否則我的禮物對你也一無所用。⁵ 聖靈的慧見可不是什麼無謂的禮物，或是讓你把玩兩下就棄置一旁的玩物。⁶ 請你仔細聆聽我的話，不要以爲這只是一場夢，一個漫不經心的無心之念，或是消遣一下便可丟棄的玩具。⁷ 因爲你把它當成什麼，它對你就變成了什麼。

7.　　　如今，你已有足夠的慧見看穿一切幻相。² 這禮物已經賜下，你從此再也不會著眼於荊棘、陌生人以及那些平安的障礙了。³ 「上主恐懼症」如今對你已起不了任何作用。⁴ 若知道自己的人間救主就在身邊，豈會害怕那些幻相？⁵ 在他陪伴下，你的慧見成了上主賜你化解幻相的最大力量。⁶ 因爲上主賜給聖靈什麼，你就會收到什麼。⁷ 上主之子指望你能釋放他。⁸ 因你已祈求上主賜你力量去面對最後一重障礙，上主也已俯允了你；從此，你再也不會著眼於荊棘或鐵釘，而把上主之子釘在十字架，封他爲死亡之主。

8.　　　你所選擇的家鄉就在彼岸，隱身於紗幔之後。² 此刻，它已

全然就緒，隨時準備接待你的來臨。³ 你是無法憑肉眼看見它的。⁴ 然而，你已擁有看見它所需的道具。⁵ 你的家鄉始終殷殷呼喚著你，你不可能完全聽不到的。⁶ 然而，你以前即使聽到，也不知如何去看、何處去找。⁷ 如今你總算知道了。⁸ 這一眞知就存於你內，等著你掀開覆蓋在它上面的恐懼，放它自由。⁹ 愛中沒有恐懼。¹⁰ 復活之歌正快樂地詠唱著：「上主之子不曾釘死在十字架。」¹¹ 讓我們滿懷信心，一無所懼放眼望去。¹² 幻相從此無法在我們的慧眼中作祟了，因此我們的心靈也不再恐懼，只會看到那條通往天堂之門的康莊大道，在我們共有的寧靜家園裡，平安且溫馨地活出一體生命。

9.　　你難道不願自己的神聖弟兄領你回家嗎？² 他的純潔無罪會光照你的路，從他心內的祭壇，也就是你安放寬恕的百合之處，爲你獻上他的指路明燈以及安全保障。³ 讓他成爲幫你擺脫幻相的人間救主吧！用你凝視百合的那雙嶄新又喜悅的慧眼去看你的弟兄吧！⁴ 我們方能越過恐懼的紗幔，照亮彼此的路。⁵ 一直在引導我們的神聖本體始終存於我們內，那才是我們眞正要回歸的家園。⁶ 一直在引導我們的「那一位」也會幫我們找到命中註定的歸宿的。

10.　　這是通往天堂與復活的平安之途；在這條路上，我們欣然意識到，上主之子已由過去的夢魘甦醒，覺於當下此刻了。² 如今，他終於能夠自由地與始終存於他內的一切進行全面且無限的交流。³ 如今，他純潔無罪的百合再也不受罪咎的污染，不受恐懼的寒流侵襲，也不會因罪的病害而凋零了。⁴ 你的禮物使他免受荊棘與鐵釘之苦，他強壯的臂膀才能自由地帶領你跨越那些障礙而飄然遠去。⁵ 此刻，歡欣地與他一起上路吧，因那位要把你由幻相拯救出來的人間救主正在向你致意，他要領你一起回歸天鄉了。

11.　　透過你的慧見而得以從十字架解脫的弟兄，轉身成了你的人間救主；他才是你眞正的朋友，此刻也只有他能自由地領你前往他要去的地方。² 他不會離開你，更不願將你這人間救主遺棄在他的痛苦裡。³ 你和弟兄會快樂地攜手邁上純潔無罪之路；當你們望見天堂的大門敞開，認出那一直在喚你回去的家園時，必會情不自禁歡聲高唱。⁴ 欣喜地把自由和力量還給你的弟兄吧！他

才能領你回家。[5] 到他的祭壇來吧！因為所有的力量和自由都在這兒等著給你，你才能一邊給出同時一邊接受那領你回家的光明覺性。[6] 你內在的明燈已為弟兄點亮了。[7] 獻給他光明的那一雙手，必會領你跨越恐懼，安返家中。

參. 罪的調整作用

1.　　罪的信念其實只是為了適應而作的調整。[2] 調整等於改變——改變自己的所知所見，或是相信原有的真相已經面目全非。[3] 因此，每調整一次，就等於扭曲一回，讓你不得不使出渾身解數來防止真相現身。[4] 真知無需任何調整；事實上，只要你一作任何改變或轉換，便會失落真知。[5] 因為這會使它當下淪為一種知見，一種看法，而喪失了它千古不易的本質，使得疑慮可乘虛而入。[6] 只有受損而失真的狀態才有調整的必要，因為它毫不真實。[7] 有誰需要調整自己的真相？他只需請出自己真實的一面，便足以了解真相了。

2.　　任何調整或適應都是小我的伎倆。[2] 因為小我堅信，所有的關係都有待調整才符合它的願望。[3] 一個毫無障礙或挑戰的關係反被視為暗藏危機。[4] 小我自命為所有關係的調停人，它按照自己的需求進行調整；殊不知此舉反倒加深了隔閡，造成彼此的分裂，妨礙了他們的合一。[5] 就是這別有用心的干擾，使你再也看不清神聖關係原有的意義。

3.　　神聖的人不會干擾真相的。[2] 但他們也不怕真相，因為他們已在真相內認出自己的神聖面目，且為自己感到慶幸。[3] 他們只會單純地面對真相，不再委曲求全地適應真相，更不會調整真相來遷就自己。[4] 只要他們不再妄自預期真相應出現於何處，他們便會認出原來真相一直都在自己心裡。[5] 因此，他們的「看」，其實只是提出問題；而他們之所見，則是自己所要的答案。[6] 你營造出一個世界，然後千方百計去適應它，再想盡辦法要它來適應你。[7] 你與世界，其實毫無差別，因為兩者同出一源，就是你的知見。

4.　　還有一個簡單的問題有待你的答覆：[2] 你喜歡自己打造出來

的世界嗎？在這充滿謀殺與攻擊的世界裡，你在危險、孤獨與恐懼的夾縫中如履薄冰，最多只能指望大限來臨以前，死亡能讓你苟延殘喘片刻。³ **這是你為自己打造的世界。**⁴ 這是你為自己畫出的圖像，是你在自己眼中的寫照。⁵ 凶手必然活得心驚膽跳，殺人者不可能不害怕死亡。⁶ 他們好似為了適應這一恐怖世界而生出那些可怕念頭，殊不知世界正是被他們的念頭「調整」得如此恐怖的。⁷ 他們從哀傷的內心，痛苦地向外看去，當然只會看到一個哀傷的世界。

5.　　　你可曾思量過，世界的真相究竟是怎麼一回事？它在快樂的眼睛裡會是什麼模樣？² 你所見到的世界不過反映出你對自己的評價。³ 它根本就不存在。⁴ 你的評價又成了你對世界的判決，給了世界一個存在的藉口，而且將它弄假成真。⁵ 因此，你眼中這個世界不過代表了你給自己的評價。⁶ 小我小心翼翼地護守著你這張病態的自畫像，也是小我最愛的自我形象，然後再把這形象投射到外面的世界。⁷ 你若相信這畫像真的是在身外，而且能夠操控你的命運，你當然不能不調整自己去適應這個世界。⁸ 這個無情的世界若真的在你外面虎視眈眈，你怎麼可能不害怕？⁹ 關鍵在於，是你把它弄得如此無情的，因此，當世界好似冷酷地回望著你時，這一刻恰恰是你修正自己的最好機會。

6.　　　身在神聖關係中的人，能在不神聖之境忍受多久？² 神聖的人所看到的世界和自己一樣神聖，就如小我所看到的世界也和它自身一樣。³ 聖者眼中的世界必然美妙非常，因為他們會在世間看到自己的純潔無罪。⁴ 他們不曾告訴世界它是什麼，也不曾調整世界來配合自己的指令。⁵ 他們只是低聲反問世界：「你究竟是什麼？」⁶ 於是，負有守護知見任務的聖靈便會挺身為你作答。⁷ 切莫聽信世界根據它自己的判斷所告訴你的「我是什麼」。⁸ 世界代表罪的信念，你應知道，把世界搞成眼前這副模樣的那個信念，絕對不在外面那個世界裡。

7.　　　不要幫上主之子委曲求全地適應自己的瘋狂了。² 他內有一位陌生人，漫不經心地逛進了真理之家，不一會兒又逛了出去。³ 他毫無目的晃來晃去，直到你接受聖靈的光照，他才知難而退。⁴ 因為此地只歡迎「你」，那不速之客只好流離失所。⁵ 不要向那陌生的過客請教「我究竟是什麼」。⁶ 整個宇宙就只有他不

知道。⁷ 你卻偏偏向他請教，並且還按照他的答覆來調整自己。⁸ 使得浩瀚如宇宙的真理原本不屑一顧的那個渺小而荒謬的瘋狂一念，如今神氣十足地擔任起你的嚮導。⁹ 你開始向那渺小一念請教宇宙的意義。¹⁰ 在浩瀚如宇宙的真理前，你竟會向那個盲目的嚮導請教：「我該怎樣看待上主之子？」

8.　　有誰會向一個徹底喪失判斷能力之物請教？² 請教之後，你能不相信它的答覆嗎？你能不奉爲圭臬地調整自己嗎？³ 你眼前的世界正是它給你的答覆，是你給了它調整世界的能力，使它的答覆對你顯得真實無比。⁴ 你向這虛有其表的瘋狂之物請教自己這不神聖關係的意義，還遵照它神智不清的答覆不斷調整適應。⁵ 它可曾讓你變得更加幸福？⁶ 它可曾幫你歡喜地會晤自己的弟兄，祝福這位上主之子，感謝他所帶給你的一切幸福？⁷ 你可曾認出自己的弟兄原是上主賜你的永恆禮物？⁸ 你可曾看到你與弟兄所散發的神聖光輝正祝福著其他弟兄？⁹ 這才是你神聖關係的真正目的。¹⁰ 別再向那始終想把這一關係變得不神聖之物請教如何建立神聖關係了。¹¹ 更不要賦予它調整方法與目的的能力。

9.　　經年累月活在沉重鎖鏈下的囚犯，挨餓受凍，欲振乏力。他們的眼睛長年活在黑暗裡，早已記不得光明爲何物了，即使在釋放的那一刻，他們也不會歡欣鼓舞的。² 他們需要時間去體會自由的意義。³ 你虛弱無力地在塵世間摸索，即使找到了弟兄的手，仍不知應該放下，還是緊握那遺忘已久的生命。⁴ 緊緊地握住弟兄的手吧！抬起眼睛仰望那位堅強的伙伴，你真正的自由就在他內。⁵ 他看起來好似被釘死在你身邊。⁶ 然而，他的神聖本質完美依舊；他已來到你身邊，你今天就能和他一起進入樂園，覺醒於上主的平安中。

10.　　這就是我對你和弟兄所懷的大願，爲你們每一個人，也爲你們彼此，更爲了他自己。² 此地只有一個無窮無盡結合爲一的神聖生命。³ 天堂是什麼？就是這一體無間的完美之境，不含一絲恐懼的陰影。⁴ 在此，我們是一個生命，彼此溫柔相待，也會溫柔地對待自己。⁵ 在此，任何使我們分裂的念頭都不可能發生。⁶ 如今，始終困於分裂之境的你，終於在樂園重獲自由了。⁷ 在此，我會與你，我的朋友，我的弟兄，以及我的自性結合，重歸一體。

11.　因著你給弟兄的禮物，使我更加肯定我們神聖的合一已經不遠了。²與我共享這一信心吧，你就會知道你的信心也是如此天經地義。³圓滿的愛中沒有恐懼，因為它不知道罪惡，因此，它必會待人如己。⁴只要你能懷著愛心往內看去，外面還有什麼好怕的？⁵純潔無罪的人必會看到生命的萬無一失，心靈潔淨的人也會在聖子心中看見上主，並且等候著上主之子引領他們回到天父那裡。⁶除了他們決心所在之處，他們還會去哪裡？⁷此刻，你與弟兄必會把其他人一起帶回天父那裡，正如上主必會把聖子創造得永遠神聖那般必然。⁸你弟兄內的光明，就是上主永遠許諾給你的不朽生命。⁹只要你能看見他的無罪本性，恐懼便再也無法侵入你的心靈。

肆．進入諾亞方舟

1.　沒有一物傷害得了你，除非你賦予它這個能力。²是「你」賦予了世界把給予定義為「給予等於失落」的能力。³其實，你沒有權力賦予任何能力的。⁴能力來自上主，只有祂能賦予能力，即便聖靈也只能「喚醒」這一能力而已；祂知道「給予等於獲得」。⁵上主從未賦予罪任何能力，因此罪一無所能；罪為世界帶來的疾病、死亡、痛苦與哀傷的苦果，對你也一無所能。⁶這一切都不曾發生；因為聖靈從不著眼於它們，故也不曾賦予那些虛幻的苦因任何能力。⁷祂就如此將你由種種苦果救拔出來了。⁸聖靈眼中的你，不受幻相所蔽，故祂只可能將一切交還給上主，而上主其實早已給出並接受一切真實之物了。⁹至於非真之物，祂既不曾接受，也不會給任何人的。

2.　罪在天堂沒有立足之地，它的後遺症也跟禍源一樣不可能涉足天堂。²這正是你需要看出弟兄無罪的原因。³天堂就在他內。⁴你若在他內看到了罪，天堂便由你眼中消失了。⁵你若看到了他的真相，你的真相也會由他那兒返照於你。⁶你的人間救主只可能給你愛，至於你會由他那兒得到什麼，就得看你自己的本事了。⁷他內在的愛，能夠視而無睹你所有的過錯，這是他自己得救的關鍵。⁸也是你得救的途徑。⁹救恩，其實就是一門「給予」的功課，但必須按照聖靈的詮釋去給才行。¹⁰由於心靈已為自己

打造出其他法則，並且賦予了它們維繫非上主所造之物的能力，
為此，救恩不過代表了心靈再度覺醒於上主之律而已。

3.　　你自己訂立的那些瘋狂法則，保證你一定會犯錯；然後又
把錯誤的後果視為你應得的報應，藉此控制了你。[2] 沒有比這更
瘋狂的事了！[3] 難道你真想把那位能將你從神智失常中拯救出來
的人間救主視為同等瘋狂嗎？[4] 其實，他和你一樣，不必受制於
這些法則；你若能在他身上看到自由，你自己便自由了。[5] 因為
這是你們的天賦恩典。[6] 凡是上主創造的生命，必受祂的天律支
配，也只受祂的天律支配。[7] 凡是遵從天律之人，是不可能受世
間法則的後遺症所苦的。

4.　　凡是選擇自由的人，必會享受自由的善果。[2] 他們的能力既
然來自上主，故只會將此能力賦予上主賜給他們的一切，並與它
們共享這一能力。[3] 也只有這種能力才左右得了他們，因為他們
心目中只有這個能力，還會依照上主的旨意分享出去。[4] 他們就
這樣重建且穩固了自己的自由。[5] 也只有這種自由經得起你們想
要囚禁彼此的種種誘惑。[6] 你應向這類自由的高徒請教自由的意
義。[7] 不要向麻雀請教老鷹的翱翔技術，麻雀小小的翅膀尚未學
到飛翔的本事，豈能分享給你什麼法寶？

5.　　無罪的人收到什麼，就會給出什麼。[2] 為此，看看你弟兄的
無罪本性吧！你才能一起享有你幫他由罪中解脫的力量。[3] 每一
個好似在世間落單的人，身邊其實都有一位人間救主，這救主只
有一個特殊任務，就是藉著釋放這位弟兄而讓自己也重獲自由。
[4] 在分裂的世界裡，每個人好似各自負有不同的任務，其實他們
的任務完全一樣。[5] 凡是知道所有弟兄都負有同一任務的人，便
無需救恩了。[6] 每一個人只要願意著眼於對方的基督聖容，看出
祂的無罪，等於找到了自己的人間救主。

6.　　這計畫既非出自於你，故不勞你操心，你只需學會自己此生
有待學習的那一任務就夠了。[2] 唯有聖靈知道整個救恩計畫，祂
會照料一切，無需你插手干預。[3] 但請勿認為祂不需要你那一部
分來幫祂完成其餘的計畫。[4] 因整個救恩計畫就等著你那部分的
任務；若非祂的整個計畫，任何部分都不得圓滿；缺了你那一部
分，整個計畫也不得圓滿。[5] 在舊約裡，進入和平方舟的，都是

成雙成對的；另一個世界就是由他們開始的。⁶ 每個神聖關係也需要進入那一方舟才會找到自己在聖靈計畫中的特殊任務；如今，它終於肯以聖靈的目的為志了。⁷ 當這個目的完成時，便會出現一個新天新地；罪再也無法插足其間，唯有上主之子能夠一無所懼地進入其內，安息片刻，逐漸忘卻過去的牢獄生涯而憶起自由的真諦。⁸ 若非你，他怎麼可能進入此地，安息於此而憶起了真相？⁹ 除非你與他同在，否則他就難以圓滿。¹⁰ 只有到此境地，他才可能憶起自己的圓滿真相。

7.　　這就是上天賜給你的目的。² 不要以為你寬恕自己的弟兄時，只有你們兩人受益。³ 每當兩人一起進入這一安息之地，整個嶄新的世界都安息於他們手中。⁴ 就在安息之際，基督的聖容照耀在他們臉上，他們便憶起了上主之律而忘卻其餘法則，全心渴望上主之律圓滿地實現於自己和其他弟兄身上。⁵ 不妨想一想，等你完成這一大業之後，你的安息還少得了他們嗎？⁶ 你不可能遺棄任何一人的，就像我不可能遺棄你而忘卻自己的一部分一樣。

8.　　你也許很徬徨，受時間限制的你，必須先完成這麼多的事才能踏上平安之途，如此怎麼可能活得安心自在？² 這或許讓你感到希望渺茫。³ 請反問一下自己，上主可能給你一個無法完成的救恩計畫嗎？⁴ 只要把祂的計畫當作此生唯一想要完成的任務，其餘的事情，聖靈都會為你安排妥當，不勞你來操心。⁵ 祂會在前領路，為你修直道路，不讓一塊亂石絆倒你，阻擋你的去路。⁶ 不論你有任何需求，祂都不會拒絕。⁷ 所有看似困難的挑戰，都會迎刃而解。⁸ 除了有待你完成的那個唯一目的以外，其餘的事你都無需放在心上。⁹ 上主既賜給你這一目的，祂必會幫你完成的。¹⁰ 上主的保證足以排除萬難，因它建立於必然性而非偶然性之上。¹¹ 因它建立在「你」之上。¹² 世上還有什麼比「上主之子」更萬無一失的？

伍．永恆境界的先驅

1.　　所有活在世間的上主之子，唯有處在神聖關係之中才離自己

最近。² 他會在此找到天父對他的肯定。³ 他會在此找到此生的任務，幫那些自絕於天律的人際關係重歸天父之律，找回失落的一切。⁴ 只有在時空世界才有失落的可能，但絕不會永遠失落。⁵ 為此，上主之子所有的部分最後都終將合而為一；每結合一次，時間的終點便拉近一點。⁶ 每個結合的奇蹟都成了永恆境界的偉大先驅。⁷ 凡是目的單一、明確又統一的，必是大無畏之人。⁸ 凡是懷有同一目的的人，必然合為一體。

2.　　　永恆境界的每一位先驅都在歌頌著罪惡與恐懼的結束。² 他們雖仍活在時空中，卻已開始講述超越時空的事情。³ 兩種聲音同時揚起，在每個人的心中共鳴，匯為一個心跳。⁴ 這同一心跳等於在歡迎與傳揚一體之愛。⁵ 願你的神聖關係永享平安，因它具有結合上主之子的能力。⁶ 你是為所有的人而給你弟兄這一禮物的，為此，所有的人都能同享這一快樂。⁷ 只是你別忘了，你所給的禮物是誰賜給你的；只要你記得這一點，你便會憶起當初是誰為了給你這禮物而獻給上主的。

3.　　　你絕對不可能高估弟兄的價值的。² 只有小我才會高估，但它的目的純粹是為了利用對方，這表示它其實已貶低了弟兄的價值。³ 有誰能夠評估一個深不可測之物？⁴ 你企圖評判一個連看都看不見，或是根本超越你的判斷能力之物，你可意識到，這種愚昧之舉會帶給你多大的恐懼？⁵ 不要隨便評判肉眼看不見之物，否則你就真的永遠看不見它了；而你只能耐心地等候它的出現。⁶ 唯有你能全心全意地以平安祝福弟兄，你才有機會認出他真正的價值。⁷ 你也才有機會獲得自己給他的祝福。

4.　　　你怎麼測量得出帶給你平安之人的價值？² 除了他給你的禮物以外，你還會想要什麼？³ 他的價值是天父所定的，你必須先由他那裡接下天父的禮物，才可能認出他的價值。⁴ 他內在的真相只有在你感恩的慧眼下才顯得光明燦爛，使你情不自禁地愛他，與他同享歡樂。⁵ 你根本無意評判他，有誰看到基督聖容之後還會繼續相信判斷的價值？⁶ 只有看不見的人才會堅持自己的判斷。⁷ 慧見和判斷之間，你只能任選其一，而無法同時擁有兩者。

5.　　　你弟兄的身體對你的用處跟對他的用處一樣無足輕重。² 身

體的用途在聖靈眼下是不負任何任務的。³ 因為心靈根本不靠身體交流。⁴ 凡是著眼於身體的眼光，對神聖關係沒有一點益處。⁵ 你若仍然以這種眼光去看你的弟兄，最多只是表示你自己在方法與目的之間尚未協調一致。⁶ 只需一個神聖的一刻即能完成之事，哪裡會需要這麼多的神聖一刻？⁷ 其實，神聖一刻只有一個。⁸ 它是永恆境界小小的一口氣息，好似一道金光遍照時空之境；它既沒有前一刻，也沒有後一刻。

6.　　你把每個神聖一刻都看成時間之流的不同點。² 其實它始終如一。³ 它所包含或將要包含的，都不過是當下這一刻而已。⁴ 過去帶不走它任何一物，未來也無法為它增添一物。⁵ 一切盡在其中。⁶ 這一刻成了你關係中最美妙的一部分，因方法與目的早已在它內和諧一致了。⁷ 這一刻就是上天賜你的完美信心，你遲早得將它獻給你的弟兄；這一刻也是上天賜給你的無限寬恕，等著你分享給弟兄；這一刻就是你驚鴻一瞥的基督聖容，你終有親眼目睹的一天。

7.　　你哪有資格評估賜你這種禮物的大施主？² 你豈捨得用任何東西跟這禮物交換？³ 這禮物會讓你重新憶起上主之律。⁴ 你一憶起天律，自然會把那陷你於痛苦與死亡的世間法則或自然律拋諸腦後。⁵ 這禮物可不是你弟兄那一具身體所能給你的。⁶ 遮住這一禮物的紗幔同時遮住了他的真相。⁷ 他「就是」這個禮物，可惜連他自己都不知道。⁸ 你對此也一無所知。⁹ 然而，你只需信任那已在你及弟兄內認出這禮物的「那一位」，祂會代你們兩人給出並接受這份禮物的。¹⁰ 你遲早也會藉祂的慧眼而看到這一禮物，又藉祂的了解而認出禮物的真相而愛之如己。

8.　　安心地感受一下，聖靈此刻正以愛的眼光俯視著你，且對祂眼下的你懷著無比的信任。² 祂知道上主之子的真相，並與天父一樣堅信整個宇宙都安然無虞地安息於聖子溫柔的手裡。³ 讓我們想一想，聖子此刻必須學什麼，才能像天父一樣地信任自己？⁴ 他究竟是何方神聖，造物主竟然如此放心地把整個宇宙交到他手中？⁵ 雖然聖子還無法按照天父所知道的他來看待自己，⁶ 但上主是不可能誤置祂對聖子的信心的。

陸. 聖靈之殿

1.　　　上主之子的生命意義純粹繫於他與造物主的關係裡。² 若另有所繫，那必是無常之境；然而，除了與造物主的聯繫之外，生命無他物可繫。³ 這是永恆大愛的至高表現。⁴ 不幸，上主之子在他與天父之間自行「發明」了一個不神聖的關係。⁵ 他們的真實關係原本是一體無間、永恆相續的。⁶ 而他自行打造的關係卻支離破碎，自我中心，令人望而生畏。⁷ 天父所創造的關係，不只全面包涵於祂的生命內，也是全面由這生命延伸而成的。⁸ 至於聖子自行打造的關係，可說是全面的自我限制乃至自我毀滅。

2.　　　沒有比神聖關係與不神聖關係更鮮明的對比了。² 神聖關係建立在愛的基礎上，祥和地安息於愛中，不受任何侵擾。³ 連身體也打擾不了它的寧靜。⁴ 任何關係只要一夾雜了身體的因素，便會與愛背道而馳，轉變為偶像崇拜。⁵ 愛深願為人所知，全然被人了解，也全然被人接受。⁶ 它沒有任何祕密，也無意保留或隱藏任何事情。⁷ 它行於燦爛陽光之下，眼睛雪亮，心地柔軟，常以笑容歡迎所有的人，沒有人會曲解它那單純可見的誠意。

3.　　　至於偶像，則是無法與人分享的。² 偶像只會接受，從不知回饋。³ 它只能被愛，卻無法愛人。⁴ 它不了解自己接受的究竟是什麼；任何關係，只要偶像一介入，便失去了意義。⁵ 它那種愛已經把愛變得荒謬無比。⁶ 它痛恨陽光，寧願活在隱秘裡，躲在身體的暗室自得其樂，它把所有的祕密連同自己一起都埋藏在這間密室裡。⁷ 偶像是無法與人建立任何關係的，因為它的密室不歡迎任何人進來。⁸ 它也不會向任何人微笑，更看不見別人給它的笑容。

4.　　　相對的，愛，絕不會在自己的聖殿裡打造一個不見天日的密室，隱藏自己的奧秘。² 它對能力權勢毫無興趣，只想建立真實的關係。³ 小我則把人間的關係當作追求權能的手段，身體成了小我最愛的武器。⁴ 這種關係必然很不神聖，因小我根本看不出這些關係原有的意義。⁵ 小我只想從種種關係索求能夠壯大自己的偶像之物。⁶ 其餘的一切，在小我眼中毫無價值，被棄如敝屣。⁷ 由於小我沒有自己的家，不能不四處搜尋形形色色的身體

來安置自己的偶像，把它們修建成自己的神廟。

5.　　聖靈之殿不是一具身體，而是一種關係。² 身體，好似一塊黑斑，一間密室，一則無解的謎語，不論如何嚴加防守，它也藏不住任何東西。³ 這兒成了不神聖關係逃避真相的處所，最多只能搜尋一些殘渣碎屑來糊口維生。⁴ 它還會把弟兄拖到這裡，加入崇拜偶像的行列。⁵ 它在這兒「安全」無比，因為愛無法進入。⁶ 聖靈不可能在愛無法進入之地興建自己的聖殿。⁷ 祂既已目睹了基督的聖容，怎麼可能在整個宇宙中選擇這麼一個看不見基督聖容之處作為自己的家園？

6.　　你無法把身體變為聖靈之殿，因為愛無法在此安「心」立命。² 它是偶像寄身之所，只會詛咒愛。³ 它把愛變得可怕無比，常讓人心碎。⁴ 它還會為供奉於此的偶像披上一層神秘的面紗，使信徒對它莫測高深。⁵ 這座神廟供奉的不是人際關係，也不會給你任何回饋。⁶ 這兒供奉著分裂的「奧秘」，令人望之生畏。⁷ 它把非上主所造之物，「安全」地藏匿於此，⁸ 使你渾然不覺弟兄身上讓你害怕得不敢正視之物，其實正是害你畏懼上主以至於無法得知祂的真相之原因。

7.　　崇拜偶像的人一定害怕愛，因為對他們而言，沒有比愛的道路更大的威脅了。² 愛一旦臨近他們，必會視而不見身體的存在，於是，那座神廟看似堅固的基礎開始搖搖欲墜，令他們驚惶逃散。³ 弟兄，你也會和他們一起戰慄不已。⁴ 但你害怕的其實正是解脫將至的先聲。⁵ 這死亡蔭谷不是你的家園。⁶ 你的聖殿絲毫不受它的威脅。⁷ 你從此也不再崇拜偶像了。⁸ 聖靈的目的安然寄身於你的種種關係中，而非你的身體內。⁹ 你終於擺脫了身體的束縛。¹⁰ 身體再也無法侵入真實的你，因聖靈已在你內建立了祂自己的聖殿。

8.　　人間所有的關係並無程度之分或層次之別。² 它們若非真的，就是不存在。³ 不神聖的關係稱不上是一種關係。⁴ 它只是一種孤立的存在狀態，而且也虛有其表。⁵ 僅此而已。⁶ 當你的瘋狂一念升起，把你和上主的關係變得很不神聖時，所有的關係當下便意義全失。⁷ 時間就是在這不神聖的一刻誕生的，身體設法收容這瘋狂一念，賦予它一個虛幻的現實。⁸ 於是，那一念好似找

到了一個暫時蔽身之所，在時空世界裡逗留須臾的光景便煙消雲散了。⁹試問，世間可有任何一物抵制得了真相，或包庇得了這瘋狂一念超過一瞬的光景？

9.　　偶像遲早會消失得無影無蹤而且無跡可尋的。²不神聖的一刻只會虛張聲勢，它的力量其實纖弱得像一片雪花，卻沒有雪花的美麗。³你真想用它來取代神聖一刻的永恆祝福及無限恩惠嗎？⁴你真願放棄那帶給你平安與喜樂的神聖一刻，不惜用那看似無所不能、只會偷天換日而陷你於不義的不神聖關係取而代之？⁵該放下身體了，悄悄地越它而去吧！迎向你真正嚮往的境界。⁶到了聖靈之殿裡，別再頻頻回首留戀那覺醒以前的世界了。⁷世間的幻相再也吸引不了超越的心靈，它從此義無反顧，再也不受幻相所惑了。

10.　　神聖關係反映出上主之子在實相中與天父的真實關係。²聖靈也極其篤定地安息於這永存不朽的關係內。³真理的永恆支持為此關係奠定了穩固的基礎，愛又以輕柔的微笑及溫馨的祝福照耀著它，並且愛之如己。⁴在此，神聖一刻欣然取代了不神聖的一刻，成為你最安穩的回家之路。⁵在此，它為你的真實關係悄悄推開了一扇門，歡迎你與弟兄攜手進入，一起感恩地放下身體，安息於永恆的臂膀裡。⁶愛便會展開雙臂，將你們迎入永恆的平安中。

11.　　身體是小我的偶像，罪的信念先賦予它一副血肉之軀，再把它投射到外界去。²它好似在心靈四周架起一道血肉牆籬，把心靈禁錮在一小塊時空裡；死亡不斷向它索債，只給它片刻嘆息與哀悼的時間，最後還是難逃一死，以死亡向主人示忠。³這不神聖的一刻看起來好像充滿生命，其實只是絕望的一刻，有如荒漠小島，因無水泉滋潤而朝不保夕。⁴在此，上主之子只是短暫的過客，向死亡的偶像效忠片刻之後，便灰飛煙滅了。⁵他在世上，與其說他活著，還不如視他為死的。⁶然而，此地也給了他一個在偶像與愛之間重新選擇的機會。⁷在此，他可以把自己短暫的生命耗費在取悅身體上，也可以讓自己從身體解脫出來。⁸在此，他能夠接受神聖一刻的恩典，取代自己以前選擇的不神聖一刻。⁹在此，他會慢慢學習認出，這些關係原是他的救恩之源，而非他的末路。

12. 已經開始學習這一課程的你，內心難免忐忑不安，但還不至於動彈不得。² 因神聖一刻如今對你顯得比那不神聖的對手更有價值了；你也漸漸明白那才是你真正嚮往的境界。³ 此刻，你無需哀傷。⁴ 即使有些迷惘，但還不至於棄甲而逃。⁵ 因你擁有一個真正的關係，它對你充滿了意義。⁶ 你們在此關係中平起平坐，一如上主與你的真實關係。⁷ 偶像崇拜成了往日雲煙，對你失去了意義。⁸ 也許你心裡對弟兄還有些畏懼，對上主的恐懼也依舊揮之不去。⁹ 然而，對已經接受真實關係而且超越了身體的人而言，那又算得了什麼？¹⁰ 還有什麼能夠阻撓他們仰望基督的聖容？¹¹ 又有什麼阻撓得了他們憶起自己與天父的關係而覺醒於天父之愛？

柒．方法與目的之一致性

1. 我們已經談過不少關於方法與目的不一致、如何才能讓它們前呼後應、如何讓神聖關係帶給你喜悅諸如此類的問題。² 我們也說過，完成聖靈目標的方法與祂的目的必然同出一源。³ 這個課程極其簡單而且直截了當，絕無自相矛盾之處。⁴ 你若感到矛盾，或覺得這一部分似乎比那一部分困難，不過顯示出你的方法與目的在某方面尚未協調一致，⁵ 才會讓你深感不安。⁶ 其實無需如此。⁷ 這個課程對你幾乎一無所求。⁸ 這對你簡直不可思議：它要求的竟然如此之少，而回報卻如此之大。

2. 由罪咎關係驟然轉為神聖關係所引起的動盪階段，如今快要過去了。² 但你仍會多少感到不安，只因你尚未完全把方法交託給扭轉你人生目標的聖靈。³ 如今，你很清楚自己的目標何在。⁴ 問題是，你樂意接受它的方法嗎？⁵ 你若還心有不甘，不妨承認自己的矛盾吧！⁶ 目的需要方法才能達成，你若想要達到目的，總得接受它的方法才行。⁷ 你若說「這是我最想要的東西，可是我不想學習獲得它的方法」，表示你根本缺乏誠意。

3. 為了完成目標，聖靈對你的要求確實不多。² 在方法上，祂對你的要求也的確很低。³ 方法會跟著目標而來。⁴ 你若踟躕不前，表示你怕的是那個目標，而非方法本身。⁵ 請牢記這一點，

否則，你會誤以為自己的困難出在那個方法。6 方法若是天賜於你的，怎麼可能如此困難？7 方法理當保證達成目的，而且與它配合得天衣無縫才對。8 在我們進入細節以前，請記住，你若覺得那些方法難如登天，不過表示你對目標的渴望動搖了。9 因為任何可能達成的目標，它的方法必然不難做到。

4.　　你若從身體的角度去看弟兄，是不可能視他無罪的。2 你弟兄不可能活在身體內又同時無罪這一事實，與神聖境界的目標豈非如出一轍？3 因為神聖境界就是指你已放下了罪的一切後果，終於認出那千古不易的真相了。4 你不可能看到一具無罪的身體，因為只有神聖性才具有正面的意義，身體的意義則純粹中性。5 身體說不上有罪，也說不上無罪。6 正因身體什麼都不是，故你無法真正賦予它基督或小我的特質。7 不論賦予哪一種特質，都是一種錯誤，因為你已經把這些特質安置於它們不可能存在的地方。8 不論你犯下哪一種錯誤，都需要先行化解，才可能完成真理的目標。

5.　　身體確實是小我企圖把不神聖關係弄假成真的手段。2 不神聖的一刻屬於身體的時間。3 它在世上只有一個目的，就是罪。4 因此，這目的也只可能在幻相中實現；為此，當你把那具身體幻相當成你的弟兄，其實就是想要守住自己的不神聖目的。5 由於兩者沆瀣一氣，你若想要那個目的，自然不會質疑它的方法。6 你想要什麼，就會看到什麼，因眼光一向都是跟著欲望而轉的。7 你若著眼於身體，表示你已選擇了判斷，而非慧見。8 因為慧見就像所有的關係一樣，也沒有程度之別。9 你不是看到了，就是根本沒看到。

6.　　凡是著眼於弟兄身體的人，等於根本沒看到弟兄就對他妄下判斷了。2 他並不是真的看出弟兄有什麼罪過，他根本什麼也沒看到。3 因為罪的黑暗使他看不到弟兄的面目。4 他只能在黑暗中想像弟兄的模樣；在那兒，他對弟兄所懷的幻相無需和真相對質。5 只有在黑暗裡，幻相與真相才能各行其是。6 只有在黑暗裡，幻相才躲得開真相。7 也只有在同樣的黑暗裡，弟兄的真相被你幻想成一具身體，然後跟其他身體建立種種不神聖的關係，為罪苦之因效命片刻便離世而去。

7.　　虛妄的幻想與慧見確有天壤之別。² 它們的分別不在它們自身，而是在目的的不同。³ 因為兩者都只是方法或手段而已，每個方法只會恪盡職守為自己的目標效力。⁴ 雙方都無法為對方的目標效命，因為你選擇方法之際其實就已經選擇了目標，要它幫你完成目的。⁵ 一旦失去預定的目標，方法自然變得毫無意義；離開了原有的動機，方法也失去了它的價值。⁶ 你必須先重視目標，才會對方法認真。⁷ 若非你已把罪當成自己的目標，否則你不會那麼重視自己的判斷的。

8.　　唯有判斷之眼才可能著眼於身體。² 你若著眼於身體，表示你不只缺乏慧見，而且拒絕以聖靈賜給你的方法完成他的目的。³ 神聖關係怎麼可能借助罪的手法來完成目標？⁴ 判斷是你教給自己的本事，慧見才是聖靈教你的功夫，幫你化解過去學來的一切。⁵ 他的慧見絕不會去看身體，因它不可能著眼於罪。⁶ 這就是他領你進入真理實相的途徑。⁷ 你神聖的弟兄絕不是幻相，只要一認出他，你就解脫了。⁸ 別再企圖從黑暗去看他了，因你對他的種種幻覺會在那兒顯得特別真實。⁹ 你過去始終閉著眼睛，不看他的真相。¹⁰ 你一直以此為目的，只要這目的對你仍有意義，你必會重視達此目的的方法而覺得那幻相頗值一看。於是，你就再也看不見真相了。

9.　　你不該問：「我怎樣才能不透過身體去看弟兄？」² 你只該問：「我真的希望看到他是無罪的嗎？」³ 在你提問之際，不要忘了，他的無罪本質乃是你擺脫恐懼的關鍵。⁴ 救恩是聖靈的目標。⁵ 慧見則是他的方法。⁶ 因為慧見所著眼的正是這個無罪本質。⁷ 凡是心中有愛的人是不會評判人的，他眼中的一切均無罪罰的陰影。⁸ 他不會看到自己打造之物，只會看到聖靈願他看見之物，聖靈同時給了他能夠看見的慧眼。

捌．著眼於無罪本質的慧見

1.　　慧見最初像曇花一現地出現於你心中，但已足夠讓你看到自己能視弟兄無罪時所獲得的回報。² 真理會因著你的渴望之心而重臨於你，正如你以前因渴望其他東西而失落了真理一樣。³ 以

前因你「另有所好」而封閉了的聖地，終於再度開啓，那不曾失落的眞理也悄悄返回了原處。⁴因爲上天一直爲你保留著。⁵若非你妄造了那些判斷，否則連慧見都沒有存在的必要。⁶現在就由衷渴望徹底解除自己的判斷吧！上天必會滿全你所願的。

2.　　你想知道自己的眞實身分嗎？²你難道不樂意看到自己的猶豫不決變得肯定無疑？³你難道不想由煩惱中脫身，重新學習喜樂之道？⁴你的神聖關係會帶給你這一切。⁵不只這一恩典，種種善果還會接踵而至。⁶它的神聖目的既不是你制訂的，你也打造不出導向幸福結局的方法。⁷但你該慶幸，只要你求，就會獲得一切！切莫認爲自己有責任制訂方法或目的。⁸只要你肯去看弟兄的無罪本質，這一切都非你莫屬。⁹但你必須由衷渴望，才會收到這一恩典。¹⁰慧見只可能白白賜給眞心祈求看見的人。

3.　　聖靈要你在明亮的天光下，用祂的慧眼去看弟兄的無罪本質，而且與祂一起慶祝他的眞相。²凡是眞心渴望平安、誠心以聖靈目的爲志，且與聖靈同心致力於救恩的人，必然得享平安。³爲此，心甘情願地著眼於弟兄的無罪本質吧，基督便會出現於你的慧見中，以喜樂充滿你的心。⁴別再重視弟兄的身體了，他就是因這具身體而淪爲幻相的。⁵他跟你一樣渴望看到自己的無罪本質。⁶透過你們的關係祝福上主之子吧！別再著眼於你爲他打造的那個形相了。

4.　　聖靈向你保證，凡是上主旨意要給你的東西，遲早都是你的。²這就是你此生的目標，祂已準備賜給你完成這一目標的慧見了。³這慧見能幫你不再著眼於身體。⁴當你再度注視弟兄時，你在那兒只會看到一座獻給你天父的祭壇，神聖有如天堂，光明潔淨，在你所獻的雪亮百合上閃閃發光。⁵還有什麼比這慧眼更值得珍惜的？⁶爲什麼你總是認爲身體更適合作你的家園或更能庇護上主之子的安全？⁷爲什麼你總是喜歡著眼於身體而不去看他的眞相？⁸怎麼會有人選擇這具毀滅的機器，而寧可放棄聖靈願與你同在的神聖家園？

5.　　身體乃是脆弱、容易受傷、欲振乏力的象徵。²這種救星幫得了你嗎？³遇到困境時，你會向這自身難保的泥菩薩求助嗎？⁴這可憐的小東西怎麼可能是你求取力量的最佳對象？⁵你對他的

論斷好似削弱了人間救主的力量。⁶ 但別忘了，是「你」需要他的力量。⁷ 沒有一個問題、一件事情、一種環境，或任何困惑，是慧見解決不了的。⁸ 一切萬有在慧眼裡都已得救了。⁹ 因這不是出自你的目光，而是聖靈的眼光為你帶來他最愛的靈性法則。

6.　　凡是慧眼所見之物，都會在他篤定的目光所帶來的靈性法則下各得其所。² 萬物在祂眼中註定有個圓滿的結局。³ 因這結局必然與祂的目標一致，無需調整外在的形式，就能完美地與它相應。⁴ 在祂溫柔的凝視下，毀滅力變為親和力，罪也轉成了祝福。⁵ 肉眼豈有能力修正它所見之物？⁶ 這雙眼睛早已適應了罪的臨在，不論罪化身為何物，肉眼隨時都會看到它的蹤影。⁷ 萬物在你的眼裡都成了被詛咒的生命。⁸ 於是，你再也看不見那原本能夠拯救你之物了。⁹ 你的神聖關係（也是你的救恩之源）因此失去了意義，它那神聖無比的目的也喪失了完成的途徑。

7.　　所謂判斷，不過是一個玩具、一個奇想、一件無用的工具，或在你的幻想中演出的一場無聊的死亡遊戲。² 只有慧見能把這一切導入正軌，循循善誘地將它們帶到天堂的仁慈法則中。³ 如果你認清了這世界只是一個錯覺妄想，你會如何？⁴ 如果你終於了解這世界是你自己一手打造的，你會如何？⁵ 如果你真正明白了，在世上來來去去的那些會犯罪、死亡、攻擊、謀害，最後一死了之的芸芸眾生，都不是真的，你又將如何？⁶ 你若接受這一事實，還會相信眼前所見的一切嗎？⁷ 你真想看到這種世界嗎？

8.　　那些錯覺妄想一旦被你識破，便消失了蹤影。² 這就是療癒之方。³ 只要你不相信它們，它們便會知難而退。⁴ 你只需做一件事，就是認清這一切全是自己打造出來的。⁵ 一旦能夠接受這個單純事實，把你賦予它們的力量收回，你就再也不受它們束縛了。⁶ 有一點是可以肯定的：錯覺妄想背後必有其目的，你一撤銷目的，妄想就會隨之消失。⁷ 因此，你的問題從來不是「你想不想要那些錯覺妄想」，而是「你是否仍然想要它們背後的那個目的」。⁸ 這世界好似賦予人們種種不同的目的與價值。⁹ 其實它們全是同一回事，¹⁰ 除了你自己賦予的價值層次以外，別無任何層次分別。

9.　　世上只有兩個目的。² 一個是罪，一個是神聖性，³ 沒有中

間地帶；你選擇了哪一個，就只會看到那一物。⁴不論你見到什麼，正好反映出你爲了某種目的而作的選擇。⁵錯覺妄想確實能夠幫人達到瘋狂的目的。⁶它們爲了配合罪的劇本，不惜把內在心念投射到外在世界，以證實罪的眞實性。⁷外在世界其實空無一物，這是千眞萬確的事實。⁸所有的投射都是無中生有。⁹正是這種投射賦予了「虛無」所有的意義與內涵。

10.　　凡是沒有意義之物，就沒有什麼好看的。²而且，任何意義，一向是先在人心內看到，然後才會在外面看見代表那意義的形相的。³爲此，你賦予外在世界的意義，僅僅反映出你向內看自己的眼光而已；說得更明確一點，你其實什麼都沒看到，你只是存心批判而已。⁴聖靈則運用慧見將你的噩夢詮釋爲幸福美夢，讓你看到，祂已把你想像出來的罪所帶來的恐怖後果轉換爲寧靜而安心的景象了。⁵你會欣然望見這一溫柔景象，喜悅地聆聽它的聲音。⁶聖靈會用它們替換小我存心驚嚇你的可怕景象和刺耳噪音的。⁷這些景象與聲音會跟罪惡保持距離，而且不時提醒你，你害怕的並非眞相；你所犯的錯誤全都可以修正過來。

11.　　當你親眼看到過去的恐怖幻相如今已轉爲美妙與平安的景象，當你親眼看到過去殘暴的死亡幻影已化爲一座寧靜安詳的花園，徜徉在藍天之下，旁邊還有滋潤生命的清澈泉水流過，你還需要誰來勸你接受慧見的禮物？²有了慧見以後，誰會拒絕它所帶來的種種恩典？³你是能夠看到上主賜給聖子的神聖生命的，不妨在這句話上深思片刻。⁴你就再也不會想看其他東西了。

第二十一章　理性與知見

導　言

1.　　投射形成知見。² 你眼中的世界，全是你自己賦予的，如此而已。³ 既不多，也不少。⁴ 因此，世界對你變得意義重大。⁵ 它是你心境的見證，也是描述你內心狀態的外在表相。⁶ 一個人如何想，他就會如何看。⁷ 為此，不要設法去改變世界，而應決心改變你對世界的看法。⁸ 知見是果，不是因。⁹ 這就是「奇蹟沒有難易之分」的道理所在。¹⁰ 慧見之下的一切，不只已獲療癒，而且神聖無比。¹¹ 慧見以外的一切則無意義可言。¹² 凡是無意義的，自然混亂無序。

2.　　你判定自己是遭受天譴的人，並且將這觀念投射到世界去。² 世界在你眼中若遭受天譴，你在世上自然只會看到自己對上主之子所造成的傷害。³ 你的眼光若放在天災人禍上頭，表示你存心把他釘上十字架。⁴ 你的眼光若置於神聖與希望上，則表示你已加入了上主旨意，放弟兄自由。⁵ 除此兩者，你沒有其他的選擇。⁶ 你若選擇其中一方，就會看到這一方的見證，並從中認出自己所作的選擇。⁷ 你所見到的世界不過反映出你允許自己看到多少喜悅、接受多少喜悅而已。⁸ 如果這就是世界存在的意義，那麼，帶給世界喜悅的能力必在你內無疑。

壹. 遺忘的歌曲

1.　　切莫忘記，失明的人「所見」的世界，只能出自想像，因為他們根本無從得知世界的真實面目。² 他們永遠只能靠間接證據來推想可能的景象，也就是說，他們一再被自己識別不出的障礙絆倒，或誤以為此路不通，結果卻安然通過；凡此種種，他們都只能靠著經驗的累積，不斷調整自己的世界觀。³ 你也是如此，⁴ 有眼而看不見。⁵ 你的推想所根據的線索錯誤百出，因此，你常因認不出絆腳石而跌得鼻青臉腫，或是明明開啟的大門，你卻認為門禁森嚴，不敢穿越；你那視而不見的雙眼渾然不覺歡迎之門

早已爲你開啓。

2.　　　你的評判害你自己再也看不見那原本清晰可見的世界，實在愚不可及。²世界的面目絕不是憑你的想像。³若想看到眞相，你必須先具備看的能力。⁴如此，你才可能看見哪扇門是敞開的，哪個地方是安全的，或者哪一條路通往黑暗，哪一條路又導向光明。⁵你自己的評判只會將你導入歧途，唯有慧見才能爲你指引迷津。⁶別再枉費心機妄自臆測了！

3.　　　學習，未必要付出痛苦的代價。²只有喜悅的心才接收得到柔軟的人生功課，讓你日後欣然憶起。³也只有讓你幸福的功課才會激起你學習的意願，而且一學不忘。⁴你並不否定這一點。⁵問題是，你能不能在學習過程中獲得課程所許諾的喜樂？⁶你若相信它會，學習就不成問題。⁷你目前還稱不上是個快樂的學徒，因爲你仍不敢確定慧見會比評判對你更爲有利；但你已明白，你是無法同時擁有兩者的。

4.　　　失明的人必須不斷自我調整才能逐漸適應外在的世界。²他們可能認爲自己已經摸清了周遭的世界。³然而，他們的學習歷程一點也不好受，他們把自己天生的缺陷視爲一種難逃的劫數、不得不經歷的考驗。⁴他們若認定失明是不可挽回的缺陷，自然不能不仰賴過去的訓練，絲毫不敢掉以輕心。只因爲他們看不見。⁵他們毫不了解，就是那些訓練使他們永遠盲目下去。⁶但是他們絕不會相信這種說法。⁷於是，世界始終都是他們自己在想像中摸索出來的那個模樣，並且相信自己別無選擇。⁸他們痛恨自己歷經滄桑所了解的世界。⁹他們心中認定的那個世界不斷在提醒自己的缺陷與殘疾，更別說上天何其不公，何其無情了！

5.　　　他們就是這樣界定了自己的生命以及所生活的世界，而且誠惶誠恐地努力適應，唯恐失去僅有的小小立足之地。²任何人只要把這具軀體當作自己及弟兄的一切所有，便不可能不落入這種思維。³他們也曾想要與人連結，卻嚐盡失敗的苦果。⁴慢慢地，他們適應了孤獨，相信唯有保護軀體才保得住自己擁有的一點東西。⁵現在，請仔細聽，看你是否還記得我們所要說的事情。

6.　　　請聽！你可依稀記得一處悠遠古老、尚未全然遺忘的境界？你也許記憶模糊，但並非完全陌生。它好似你早已忘記曲名的一

首老歌，也記不得曾在何處聽過。² 迴旋在你腦海裡的並非整首歌曲，而是一點兒餘響，你甚至想不起與此相關的人們、地點或事件。³ 但這一點餘響已足以勾起你的回憶，漸漸憶起那首曲子的動人旋律、和它相關的美景，還有跟你一起聆聽的可愛人兒。

7. 那些音符本身並沒有什麼特別。² 你所懷念的不是那些音符，而是它們悄悄勾起了你對某物的記憶；你一想到它，就會忍不住落淚。³ 你本來記得的，但你害怕自己若憶起它，就會失去後天學來的那個世界。⁴ 然而，你也知道，你由世上學來的所有一切，都遠不及那一點記憶值得你珍惜。⁵ 好好地聆聽吧！看看你是否還記得那首熟悉的古老旋律，你對它的珍愛遠遠超過你後來強迫自己喜歡的那些歌曲。

8. 當你放眼望去，你會看見一道弧形的金光，隨著你的視線，超越身體之上，超越了星辰與太陽，超越你眼前似曾相識的一切，逐漸拓展為一道燦爛偉大的光環。² 那道圓環在你眼前光明燦爛。³ 環的邊界逐漸消褪，再也攔不住環內的光明。⁴ 光明開始向外延伸，須臾也無間歇地籠罩了整個天地萬物，延伸至無窮無盡。⁵ 萬物在它內完美地交融為一體。⁶ 你無法想像任何東西可能置身其外，因這光明無所不在。

9. 這是上主之子慧眼中的世界，你對這位聖子毫不陌生。² 在你的慧見裡，他深知天父的真相；³ 在此慧見裡，你也會憶起自己的真相。你雖是慧見的一部分，卻擁有慧見所有的內涵，你終將結合於整個慧見裡，整個慧見也會結合於你內。⁴ 接納這個慧見吧，它必會讓你看到真相而不再著眼於身體。⁵ 你記得那首老歌的，而且如此熟稔清晰。⁶ 沒有任何歌曲能比聖子向天父詠唱不止的古老情歌更讓你怦然心動了。

10. 如今，失明的人重新看到了光明，因為他們讚美造物主的頌歌其實是在讚美自己。² 他們自己造成的盲目，抵不住這首老歌所勾起的回憶。³ 只要他們肯張開自己的慧眼，便會憶起他們所歌頌的上主之子的真相。⁴ 所謂奇蹟，不正是這個記憶嗎？⁵ 有誰心內沒有這個記憶？⁶ 一個人心中的光明足以喚醒所有人的記憶。⁷ 你只要能在一位弟兄身上看見光明，就等於為所有的人憶起了生命真相。

貳. 為自己所見負責

1.　　我們再三說過，本課程對你的要求少之又少。²你只需發出一點點願心，整個人際關係就會轉悲為喜；你只需獻給聖靈這小小的禮物，祂就會滿全你的一切所需；整個救恩就等著你那微乎其微的獻禮，你只要改變些許心態，便足以將十字架轉變為復活。³這麼真實又簡單的道理，誰會無從理解？⁴你可能心生排斥，但並非因為它曖昧不明。⁵此刻你若決心抵制，也不是因為它含糊不清，而是你斷定它要你為平安付出的那一點代價實在太大了。

2.　　只要你能做到下面這一點，慧見、幸福、由痛苦解脫、徹底由罪咎脫身，這一切對你有如探囊取物。²你只需如此說，但務必誠心誠意，而且毫不保留，因救恩的大能就在這幾句話中：

　　　³我應對我所看見的一切負責。
　　　⁴我所經驗到的感受全是我的選擇，我想完成之事也都出於我的決定。
　　　⁵我所經歷到的一切，都是我自己招惹來的，我所得到的一切也都是我自己祈求來的。

⁶不論面對什麼遭遇，都不要再騙你自己是如何的無助。⁷你只要承認自己犯了錯誤，就無需承受任何遺害之苦了。

3.　　上主之子不可能完全受制於外在事件的。²他的一切遭遇必然出自他的抉擇。³他的決定能力才是一切事件的決定因素，即使他覺得那些事件好似偶然發生或意外掉在他頭上。⁴在上主創造的宇宙裡，沒有一件事是意外或偶然的；在祂的宇宙之外，則不可能發生任何事情。⁵當你感到痛苦難過，表示你已選擇了罪作為自己的人生目標。⁶當你湧現幸福之感，表示你已把決定權交託到聖靈手中，請祂為你選擇上主。⁷這就是你獻給聖靈的小小禮物，連這樣的交託都是出自祂的恩典。⁸這一禮物同時給了你釋放人間救主的力量，他才有機會給你救恩。

4.　　不要捨不得這小小的獻禮。²你若吝惜不給，你舊有的世界

便依然故我。³ 你一給出這份禮物，眼前的世界便會瞬間消逝。⁴ 付出那麼小的代價卻能獲利這麼大，世間再也找不到這種生意了。⁵ 神聖一刻的交易即是如此。⁶ 在這一刻，你把不想要的世界帶到自己想要的世界前。⁷ 在這一刻，你會得到自己想要的世界，只因你眞心想要擁有它。⁸ 爲此，你若想得到，就必須先認清這份「渴求」的力量，⁹ 而且必須接受它的大能，不能把它當成弱點。¹⁰ 你還需要這一認知：這股力量既足以造出整個大千世界，必然也有能力捨下這個世界；只要它甘心承認自己的錯誤，錯誤便修正過來了。

5.　　你眼前的世界，只是一個企圖證明「自己是對的」無聊見證而已。² 這種見證可說瘋狂至極。³ 它的那些證據全是你訓練出來的；當它以其道還治於你時，你不只聆聽，還相信它所提出的一切證據。⁴ 你就是如此咎由自取的。⁵ 若能看清這一點，便不難發現你自以爲的「看見」，根本只是自編自導的循環論證。⁶ 上主從未給過你這種世界。⁷ 它是你獻給自己及弟兄的禮物。⁸ 爲此，心甘情願地將你的禮物從弟兄身上撤回，還他原有面目吧！⁹ 當你目睹他的變化時，你也會同時看到自己的轉變。

6.　　你也許還看不出這小小獻禮對自己何以事關重大。² 現在不妨再正視一下，³ 你就會從中看到由「分裂」轉向「救恩」的整個過程。⁴ 小我不過代表了一個觀念，即「上主之子可能經歷到非他所願且有違造物主旨意的事情」，只因上主旨意與聖子意願原是同一回事。⁵ 上主之子寧可以此觀念取代自己的意願，瘋狂地抵制永恆不易的眞相。⁶ 這等於公然宣稱小我能夠僭取上主的大能，使上主束手無策，也使得他自己喪失了上主賦予他的一切能力。⁷ 你供奉在自己祭壇上的正是這瘋狂一念。⁸ 任何威脅到小我信念的，都好似直接侵犯了你的信仰，只因你的信心全都繫在小我身上。⁹ 不要以爲你什麼都不信，你對小我的信念其實牢不可破。

7.　　聖靈所給你的信仰，即是相信你自己的神聖性；祂還會賜你慧見，讓你一眼看清這一事實。² 問題是，你尙未騰出你的祭壇來安放這些禮物。³ 它們本應供在你的祭壇，你卻在那兒供奉其他偶像。⁴ 那個另類「意願」不斷暗示你應該怎樣才是，於是你依法炮製，還將它弄假成眞。⁵ 凡是與那意願相違的，反倒顯得

虛幻不實。⁶聖靈只要求你一事，即是為真理騰出空間。⁷祂從未要求你進行或製造任何超乎你所能了解之事。⁸祂只要求你讓真相進來，別再干預那註定發生之事，你的本分只是再次認出那個你以為已拋棄之物罷了。

8.　　你只要有一刻心甘情願地挪開你堆在祭壇的雜物，便會一眼看清真正存在那兒之物。²神聖一刻並非創造的一刻，而是認清真相的一刻。³這一認知只可能來自你停止判斷之後所生的慧見。⁴若非如此，你是不可能往內看的，也不會看見那必然臨在的真相歷歷在目，不待你的推理與判斷之助。⁵化解那一切不是靠你的作為，但歡迎它與否，則完全操之於你。⁶信仰與渴望兩者相得益彰，因為每個人對自己渴望之物自然充滿信心。

9.　　我們先前已談論過，小我如何對自己渴望之物打著如意算盤，設法如願以償。²它會把自己的目標變得既真實又可能完成的模樣，沒有比這更凸顯出需求的力量，也就是信仰的力量了。³小我先信仰了虛假不實之物，再改造現實來配合自己的瘋狂劇本。⁴你的心靈若以罪為取向，便不能不造出一個有目共睹的恐怖世界，才好自圓其說。⁵你渴望什麼，就會看到什麼。⁶那種現實如此虛妄，為了保護這一假相，你自然不會揭發自己企圖弄假成真的陰謀伎倆。

10.　　你一旦否定了慧見，因果勢必混淆。²於是，當務之急便是把起因搞得曖昧不明，以便你進行顛倒因果的陰謀。³結果，這個看似獨立的「果」開始自立為「因」，連造出它的你都把它當成一切事件及經歷的起因。⁴我們先前提過，你極其渴望打造你的創造者，一心想作他的父親，而非他的兒子。⁵兩者其實是同一欲望。⁶上主之子原是「果」，如今卻企圖否定自己的原始之「因」，⁷而把自己打造成一個好似會生出真實後果的「因」。⁸然而，無「因」之物是產生不了任何「果」的；因果如此顛倒之後，你便再也無法了解兩者的真實關係了。

11.　　你必須認清，眼前的世界正是你打造出來的；你也需認清，你的生命並不是自己造出來的。²**兩者其實出自同一誤解**。³凡不是造物主所造之物，絕無操控你的能力。⁴你若認為自己打造之物操控得了你之所見或所覺，而且相信它真有如此能耐，你等於

否認了自己的造物主，而相信你是出於自己所造的。⁵ 如果你還認爲自己打造的世界能夠隨心所欲地塑造你，表示你已經徹底把天父及聖子、終極之因與相對之果本末倒置了。

12. 　　上主之子的創造必然肖似天父的創造。² 但聖子在創造時絕不可自欺，以爲自己活在終極源頭之外。³ 他必須與終極源頭結合，才可能成爲自己創造的源頭。⁴ 離開這一結合，他便失去了創造的能力，而他所造出的一切也會頓失意義。⁵ 他的妄造絲毫影響不了創造，只會跟著主人的瘋狂心態共舞，卻無法爲他的瘋狂自圓其說。⁶ 你的弟兄也會認爲這個世界是你和他一起打造出來的。⁷ 他便如此與你一起否認了眞實的造化。⁸ 他還會跟你一樣認爲自己造出的世界塑造了現實中的自己。⁹ 如此，他又否認了世界是自己造出的。

13. 　　然而，眞相是：你和弟兄都是慈愛天父的創造，祂同時把你們造成了一個生命。² 如果你一味著眼於與此相反的「外在證據」，你等於全面否認了自己的生命眞相。³ 只要你肯承認那梗在你與弟兄之間、既離間你們而且與天父分裂之物，全是你暗自打造出來的幻相，你當下便解脫了。⁴ 連同它的一切後果也會一併消失，只因它的肇因已被揭露了。⁵ 你就是被那自立爲因的假源頭困住而無法脫身的。⁶ 你若把自己視爲一個獨立生命，活在那創造了你而且從未離開過你的終極源頭之外，表示你又陷入同樣的錯誤。

參. 信仰、信念與慧見

1. 　　所有的特殊關係都以罪爲目標。² 它們設法以合一的假相來混淆視聽，並與眞相討價還價。³ 你應當知道，討價還價不是談條件就是設限制；你必會痛恨與你建立有條件關係的弟兄的。⁴ 「公平」常是你討價還價的藉口，有時你也會要求自己付出，然而，更多的時候你是在要求別人付出。⁵ 你想用「公平」幫你安撫這別有居心的關係所帶給你的罪惡感。⁶ 爲此之故，聖靈必須先改變這關係的目的，這個關係才會對祂有用而對你又無害。

2. 　　你若接受這一改變，等於是同意爲眞理騰出空間。² 罪之

「因」便一逝不返了。³你可能還會「想像」自己仍在承受罪的苦果，但至少那已不是你的人生目的，你也愈來愈不想要它了。⁴沒有人會允許別人換掉自己所渴望的目標，因為人心一旦訂立目標，必會特別珍惜而且愛護有加。⁵心靈會忠於這一目標，不論走得愁眉苦臉或歡天喜地，它都會滿懷信心，鍥而不捨。⁶信仰一旦夾雜了罪，人們便感受不到它的力量。⁷但信仰若與愛同行，人們便能隨處認出它的力量。

3.　　信仰確有移山倒海之力，你為何感到如此驚訝？²對信仰來講，這不過是雕蟲小技。³信仰甚至囚禁得了上主之子，只要他相信自己被囚，便會受到囚禁。⁴因此，只要他不再相信這些桎梏，不認為它們囚禁得了他，而全心相信自己是自由的，他就自由了。⁵你不可能同時信仰兩個截然相反之物。⁶你對罪的信仰有多深，你對神聖性的信仰就會降低多少。⁷同理，你對神聖性的信仰有多堅固，你對罪的信仰就能粉碎多少。

4.　　信仰、信念與慧見，都是助你達成神聖目標的工具。²聖靈有賴它們的助力來領你進入真實世界，脫離你所信仰的虛幻世界。³這是祂為你指出的方向，祂眼中也只有這一目標。⁴當你徘徊於歧路時，祂會用這唯一的目標來提醒你。⁵祂的信仰、信念和慧見都是為你而準備的。⁶等你全盤接下祂的禮物、放下你自己的一套之後，你就無需再仰賴它們了。⁷因為信仰、信念和慧見只有在你抵達千古不易之境以前才有意義。⁸天堂對它們一無所知。⁹然而，若要抵達天堂，你又非靠它們不可。

5.　　上主之子不可能沒有信仰，至於他要相信什麼，卻是他自己的選擇。²「不信」，並不表示他沒有信仰，而是指他誤信了不存在之物。³即便他相信的是幻相，信仰的力道依舊不減，因為上主之子會因而相信自己一無所能。⁴結果，他不再相信自己，卻對自己的幻相堅信不疑。⁵因為你自己打造出來的那一堆信仰、知見與信念，只會幫你找到罪而忘失了千古不易之境。⁶這條瘋狂的路出自你的選擇，因著你對這一選擇的信仰，你所渴望之物便被你弄假成真了。

6.　　過去你用來追蹤罪的伎倆，如今聖靈都能善加利用。²祂會借用你舊有的道具，反其道而行，帶你遠離罪惡。³但祂只會著

眼於你使用的伎倆，卻不追究你當初打造這些道具的意圖。⁴ 祂也無意由你手中奪走它們，只因在祂眼中這些道具的確能幫你完成祂對你的旨意。⁵ 你打造的知見只是爲了褒貶弟兄而已，結果卻與他們一起落入罪的陷阱。⁶ 聖靈則把這知見轉換爲一種教學工具，讓你明白你眞正想要看的只是神聖關係。⁷ 如此，你才可能對生命的神聖本質生出信仰，因渴望而相信它，只因你眞心想要得到它。

7.　　一度被罪所利用的工具，如今皆轉而爲神聖本質效命，信仰與信念也會隨此慧見而生。² 你所認定的罪，其實只是一種限制；不論你把哪位弟兄拘限在一具身體內，你都會因爲怕他而恨他。³ 凡是你不肯寬恕的人，你會把他打入身體的牢獄，因爲身體是你玩得最上手的犯罪工具。⁴ 你的信仰與信念就這樣轉到身體上了。⁵ 反之，生命的神聖本質只願釋放你的弟兄，它會先消除你的恐懼，藉此化解你的恨意；這是治本之道，而非治標。

8.　　凡是願把弟兄由身體釋放出來的人，自然一無所懼。² 因他們已放棄了罪的伎倆，矢志撤除身體加之於人的一切限制。³ 只要他們眞心矚目於弟兄的神聖本質，他們的信仰與信念就能越過形體之見，爲慧見撐腰，不再從中作梗。⁴ 但他們必須先心甘情願地正視過去的信仰如何拘限了自己的世界觀，且誠心渴望把信仰的力量轉向他處，準備接受上天賜他的另一觀點。⁵ 奇蹟必會隨之而至，由你的信仰中誕生。⁶ 凡是決心不再矚目於罪的人，必會喜獲慧見而邁上神聖之路的。

9.　　至於相信罪的人，必會認爲聖靈是在要求犧牲；唯有如此，他們的陰謀才能得逞。² 我的弟兄，聖靈深知犧牲一無所用。³ 祂從不跟人討價還價。⁴ 你若企圖跟祂談條件，你對祂就會開始轉懼爲恨了。⁵ 祂給你的禮物不是世間任何一物所能望塵莫及。⁶ 你就要認出這一眞相了。⁷ 將你的覺知融入那始終合一之境吧！⁸ 只要你對弟兄報以信心，你必會平安抵達此境的。⁹ 因「那一位」正爲你護守著祂所愛的世界，使它不受一絲罪的污染；因著它的純潔無罪，它才會在你眼中顯得美若天堂。

10.　　你如此相信犧牲，它在你眼中才會顯得威力無窮；你從未意識到，正是犧牲之念讓你的眼睛視而不見。² 因犧牲必然是指一

具身體向另一具身體索取代價。³ 心靈不可能要求自己犧牲或接受其他心靈犧牲的。⁴ 身體其實也無此能耐。⁵ 犧牲的動機出自心靈，心靈企圖以身體為工具，為自己相信的罪效命。⁶ 因此，凡是重視罪的人勢必把心靈與身體混為一物。⁷ 如此，犧牲便轉為一種限制的伎倆，也成了怨恨的理由了。

11.　你認為聖靈會擔心這類事情嗎？² 祂豈會賜給你祂一心想幫你躲避之物？³ 你也許會認為祂是為你好才這樣剝削你。⁴ 但「好意」與「剝削」是相反的兩極，不論你怎麼為它們拉關係，也不會串連出任何意義的。⁵ 這好比說，月亮與太陽是同一個東西，只因一個夜間出現，一個白天出現，故它們必有關連。⁶ 問題是，你必須等到這個隱退，才能看到那個出現。⁷ 而且，一個帶來光明，一個只能在黑暗中看見，怎麼可能是同一物？⁸ 何況雙方都不會要求對方作任何犧牲的。⁹ 它們不過是勢不兩立而已。

12.　身體是為了充當罪的犧牲品而打造出來的；你在黑暗中所看到的身體就是如此。² 但在慧見的光明下，身體則是另一番景象。³ 你開始相信它能為聖靈的目標效力，而賦予它力量幫助盲者復明。⁴ 盲者的目光才能跟你一樣越過身體去看。⁵ 你便如此賦予了身體一種超乎現實的信仰與信念。⁶ 由於你一度把知見、信念與信仰從心靈層次打入身體層次，⁷ 現在該把這些知見和信念交還給製造它們的主人了，讓心靈發揮其用，把你從自己打造的身體拯救出來。

肆. 不敢往內看

1.　聖靈絕不會告訴你，你是罪孽深重的。² 祂只會修正錯誤，而這實在沒什麼好怕的。³ 你真正怕的是往自己心裡去看，你深恐看到自己一直以為埋藏在那兒的罪。⁴ 這一點你倒是不怕承認。⁵ 小我把恐懼和罪之間的連結視為天經地義的事，它還會微笑著讚許你。⁶ 它一點都不怕讓你感到羞慚。⁷ 它毫不懷疑你對罪的信念和信仰。⁸ 因為它的廟堂並不會因此動搖。⁹ 你對罪的信仰，最多只證明了你很想在那兒看到罪的存在。¹⁰ 這充其量也只能算是構成恐懼的遠因而已。

2. 　　你應記得，那兒不僅只有小我而已。² 它的王國還不時受到「另一位」的牽制，問題是，它害怕的那位無名大「敵」，自己連影子都看不見。³ 小我高聲命你不要往內去看，否則你會親眼照見自己的罪而遭天打雷劈，以致失明。⁴ 你相信了它的話，故從不往心裡去看。⁵ 其實這並不是小我的隱憂，也不是為它效犬馬之勞的你的隱憂。⁶ 但小我卻大聲警告那是你最該擔心的事；它不斷耳提面命，而且震耳欲聾。⁷ 它的瘋狂叫囂透露出自己的心虛。⁸ 你因著罪的信念而害怕往內看，這恐懼底下其實隱藏了令小我戰慄的另一種恐懼。

3. 　　萬一你往內看去，卻沒有看到罪，那又如何是好？² 小我絕不允許你冒出這種「可怕的」問題。³ 此刻你若提出這一反問，勢必嚴重威脅到小我的整套防衛措施，它會立刻翻臉不認人。⁴ 唯有願與弟兄結合的人，才表示他放下了自己與小我認同的信念。⁵ 所謂神聖關係，不過是指你與那個真實的自己重新結合的關係。⁶ 如今，你對罪的信念開始動搖，你比較願意往內去看了，終有一日你會看到那兒根本無罪的。

4. 　　這只能算是片面的解脫，雖然相當有限而且尚未完成，至少它已在你內萌芽了。² 由於你還沒有到徹底瘋狂的地步，尚能面對自己的失常，承認自己的瘋狂。³ 你的信仰會逐漸往內深入，越過瘋狂心態而抵達理性。⁴ 此刻，小我仍然聽不進理性告訴你的一切。⁵ 然而，你心靈有一角落已經接受了聖靈的目的，小我對它毫不知情。⁶ 你以前對這一角落也同樣的無知。⁷ 如今，你總算開始認同心靈這一角落，不再害怕面對自己了。⁸ 這部分的心靈對罪一無所知。⁹ 否則，它怎麼可能甘心以聖靈的目的為志？

5. 　　無始以來，你這部分的心靈早已看見並且認清了弟兄的真相。² 它一心渴望與弟兄結合，恢復自己原有的自由。³ 它一直等待著自由誕生之日，也就是你接受解脫的一刻。⁴ 如今，你已逐漸體會出，參與聖靈大業的既不是小我，則必有一位他方神聖。⁵ 切莫以為這一想法荒誕無稽。⁶ 你的理性會告訴你，這是你跟我學習至今必然導致的結論。

6. 　　聖靈的教誨從不自相矛盾。² 它的邏輯合情合理。³ 你已見識到小我的瘋狂，對它卻一無所懼，因你已決心不與它同流合污

了。⁴ 偶爾，你仍會中它的計。⁵ 然而，在你神智比較清明的時刻，小我的恫嚇已嚇不倒你。⁶ 縱使它因痛恨你「膽大妄為」地往心內看而撤回它所有的禮物，你很清楚自己不再希罕那一切了。⁷ 它偶爾還會用一些亮晶晶的小東西勾引你的目光。⁸ 但你再也不會為那些玩意兒「出賣」天堂了。

7. 　　現在輪到小我害怕了！² 那讓小我戰慄的聲音，落在心靈的另一隻耳朵裡，美妙有如仙樂，那是自從小我潛入心靈之後，心靈的某一角落一直渴望聽到的天音。³ 小我脆弱之處如今成了心靈力量之所在。⁴ 那歌頌著另一個世界的自由之歌，為心靈帶來了平安的希望。⁵ 因心靈仍然記得天堂，如今，它總算看到被小我王國放逐已久的天堂重臨人間。⁶ 天堂來臨了，只因它已在你的人間關係找到了安居之所。⁷ 但人間卻愈來愈當不起這種關係，因它已躋身於天堂了。

8. 　　溫柔地仰視弟兄吧！請記住，你們總算一起看清了小我的無力之處。² 一直受小我離間的你們，終於相逢而且合而為一，你們再也不怕面對小我了。³ 孩子，你是純潔無罪的，歡欣地邁向這千古不易之境吧！⁴ 雖然恐懼還會瘋狂地向你們叫囂「懷疑就是肯定」，切莫上它的當了。⁵ 這話荒謬透頂。⁶ 不論它的嗓門拉得多高，再也影響不了你。⁷ 不可理喻之事，不會因為喋喋不休或高聲叫囂就變得言之有理。⁸ 寧靜的大道已經為你開啟。⁹ 快樂地上路吧，不要再懷疑那註定的結局了。

伍. 理性的功能

1. 　　知見藉著分別取捨而造出了你眼前的世界。² 此言不虛，它確實是根據心靈的指示挑選出自己想要的世界的。³ 如果世間萬物的其他因素都全然同等，不分軒輊，那麼大小、形狀、明暗這類度量衡才產生得了作用。⁴ 問題是，沒有一物在你眼中是同等的。⁵ 因為你想要找到之物，絕對比你不想看到之物更容易躍入你的眼簾。⁶ 對有心聆聽聖靈之音的人，小我的叫囂與妄為淹沒不了聖靈寧靜而纖細的聲音。⁷ 你的所知所見不過代表了你的選擇，與事實真相無關。⁸ 而你這選擇所導致的後果卻遠遠超乎你

的想像。⁹你選擇聆聽誰的聲音，你選擇去看什麼現象，完全操之於「你相信自己是什麼」這個信念。¹⁰你的所知所見最多只是你信念的見證，而非眞理的見證。¹¹話說回來，知見也能爲你指出，你在什麼條件下才可能覺於眞相；在什麼條件下，你就與眞相絕緣了。

2.　　眞相之爲眞相，無需你來玉成它。²但是，你若想要覺於眞相，則少不了你的一臂之力，因爲那種覺悟必須出自你的選擇。³聽一聽小我怎麼說的，看一看它要你看到的，你必會看到自己是如此渺小、脆弱而且充滿恐懼。⁴你會感到消沉，感到自己沒有價值，感到世界如此虛幻無常。⁵你相信自己受制於一種超乎你的力量，只能束手就範。⁶你認爲自己造出的那個世界操控著你的命運。⁷你對此深信不疑。⁸但請勿相信那種世界會因爲你相信就變成了眞的。

3.　　然而，還有另一種慧見，另一種天音，等著你的選擇，它們才是你的自由之源。²你若信得過它們，便會在自己內看到另一個「我」。³對這另一個「我」而言，奇蹟乃是天經地義的事。⁴就像呼吸對於身體那般單純自然。⁵奇蹟乃是針對所有求助呼籲的公開答覆，也是那個我的唯一答覆。⁶奇蹟在小我眼中屬於異常現象，因小我無法了解分裂的心靈怎麼可能相互影響。⁷因此，自然也發揮不出任何影響力。⁸然而，心靈不可能分裂。⁹你的另一個「我」完全明白這一點。¹⁰它明白奇蹟不是爲了影響別人的心靈，它只會影響自己的心靈。¹¹奇蹟改變的只是你的心靈。¹²因爲外面沒有別人。

4.　　你還意識不到分裂觀念已把你的理性攪亂到什麼程度。²其實，理性仍存在那被你摒於意識之外的「我」內。³至於你的意識保留下的那一部分的我，則失去了理性。⁴失去理性的那一部分心靈，如何了解理性是怎麼一回事，它又怎能領悟理性傳遞給它的訊息？⁵它可能提出五花八門的問題，但一觸及理性的層面，它就不敢追問下去了。⁶凡是出自理性的都是最基本、最單純而且天經地義的人生問題；只是沒有人敢問而已。⁷但切莫誤以爲這是理性無法答覆的問題。

5.　　若非你的意願及首肯，上主無法爲你安排任何救恩計畫。

² 救恩計畫等著上主之子的接納；只因上主所要賜他之物，他早已收到了。³ 上主絕不願意和聖子分離，這旨意自然天成，無需時間之助。⁴ 因此，凡是結合於上主旨意內的，必已進入永恆之境，它此刻就在你內。⁵ 這表示你已爲聖靈另備住處，而他必會欣然而至。⁶ 打從你需要他的那一刻起，祂已應你之需前來，滿你之願而至。⁷ 只要你肯聆聽，你的理性會一直向你訴說這一眞相。⁸ 這種說法顯然與小我的邏輯不符。⁹ 小我對你的理性如此無知，你絕對不可能從它那兒獲得答覆的。¹⁰ 倘若理性的上述說法眞實不虛，表示正念仍存於你內。¹¹ 而且，理性既是爲你而存在，它的目的又是爲了讓你自由，這表示你終有一日會自由地尋獲理性的。

6. 　　　上主的計畫簡單無比，既不繞圈子，也不會自相矛盾。² 祂只有一個聖念，就是把自己的圓滿生命推恩出去，你的意願必然涵括其中。³ 因此，你內必有一部分，不僅知道而且擁有祂的旨意。⁴ 追問天經地義之事爲何發生，毫無意義。⁵ 但追問你爲何對這天經地義之事渾然不覺，則大有意義；你必先答覆這一問題，上主才可能完成祂對你的救恩計畫。⁶ 祂的計畫必會圓滿成就，只因這計畫的終極源頭不知道任何不圓滿之事。

7. 　　　除了那終極源頭以外，你還可能從何處尋找答案？² 除了那唯一答案所在之外，你還可能存在何處？³ 你的眞實身分正如那答案一樣，都是同一根源的眞實之「果」，因此你與答案不只同在，根本就是同一物。⁴ 是的，你知道這一眞相，而且還不僅止於此。⁵ 眞知的任何一部分對天人分裂所構成的威脅，不亞於整個眞知的威力。⁶ 因爲任何一部分的眞知都有整個眞知伴隨左右。⁷ 這是你目前所能了解的部分。⁸ 你也看得見理性爲你指出的境界，因爲它的見證都已擺在你眼前。⁹ 只有神智徹底失常的人，才可能對這些見證視而無睹，你如今已經越過這一處境了。¹⁰ 理性生來即是爲聖靈目標服務的工具。¹¹ 它不像其他工具那樣僅僅重新詮釋或重新調整罪的目標而已。¹² 因爲理性遠遠超越了小我境內的任何工具。

8. 　　　信仰、知見與信念確有被人錯置或被人誤用的可能；它能爲眞理效力，也能爲那大騙子效命。² 但理性不可能涉足瘋狂之境，更不會放下身段爲瘋狂的目標效力。³ 信仰與信念在瘋狂的

心中仍有扭轉乾坤的能耐；心靈重視什麼，它們便能把知見轉到那東西上頭。⁴理性絕不涉足其中。⁵因理性一出現，知見立即潰不成軍。⁶神智失常等於失去理性；唯有理性退位，神智才可能失常。⁷小我無法發揮理性的功能，因它根本意識不到理性的存在。⁸唯有神智尚未完全失常的人才能借助於理性，也只有他們真正需要理性的幫助。⁹真知是不靠理性而存在的，已經瘋狂的心靈卻千方百計要將理性驅逐出境。

9.　　你的意願一旦與天父旨意合而為一，理性所在的那一部分心靈便會全力以赴為你化解瘋狂的神智。²這表示聖靈的目的不只被你接納，同時也功德圓滿了。³神智失常的心靈絲毫不解理性為何物；已經懂得發揮理性的人，再也不會被罪咎所利用。⁴雖說真知超越一切修行境界，⁵但你仍需理性幫你重新開啟你一度為了抵制真知而關閉的每一扇門。

10.　　你已距此境界不遠矣。²信仰與信念開始轉向了，你也提出了小我絕不敢提的問題。³此刻，你的理性會幫你領悟出那問題必然來自「你雖不知卻又非你莫屬」之境。⁴信仰與信念在理性的支持下，逐漸轉變了你的知見。⁵這一轉變等於在為你的慧見鋪路。⁶這慧見又會越過自己繼續向外推恩，它所致力的目標以及完成此目標的所有工具都會隨著慧見伸向無窮之境。

陸．理性與瘋狂之別

1.　　理性不可能看見罪的蹤跡，它只看得見錯誤，而且會幫你修正。²但它並不重視錯誤，只會強調修正。³理性還會告訴你，當你自認為犯罪時，你其實是在求助。⁴但你若不肯接受自己求來的援助，自然不會相信那是上天要你幫助別人而賜給你的禮物。⁵那麼你便無法幫助任何一人，反而跟他們一起掉回舊有的信念裡。⁶凡是未經修正的錯誤，都會欺瞞你，使你無由得知修正錯誤的能力就在你內。⁷它若原有修正能力，你卻不允許它修正，這不等於拒絕了你自己及弟兄的修正機會嗎？⁸如果你弟兄也懷著類似的信念，你們必會認為自己同是一群天涯淪落人。⁹你原本有能力使你們雙方免受罪罰之苦的。¹⁰因理性絕不會只為你一

人開啓修正之途。

2.　　　若非你的弟兄，你連接納或拒絕修正的機會都沒有。² 罪一口咬定你可以不靠弟兄。³ 理性則告訴你，你不可能一邊視弟兄或自己有罪，一邊還能認出弟兄或自己的純潔本性。⁴ 有誰認定自己有罪之後還能把世界看成無罪？⁵ 又有誰能認為世界罪孽深重，自己卻可以獨善其身而不受其染？⁶ 罪始終堅持你和弟兄是兩個個別的生命。⁷ 理性卻告訴你，此說錯誤至極。⁸ 你和你弟兄若真是一體，你怎麼可能有隱私的念頭？⁹ 而且，你那好似純屬於你一己心靈的那個念頭，怎麼可能完全影響不到你真正擁有的那個心靈？¹⁰ 心靈若是一體，這事絕不可能發生。

3.　　　沒有人能夠只為自己著想；連上主都不可能不顧聖子而只為自己著想。² 除非上主與聖子都存在身體裡，才有此可能。³ 也除非身體冒充了心靈，這種心靈才可能只為自己著想。⁴ 只有身體才會分裂，因此身體絕不會是真的。⁵ 瘋狂的心不可能成為理性的家園。⁶ 然而，只要你一目睹理性，離開那瘋狂之家對你絕非難事。⁷ 逃離神智失常之境，不需要另闢佳境。⁸ 你只需在瘋狂之處當下接受理性，你便從中脫身了。⁹ 瘋狂與理性面對的是同一個世界，只是，它們看世界的眼光南轅北轍。

4.　　　瘋狂乃是對理性的一種攻擊，它企圖將理性驅逐於心靈之外，然後鳩佔鵲巢。² 理性從不發動攻擊，它只是默默地取代瘋狂之念；但除非這神智失常者選擇聽從理性，否則它是無法取而代之的。³ 問題是，神智失常者根本不知道自己想要什麼，因他們相信眼前所見的身體，而且聽信瘋狂之念，認為身體真實無比。⁴ 理性不可能說出這種話的。⁵ 你若為了保全身體而不惜抵制理性，結果是你既無法了解身體，更無從了解自己。

5.　　　真正把你和弟兄分開的，並不是身體；你若諉罪於它，表示你真的神智失常了。² 但瘋狂並非只有目的，而且相信自己有辦法得逞。³ 理性卻告訴你，你和弟兄是一體的生命，你若看到身體橫梗於你們中間，表示你已神智失常了。⁴ 你若相信理性之言，自然不可能看見身體這道藩籬。⁵ 有什麼東西能阻斷你和弟兄延續不斷的生命？⁶ 既然沒有東西能夠橫梗其間，那麼，任何東西只要進入這一部分的生命，不可能不同時出現於其他部分。

7 這是理性所要告訴你的眞相。8 你不妨想一想，若眞如此，這對你是何其重大的啓示？

6. 你若寧可著眼於罪，而不選擇療癒，上主之子便被你打入萬劫不復之地了。2 你這選擇等於告訴他，他理當受此天譴，不只與天父及你永無復合的一日，而且永無安返家園的希望。3 你若傳給他這一訊息，便會由他那兒學回你教給他的訊息。4 因你教他的不外乎他在你心目中的模樣；你把他變成什麼樣子，你也會變成那個樣子的。5 但你不必害怕。6 你與他的一體是基於事實眞相，而非某種說法。7 事實有什麼好怕的？除非它與你的信念牴觸，除非你重視這一信念甚於眞相。8 理性會告訴你，這個事實眞相其實就是你的解脫之源。

7. 你的弟兄與你自己都不可能單獨承受打擊。2 你們也不可能獨自獲得奇蹟，卻任由對方得不到祝福或療癒不了痛苦。3 理性就像愛一般，它只會安撫你的心，絕不會故意驚嚇你。4 上天賦予你療癒聖子的能力，因爲他和你其實是同一個生命。5 爲此，他如何看待自己，成了你的責任。6 理性告訴你，你有能力在彈指之間改變他的整個心靈，也就是那與你一體的心靈。7 任何一刻都足以全面修正他的錯誤，使他的生命重歸完整。8 就在你決心療癒的一刻，你會看見他和你一起圓滿得救了。9 上天賜你理性，即是要你了解這一事實。10 因理性這一工具與它的目標一樣仁慈，可以安然領你遠離瘋狂而邁向眞理之境。11 在此，你終於能夠卸下自己因否定眞相而承受的心理壓力。12 眞正可怕的並非眞相，而是你一直承受的心理負擔。

8. 你與弟兄的一體生命即是你的救恩，這是天堂給你的禮物，而非恐懼的贈禮。2 天堂對你會是一種負擔嗎？3 只有瘋狂之人才會如此認爲。4 然而，理性能幫你驅散一切瘋狂之見。5 理性還會向你保證，天堂不只是你眞心想要之物，也是你唯一想要之物。6 請聆聽那發自理性的聖靈之聲吧！且開啓自己的理性與祂相應。7 心甘情願地讓祂透過你的理性指引你脫離神智失常之境。8 別再躲在失常的神智之後，設法迴避理性了！9 聖靈會不斷把瘋狂之心想要掩蓋的眞相展示給所有樂見眞理的人。

9. 你眞的是你弟兄的人間救主。2 他也是你的救主。3 理性最喜

歡訴說這一事實。⁴ 這充滿了愛的仁慈計畫出自聖愛本體。⁵ 凡是出自聖愛的計畫必然肖似聖愛，它們既是同一回事，聖愛必然期待你善盡自己是弟兄救主的本分。⁶ 你與愛既是同一生命，就有責任把愛不斷給你的恩典與人分享。⁷ 你只需拿出片刻光景，欣然接納上天爲了讓你和弟兄分享而賜你的禮物，你便會與他一起認出上天早已賜給你們的恩典。⁸ 施者未必比受者更爲有福，⁹ 但施者的福氣絕對不會少於受者。

10.　　上主之子始終是蒙受祝福的「一個」生命。² 就在他感謝你對他的祝福之際，理性同時告訴你，你也蒙受了這一祝福。³ 他對你的感恩，會讓你憶起天父對你的感激，因你終於讓祂重歸圓滿了。⁴ 唯有臻至此境，你才可能了解理性所告訴你的眞相。⁵ 天父與你變得親如弟兄。⁶ 事實上，有什麼東西能比你的自性離你更近？

11.　　你控制上主之子的能力，絲毫威脅不到他的眞相。² 反而成了那一眞相最好的證據。³ 如果他已是自由之身，那個自由只可能在他內。⁴ 如果他自己否定了這一自由，只有他束縛得了自己。⁵ 上主是不容輕侮的，同樣的，也沒有人囚禁得了聖子，除非他自願成爲階下囚。⁶ 因此，他也只能憑自己的意願重獲自由。⁷ 這才是他眞正的力量所在，而非他的弱點或要害。⁸ 一切都操在他自己的手裡。⁹ 他決定在哪裡大開恩赦，他就會在那裡重獲自由。¹⁰ 他決定在哪兒定人的罪，他就會在那兒淪爲階下囚，然後在沉重的枷鎖下等著自己的赦免而重獲自由。

柒. 最後一道未獲答覆的問題

1.　　你可看得出，你所有的痛苦都是出自你相信自己一無所能這個怪異信念？² 你的無力感其實就是罪向你索求的代價。³ 這無力感道出了罪的處境，是罪爲了取信於你的先決條件。⁴ 只有欲振乏力之人才可能相信罪的存在。⁵ 滔天大罪只會對渺小卑微之人產生莫大的磁力。⁶ 若非他先相信自己是卑微渺小的，否則他不會被罪所吸引。⁷ 背叛上主之子之舉，不過是不願認同聖子之人的抵制行爲。⁸ 你不是與上主之子同道，就是跟他作對；你若不

愛他，就會攻擊他；你若不想保護他生命的完整，就會看到他被你攻擊得體無完膚。

2.　　沒有人會相信上主之子是無能的。² 感到欲振乏力之人也不可能相信自己就是上主之子。³ 除了與聖子為敵以外，他們還會如何看待他？⁴ 他們必會嫉妒聖子的能力，而嫉妒又使他們更加害怕他的能力。⁵ 這群身陷黑暗之人，孤獨、害怕、暗啞無聲、與外隔絕；他們深恐上主之子的大能會把自己逼上死路，只好背水一戰，與他抗爭到底。⁶ 他們加入了一支不堪一擊的軍隊，打算向聖子發動一場報復之役，以洩心頭之恨，一心只想把聖子變得跟自己一樣。⁷ 他們不知道聖子「本來」就跟自己是一體的，因此他們恨之又恨，卻連自己究竟在恨誰都搞不清楚。⁸ 這一群哀兵，不是攻擊弟兄，就是打擊自己，唯有如此，他們才會感到彼此在為同一目標奮戰。

3.　　那些黑暗的魅影看似狂熱、喧囂，而且聲勢浩大。² 但他們對自己的「敵人」一無所知，只是不明所以地恨之入骨。³ 這種恨讓他們敵愾同仇，這不是真正的結合。⁴ 如果他們真的結合，恨就無法立足了。⁵ 那不堪一擊的軍隊必會在真實力量之前潰不成軍。⁶ 真正的強者無需耍詐，因為他們無需幻想出某種能力來實現自己的夢。⁷ 軍隊一開進夢裡會做什麼？⁸ 它什麼事都做得出來。⁹ 它會用夢裡任何東西攻擊任何一個人。¹⁰ 夢裡是沒有理性的。¹¹ 一朵花可以變為一根毒矛，小孩變成巨人，老鼠咆哮有如雄獅，¹² 愛也會瞬間轉變為恨。¹³ 這哪裡稱得上是軍隊？那兒根本是一所瘋人院。¹⁴ 夢裡精心設計的攻擊計畫，其實只是一場胡鬧而已。

4.　　這支無能的軍隊真的不堪一擊。² 它既無武器，也沒有真正的敵人。³ 但它仍會跑遍天涯海角搜尋敵人的蹤跡。⁴ 它是不可能找到根本不存在之物的。⁵ 但它能「夢見」自己找到了元兇；當它忙著攻擊此人之際，夢境一轉，又出現了另一個大敵；它永遠無法休兵片刻，享受勝利的成果。⁶ 它一路圍剿下去，遲早會攻到自己的頭上來，還以為終於逮到了那個神龍見首不見尾的元兇。⁷ 這個罪魁禍首可說詭計多端，千變萬化，讓人莫測高深。

5.　　恨必須有對象。² 如果沒有敵人，你是不可能相信罪的。³ 凡

是相信罪的人，怎麼可能認為自己沒有敵人？⁴ 他豈能承認其實並沒有人害他感到如此無力？⁵ 理性則會殷殷叮嚀他，別再追逐那些子虛烏有的敵人。⁶ 但是，他必須自願著眼於一個沒有敵人的世界才行。⁷ 他無需了解自己如何才能看見那種世界。⁸ 他甚至不應試圖了解這類事情。⁹ 因為他若把精力放在自己不可能了解的事上，反而會助長他的無力感；最後就會中了罪的詭計而與自己為敵。¹⁰ 只要他敢反問自己下列的問題，且作一決定，他必會如獲天助而如願以償的：

> ¹¹ 我究竟渴望一個由我統治的世界，還是一個統治我的世界？
> ¹² 我究竟渴望一個令我充滿活力的世界，或是欲振乏力的世界？
> ¹³ 我真的渴望一個沒有敵人以及不可能犯罪的世界嗎？
> ¹⁴ 我真的想要看見那因為是真相而被我否定的一切嗎？

6.　　你也許已經答覆過前三個問題了，但最後一個尚未能答覆。² 因這個問題看似與前三個有所不同，甚至更加可怕。³ 理性卻跟你保證，它們全是同一問題。⁴ 我們先前提過，今年要特別強調相同之物的同一性。⁵ 最後一個問題正是有待你作出的最後一個決定，即使前三個問題你已安全過關，你仍然深受最後這個問題的威脅。⁶ 你故意把它們想成是不同的問題，這不過反映出你認定「真相才是你最怕找到的大敵」那個信念。⁷ 而那個信念又暗藏著你僅存的一線希望：你若在那兒找到罪，就可以不必承認自己的能力了。

7.　　不要忘了，在罪與真相，無助與能力之間的選擇其實就是你在攻擊與療癒之間的選擇。² 因療癒只可能來自能力，攻擊則出自無助。³ 你不可能真心樂意去療癒自己存心攻擊的人。⁴ 你想要療癒的，必是你不願見他受苦而決心要保護的人。⁵ 因此你的選擇不過顯示了你究竟決心以肉眼去看他，或是讓他開啟你的慧眼？⁶ 這一決定會導致何種後果，不用你操心。⁷ 但你究竟想要看到什麼，才是你真該操心的問題。⁸ 本課程是一部強調「因」而不強調「果」的課程。

8.　　　不妨深思一番，你會如何答覆最後那一道尚未答覆的問題？² 理性告訴你，這是你必須答覆的問題，而且，你已在前三個問題中答覆了。³ 問題至此已十分清楚了，當你看到罪的種種後果，不論它化身為何種形式，你只需要反問自己一句：

　　　⁴ 這真的是我想看的嗎？⁵ 這真的是我所要的嗎？

9.　　　這是你唯一該作的決定，這個決定必定左右你一生。² 至於會造成什麼影響，不是問題所在；它為何有此影響，才是問題的癥結。³ 你在這事上是有操控權的。⁴ 你若決心看見一個充滿溫情而沒有敵人的世界，上天必會賜你助緣，滿全此願的。

10.　　　為什麼最後一個問題如此重要？² 理性會告訴你其中的原由。³ 因為，除了時間因素以外，最後的問題與其他三個問題如出一轍。⁴ 前三個問題，都是你可以作了又改、改了再作的決定。⁵ 但真相屬於恆常之境，它不會變化無常。⁶ 你也許渴望一個由你主控卻控制不了你的世界，但轉眼之間，你又改變了主意。⁷ 你也可能十分渴望能力，不再受欲振乏力之苦，但只要罪一向你招手，這渴望就被你拋諸腦後。⁸ 或者，你甚至想看見一個無罪的世界，但只要有一個「敵人」吸住你那雙肉眼的視線，你就又改變主意了。

11.　　　這四個問題其實只有一個內涵。² 它們都在問你同一個問題：你是否甘願用聖靈眼中的世界來取代這個充滿罪惡的世界？只因罪的世界千方百計想要否定聖靈的世界。³ 因此，就在你著眼於罪之際，真實世界已被你否定了。⁴ 最後一個問題不斷重申你願目睹真實世界的渴望，直到它成為你心中唯一的渴望為止。⁵ 你對最後一道問題的肯定答覆，也等於不斷重申你對前面三個答覆的絕對真誠。⁶ 如此，你才顯示自己萬刃加身亦不改其志的決心。⁷ 你這不改其志的決心等於全面答覆了其他三個問題。

12.　　　你為什麼不敢確定其他問題都已經答覆了？² 如果你已經答覆了，還需要這樣不斷反問嗎？³ 只因在你作出最後那個決定以前，你的答覆很可能一邊說「是」一邊說「否」的。⁴ 因你在答覆「是」之時，未必意識到那個「是」必然意味著「不是否」。⁵ 沒有人會故意排拒幸福的，但如果他並不知道自己在做什麼，

又怎能覺察得出自己在排拒？⁶而且，幸福在他心中若是忽而這樣，又忽而那樣，變幻莫測，好似夢幻泡影，他當然會排拒這種幸福。

13.　　令人捉摸不定的幸福，或是隨時空變化無常的幸福，極其虛幻而沒有意義。²幸福必然是恆常的；但你必須不再寄望於無常之物才可能得到恆常的幸福。³喜悅亦然，你唯有透過恆常的慧見才可能看到喜悅的臨在。⁴而恆常的慧見也只會賜給真心渴望恆常之境的人。⁵上主之子的願力本身，一再證明他的無助或無力感必然出自他的誤判。⁶你若真想擁有自己渴望之物，它不只會出現你的眼前，還會顯得真實無比。⁷沒有一個念頭不具備釋放或傷害的能力的。⁸也沒有一個念頭脫離得了想出這一念頭的心靈，或影響不到思想者本人。

捌. 內在的轉變

1.　　如此說來，思想豈不是萬分危險的東西？²對身體而言，確實如此。³那好似能夠害人的念頭，一再叮嚀著它的主人，他也可能被人傷害。⁴然而，他就這樣「死」在自己學來的想法之下。⁵這段由生命通往死亡的過程，成了他看重無常甚於恆常的最終證明。⁶他當然認為自己想要幸福。⁷但他如此渴望，絕不是因為幸福乃是生命恆常不變的真相。

2.　　喜悅的恆常境界對你極其陌生而難解。²但你只需想像一下喜悅必然的美妙，即使無法了解，你也會衷心嚮往的。³幸福的恆常境界沒有變數，也無例外。⁴正如上主對造化之愛那般千古不易。⁵幸福的慧見亦如造物主的真知一般屹立不搖，它的眼光只會矚目於萬物的同一性，⁶絕不著眼於幻滅之相。因它渴望萬物肖似自己，故會待萬物如己。⁷世間沒有任何力量能夠打斷幸福的恆常性，只因幸福本身具有萬夫難當的願力。⁸凡是能看透最後一道問題乃是其餘問題之根的人，必然享有這種幸福，一如決心痊癒而放下評判的人必然享有平安是同一道理。

3.　　理性會告訴你，你祈求幸福時，不能一曝十寒。²既然你渴望什麼就會獲得什麼，而幸福的本質又具恆常性，那麼你只需祈

求一次，就永遠擁有它了。³如果你並非一直擁有幸福，根據上述的邏輯，表示你並未真正祈求過幸福。⁴任何人若相信某樣東西能滿全自己的心願，他絕對會去求的。⁵也許他會求錯東西或找錯目標，⁶但他會去求的，因爲渴望本身即是一種「求」、一種「願」，而上主是不可能讓任何祈求落空的。⁷上主早已賜給他眞正需要之物了。⁸但如果連他都不確定自己要什麼，上主就愛莫能助了。⁹因他若不確定，就不會渴望；缺了接受的一方，上主便無法完成祂的餽贈。

4. 你正是幫上主完成旨意的人，你正是祂的喜樂，你的意願就如同祂的旨意一般有力，這一願力絕不會因爲身在幻境而失去效力的。你不妨深思一下，自己爲何始終下不了決心來答覆最後一道問題。²你對前三個問題的答覆，已經幫你的神智恢復了部分的清明。³最後一道問題不過是在問「你是否願意全面恢復神智的清明」而已。

5. 神聖的一刻，其實只是上主請你認清祂所賜你的一切恩典而已。²祂要你覺於那不曾離開你一步的眞相，以及隨時都非你莫屬的幸福；這對理性具有莫大的吸引力。³唯有在此，你才可能時時感受到永恆的平安。⁴唯有在此，你才會再度看見那一度被你自己排拒之物。⁵最後一道問題終於在此得到了答覆，你也喜獲自己祈求之物。⁶未來就在當下這一刻，時間已失去它的作用，只因你已開始渴望恆常不變之境。⁷你由衷盼望沒有一物能橫梗在自己所有關係當中，而使你意識不到它們的神聖性。

第二十二章　救恩與神聖關係

導　言

1.　　飽受世界奴役的你，好好善待自己吧！²你該歡欣鼓舞，因為上主所結合的人終於團圓了，你們再也不必獨自望罪興嘆了。³兩個人不可能同時著眼於同一罪的，因他們絕不會在同時同地看到同樣的罪。⁴罪純粹屬於個人的知見；縱然每個人都會在對方身上看到罪的陰影，心知肚明那是自己不可告人的罪。⁵人們犯的錯誤形形色色，令人匪夷所思。⁶我的弟兄，它們其實是同一錯誤，也出自同一個人，為此，犯錯的人也會受到同一寬恕。⁷你們是靠這關係的神聖本質而一起被寬恕的，你們肉眼看到而且信以為真的種種後果也會隨之化解。⁸後遺症一旦解除，罪就失去了存在的必要。

2.　　誰會需要罪？²只有形單影隻的孤獨者才會把弟兄視為異類。³正是他們眼中的這些「差異」引來了罪；即使它毫不真實，卻因歷歷在目而顯得理所當然了。⁴罪如果真的存在，人間所有的差異性必也假不了。⁵不神聖的關係就是建立在這個差異性上，雙方都認為對方擁有自己所缺之物。⁶他們聚在一起，純是想要掠奪對方，滿全自己的需求。⁷這關係會持續到他們認為對方已經沒有東西可偷了，才會分道揚鑣。⁸他們就這樣在一個處處是陌路與異類的世界流浪，即使棲身同一屋簷下，也得不到庇蔭；即使住在同一房間，也像活在不同的世界裡。

3.　　神聖關係的出發點則完全不同。²每個人都會朝自己心內看，卻看不到任何欠缺。³他們必須先接受自己的圓滿，才可能和其他同樣完整的生命結合，使這一圓滿生命不斷延伸。⁴他在彼此身上看不出任何差異，因為所有的不同只限於形體。⁵為此，他在對方身上也看不到任何值得掠奪之物。⁶他從此再也不會否認自己的真相了，因那是顛撲不破的真理。⁷他緊貼著天堂而立，不再被世界騙回去了。⁸因為他們的關係具備了天堂的神聖性。⁹如此肖似天堂的關係，距離自己的家園還會多遠？

4.　　不妨想一想神聖關係所傳授給你的智慧！²它會化解你對差

異性的信念。³你的信念也會由差異性轉向彼此的同一性。⁴你習慣著眼於差異性的眼光，從此別具慧眼。⁵如今，理性終於幫你和弟兄共同推出最合情合理的結論：你們確是一體不分的。⁶而且這一體生命必須延伸出去，就和你與他結合時那樣。⁷這一體生命必會不斷自我超越，就像你超越身體而與弟兄結合時那樣。⁸如今，你眼中的同一性開始向外推恩，直到泯除所有的差異為止，覆蓋在差異性之下的同一性終於重見天日了。⁹你只能在這金色的光環內認出上主之子的真相。¹⁰凡是在神聖關係重生之人，便已進入了這個無邊無盡的光環。

壹．神聖關係的訊息

1. 　　讓我們把理性再往前推一步。²你若攻擊上主所要療癒之人，痛恨祂所愛的人，意味著你與上主各自懷有不同的意願。³問題是，「你」就是上主的旨意，為此，你不能不信此刻活著的並不是真正的你。⁴你不只可能這樣相信，而且確實如此相信了。⁵你不只這樣相信，還會親自為它尋找種種有利的證據。⁶難怪你百思不解，那些莫名其妙的不安、疏離感，以及深怕失去生命意義的恐懼，究竟來自何處？⁷你好似不明所以地晃進了這個世界，遲早又得不明所以地晃出去，只有這一點你敢確定。

2. 　　我們先前談過類似的問題，只是那時不是針對你說的。²此刻你不難認出，上面描述的怪異念頭其實就是指你心目中的自己。³理性告訴你，你若用那雙不屬於你的眼睛去看，所看到的世界對你自然顯現不出任何意義。⁴那種世界傳送回來的訊息究竟是給誰的？⁵當然不會是你，因為你的慧見不受肉眼左右。⁶世界的訊息既不是你應有之見，透過它，你還能看到什麼？⁷大腦詮釋不出你的慧見。⁸你現在比較能接受這種說法了。⁹大腦屬於身體的一部分，故它最多也只能詮釋給身體聽。¹⁰你是不可能了解它所說的。¹¹問題是你一直都在聽它的話，¹²殫精竭慮地想要了解它給你的訊息。

3. 　　你尚不明白，你是不可能了解那個世界的，它對你一向望塵莫及。²你也不可能由它那兒收到任何你能了解的訊息。³因為你

聽到的全是不可理喻的事。⁴想一想，這會導致什麼後果？⁵它使你不得不否定自己的真相，堅信自己是某種「異類」，於是你所看到的自己當然只有這個異類了。⁶負起看見之責的也是這個異類，而非真正的你；它還負責向你解釋所見到的一切。⁷你的慧見當然認為這是多此一舉。⁸問題是，你若自甘闔起雙眼，請這異類為你指點迷津，為你詮釋它眼中的世界，你沒有理由不聽信那一套，也不會懷疑它所說的並非事實。⁹理性告訴你的卻恰恰相反：那令你百思不解的世界不可能是真的。¹⁰上主沒有任何祕密。¹¹祂不可能領你不明所以地穿過死亡幽谷，直到抵達旅途終點才告訴你祂為何如此對待你。

4.　　　有什麼祕密瞞得過上主的旨意？²你卻相信自己確有不可告人之祕。³你的祕密不過是想在上主旨意之外保留一些私心而已。⁴理性會告訴你，這稱不上什麼祕密，你不用把它當成罪咎一般遮遮掩掩的。⁵但它確實是一個錯誤。⁶切莫因為你對罪的恐懼而使這錯誤不得修正，因罪咎必會引發恐懼。⁷不論恐懼化身為什麼形式，它根本是你自己發明的一種情緒。⁸這種說不出口的情緒，出自你的私念，屬於身體層次。⁹這種情緒與愛背道而馳，習慣著眼於彼此的不同，不願矚目於同一性。¹⁰這種情緒使你有眼而看不見，只好仰賴自己打造的自我在前領路，去承擔它為你打造出來的世界。

5.　　　你的慧眼和你所能了解的真相一樣，都是出自上天的恩典。²慧見傳授給你的一切，對你一點兒也不難了解，因為人之所見不過反映出他認為自己是什麼而已。³凡是慧見顯示給你的，你必能領會，只因那是真理。⁴也只有慧見呈現之物，你才能真正看見。⁵那是一種直接的傳遞，無需轉譯的中介。⁶凡是需要轉譯的，都是外來的異類。⁷你若連詮釋者本身都不了解，怎麼可能了解它所詮釋的訊息？

6.　　　只有本課程能幫你明白你所接收卻未必了解的訊息。你能了解本課程的，²因它是用你的語言說出的。³但你還無法真正了解它，因為你的整個交流能力仍在嬰兒期。⁴嬰兒發出的聲音與他聽見的聲音，是很不可靠的，它們在不同時候可能代表不同的意義。⁵他聽到的聲音和他所見的事物也不夠穩定。⁶但不論如何，他所聽見卻不甚了解的聲音，至少是他的母語，日後他得靠這種

母語來跟家人溝通，他的家人也是如此。⁷在他眼前晃來晃去的陌生人影，都是保護他的人；終有一天，他會認出自己的家，也會看清楚始終守護在旁的親人。

7. 　　每個神聖關係都能幫你重建交流能力，而非分裂的傾向。²神聖關係雖然好似新生嬰兒，剛由一個不神聖關係重生，其實它比自己所取代的幻相世界古老多了。³這嬰兒能夠幫你恢復慧見，且用你能了解的語言爲你解釋。⁴他不是由那自稱是你的「異類」撫養長大的。⁵他不是源自那裡；除了你自己以外，沒有人能迎接他的到來。⁶也只有視弟兄爲一體的基督慧眼才有結合他們的能力。

8. 　　我神聖的弟兄，回想一下自己蒙受的天恩吧！²你尚不了解的事，這個孩子會教你，讓你茅塞頓開。³他所講的不是外邦人語。⁴你無需任何翻譯，他所知道的一切其實都是你教他的，只因你早已知道這一真相。⁵他只可能到你這兒來，不願投奔那個「異類」。⁶凡是基督所在之處，沒有人會落單，因爲祂絕不會在孤獨者身上尋找安「心」立命之處。⁷但祂仍需在自己的古老家園重生一次；這個家看起來很新，其實和祂自己一般古老；基督這小小的新生命必須靠你關係中的神聖性才能生存。

9. 　　上主肯定不會把自己的聖子交給不配受此重任之人。²只有屬於祂生命之人，才有結合的可能。³不屬於祂生命的，是不可能結合的。⁴生命一旦結合，立即恢復了交流；而這一切絕非透過身體來完成的。⁵那麼，是什麼東西將他們結合起來呢？⁶理性會告訴你，他們必須透過慧眼（而非肉眼）來看待彼此，而且得用身體所不懂的語言交流。⁷可怕的景象或聲音怎麼可能溫柔地爲他們拉起一條連線？⁸反之，他們需要在對方身上看到一個完美的庇蔭之所，讓自己的自性平安無虞地在此重生才行。⁹這是理性給他的指示，他也如此相信，因爲這是真理。

10. 　　這是你在世上所能打造的第一個「直觀式的知見」。²它是靠你內比知見更古老的「覺」而造出來的，一瞬之間重生。³對千古不易之境而言，時間又算什麼？⁴你不妨好好深思那一瞬的啓示：它會幫你認清，你誤以爲是自己的那個「異類」其實只是一個幻相。⁵真相就在這一瞬降臨了，讓你當下悟見自性。⁶否認

幻相等於迎請真相來臨；因為否認幻相表示你已認清自己是百害不侵的。[7] 恐懼即刻潰不成軍，愛才能滿懷感激地走進神聖的家園，感謝你大開歡迎之門，使它得以與你合而為一。

11.　　基督只會降臨於與己肖似之人，也就是與祂相同而非相異的生命。[2] 因祂只可能被自己吸引。[3] 還有什麼能比神聖關係更肖似於祂？[4] 把你和弟兄吸引在一起的力量，也會將祂吸引到你這兒來。[5] 唯有在此，再也沒有任何一物侵犯得了祂的甜蜜、溫柔與純潔的心境。[6] 也唯有在此，祂才能昂首闊步地回家，因為你對他人的信心充分表露了你對祂的信仰。[7] 你把弟兄視為祂所揀選的家園，一點也沒錯，因為唯有在此，你才能與基督及天父同在。[8] 這是天父對你的旨意，也是你與祂共有的大願。[9] 凡是受基督吸引之人，必然會受上主吸引，祂們一定也深受神聖關係吸引，因為只有神聖關係能夠化人間為天堂，為祂們打造出美好的家園。

貳. 弟兄的無罪本質

1.　　幻相的反面不是「去幻」，而是真相。[2] 只有視真相毫無意義的小我，才會把幻相和「去幻」看成兩種不同的選項。[3] 兩者在真理中其實是同一回事。[4] 它們帶給人同樣的痛苦，只是外表上看來此方似能解除彼方所引發的痛苦而已。[5] 每個想要遮掩自身虛無的幻相，所披上的沉重外套的褶縫裡，都挾帶著各式各樣的苦難。[6] 殊不知正是用來掩飾幻相的這件陰沉外套，使人們領受不到真相的喜悅。

2.　　真相與幻相截然相反，只因真相能帶給人喜悅。[2] 痛苦的反面，除了喜悅以外，還會是什麼？[3] 擺脫一種痛苦，卻掉入另一種痛苦，這算是解脫嗎？[4] 你若只想轉變幻相，表示你根本沒有改變的意願。[5] 苦中作樂的觀念可說荒謬無比，痛苦裡頭怎麼可能找到喜悅？[6] 你在這充滿苦難的黑暗世界裡，所能做的只是在它裡面挑出某一部分，找出它與眾不同的一些特質，然後再把這個不同界定為喜悅。[7] 如果你的眼光總是落在那根本不存在的相異性上，就無法開創新局面了。

3.　　幻相只會爲它的信徒帶來罪咎與痛苦，疾病和死亡。²不論它以何種形式呈現，骨子裡都是同一回事。³它再千變萬化，理性也不會把它和喜悅混爲一談的。⁴因爲喜悅是永恆的。⁵我敢跟你保證，任何狀似幸福的經驗，若不能持久，必會讓人望之生畏。⁶喜悅不可能轉爲哀傷，因永恆之物無法改變。⁷哀傷卻能轉爲喜悅，因時間一遇永恆，只能俯首稱臣。⁸唯有超越時空之境才恆常不變，存於時空的生命不能不隨著時間載浮載沉。⁹但如果你的改變是眞實的，而非一種幻想，幻相便能轉而爲眞相效力，不再臣服於與它同樣虛假不實的其他夢境。¹⁰所有的夢境骨子裡都是同一回事。

4.　　理性會告訴你，由痛苦解脫的唯一途徑就是看清它的底細後**即刻掉頭離去**。²眞理全都一樣，痛苦也全都一樣；然而，這兩者不論從什麼角度、什麼時候去看，都徹頭徹尾的不同。³你若相信任何例外，表示你已將什麼是相同的與什麼是相異的混爲一談了。⁴只要你還珍惜一個幻相而不惜抵制眞相，甚至爲幻相辯護，一切眞相便會對你頓失意義，所有幻相反倒變得像眞的一樣。⁵這就是信念的力量。⁶毫無妥協的餘地。⁷只要你心裡還存有一個例外，使一個有情生命無緣獲得你的寬恕，你對純潔無罪的信仰就立即變成了罪的信仰。

5.　　理性與小我都會告訴你這一事實，然而它們對此事實的詮釋卻大異其趣。²小我會跟你保證，每個人在你眼中不可能都是無罪無咎的。³如果你必須具備這種眼光才能擺脫罪咎，那麼罪的信念必然變得永恆不滅了。⁴理性的眼光則截然不同，因理性是根據觀念的來源判定眞假對錯。⁵這是天經地義的道理，因爲觀念和它的源頭如出一轍。⁶理性這樣告訴你：只要你能把消除罪咎這個目標交託給聖靈，而聖靈所願之事絕不可能完成不了，如此一來，完成目標的方法不只存在，⁷而且伸手可及，因爲你早已擁有它們了。

6.　　如今，我們進入了本課程的關鍵階段，到了你和小我分道揚鑣的臨界點。²你一旦找到讓聖靈完成那一目標的方法，祂便能發揮大用。³而你會在目睹它的神奇妙用中，對它產生信心。⁴這一途徑對小我是行不通的，因爲它不會去做任何自己認爲無望達成的事。⁵但是，「你」知道造物主所願之事必會圓滿完成，雖

然你打造出來的小我不以為然。⁶現在，你必須在你的真我與幻我之間作選擇了。⁷你不可能同時擁有兩者，只能選擇其一。⁸別想逃避這一抉擇。⁹這是你勢必要作的決定。¹⁰信仰與信念能為任何一邊效力；但理性會不斷提醒你，一邊只會讓你痛苦，另一邊則會帶來喜悅。

7.　　　現在，別再掩面不看自己的弟兄了。²因為你們是同一個生命，既無法各自決定，也不可能作出不同的選擇。³你們給對方的，不是生命就是死亡；你不是成為他的救主，就會成為他的判官；你不是聖化他，就是詛咒他。⁴你不是完全相信本課程所言，就是完全不信。⁵因它不是徹底真實，就是徹底錯誤，你無法片面相信其中某一種說法。⁶你若未由痛苦中徹底解脫，就等於完全沒有解脫。⁷理性會告訴你，兩者之間沒有緩衝地帶供你徘徊，天堂的喜悅或地獄的痛苦，都在等著你的選擇。⁸在你選擇天堂之前，你其實一直在地獄受苦。

8.　　　你無法竊取天堂的一部分，把它編入你的幻夢裡。²你也無法把任何幻夢偷渡到天堂。³救主不可能變成判官的，因為仁慈不會定人的罪。⁴慧見不可能詛咒，它只會祝福。⁵肩負拯救任務的聖靈，也只可能救人。⁶至於祂如何拯救，不是你所能了解的；但你何時讓祂拯救，則完全操之於你。⁷因時間既是你發明的，你就有調度的權利。⁸你不必作時間的奴隸，也無需受制於你自己打造的世界。

9.　　　你認為自己打造之物有奴役主人的能力，我們不妨仔細檢視這個大幻相。²因為天人分裂之境便是由此滋生的。³認為念頭能夠脫離思想者的心靈，而且念頭從此與心靈相異，甚至對立，再沒有比這更荒謬的想法了！⁴倘若這是真的，那麼念頭不僅不是心靈延伸之物，反而成了它的仇敵。⁵我們在此又遇到了照面多次的同一個大幻相，只是形式略有不同而已。⁶除非上主之子脫離得了天父之心，把自己變成與上主旨意不同甚至敵對的生命，否則聖子造出的自我以及衍生的世界，哪有反身控制它們主人的能力？

10.　　　這一投射的傑作實在令人嘆為觀止；只是，當你面對它時，應懷有療癒的決心，不必心懷畏懼。²你打造的世界並沒有控制

你的能力，除非你想繼續與造物主分裂下去，存心與祂的旨意對抗到底。³ 要是你相信上主之子可能與天父為敵，你造出的世界便會與你為敵。⁴ 你甚至會將祂的喜悅詛咒為痛苦，而且把祂與你視為兩個不同的生命。⁵ 如此，你所造出的一切痛苦，也都非你莫屬了。⁶ 你一旦發現這一切原來不是真的，豈能不欣喜若狂？⁷ 你打造的那些幻相，沒有一個取代得了真相。還有比這更令人動心的佳音嗎？

11.　　只有你自己想出的那些念頭才是不可能的事。² 救恩是絕對可能的。³ 你無法把自己的人間救主視為心中大敵，同時還能認出他的真相。⁴ 但你是可以認出弟兄真相的，因為這是上主的旨意。⁵ 上主賜給了你神聖關係，這份禮物已經擺在你眼前。⁶ 這正是祂為了你而賜予聖靈的。⁷ 現在，何不定睛瞧瞧上主賜你的人間救主？⁸ 你對他豈能不心懷感激？豈能不趕緊撤銷你指派給他的劊子手任務，恢復他原有的天職？⁹ 現在就由他手裡接下上主為你而給他的禮物吧，別再接受你一直設法送給自己的禮物了！

12.　　神聖關係是上主的至愛，它光明燦爛，且能跨越那具橫梗在你和弟兄之間的身體，不斷延伸，而且循環不已，形成一個金色光圈，直抵無窮之境。² 它已安息，不再造作；身在時間境內，卻又超乎其上；身在人間，卻已不朽。³ 這種神聖關係必然所向披靡。⁴ 時間聽候它的使喚，世界也會如其所願。⁵ 這種關係不存在私人的願望，自然沒有分裂的意向。⁶ 它的願力無所不容，沒有例外，純以真相為志。⁷ 無論何種幻相，一來到寬恕的眼前，都會被它仁慈地一筆勾消。⁸ 因基督已經重生於神聖關係的核心了，祂的慧見照亮了自己的家園，對世界卻視若無睹。⁹ 你難道不想擁有這神聖的家園？¹⁰ 它內沒有痛苦，只是純然的喜悅。

13.　　你只需接納基督的慧見，便能靜靜地與祂安居於此。² 基督迫不及待想把慧見賜給任何一位甘願視弟兄為無罪的人。³ 若想要徹底擺脫罪的一切苦果，你這願心斷不能排除任何一人才行。⁴ 你怎能片面地寬恕自己？⁵ 只要還有一絲罪誘惑著你，讓你感到「自作孽，不可活」，天堂便會顯得遙不可及。⁶ 完美而聖潔的天堂是上主為你打造的家園。⁷ 你只需把神聖弟兄看成與自己一般無罪，他便會將你領回天堂。

參. 理性與形形色色的錯誤

1.　　理性一旦進入小我的思想體系，小我就會開始瓦解，因為理性與小我水火不容。²它們不可能並存於你的意識之內。³因理性志在彰顯真相。⁴你可以「看見」理性。⁵此非戲言，慧見的意義就是建立在這一理性上。⁶慧見基本上是一種知覺。⁷它既非肉眼之見，自然是透過你的理解。⁸它顯而易見，無需故弄玄虛。⁹你必能了解它的。¹⁰理性與小我就在這一點分道揚鑣了。

2.　　整個小我的存在就是靠它認定「你學不會這課程」的信念而苟延殘喘下去的。²你若也如此認為，理性就無法幫你認出錯誤而加以修正了。³理性一眼便能看透一切錯誤，並且教你看出你如此當真之事並非真的。⁴理性看得出罪與錯誤是兩回事，因為它志在修正。⁵因此，它再三保證，你認為無法修正之事絕對可以修正，並由此證明那不過是一個錯誤而已。⁶小我則刻意抵制修正，堅信罪的存在，不甘把罪當成一種錯誤。⁷為此，它絕不著眼於可以修正的一面。⁸總之，小我只會定罪，理性才有拯救之力。

3.　　理性本身並非救恩，它只能為平安鋪路，幫你備妥心境，接受救恩的來臨。²罪好似門禁森嚴的一道門檻，堵在平安道路上，不僅大門深鎖，且無鑰匙可開。³來到門前的人若無理性相助，是不敢硬闖過去的。⁴在肉眼裡，罪這道門檻硬如花崗，堅實無比，只有瘋子才會企圖闖關。⁵唯有理性能一眼看穿它的底細，認出那不過是一個錯誤。⁶不論錯誤隱藏在哪一種形式下，都掩飾不了它在理性眼中的虛無本質。

4.　　外在的錯誤最容易吸引小我的眼光。²這表示小我根本不認識錯誤本身，甚至不清楚它是否存在。³凡是肉眼能見之物，充其量只能算是一種錯誤、偏曲的知見、一個失落了整體意義的扭曲片段。⁴然而，不論哪一種錯誤，全都不難修正。⁵所謂罪，也不過是特別受小我青睞的一種錯誤罷了。⁶小我最愛私藏錯誤，將它們醞釀成一種罪。⁷如此，它才能高枕無憂地坐鎮於自己打造的無常世界裡，在罪的基石上建立它的教會；膜拜它的信徒都被身體所困，相信身體的自由才是他們真正的解脫。

5.　　　理性會告訴你，錯誤的表相並非錯誤的癥結所在。[2] 如果它的外形只是爲了掩飾錯誤，說明表相本身並沒有阻礙修正的能力。[3] 肉眼只能看到外在形相，[4] 它是爲了什麼目的而造的，它就無法超越這一限度。[5] 肉眼是爲了看見錯誤而造的，不是爲了看穿表相。[6] 這種認知能力確實怪異，它僅看得見幻相，卻穿越不了罪的銅牆鐵壁，只好駐足於虛無表相前喟然生歎。[7] 在這種病態的目光下，外在一切都成了擋在你和眞相之間的高牆，而且顯得眞實無比。[8] 縱然那銅牆鐵壁只是虛有其表，但你的視線一旦被它擋住，怎麼可能看得眞切？[9] 它必會被表相蒙蔽，因爲那些表相正是爲了確保你看不到眞相而造的。

6.　　　肉眼既不是爲了看見眞相而造的，因此它們絕對看不見眞相。[2] 它們所代表的觀念離不開造出它們的主人之居心，也只有它們的主人才會透過它們去看。[3] 主人當初既是爲了不想看見而造出眼睛，[4] 這一雙肉眼自然成了有眼而看不見的最佳工具。[5] 你現在總算可以看清，肉眼是如何仰賴外在形狀而無法越雷池一步的。[6] 你也看清了，它如何被擋在虛無之物前面，無法穿越表相而看清此物的意義。[7] 沒有比只看外表的知見更盲目的了。[8] 只知著眼於外形的目光，透露了此人的理解能力必已受損。

7.　　　只有錯誤才會顯得五花八門，令人目不暇給。[2] 形式非常容易改變，因爲它不是眞的。[3] 正因它能夠改變，故不可能是眞的。[4] 理性又會告訴你，它若非眞相，就一定是幻相，不值得你多看一眼。[5] 你若自以爲看見了，表示你已看走了眼，因你之所見不可能是眞的，只不過看起來像是眞的而已。[6] 你若無法超越幻相去看，表示你的目光必已受損，才可能把幻相看成了眞相。[7] 這種目光還可能認出眞相嗎？

8.　　　不要讓弟兄的外在錯誤擋在你們中間，因他的神聖本質非你莫屬。[2] 不要讓肉眼之見蒙蔽了你的慧眼，使你視而不見他的神聖性，唯有他的神聖性能幫你看到自己的寬恕。[3] 切莫讓只知著眼於弟兄的罪過與身體那種知見，害你意識不到他的本來面目！[4] 你因相信身體能犯罪而對他發動的攻擊，哪一次不是與他的形體表現有關？[5] 你的目光必須越過他的錯誤，才能看見他的神聖本質與自己的救恩。[6] 你過去從未幫他看出他的神聖性，反而把自己的罪投射到他身上，好讓自己脫罪。[7] 然而，他的神聖本質

就是你的寬恕。⁸他的神聖本質也是你的救恩；你一旦把他變成有罪之人，你還有得救的希望嗎？

9.　　即便這個神聖關係仍是一個初生嬰兒，也仍需重視這神聖性甚於一切。²你若還珍惜一絲不神聖之物，只會造成你意識上的混亂。³在不神聖關係中，唯有對方的罪能充當你的藉口，因此他才值得你珍惜。⁴每個人都想在對方身上找到自己不能不犯罪的理由。⁵他就這樣把自己的罪推到對方身上去了；愈不放過對方，自己的罪就愈加陰魂不散。⁶從此，他再也無法看出原來是自己一心想要把罪當眞而造出這些罪的。⁷至於理性，則只會著眼於神聖關係的眞相，認出那是心靈的共有產業，使神聖關係的雙方都樂於交出自己的錯誤，接受修正，一起快樂地療癒，重歸一體生命。

肆. 交叉路口

1.　　當你來到一處，迎面而來的就是一個交叉路口，你不能不暫且駐足，²而且勢必要選擇其中一條。³你若順著來時方向繼續向前，只會莫知所終。⁴你過去學到的一切全是爲此決定所作的準備。⁵來時之路已無足輕重，⁶也發生不了任何作用。⁷走到這一地步的人，不易再作出錯誤的選擇，但他仍可能故意拖延。⁸這個交叉路口可說是你整段旅程中最令你感到彷徨無助的一刻，你不知該選擇哪一條路才好。

2.　　只要你選對了路，僅僅最初幾步會顯得特別沉重，那是因爲你雖作了選擇，心中仍不斷想走回頭路的緣故。²你已經無法回頭了。³你所作的選擇，在天堂德能的護持下，無人能爲你解除。⁴你的前程已定。⁵只要你願意肯定這點，一路上絕對不乏高人指點。

3.　　你與弟兄已並肩站在這片聖地上，你與基督聖容之間也只隔著一片罪咎的薄紗。²掀開面紗的時刻到了！³與你的弟兄一起動手吧！你們中間如今只剩下這片薄紗了。⁴你和弟兄如果各自獨行，絕對看不出間隔你們的只是一片薄紗而非銅牆鐵壁。⁵如今，這片薄紗對你形同虛設，因爲平安已穿透它，就要觸及面紗

這一邊的你了。6 不妨想像一下此後的美景。7 基督之愛會照亮你的面容，再從你的臉上照向那亟需光明的黑暗世界。8 祂會與你一起由此聖地返回人間的；其實祂既未離開聖地，也未離開你一步。9 你就這樣成了基督的使者，使祂終於得以回歸自己。

4.　　再想像一下你與祂並肩同行的美妙景象！2 想一想你和弟兄相看兩不厭的美妙神情。3 你們獨自流浪了那麼久，如今終於團圓了，真是天大的喜事！4 此刻，天堂之門為你大開，你同時也為其他淪落天涯的弟兄開啟了天門。5 凡是在你內看見基督的人，都會歡躍不已。6 你終於看到了面紗之後的美景，還會以此美景照亮與你過去一樣淪落天涯的倦客。7 他們由衷感激你翩然來到他們當中，以基督的寬恕為他們祛除了罪的信念。

5.　　無論你和弟兄犯下什麼錯誤，都會有人溫柔地為你修正。2 因為你在他眼中的美善，乃是他的救恩所依，他自會善加保護，使你的美善不受任何損傷。3 而你也會成為弟兄最有力的守護神，不讓任何東西離間你們。4 我需要你如此地與我同行於人間，因為我的訊息尚未傳到每個人的心中。5 你這一生的目的就是接受我的訊息。6 上主永不撤回的禮物仍等著世人接納。7 唯有你先接納，世界才可能收到祂的訊息。8 也唯有緊握著弟兄的那一雙手才能保證你會接到這一訊息；因著你的分享，你自動成了這一訊息的守護神。

6.　　凡是享有上主之愛的人，必須與人分享所有的恩典，才領受得到這一恩典。2 唯有如此，他們才能體會出上主的愛始終與他們同在。3 他們所到之處，所有障礙自行化解，先前崎嶇難行的路終於暢通無阻了。4 你與弟兄聯手掀開的面紗，不只為你們兩人揭開了真相，還會使更多的人受益。5 只要是準備好撤除心中幻相的人，都成了人間的救主，與他們的救世主攜手同行於世，把祂解脫的訊息、希望和自由之聲，帶給那群仍在等待奇蹟拯救的人。

7.　　將奇蹟帶給世上每一個人，竟是如此輕而易舉之事！2 只要自己接受了奇蹟，一切自然水到渠成。3 因為在他接受之際，他已了解這禮物不僅是給他一人的。4 神聖關係的功能即在於此：你們必須一起接受，然後把領受到的禮物分享給人。5 你若獨自

站在那片面紗前面，自然感到難以穿越。⁶ 但只要你伸出手來，握住弟兄的手，再探一下那看似陰沉無比的障礙，你會發現它竟由你指縫間流過，而手中空空如也。⁷ 原來那兒沒有什麼銅牆鐵壁。⁸ 隔在你與弟兄之間的，只是一個虛無的幻相，你們其實共具一個神聖自性。

伍. 脆弱無能與防衛措施

1.　　如何才能克服幻相？² 絕不是憑蠻力或怒氣，也不能以對抗的方式。³ 你只需聽從理性之言，承認幻相違背了真相就夠了。⁴ 幻相想要抵制的，必是真實的。⁵ 這一反制力量也只可能出自幻相，而非真相。⁶ 因為真相不會與任何東西作對。⁷ 凡是真實的，既無需防衛，也不會幫你防衛。⁸ 只有幻相才需防衛，因為它脆弱不堪。⁹ 真理的路上怎麼可能會難行？干擾你之物全都不堪一擊。¹⁰ 在這虛有其表的衝突下，真正的強者其實是「你」。¹¹ 你無需自我防衛。¹² 任何需要防衛的，絕非你想要之物；因為需要防衛之物只會使你更加脆弱。

2.　　不妨深思一下，小我究竟在防衛什麼。² 它始終在為真相的反面辯護，不可理喻地向理性挑釁。³ 這種舉止豈是辯護得了的？⁴ 它只會陷你於瘋狂之境，使你再也看不到真相。⁵ 你全力抵制之物，不正是你害怕之物嗎？⁶ 罪的信念確實需要強大的防衛措施，你得付出極高的代價才行。⁷ 它必須抵制聖靈的一切恩賜，對你可說是犧牲重大。⁸ 因罪好似把你原有的平安割下一塊，阻擋平安回歸於你。

3.　　然而，平安怎麼可能切割得支離破碎？² 它始終渾然一體，絲毫未損。³ 由此可見，邪惡夢境裡的各種伎倆與玩意根本無濟於事。⁴ 在真相裡，你與弟兄依舊並肩而立，沒有任何東西能夠離間你們。⁵ 上主緊握著你們的手，有誰拆散得了結合於祂內的生命？⁶ 你存心抵制的，其實是你的天父。⁷ 縱然如此，你仍然無法自絕於祂的愛。⁸ 上主與你安息於寂靜中，既不設防，也無需自衛，因為寂靜本身充滿了德能與力量。⁹ 脆弱無法進入此地，因為攻擊無法在此立足，故幻相也無由而起。¹⁰ 愛始終安息於千

古不易之境。¹¹ 只有變化無常之物才需要設防。¹² 世間所有的不定性其實都出自你對自己的懷疑。

4.　　恐懼本身何其脆弱，何其渺小且無意義。² 結合於愛的人充滿了寧靜的力量，恐懼在他們面前顯得多麼微不足道！³ 你心目中的「敵人」不過是隻飽受驚嚇的小老鼠，卻妄想對抗整個宇宙。⁴ 它的野心豈會得逞？⁵ 你只需不理睬它，這又何難之有？雖然它不斷喑啞吱叫，炫耀自己的大能，企圖湮沒宇宙萬物歌頌造物主的永恆歌聲。⁶ 究竟誰是強者？⁷ 這隻小老鼠？還是上主的造化？⁸ 你和弟兄的結合是建立在上主的旨意上，不是靠這隻小老鼠。⁹ 一隻老鼠豈有能力背叛上主所結合的人？

5.　　但願你能看清，使你意識不到自己與弟兄本來一體的那個障礙，真的不算什麼。² 不要被幻相的大小形狀、厚度重量，以及看似堅固無比的基石蒙騙了。³ 這具身體在肉眼之下確實顯得龐大堅固，穩如泰山。⁴ 然而，你內卻有一股神聖能量，遠非任何幻相所能敵。⁵ 這具身體只是看起來穩固無比，然而，在真相內，真正所向披靡的是你內在的神聖能量。⁶ 兩者一旦交鋒，會有什麼結局？⁷ 那狀似穩如泰山的幻相能撐多久？你那神聖能量必會無聲無息地穿越它而去。

6.　　不要忘了，當你感到自己需要防衛時，表示你已認同了某種幻相。² 你若覺得自己軟弱無能，也表示你已落單了。³ 這是所有幻相必付的代價。⁴ 沒有一個幻相不是建立在「我是一個個體生命」的信念上。⁵ 也沒有一個橫梗在你與弟兄之間的幻相看起來不是固若金湯的。⁶ 然而，真相不費吹灰之力便能超越幻相；正因如此輕而易舉，使你不得不相信自己心目中的那些障礙原來什麼都不是。⁷ 只要你肯寬恕自己的弟兄，一切便會水到渠成。⁸ 唯有當你不甘無視於那橫梗在你與弟兄之間的虛幻障礙，才會感到它有如銅牆鐵壁，因而保全了它固若金湯的假相。

陸. 神聖關係的光明

1.　　你想要身體的自由，還是心靈的自由？² 你無法同時擁有兩者。³ 你究竟看重哪一個？⁴ 以哪一個為你的人生目標？⁵ 因你若

把一個當作手段，另一個就成了目的。⁶ 其中一個必須爲另一個效命，還得唯唯諾諾地自貶身價，來拉抬對方的地位。⁷ 手段是爲目的而存在的，目的達成之後，手段或方法的價值就一落千丈；任務一旦結束，方法便形同虛設了。⁸ 沒有一個人不渴望自由，且千方百計地追求。⁹ 他認爲自由在哪裡，哪裡可能找到自由，他就會從那兒下手。¹⁰ 在他的信念中，自由不是來自心靈就是來自身體，因此，他會把其中一個當作另一個的工具，爲自己選擇的目標效力。

2.　　你一旦選擇了身體的自由，心靈就成了它的工具，它的價值全憑自己能爲身體爭取多少自由而定。² 然而，身體的自由何其虛幻且無意義，心靈從此淪爲幻相的奴隸。³ 凡是選擇了這種是非顛倒而且動輒得咎之境的人，根本不明白什麼才是真正有價值之物。⁴ 他的困惑之深，非筆墨所能形容，但聖靈始終溫柔耐心地等待；因祂知道結局已定，那種肯定就如同祂對造物主的愛一般千古不易。⁵ 祂也知道作出這瘋狂決定之人仍是造物主愛之如己的那個人。

3.　　上主愛他如此之深，願他永遠活在自由之中；至於聖靈如何不費吹灰之力便把他的手段與目的調換過來，無需你操心。² 你只需感謝自己有此榮幸爲這一偉大的目標服務。³ 唯有爲此目標服務，你才能真正享受到自由。⁴ 若想達此目的，你得先把身體視爲無罪才行，因無罪之境正是你的目標所在。⁵ 手段與目的互調之際衝突愈少，過程便愈順利，它會像寬恕之眼那樣，輕而易舉地把怨恨轉爲感恩。⁶ 只要你把自己的身體用在無罪的目標上頭，你就被弟兄聖化了。⁷ 從此你不可能痛恨他的身體，因爲身體正在爲你想要療癒的他服務呢！

4.　　這神聖關係，如此純潔美麗，充滿神力，它的光芒遠比徹照天空的太陽更爲明亮，你的天父才會選擇它作爲完成救贖大業的工具。² 你該慶幸它沒有投效於你自己的那番計畫。³ 凡是交託給神聖關係之物，不可能遭人妄用，只可能發揮大用。⁴ 不論針對哪一種痛苦，神聖關係具有療癒所有痛苦的能力。⁵ 你與弟兄無法獨自爲它服務。⁶ 只有當你和弟兄有志一同之時，神聖關係才能夠發揮得出療癒的力量。⁷ 它是你的療癒所在，是你接受救贖之地。⁸ 整個聖子奧體便在你的療癒中獲得了療癒，因爲你的願

心與弟兄的願心終於合一了。

5.　　在神聖關係前，罪沒有立足之地。² 錯誤的表相亦不復可見，理性與愛終於結合了，望著所有的迷惘混亂，若無其事地看出：「這只是一個錯誤而已。」³ 錯誤就這樣被你們神聖關係裡的同一救贖修正過來了，並且以天堂的一景取代這個錯誤。⁴ 有幸與此天恩共襄盛舉的你，何其有福！⁵ 你所帶來的每個天堂景觀，都成了天堂給你的禮物。⁶ 你為天堂每一個空位帶回的永恆光明，如今也返照於你身上。⁷ 只要是為無罪境界效力的工具，必然一無所懼，因為它們心中只有愛。

6.　　和平之子，光明已經降臨於你。² 雖然你目前還認不出自己帶來的光明，但你遲早會憶起它的。³ 誰否認得了自己帶給別人的慧見？⁴ 誰會認不得自己親手放在天堂的禮物？⁵ 你給聖靈的貼心服務，其實是你給自己的禮物。⁶ 如今你既成了祂的工具，必會愛祂所愛的一切。⁷ 你會帶給別人你對永恆的記憶。⁸ 時空世界的蛛絲馬跡，愈來愈難逗留於決心為超越時空之境效力的心靈。⁹ 你的關係已成為和平的工具，任何幻相都侵犯不了它的平安。

7.　　當你能以徹底寬恕的眼光來看待弟兄，毫無保留地寬恕對方所有的錯誤，那麼，還有什麼過錯能讓你耿耿於懷？² 還有什麼苦難能擋住你的視線，使你無法看清真相？³ 還有什麼幻相能讓你難以看出那只是一個錯誤、只是你原可從容穿越的一道陰影而已？⁴ 上主豈會坐視任何一物阻撓與祂有志一同的人認出自己的意願其實就是上主的旨意？因為他的意願純粹是為上主旨意服務，⁵ 而且服務得心甘情願。⁶ 這樣的人要憶起自己的真相，還可能耽擱多久？

8.　　你只能從弟兄的眼中看出自己的價值；任何人只要在侵犯過他的人身上認出自己的救主，這人就自由了。² 整個世界也會因他而獲自由。³ 這就是你所負的和平任務。⁴ 你曾問我，你此生的任務何在？你已得到了答覆。⁵ 不要企圖改變這項天賦任務，更不要用其他目標濫竽充數。⁶ 這是天賜於你的恩典，也是你此生的唯一目標。⁷ 接納這個任務吧，心甘情願地為它服務；至於聖靈會如何處理你給弟兄的禮物，祂會何時、何地、送給何人，都是祂的事。⁸ 祂必會把你的禮物送到準備好接受的人手裡。⁹ 祂會

將每份禮物用在和平大業上。[10] 即使只是一個微笑，或是你自願忽略別人的某個瑕疵，對方都會收到你這禮物的。

9.　　以愛心對待天父所愛的人，這不正是普世的祝福嗎？[2] 把寬恕推恩出去，乃是聖靈的任務。[3] 讓祂完成自己的使命吧！[4] 你只需操心一事，就是你該給祂什麼，好讓祂推恩出去。[5] 不要向祂隱瞞任何不可告人的祕密，倘若如此，祂便無法爲你發揮大用；你只需給祂能夠推恩的小小禮物，[6] 祂就會欣然接納，把它投入和平用途。[7] 祂會祝福你的每個禮物，讓它發揮無限的力量。[8] 祂會在你的禮物注入上主的大能，使每個愛的小禮都成了世人的療癒之源。[9] 你獻給弟兄的每個禮物，不論多小，都足以照亮整個世界。[10] 不必擔心黑暗勢力，你只需把視線轉向自己的弟兄。[11] 充滿光明的聖靈自會爲你驅逐黑暗，在你滿懷信心祝福弟兄之際，你的每個溫柔笑容都反映了聖靈之光。

10.　　整個世界的福祉都有待於你的學習成果。[2] 只有最傲慢的人才會否認自己意志的力量。[3] 你是否認爲上主的旨意毫無能力可言？[4] 這是謙虛嗎？[5] 你仍看不出這個信念所造成的遺害。[6] 你認定自己是脆弱、易受傷，甚至不堪一擊的，只能在無數比你強勢的侵略者手下苟延殘喘。[7] 讓我們正視這錯誤是怎麼形成的，因爲「上主恐懼症」正埋藏在這一錯誤之下，不僅根深柢固，而且固若金湯。[8] 這錯誤一日不除，上主就會顯得可怕無比。

11.　　攻擊上主之子的人，怎麼可能不同時侵犯他的天父？[2] 除非天父本身軟弱無力，否則聖子怎麼可能脆弱？[3] 你毫不明白自己眼中看到而且視爲理所當然的每個罪與罰，都是對天父的一種攻擊。[4] 然而，這是不可能的事，爲此之故，它絕不是眞的。[5] 你也看不出自己這種心態下的眞正企圖，因爲你認定天父與聖子是兩個互不相干的生命。[6] 基於恐懼，你不能不把他們視爲不同的生命。[7] 因爲不論是攻擊他人或自己，總比攻擊至高無上的造物主要安全一點，你知道自己招惹不起祂的。

12.　　你與上主若是同一生命，而且你也能認出彼此的一體性，你自然會明白祂的能力就是你的能力。[2] 但是，只要你還認定某一種攻擊行爲是情有可原的，你便不可能憶起這一眞相。[3] 任何形式的攻擊都無法自圓其說，因爲毫無道理可言。[4] 除非你與弟

兄是兩個不同的生命，又與你們的造物主風馬牛不相及，你才可能找到攻擊的藉口。⁵ 也只有在上述前提下，你才可能攻擊某一部分造化而不傷及整體，或攻擊上主之子而不禍及天父，或攻擊他人而不傷及自己，或傷害自己而不牽累他人。⁶ 你卻寧可相信有這一回事。⁷ 這一信念的最大用處，即是讓你蓄意攻擊他人時以為你不必自食其果。⁸ 攻擊是安全的或危險的，並不是問題所在。⁹ 因為根本沒有這一回事。¹⁰ 此言不虛，因宇宙只是一個生命。¹¹ 你之所以會對宇宙真相發動攻擊，無非想證明宇宙與它的主人根本互不相干。¹² 愛從此成了可能傷人的利器，你對它怎能不避之猶恐不及？

13.　　只有相異之物才會彼此攻擊。² 你便理直氣壯地下此結論：既然你們能夠攻擊，表示你與弟兄必是兩個不同的生命。³ 聖靈的詮釋恰恰相反。⁴ 祂說，正因你和弟兄不是兩個生命，所以你不可能攻擊他。⁵ 這兩種論證各有自己的邏輯，⁶ 也都言之成理，但卻無法並存。⁷ 若要確定哪一論證才是真的，你只需答覆一個問題：你和你弟兄真的是兩個不同的生命嗎？⁸ 從你所能了解的立場來看，你們確實不同，因此才會彼此攻擊。⁹ 在兩種答覆之中，這一詮釋反倒顯得天經地義，因它比較符合你的經驗。¹⁰ 為此，你亟需另一種真正貼近真理的經驗，教你看出什麼才是天經地義，什麼才是真實不虛的。

14.　　這就是神聖關係的最大功能：² 此人心裡作何想，另一人立即感受得到。³ 這不正透露了你與弟兄共有同一心靈？⁴ 這是可喜的事，不要以恐懼的眼光看它，害怕它會帶給你多大的負擔。⁵ 你只要欣然接納這一事實，遲早會領悟到，你這個關係不過反映了造物主與聖子的一體生命。⁶ 只要心中有愛，分裂就無法立足。⁷ 每個心靈的每一個意念，都能為另一心靈帶來喜悅，因為它們根本就是同一生命。⁸ 喜悅是無窮盡的，因為愛的每個光明意念都有推恩之力，讓愛永遠生生不已。⁹ 愛內沒有分別取捨，因為愛的每一念都與愛的本體無二無別。

15.　　愛的光明會將你與弟兄合而為一，遍照宇宙每個角落；它既有結合你們的能力，自然也能幫你們與造物主重歸一體。² 一切造化最後都會結合於上主內。³ 神聖關係教你認識了愛的無所不能，使恐懼無法從中作梗。你難道會為自己從此不再孤獨害怕而

懊惱不已？⁴ 切莫讓任何一點小我攪入這份大禮！⁵ 因這禮物是供你善盡其用的，不應任你攪和或糟蹋。⁶ 它教你認出你與弟兄並非兩個分立的生命，這等於徹底幫你否定了小我。⁷ 讓真理為你定奪你與弟兄究竟是相同或不同的生命吧！也容真理教你明白究竟哪一個才是真的。

第二十三章　與己爲敵

導　言

1.　　難道你看不出無罪本質與脆弱無能之間的對立性？² 純潔無罪代表力量，此外沒有力量可言。³ 無罪之人永遠不可能恐懼，因爲任何罪過都代表一種脆弱。⁴ 反之，企圖以攻擊虛張聲勢，掩飾自己的脆弱，結果必然欲蓋彌彰。有誰隱藏得住或保全得了虛幻之物？⁵ 有仇敵的人是不可能堅強的，他之所以發動攻擊，不正因爲他認爲大敵當前？⁶ 相信大敵當前，實與相信脆弱無異；脆弱之物絕非上主的旨意。⁷ 凡有違上主旨意之人，便成了上主之「敵」。⁸ 這樣的上主，必會令你望而生畏，因祂的旨意好似處處跟你作對。

2.　　與己爲敵！這是多麼詭異的戰爭。² 你必然相信，你的犯罪工具一樣可能傷害到自己，而且處處與你爲敵。³ 爲此，你奮力抵抗，設法削弱它的威力；你還會以爲勝券在握而繼續攻擊。⁴ 你不可能不害怕自己攻擊的對象，就如你不可能不愛自己眼中純潔無罪之物一樣。⁵ 凡是能無罪無咎地踏上愛所指示的道路之人，必然走得心安理得。⁶ 因爲愛會與他同行，保護他不受任何驚嚇。⁷ 他一路上只會看到無罪且無攻擊性的人。

3.　　你無需害怕邪惡的勢力，昂首闊步行走於至善之境吧！² 純潔無罪的人永遠高枕無憂，因爲他們與人分享了自己的純潔無罪。³ 萬物在他們眼中都是無害而可親的，他們一體悟出萬物的眞相，萬物便由傷人的幻相中釋放出來了。⁴ 那些看似有害之物，一旦擺脫了罪惡及恐懼的束縛，便會放出純潔的光輝，歡天喜地回歸於愛。⁵ 他們從此只會著眼於純潔的心靈，故能領受愛的力量。⁶ 又因他們對錯誤已然視若無睹，錯誤只好識趣地隱退。⁷ 凡是有心追求聖善之人，必會尋得它的蹤跡。⁸ 除了在那純潔的心靈內，你還能在何處看到它的蹤影？

4.　　切莫因外在的小小干擾而陷入卑微！² 罪咎對純潔的心靈毫無吸引力。³ 何不想像一下眞相一路伴你同行的美妙景象？⁴ 別再爲了虛幻之罪的一聲嘆息，或是罪咎激起的不安而輕易放棄這個

自由世界了！[5] 你怎麼會爲那些無謂的干擾而放棄天堂？[6] 那片不受人間干擾且不知卑微爲何物的淨土才是你此生的目標與歸宿。[7] 你的人生目標與渺小卑微互不相容，[8] 也不會與罪惡同流合污。

5. 　　願上主之子不受卑微的誘惑。[2] 他的榮耀遠超其上，永恆無窮，且超越時空。[3] 莫讓時空干擾了你看他的眼光。[4] 不要讓他孤獨地陷於誘惑，幫他由恐懼脫身且因而看到自己的光明吧！[5] 你純潔的心靈會照亮他的純潔之路，如此，你才能保全並體會到自己的純潔無罪。[6] 知道了他聖善眞相之後，你還會去看他卑微脆弱的一面嗎？[7] 在恐怖世界裡動輒得咎的人，怎麼可能認出天堂的榮光正閃耀在弟兄身上？

6. 　　周遭的萬物其實是你生命的一部分。[2] 用愛的眼光看待它們吧，試著在它們身上看出天堂的光輝。[3] 如此你才會逐漸明白上天賜你的一切恩典。[4] 世界方能在仁慈的寬恕中光華四射；你一向視爲罪孽深重的人，如今已在你的新詮釋中躋身天堂了。[5] 這世界正引頸盼望著你這純潔心靈帶給它的救恩；能夠清淨無染且自由快樂地走過世界一遭，是何等的美妙！[6] 還有比這更珍貴的禮物嗎？[7] 你的救恩與解脫即在於此。[8] 純潔無罪必須是全面性的，你才可能認出它來。

壹. 互不相容的信念

1. 　　唯有寧靜的心才可能憶起上主。[2] 這記憶不可能出現於衝突的心中，因爲與自己爲敵的心靈無法憶起永恆的溫柔。[3] 戰爭的利器不能用來推展和平，好勇鬥狠者的記憶裡也沒有愛的蹤影。[4] 若非你心中還有戰勝別人的渴望與信念，否則戰爭根本無從孳生。[5] 你內在的衝突，影射出你仍相信小我有戰勝的可能。[6] 否則，還有什麼原因能使你與小我認同？[7] 你一定很清楚，小我存心與上主交鋒。[8] 你也很清楚，小我的敵人並不存在。[9] 問題是它堅信這一大敵的存在，而且不打敗祂絕不甘休。

2. 　　你難道體會不出，與自己爲敵等於向上主宣戰嗎？[2] 你哪裡有獲勝的可能？[3] 就算可能，你會想要這種勝利嗎？[4] 上主若可能死亡，那也是你的末日。[5] 這算是勝利嗎？[6] 小我老想打敗別人，

因為它自認為有戰勝你的可能。[7]上主的想法則恰恰相反。[8]根本沒有戰爭這回事，那不過是相信小我能夠攻擊且推翻上主旨意的瘋狂一念而已。[9]你可以認同這類信念，但最多只能和它一起瘋狂一陣子。[10]在瘋狂世界裡，恐懼好似取代了愛而操控著一切。[11]這是衝突的目的所在。[12]凡是認為天人可能交戰的人，所有衝突的手段或道具，對他們必也顯得真實無比。

3.　　我敢保證，上主與小我，或是你與小我永遠都不會碰頭的。[2]你們只是表面上相遇了，還在荒謬無比的基礎上締結一個古怪的聯盟。[3]你們的信念交會於身體，小我既以身體為家，使你也誤信那是你的家園。[4]你們是因錯誤而相遇的，而這也是錯誤的自我評估。[5]小我加入你們的幻相後，成了你們的共識。[6]然而幻相是不可能結合的。[7]它們同等的虛無。[8]它們的結合建立在虛無之上；凡是無意義之物，不論是一個、兩個，或是一千個，都一樣無意義。[9]小我與虛無結合，仍是虛無。[10]它所追求的勝利和自身一樣荒誕無稽。

4.　　弟兄，你跟自己的交戰已近尾聲。[2]你的旅程快抵達平安的終點站了。[3]此刻，你難道還不想接受平安的恩典嗎？[4]你先前認為破壞你的平安而與之奮戰的那位大「敵」，如今已搖身一變成了平安的施主。[5]你的大敵其實是上主，但祂對衝突、勝利、攻擊之事一無所知。[6]祂對你只有完美無瑕且永恆不渝的愛。[7]上主之子怎能向他的造物主宣戰？這好比大自然向風怒吼，宣稱與它斷絕關係一樣荒謬。[8]大自然豈能與風斷絕關係？[9]你想要保留自己哪一部分，剔除哪一部分，豈是你作得了主的？

5.　　與自己為敵，等於在教上主之子承認：他並不是他自己，更不可能是天父的聖子。[2]為此，他必須忘卻對天父的記憶。[3]被困在身體內的生命確實忘了自己來自何處；只要你認定自己只是一具身體，等於相信自己已失去那個記憶。[4]然而真相是不可能忘記自己的，你也不可能忘記自己的真相。[5]你唯一該忘記的，是你那詭異的自我幻相，也就是想打敗自己真相的那個願望。

6.　　與自己為敵，其實只是幻相與幻相交戰，你拼命想把它們兩個變得不同，而且認定只有戰勝的一方才顯得真實一點。[2]它們並非與真相起衝突。[3]它們之間也沒有什麼不同。[4]同等的虛幻不

實。⁵因此它們以什麼形式出現，並無關緊要。⁶它們既是神智失常的產物，自身必也同樣的神智失常。⁷瘋狂恐嚇不了眞相，更左右不了眞相。⁸幻相也不可能戰勝眞相，它無法構成任何的威脅。⁹幻相所否定的眞相，絕非幻相的一部分。

7.　　　「你」所記得的那一部分，才是眞實的你。²因你改變不了上主所創造的你的原貌。³眞相從不與幻相交鋒，幻相也不可能與眞相爭戰。⁴幻相只能與自己的同類相鬥。⁵已經支離破碎的它們不得不繼續分化下去。⁶然而，眞相是無法切割的，它豈會受這小小幻相的影響？⁷你一旦明瞭自己不可能陷於衝突，便會憶起自己早已知道的一切。⁸即使你的某個幻相會與另一幻相衝突，但幻相與幻相之間的交戰不可能產生任何後果的。⁹這類戰爭既無戰勝者，更無勝利可言。¹⁰眞相絲毫不受這些衝突影響，它始終在上主的平安中散發出清淨無染的光芒。

8.　　　必須先有兩股不同的勢力，才有衝突的可能。²力量與虛無之間是不可能起衝突的。³你所攻擊之物，沒有一個不是你的一部分。⁴你一攻擊，便爲自己打造了兩個幻相，從此糾纏不清。⁵只要你不以愛心對待上主的任何一個造化，就表示你已陷入了此境。⁶衝突之所以可怕，正因它是恐懼的淵藪。⁷然而，來自虛無之物怎麼推翻得了眞相？⁸你何苦讓自己的世界充斥著自我衝突？⁹何不讓聖靈爲你化解這個瘋狂之念，心安理得地憶起上主？上主的記憶始終在你寧靜的心中光華四射。

9.　　　你可看到，幻相一被帶到眞相前，它們之間的衝突便戛然而止？²只有當你把它們當成兩個相互矛盾的眞相時，衝突才會白熱化；勝利的一方變得比較眞實，挫敗的一方則因著敗北而顯得更加不眞而淪爲幻相。³由是觀之，衝突原是兩個幻相之間的競賽，勝者被加冕爲「眞相」，敗者則被打入冷宮。⁴這種心態是不可能憶起上主的。⁵其實，沒有一個幻相侵犯得了上主所愛的家園，甚至將祂永遠放逐於家鄉之外。⁶上主所愛之人必然永享安寧，只因他是上主的家園。

10.　　　你是上主的至愛，與祂一般眞實，同樣神聖，你是不可能淪爲幻相的。²你對祂以及自己是如此的肯定不疑，那種寂靜便是你倆的家園，你們在此活出一個生命，永不分離。³開啓這一神

聖的家門吧！讓寬恕一掃罪的信念所留下的痕跡，上主與聖子終於有家可歸了。⁴ 從此，你不再是上主家中的異鄉客。⁵ 歡迎你的弟兄一起回家吧！上主早已將他安頓於自己永恆平安寧靜的家園了。⁶ 凡愛所至之處，幻相無法立足，因愛會保護你遠離一切虛幻的。⁷ 如此，你才能與造物主一起永享平安，直至無窮之世；凡是有心憶起上主的人，此生不再感到匱乏。⁸ 聖靈會爲上主守護祂的家園，確保平安在此永不受侵擾。

11.　　身爲上主安息之所的你，怎麼可能跟自己作對？怎麼可能設法打敗安居你內的上主？² 試想一下，上主的家園若把自己視爲分裂的生命，會有什麼後果？³ 祭壇瞬間消失了蹤影，光明黯淡下來，原本供奉神聖性的殿宇成了罪的淵藪。⁴ 你的記憶也僅餘下一些幻相。⁵ 這些幻相因著形式上的差異，必然衝突迭起。⁶ 它們相互交戰，只爲了證明哪一種形式的幻相更爲眞實。

12.　　幻相與幻相必會同類相聚，眞相也是如此。² 幻相一碰頭，戰爭勢所不免。³ 平安所見的景象則與自身無異，它便如此將平安推恩出去。⁴ 戰爭則是醞釀恐懼的溫床，恐懼藉此擴大自己的勢力，企圖稱霸天下。⁵ 平安才是愛所願駐留之地，愛也只能在此給出自己。⁶ 衝突與平安是相對的兩極；⁷ 彼此勢不兩立，不共戴天。⁸ 因此，心靈一旦淪爲幻相交鋒的戰場，它對上主的記憶就變得模糊不清。⁹ 所幸的是，這記憶的光輝遠遠超越荒謬的戰場之上，只要你與平安同行，便會憶起上主。

貳．無明亂世的法則

1.　　無明亂世的「法則」雖不可理喻，你仍可將它帶入光明之中。² 無明法則怎麼可能有意義？它根本不屬於理性的領域。³ 只是表面看來，它好似有妨礙理性及眞理運作的能耐。⁴ 我們不妨平心靜氣地正視一下，越過它的表面說辭看個究竟。⁵ 關鍵在於了解它的眞正企圖，因爲它存心製造荒謬，打擊眞理。⁶ 以下即是操控你的世界的幾個基本法則。⁷ 事實上，這些法則控制不了任何東西，你也不必費心破除，只需正視一眼它的眞面目，便可棄之而去。

2.　　　第一條無明法則即是「眞理因人而異」。² 這條法則和其餘法則一樣，強調每個人都是獨立的個體，各有各的想法，因此與眾不同。³ 這條法則是由「幻相有層次之分」的信念衍生出來的，它相信某些幻相較有價值，故也比較眞實。⁴ 每個人不僅會爲自己建立這種價值體系，且還會攻擊他人的價值觀，藉以顯示自己的價值觀比較眞實。⁵ 由於人間的價值五花八門，因此很容易爲自己的攻擊行爲找到藉口；持守不同價值觀的人，頓時互爲異類，彼此爲敵。

3.　　　不難想見，這條法則對奇蹟的第一條原則表面上會構成多大的干擾。² 因爲這等於賦予各種幻相不同程度的眞實性，使得某些幻相顯得比其他幻相更難克服。³ 唯有明白幻相其實都是同一回事，同等的虛妄不實，我們才會理解爲何奇蹟能夠一筆勾消所有的幻相。⁴ 任何錯誤都可以修正，只因它們全都不是眞的。⁵ 只需把它們一起帶到眞相前，不讓它們互相聲援，它們就銷聲匿跡了。⁶ 一個虛無不會比另一虛無更加悖離眞相的。

4.　　　第二條無明法則，最受到罪的虔誠信徒所青睞，就是：「沒有一個人是無辜的，因而理當受罰且死有餘辜。」² 這一法則與前一條相互呼應，強調錯誤應受懲罰，而非修正。³ 犯錯的人所造成的破壞是無法挽回的，故也不可寬恕。⁴ 他所犯的錯誤就在這一詮釋下被判了無期徒刑，連上主都愛莫能助。⁵ 相信上主之子可能犯下天誅地滅的過錯，這一信念使得罪永不得寬赦。

5.　　　想一想，這對天父和聖子的關係，可能產生什麼表面上似乎眞實的影響？² 祂們從此好似兩個不同的生命。³ 一方必會遭另一方定罪。⁴ 祂們不只分歧，還會反目成仇。⁵ 祂們之間形成敵對的關係，就像聖子內每個部分那樣，一照面就起衝突，更遑論結合了。⁶ 挫敗的一方勢力大減，另一方則趁機坐大。⁷ 上主之子因著對自己和造物主的種種作爲，使他對上主的恐懼以及對彼此的戒懼愈加顯得理所當然而且眞實無比。

6.　　　這一條無明法則所隱含的傲慢心態在此更是昭然若揭。² 這種心態企圖界定創造眞相的造物主，諸如：祂應作何想，祂必信何事，祂又會如何答覆等等；並且對此深信不疑。³ 聖子甚至不必向上主查證自己加在上主頭上的信念究竟是眞是假。⁴ 他只會

「提醒」上主祂該如何又如何；上主別無選擇，若不接納聖子的看法，祂就必錯無疑。⁵ 這一信念直接牽引出第三個顛倒的信念，使無明亂世變得萬劫不復。⁶ 如果上主不可能犯錯，祂不能不同意聖子心目中的自我形象，同時又恨聖子那副德性。

7. 你很容易看出第三條法則如何強化了你的「上主恐懼症」。² 如今，不論你陷於何種困境，也都不敢再向祂求助了。³ 因為祂如今成了一切問題之源，成了你的「天敵」；對祂申冤又有何用？⁴ 救恩更不可能存於聖子之內，因他的每一部分似乎都在跟上主交戰，還攻擊得理直氣壯。⁵ 如今，衝突已勢所不免，連上主都無力回天。⁶ 如今，連他的救世主都與他為敵，他還有什麼得救的希望可言？

8. 他就如此斷了自己的解脫之路。² 救贖好似一種「神話」；上主的旨意影射了因果報應，而非寬恕。³ 天地由此發難，世界從此萬劫不復。⁴ 只有毀滅一途。⁵ 連上主似乎都在助紂為虐，存心與聖子作對。⁶ 別指望小我助你脫身，它只會袖手旁觀，甚而幸災樂禍。⁷ 本課程的任務即是教你不再重視小我執著之物。

9. 小我必然重視它渴望擁有之物。² 第四條無明法則由此衍生；你若接受前三條，這一法則就會顯得理所當然。³ 這似是而非的法則即是：「你知道自己擁有的全都是奪取來的。」⁴ 從此，別人的損失成了你的收穫；從此，你永遠無法看出「你除了掠奪自己以外，什麼也拿不走」的事實。⁵ 其他的法則全都以這一條為依歸。⁶ 因為仇敵不會樂於互贈禮物，也絕對不分享自己珍愛之物。⁷ 為此，你判定對方必然私藏了什麼寶貝，否則他們不會故意隱瞞你，不讓那寶貝露白。

10. 瘋狂世界的運作法則在此一覽無遺：由於「敵人」私藏了本來屬於你的珍貴財產，藉此壯大勢力，你理所當然該為了那些被他扣押的寶貝而發動攻擊；敵人必須付出慘痛的代價，你才有得救的希望。² 有罪的一方就是這樣為自己的「純潔無罪」辯白的：³ 若非敵人的魯莽與冒犯，否則自己不僅不會發動攻擊，還願仁慈相待。⁴ 但在這野蠻的世界裡，好人很難生存，自己若不先發制人，便會飽受欺凌。

11. 此刻，尚有一個懸疑的問題有待「澄清」。² 那個寶貝、稀

世珍寶、祕密寶藏，究竟是什麼東西，需要你如此義憤填膺地從心懷不軌的敵人手中搶回？³那一定是你以往求而不得之物。⁴如今你終於「了解」過去遍尋不得的原因了。⁵原來是被「那個傢伙」搶走了，而且藏在你料想不到的地方。⁶他把寶貝藏在自己的身體裡頭！企圖用身體掩飾他的罪咎，他的身體也成了窩藏你的寶貝的賊窟。⁷因此，你不能不毀滅或犧牲他的身體來奪回你的寶貝。⁸他的惡行理當罪該萬死，你才有重生的機會。⁹你的攻擊純粹是出於自衛。

12. 你究竟想要由他那兒得到什麼，竟不惜置他於死地？²除非你知道真正的原因，否則你怎敢確定你的致命攻擊是情有可原的？³於是，最後一條無明法則現身了，前來為你「解圍」。⁴它聲稱有一個寶貝，可以取代愛。⁵這一神奇秘方能療癒你的一切痛苦，只有這失落的祕方會把瘋狂的你變爲「正常」。⁶爲此之故，你不能不發動攻擊。⁷你就這樣把自己的報復行為合理化了。⁸看哪，真相終於大白了，你弟兄因為忌恨你擁有這個寶貝而偷藏在他的身體內，你終於從他身上奪回了。⁹他存心剝奪那賦予你生命意義的祕方。¹⁰於是，由你對弟兄的恨意生出的冒牌的愛，就此搖身一變，成了你的救恩。¹¹然而，愛只有一個，是無可替代的。¹²你所有的關係也只有一個目的，就是想把愛佔爲己有。

13. 你的佔有永遠不可能圓滿無缺的。²你的弟兄會因你竊取之物而不斷反擊。³上主也不會放過你們兩個；祂跟你們一樣瘋狂地想佔有這冒牌的愛，以除掉你們兩人為快。⁴你若還認爲自己神智清明、腳踏實地走在一個充滿意義的世界，不妨反思一下：你自認為「清明」的心態，全都建立在這些無明法則上頭。⁵這些法則使你感到踩在腳下的地基無比堅實。⁶你想從這兒找回生命的意義。⁷你以前為了拯救自己不得不造出這些法則，⁸為你選擇的冒牌天堂撐腰。⁹這就是無明法則的目的所在，你正是為此而造出它們的。¹⁰你無需枉費精力繼續追究它們的意義。¹¹沒有比這更顯而易見的事了，¹²瘋狂的手段，必然也一樣瘋狂失常。¹³關鍵在於你是否意識到自己的目標竟然如此瘋狂？

14. 沒有人自甘瘋狂，也沒有人看清瘋狂的面目之後還會對自己的瘋狂戀戀不捨。²他必然相信自己的所見真實無比，才可能繼

續瘋狂下去。³ 神智失常的目的純粹是爲了以幻代眞。⁴ 他必已把瘋狂之見當成了眞相，才會如此堅信不疑。⁵ 如果那是眞相，那麼先前的眞相就成了瘋狂。⁶ 無明法則的目的就是爲了顛倒是非，將瘋狂變爲正常，幻相變爲眞相，把攻擊當成仁慈，把恨裝扮成愛，謀害則變成了祝福。⁷ 上主之律在無明法則下顯得倒行逆施。⁸ 於是，愛好似淪爲罪之法則的階下囚，而罪卻得以逍遙法外。

15.　　乍看之下，這些法則並不像是爲了營造一個無明亂世，因爲自從是非顛倒、本末倒置之後，它們已儼然成爲一套治世的法則。² 難道不是如此？³ 無明亂世必然亂無章法，無法無天。⁴ 你必定把這些法則當眞了，才會對它們如此言聽計從。⁵ 它們瘋狂的目標在你眼中必然顯得天經地義。⁶ 你把那嘴唇發白、兩眼空洞、既瞎又醜的恐懼，推上了愛的寶座，擁立爲垂死的暴君、冒牌的替身、自身難保的救主。⁷ 死亡在這種恐懼法則當中充滿了魅力。⁸ 這應歸功於愛的寶座上的那位英雄，是它把上主之子打入恐懼和死亡的牢獄。

16.　　怎麼會有人相信這種法則？² 它究竟有什麼偷天換日的本領？³ 我們對它其實並不陌生，也多次見它現身說法。⁴ 它在眞相內一籌莫展，只有在魅影當道的夢裡神氣活現。⁵ 無明法則一味強調外在形式，無視於內涵，反倒使人不得不信。⁶ 只要你相信了任何一條無明法則，表示你已被它蒙蔽。⁷ 它有時又顯得有模有樣，令你不敢輕忽；這就是它最大的能耐。

17.　　哪一種謀害伎倆不是以置人於死地爲目的？² 哪一類攻擊可以假冒愛的名義？³ 哪一種定罪方式，你能視之爲祝福？⁴ 你一旦撤除人間救主的能力，他還有機會拯救你嗎？⁵ 不要被他飽受你攻擊的表相蒙蔽了。⁶ 你無法一邊傷害他，同時還想得救。⁷ 存心跟自己作對的人可能倖免於難嗎？⁸ 這類瘋狂舉止不論以何種形式呈現，有何差別？⁹ 這種自相矛盾的判斷，一邊說要救他，一邊又要定他的罪。¹⁰ 不要被這瘋狂蒙蔽了，即使它喬裝成你喜愛的形式。¹¹ 它存心毀滅你，怎麼可能是你的朋友？

18.　　你或許會爲自己申辯，你並不相信那些荒謬的無明法則，更不會奉行如儀。² 何況，只要正視一眼它們的內涵，怎麼可能有

人相信？³然而，弟兄，你「眞的」相信它們。⁴否則，你怎麼會明知其內涵，卻始終盯著它的外形？⁵不論它以什麼形式呈現，你能信任它嗎？⁶問題是，你已被它的形式蒙蔽，認不出它的內涵了。⁷內涵是永遠不變的。⁸即使爲骷髏畫上玫瑰般的紅唇，把它打扮得嬌艷動人，馴養它，撫育它，你能使它重生嗎？⁹你怎麼可能滿足於目前所活的幻相世界？

19. 　天堂之外沒有生命可言。²上主在何處創造了生命，生命就只可能存在那裡。³活在天堂之外的生命全是幻相。⁴最好的時候，它看起來像是生命；最糟的時候，它與死亡無異。⁵然而，這兩種形式只會告訴你什麼「不是」生命，兩者同樣的不正確，同樣的無意義。⁶生命不可能不在天堂內；凡不在天堂內的生命，也不可能存在於任何地方。⁷存在於天堂之外的衝突幻相，雖然荒誕無稽，不可理喻，對你返回天堂仍可能構成永恆的障礙。⁸所有的幻相都不過是一種形式或表相。⁹它們沒有眞實的內涵可言。

20. 　整個幻相世界都受制於無明法則。²基於幻相形式上的分歧，你不難從中評選高下。³然而，不論它們採取哪一種形式，全都源自「無明法則即是治世法則」的信念。⁴每一個幻相都把這些法則奉爲天條，還會爲它們的眞實性作證。⁵即使看起來比較輕微的攻擊行爲，它們的見證效力絲毫不減。⁶幻相必會引發恐懼，不是因爲它的外在形式，而是形式下暗含的信念。⁷你一旦對愛失去信心，不論透過哪種形式，都表示你已誤把無明亂世當成眞理實相了。

21. 　你對罪的信念必然導致你對無明亂世的信仰。²因爲那似乎是最合邏輯的結論，絕對言之成理。³導向亂世的思想邏輯，從第一步開始就是環環相扣的。⁴每一步都是顛倒眞相的不同花招，一步步將人引入恐懼，遠離眞相。⁵不要以爲某一步好似比較無足輕重，也不要以爲某一步更容易讓你回頭。⁶事實上，每一步都可能讓你失落整個天堂。⁷你的邏輯在何處起念，就必須在何處切斷。

22. 　弟兄，墮入地獄之路，一步也不要靠近。²只要踏出一步，你就再也看不清此後的路了。³其餘的一切必會如影隨形。⁴任何

一種攻擊都會讓你誤入歧途，自絕於天堂之外。⁵ 然而，這一切也可能在瞬間化解的。⁶ 要如何知道你所選的是通往天堂或墮入地獄之路？⁷ 十分簡單。⁸ 你此刻感覺如何？⁹ 感受得到心靈的平安嗎？¹⁰ 你對自己的前程肯定不疑嗎？¹¹ 你篤信自己必會進入天堂嗎？¹² 如果你不是那麼肯定，表示你在世上落單了。¹³ 何不邀請一位神聖道友與你同行，使你對自己的前程更加堅定？

參. 毫不妥協的救恩

1.　　你不能不承認，還有某些攻擊伎倆，你尚未識破它們。² 不論是哪一類的攻擊，都會傷害到你，就跟你已識破的攻擊伎倆所造成的傷害一樣的深；爲此，我們可以這麼說，你至今仍未認出眞正的苦因。³ 不論你的攻擊採取何種形式，都具有同樣的殺傷力。⁴ 它們的目的也一成不變，⁵ 就是置人於死地；有哪一種謀害的手法壓得下罪孽深重之感，蓋得住兇手害怕報應的深沉恐懼？⁶ 他也許會否認自己是兇手，並以微笑來掩飾自己的暴行。⁷ 但他內心一定很苦，他會在笑不出來的噩夢中看到自己的企圖；當他驚駭地意識到自己的用心之後，便再也難以擺脫它的糾纏了。⁸ 沒有一個心懷謀害之念的人可以擺脫得了此念所引發的罪惡感的。⁹ 他的動機若是置人於死地，不論是以哪種方式進行，又有何差別？

2.　　死亡不論化身爲何種形式，不論裝扮得多麼美麗可愛，豈是聖靈要你轉贈弟兄的祝福？² 外在的包裝代替不了你要給予的禮物。³ 不論包裝多麼精美，給的多麼溫柔，空盒子終究是空盒子。⁴ 施者與受者都不會被蒙騙太久的。⁵ 你若不肯寬恕自己的弟兄，就等於攻擊他了。⁶ 你什麼也沒有給出，因此你也只會由他手中領回你所給的虛無。

3.　　救恩是沒有妥協餘地的。² 妥協表示你認爲自己能夠只接受想要的一部分，擷取一點而放棄其餘。³ 救恩不會放棄任何一物的。⁴ 它對每一個人都是圓滿無缺的。⁵ 你一旦讓妥協之念闖入，便再也意識不到救恩的目的所在，因爲你已認不出它了。⁶ 接受妥協等於否定救恩，因爲妥協表示你相信自己不可能眞正得救。

⁷妥協的信念會告訴你，你能夠攻擊一點兒，愛一點兒，卻不至於混淆兩者。⁸這等於教你相信：同一物內可能稍有不同，卻仍不失爲同一物。⁹這話說得通嗎？¹⁰你能了解其中玄虛嗎？

4.　　　本課程易學之處即在於它的毫不妥協，絕無模稜兩可。²這對一味追求妥協的人，成了一部無比艱難的課程。³他們看不出來，救恩若能妥協，便與攻擊無異了。⁴我敢肯定，不相信救恩的人絕不可能甘心且安心地接受救恩近在眼前的保證的。⁵寬恕不可有所保留。⁶攻擊這個、偏愛那個的人，表示他還不了解寬恕的眞諦。⁷你難道不想認清那些打擊你平安的伎倆？你必須識破那些伎倆，才不致失落自己的平安。⁸平安方能在你慧眼之前照耀，永遠歷歷在目，只要你肯放下自己的防衛措施。

5.　　　凡是相信平安有待防衛，且爲此而攻擊得理直氣壯的人，絕不可能看出平安始終在自己的心內。²他們怎麼可能知道？³他們若相信某種害人的手法可以維護自己的安全，他們難道還會接受寬恕之道嗎？⁴他們豈能承認自己的攻擊陰謀所傷害的其實就是自己？⁵沒有人會願意和敵人合爲一體，更不可能與他有志一同。⁶凡是不得不跟敵人妥協的人，不可能不爲對方有所隱瞞的私秘而懷恨在心的。

6.　　　不要誤把休戰協定當作和平，也不要以爲妥協能幫你擺脫衝突的糾纏。²從衝突中解脫，表示所有的衝突都已過去了。³大門已經開啓，你正動身撤離戰場。⁴你不會因爲槍聲中止片刻或恐懼減輕一點便又開始留戀那片烽火之地，瑟瑟縮縮地奢望戰爭可能從此一逝不返。⁵戰場上絕無安全可言。⁶你只有居高臨下俯視一切，才可能不受戰火波及。⁷一旦陷身其中，從此安全無望。⁸那兒沒有一株倖存之樹足以庇蔭你。⁹沒有任何虛幻保障抵制得了人們對謀害的信仰。¹⁰身體就這樣陷於它先天對合一的渴望與後天所形成的謀害及死亡企圖的夾縫中飽受折磨。¹¹你眞的認爲謀害的伎倆能帶給你安全感嗎？¹²戰場上可能沒有罪咎嗎？

肆．超越戰場之上

1.　　　不要在衝突中久留，因爲沒有一場戰爭不會傷到人。²畏懼

上主其實是畏懼生命，而非畏懼死亡。³ 然而，上主始終是你唯一的安全堡壘。⁴ 祂內沒有攻擊傾向，也沒有任何幻相膽敢覬覦天堂。⁵ 天堂徹頭徹尾的眞實。⁶ 它內沒有任何差異，全然相同之物是不可能起衝突的。⁷ 沒有人要求你壓制自己的謀害心態。⁸ 但你必須認清自己設法掩飾那個企圖的種種伎倆。⁹ 你眞正害怕的是你的企圖，而非它的表達形式。¹⁰ 不愛，就等於謀害。¹¹ 缺乏愛心，本身就是一種攻擊行爲。¹² 每一個幻相對眞相既是一種侵犯，也是對愛的凌辱，因它看起來好似與眞相旗鼓相當，而且足以亂眞。

2. 有什麼東西可能與眞相旗鼓相當卻又截然相反？² 害人與愛人是無法並存的。³ 如果兩者都是眞的，表示它們必定全然相同而且無二無別。⁴ 你一旦把上主之子視爲一具身體，就搞不清自己是在愛人或是害人了。⁵ 聖子與造物主肖似之處不在於這具身體。⁶ 無生命之物，絕不可能是「生命之子」。⁷ 一具身體怎麼可能延伸至無窮而涵括整個宇宙？⁸ 它豈能一邊創造，一邊又成爲自己的受造？⁹ 它把一切賜給自己所造之物以後，自身豈會不受一絲損失？

3. 上主從未把自己的能力賦予身體。² 創造是祂的本能，祂唯獨將此能力賜給聖子。³ 認爲上主之子的任務是在害人，雖稱不上是一種罪，卻是徹底的神智失常。⁴ 相同之物不可能負有不同的任務。⁵ 創造既是上主推恩的工具，聖子必然擁有上主所有的能力。⁶ 天父與聖子若非同是凶殺之徒，就均非凶殺之輩。⁷ 生命製造不出死亡，它只會創造與自身肖似的生命。

4. 你的人際關係所散發的可愛光輝，與上主的聖愛極其相似。² 然在目前，它尚不足以負起上主託付聖子的神聖任務，因爲你對弟兄的寬恕還不夠徹底，故無法推恩於整個造化之上。³ 只要謀害與攻擊的任何一種手法對你還有吸引力，令你認不清它的底細，你的療癒與奇蹟能力便會受限於它而無法推恩於普世眾生。⁴ 然而，聖靈懂得如何爲你那些小小禮物錦上添花，讓它們一展神能。⁵ 祂也懂得如何將你的人際關係提昇並超越戰場之上，讓你不再陷身其中。⁶ 你的責任只是清楚認出，不論哪一種害人伎倆，均非你的本意。⁷ 你此生的目標只是學習由上俯視那遍地烽火的世界。

5.　　　　讓自己提昇吧！居高臨下地俯視這個人間。² 只有那兒會給你完全不同的視野。³ 你一陷身戰場，周遭的一切立即變得無比眞實。⁴ 加入戰場是你自己的選擇。⁵ 陷身此地以後，除了謀害，你別無選擇。⁶ 但你一提昇到戰場之上，自會捨下謀害之念而選擇奇蹟的。⁷ 這一選擇所帶給你的知見，會讓你當下看清戰爭的虛幻而輕易地從中脫身。⁸ 身體所引發的戰爭都屬於外在的衝突，毫無意義可言。⁹ 你一旦明白什麼都沒有發生過，一切便結束了。¹⁰ 但你若攪入戰役，還可能看破它的虛無嗎？¹¹ 你若決心選擇謀害一途，還可能認出奇蹟的眞相嗎？

6.　　　　當攻擊的衝動一起，你的心靈立即陷於黑暗及凶惡，此刻請記住，你仍然能夠居高臨下俯視這場戰役。² 即使你未必認得出攻擊的各種花招，但你能認出它的註冊商標。³ 那就是椎心之痛、內咎與自責，其中以失去心靈平安最爲不堪。⁴ 你對這類感受其實相當熟悉了。⁵ 當它們浮現時，千萬別離開你居高臨下之勢，你只需立刻選擇奇蹟來取代謀害的企圖。⁶ 上主便會親自以天堂的慈光護擁著你，把你高舉於戰場之上。⁷ 只因你決心留在祂願你所在之地，沒有一個幻相侵犯得了上主與聖子同在的平安之境。

7.　　　　不要從戰場的角度去看任何一人，因爲那等於是由子虛烏有之地看他。² 那兒沒有任何參考指標能賦予你所見之物任何意義。³ 只有身體才有攻擊謀害的可能，但如果這是你的目的所在，表示你已與身體沆瀣一氣了。⁴ 也只有同一目的能將人們結合在一起；凡是接受同一目的的人，必然同心一志。⁵ 身體本身沒有目的，它永遠孑然一身。⁶ 當你由下往上仰望，身體好似無法跨越的障礙。⁷ 你若居高臨下俯視，戰場上種種有形可見的限制就會頓時消失蹤影。⁸ 身體只會橫梗在天父及祂爲聖子所造的天堂之間，因爲它本身沒有存在的目的。

8.　　　　想一想，那些不只接受天父的目的，而且明知那也是自己的目的之人，會從祂那兒蒙受多大的恩典！² 他們從此無所匱乏。³ 哀傷也成了不可思議的事。⁴ 他們只會意識到自己所深愛的光明，也只有愛會永恆地照耀著他們。⁵ 那是他們的過去、現在與未來，恆常不變，永遠圓滿，是他們永世共享的天恩。⁶ 他們知道自己的幸福從此不受無常之苦。⁷ 偶爾，「你或許從戰役中能

多少攢到戰利品」的念頭還會浮現心頭。⁸ 但它能給你這種安寧又深湛的愛嗎？它抵擋得了任何疑慮，使你屹立不搖嗎？⁹ 它能永垂千古嗎？

9.　　　凡是已覺於上主大能的人，不可能興起絲毫的戰爭之念的。² 除了害自己失落本有的圓滿以外，他還會有何斬獲？³ 戰場所爭之物脫離不了身體的層次，那些有形物質表面上好似值得你爭我奪。⁴ 一個人若知道自己已擁有一切，怎會甘心受限於這類有形之物，也絕對不可能重視身體的餽贈。⁵ 那些企圖征服他人的念頭，若從超越戰場的平安之地看去，何其荒謬！⁶ 有什麼東西能與「一切」為敵？⁷ 那個微不足道卻備受青睞的禮物，究竟是什麼？⁸ 在聖愛的呵護下，還有誰會在奇蹟與謀害之間舉棋不定？

第二十四章　特殊性的目標

導　言

1.　　　不要忘了，本課程的宗旨乃是幫你證入平安，安住於平安之境。²在平安中，心靈漸趨寧靜，便具備了憶起上主的條件。³你無需指導上主如何進行。⁴祂是不會失敗的。⁵你只要讓祂進來，祂必然臨在。⁶祂豈會進不了自己有意常駐之地？⁷平安與你同在，因為這是祂的旨意。⁸誰會相信護守整個宇宙的上主旨意可能受制於那些虛幻的魅影？⁹上主之為上主，不是靠幻相之助。¹⁰祂的聖子也是如此。¹¹這是他們的本來真相。¹²那些在他們之間游離不定的幻相，豈有能力與他們的旨意抗衡？

2.　　　要學習本課程，你必須自願反問內心所珍惜的每一個價值觀。²任何掩飾或隱瞞都可能阻撓你的學習。³沒有一個信念是中性的。⁴每一個信念都會左右你所作的每一項決定。⁵因為每一項決定都是基於你的信念而作出的結論。⁶決定是信念的後果，由信念而生，就如痛苦必然尾隨罪咎而來，自由也會尾隨無罪而至，道理都相同。⁷平安是無法取代的。⁸凡是上主所創造的，無一物可以頂替。⁹真理乃是出自上主的真知。¹⁰你的決定必然出自你的信念，就如造化出自上主天心，是祂的真知的延伸一樣。

壹. 「特殊性」──愛的替代品

1.　　　愛即是推恩。²只要你還想扣留任何微不足道的禮物，表示你並不明白愛的目的所在。³愛一向樂善好施。⁴而你若還執著於某個信念或某個禮物，愛便識趣而退，因為你想要用他物來取代愛。⁵你選擇的若不是愛，而是愛的替身，戰爭必會隨之而來，取代了和平。⁶那些贗品會因著你的選擇而變得像真的一樣。

2.　　　信念與信念之間絕不會公然內訌，因自相矛盾的結果無法立足。²但有若干不易被人識破的信念，只會暗中掀起戰爭，不讓人們意識到後果的矛盾，藉此迴避理性的裁決。³許多不可理喻

的後果就是這樣產生的，各種荒誕不經的決定也由此暗自形成；它又進一步演變爲種種信念，左右著你日後的決定。⁴不要小看這些隱形戰士騷擾你平安的能耐。⁵你一旦決定把平安託付給它們，平安便只好任它們宰割了。⁶你選擇攻擊而摒棄愛的那個小小決定，就是偷襲平安的伏兵，它會慫恿你發動攻擊；它暴力所及的範圍，遠超乎你的想像，而這些敵人全是你自己招惹來的。⁷不要否定它們的存在，也不要否定它們會引發的可怕後果。⁸你最多只能否定它們的眞實性，你是否認不了那些後果的。

3.　　究竟是什麼力量暗中爲你護守那個寶貝的秘密信念？就是你對特殊性的信仰。²它不僅有百千萬個化身，而且永遠都在向上主創造的眞相以及祂的偉大聖子挑戰。³除此之外，你還有什麼攻擊的藉口？⁴誰會痛恨與自己擁有同一自性而且相知相惜的人？⁵只有自命特殊者才會處處與人爲敵，因爲他們自命不凡，不與人同。⁶任何一種不同，等於在爲眞相劃分等級與高下，從此凡事你都不能不判斷了。

4.　　凡是上主創造的生命，都凜然不可侵犯，因寰宇之內，無一物不與這一生命相同。²只要有一點不同，就少不了判斷與評估的必要；而評判之人必然比較「優秀」，與被他定罪之人絕不可相提並論，他必然「超」人一等，或者至少比較無罪一點。³如此一來，特殊性既是手段，也成了目的。⁴特殊性不只有分化的作用，還使得這位特殊人物在攻擊比他差一等的人時，顯得「理所當然」而且「合乎正義」。⁵這特殊人物會因著與眾不同而感到四面楚歌，因爲凡是能凸顯出他們特殊性的，正是他們的對頭。⁶但他們會爲這特殊性的敵意辯護，且稱之爲「朋友」。⁷爲了這一特殊性，他們不惜與整個宇宙爲敵，因世上沒有比它更珍貴之物了。

5.　　特殊性是所有錯誤決定的罪魁禍首。²你和弟兄的「偉大」幻相全都藏身於此。³身體也因著它而顯得舉足輕重，彷彿值得你爲它好好奮鬥。⁴特殊性隨時需要你的保護。⁵任何幻相都可能侵犯到它，也確實如此。⁶爲了維繫你的特殊性，你弟兄不得不呈現出來的模樣，便構成了他的幻相。⁷他差你一等，需要你來調教一下，你的特殊性便從他的挫敗中凸顯出來了。⁸特殊性代表一種勝利，一方的凱旋等於另一方的挫敗與羞辱。⁹他背負

了你所有的罪過之後，又怎麼可能活得安心？¹⁰ 而如果你不征服他，也會誓不罷休的。

6. 如果你和弟兄一模一樣，你可能恨他嗎？² 你若明白你倆正邁向同一目標，走在同一旅途，你還會攻擊他嗎？³ 如果他的成就等於你的成就，你難道不願傾力相助？⁴ 他其實是與你有志一同的道友；只有在特殊性作祟之下，你才變成了他的敵人。⁵ 特殊性是無法與人分享的，因為它只允許一人達成目標。⁶ 另一方絕對不能達到那一目標，否則你的目標就陷入危機。⁷ 當你一心只想戰勝別人，愛還有什麼意義？⁸ 在此前提下，你可能作出任何不傷害自己的決定嗎？

7. 你的弟兄原是你的朋友，因為他的天父把他造得跟你完全一樣。² 你們毫無不同之處。³ 上主將你賜給你的弟兄，就是為了把愛推恩出去，而不是把愛摒棄於愛之外。⁴ 凡是你想私自獨享的，就必會失落。⁵ 上主已把自己一併賜給了你和弟兄，為此，憶起這一事實成了你們此生共有的目的。⁶ 這也是你們所擁有的唯一目的。⁷ 你若決心不看你和弟兄之間任何的特殊性，你可能攻擊他嗎？⁸ 你不妨平心正視自己無法全面接受弟兄的理由，也就是你覺得自己最好與他劃清界線的原因。⁹ 你不是一直相信自己的特殊性就是被這個關係所限嗎？¹⁰ 這個信念不正是使你和弟兄變成彼此的幻相的那個「敵人」嗎？

8. 你對上主與弟兄的恐懼，都是出於你對特殊性不自覺的信念。² 你要求弟兄向你的特殊性低頭。³ 連上主都得尊重三分，否則就會遭到你的報復。⁴ 每一種惡意的傷害、怨恨的刺痛，或分裂的願望，莫不由此而生。⁵ 你和弟兄從此再也看不見你們的共同目的了。⁶ 本課程卻再三告訴你，你與弟兄毫無不同之處，你卻為此而排斥這部課程。⁷ 你們沒有一個目的不是相同的，也沒有一個目的不是天父與你共享的。⁸ 因為你的人際關係本來就沒有任何特殊的目標。⁹ 難道你現在還想抵制天堂賦予這一關係的神聖目標？¹⁰ 凡是自命特殊的人，他的心態或觀點承受不了一點外來的打擊，不論是外來的或自己想出來的評論，都足以改變他的看法。

9. 凡是自命特殊的人，必然會抵制真相，以保全他自己心目中

的自我幻相。² 特殊性不過是對上主旨意的一種攻擊手腕。³ 你若
為了它而不惜與弟兄為敵，自然不可能愛你的弟兄。⁴ 因你的特
殊性正是他想攻擊、也是你想保護的箭靶。⁵ 特殊性成了你們兩
人的競技場。⁶ 在此，他只會是你的對頭，而非朋友。⁷ 在彼此不
同的人之間是不可能有和平的。⁸ 他之所以是你的朋友，只因你
們完全相同。

貳. 不可信任的特殊性

1.　　一較高下，必然是小我的伎倆，愛是從不比較的。² 特殊性
最愛與人較量。³ 它就是靠著在別人身上看到的缺陷而確立的，
因此它必須不斷追蹤那些缺陷，須臾不忘，而且纖毫不失，如此
才維繫得住自己的特殊性。⁴ 它尋伺的目標以及著眼的對象都不
外乎此。⁵ 它所輕蔑的人原是你的人間救主，你卻把他貶為襯托
特殊的你的一個小小附庸。⁶ 他在你眼中必須渺小，才能凸顯你
的偉大堂皇、清廉正直以及純潔無染。⁷ 你並不了解，你這樣做
其實是在貶低自己。

2.　　你若追求特殊性，便不能不犧牲你的平安。² 誰能一邊攻擊
且凌辱他的人間救主，還能認出他其實是你最大的支柱？³ 誰能
一邊設法破除他的功力，一邊還能分享他的大能？⁴ 誰能一邊把
他當作偵測卑微的尺度，自己卻絲毫不受同一尺度所丈量？⁵ 你
在救恩大業中負有重任。⁶ 唯有完成這項任務才能帶給你莫大的
喜樂。⁷ 你若追求自己的特殊性，必定會導致極大的痛苦。⁸ 特
殊性一向以打倒救恩為志，與上主的旨意背道而馳。⁹ 重視特殊
性，等於拜倒在一個來路不明的願望之下；它珍惜你的幻相超過
一切真相。

3.　　特殊性會把罪的觀念弄假成真。² 若非特殊性，你很難想像
罪是何物。³ 罪好似無根的邪花毒草，必須借助特殊性才能無中
生有。⁴ 它自封為你的救主及創造者，只是它的創造模式迥異於
天父，它把聖子打造得像它自己，與天父毫無肖似之處。⁵ 天父
的「特殊」子女多得不可勝數，但絕非同一生命，每一個人都被
放逐於自身及上主之外，雖然他們原是上主的一部分。⁶ 天父將

他們與自己創造成一個生命，他們卻毫不珍惜這神聖的一體性。
[7] 他們寧可選擇自己的特殊性，不惜放棄天堂的平安，還慎重地
將特殊性包裝在罪裡頭，幫它「安全」地迴避真相。

4.　　你一點也不特殊。[2] 你若自命特殊，必然不惜與自己的真相
為敵，也要設法保全這個特殊性，那你還可能知道真相嗎？[3] 如
果你請教、答覆與聆聽的對象，都是這一特殊性，你可能接收到
聖靈什麼樣的答覆？[4] 上主不斷以愛讚頌你的生命真相，你卻一
味聆聽特殊性的喑啞回應。[5] 上主讚美你與愛你的雄偉讚歌，在
特殊性的淫威下，只好噤聲不語。[6] 每當你豎耳聆聽特殊性的喑
啞之聲時，上主對你的呼喚必然不復可聞。

5.　　只要你還在為自己的特殊性辯護，就絕對聽不到在它旁邊
的聖靈之音。[2] 它們使用完全不同的語言，也會落在不同的耳朵
裡。[3] 對每個特殊的人而言，真理具有不同的意義，也會給人不
同的訊息。[4] 然而，真理怎麼可能對每一個人呈現出不同的面
貌？[5] 特殊的人只會聽到特殊的訊息，進而更加肯定自己與眾不
同；換句話說，他們各自活在個人特殊的罪裡，盡量和愛保持距
離，因為愛從不把特殊性放在眼裡。[6] 基督慧見反倒成了他們的
心腹之患，因它從不著眼於他們最愛看的東西；基督慧見不斷點
醒他們，他們所執著的特殊性其實只是一個幻相而已。

6.　　那麼，他們到底會看到什麼呢？[2] 他們會看到上主之子光輝
燦爛，如此肖似他的天父，以至於瞬間憶起了天父。[3] 隨此記憶
的浮現，上主之子同時憶起了自己的創造，它們如此肖似自己，
就像自己肖似天父那樣。[4] 他的心靈一旦接納了自己的真相，他
所營造的整個世界、所有的特殊性，以及為了特殊性而不惜與自
己為敵的種種罪過，頓時銷聲匿跡，而恢復了他的本來真相。
[5] 真相只會向你索求一種「代價」：就是讓你再也看不到虛幻之
物，聽不到喑啞之聲。[6] 你放棄的只是虛無，接受的卻是永恆的
聖愛，這豈能算是犧牲？

7.　　你若用自己的特殊性來囚禁你的人間救主，任它鳩占鵲巢，
不要忘了，縱然你曾百般阻撓他履行上天為你而賜給他的任務，
但是，他並未失去寬恕你這一切罪過的能力。[2] 你無法改寫他的
任務，正如你無法改造他和你的生命真相一樣。[3] 有一點我可以

跟你保證，你們兩人的眞相全然相同。⁴ 眞理只有一個意義，不可能給人不同的訊息；⁵ 而這個意義不僅你與弟兄雙方都能了解，它還具備了釋放你們兩人的能力。⁶ 此刻，你弟兄已準備好把天堂的鑰匙交到你手裡。⁷ 別再讓特殊性的夢魘繼續在你們中間作祟了！⁸ 原本一體的生命，在眞相內始終一體。

8. 　　想像一下，他在你眼中若是一位朋友，你在自己的眼裡會顯得多麼可愛。² 他是「特殊的你」之仇敵，卻是「眞實的你」的唯一知己。³ 不論你認爲自己曾經如何侵犯過他，仍不足以撤銷上主要他轉贈給你的禮物。⁴ 他亟需給你這份禮物，你也亟需得到這份禮物。⁵ 讓他寬恕你所有的特殊性，恢復你心靈的完整，與他重歸一體。⁶ 他等待著你的寬恕，純粹爲了把寬恕回贈於你。⁷ 上主從不定人之罪，是你一直在定聖子的罪；你爲了保護他的特殊性，不惜殘害他的自性。

9. 　　如今，你已經在眞理道上走了很長的一段路，別再三心兩意了。² 你只需再跨出一步，「上主恐懼症」的一切後遺症都會被愛逐一融化。³ 弟兄的特殊性與你的特殊性必然勢不兩立，嫉恨使它們寧可毀掉對方也不願承認彼此是同一個生命。⁴ 就是這些幻相，讓你難以穿越最後一道障礙，使得上主和天堂顯得遙不可及。⁵ 眞理在你這神聖的一步中，以無聲的祝福及平安等著接納你和弟兄，它的平安如此眞實又無所不容，宇宙萬物都得以安息於它內。⁶ 你既滿懷希望與誠心地走到這一步，把自己所有的幻相留在身後的時辰已經到了。

10. 　　那位將你由特殊性拯救出來的人間救主也在此地。² 他需要你先接納他爲你的一部分，就如同他接納你爲他的一部分一樣。³ 你肖似上主，一如上主肖似祂自己。⁴ 上主也無特殊之處，因祂不會爲自己私藏任何一物而不與聖子共享。⁵ 這是你最深的恐懼！如果連上主都不特殊，那麼祂必願聖子如祂一般，也願你的弟兄如你一般。⁶ 上主之子雖然毫不特殊，卻擁有一切，包括你在內。⁷ 把他原有的一切歸還他吧！你應記得，上主以同等的愛把自己賜給了你和弟兄，使你們兩人都能與祂一起享有整個宇宙，只因祂決心保持愛的完整，不讓愛與永恆不渝的眞相分離。

11. 　　你是弟兄的一部分，沒有人能由他身上奪走你那一部分的

愛。² 你怎麼可能因他的圓滿而受損？³ 上主賜給弟兄的一切，圓滿了他的生命，也會圓滿你的生命。⁴ 上主之愛把你賜給了弟兄，也把他賜給你，因為祂所給的不外乎祂自己。⁵ 凡是與上主相同的生命，必然與祂一體。⁶ 只有特殊性才會使得上主與你一體的真相變得好似可怕無比，以致和平的希望更加遙不可及。

12.　　特殊性成了背叛愛的恩典的一個標誌。² 凡是與它狼狽為奸的，都成了傷人的道具。³ 凡是印上這標誌的禮物，遲早都會背叛施者及受者的。⁴ 受它蒙蔽的目光，只會著眼於死亡。⁵ 凡是相信特殊性的能耐之人，擅長討價還價，千方百計尋求妥協，不惜以罪來取代愛，繼續為特殊性效忠。⁶ 任何效忠於特殊性的關係，只能靠謀害對方來維護自身的安全，且將特殊性視為捍衛幻相的勇士，好讓自己不受愛的「威脅」。

13.　　渴求特殊的願望，使得上主好像真的為你造出了一具身體，作為囚禁聖子的監獄，以確保他再也無緣得見天父。² 因它要求一個特殊的地方，拒人於千里之外，只容小小的自我藏身，連上主都無法進入。³ 除了對孤獨無依又與弟兄隔絕的你以外，它毫無神聖之處；它志在保護你的幻相，防止清明的神智侵入，以免上主臨近你，而讓你安心地活在衝突裡。⁴ 這就是你囚禁自己的地獄之門，它瘋狂而孤獨地統治著你的特殊王國，對上主避之猶恐不及，使真相與救恩無門而入。

14.　　你所丟棄的鑰匙，上主交給你弟兄保管，只要你準備好放下自己的計畫而接納上主的救恩計畫，你的弟兄就會將鑰匙雙手奉上。² 但你必須正視自己的一切痛苦，意識到自己的計畫從未帶來平安和喜樂，將來也無此可能。如此，你才算準備好接受這一禮物了。³ 你此刻所經歷的絕望，其實只是一種幻相。⁴ 特殊性之死，並非你的死亡，而是永恆生命的覺醒。⁵ 代表你已準備好由自我幻相中浴火重生，接納上主創造的你的真相了。

參. 寬恕特殊性

1.　　寬恕乃是終結特殊性的途徑。² 只有幻相需要你的寬恕，一經寬恕，它便消失了蹤影。³ 所謂寬恕，即是由一切幻相解脫之

意；為此之故，人是不可能片面寬恕的。⁴只要他心中還執著一個幻相，就不可能看出自己的無罪，因為他還有一個錯誤捨不得放下。⁵他聲稱那錯誤是不可寬恕的，使這錯誤轉成了罪。⁶如果他自己都無法全面接受寬恕，怎麼可能全面寬恕別人？⁷必須等他已全面寬恕了別人，他自己才可能得到全面的寬恕，這是必然的道理。⁸唯有如此，他那不可告人的罪惡感才會消失，只因他已寬恕了自己。

2.　　不論你珍惜哪一種特殊性，你都是在製造罪惡。²它悍然站在那兒，你使盡渾身解數護守著它，且不惜與上主的旨意作對。³它其實是在跟你作對，它才是你的敵人，而非上主之敵。⁴它好似將你由上主那兒分裂出來，充當自己的守護神，與上主分庭抗禮。⁵你執意要保護這個非上主所造之物。⁶這個偶像，表面上好像賜給你力量，實際上卻剝奪了你的力量。⁷因你已把天賦予弟兄的權利交給特殊性，而使弟兄孤苦零丁地得不到寬恕；如此，你自己也會和弟兄一起陷於罪惡，在那無法拯救你的偶像面前一起受苦。

3.　　那個脆弱不堪、飽受欺凌的並不是真正的你；一些不中聽的流言、不合你意的環境、出乎意料的事件，都會把你的世界攪得天翻地覆。²真相不會如此脆弱。³幻相無法動搖或侵犯它分毫。⁴應知，特殊性並不是你內在的真相。⁵一點風吹草動都會使它失去平衡。⁶凡是建立在虛無之物，永遠不可能穩定。⁷不論它外表上自我膨脹到什麼程度，一陣輕風就足以使它搖擺不定或被吹得暈頭轉向。

4.　　缺乏根基之物怎麼可能安全穩固？²上主豈會將聖子置於這種岌岌可危之地？³不，安息在祂內的聖子必然安全無虞。⁴只有你的特殊性才會感到草木皆兵，世上不論是走的、爬的、呼吸的，只要是活著的，對特殊性都是一種威脅。⁵沒有一物不被它威脅，也沒有一物不構成它的威脅。⁶它只會變得愈來愈難以寬恕，因為那是特殊性的本質；它暗自發誓，絕不讓你活出上主所願的模樣，要你永遠與上主的旨意對抗下去。⁷只要特殊性還舉著一把冒著火舌的死亡之劍，虎視眈眈，橫梗在你與上主的旨意之間，這兩個意願還有可能融合為一嗎？

5.　　　上主請求你的寬恕。²祂不會像那來路不明的願望那樣,任由分裂橫梗在祂對你的旨意與你自己的意願之間。³它們原是一個意願,因兩者都不希罕特殊性。⁴它們怎麼可能會想置愛於死地?⁵但它們也沒有攻擊幻相的能力。⁶這兩個意願不屬於身體層次,而是出於同一天心,等著你將所有的幻相帶到它們跟前,才好棄置身後而飄然遠去。⁷救恩甚至不會向死亡挑釁。⁸雖然上主明知死亡並非你真心所願,但只要你還認定自己想要死亡,祂便不得不說,「願你的旨意承行」。

6.　　　你必須為自己特殊性所打造的幻相而寬恕宇宙的偉大造物主,生命、愛及聖德之源,完美聖子的完美天父。²因為是你自己選擇了這個令你活得水深火熱的特殊性作為你的家園。³祂從未為你選擇這一家園。⁴別指望祂進入此地。⁵特殊性會阻擋愛和救恩的來臨。⁶然而,只要你願將弟兄由地獄的深淵釋放出來,表示你已寬恕了上主;而祂的旨意乃是願你永遠高枕無憂地安息於平安之境,不讓一絲特殊性的念頭與烈焰侵入你的安息。⁷你應寬恕上主,祂給不出特殊的禮物,因為特殊性是你自己發明的傑作。

7.　　　凡是特殊的人都是作夢之人,他們看不見周遭世界的美麗。²自由、平安和喜樂正站在他們沉睡的棺木旁,頻頻呼喚他們走出死亡的夢魘。³然而,他們什麼也聽不見。⁴全都迷失在特殊性的夢裡。⁵他們甚至痛恨那破壞他們好夢的呼喚音聲,他們咒罵上主,因為祂沒有把夢境變成真相。⁶他們往往在詛咒上主中逝去;然而,並非上主置他們於死地,因祂從未創造過死亡,這一切只可能發生在夢裡。⁷你只需微微張開雙眼,就會看到上主賜你的人間救主;把他的天賦權利歸還給他吧!⁸它才會成為你的天賦權利。

8.　　　飽受特殊性奴役的人,遲早會重獲自由的。²這是上主與聖子的共同旨意。³上主豈會把自己打入水深火熱的地獄?⁴你豈會樂見自己的人間救主慘遭地獄的永罰?⁵上主得靠他來召喚你加入上主旨意的行列,好讓你們兩人一起從地獄脫身。⁶他向你伸出了寬恕之手,你可看見他手上的釘痕?⁷上主請求你對聖子和祂大發慈悲。⁸別再回絕他們的請求了!⁹他們對你只有一個請求,就是「願你的旨意承行」。¹⁰他們追求你的愛,為的是讓你

學會愛自己。[11] 你該愛的是祂們，而不是你的特殊性。[12] 你手上其實也殘留著同樣的釘痕。[13] 寬恕你的天父吧！將你釘上十字架絕非祂的旨意。

肆. 特殊性與無罪性的不同

1.　　所謂特殊性，就是除了自己以外，不信任任何一人。[2] 它把信心全放在你一人身上。[3] 其他人都成了你的對頭，你得嚴加防範，適時反擊，因為他們對你有致命的威脅，簡直可恨至極，你不能不置他們於死地。[4] 特殊性所表現的一點善意只是哄騙你而已，只有它的怨恨才是真的。[5] 面對生死關頭，它不能不大開殺戒，否則小命難保；你一旦身陷其中，只好先下手為強。[6] 這就是罪咎的魅力所在。[7] 從此，死亡被加冕為救主，十字架變成你的救贖，救恩開始影射世界末日的來臨，最後只有你得以倖存。

2.　　除了特殊性以外，身體還有什麼目的可言？[2] 但也因著特殊性，身體才變得如此不堪一擊，欲振乏力。[3] 但它卻讓你認為，脆弱無助的其實是「你」。[4] 分裂的目標成了它的詛咒。[5] 身體本身沒有目標可言。[6] 目的屬於心靈的層次。[7] 心靈能夠隨心所欲地改變，[8] 卻改變不了自己的真相與生命本質。[9] 但你可改變它們存在的目的，身體的狀況必會隨此目的而自行調整。[10] 身體單憑自己，一無所能。[11] 你若把身體當作傷人的工具，它就會身受其害；[12] 但若把它當作療癒的工具，它便能大獲痊癒。

3.　　只有你才傷害得了自己。[2] 縱然我們再三強調這點，卻很少有人能領會箇中深意。[3] 嚮往特殊性的心靈，根本無緣了解此事。[4] 但對於嚮往療癒而不願攻擊的人，這是顯而易見的道理。[5] 攻擊的意圖藏在心靈裡，你也只會在心中承受它的苦果。[6] 心靈既然沒有界限，謀害的意圖必會直接傷及一體的心靈。[7] 對特殊性而言，沒有比這更荒謬的說法了。[8] 但對奇蹟來說，卻沒有比這還更有道理的事。[9] 奇蹟不過是把傷害的意圖改為療癒而已。[10] 目的一旦改變，立即會「威脅」到特殊性；但這威脅不過是真相對幻相那一類的「威脅」而已。[11] 幻相會在真相前潰不成軍。[12] 請問，這些幻相究竟帶給你什麼好處，使你寧可扣下天父要求

的禮物不給，卻獻到特殊性手中？¹³ 你若獻給天父這一禮物，整個宇宙便非你莫屬。¹⁴ 你若獻給人幻相，你便會空手而回。¹⁵ 你為特殊性所投下的資金，已瀕臨破產邊緣，如今你囊空如洗，門戶洞開，任何宵小都能侵入你的平安，大肆破壞。

4. 我先前說過，你無需操心如何得救，或如何達到目標。² 但你確實應當誠實自省，你真的願意視弟兄無罪嗎？³ 對特殊性而言，答覆必然是「否」。⁴ 只要它還把罪當作朋友（如果罪真的存在的話），無罪的弟兄自然成了它的眼中釘。⁵ 你弟兄的罪證明了罪的存在，並賦予它被真相否定的意義。⁶ 凡是真實存在之物，都會宣告他無罪。⁷ 凡是虛假不實的，則會宣稱他的罪真實不虛。⁸ 如果他真的有罪，那麼，你的真相就不可能是真的，它只能算是特殊性所作的夢，浮現片刻之後，復歸塵土。

5. 千萬不要為這場荒謬的夢辯護了，在那場夢裡，上主喪失了祂的至愛，你也落入萬劫不復之地。² 在這沒有意義的無常世界裡，只有這一點可以肯定：你若感受不到徹底的平安，你若可能遭受任何痛苦，就表示你的眼睛仍盯著弟兄的某些罪過，而且高興看到你認為的罪果然存在。³ 你的特殊性因著弟兄的罪便更加穩固了。⁴ 你就這樣拯救了你指派給自己的救主，卻釘死了上主賜你的救主。⁵ 你和他的命運休戚相關，因為你們是同一個生命。⁶ 如此，特殊性不只與你為敵，而且也成了他的「大敵」。

伍. 在你內的基督

1. 基督在你內，何其莊嚴寂靜。² 祂只矚目於自己所愛的生命，而且知彼如己。³ 因此，祂會為自己之所見而歡欣不已，因祂知道那生命與祂以及天父全是同一生命。⁴ 特殊性也同樣會為自己所見之物而雀躍，只不過那不是真的而已。⁵ 你追尋什麼，它便成了你心目中的喜樂之源。⁶ 你希望什麼，它對你也會顯得真實無比。⁷ 你不可能期望得到一個自己不相信之物。⁸ 夢想本身具有弄假成真的能耐，就像意志具有創造力一樣。⁹ 夢想支撐著幻相的力量，一如愛推恩時那般有力。¹⁰ 唯一不同之處，一個會使人精神錯亂，另一個卻有療癒的能力。

2.　　　特殊性作出的每一個夢都讓你吃盡苦頭，不論那夢以何種形式演出，不論它裝扮得多麼動人，不論它多麼慎重地給你一些平安的希望，使你免受罪罰之苦。² 在夢裡，因果常常顛倒，夢者相信自己在夢中營造的一切都是莫名其妙發生在他身上的。³ 他毫不明白，那是他自己東拉一根線，西扯一塊布，無中生有地編織出來的景象。⁴ 夢中的情節未必連貫得起來，整個夢境也無法賦予某個片段任何意義。

3.　　　除了寬恕以外，還有什麼能給你平安？² 你內的基督，只會著眼於真相，不會看到任何有待寬恕的罪罰。³ 祂活得心安理得，因為祂眼中無罪。⁴ 跟祂認同吧！祂有什麼是你所欠缺的？⁵ 祂就是你的眼睛，你的耳朵，你的手腳。⁶ 祂所見的情景，所聽的聲音，是多麼的祥和。⁷ 祂握著弟兄的手，何其美妙；祂伴著弟兄同行，何其慈愛；祂處處為弟兄指點迷津，告訴他該看什麼，該聽什麼，什麼又是他不可能看見也不可能聽見的。

4.　　　一旦你任由自己的特殊性為他指路，你也會步上他的後塵。² 害兩人都陷於險境，閃爍又飄忽不定、有如鬼火的罪，在伸手不見五指的叢林裡，企圖把對方引至不知名的懸崖，將他一把推下絕壁。³ 特殊性除了害人以外，還有什麼其他的嗜好？⁴ 除了死亡以外，它還會想看到什麼？⁵ 除了毀滅的結局以外，它還可能把你領至何處？⁶ 但不要以為它會先向你弟兄下手，或者它會先恨弟兄，然後才會恨你。⁷ 它樂於在你弟兄身上看到罪的那雙眼睛，也在你身上看到同樣的罪，並為此幸災樂禍不已。⁸ 然而，這有什麼好樂的？你只會看到瘋狂之事，腐朽之物，而且相信自己也像那具有眼無珠的身體一般，遲早會形銷骨散。

5.　　　你該慶幸自己沒有眼睛去看，沒有耳朵去聽，沒有手去拿取，沒有腳去開路。² 你該欣慰基督會借你祂的能力，滿全你之所需。³ 祂的種種官能就像你的一樣，仍屬於幻相層次。⁴ 它們在為另一目的效命，而那個目的會賦予它們力量。⁵ 它們之所見、所聽、所執、所往，都充滿了光明，如此，你才能效法祂的領導而領導別人。

6.　　　基督在你內，何其莊嚴寂靜。² 祂知道你該往哪兒去，溫柔地指點迷津，一路為你祝福。³ 祂對上主的愛會取代你在自身內

所見的恐懼。⁴當你牽起弟兄的手，將他領到基督那裡，基督就會透過他而把自己的神聖性顯示給你。⁵你會在他身上看到自己的倒影。⁶除了基督，你還會看到誰、聽到誰、愛上誰，你還可能跟誰一起回家？⁷他的眼光會先落在你身上，看到你尚未完整之處，⁸然後幫你找回他所看到的可愛生命，恢復你生命的完整。⁹他會不斷為你尋找，讓每一個生命都為你帶來上主的愛。

7.　　然而，他極其寧靜，因他知道，此刻，愛已在你內；你緊握著弟兄的手，正穩穩地握住愛。²基督將所有弟兄的手都握在自己手中。³他賜給盲者慧見，為他們詠唱天堂之歌，使他們的耳朵再也聽不見死亡的殺伐之聲。⁴他透過這些弟兄不斷伸出自己的手，使每個人都能祝福一切眾生而認出生命的神聖。⁵你這眼光讓基督滿心歡喜，因你終於願意與他一起去看，分享他的喜樂了。⁶他要送你「毫不特殊」的禮物，如此，你才能把一切眾生由死亡中拯救出來，且從他們手中領受生命的禮物，也就是你的寬恕獻給自性的禮物。⁷基督之見才是你需要看見之物。⁸基督之歌才是你需要聽見之聲。⁹基督之手才是你需要握住的手。¹⁰與他同行，成了你在世上的唯一旅程。

8.　　你若為了滿足自己的特殊性而不惜向愛宣戰，妄想由戰爭中尋得救恩，不妨這樣提醒自己：天堂的神聖之主已經降臨於你，他會幫你圓滿你的生命。²他所有的一切都非你莫屬，因為你的圓滿也是他的圓滿。³他既不願失去自己的孩子，自然也不願你失去自己的手足。⁴他賜給你的弟兄，怎麼可能不跟你一樣完美，又怎麼可能不跟他一般神聖？

9.　　必然先有疑慮，才可能引發衝突。²你的每個疑慮總是針對你自己。³基督卻從不懷疑，他的寧靜全然出於自己的肯定不疑。⁴他樂於用自己的肯定取代你的疑慮，只要你願接受他與你確是同一個生命；你們的一體生命無始無終，無邊無盡，卻又近在咫尺，伸手可及，只因你的手即是他的手。⁵他既活在你內，又在你的身邊，還會在前面為你領路，那是他尋回自身圓滿的必經之途。⁶他的寧靜遲早會轉為你內心的肯定。⁷肯定一旦出現，懷疑還能藏身何處？

陸．由恐懼中解脫

1.　　　整個世界在你弟兄的神聖性前沉寂下來，平安終於降臨此地，如此的安詳，充滿了祝福，夜深人靜時，沒有一絲衝突會暗中糾纏你。²你的弟兄是將你由恐懼噩夢拯救出來的人。³他會療癒你所有的犧牲觀念，以及你深怕化爲塵土、隨風而逝的恐懼。⁴只有他能夠爲你保證，上主不只臨在，而且正與你同在。⁵只要讓他活出眞實的他，你不但能夠認識上主，而且你會認出祂的。⁶祂絕不可能遺棄自己的造化。⁷若想認出這一眞相，你需要弟兄之助，你對自己的疑慮才會在他的神聖性前煙消雲散。⁸你會在他身上看見上主的造化。⁹因天父就在他內等著你承認「祂已將你創造爲自己生命的一部分」這個事實。

2.　　　缺了你，上主便會若有所失，天堂不再完整，聖子也失去了天父，²更沒有什麼宇宙或眞相可言了。³凡是出自上主旨意的生命，必然完整無缺，而且屬於祂的一部分，因爲祂的旨意僅僅只有一個。⁴一切生命必然歸屬於祂，一切生命也都在祂內。⁵你弟兄的神聖性已爲你顯示出上主與你以及弟兄的一體性了，你弟兄所有的一切都是你的，因爲你與他以及天父原是一個不可分割的生命體。

3.　　　在整個宇宙中，你不可能失落任何東西。²上主會把自己的創造慈愛地置於你面前，永遠歸你所有。³祂心中的聖念，你心裡一個也不缺。⁴祂的旨意只願你接受祂的愛，要你慈愛地看待自己，認出祂在太初孕育的也是祂唯一知道的這個你。⁵上主不會因任何無常的因素而改變祂對聖子的心態；那些無常事件，對於你與祂同在的永恆境界而言，不具任何意義。⁶你的弟兄仍是祂所創造的模樣。⁷只有這一事實才能將你由非祂所造的世界拯救出來。

4.　　　千萬別忘了，整個世界都是爲了上主之子的療癒而存在的。²這是世界在聖靈眼中唯一的目的，故也是它所有的目的。³除非上主之子的療癒成了你唯一的心願，除非你已能看出世界、時間以及萬事萬物都是爲了聖子而存在的，否則你不可能得知天父與你自己的眞相。⁴因爲你必會利用世界去做與它原有目的相反的

事，而那充滿暴力與死亡的世間法則也會伺機奴役你。⁵ 幸好上主已賜給你超越世間運作法則的能力，因此當你忍不住著眼於子虛烏有之物，或相信上主之子可能因爲誤認自己而受苦之際，不論在哪一種形式或環境下，你都有能力跨越那些誘惑的。

5.　　只要你定睛注視弟兄，便會在他身上看到，那原本支配著世界的法則已經徹底扭轉過來了。² 你會在他的自由裡看到自己的自由，因事實就是如此。³ 不要讓他的特殊性遮掩了他的真相；你若以任何死亡法則束縛他，你也會落入同樣的下場。⁴ 你在他身上看見的每一個罪，都會使你倆同陷地獄。⁵ 同理，他的全然無罪也能將你倆一起釋放，因神聖性是大公無私的，它對世間萬物只會下一個判決。⁶ 但這判決不是出於神聖性自身，而是出自那始終在爲共享上主生命的萬物而發言的天音。

6.　　只有真正具有看的能力的眼睛，才可能著眼於上主的無罪本質。² 也只有它們才能在萬物中看到上主的美善。³ 你「眾裡尋祂千百度」，結果發現祂無時無處不在那「燈火闌珊處」。⁴ 你弟兄的神聖性爲你與世界的救恩提供了最完美的框架，勾起你對上主鮮明的記憶，讓你憶起自己與弟兄始終活在上主內。⁵ 不要讓特殊性的紗幔遮蔽了你的眼睛，使他和你都無法瞻仰基督的聖容。⁶ 也不要讓你對上主的恐懼奪走了幫你看見的那雙慧眼。⁷ 你無法在弟兄身體上看到基督的臨在。⁸ 基督只可能現身於他的神聖性內。

7.　　因此，你究竟想要看見他的身體還是他的神聖性？你選擇什麼，就會看到什麼。² 在你決心選擇真相以前，你會在層出不窮的事件以及綿延不盡的時間幻相中東挑西選。³ 你一旦否定基督在他內，僅這一個否定便足以讓你頓失永恆。⁴ 如果弟兄只是一具身體，你還有得救的希望嗎？⁵ 除了他的神聖性，你還能在何處找到平安？⁶ 除了他的神聖性，你還能向何處尋求上主？上主早已把自己的永恆安置於這位弟兄內了，你才終於能以你認得出也理解得了的方式認出自己的真面目。

8.　　你弟兄的神聖性是一種「聖事」，也是對你的祝聖。² 他所犯的錯誤撤銷不了上主對他的祝福；認出弟兄真相的你也會蒙受同一祝福。³ 然而，他的錯誤仍可能耽誤救恩大業，故上主要你

為他撤銷那些錯誤，你們才有機會一起結束那不曾開始亦無需結束的生命旅途。⁴ 凡是不曾存在之物，就不屬於你的生命。⁵ 但你仍可能把它當成自己，除非你明白它同樣也不屬於你身邊那位弟兄。⁶ 弟兄是你的一面鏡子，你會在他身上看到你對你們兩人的評判。⁷ 在你內的基督只會著眼於他的神聖性，⁸ 而你的特殊性卻總盯著他的身體，看不到他的真相。

9.　　　一旦認出他的真相，你的得救就為期不遠了。² 其他的選擇只會讓你漫無目標地獨自流浪，不知所終，也一無所成。³ 只要你任由弟兄沉睡不醒，壯志未酬的空虛感就會揮之不去，直到你幫他由過去的陰影中死裡逃生，才算是完成了天賦予你的任務。⁴ 只因他定了自己的罪，你又定了他的罪，上主才需要你幫他由罪罰中拯救出來，使你和他一起獲救。⁵ 你們便會一起在聖子身上看到上主的榮耀；你一度將他誤當成血肉之軀，任他飽受世間法則的奴役，其實那些法則對他毫無約束力。

10.　　　當你明白這些世間法則原來並不是為你而設的，你能不高興嗎？² 那麼，別再讓弟兄受困於這些法則了！³ 世間法則如果真的控制得了上主這一部分生命，必也牢牢操控了其他部分。⁴ 只要你還認為弟兄會受世間法則的束縛，你必也屈身於同樣的束縛之中。⁵ 試想一下，上主對你懷有多大的愛，才會把祂自己生命的一部分交託給你，請你將他從痛苦解救出來，你自己也才能得享幸福。⁶ 別再懷疑了，你的特殊性遲早會在上主旨意前銷聲匿跡的，因祂一視同仁地愛著自己生命的每一部分。⁷ 只有活在你內的基督才能認出弟兄的真相。⁸ 你難道還想繼續抵制祂眼中的神聖生命？

11.　　　特殊性是你賦予自己的任務。² 它只代表了你這個個體：自我塑造的產品，自給自足，不求於人，除了跟自己的身體以外，它與外界無一連結。³ 你在它眼中，也是自成一體的小宇宙，具足一切能力；你關閉了每一個入口，防止外敵入侵，也封起每一扇窗戶，拒絕光明進入。⁴ 你常感到四面受敵而義憤填膺，還氣得理直氣壯；你孜孜矻矻地為自己的特殊性奮戰到底，絕不退縮，還自詡：「雖千萬人吾往矣！」⁵ 你這破釜沉舟的決心，說穿了，也不過是想把特殊性變成你的真相而已。

12.　　如今，我只要求你放鬆下來，轉向另一個目標；你只需投入一點兒精力，一點兒時間，有上主大能的支持，保證水到渠成。² 然而，在兩種可能之間，你反而感到我這目標困難重重。³ 你只懂得「犧牲」自我，絲毫不嫌它代價過高。⁴ 我只請你發出小小願心，對上主點一下頭，向你內的基督打聲招呼，你卻覺沉重乏味，不勝負荷。⁵ 其實，獻身於上主制訂的真理，無需任何犧牲，也不耗神費力，天堂與真理的大能還會提供你一切所需，保證你馬到成功。

13.　　你若認為矚目弟兄的身體遠比著眼於他的神聖性容易得多，不妨再深思一下，究竟是什麼觀念讓你作出這種判斷的？² 原來又是那不斷向你耳提面命的特殊性；它專門跟基督唱反調，妄自決定什麼是你能達到的目的、什麼是你做不到的事情。³ 別忘了，它的論斷只有在你甘心與它攜手合作時才會應驗。⁴ 它對基督在你內的大能一無所知，⁵ 而它的論斷在基督的眼中也顯得荒誕不經，因為只有天父所願之事才可能完成，此外，基督不會看到任何的可能性。⁶ 基督內沒有衝突，這才是你平安的真實源頭。⁷ 祂為了這個目的必會提供你一切所需，讓你輕鬆自在地完成，且安息於其中。

柒. 相會之處

1.　　凡是受世界束縛的人，都會不擇手段地維護自己的特殊性，千方百計把它變為自己的真相。² 對他而言，這種願望逐漸演變成一套不能不奉行的遊戲規則。³ 從此，特殊性所提的要求，他絲毫不敢怠慢。⁴ 他無法拒絕這個「至愛」的要求。⁵ 特殊性一發聲，他就聽不見其他的聲音了，包括上主的天音在內。⁶ 為了使他的特殊性不受輕蔑、攻擊、懷疑、威脅，或得不到特殊禮遇，不論費盡多少心血，付出多高的代價，似乎都是值得的。⁷ 特殊性成了你自己的愛子，就如同你是天父的愛子那樣。⁸ 它有意取代你的創造；然而，那些創造才是你真正的孩子，你是經由它們而承襲了「為父身分」，不是由天父那兒強行奪取來的。⁹ 你為了鞏固自己而造出的特殊之子，究竟代表了什麼？¹⁰ 你百般溺愛的塵世之子又是何物？¹¹ 那企圖模仿上主造化來取代你的創造的

拙劣贗品，究竟是什麼？¹² 身為上主居所的你一旦另覓新歡，你真實的創造將會流落何方？

2.　　　上主的記憶不會獨自照耀的。² 所有的創造，不論是受造或是創造，已生或是未生，尚未來臨或已經過去的，始終存於你的弟兄內。³ 他內的一切都是永恆不易的，你必須先接受他的真相，才可能認出你生命的不易性。⁴ 你生命的神聖本質也非他莫屬。⁵ 你唯有先看到他內在的神聖性，這神聖性才可能回歸於你。⁶ 你以前獻給特殊性的一切貢品，其實都是屬於他的，也因而得以重歸於你。⁷ 你所有的愛心、照顧、保護措施、日思夜想、深度關懷，以及認定「這就是你」的強大信念，全應歸於你的弟兄。⁸ 你獻給特殊性的一切，沒有一樣不屬於他。⁹ 凡是他應得的，自然成了你應得之物。

3.　　　當你還受特殊性擺佈之際，怎麼可能知道自己的真正價值？² 你一旦認出他的神聖性，怎麼可能不知道自己的價值？³ 別再設法把特殊性弄假成真了！它若變成了你的真相，你就會徹底的迷失。⁴ 你該感謝老天讓你得見弟兄的神聖性，那才是真相。⁵ 凡是對他真實的，對你必也一樣真實。

4.　　　不妨捫心自問：你保護得了心靈嗎？² 若是身體，你還能稍加保護，但最多只能幫它苟延殘喘片刻，只因你無法與時間抗衡。³ 許多時候，你自認是在救它，其實是在害它。⁴ 你究竟想保護它什麼？⁵ 身體的健康或損害，就繫於你這一念。⁶ 如果你只是用它來裝扮門面，引誘別人，賦予這特殊性一種高級時尚意義，或是為自己的怨恨打造一個賞心悅目的外框，你其實是以腐朽與死亡詛咒了自己的身體。⁷ 你若在弟兄的身體上看到了類似的目標，你也會淪於同一命運。⁸ 那麼，何不為他編織一個神聖的外框，使真理得以照耀他身上，讓你安然逃離死亡的天羅地網？

5.　　　天父必會保護自己的造化安全無虞。² 你後天營造的錯誤觀念無法傷它分毫，因為它不是你造出來的。³ 不要被自己的愚昧妄想嚇唬了。⁴ 永恆不朽之物是凜然不可侵犯的，無常世界對它產生不了任何影響。⁵ 只有你賦予世界的目的才具有某種意義；如果這目的真實不虛，世界便安全無虞。⁶ 如果這目的虛妄不實，世界瞬間便失去了存在的意義。⁷ 你若把它當成真理的

工具，它便享有眞理的神聖性，與眞理一起安息於光明。⁸世界縱有消逝的一日，光明依舊永世常存。⁹它的神聖目的已使它不朽，成爲天堂的另一盞明燈，讓你的創造得以認出你的禮物，成爲你不曾遺忘它們的見證。

6.　　世間萬事萬物只需要通過一道測驗，就是：「**它的目的何在？**」²你怎麼回答這一問題，這答覆就成了某事某物在你心目中的意義。³它自身沒有意義，是你所賦予的目的給了它存在的現實。⁴在世上，你和它都不過是完成目的的工具而已。⁵上主既是終極的方法，也是終極的目的。⁶在天堂裡，方法和目的是同一回事，與祂一體不分。⁷這才是眞正的創造境界，它屬於永恆，非時空世界所能了解。⁸對世人來講，這是「不可說」之境。⁹世間沒有任何方法能讓人明白那種境界。¹⁰除非你已超越了學習階段，跨入天恩的領域；而且除非你爲自己的創造重新打造一個神聖家園，否則你絕不可能了解那種境界的。

7.　　天父的「創造同工」，必然包含了自己的聖子。²這聖子必然被造得像天父一樣。³他是個完美的生命，涵括一切，也被一切所涵括，無人能增添一點，也無法減少一分；它不屬於形狀、地點或時間等等有相層面，也不受任何限制，更不受制於無常之法則。⁴方法與目的在此合一了，這種生命必然無窮無盡，⁵而且眞實不虛。但對那些記憶中仍有一課未學的人，或是對此目的依然猶豫不決的人，這種眞相顯示不出任何意義的。

8.　　本課程並無意傳授任何難學的教材。²它所涉及的內容不會超過你能明白的範圍，它不過告訴你：當你準備妥當時，原屬於你的一切必會重歸於你。³方法與目的在世上原是兩回事，因爲它們是爲此而造的，故你也會如此認識。⁴因此，我們也會根據它的現實若有其事地善加利用。⁵有一點千萬不可忘記，所有的知見在你眞正明白它的目的以前，始終是本末顛倒的。⁶知見看起來不像是一種方法或途徑。⁷爲此之故，一般人很難了解知見的作用完全受制於它在你心目中的用途。⁸外表看來，是知見告訴你「你究竟看到了什麼」。⁹其實，它不過反映出你傳授給它的看法而已。¹⁰它只是賦予你的願望一個有形圖像或具體形相，使你的夢想儼然如眞。

9.　　你只需瞧一眼自己，你眼前馬上會出現一具身體。²它在不同的光線下顯得很不一樣。³當你撤去了光照，身體便好似失去了蹤影。⁴然而，你十分肯定它的存在，因爲你的手仍然感覺到它，而且你也聽得見它的移動。⁵你有意以此形相充當自己，⁶作爲實現你夢想的工具。⁷它給了你一雙去看它的眼睛，又給你一雙去感覺它的手，給你一副去聽它造出聲音的耳朵。⁸它始終在向你證明自己的存在。

10.　　就這樣，身體爲你製造出一套關於你的理論，它不接受自身之外的任何證明，但也跳不出自己的視野。²根據它的眼光來看，身體的運作軌跡相當明確。³它成長、茁壯、衰頹，最後便消逝了。⁴離開這具身體，你簡直想像不出自己的模樣。⁵你爲身體烙上有罪的標誌，痛恨它一切的所作所爲，甚至視它爲邪惡之物。⁶然而，你的特殊性卻悄悄對它說：「你是我的愛子，我衷心喜悅。」⁷於是這個兒子便成了完成其「父」大志的工具。⁸他們之間毫無相同之處，連相似都稱不上，但它仍不失爲一個工具，能滿全其「父」的夢想。⁹這實在有辱上主的造化。¹⁰因爲聖子的創造只會帶給天父喜悅，成爲聖愛的見證，而且與天父有志一同；身體同樣也會爲營造出自己的原始觀念作證，爲它的真實性大放厥詞。

11.　　於是兩個孩子就這樣形成了，他們都活在世界中，卻無交會之處，相見亦不相識。²你在身外所看到的那一位，是你自己的愛子。³另一位安息於你內，他才是天父的聖子，活在你弟兄內，一如弟兄活在你內。⁴他們的不同不在於外在形狀，或是所走的道路，甚至不在於他們所做的事情，⁵而在於他們各懷不同的目標。⁶就是這些目標導致他們物以類聚，當然也使得「道不同者，不相爲謀」。⁷聖子必以天父的旨意爲依歸。⁸人子所見盡是來路不明的願望，還企圖把它弄假成真。⁹人子的所知所見就如此這般賦予了這個願望一個假相。¹⁰然而，你也能把知見用在另一目標上。¹¹它不一定非得爲特殊性效命不可，這一選擇操之於你。¹²你有能力作出不同的選擇，你能把知見用在其他的目的。¹³而你的所知所見，都會爲你選擇的目的效忠，向你證明它的真實性。

第二十五章　上主的正義

導　言

1.　　　你內在的基督並不住在身體裡。²但祂又活在你內。³這表示你也不可能活在身體裡。⁴在你內的生命不可能同時活在你外。⁵你也不可能與自己的生命核心分開。⁶賦予你生命之物，不會寄居於死亡。⁷你也一樣不能。⁸活在神聖之境的基督，只有一個目的，就是顯現給那些仍然不知祂存在的人，請他們前來，在先前身體所在之處認出祂的臨在。⁹但他們的身體必須消融，才能框得住基督的神聖生命。

2.　　　心懷基督的人，不論身在何處，都會認出基督的臨在。²只有身體除外。³只要他還相信自己活在身體裡，基督便不可能降臨於他認為自己所在之處。⁴為此，他縱然身懷基督，自己卻一無所知，既不可能向別人顯示基督的面目，⁵也無法在基督所在之處認出祂來。⁶人子不是復活的基督。⁷上主之子卻活在人子所在之處，與這位人子同行於神聖之境，這就跟特殊性也會和他的身體攜手並進一樣，都是顯而易見的事。

3.　　　身體原本無需治療。²真正會生病的是認為自己是一具身體的心靈。³基督的解藥正是針對這點痛下針砭的。⁴祂的任務便是把身體籠罩在自己的光明內，以神聖性的光輝充滿人子的身體，⁵使它的一言一行處處彰顯出基督的臨在。⁶如此，這具身體才能溫柔地將基督之愛帶給那些還不認識祂的人，使他們的心靈也都獲得療癒。⁷這是你弟兄為你擔起的任務。⁸自然也成了你對他的任務。

壹. 與真理連結

1.　　　基督指派給你的任務不可能過於困難，因為祂會為你代勞。²就在祂代你行道之際，你慢慢領悟到，身體確實只是一個暫時虛設的工具。³天心既屬於基督，⁴故也非你莫屬。⁵基督的神聖

性會透過與祂一體的心靈，指點身體如何行事，6 使你的眞相展現於神聖弟兄之前，也讓他的眞相呈現於你眼前。7 神聖的基督就在這一刻與自己重逢了，外在的差異再也無法在祂神聖本體的部分之間作祟，每一部分終於在此相會且重新結合，將祂帶回天父那兒，恢復原有的圓滿聖潔，不負天父的永恆之愛。

2.   除非你已能由神聖性裡認出基督，否則你如何向人顯示你內在的基督？2 知見這樣告訴你：你看到了什麼，顯示你就是什麼。3 你看到的若是一具身體，你必然會相信自己活在身體裡頭。4 你所見到的每一具身體，都在提醒你這些眞相：你的罪過、你的邪惡，尤其是你的死亡。5 你怎能不厭惡向你耳提面命的這個傢伙，詛咒他也不得好死！6 信息與使者其實是同一回事。7 你必會在弟兄身上看到自己的影子。8 你若被他的形體限制住，就會看到自己同樣一身罪孽，和他一起遭受天譴。9 你若加入他的神聖性，他內的基督便會宣告你是基督。

3.   知見其實是一種選擇，反映出你自己想要活出的模樣、想活在怎樣的世界裡、哪種環境才能滿足你的心靈。2 它會選擇讓你感到安全之物，一切按照你的指令行事。3 它還會照你所願的樣子把自己呈現於你眼前，4 忠心耿耿地為你選擇的目標效命，須臾不敢偏離，也絕不會為任何違反你意願的事物作證。5 知見其實是你志在必「睹」之物的一部分，只因方法與目的必然如影隨形。6 你會由此慢慢學到，那想要另創生命之物其實毫無生命。

4.   你是上主行道的工具，無法與祂分離；在祂之外，你沒有任何生命可言。2 祂的生命也必須透過你這位聖子才能彰顯出來。3 祂生命的每一部分都鑲在完美聖潔的框架上；祂的愛如此空靈又圓滿，一心只願釋放自己眼中所見的一切，將他們吸引到自己內。4 愛的光輝能穿透它眼前的每一具身體，越過身體而朝光明望去，把身體所有的黑暗都帶入光明之中。5 它會溫柔地掀起基督臉上的面紗，不讓任何一物遮蔽祂的丰采。6 如今，你和弟兄已經來到基督面前，請祂掀開那好似隔離了你們的紗幔吧！

5.   你若相信你們是兩個不同的生命，天堂便在你眼前四分五裂了。2 只有天賜予你的那道眞理連結（而非眞理本身），能用你所了解的語言與你相通。3 天父、聖子與聖靈乃是那唯一的生

命，你與所有的弟兄在眞理內也屬於那唯一生命。⁴ 基督和天父永遠無法分離，這個基督只會住在了解這一眞相的你內，也就是已經接受天父旨意的那一部分的你。⁵ 聖靈會幫你把另一部分，也就是想要分裂、渴望不同又特殊的那個小小瘋狂之念，與基督連結，向那原本一體的你顯示一體的眞相。⁶ 這個世界雖然無法了解這一點，幸好你還是可教之徒。

6.　　聖靈在你心中爲基督的目標效命，如此，你才能在犯錯之處把特殊性的意圖當下修正過來。² 因爲聖靈始終以天父及聖子的目的馬首是瞻，祂深知上主的旨意，也深曉你眞正的意願。³ 然而，唯有已經認出心靈的一體性而且親身體驗到一體性的人，才可能了解這一眞相。⁴ 聖靈的任務就是教你如何去體驗這個一體性，祂會指點你如何進行、由何處入手才能獲得此一經驗。

7.　　在學習過程中，你難免會把時間與空間當成兩回事；因爲只要你還認爲自己有一部分能夠獨立自主，合一與一體的觀念便失去了意義。² 四分五裂的心靈顯然無法充當傳授萬物一體之理的老師。³ 只有心靈內維繫萬物一體的「那一部分」，才堪當心靈的聖師。⁴ 祂會使用心靈所能了解的語言，利用它自以爲面臨的事件。⁵ 祂必須借用你所有的學習經驗，才能把種種幻相帶到眞相之前，領你越過所有錯誤的自我觀念，邁向那超越一切錯誤的眞理之境。⁶ 這一領悟可以簡單歸納爲這一句話：

　　　⁷ 凡是相同之物，不可能相異；凡是一體的生命，就不可能各自爲政。

貳. 由黑暗中解脫的救主

1.　　你肉眼所見的一切，只會帶給你恐懼，沒有比這更明顯的事實了！² 你也許還期待世界有一天會滿足你的心願。³ 你也許還幻想自己能由眼前世界獲得一些滿足和平安。⁴ 事實證明了，結果都一樣。⁵ 不論你懷著何種希望或幻想，到頭來總是絕望。⁶ 沒有一次例外，結局註定如此。⁷ 過去的唯一價值就是讓你逐漸看清了，過去所給你的回報，沒有一個是你眞正想要的。⁸ 唯有看清

這一點，你才會甘心放下過去的一切，不再感到難以割捨。

2.　　令人百思不解的是，你依舊如此珍惜眼前的世界，期待它來滿足你的願望。² 不論從什麼角度，不論何時或何地，世界給你的回報不外乎罪咎與恐懼。³ 你還要多久才會明白，無常世界的改變實在不值得你等待，它會害你與那可能帶來美好結局的真實改變失之交臂？⁴ 只有一事你能確定，你過去看待事物的一貫眼光，既無助於未來的希望，也不曾給你任何成功的跡象。⁵ 你把希望置於毫無希望之處，怎麼可能不絕望？⁶ 你若只會在無希望之處尋找希望，豈非存心陷自己於絕望？

3.　　話說回來，你是否也經驗過另一種希望？雖然它僅如一線微光，閃爍不定、似有若無，但它給你的希望卻超過世間所有的保證。² 然而，你仍寄望在世間找到這類保證，不甘放棄那既無希望也無回報的努力。³ 你如此死心塌地相信，先前一敗塗地的事，可能意外起死回生，轉敗為勝，然而，這可能嗎？

4.　　過去的世界可說是徹底失敗了。² 你該慶幸它已過去，再也無法蒙蔽你的心靈。³ 此後你不會再把形式視為內涵了，因形式只是內涵的工具而已。⁴ 畫框的目的僅僅為了展示畫像，讓觀者得以一目了然。⁵ 畫框若遮蔽了畫像，便違背了它原有的目的。⁶ 如果你只能看到畫框，那麼它就不再只是畫框而已了。⁷ 缺了畫像，畫框又有何意義？⁸ 畫框的目的原是為了凸顯畫像，而非凸顯自己。

5.　　有誰會在牆上懸掛一幅空蕩蕩的畫框，把它當成曠世傑作，仰慕有加地駐足觀賞？² 如果你把弟兄看成一具身體，表示你正在幹那樣的傻事。³ 上主置於畫框中的傑作才值得你去觀賞。⁴ 身體只能框住它片刻，永遠遮蔽不了它的真相。⁵ 其實，上主的造化無需加框，因上主親自支撐著造化，把它鑲在自己的生命裡。⁶ 祂要你瞻仰祂的傑作。⁷ 你怎能只看畫框而不願正視這一傑作？⁸ 你怎能依舊對框中之畫視若無睹？

6.　　聖靈是什麼？祂是上主從自身框出的一部分，你會感到那好似另一生命。² 其實這框架與造物主緊密相連，不只和祂一體，也與祂的美妙造化結合為一。³ 這才是框架的目的，你若能下定決心，只從它所在之處去看，便不至於把畫框誤看成畫像了。

^{4} 上主所賜的框架只會爲他的目的效命，並不受役於你個人的私願。^{5} 那幅畫像正因你的私願而變得模糊不清，讓你珍惜畫框甚於畫像本身。^{6} 但你所愛的這一畫框終將化爲塵土，只有上主爲自己的造化所配的外框才永存不朽。^{7} 切莫相信框中的畫像會有毀滅的一天。^{8} 上主的創造永不腐朽，恆常不變，且圓滿無缺。

7.　　　放下你自己的那副畫框，接受上主所賜的吧！你才會看清框裡的曠世傑作。^{2} 好好正視它的美，你才可能了解那「構思」出這一傑作的天心，你也只能從與天心一樣善美的畫框去了解這一傑作，而非通過血肉之軀。^{3} 上主造化的神聖本質便會爲你照亮陰森畫框所隱藏的無罪本質，並爲畫像裡的面容披上一層光明之紗，而那正是造化反映出的造物主之光明。^{4} 不要因爲你一度在死亡框架上看過那副面容，就認定它已失落了造化的光輝。^{5} 上主始終爲你妥善保存它的眞相，直到有朝一日你願意正視上主賜它的神聖本質爲止。

8.　　　你只能在黑暗中學習認出那會幫你脫離黑暗的人間救主，試著從他在天父心中所呈現的眞相去認識這位弟兄。^{2} 他會在你的注視下走出黑暗，黑暗也因此從你眼前一逝不返。^{3} 黑暗再也侵犯不了他，更侵犯不了那想要瞻仰他而引他出離黑暗的你。^{4} 他的無罪性成了你的生命藍圖。^{5} 他的溫良成了你的力量，你們兩人從此都會喜悅地往心內看去，看到你們內在的神聖性，因你已在他內認出了這一神聖性。^{6} 他好似你的神聖性的光環；上主賜給他的恩典，必也同樣賜給了你。^{7} 不論他如何漠視內心的這幅傑作，雙眼不離自己陰暗的畫框，你的唯一任務仍是在他內看出他自己看不見的眞相。^{8} 從此你們便會「英雄所見略同」，只著眼於基督而不再定睛於死亡。

9.　　　你若懂得欣賞上主的傑作，那位天堂之主怎能不由衷歡喜？^{2} 祂能不感謝你愛聖子如祂一般嗎？^{3} 你若與祂一起讚美祂的愛子，你豈會經驗不到祂的聖愛？^{4} 上主是完美的天父，不可能不愛自己的造化。^{5} 祂內任何一部分的生命若能與祂一起讚美，一起喜樂，祂的喜樂才會更加圓滿。^{6} 這位弟兄即是祂所給你的完美無瑕的禮物。^{7} 當你感謝聖子的完美之際，祂同樣歡欣地感謝你。^{8} 祂的感激與喜悅之光必會照耀著你，因爲你圓滿了祂的喜悅，^{9} 你的喜悅也會因而圓滿。^{10} 凡是決心圓滿天父的喜悅而圓

滿了自己喜悅之人，是不會看到任何黑暗的。[11] 凡是以上主目的爲志之人，也會獲得上主無限的感激。[12] 孤獨奮鬥絕非上主的旨意。[13] 也不可能是你的意願。

10.　　寬恕你的弟兄吧！你既不可能與他分裂，更不可能與他的天父分離。[2] 你不需要寬恕，因徹底聖潔之人是不可能犯罪的。[3] 爲此，將袘賜給你的這個恩典與他人分享吧！你才可能認清確實只有一個聖子存在，且爲此感謝他的天父，就如天父感謝你一樣。[4] 你應相信，袘所有的讚美其實都是獻給你的，[5] 你給出的禮物也都是給袘的；唯有給出去，你才會看到袘給你的禮物。[6] 獻給聖靈袘想要獻給天父和聖子的禮物吧！[7] 除了袘的旨意與你自己的意願以外，沒有任何力量操控得了你，而你的意願其實就是袘旨意的延伸。[8] 你是爲此而造的，也爲此之故，你的弟兄不只與你同在，他與你根本就是同一生命。

11.　　你與弟兄是同一個生命，就如上主一般渾然一體，分裂絕非袘的旨意。[2] 既然袘賦予了你們同一性，你們必然共享這一目的。[3] 唯有你們同心一意時，袘的旨意才會完整如一，你也才能在獻給弟兄圓滿之際，圓滿了自己。[4] 不要去看他在自己身上見到的罪過，你應向他致敬，如此，你才可能學會如何尊敬他和自己。[5] 上主已賜予你們救恩的大能，讓你們一起擺脫黑暗而邁向光明；你們必須與人分享這一光明，才可能親眼目睹那永不分裂的一體生命，你們不曾離開過上主賜你們的同等大愛。

參．知見與抉擇

1.　　你重視罪咎到什麼程度，就會看見世界所發動的攻擊是多麼情有可原。[2] 你對罪咎的荒謬性認識得多深，就會看得多清楚攻擊竟然如此不可理喻。[3] 這是知見運作的基本法則：你相信什麼，就會看見什麼；你相信它在那兒，因爲是你要它出現在那裡的。[4] 這是知見唯一的運作法則。[5] 其餘法則都是爲它自圓其說而衍生的種種藉口。[6] 你爲了遷就世界的需求而把上主之律扭曲爲這種知見；上主運作的基本法則是：愛只可能創造自己，因愛之外別無他物。

2.　　　上主之律無法直接運行於知見統治的世界，因為這樣的世界不可能出自天心，知見對天心而言也毫無意義。² 然而，這世界卻又處處反映出祂的天律。³ 這並不是說，反映天律的世界就是真的。⁴ 而是說，因聖子相信它是真的，上主便無法全然置身於聖子所相信的世界之外。⁵ 但祂又不可能跟他一起瘋狂；祂只能確保自己的清明心境會繼續與聖子同在，使他不致永遠迷失於自作孽的瘋狂裡。

3.　　　知見出於你的選擇，真知則不然。² 真知只有一條定律可循，因為它只有一位造物主。³ 至於這個世界，卻有兩個製作人，他們的世界觀又有天壤之別。⁴ 他們眼中的世界各具不同目的，他們也把世界當成完成目標的最佳道具。⁵ 對特殊性而言，世界成了展現自己的最佳舞臺，也是掀起戰爭的最理想沙場，同時為它想要弄假成真的幻相提供了最完美的棲身之所。⁶ 在它眼中，只有這世界言之成理，其他的一概難以自圓其說。

4.　　　幸好，這世界還有另一位「大製作人」，這位「大修正者」與瘋狂信念同步出現。世界相信：萬物無需與上主之律掛鉤，仍能立足而且運作自如。它所相信的，並不是上主創造與維繫宇宙的「天律」，而是為了遷就上主之子心目中的需求遂妄自變通的法則。² 這個錯誤一被修正，它就結束了。³ 這是上主保護聖子的一貫手法，不論他陷入何種錯誤。

5.　　　由錯誤而生的世界仍能為另一目的服務，因為它背後還有一位「大製作人」，祂會將世界的目標協調到造物主的目的下。² 祂眼中的世界，沒有一物不應得到寬恕，祂只看得見無罪的生命。³ 祂目光所及，無一不蒙受全面的寬恕。⁴ 那無罪性始終在心靈內燦然生光，沒有一物阻礙得了它的光芒，縱然特殊性千方百計想將它驅逐於心靈之外，企圖抬舉身體並取而代之，卻終究徒勞而無功。⁵ 天堂那盞明燈不會因為心靈選擇往何處去看，它就該出現在那裡。⁶ 心靈若決定到他鄉異域尋找明燈，認為那明燈會在它不可能存在之處放光，那麼，那位「大製作人」必會修正你的錯誤，不讓你長久迷失於黯然無光的世界裡。

6.　　　世人全都活在黑暗之中，然而沒有一個是單獨來到這裡的。² 他片刻也無需在此繼續蹉跎。³ 因為天堂的那位「大救助者」

就在他內，且和他一起來到人間，隨時準備領他走出黑暗，進入光明。⁴ 時間任他選擇，因「助緣」始終就在他內，等著他的揀選。⁵ 只要他肯善用天賜的「助緣」，就會在自己以前認為理當生氣的事上，清楚認出那其實是他該去愛的對象。⁶ 過去耳中常聞的殺伐之聲，如今他已清楚聽出，那原來是平安的呼喚。⁷ 於是他會在過去的殺戮戰場看到一座祭壇，而且輕鬆自如地在此獻上自己的寬恕。⁸ 所有的誘惑都在全新的詮釋之下，成了他找回喜悅的大好機緣。

7.　　妄念怎麼會變成罪呢？² 願你弟兄所有的錯誤，都成為讓你看到那位「大救助者」一展神能的良機，祂願你只著眼於祂所造的世界，而非你自己的世界。³ 那麼，如何看待他才最合理？⁴ 你究竟想要得到什麼？⁵ 這兩句話其實是同一個問題。⁶ 當你明白兩者實為同一問題，表示你已作出了選擇。⁷ 因為看出兩者相同之處，會幫你放掉過去誤以為有兩種方式去看世界的信念。⁸ 這種世界必會幫你找到你真正嚮往的平安，還會給你無數的機會把寬恕推恩出去。⁹ 對於準備好接受平安、寬恕以及光明的祝福之人，這才是世界的目的所在。

8.　　這種溫柔世界的「大製作人」，無所不能，祂會為你制衡世上的暴戾與瞋恨，使你隨時沐恩於祂的溫柔。² 在祂寬恕的眼裡，根本沒有仇恨的世界。³ 你也無需著眼於這種世界。⁴ 罪，屬於一種執迷不悟的信念，不是知見所能動搖的。⁵ 一旦被定了罪，它就永遠有罪，永不得寬恕。⁶ 但它若被寬恕了，就表示罪的概念必然有誤。⁷ 如此，「改變」才有立足之地。⁸ 聖靈所看到的世界也超越任何的「改變」。⁹ 因為罪無法侵入聖靈的慧見，罪一遇到祂的慧眼，立即獲得了修正。¹⁰ 由此證明，它本來就不是罪，而僅僅是一個錯誤罷了。¹¹ 那麼，罪所說的那一套，必然一派胡言。¹² 你若企圖以懲罰的方式來打擊罪，反倒證明了罪的真實性。¹³ 唯有寬恕它，才能將它由錯誤變回原來的真相。

9.　　上主之子永遠不可能犯罪，但他會幻想出傷害他之物。² 他也有能力認定自己會受到傷害。³ 這些都純粹出自他對自己的誤解。⁴ 這究竟算是一種罪，還是錯誤？該不該寬恕？⁵ 他需要你的幫助，還是你的懲罰？⁶ 你的目的究竟是拯救他，還是詛咒他萬劫不復？⁷ 不要忘了，你選擇如何看他，你自己便淪於同一下

場。⁸你此刻其實是在營造自己的未來，所有的時間就在這一刻成了幫你完成目標的工具。⁹為此，好好作個選擇吧！¹⁰切勿掉以輕心，你這選擇不只決定了你眼前世界的目的，還會讓此目的顯得天經地義。

肆. 你是荷光者

1.　　心靈都是一體的，認出彼此一體的人，是不可能感到罪咎的。²心靈沒有攻擊能力，它且為此感到慶幸，這可喜的事實成了心靈最大的保障。³心靈的喜悅全然來自它眼中所看到的純潔無罪。⁴它為此喜樂而追尋，矢志瞻仰無罪之境。⁵人人都會按照自己的定義去追尋能給他帶來喜悅之物。⁶從目的來講，它本身並無任何不同之處。⁷不同的是這人對目的的看法，而這看法又左右了他選擇的途徑；除非目標改變，否則他不可能改變途徑。⁸唯有重新界定什麼才是真正令他歡喜之物，並因而改變追尋的目標，他才可能另闢蹊徑。

2.　　知見的運作法則可以歸納為一句話：「你會為自己所見之物而心生歡喜，因為你就是為了這一歡喜才去看它的。」²你若認為痛苦和罪能帶給你喜悅，它們便會如你所願地出現在你眼前。³任何一種對你有害或有益之物，都是你自己夢想出來的。⁴是你的願望決定了它在你心目中的模樣以及它會對你構成如何的影響。⁵正因為你認定了它能帶給你歡樂，你才會選擇這一途徑實現你的願望。⁶這個運作法則也適用於天堂。⁷上主之子只有創造才會喜悅，而且藉著創造與人分享了天父的目的；唯有如此，才能增添自己的喜悅，也帶給上主莫大的欣慰。

3.　　打造出另一種世界的你，該收工了，在平安寄身的另一世界安息片刻吧！²同時，也把那世界帶給人間歷經滄桑的心靈，它空洞的眼睛至今仍盯著罪看，反覆詠唱罪的哀歌。³你能夠帶給他們安息。⁴他們會在你身上看到自己衷心盼望的世界。⁵你的慧見也會推恩至所有的人，光明溫柔地籠罩著他們。⁶隨著你內在光明世界的不斷擴展，他們所執迷的黑暗世界便會逐漸消散；太陽一開始照耀，陰影自會漸行漸遠，終歸虛無，從此為人所淡

忘。⁷所有的「邪惡」之念、「有罪」的夢想、充滿罪咎與報應的夢魘，以及夢裡每個傷人、害人、不惜置人於死地的企圖，都會在你帶來的陽光中銷聲匿跡。

4.　　你難道不想為了上主之愛而如此地活？²若是為你自己呢？³想一想，這對你會有多大的幫助。⁴過去纏著你的「邪」念，對你愈來愈遙遠生疏了。⁵它們漸行漸遠，只因你心中的太陽已經升起，那些邪念自會被光明驅散。⁶它們的外觀也扭曲得令人難以辨認，最多只能在世間蹉跎片刻，旋即一逝不返。⁷純潔無瑕的你方能一無所懼地立於陽光之下。⁸把自己獲得的安息推恩於人；從此，你再也不會失落這一平安而無家可歸了。⁹凡是能與眾生共享平安的人，不可能找不到自己的天鄉，世界也永遠摧毀不了它。¹⁰它廣大無邊，整個世界都會融入它的平安內。

5.　　整個天堂都存於你內。²即或一片落葉也會在你內重獲生機，³每一隻會唱歌的小鳥都再度在你心中引吭高歌，⁴每一朵曾經綻放的花朵都會為你留下它的美麗芬芳。⁵人間豈有任何目標能媲美上主及聖子的旨意？祂們全都指望聖子早日回歸天堂，畢竟天堂原是為他而造的家鄉。⁶在它之前，空無一物；在它之後，也空無一物。⁷在它之外，也沒有任何地方、境界，時間更不存在。⁸在它之上，一無所有；在它旁邊，也一無所有。⁹在它之外，亦別無他物。¹⁰不論何種形式，¹¹你能夠把這一天堂帶給整個世界，也帶入所有令你誤蹈紅塵的須臾妄念。¹²在你穿越黑暗世界而邁向光明的路上，除了自己懷著天堂的光明同行，還有什麼更殊勝的方法能讓你的錯誤接受真理的修正？

伍．無罪之境

1.　　什麼是無罪之境？就是：徹底袪除攻擊的傾向，因而再也沒有理由把上主之子當成自己身外之人。²從此他不再需要罪咎，因為罪咎已無存在的必要；「罪」的目標一除，「咎」便難以立足。³攻擊與罪其實是形影不離的同一幻相，互為因果，沆瀣一氣。⁴它們只能從對方擷取一些表面的意義；單憑孤立的自己，毫無存在的意義可言。⁵每一方都得靠對方的支撐才能顯出僅有

的一點道理。⁶ 除非一方真實不虛，另一方才值得相信，因為雙方都需要彼此來撐腰。

2.　　你一攻擊，基督便成了你的敵人，連上主也一齊遭殃。² 你能不害怕祂們這號「敵人」嗎？³ 你能不害怕自己嗎？⁴ 只因你已傷害了自己，與你的自性為「敵」。⁵ 為此，你不能不相信那個你並非真正的你，而是來路不明的「異類」，如此可怕而不可愛。⁶ 誰會去攻擊自己心目中徹底純潔無罪的人？⁷ 他若既想攻擊別人，又渴望自己依舊純潔無罪，他怎麼可能不一口咬定對方罪有應得呢？⁸ 有誰能把純潔無罪的聖子置於死地之後還會活得心安理得？⁹ 當你注視自己的弟兄時，其實是基督立於你的眼前。¹⁰ 祂不會因為你存心閉起眼睛就隱身而去。¹¹ 你若想透過翳盲之眼去尋找這位神聖的救主，你還能看得見祂嗎？

3.　　這種眼光不可能看到基督的。² 它只會把基督誤認為「敵人」。³ 你還會因為看不見他的罪過而懷恨在心。⁴ 不論他以何種形式呼喚，你都聽不見他的哀訴；他只有一個訴求，就是與你結合，而且結合於他的純潔無罪與平安內。⁵ 這常被小我無理叫囂所淹沒的呼喚，雖是上主賜他的禮物，卻是為了讓你因著他而聽到上主對你的召喚，給你一個答覆的機會，並且把上主的生命歸還上主。

4.　　上主之子對你也只有一個要求：把原本屬於他的生命歸還給他，你才能與他一起擁有這一生命。² 你們無法單獨享有這種生命。³ 否則它對你便顯得一無所用。⁴ 唯有你們兩人同心一意，它方能賜給你們同樣拯救對方的能力，使你也一併得救。⁵ 你的人間救主一被你寬恕，便會帶給你同一救恩。⁶ 你若定他的罪，他只會帶給你死亡。⁷ 你在任何人身上看到的樣子，不過反映出你存心要他成為的模樣而已。⁸ 你若決心抵制他原有的任務，也就是他在真相內的唯一任務，就等於剝奪了他所有的喜悅，因為他必須完成上主所賦予的任務才有喜悅的機會。⁹ 切莫以為只有他一個人便會因而失落天堂。¹⁰ 除非你能為他指出天堂的路，否則他無法重回天堂；而與他並肩同行的你，也會感到上天無門的。

5.　　他不需要犧牲便可獲得救恩，因為他必須自由自在，你才可能找回你的自由。² 你唯有幫他完成他的任務，才可能完成你的

任務。³ 因此，不論你們終將邁向天堂或是墮入地獄，也絕非獨自前往的。⁴ 想像一下，你若看得見他的無罪本質，那將是何其美麗的景象！⁵ 他若能將上主爲你而賜給他的眼光，無條件地獻給你，那會帶給你多大的喜悅！⁶ 他只要求你一件事，就是讓他自由地完成上主賦予他的任務。⁷ 你只需謹記這一點：不論他做出什麼事，都是你和他共襄盛舉的結果。⁸ 你如何看待他，就會如何界定他對你所負的任務，直到你改變自己對他的看法，允許他成爲上主要他爲你呈現的樣子爲止。

6.　　依舊執迷於自我憎恨的聖子，必然相信上主沒有能力從地獄的痛苦拯救祂所創造的生命。² 凡是對自己寬容自愛的人，才可能相信上主必會完成祂的旨意。³ 你在弟兄身上所看到的畫像，正是你相信上主旨意願你成爲的模樣。⁴ 唯有透過寬恕，你才可能了解上主對你的愛；你一發動攻擊，自然相信上主必會不齒於你，天堂從此變得和地獄無異。⁵ 此刻，重新正視一眼你的弟兄吧！而且心中懷著一種領悟，即你對他的評價乃是你通往天堂或地獄的關鍵。⁶ 請謹記這一點：你賦予他什麼角色，等於賦予了自己同一角色；你爲他指出什麼路，必也成了你自己該走的路，因爲你對他的評價代表了你對自己的評價。

陸 . 特殊的任務

1.　　上主的恩典溫柔地降臨於寬恕的眼睛，寬恕眼中的一切都在向瞻仰的人訴說上主的臨在。² 這人看不見邪惡，因世間無一人可懼，也無一人與他相異。³ 他如何愛他們，也會如何溫柔地愛自己。⁴ 他不再爲自己的錯誤而定自己的罪，更不會爲此定他人之罪。⁵ 他既非報復之君，亦非懲罰罪惡的判官。⁶ 他如何仁慈地對待別人，也會同樣溫柔地看待自己。⁷ 他只會療癒，只知祝福。⁸ 由於他和上主旨意志同道合，凡是他在上主恩典中所見到的人，都一起蒙受了他的療癒與祝福。

2.　　久處於黑暗的眼睛，已習慣晦暗模糊的景物，難以忍受燦爛的陽光。² 它們會盡量迴避陽光，不願面對清晰的景象。³ 他習以爲常的陰暗反倒讓他容易張開眼睛，也比較容易辨認影像。⁴ 那

些曖昧而模糊之物似乎更容易去看，比起徹底清晰、毫不曖昧的東西，更不傷他的眼力。⁵這恰恰違反了眼睛原有的目的；有誰會一邊說他願意看見，一邊又說他寧可活在黑暗裡？

3.　　上主的恩典必會降福於眞心想看的眼睛，它會賜你光明，使眞相在你面前昭然若揭。²你願看到自己的弟兄嗎？³上主切望你能正視他一眼。⁴祂不願你連自己的人間救主都認不出來，⁵更不願看到聖子失去天賦的任務。⁶願聖子不再孤獨，因孤獨的人在世上看不到那等待他們完成的任務，也看不見需要他們的地方，更看不見只有他們才能圓滿的人生目的。

4.　　這是聖靈的慈悲知見下的特殊性，祂會用你所造的一切來發揮療癒的功能，不再傷人。²祂賦予每一個人唯獨他才能完成的救恩任務，專門爲他設定了一個角色。³除非他找到自己這份特殊任務，完成聖靈指派給他的角色，否則便無法在不圓滿的世界重獲圓滿，整個救恩計畫就此功敗垂成了。

5.　　在這世界，上主之律雖然尚未大化流行，但他仍有一件完美的事有待完成，仍能作出一個完美的抉擇。²只要他決心特別忠於一個被他視爲異己的人，就會當下看出這是上主給自己的禮物；由此可見，他們必是同一生命。³在時空世界裡，只有一個任務是有意義的，就是寬恕。⁴聖靈正是借用這一工具而把特殊性由罪轉成救恩的。⁵寬恕是爲所有人而設的。⁶直到所有的人同蒙此恩，它才算大功告成，世界也因之功德圓滿。⁷那時，時間便沒有存在的必要了。⁸但當我們還活在時空之內，仍有許多可爲之處。⁹每個人都需負起被指定的任務，因整個救恩計畫有賴於他那一部分才能完成。¹⁰他在時空世界確有一個特殊任務，他必須作此選擇，且不改其志，這才會成爲他的任務。¹¹上天從不否定他的夢想，只會幫他改變形式，純然爲了弟兄與他自己的益處，如此，他的夢想才能成爲拯救而非淪喪的工具。

6.　　救恩不過提醒你，這個世界並非你的家。²你也不受世間法則的支配，它的價值觀代表不了你的價值觀。³你自以爲在世上看到的一切，都不是眞實的。⁴任何人只要善盡自己那份任務，化解自己妄造的一切，便不難看出並且了解我所說的眞相。⁵妄造和化解所需的方法或工具，始終在他自己手中。⁶自從他選擇

特殊性而傷害了自己的那一刻，上主已把特殊性指定爲救恩的工具了。⁷於是，特殊的罪轉變爲特殊的恩典，⁸特殊的恨也轉變爲特殊的愛了。

7. 　　聖靈有賴你的特殊任務才能完成祂的任務。²不要以爲你在世上沒什麼特殊價值。³只要是你想要的，你一定會如願以償。⁴所有你打造出來之物，都能輕易地轉爲救恩的增上緣。⁵不論上主之子作何選擇，聖靈都能藉此發揮百益而無一害的效用。⁶你的特殊性只有在黑暗中才會露出它的利爪。⁷在光明裡，你會認出那是你在救恩計畫所負的特殊任務，保護上主之子不受侵犯，還幫他明白自己不論在時空內或永恆中都能高枕無憂。⁸這是上天爲了你的弟兄而賜你的任務。⁹現在，輕輕地由弟兄手中接下這一任務吧！救恩方能在你內圓滿成就。¹⁰你只要履行這一任務，其餘的上天都會賜給你的。

柒．救恩的磐石

1. 　　既然聖靈能夠將你爲自己定的罪罰轉變爲祝福，表示那絕對不是罪。²罪是世上唯一改變不了的東西。³它是無法轉化的。⁴整個世界仗恃的就是罪的不變性。⁵世界會用各種怪力亂神之術爲罪人掩藏罪的苦果，以各種花招哄騙他們。⁶其實他們十分清楚自己終將爲罪付出死亡的代價。⁷確實如此。⁸罪屬於死亡之願，它夢想世界的基礎能像愛一般穩固，如天堂一般可靠，如上主一般屹立不搖。⁹凡是認爲罪可能存在的人，愛就無法「侵入」他的世界。¹⁰這種世界是改變不了的。¹¹然而，非上主所造的世界，怎麼可能擁有上主造化的特性？它們全然相反，而且背道而馳。

2. 　　「罪人」內心的死亡之願不可能比上主的生命之願更爲強烈。²非上主所造的世界，它的基礎也不可能如天堂一般穩固。³地獄怎麼可能跟天堂相提並論？⁴非上主所願之事，怎麼可能改變不了？⁵除了祂的旨意，還有什麼是千古不易的？⁶除了祂的旨意，還有誰的旨意具備這一特性？⁷有誰的願望抵制得了上主的旨意，而且是無法轉變的？⁸你若明白只有上主旨意才永恆不

易，那麼，這門課程對你一點兒都不困難。⁹ 而這卻是你最難相信的一點。¹⁰ 其實，只有這一點才是唯一值得你相信的，只要你肯正視一眼它的真相。

3.　　　現在，我們來回顧一下前面所講的內容，請用心體會。² 只有兩種可能：不是上主瘋了，就是這個世界瘋了。³ 因為沒有一個上主聖念在世上顯得言之成理。⁴ 世界視為天經地義的真理，在上主天心內也沒有半點意義。⁵ 凡是既無道理又無意義之事，便與瘋狂無異。⁶ 凡是瘋狂的，就不可能是真相。⁷ 世界所珍惜的信念，只要有一個是真的，上主的每個聖念都成了幻覺。⁸ 反之，只要有一個聖念是真的，那麼世界賦予意義的所有信念必然徹底虛妄，完全無法自圓其說。⁹ 你只能在兩者之間任選其一。¹⁰ 別企圖將這個選擇改頭換面，扭曲為其他的選擇。¹¹ 這是你唯一能作的決定。¹² 其餘一切都是上主的事，不用你來操心。

4.　　　你只要為世界所標榜的任何一個價值觀辯護，就等於否定了天父與你的健全心境。² 因上主與祂愛子的想法如出一轍。³ 基於這一共識，出自天心的聖子才可能與天心一起創造。⁴ 他若相信任何一個違反真相的念頭，表示他決定不作天父之子，聖子便是瘋了，天父及聖子從此都不可能正常地活下去。⁵ 這就是你相信的真相。⁶ 不要以為這種信念必須靠某種具體形式才能存在。⁷ 凡是認定這世界多少還算正常的、某些想法是有道理可言的，或者還能自圓其說的，這種人必然相信上述那套邏輯。⁸ 罪不可能真的存在，只因天父與聖子並沒有瘋狂到這種地步。⁹ 世界毫無意義，只因它建立在罪的基礎上。¹⁰ 有誰能在真相之外造出永恆不變之物？

5.　　　聖靈能夠為你的整個世界打造全新的基礎，給它一個清明而健全的立足點，如此，你才可能發展出神智清明的知見，而看到另一種世界。² 那個世界沒有任何衝突，只會帶給上主之子健全和喜悅。³ 你在那兒不會看到任何死亡與殘暴、分裂與歧異的陰影。⁴ 因它能把一切視為同一生命，沒有一人會失落，所有的人都將一起受益。

6.　　　你不妨用這個標竿來測試自己所相信的每一件事，需知，唯有經得起測試的真理才值得你相信。² 其他都不值得相信。³ 凡不

是愛的，就是罪，而兩者都認為對方瘋狂得不可理喻。⁴ 以愛為基礎的世界，在罪人眼中是徹底的瘋狂，他們相信自己的世界才是正常的。⁵ 罪在愛的眼裡也同樣的瘋狂，但愛的溫柔眼光會越過罪的瘋狂而安息於真理內。⁶ 雙方所見到的世界都是轉變不了的，它們各自為你界定出一個永遠無法改變的你。⁷ 每一種界定其實都在表達它對天父及聖子的認定，它的觀點才能言之成理。

7.　　上主絕不瘋狂！這一真理會透過某種形式在你心中引起共鳴，而且還別具深意；這一特殊形式於是構成了你的特殊任務。² 至於它的內涵，始終如一。³ 那種形式只是為了遷就你的特殊需求，因你早已認定你只能在某種時空條件下尋回自己、你只有在某處才能擺脫時空的束縛以及所有的限制。⁴ 上主之子不可能受制於時空或非上主所造之物。⁵ 但上主旨意在人心中已形同瘋狂，若要讓神智失常之人接受「正常」，就得為他精心製作某種特殊的形式。⁶ 神智失常者本身沒有挑選形式的能力，因他們早已失去了選擇的自由，他們的選擇缺乏理性的光照。

8.　　將救恩交給瘋狂失常的人管理，才是瘋狂之舉。² 上主毫不瘋狂，故派遣了一位如祂自己一般清明正常的聖靈，為那些視瘋狂為救恩的世人提供一個比較正常的世界。³ 聖靈會幫他選擇最適合的形式；聖靈的形式不會攻擊這個世界，祂只是悄悄地進入他的世界，讓此人看出自己的瘋狂。⁴ 聖靈不過為此人指出另一種可能性，給他一種與過去截然不同的眼光，重新去看自己所生活的以及自以為了解的世界。

9.　　如今，他必須對這個世界提出質詢，因為聖靈提出的另一觀點既不容他否認或忽略，他也不可能完全視而不見。² 每個人的特殊任務都經過精心設計，不只讓他覺得自己可能做到而且愈來愈想擁有它；最後證明了，那確是他真正想要之物。³ 從此，他才會對自己的罪以及他在世上見到的罪，愈來愈感到無趣。⁴ 終有一日，他會看清，罪不但使他喪失健全的心智，還成了他恢復正常的絆腳石。⁵ 上主不會任他坐困於瘋狂絕境的，因他在每個人的解脫中負有特殊的作用。⁶ 天父不可能罔顧自己的聖子，對他不聞不問；因此，聖子不可能被上天所棄，以至於找不到自己的特殊任務，看不到和平的希望。

10.　　除了上主的聖愛之外，還有什麼值得你信賴？[2]除了在祂之內，你能由何處找回神智清明之境？[3]一直在代上主發言的聖靈，會透過祂特別為你選擇的那條路，向你顯示這個事實。[4]上主願你憶起這一真相，你才可能由痛苦的深淵提昇至圓滿的喜樂。[5]接納上主的救恩計畫指派給你的任務吧！去教聖子看出地獄和天堂的截然不同。[6]也教他明瞭，在天堂內，聖子與天父全然相同，毫無差異；是你心目中認定的「不同」，才把天堂變為地獄、地獄變為天堂，讓瘋狂在世界找到落腳之處。

11.　　認定某人可能失落或受損的這套信念，徹底反映出你接受了「上主必已瘋狂」的教義。[2]在世界的眼中，一個人的利益必然建立在另一人的損失上。[3]如果這是真的，那麼上主必定瘋狂無疑！[4]其實，這一信念真正要表達的乃是另一條更基本的教義：「罪真的存在，而且是世界的主宰。」[5]因每個小小的利益都影射了另一人的損失，他必須流血流汗付出對等的代價。[6]否則，邪惡便獲勝了，同歸於盡成了任何利益必須付出的總代價。[7]相信上主如此瘋狂的你，不妨再深思其中的奧妙，你便會明白，在上主與這信念之間必有一個瘋了，不可能兩個全都瘋狂。

12.　　沒有人會因為他人獲益而受損，這一觀念的重生正意味著救恩的來臨。[2]只要有一人獲益，所有的人都一起獲益。[3]你的神智就此恢復了正常與清明。[4]相信上主永遠清明正常的信仰，只可能在這一真理的磐石上獲得完美的信心和安息。[5]它也滿足了你的理性，因為一切瘋狂的信念都會在此獲得修正。[6]上述所言若是真理，罪便不可能存在。[7]救恩屹立於這磐石之上，聖靈也根據這一真理而賦予整個救恩計畫意義與方向，同時也賦予你一個特殊的任務。[8]你的特殊任務在祂的計畫內變得圓滿無缺，因它參與了那唯一整體的任務。

13.　　請記住，所有的誘惑，一言以蔽之，就是這瘋狂的一念：「只有上主瘋狂，才能凸顯你的正常，如此你才能如願以償。」上主與你當中必有一個已經瘋了，因為你們的目標可說是水火不容。[2]死亡要你付出生命作為代價，但生命的存活並無需任何代價。[3]也沒有人會因為實現上主旨意而受苦。[4]救恩是祂的旨意，因為這也是你的心願。[5]救恩不是為你一人存在的，它是為了自性，也就是上主之子。[6]他不可能受失落之苦，如果他失落了任

何東西，眞正受損的是天父，而天父是不可能受損的。⁷ 這才是清明正常的本來境界，這才是眞相。

捌. 正義回歸於愛

1.　　聖靈只能用你獻給祂的一切，充當拯救你的工具。² 你若不願獻出，祂便無法發揮大用；除非你給的心甘情願，否則祂不會由你手中取走。³ 祂若如此，你會認爲祂是在強行奪取，存心跟你作對。⁴ 如此一來，你便永遠無法認清其實是你根本不想要它的那個事實。⁵ 沒有人要求你交託得徹底心甘情願，若能如此，你早就無需祂來幫忙了。⁶ 但祂需要你至少肯定這一點：是你自己不想保留此物而願祂爲你拿走的，因你明白自己對那百益而無一害之事一無所知。⁷ 此外，你還需補充一個觀念：沒有人會因著你的獲益而蒙受任何損失。⁸ 這樣就夠了。

2.　　救恩所靠的就是這個原則。² 你對這原則的信心也無需達到如何的堅定不移或者百害不侵。³ 你還無法立定忠貞不二的心志。⁴ 你只需記住，已經得救的人是不需要救恩的。⁵ 上天不會要求一個對自己仍然三心兩意的人去做他認爲做不到的事。⁶ 生起一點信心來吧！相信在這種心態下的你仍可以找到智慧的。⁷ 你應謝天謝地自己只需具備這一點信心。⁸ 始終相信罪的人，這一點點的信心就是他僅餘的資產了。⁹ 他們是不可能知道天堂以及救恩境界裡的正義的。

3.　　救恩境界的正義是世界前所未聞的。² 對世界而言，正義就是一種報應，因爲正義在罪人眼中代表一種懲罰，他可能會找人頂罪，但永遠難辭其咎。³ 在罪的遊戲規則裡，不能沒有受害者。⁴ 至於受害人是誰，並不重要。⁵ 只要有人付出死亡的代價即可。⁶ 這不是正義，簡直是神智失常。⁷ 它好似說，愛其實就是恨，死亡則是戰勝永恆與生命的象徵；如此界定正義，怎麼可能不落入荒誕瘋狂？

4.　　對正義一無所知的你，應該不斷虛心就教、尋求解答才是。² 正義對待萬物必然一視同仁。³ 如果這人有，那人就沒有，這稱不上公平或正義。⁴ 它只能算是一種報應，不論以何種形式呈

現。⁵ 正義不要求犧牲；你一旦犧牲，反倒保全了罪的眞實性。
⁶ 但那只是支付給罪的部分代價，還不是全部的代價。⁷ 其餘的
代價，你會向別人索取，與自己付出的小小代價並列，爲你存心
保留而不想放棄的罪來「贖罪」。⁸ 於是，你也成了部分的受害
者，只是，其他人得付出更大的代價而已。⁹ 在整個代價的消長
效應下，他付的部分愈大，你的付出就相形變小了。¹⁰ 不管是誰
付代價，只要有人償債，就能滿足那盲目的正義。

5. 　　這豈能算是一種正義？² 上主對這種正義一無所知。³ 但他了
知眞正的正義，而且透徹無比。⁴ 因爲他對每個人絕對公平。⁵ 報
應的觀念絕對不符合上主的天意，因爲他只知道正義。⁶ 正義必
須公平，而非報應。⁷ 公平與報應是無法並存的，因兩者彼此排
斥，相互否定。⁸ 你無法與一個只想要特殊性的心靈分享聖靈的
正義。⁹ 祂若懲罰一個自以爲犯罪、但其實並沒有犯罪的人，這
算公正嗎？¹⁰ 如果祂強迫那些仍執迷於懲罰觀念的人，要求他們
不再助紂爲虐，命令他們認清懲罰觀念的虛妄而放下它，這算正
義嗎？

6. 　　想讓死心塌地相信罪存在的人了解聖靈心目中的正義，是極
其困難的。² 他們必然相信聖靈跟自己一樣混亂，認爲他也深信
正義要求報應。³ 爲此之故，他們開始害怕聖靈，在祂內看到了
上主的「義怒」。⁴ 他們不能不信聖靈會假借上主憤怒的手，降
下天火，或讓他們五雷轟頂。⁵ 他們眞的相信天堂就是地獄，對
愛深懷戒懼。⁶ 當他們聽到自己從未犯罪一說，必會疑竇叢生，
甚至戰慄不已。⁷ 因他們的世界始終建立在罪的磐石上。⁸ 上主所
知道的正義，對他們和世界都構成了莫大的「威脅」，其破壞性
遠超過他們所熟悉又喜愛的因果報應。

7. 　　於是，失去罪，對他們反倒成了一種詛咒。² 聖靈也好似上
天派來的地獄使者，讓他們避之猶恐不及；祂虛僞狡詐，喬裝成
救主與朋友，實際上是替上主來報仇的。³ 對他們而言，聖靈與
魔鬼無異，只是披上了天使的外衣，在人間招搖撞騙而已。⁴ 聖
靈爲他們指點的出路，乍看之下是天堂之門，其實根本是地獄的
入口。

8. 　　然而，正義不可能懲罰那些自行要求懲罰的人，它需要一位

深知他們無罪眞相的法官。² 這位神聖的法官不能不釋放他們，且還給他們應有的尊嚴以及他們因爲不曉自己的純潔無罪而放棄的權益，這才合乎正義。³ 罪人是無法了解愛的，因爲他們已把正義當成由愛分裂出去的一個怪物。⁴ 從此，愛在他們眼中代表軟弱，唯有報復才稱得上堅強。⁵ 愛一旦失去判斷能力，就徹底迷失了，脆弱得無法保護你不受報應。⁶ 反之，報應一與愛分道揚鑣，不受愛的牽制，便開始大展神威，⁷ 令愛束手無策，失落了它的正義與活力，呆立一旁而愛莫能助，到頭來不得不求助於報復的力量。

9. 你若相信上述那套信念，愛對你也只好無可如何了。² 身懷大愛與正義的聖靈，可能相信迷惑至此地步的你能給出什麼好東西嗎？³ 祂並不要求你完全信任祂。⁴ 祂只期待你認出祂賜你的禮物，而且明白那不是你能給自己的東西。⁵ 正義的上主知道你本來就擁有一切，但也十分明白你還無法爲自己接受這一切。⁶ 這就成了聖靈的特殊使命——把純潔無罪者理當擁有的禮物交還給你。⁷ 你接納的每一個禮物，都會帶給祂和你自己無上的喜悅。⁸ 祂也知道，你所接納的每個禮物都增添了天堂的富裕。⁹ 每當祂看到聖子接受了自己在愛的正義眼中原有的一切，便會欣慰不已。¹⁰ 愛與正義其實是同一回事。¹¹ 正因它們相同，慈悲才可能隨侍上主身旁，給予聖子寬恕自己罪過的力量。

10. 這是上天賦予聖子的權利，誰能奪走這一天賦？² 抹殺天賦才是眞正的不正義、不公平，因爲他的生命如此神聖，不論他自己察覺與否。³ 上主對不正義的事一無所知。⁴ 祂絕不會將自己的聖子交給不認識他的價值而且欲置他於死地的人去審判的。⁵ 那些人豈會邀請正直的見證爲他辯護？⁶ 有誰會挺身爲他求情而不落井下石？⁷ 連你都不會公正對待他的。⁸ 幸好上主保證會還祂的愛子一個公道，保護他不受你的不公平待遇所害，因你依舊認爲他應該受到報應。

11. 特殊性並不在乎誰該爲罪付出代價，只要有人償債即可；聖靈也一樣，不管最後是誰看見了純潔無罪，只要有人能指認出它就行。² 一個見證便已綽綽有餘，如果他能眞正看見的話。³ 單純的正義所要求的僅此而已。⁴ 聖靈會探問每一個人，是否願意擔任這個見證，使正義得以回歸於愛而皆大歡喜。⁵ 祂指派給每個

人的特殊任務，不外乎讓他們懂得愛與正義其實是同一物。⁶ 兩者必須結合才會鞏固。⁷ 沒有愛，正義便會流於偏激而軟弱。⁸ 沒有正義，愛根本無法存在。⁹ 因愛是公平的，它不會無緣無故懲戒人。¹⁰ 誰能理直氣壯地攻擊純潔無罪的人呢？¹¹ 愛修正錯誤時就是懷此公正之心，而非報復心理。¹² 對純潔無罪者而言，報應絕對不符合正義。

12.　　一旦你了解上主之子不該受到報應，就等於為愛與正義的能力作了完美的見證。² 你無需在每一件事上都能認出這個事實，³ 也不必隨時看出你在世的經驗不過是反映自己內心的陰影。⁴ 你所需要的了解，並不出於你自己，而是源自你內在更大的「我」；祂如此偉大神聖，從不懷疑自己的純潔無罪。⁵ 你的特殊任務只是向祂求助而已，祂必會含笑看待與祂一樣無罪的你。⁶ 祂所了解的一切，有一天你也會領悟。⁷ 聖靈的特殊任務就這樣功德圓滿了。⁸ 上主之子終於找到了一位證明他無罪而非指認他有罪的見證。⁹ 你只需獻給聖靈這麼一點點，就能獲得那單純的正義！

13.　　缺了大公無私之心，就沒有正義可言。² 特殊性怎麼可能公正待人？³ 不要判斷，因為你沒有判斷的能力，而不是因為你也是個可憐的罪人。⁴ 自命特殊的人怎麼可能懂得「正義必然一視同仁」的道理？⁵ 剝奪這個人，施捨給那個人，對雙方來講都不合乎正義，因為他們在聖靈的眼中原是平等的。⁶ 天父賜給了他們同樣的產業。⁷ 凡是計較自己得的多或少的人，表示他尚未意識到自己擁有一切。⁸ 他一旦認為自己受到了剝削，自然無法公平地判斷別人該得多少。⁹ 他必會心生嫉妒，企圖掠奪自己所批判的對象。¹⁰ 他不可能公正不阿的，因他連自己的天賦權利都懵懂無知，怎麼可能尊重對方的權益？

14.　　上天把天上地下的權柄都賜給了你，包括圓滿的平安、由罪的遺害徹底解脫、永恆的生命、完美無瑕的喜樂，這些全是上主賜給聖子的天賦權利。² 這是天堂所知道的唯一正義，也是聖靈帶給世界的恩典。³ 你的特殊任務就是學習看出這一完美的正義才是你真正的勝利。⁴ 你不會受到任何的報應。⁵ 不論世界如何欺騙你，也無法用它那一套來取代上主的正義。⁶ 只有愛才可能公正，只有它能看出什麼樣的正義才配得上上主之子。⁷ 讓愛為你

決定吧！千萬別怕你會因爲自己的不義而喪失了上主正義所賜你的一切。

玖．天堂的正義

1.　　你若認爲連天堂的正義都化解不了你那些小小過失，這不是傲慢還是什麼？[2] 這表示它們不只是過錯，而且還是永遠修正不了的罪過，理當受到報應，不配以正義待之。[3] 你眞想擺脫罪的一切遺害嗎？[4] 在你明白這答覆所帶來的一切後果以前，你是無法答覆這個問題的。[5] 因你的答覆若是肯定的，表示你已願放下世上的一切價值，選擇天堂的平安；[6] 也表示你不想保留任何一絲罪惡了；[7] 表示你毫不懷疑自己若仍執迷於罪惡，罪就被你保存下來了；[8] 同時，這也表示你開始重視眞相超過一切幻相，[9] 並且認清了自己對眞相一無所知，明白自己需要眞相的啓迪。

2.　　心不甘情不願地施予之人，自己是收不到禮物的，只因你不會甘心接受。[2] 這禮物只能等到你解除了不甘心態而歡喜接受之際才會給你。[3] 上主的正義保證只讓人感恩，不會令人恐懼。[4] 你給出的一切，不論是給自己或給他人的，都會被珍藏於天堂內，永不失落；凡是獻給上主之子的珍寶，上主都會爲他妥善保存，等著轉贈給甘心伸出手來接受禮物的人。[5] 這些珍寶不論給出多少，都不會減少分毫。[6] 反而每給出一分，就會增加一分。[7] 上主是公平的。[8] 祂不會因爲聖子不甘心接受祂的救恩就處罰他，迫他就範。[9] 但是，祂的正義仍需等到所有人都接受下來才算功德圓滿。

3.　　我敢保證，聖靈的方案永遠帶給人皆大歡喜的結局。[2] 這是千眞萬確的，因祂從不要求任何人犧牲。[3] 任何解決方案只要有一方受到一點損失，不僅解決不了問題，還會雪上加霜，使問題變得更加嚴重，更爲棘手，也更不公平。[4] 聖靈不可能給出不公平的解決方案的。[5] 對祂而言，不公平的事就是有待修正的事，只因它不公平。[6] 每個錯誤，都代表了你認爲有一方受到了不公平的待遇。[7] 換句話說，上主之子並未獲得他應得的正義。[8] 任何人在你眼中若成了失敗者或受害人，那其實是你對他的一種詆

咒。[9]他命中好似註定要受懲罰，而非正義的對待。

4.　　只要你能看到純潔無罪的一面，便不可能懲罰任何人的，只會待之以正義。[2]聖靈的知見從不給人攻擊的理由。[3]只有受損才會給人攻擊的藉口，但祂眼中根本沒有損失這一回事。[4]這世界企圖以另一種方式解決問題。[5]它的方案就是決定誰輸誰贏；贏的一方應得多少利益，輸的一方又能保住幾分本錢。[6]這根本解決不了任何問題；只有公正的方案才能帶來雙贏的局面，沒有一方受到剝削或不公的待遇，因此也沒有誰要報復誰的問題。[7]報復絕非解決之道，它最多只會在舊問題上引發新的問題，藉此隱藏它存心置人於死地的陰謀。

5.　　只有聖靈的方案才能真正解決問題。[2]正因為它絕對公正，問題才得以解決。[3]除非它還給人一個公道，否則問題必層出不窮，只因為問題根本就沒有解決。[4]正義，意味沒有任何一方會輸，這一原則乃是本課程的要旨。[5]因奇蹟必須建立在正義的基礎上。[6]這兒所說的正義絕非世界眼中的正義，而是上主所知的正義，也是聖靈賜給世界的慧眼所反映出來的真知真相。

6.　　沒有人會輸或受損的。[2]不義之事根本不可能發生。[3]每個人必會獲得療癒，因他本來就不該受到任何侵犯。[4]除非你認為某人應該多受一點兒苦，另一人則應少受一點，否則奇蹟豈會有難易之分？[5]這對全然純潔無罪的人來講，公正嗎？[6]奇蹟就是正義的表現。[7]它絕非只給某些人特殊禮物，其他人則不配得到，該多受一些懲罰，或永不得療癒。[8]救恩既是為了終結特殊性，怎麼可能把某些人棄於救恩之外？[9]如果有些錯誤是不可原諒的、該受天譴、不配接受療癒或最終的平安，這種救恩公正嗎？

7.　　救恩怎麼可能落井下石，害那心存不公的聖子變得更加不義？[2]如果聖靈的奇蹟只賞給某個被揀選者或特定的團體，其他人都不配得到，表示祂已和特殊性同流合污了，[3]那祂怎麼可能為自己視而不見之物作證？[4]每個人都有同等權利接受上主的療癒、救恩及平安的禮物。[5]心甘情願地把問題交給聖靈去解決，才表示你真的想要解決這一問題。[6]你若不求助於祂，而企圖自行解決，便表示你根本存心不想解決問題，寧可任由不義與攻擊肆虐下去。[7]沒有人能待你不公的，除非你自己先存不義之心。

8 倘若如此，許多問題便會隨之冒出，阻撓你前行，你的平安就被怨恨之氣遠遠驅離了。

8. 　　除非你認為所有的弟兄都同你一樣有權擁有奇蹟，否則你便喪失了奇蹟的權利，只因你沒有公正地對人一視同仁。² 你若有意拒絕一個人，就會感到自己也被人拒絕。³ 你若存心剝削一個人，你也必會感到被人剝削。⁴ 如果別人無法獲得奇蹟，你也絕對得不到奇蹟。⁵ 只有寬恕能給人奇蹟。⁶ 你的寬恕必須對所有的人都一視同仁。

9. 　　你若還想隱藏任何一個小問題，它都會變成你不可告人的罪，因為是你決心不讓此罪消除的。² 它就會堆積塵垢，逐漸坐大，大到足以遮蔽你的所知所見，使你再也無法公允地看待任何一人。³ 你也不會相信自己享有任何的權利。⁴ 你內心的怨恨給了你報復的藉口，驅逐了你的慈悲心，使你更加認為自己不配接受寬恕。⁵ 未受寬恕的人是不可能慈悲待人的。⁶ 為此之故，你唯一的責任就是先讓自己接受寬恕。

10. 　　你接受什麼奇蹟，就會給出什麼奇蹟。² 若想療癒任何一人，必先公正對待所有的人，每個奇蹟都成了這一救恩法則的最佳範本。³ 沒有人會輸或受損，所有的人都領受得到奇蹟之惠。⁴ 每個奇蹟都為你示範了所有的人都獲得正義之後的自然結果。⁵ 奇蹟的施與受是平等互惠的。⁶ 因奇蹟本身就是對「施與受原是同一回事」的一種領悟。⁷ 它既不會把相同之物視為相異，也不會在毫無不同之處看出差異。⁸ 它對所有的人一視同仁，因為它在眾人身上看不到任何不同。⁹ 奇蹟是大公無私的，它只教人一個訊息：

　　¹⁰ 上主所有的一切屬於每一個人，那是他的天賦權利。

第二十六章　過渡階段

壹.「犧牲」一體性

1.　　在攻擊的運作模式中，犧牲的觀念是一個關鍵。² 所有的妥協手段、拼命的討價還價，以及形形色色的衝突就是靠這一樞軸而獲得了表面的平衡。³ 犧牲所要表達的核心主題是「**總得有人受損才行**」。⁴ 這顯然是衝著有限的身體而說的，因為犧牲是為損失設限最常見的一種伎倆。⁵ 身體本身即代表犧牲，它為了幫你保全一些東西，不惜放棄其他能力。⁶ 把弟兄視為身外的另一具身體，表示你只想看見某一部分的他，而不惜犧牲其他部分。⁷ 你若正視一下這個世界，就會看見每一物都自成一體，與其他物體毫無連結。⁸ 所有看似存在的實體，彼此只能靠近一點，或遠離一點，就是無法合而為一。

2.　　你所見到的世界都是藉著「犧牲」一體性而形成的。² 那是一幅徹底分裂且毫無連結的圖像。³ 每個實體的周圍都好似築起了一道狀似堅固的圍牆，牆內的生命無法向外伸展，牆外之物也無法與困在牆內的生命相通而結合。⁴ 每一部分必須犧牲其他部分才能保持自身的完整。⁵ 它們若結合為一，每個部分都會失去自己的身分；唯有各據一方，才能守住它們的自我。

3.　　身體圈出的那一小部分便形成一個自我，它必須犧牲其餘部分才得以存活。² 其餘部分也必須失去這一小部分，接受不完整的自己，才能保住各自的身分。³ 在這種自我觀下，身體方面的損失確實成了一種犧牲。⁴ 有形的身體象徵著有限的犧牲，但你至少能為自己保留某些東西。⁵ 為了這一點東西，你不惜對外界設限，同樣也認為外界在限制你。⁶ 施與受原是同一回事。⁷ 接受身體的限制，與你對眼前每一位弟兄設限是同一回事。⁸ 因為你如何看待自己，必會如何看待對方。

4.　　身體代表一種損失，它可能成為你的犧牲品。² 你若把弟兄看成是跟你對立的一具身體，各自活在自己的密室裡，等於要求他和你一起犧牲。³ 人間最大的犧牲莫過於聖子自以為喪失了天父，⁴ 以及天父痛失了自己的聖子！⁵ 每一個犧牲都在要求天父

與聖子分裂，寧可讓祂們斷絕關係。⁶ 你若要求任何人犧牲，就表示你拒絕憶起上主。⁷ 不論上主之子原本能為真相作多大的見證，一落入這充斥著一具具身體的世界，便無法為聖子的圓滿作任何見證了。⁸ 因為在形相世界裡，沒有人看得見聖子，⁹ 也沒有人聽得見他詠唱的合一與愛之歌。¹⁰ 為此，他負有重任，讓世界在他的歌聲中自行隱退，不再以肉眼之見取代聖子的真相。

5.　　當你能夠不看幻相而著眼於真相的見證時，你其實是祈求自己能由世界看出某種目的，使它的存在顯得有意義。² 缺了你這份特殊任務，這世界對你毫無意義可言。³ 然而世界也可能成為一座寶山，如天堂那般無限且富裕。⁴ 它能讓你時時刻刻目睹弟兄神聖的一面，為你分派給自己的那一點點快樂增添無限喜悅。

6.　　你可以不看那一體性，但你犧牲不了一體性。² 即使你有意犧牲，也不會失落它的，因你阻礙不了聖靈的工作，祂遲早會讓你明白，你從未失落一體性。³ 好好聆聽弟兄向你詠唱的生命之歌吧！任世界慢慢隱退，安息在弟兄為你見證的平安之中。⁴ 不要判斷弟兄，你才有機會親眼目睹上天要他為你提供的見證之境，且與他一起歡樂慶祝。否則，你就聽不見自己的解脫之歌，也看不見那見證之境了。⁵ 不要因著你對罪的信念而犧牲了弟兄的神聖性。⁶ 你每次在他身上看見一個該死的罪，等於同時犧牲了你們兩人的純潔無罪，而經歷了一次死亡。

7.　　然而，每一刻你都可能重生。² 弟兄的神聖性會為你帶來生命；他不可能死亡，因為上主知道他無罪；他也不可能被你犧牲，正如你的光明不會因他看不見而被抹殺。³ 即使你自願犧牲生命，讓你的眼耳為上主及聖子的死亡作證，也切勿以為你有能力把祂們變成非上主所願的模樣。⁴ 在天堂裡，上主之子並沒有被身體囚禁，也不曾孤零零地淪為罪的犧牲品。⁵ 他在天堂既然如此，表示他隨時隨地而且永遠如此。⁶ 他的生命恆常不變，⁷ 每一剎那都在重生，不受時間的控制，也不受死亡或犧牲所支配。⁸ 生命和死亡都非他之所造，但只有一個是出自上主，上主知道祂給出的禮物永不受犧牲或失落之苦。

8.　　上主的正義溫柔地降臨在聖子身上，使他不被世界對他的不義所傷害。² 你可能「犧牲」天父對他的旨意而將他的罪弄假成

真嗎？³ 請勿跟他一樣把他看成活在那腐臭的身體牢獄裡，這對他無異是一種詛咒。⁴ 你的特殊任務乃是確保牢門洞開，他才能走出牢房光照你，且由你手中接下自由之獻禮，如此才能回贈於你。⁵ 聖靈的特殊任務不正是將聖子由他自絕於正義的牢籠解放出來嗎？⁶ 除了祂這個任務以外，你還會有什麼其他的任務？

貳. 多種形式，一種修正

1. 　　你不想祈求聖靈來幫你解決所有的問題，原因並不難理解。² 祂幫你解決問題時，沒有難易的程度之分。³ 所有的問題對祂都一樣，都是從同一角度，以同一方式解決的。⁴ 不論問題化為何種形式，有待解決的癥結始終不變。⁵ 一個問題能以多種形式呈現，只要問題存在一天，它就會玩這花招。⁶ 你若只想解決某一形式的問題，必然徒勞而無功。⁷ 問題必會層出不窮，直到你給它一勞永逸的答覆，它才無法伺機還魂。⁸ 直到那時，你才算是真正擺脫了它的糾纏。

2. 　　聖靈為你心目中的每個問題都提供了脫身之道。² 不論是什麼形式的問題，對祂都是同一回事；每個問題說穿了，無非是要求別人承受損失與犧牲，讓你能夠從中獲利。³ 你若能找到無人會輸或受損的解決方案，問題就消失了；因為那問題其實只是一個錯誤的知見，如今終於獲得修正。⁴ 對聖靈而言，不會有一個問題比其他問題更難獲得真理的修正。⁵ 因為錯誤只有一個，就是「一方可能受損，另一方因而獲利」的誤解。⁶ 若真有那種可能，上主就不是公正的，罪便找到了立足之地，攻擊變得情有可原，報應成了最公平的解決方案。

3. 　　一個錯誤，不論以何種形式呈現，永遠都只有一種修正方式。² 就是「沒有人受損；認為有人可能受損，乃是一種誤解」。³ 你其實並沒有問題，雖然你認為自己問題重重。⁴ 不論問題大小、複雜程度、時空背景，或任何使你認為問題與眾不同的因素如何，只要你親眼看到它們一個一個消失了，你的想法自然會改變過來。⁵ 切莫以為你對眼前萬物所加的限制，多少能牽制得了上主。

4.　　　正義的奇蹟足以修正一切錯誤。² 每個問題都只是同一個錯
誤，³ 那就是沒有公正地對待上主之子，故不可能是真的。⁴ 聖
靈不會以輕重、大小的等級來評估各種不義之事。⁵ 在祂眼中，
這些特質都不存在，⁶ 都只是讓上主之子受盡無謂之苦的錯誤而
已。⁷ 因此，祂只需拔除所有的荊棘和釘子，⁸ 而不會當真地估量
它們所造成的傷害。⁹ 祂只會這樣判斷：「傷害上主之子既是不
義的事，故不可能是真的。」

5.　　　當你認為只交出某些錯誤接受修正，藏起其他不可告人之
事會比較安全，不妨這樣提醒自己：正義是全面性的。² 沒有片
面的正義這回事。³ 上主之子若是有罪，就該接受懲罰，不配蒙
受正義之神的憐憫。⁴ 但不要指望上主會懲罰他，因為發現他有
罪而想置他於死地的是「你」。⁵ 上主已經賜給你視他純潔無罪
的方法。⁶ 是你存心罔顧他當下的真相而有意懲治他的，這公
正嗎？⁷ 每當你扣下一個問題留待自行解決，或斷定它無從解決
時，請記得，讓這問題變得嚴重萬分甚至無解的是你。⁸ 你企圖
否定正義的奇蹟必然一視同仁的道理。

6.　　　如果上主是公正的，就不會有正義解決不了的問題。² 問題
是，你仍然相信某些不義之事是公正的，是好的，甚至是維護
生存所不可缺少的。³ 這些便成了你心目中最嚴重也最難解的問
題。⁴ 因為你仍期待某些人應該受損，不甘見到有人全然不受犧
牲之苦。⁵ 再深思一下你的特殊任務吧！⁶ 上天賜你弟兄，就是為
了給你看出他全然無罪的機會。⁷ 如此你就不會要求他犧牲了，
因你不願見他受到任何失落之苦。⁸ 你所祈求的正義奇蹟不只降
臨於你，還會降在他的身上。⁹ 除非所有的人都領受到這一奇
蹟，否則聖靈是不會心滿意足的。¹⁰ 你獻給他的禮物也是獻給每
一個人的；祂得仰賴你的給出才能確保每一個人都平等受惠。

7.　　　不妨想像一下所有問題都獲得修正之後那種如釋重負之感。
² 不論問題多麼嚴重或多麼輕微，你連一個都不想保留，因你再
也不願忍受任何痛苦了。³ 你會看到自己每個小小的創傷都在聖
靈溫柔的眼神裡融化，⁴ 只因它們在聖靈眼中如此微不足道，一
聲輕歎便足以使它銷聲匿跡，甚至永遠遺忘。⁵ 一度顯得極其特
殊的問題、無法挽回的錯誤，或回天乏術的病苦，都被轉化為宇
宙的祝福。⁶ 犧牲成了過眼雲煙。⁷ 人們會在此憶起上主的聖愛，

光明也會驅散所有犧牲與失落的記憶。

8. 　你必須愛慕正義，而非敬而遠之，才可能憶起上主。² 祂不會對任何人或任何事物不公道，因爲祂知道萬物都屬於祂，並且永遠符合祂的創造初衷。³ 祂所愛的生命，必然清白無罪而且凜然不可侵犯。⁴ 你特殊的任務即是大開方便之門，開啓你對祂的聖愛圓滿無瑕的記憶。⁵ 你只需做一件事，就是眞心期待天堂，而非地獄的來臨，看似門禁森嚴的欄柵和門閂便會瞬間脫落，消失了蹤影。⁶ 你是天父在完美的愛中創造的生命，祂的旨意只是要你毫無保留地給出並接受祂在創造你時賜你的一切。

參. 邊緣地帶

1. 　複雜性與上主無關。² 它怎麼可能與上主扯上關係？因上主只知道「一」。³ 祂只知道一個造化、一個實相、一個眞理，以及一個聖子。⁴ 有什麼東西能夠與這個「一」矛盾？⁵ 那麼，祂怎麼可能複雜？⁶ 又有什麼好選擇的？⁷ 有矛盾，才有選擇的必要。⁸ 眞理極其單純，「一」是沒有對立的。⁹ 它只是單純的臨在，糾紛從何而起？它自成一體，複雜又從何而生？¹⁰ 眞理不作任何決定，因它沒有什麼好選擇的。¹¹ 它若會挑三揀四，選擇豈不成了重歸一體不可或缺的過程？¹² 眞理既代表一切，必然一無所需。¹³ 這仰之彌高的境界，非本課程的教學範圍所能企及。¹⁴ 我們不必在你目前無法領悟的事上枉費功夫。

2. 　在現世與天堂之間，存有一塊思想的邊緣地帶。² 它不是一個處所，你一抵達此境，就與時間分道揚鑣。³ 這裡是所有念頭的匯集處，矛盾的價值觀也在此碰頭，所有的幻相因與眞相龍蛇雜處而暴露了自身的虛妄。⁴ 過了這邊緣地帶，就是天堂之門。⁵ 所有的念頭在此獲得淨化，恢復本有的單純。⁶ 罪則被摒棄門外，此地只接受本然境界。

3. 　這是旅途的終點。² 我們稱之爲「眞實世界」。³ 然而，這個名稱有自相矛盾之嫌，它好似影射了一個有限的眞相、片面的眞理，好像在說這個宇宙只有一部分是眞的。⁴ 這是因爲眞知從不打壓知見。⁵ 你只要讓這兩者照面，便會發現其中只有一個能安

然通過一體境界的關口。⁶ 救恩屬於這一邊緣地帶，只有在此，時間、空間、抉擇才能顯出它們的意義，但你已不難看出它們的暫時性，也常有身在異域之感，其實，每個選擇都早已完成了。

4. 　　上主不會毀滅聖子所相信之物的。² 只不過聖子心目中的眞相必須經過最後一道考驗，也是他所能作出的最後一個比較與評價，這可說是他對世界的最後審判：³「它毫無意義，故不存在。」這其實是眞相對幻相的審判，眞知對知見的審判。⁴ 這不是你能作出的決定。⁵ 它只是單純地陳述一個單純的事實。⁶ 然而，這個世界已無單純的事實可言，因爲什麼是相同的、什麼是不同的早已混淆不清了。⁷ 就是這個分野才使得選擇變得如此重要。⁸ 它成了兩個世界最大的分野。⁹ 你眼前的世界常令你舉棋不定，左右爲難。¹⁰ 眞實世界裡，選擇變得單純無比。

5. 　　救恩離天堂只有咫尺之隔了，而只有知見世界才需要救恩。² 天堂既從未失落，自然無需拯救。³ 除非你分辨得出天堂之願與地獄之願徹底不同，否則要如何選擇？⁴ 本課程的目標即是教人認出兩者的不同。⁵ 它絕不會越過此界。⁶ 它唯一的目的就是教人認出什麼是相同的、什麼是不同的，人們才有機會作出那唯一的抉擇。

6. 　　如此錯綜複雜的世界，常令人無從選擇。² 因爲沒有一個人眞正了解什麼是相同的，那些表面的選擇根本稱不上選擇。³ 只有在眞實世界才有選擇的餘地；它不是在不同結局之間選擇，而是選擇另一種「選擇觀」。⁴ 換句話說，它已經認清了那種所謂的「選擇」純粹只是幻覺而已。⁵ 這個知見成了化解一切幻相的樞紐，包括這一知見本身在內。

7. 　　這不正是你的特殊任務嗎？你只要把特殊性的目標改爲合一，分裂之境便化爲無形了。² 所有的幻相都是同一回事。³ 一旦明白了這點，從此你不會再把它們當成不同之物而分別取捨了。⁴ 在兩個截然不同之物中間作個選擇，是多麼簡單的事。⁵ 沒有什麼矛盾或衝突可言。⁶ 只要你能看清幻相的底細，棄它而去，豈是一種犧牲？⁷ 一旦撤去你給幻相虛構出來的現實之後，要你捨棄它而選擇道地的眞相，究竟何難之有？

肆. 罪離去之後

1.　　人間的寬恕近似天堂的正義。[2] 它能將罪的世界轉譯爲單純的世界，反映出彼岸的正義，那兒沒有任何對立或限制。[3] 那兒只有浩瀚無邊的愛，無需任何寬恕。[4] 人間的愛心善行，一過天堂之門，就得讓位給單純的正義。[5] 唯有仍相信罪的存在，而且相信自己有待寬恕的人，才需要寬恕別人。[6] 寬恕乃是學習看出自己並沒有做出什麼有待寬恕之事的必經之途。[7] 寬恕會始終留在給出寬恕的人身上，直到他看出自己不再需要寬恕爲止。[8] 到那時，他才算重拾道地的創造任務，這是寬恕對他的再造之恩。

2.　　寬恕能把罪的世界變得光明神聖，美得令人望之出神。[2] 每一朵花都鮮豔亮麗，每一隻鳥兒都詠唱著天堂的喜悅。[3] 這兒沒有悲傷，沒有別離，每一個生命都得到了徹底的寬恕。[4] 被寬恕的生命便恢復了原有的一體，因爲再也沒有東西能離間他們了。[5] 無罪之人必然看得出這個一體性，因爲排除異己的那一間隙已無法立足於他們之間。[6] 他們就在罪撤離後所留下的空間合而爲一了，欣然認出原本就屬於他們的那些生命，其實從未離開他們一步。

3.　　此刻你所在之處，正是罪撤離之後的那個聖地。[2] 你會在此看見基督聖容冉冉升起。[3] 看得見基督聖容的人，豈會不記得天父的聖容？[4] 天堂的祭壇也會在罪撤離之處升起，高聳於世間，越過浩瀚的宇宙，伸向整個造化的核心；身臨此境之人再也不會對愛敬而遠之了。[5] 天堂是什麼？不過是整個造化向造物主所詠唱的感恩、愛戴與讚美之歌。[6] 至聖的祭壇正矗立於你過去相信罪所在之處。[7] 天堂每一線光明都匯聚於祭壇上，在喜樂中重新點燃，且遍照四方。[8] 一度迷失的生命在此回歸本然，恢復了原有的光明圓滿。

4.　　切莫小看了寬恕獻於天堂門口的奇蹟。[2] 上主之子會親自前來接收每一份禮物，拉近他與家鄉的距離。[3] 一個奇蹟都不會白費的，但也不會有任何一個奇蹟比另一個奇蹟更珍貴。[4] 每一個奇蹟都能幫他憶起天父的愛。[5] 每一個都會教他看出，他原先害怕的其實是他的最愛。[6] 除了奇蹟以外，還有什麼改變得了他的

心態，使他明瞭愛一點都不可怕？⁷除此之外，還有什麼奇蹟可言？⁸你還需要什麼來彌合你們的間隙？

5.　　逐漸轉化為真理祭壇的世界，就在你過去看到罪的地方冉冉升起，而你就在這兒融入天堂之光，加入感恩之頌。²這些光明為了自身的圓滿來到你這裡，你也樂於與它同行。³凡是聽見天堂之歌的人，是不可能沉默的，他會全力為那歌聲助陣，使它更加悅耳動聽。⁴所有的人都會在罪的廢墟所升起的祭壇前加入宇宙大合唱。⁵本來微不可聞之聲，如今處處歌聲嘹亮，整個宇宙都化為一首壯麗的讚美詩。

6.　　偶爾還會有一絲罪痕在你們中間作祟，使天堂難以大開喜悅之門。²所幸，阻撓你獲得天堂至寶的障礙如今顯得如此微不足道。³當你加入讚美上主之愛的大合唱時，天堂的喜樂顯得何其莊嚴偉大！

伍．小小的障礙

1.　　若不了解所有奇蹟都是同一回事，一點小小的障礙都可能變得困難無比。²本課程要教你的就是奇蹟的同一性。³這是它唯一的目的，也是你唯一需要學的課題，⁴只是你必須透過不同的形式來學習。⁵所有的學習經驗不是幫助你，就是阻礙你進入天堂之門。⁶沒有中間路線。⁷人間只有兩種導師，為你指出兩條道路。⁸你選擇哪位導師，就會步上他的後塵。⁹在時空世界裡，你不能不作選擇時，只有兩條路可走。¹⁰問題是，除了通往天堂之路以外，上主沒有造過其他的道路。¹¹你只能選擇天堂這一條，否則就會背道而馳，不知所終。¹²你沒有其他選擇的餘地。

2.　　除了時間，你不會失落任何東西，即便是時間，最後都會失去存在的意義。²它成了通往永恆的小小障礙，對世界那位真正的導師而言，它什麼都不是。³既然你深信時間的存在，何不藉此障礙來發揮學習的最高效用？你何苦坐失良機，漫無目的地在人間遊蕩？⁴切勿認定天堂之路必然崎嶇難行。⁵只要你確定目標，下定決心，快樂且自信地牽起弟兄的手，循著天堂的歌聲前進，人間絕無難事。⁶你若孑然一身在人間流浪，既無目的，又

不知所往，人生確是一條無比艱辛的路。

3.　　上主賜給你一位聖師，取代你自己找來的老師，但不會與它衝突。²凡是這位聖師想要取代之物，必然早已取代了。³時間在你心中其實僅僅存在了一個剎那，它對永恆毫無影響。⁴過去所有的時間也起不了任何作用，一切依舊是這不知所終的旅程出現以前的本然狀態。⁵在造出第一個錯誤以及由此孳生一切錯誤的那個剎那裡，就已含有第一個錯誤及其後一切錯誤所需的「修正」。⁶因此，在那一剎那，時間其實已過去了，因為它只有那一點兒能耐。⁷凡是上主答覆過的問題，必然解決了，而且已經過去了。

4.　　縱然時間早已一逝不返，但因你不知時間已不復存在，依舊相信自己活在時間裡，聖靈只好將就這狀況，引領你穿越那渺小且無謂的時間迷宮。²你始終認為自己仍活在那個過去。³你所見的一切，其實是許久以前，也就是幻相取代真相那短短一瞬間所發生的事。⁴你心裡沒有一個幻覺不曾得到上天的答覆。⁵無常世界早已被恆常之境修正過來了，你實在不必把過去的故事當作眼前事件緊抓不放。

5.　　你執意不放又想把它變成永恆的那一剎那，轉眼已逝，天堂根本不曾留意它的出現。²轉眼即逝之物，怎麼影響得了上主之子的真知，你又怎能拜它為師？³這個世界好似在過去出現過一次；那麼久遠，又那麼短暫的事，在造化面前根本不值得一提。⁴如此短暫又如此久遠的小小剎那，讓你連天堂之歌的一個音符都不曾錯過。⁵但它卻會因你一個不寬恕的念頭或行為、一個判斷與罪的信念而還魂，在時空世界裡顯得栩栩如生。⁶只因你存心把那遠古記憶固守在眼前。⁷執意活在記憶裡的人，不可能了知自己的真實處境的。

6.　　寬恕是將人由時間解脫的無上法門。²它是幫你認出「過去已經結束」的關鍵。³瘋狂從此噤聲不語。⁴人間沒有其他的老師，也沒有其他的路可走。⁵凡已化解的，就已不復存在。⁶誰會站在遙遠的彼岸，夢想自己越過千山萬水，造訪那一逝不返的時空？⁷這種夢豈能對他的真實處境造成障礙？⁸他的真相乃是一個事實，不會因他作的夢而改變。⁹但他卻能繼續幻想自己活在另

一時空裡，[10] 甚至欺騙自己這一切都是眞的，使幻想轉爲信念，最後陷入瘋狂，且還認定這是自己的選擇，也是自己的宿命。

7.　　　這對他安「心」立命之境又有何妨礙？[2] 此時此地，他還可能把迴響在他耳中的過去種種當眞嗎？[3] 他所發明的時空幻相，對他眞正所在之境又可能造成什麼影響？

8.　　　凡是你不曾寬恕的，都會由已逝的過去頻頻呼喚你。[2] 你之所以把它當眞，純粹是因爲你存心將已經過去的事就地還魂，試圖取代眞正存在於此時此地的眞相。[3] 已逝的過去怎能阻擋得了眞理的重現？[4] 難道你眞想繼續死守那可怕的一刻，不惜讓天堂消失於眼前，任上主變得可怕無比，甚至成爲你怨恨的對象？

9.　　　把那段恐怖的時間拋諸腦後吧！它早已修正，也被化解了。[2] 罪豈能跟上主的旨意抗衡？[3] 你豈有這等本事把過去的事拉回眼前？[4] 你無法回到過去的。[5] 凡是有意引你回到過去的，等於指派給你一個不可能眞正完成的任務。[6] 那至愛的天父爲你保全的正義便如此降臨於你。[7] 祂保護你不被自己的不公待遇所害。[8] 你不可能迷路的，因爲除了祂的道路以外，沒有其他路可走；除了去祂那兒，你也別無他處可去。

10.　　　上主豈會任憑祂的聖子迷失於連時間的痕跡都已然不存在的路上？[2] 本課程僅僅教你明白當下的眞相。[3] 遠古那可怕的一刻已經完全修正過來了，不需要你操心，你也不必重視。[4] 安心地忘卻已逝的一切吧！[5] 復活已經取代了死亡。[6] 你如今進入了復活之境，再也不受死亡的束縛。[7] 過去的幻相再也無法將你困於死亡陰府；上主之子曾在那暗室裡逗留過刹那光景，又在一瞬之間重歸天父完美的愛。[8] 過去的鎖鏈早已卸除，並且永遠由他心中消逝，他已自由了。

11.　　　上主所創造的聖子，仍如受造之初那般自由。[2] 他其實早在選擇死亡而放棄生命的那一刹那即已重生了。[3] 縱使他曾經犯過錯誤，上主一點也不記得，因此也未曾存在，爲此，你能不寬恕他嗎？[4] 如今，你仍在過去與現在之間徘徊。[5] 過去有時顯得如現在一般眞實。[6] 你一聽見過去的呼喚，就開始懷疑此刻的一切。[7] 如同精神錯亂的人，不敢確定自己究竟看到了什麼。[8] 這是兩個世界之間的邊緣地帶，也是過去與現在之間的過渡區塊。[9] 過去

的陰影雖揮之不去，但現在的光明已依稀可見。¹⁰ 只要你曾驚鴻一瞥過那光明，你必永誌不忘。¹¹ 它會將你由過去引入現在，這兒才是你眞正安「心」立命的家園。

12.　　過去如陰魂一般的聲音，改變不了時間或永恆之律。² 它來自不復存在的過去，故妨礙不了此時此地的眞實之境。³ 在相信時間與死亡不只眞實，而且具體切身的幻夢世界裡，眞實世界屬於它的第二部分。⁴ 上主答覆所有的時間與事件需要多少時間，祂也只需這一點時間便否決了時間的存在。⁵ 從此以往，你再也感受不到時間的存在了。

13.　　每一天，每一分鐘，每一瞬間，你不斷重溫那恐怖的時間幻相取代愛的那一刹那。² 你每天都得這樣死去一回，然後又活過來，直到你穿越過去與現在的間隙爲止；那其實稱不上什麼間隙。³ 每個生命都是如此，從生到死、死又復生的那段時空幻相，其實都在重演那早已過去而且無法重生的一刻。⁴ 所有的時間不過是在爲你演出這個瘋狂的信念：就這樣，過去的一切依舊存於此時此地。

14.　　寬恕過去，讓它過去吧！因它已經過去了。² 如此，你便不會陷在兩個世界的夾縫中。³ 你已經越過此境，且抵達那緊貼著天堂大門的世界了。⁴ 上主的旨意在此暢行無阻，你再也不必重複那早已結束的旅程。⁵ 溫柔地望著你的弟兄，看吧！你怨恨之眼所見的世界終於轉化爲愛的世界了。

陸. 天賜的道友

1.　　在這世界，只要你相信是好的、有價值的、値得爭取的，不論是什麼東西，對你都可能有害，而它確實傷害得了你。² 不是因爲它眞有傷害力，而是因爲你不願承認它的虛幻而把它弄假成眞了。³ 它對你自然顯得眞實無比，⁴ 毫不虛幻。⁵ 一切病態的幻相都是藉此錯誤知見而潛入世界的。⁶ 令你從此不能不相信罪惡、打擊、傷害、犧牲及死亡的存在。⁷ 只要把一個幻相當眞，這人便會掉入所有幻相的陷阱。⁸ 只要他還執著於某些幻相，便再也找不到唯眞相才能給人的保障。⁹ 相信所有幻相都一樣的

人，怎麼可能認爲某一個才是最好的？

2.　　若把幻相當成唯一的朋友，你這一生就會落得貧乏而孤獨。²那種友誼既配不上上主之子，也不可能滿足他。³上主已賜給聖子一位更好的道友，祂具備了天上人間所有的權能。⁴你若把某個幻相當成朋友，便再也看不清那位道友的偉大恩典，也無法欣然接受祂的友誼及寬恕了。⁵除了祂以外，你沒有任何朋友。⁶不要用其他朋友來取代祂的位置。⁷世上沒有其他朋友。⁸凡是上主指派給你的人，無人可以頂替，幻相怎麼取代得了眞相？

3.　　凡是與夢中魅影同居共處的人，必會感到孤獨；而孤獨絕非上主的旨意。²若能明白這虛幻的魅影只會讓你的心靈更加空虛，你還會任它篡奪上主爲你的道友指定的寶座嗎？³不要再和幻相打交道了，否則，它就會替代了上主爲你指定的道友。⁴祂才是你在眞相內的唯一朋友。⁵祂帶給你的禮物，令世界望塵莫及；也只有身懷此恩的祂，才能確保你會收到這些禮物。⁶只要你爲祂騰出一些空間，祂就會將這些禮物置於你的寶座上。

柒．療癒的法則

1.　　這是闡釋奇蹟的課程。²既然如此，爲達本課程的宗旨，我們需先明白療癒的法則。³讓我們複習一下先前論及的種種原則，綜合出奇蹟出現的先決條件。⁴只要具足這些條件，奇蹟必會發生。

2.　　所有疾病都出自分裂之念。²但只要你一否定分裂，疾病便消失了。³它會消失的，因爲構成疾病之念已被療癒，你已恢復清明的神智。⁴你才能看出罪和疾病之間的因果關係，而且意識到自己一直想把這關係壓到潛意識下，蓄意迴避理性的光照。

3.　　罪咎要求懲罰，而它必會如願以償。²但絕非在眞相境界，而是在那奠基於罪且充斥著魅影的幻相世界裡。³上主之子之所見不外是他想要看到之物，因爲知見具有心想事成的能力。⁴知見變化無常，因它正是爲了取代恆常不變之眞知而造的。⁵然而，眞相永不改變。⁶你無法靠知見了解眞相，只能靠眞知的力

量。⁷凡是可見之物必然形形色色，但沒有一個具有意義。⁸它一旦跟真相打照面，自身的荒謬便暴露無遺。⁹但只要不與真相碰頭，它便能裝得道理十足，而且就像真的一樣。

4. 　　知見的法則與真相恰恰相反；真知若是真的，那麼真知以外的一切便不可能真實了。²上主已經答覆了這個病態世界，包括世間千奇百怪的疾病。³上主的答覆雖是永恆的，仍能在需要它的時空裡運作。⁴由於它來自上主，時間律影響不了它的運作。⁵它既在世界裡，又不屬於這個世界。⁶它真實不虛，故必然活在真相裡。⁷「觀念離不開它的源頭」，縱然它引發的「果」與自身看似不相干。⁸觀念出自心靈，⁹即使投射出去後，好似活在心靈之外，它其實始終活在心內，而不在外邊，那個「果」從未離開過它的源頭。

5. 　　罪的信念藏身何處，上主的答覆便會臨在何處，因為唯有在那兒才可能根除問題之源，化解一切後果。²你必須把知見的法則扭轉過來，因為它們與真理之律背道而馳。³真理之律永遠真實，無人能顛倒它，但你卻有顛倒去看的本事。⁴需要修正的，正是這個顛倒真理的幻相。

6. 　　一個幻相不可能比另一個幻相更難接受真相的修正。²但你卻可能偏愛某些幻相，因而不甘求助真相來治癒它們。³幻相裡不可能存有任何真相。⁴只是某些幻相可能看起來比較真實一點，雖然這種說法分明沒有道理。⁵幻相世界裡的高低層次不過反映出你個人的偏好而已，與真相無關。⁶你的偏好對真相有何影響？⁷幻相就是幻相，同樣地虛妄。⁸你對它的偏好並不能賦予它真相。⁹沒有一個幻相是真的，為此，上主只需一個答覆便輕而易舉解決了所有的問題。¹⁰上主的旨意只有一個。¹¹任何違背祂旨意的願望，在真理內都無法立足。

7. 　　罪不能算是一種過錯，因它不僅無法修正，甚至不可能修正。²就是相信「罪是真的」這個信念，使得某些錯誤顯得回天乏術，為地獄打下了永存的基礎。³果真如此，天堂就出現了一個對手，與它自身一樣真實。⁴上主的旨意從此一分為二，所有的造化都得臣服於兩種相斥的法則及力量，直到上主忍無可忍，把冒犯天條的世界放逐出去。⁵上主就這樣發瘋了，祂竟然宣稱

罪已改造了祂的實相,從此聖愛不得不屈服於因果報應的淫威。
⁶ 在這瘋狂至極的景象裡,不難想見它的防衛措施也會神智不清
到什麼地步,但不論如何瘋狂,都無法把那畫面弄假成眞。

8.　　沒有人能爲無意義之物帶來意義。² 只有眞相無需捍衛自己
的眞實性。³ 幻相既缺見證,也無後果。⁴ 著眼於幻相的人只是自
欺而已。⁵ 寬恕乃是世界唯一的任務,它會把聖子因自認罪孽深
重而被世界剝奪的一切喜悅交還給聖子。⁶ 目前你還看不出寬恕
不僅能結束死亡,它還能了結罪咎迷霧中衍生出來的種種信念。
⁷ 你硬插在弟兄與自己之間的那些信念就成了你的罪。⁸ 它們會
把你們局限於時空世界,給你一小塊存在空間,也給他一小塊。
⁹ 有形可見的身體就此成了分裂狀態最醒目的象徵,因它確實好
似把你們分爲兩個生命。¹⁰ 其實,身體的象徵不過反映出你內心
想要分裂的願望罷了。

9.　　只有寬恕消除得了橫梗在你與弟兄之間的障礙。² 它道出了
你其實想和他結合而不願分離的希望。³ 我們稱之爲「希望」,
因爲它尚未完全超越選擇的領域,以爲自己還有其他選擇的餘
地。⁴ 不論如何,這個希望已開始與天堂同道,與上主旨意亦不
相違。⁵ 雖然它所給你的遠比不上天賦予你的所有產業,卻能爲
你清除那阻擋你回歸天堂的障礙,使你認出自己究竟是誰以及身
在何處。⁶ 事實是不會改變的。⁷ 然而,人們卻能否定事實而佯裝
不知;這表示他們在否定之前,其實是心知肚明的。

10.　　完美而圓滿的救恩一心等待你那小小的願望:願那本來眞實
之境永遠眞實;它只要求一個小小的願心,甘願不再看那不存在
的幻相;它也只要求一個細微的心聲,吐露你喜愛天堂甚於這好
似受制於死亡與絕望的世界。² 上主的造化便會由你心內歡欣地
回應救恩的呼喚,即刻以完美而圓滿的天堂取代你眼前的世界。
³ 寬恕是什麼?不過是「願眞相成眞」的心願罷了。⁴ 有什麼疾
病或傷害是那無所不容的一體生命療癒不了的?⁵ 根本沒有罪這
一回事。⁶ 上主之子只要一認出自己的願望與上主的旨意原是一
個,任何奇蹟都可能發生。

11.　　上主的旨意是什麼?² 就是祂願自己的聖子擁有一切。³ 祂
把聖子創造成爲一切時,就是祂給聖子的最大保證。⁴ 如果你的

「所有」就是你的「所是」，你怎麼可能失落任何東西？⁵ 這就是奇蹟；藉此奇蹟，你分享了上主的創造任務。⁶ 你若離開上主而自立門戶，這任務便顯得不可思議也毫無意義。⁷ 在這方面，上主之子的要求不僅不夠多，甚至應當說，他的要求實在少得可憐。⁸ 為了追求小小的寶貝，他竟不惜犧牲「自己既是一切也擁有一切」的真實身分。⁹ 為此，他不可能不感到孤立、失落且舉目無親。¹⁰ 而這一感受也恰恰成了他千辛萬苦尋來的寶貝。¹¹ 對這寶貝，他必然心存恐懼。¹² 恐懼能算是一種寶貝嗎？¹³ 你真的想要這無常的人生嗎？¹⁴ 你會不會根本就認錯了自己的意願，又認錯了自己的真相？

12. 　讓我們探討一下問題究竟出在何處，你才能修正這一錯誤，不再為它辯護。² 罪就是相信你能把攻擊之念投射到心外的世界，其實你的心靈才是這一信念的源頭。³ 你就是這樣把「觀念可能離開它的源頭」的信念變得天經地義的。⁴ 充斥著罪與犧牲的世界也是由此錯誤醞釀而成。⁵ 這個攻擊成性的世界，竟想證明你是純潔無罪的，⁶ 它必然功虧一簣，因為某種罪惡感會在你心裡隱隱作祟，你卻說不出道理何在。⁷ 只因你把這些後果與它的起因視為毫不相干的兩回事，既非你能控制，你也無從預防。⁸ 一旦把因果這樣分開後，你便再也看不出它們是同一回事了。

13. 　因與果其實是一物的兩面，不是兩回事。² 上主要你學會認出這千古不變的真相：祂已把你創造為祂的一部分了；這一真相必然永遠真實，因為「觀念離不開它的源頭」。³ 根據創造的法則：心靈發出的每個念頭，只會為心靈增光添色，不會自我打劫的。⁴ 不論是無謂的遐想或真實的意願，都是如此；心靈可能自欺，但它無法把自己變成「非己」。⁵ 相信觀念離得開它的源頭，等於歡迎幻相取代真相，這種心願不可能得逞的。⁶ 因沒有人欺瞞得了上主之子。

14. 　唯有當你讓因與果彼此相認、不再視為兩回事，這時奇蹟才可能發生。² 只治其果而未療其因，最多只能把你不想要的結果改頭換面一番，³ 其實你並沒有真正的解脫。⁴ 在徹底擺脫罪咎而圓滿得救之前，上主之子不可能活得心安理得。⁵ 他會要求自己繼續犧牲下去，這等於又否認了「他擁有一切」以及「他不可能失落或受限」的真相。⁶ 不論是一個小小的犧牲，或是整套犧牲

理念,所帶來的結果完全一樣。[7] 只要上主之子可能受到失落之苦,他就不再是一個完整生命,也不再是他自己了。[8] 他自然無法知道自己的真相,也認不出自己真正的心願。[9] 這等於背棄了天父與真實的自己,使他們成了面目可憎的大敵。

15.　　幻相為何而造,它就會為此目的效命。[2] 它還會由造出它的目的中引申出一套存在意義。[3] 上主則會賦予幻相另一目的,使各式各樣的幻相都配得到同樣的奇蹟。[4] 每一個奇蹟都含有全部的療癒大能,因上主會給所有幻相同一個答覆。[5] 生命在祂眼中既是一個,必然完全相同。[6] 你若堅持明明相同的東西有所不同,根本是在欺騙自己。[7] 上主稱之為「一」的生命,永遠如一,不可能分裂。[8] 祂的天國也必定一體不分,因上主這樣創造了它,它就必然永遠如此。

16.　　奇蹟輕喚著你古老而神聖的名字,你會認出它的聲音,因你心中仍有真理的記憶。[2] 你的弟兄也會向你的聖名祈求共同的解脫。[3] 天堂的光輝照耀在上主之子身上。[4] 莫再否認他了,你才有解脫的機會。[5] 在上主之子放下死亡的選擇以前,每一刻都是他重生的機會。[6] 每個害人之念所反映的正是這死亡的選擇,也表示他否定了上主對他的旨意。[7] 所幸的是,每一刻也能為他帶來生命,因為他的天父願他好好活下去。

17.　　救恩必然藏身於十字架下;因為沒有苦難的地方,便無療癒的必要。[2] 寬恕是針對所有攻擊行為的一致回應。[3] 唯有如此,才能解除攻擊的後遺症;它以愛的名義答覆了一切仇恨。[4] 天上人間的榮耀永歸於你,因為你受上主之託,將聖子由十字架、地獄與死亡中拯救出來了。[5] 你確有拯救上主之子的能力,因為這是出自天父的願力。[6] 一切救恩已交在你的手中,那正是有待你給出與領受的唯一禮物。

18.　　按照上主所願的方式發揮祂賜你的能力,必然合乎你的天性。[2] 活出祂所創造的你,並且用祂賜你的禮物回應聖子所有的過錯,還他原有的清白與自由,這並不是傲慢。[3] 反之,廢棄上主賜你的能力,窮發一些無聊的願望,而不奉行上主的旨意,這才是傲慢。[4] 上主已賜給你無限的能力,[5] 人間沒有它無法應付的處境,也沒有它的光明恩典解決不了的問題。

19.　　安住於平安吧！那是上主願你所在之地。²也助你弟兄一臂之力，幫他找回平安吧！你才可能如願以償。³讓我們同心協力將祝福帶回這充斥著罪與死亡的世界。⁴我們當中只要一人得救，所有的人就都獲救了。⁵上主兒女彼此沒有任何不同。⁶縱然特殊性一心想要否定一體性，但救一個就是拯救全體，因爲他們是同一生命，毫無特殊之處。⁷世上每一物都屬於每一個人。⁸也沒有任何一個願望可能離間自己與弟兄。⁹你若剝削一個人，等於剝削了所有的人。¹⁰你若祝福一個人，也等於祝福了所有的人，只因他們是同一生命。

20.　　你的千古聖名也屬於每一個人，因他們的聖名一樣屬於你。²你若以弟兄之名祈求，上主必會答覆，因爲你其實是在向祂祈求。³祂怎麼可能不答覆你？祂早已答覆了人類所有的祈求。⁴奇蹟並沒有改變任何眞相。⁵它只是讓原本不知眞相的人認出那始終眞實之事；只要讓眞理活出它的眞相，這小小禮物便足以讓上主之子活出自己的眞相；最後，整個造化終於能夠自由地同聲呼喚上主的聖名。

捌．近在眼前的救恩

1.　　你目前只剩下一個問題了，即是從你寬恕了弟兄到你因信任弟兄而獲益之間，你會看到一段青黃不接的過渡期。²這不過影射出你內心還有所保留，企圖與弟兄保持一些距離。³因時間與空間是同一幻相，只是形式不同罷了。⁴當它被投射到心靈之外，就成了你的時間觀念；⁵當它離你愈近，在你心目中就會轉爲空間觀念。

2.　　你想和弟兄保持的那段距離，那個空間又會轉爲你心目中的時間，因爲你相信你是他的「身外之人」。²這使得你無法眞正信任他，³你自然也難以相信，只有「信任」才能解決你當前所有的問題。⁴爲了安全，也爲了個人利益起見，你覺得最好多少保持一點謹愼，提高一些警覺。⁵就是這一知見，使你難以覺察到當下此刻寬恕所賜給你的利益。⁶從你給出禮物到獲得回饋的這一段過渡期，便成爲你的犧牲與失落期。⁷你只能看到未來的

救恩，卻看不到眼前的效益。

3. 救恩其實近在眼前。² 除非認出這一事實，否則你必會害怕救恩，因你堅信從獻身於救恩到得享救恩之果的期間，你得承擔極大的風險。³ 你尚不明白，這一誤解才是真正的恐懼之源。⁴ 救恩會將你在彼此之間所看到的那段距離一掃而空，它會在瞬間將你們結合為一。⁵ 這才是你最害怕的「損失」。⁶ 切勿把這恐懼投射到時間上頭，因時間並非你的敵人。⁷ 時間就如身體一樣，是中性的，你怎麼看它，它就成了什麼。⁸ 你若還想和弟兄保持一點距離，表示你仍需要一些時間，而寬恕就會被你耽擱一會兒。⁹ 這個心態使你在不寬恕與已寬恕的那段過渡期感到動輒得咎，你當然會驚惶失措。

4. 其實，你與弟兄之間的距離只可能顯現在當下，你無法把它想成未來的問題。² 你也只能在當下此刻罔顧它的存在。³ 你並不害怕未來的失落。⁴ 真正讓你害怕的是你現在就得跟弟兄結合。⁵ 除了當下此刻，你豈會感到孤立無助？⁶ 未來的因還未產生任何後果哩！⁷ 如果你擔心未來，表示那一定牽涉到此刻的因。⁸ 需要修正的只限於當前之「因」，而不是未來可能發生的事情。

5. 你為自己訂立的安全計畫，全都是針對自己無法掌控的未來。² 未來的目的尚未形成，將來的起因也仍未出現。³ 缺了起因，誰能預測後果？⁴ 除非他此刻認定自己已種下某種苦因，並且斷定後果不堪設想，否則，他現在怎會害怕？⁵ 只有罪的信念才會激發恐懼，而恐懼又會像它的起因一樣，喜歡瞻前顧後，就是不肯正視當下這一刻。⁶ 既然你斷定後果不堪設想，表示它的起因當下已經發生了。⁷ 你故意視而不見，其實是在保護它不接受任何療癒。⁸ 奇蹟也只可能發生於當下。⁹ 它已經來臨了，奇蹟的恩典就降臨在罪與恐懼故意視而不見的當下，而當下才是唯一存在的時間。

6. 完成整個修正任務其實無需任何時間。² 但接受修正的這段時間卻給人永不見天日之感。³ 聖靈既為你改變了人際關係的目的，你必能在這一關係內看到所有的效果才對，⁴ 而且當下就會看到。⁵ 成效既在眼前，何需患得患失地等候那些善果在時間中慢慢展現？⁶ 我曾對你說：「凡是帶來善果的，必然出自上

主。」⁷ 現實好似並非如此。⁸ 所謂的「塞翁失馬，焉知非福」，⁹ 這一諺語其實是經不起推敲的。

7.　　為什麼有福之事得透過邪惡的形式出現？² 若真如此，豈非欺人太甚？³ 若真有這種福氣，表示善因已經種下了。⁴ 善果怎麼可能不歷歷在目？⁵ 為什麼非要等到將來？⁶ 你若嘆息幾聲，這樣遊說自己：「你現在還無法了解，但終有一天一定會了解的。」⁷ 然後安慰自己：「終有真相大白之日！」⁸ 這不僅不成理由，而且很不公道，這強烈暗示了你在解脫以前還得繼續受到懲罰。⁹ 你的目標既已轉向「善」了，實在沒有理由繼續歷盡滄桑，到了最後才讓你看出目前所受的苦其實是「塞翁失馬」。¹⁰ 它要你犧牲「現在」，而聖靈是不可能要求你付出這種代價的，祂給人的恩典一向是無價的。

8.　　上述幻相如果發生，必有其因，即使它毫不真實，你卻深信不疑。² 一個幻相不過是另一個幻相為「因」所形成的「果」，而這個果必然會以你能夠認出的形式呈現。³ 在這段過渡時期，你若只能透過懲罰的形式來看出它的「福氣」或「益處」，表示你們之間仍有一點小小間隙尚未得到寬恕。

9.　　不要再用未來的幸福自我安慰了。² 它毫無意義，也不是你應得的賞報。³ 因你現在就已擁有自由之因。⁴ 囚犯所能享有的那一點自由對你又有何用處？⁵ 為什麼解脫必須透過死亡的包裝？⁶ 這種拖延毫無道理，你若認為現在種下之因必須等到未來才能享有成果，這種邏輯其實否定了「因果同步」與「因果一體」的事實。⁷ 不要再著眼於時間了，你的眼光應放在你們之間的小小間隙上，那才是解脫的關鍵。⁸ 不再任它偽裝成時間，不斷改變外形來保全自己，使你無法摸清它的底細。⁹ 如今，你已決心為聖靈的目標效力了。¹⁰ 祂的幸福不也應是你的幸福嗎？

玖. 祂們已經來臨

1.　　想像一下你是何等的神聖！上主的天音必須經由你而向弟兄發出慈愛的召喚，你方能喚醒藏在他內的天音來回應你的呼求。² 也想像一下他是何等的神聖！你的救恩正沉睡於他內，與他的

自由結合在一起。³ 不論你多麼想要定他的罪，上主仍存在他內。⁴ 只要你一攻擊上主揀選的家園或向上主的居所宣戰，你就無由得知衪也存在你內這一眞相。⁵ 溫柔地對待弟兄吧！⁶ 以愛的眼光正視他，因他內懷有基督；唯有如此，你才可能看見他的榮耀，並慶幸天堂從未離開你一步。

2.　　他爲你帶來了基督，使你所有的罪（包括你至今戀戀不捨的那個罪）一併獲得了寬恕；請你多信任這人一點兒，豈是過分的要求？² 不要忘了，你和弟兄之間只要還存有一絲陰影，基督的面容與上主的記憶就會變得模糊不清。³ 你難道捨得爲那千古宿怨而犧牲衪們？⁴ 你已來到了這一聖地，因爲衪們就站在你身旁，是衪們的聖潔與平安祝福了這個地方。

3.　　仇恨的血跡逐漸消褪，草地恢復了青青歡顏，潔白的花朵在夏陽下光彩熠熠。² 在這光明世界裡，昔日的死亡陰府轉化成一座生命的聖殿；³ 這都因爲衪們的緣故。⁴ 衪們的臨在護送「神聖性」回歸舊地，重登遠古的寶座。⁵ 因著衪們，奇蹟有如春花碧草，遍地綻放，在仇恨焚燬的焦土上欣欣向榮。⁶ 衪們會爲你化解仇恨所打造的世界。⁷ 如今，你所在之處顯得如此神聖，天堂迫不及待想與它結合，把它變得如自己一般。⁸ 千古宿怨的陰影一逝不返，衪們所至之處，從此不見枯萎與凋零。

4.　　一百年，一千年，或者數萬年，對衪們又算得了什麼？² 衪們一來到，時間便功成身退了。³ 衪們一來到，不曾存在的一切復歸虛無。⁴ 恨的勢力開始臣服於愛，自由照亮了每一個有情生命，並且將他送回天堂；只要一個生命榮歸，整個天堂便大放光明。⁵ 不圓滿之境終於圓滿了，天堂洋溢著無邊的喜悅，因爲屬於它的生命終於回家了。⁶ 血跡斑斑的大地已然洗淨，神智失常之人卸下了瘋狂的外衣，他們就在你所在之處加入了天父與聖子的行列。

5.　　天堂萬分感激你這份禮物，它已被世界扣留太久了。² 衪們前來召集自己的人。³ 塵封已久的禮物終於重見天日，你不再抵制光明照耀其上，因此，也沒有任何空間或距離阻擋得了天堂的光明照耀世界了。

6.　　人間再沒有比「千古宿怨化爲眼前之愛」更神聖的地方了。

² 你在何處為他們建立家園，祂們便會翩然降臨這座生命聖殿。³ 連天堂都找不到比這更神聖的地方。⁴ 祂們會在你獻出的聖殿共同住下，作為祂們與你的安息之所。⁵ 凡是將仇恨釋放給愛的生命，都會化為天上耀眼的明星。⁶ 使天堂的光輝倍加燦爛，欣慰地看到一切終於恢復了原狀。

7.　　天使慈愛地在你頭上飛翔，不容罪的陰暗念頭侵入，為你護守那已進入你內的光明。² 你的足跡會照亮整個世界，因你所到之處，寬恕欣然相隨。³ 世人怎能不感激幫他修復家園而捱過嚴冬的你？⁴ 天堂之主以及聖子對此再造之恩更是銘感不已。

8.　　如今，生命之主的聖殿已經重建，再度成為祂的安居之所；這聖殿本來就是祂的創造。² 上主安居於此，聖子得以與祂同住，從此永不分離。³ 祂們感謝你終於歡迎祂們的來到。⁴ 復活的基督翩然降臨於十字架的廢墟，古老的傷痕也在祂的慈目下獲得了療癒。⁵ 遠古的奇蹟終於能以祝福取代那蓄意傷人的千古宿怨。⁶ 天父及聖子滿懷感激地回到祂們永恆不渝的家園。⁷ 聖靈的任務終於圓滿完成。⁸ 因為祂們已經來到！⁹ 祂們終於來到了。

拾. 結束不義之境

1.　　你還需要化解什麼，才能認出祂們的臨在？² 答案就是你的分別心，因為你還認為有些攻擊是情有可原的，有些則是不公且不該發生的。³ 一旦感到不公，你就會視自己的憤怒為理所當然。⁴ 這表示你已把相同之物看成不同了。⁵ 這一混淆有如星星之火，足以燎原。⁶ 它的影響是全面性的。⁷ 只要它一出現，不論藉由何種形式，都會遮蔽祂們的臨在。⁸ 你對祂們不是全面了知，就是一無所知。⁹ 迷惑的知見足以阻擋真知的來臨。¹⁰ 問題不在於這迷惑有多大，或是干擾有多深。¹¹ 只要它一出現，就會封閉通往祂們的大門，從此渾然不覺祂們的臨在。

2.　　你若認為某種攻擊對你是不公的，這當中究竟隱含了什麼意思？² 它意味著某類攻擊在你心目中是公正的。³ 否則，你如何評定其他是不公的？⁴ 這又表示你賦予了某類攻擊一些意義，認為那是合理的，⁵ 其他攻擊則是沒道理的。⁶ 這等於否定了「所有的

攻擊都是不可理喻的事」。然而它們其實全都事出無因，也無後果，更產生不了任何影響。[7] 只要有一片薄紗擋住了祂們的光明聖潔，你就再也意識不到祂們的臨在，更體會不出祂們的聖潔不只屬你所有，同樣屬於你身邊的一切眾生。[8] 上主從不設限。[9] 凡是有限之物，必與天堂無緣。[10] 故必是地獄無疑。

3. 　　不公與攻擊屬於同一錯誤，兩者緊密相連，只要你看到其一，必然會看到另一蹤影。[2] 你不可能遭到不公的待遇。[3] 你若相信有人待你不公，表示你相信自己受到了剝削，而不是你在剝削自己。[4] 其實是你先把犧牲之因投射出去的，這才是你感覺自己受到不公待遇的根本原因。[5] 這根本是你咎由自取，因爲是你先對上主之子不公道的。[6] 除了自己以外，你沒有敵人；如今你倒成了他的大患，只因你不知道他其實就是你。[7] 你剝奪了他的真相，否定了他活出自己的權利，你要求他放棄天父以及你的愛，只因你認爲他不配得到。還有比這更不正義的事嗎？

4. 　　當心那讓你認爲自己受到不公待遇的誘惑。[2] 這種心態不過想證明只有你是無辜的，祂們則不是，你想把罪咎套在別人身上。[3] 讓別人背負你的罪咎，就能買回你的純潔無罪嗎？[4] 你攻擊他，不正是爲了證明自己的無辜嗎？[5] 你攻擊上主之子之後，不曾企圖嫁禍於他人嗎？[6] 你爲了讓自己安心，不能不相信自己沒幹過那些事情，而且自己才是無辜的受害者。[7] 不論你用什麼方式來玩罪咎的把戲，必須有人認輸或受損才行。[8] 必有一方奪走另一方的純潔無罪，才能證明自己的無辜。

5. 　　你認爲弟兄待你不公，因爲你認爲必須有一方不公，另一方才可能是無辜的。[2] 在這場遊戲裡，你是否看到了自己整個人際關係的唯一用意？[3] 你企圖把這個陰謀加在那關係的原有目的上頭。[4] 聖靈的目的原是讓你藉此關係認出那位神聖貴賓的臨在。[5] 除此之外，你不可能爲它增添任何目的，因整個世界除此之外沒有任何目的可言。[6] 你若在這唯一目的上自行增減其他目的，就等於剝奪了世界與你存在的一切目的。[7] 表面看來，那是世界加在你身上的不公，其實都是因爲你看不見聖靈眼中的任務，而把世界視爲「無目的」之故，這才是你對世界的不公。[8] 你就這樣剝奪了世上所有眾生應享的單純正義。

6.　　　你若作此不公的判斷，且據此判斷別人，這不義之舉對你的影響簡直難以估計。[2] 世界從此日漸昏暗而且危機四伏，使你完全看不見救恩帶來的幸福火花，它也無法照亮你的前程。[3] 於是，你會認為有人剝奪了你的光明，害你陷入黑暗，不義地將你遺棄在這既無目的又無希望的世界裡。[4] 其實，世界是公正的，因聖靈已將種種不義帶入你內在的光明，在此化解了所有的不公，且以愛與正義取而代之。[5] 不論你在何處看到不義，你只需如此提醒自己：

> [6] 我這一看法等於否定了天父與聖子的神聖臨在。
> [7] 我絕不因眼前的不義而錯失了認識祂們的機會，唯有祂們臨在之光足以驅散所有的不義。

第二十七章　療癒的夢境

壹. 十字架的畫像

1.　　希望自己受到不公的待遇，是一種想要攻擊又想裝無辜的兩全應變措施。² 但是，有誰能把互不相容之物連結起來，把不可能結合之物合而爲一？³ 唯有踏上溫和善良之路，你才可能不再害怕妖魔鬼怪或夜半魅影。⁴ 不要在自己的路上設置可怕的標誌，否則你無異於爲自己與弟兄編織了一頂荊棘冠冕。⁵ 你不可能只把自己釘上十字架。⁶ 你若受到不公的待遇，他人也會爲你所見的不公而飽受其苦。⁷ 你不可能獨自犧牲，⁸ 因犧牲是全面性的。⁹ 如果眞有犧牲的可能，上主的整個造化都會遭到池魚之殃，最後連天父都不能不犧牲自己的愛子。

2.　　你若能由犧牲的陰影中脫身，等於爲弟兄示範了解脫之道。² 你所受的每一個苦，都會被你視爲他攻擊你的罪證。³ 於是，你自身便成了他不再無辜的標誌；只要看看你的慘狀，就不難明白他是如何罪孽深重。⁴ 對你不公的事，臨到他頭上就成了理所當然。⁵ 如今輪到他來承受你所遭受的不義之報應了；唯有嫁禍於他，你才算眞正解脫。⁶ 不要讓自己成爲他罪有應得的活標誌！你若判他死罪，自己必也難逃此劫。⁷ 你只能在他的純潔無罪裡找回自己的純潔無罪。

3.　　每當你同意受苦、被剝削、遭受不公的待遇，或感到匱乏之時，你其實是在指責弟兄攻擊了上主之子。² 你在他眼前懸掛了一幅自己被釘在十字架的畫像，讓他親眼目睹，你已用鮮血和死亡將他的罪狀刻印在天上了；你走在他前面，隨手關起天堂的門，把他打入地獄。³ 然而，這血債只可能記在地獄的帳冊，而非天堂；因在天堂，你不僅僅永遠凜然不可侵犯，且是他純潔無罪的最佳明證。⁴ 你出示給他的自我畫像，其實是給你自己看的，你還對這畫像深信不疑。⁵ 聖靈則會給你另一幅畫像，畫中的你既無痛苦也無怨尤，祂要你以此面目出現於弟兄面前。⁶ 於是，原先爲了證明弟兄有罪而不惜「以死明志」的你，如今變成了他純潔無罪的完美見證。

4.　　　見證的力量超乎信念，因爲信念是靠見證激發出來的。² 人們相信見證，因爲見證指向自己之外的另一物。³ 生病與受苦的你所代表的則是弟兄的罪咎；你送出這類見證不過是在提醒他，勿忘他對你的傷害，你也絕不會輕易讓他脫罪的。⁴ 只要這幅畫像能達到懲罰他的效果，你寧願接受自己病懨懨的模樣。⁵ 病患對身邊每一個人都是無情的，他們隱藏的害人企圖具有感染力。⁶ 病人好似在說：「看看我吧，弟兄！我是死在你手中的。」弟兄於是變得死有餘辜。⁷ 病人之病成了對方最大的罪證，而死亡更證明了對方所犯的不是錯誤，而是罪過。⁸ 疾病只是「小」死一番，算是手下留情的報復方式。⁹ 但它暗地卻毫不含糊地道出了自己眞正要說的話。¹⁰ 你出示給弟兄的那張蒼白悲苦的畫像，連自己看了都感到難過。¹¹ 你必然也相信自己呈現出來的模樣，因爲它證實了你一心想在弟兄身上看到的罪咎。

5.　　如今，聖靈軟化了你的手，在你手中放置了另一幅畫像。² 那畫像依舊有血有肉，因眞實的你既無法被看見，當然就無法入畫。³ 然而，由於你這幅畫從未淪爲攻擊的武器，因此也不曾受過任何痛苦。⁴ 它不只證明了「你不可能受到傷害」的永恆眞相，還遙遙指向你和弟兄的無罪本質。⁵ 將這幅畫像顯示給你的弟兄吧！讓他看到你的每個傷痕都已痊癒，每滴眼淚都被歡笑與愛拭去了。⁶ 他會在你身上看到自己的寬恕，他痊癒的雙眼還能越過寬恕看到你的純潔無罪。⁷ 你的無罪成了他同樣不曾犯罪的明證；他在瘋狂中做出的種種，不僅成不了事，也未曾產生任何後果。⁸ 他沒有理由自我譴責下去，無情的攻擊再也傷害不了他，再也激不起一絲椎心的恐懼了。

6.　　證明他的純潔無罪吧，不要淪爲他有罪的見證了。² 你的療癒成了他的健康與慰藉，因它證實了幻相的虛假不實。³ 推動世界的力量並非生命之願，而是死亡的願望。⁴ 世界存在的唯一目的就是證明罪咎眞的存在。⁵ 世上的每一念頭、每一行爲，甚至每一感受，動機都不外乎此。⁶ 它們都是世界請來的見證，爲它們所代表與代言的那一信念體系撐腰。⁷ 每個見證都會以不同的聲音、不同的語言向你和弟兄喊話。⁸ 雖然如此，你們所得到的訊息卻完全相同。⁹ 你對身體的裝飾只不過想把罪咎的證人打扮得動人一點；¹⁰ 你對身體的掛慮也只顯示出生命有多麼脆弱，你

之所愛是如何的不堪一擊；¹¹ 你的憂鬱等於在爲死亡發言，你的虛榮使你不能不對每一件事操心。

7.　　　不論疾病以什麼形式呈現，都是生命一無所用最有力的見證，它還會煽動其餘見證，聯手勾勒出一幅人生圖像，證實罪的存在。² 每個生病的人對自己的反常欲望與怪異需求都會振振有辭，³ 說道：生命如此短暫，怎能不珍惜轉眼即逝的賞心樂事？⁴ 有什麼快樂能歷久不衰？⁵ 脆弱的生命理所當然認爲他所盜取的一點樂趣，正是自己渺小生命應得的補償。⁶ 不論他們享受到這些利益與否，到頭來都得以死亡償還。⁷ 不論你如何度過此生，生命終有結束的一天。⁸ 何不盡情享受這稍縱即逝的人生！

8.　　　這種想法並不是罪，它只是爲「罪咎與死亡眞的存在，純潔無罪或罪惡昭彰到頭來一樣都是黃土一坏」那種怪異信念作證而已。² 果眞如此的話，你確有充分的理由及時行樂了。³ 在這種人生畫像中，身體不可能是中性的，它必然身負重任，⁴ 就是充當代罪羔羊，成爲罪咎的化身；它們所帶來的結果既然有目共睹，便沒有人能否認它們的起因了。

9.　　　你的任務只是向弟兄顯示「罪沒有存在之因」。² 而你的自我畫像只會向你證明，你是不可能完成這個任務的，這是多麼令人喪氣的事！³ 聖靈給你的畫像並非把身體換成另一樣東西。⁴ 祂只是撤銷了人們投射在身體上的種種責難。⁵ 這幅身體的畫像若沒有目的可言，你就無法視它爲病態或健康的，也無所謂好壞。⁶ 沒有人能對它妄置一詞。⁷ 它沒有生命，但又不是死的。⁸ 它和你所經驗到的愛或恐懼毫不相干。⁹ 此刻的它，無法爲任何東西作證，因它的目的尚未開發；必須等到心靈恢復自由之後，才能爲它重新選擇一個目的。¹⁰ 此刻的它，並未受到任何詛咒，只等著你賦予它一個存在的目的，它好去完成自己領受的任務。

10.　　　進入這空無一物之地吧！罪的目標已經撤除，你終於能夠自由地憶起天堂了。² 天堂的平安會降臨此地，完美的療癒也會取代死亡。³ 對於再也無法忍受死亡惡臭的人，身體逐漸轉爲生命的標誌、救恩的許諾、不朽的氣息。⁴ 讓身體從此以療癒爲志吧！⁵ 它才能將自己接到的訊息傳揚出去，透過自身的健康與美麗，宣揚它所代表的眞理與價值。⁶ 身體受到了加持，才能成爲

那綿延無盡而且凜然不可侵犯的生命之象徵。⁷從此，它只會傳給弟兄一個訊息：「看看我吧，弟兄！我好端端地『活』在你的手中。」

11.　　若達此目標，最簡單的方法就是：不再接受你過去賦予身體的目的。你以前那麼確定自己知道身體的目的，結果卻爲你激出一堆罪惡感。²你深信身體最能代表的，就是你那畸形的自我畫像。³它絲毫容不下聖靈所給的另一觀點與另一目的。⁴你根本不知身體的目的何在。⁵你其實是爲了遮掩此生的眞正任務才造出這具身體的，而且還賦予它種種虛妄的目的。⁶原本沒有目的的身體怎麼隱藏得了聖靈所賜的任務？⁷爲此，讓身體的目的與你的任務握手言和吧！它們根本就是同一回事。

貳. 害怕療癒

1.　　療癒會很可怕嗎？²對許多人而言，確實如此。³控訴的心態等於自絕於愛，而受傷的身體可說是最稱職的控訴者。⁴它頑強地阻擋信任與平安的到來，聲稱弱者是不能信任任何人的，受傷的人也沒有平安的福分。⁵受到弟兄傷害的人怎麼可能敬愛且信任那位弟兄？⁶他攻擊過你，當然可能再度攻擊。⁷不要保護他！你受傷的身體一再警告你，需要保護的是你。⁸寬恕雖是一種德行，但他不配得到。⁹他的罪過也許值得憐憫，但你不能輕易赦免。¹⁰你若寬恕他的冒犯，只會使他更加罪孽深重罷了。

2.　　自身尚未療癒的人無法原諒別人。²因他們本身證明了寬恕是不公平的。³他們可以不計較對方的罪過，卻不能放過它造成的遺害。⁴沒有人能寬恕自己明明感到百般眞實的罪。⁵凡會構成遺害的，必是眞的，因爲罪證確鑿。⁶寬恕不是憐憫，憐憫只是企圖原諒自己信以爲眞的罪。⁷你也不能以德報怨，因爲你無法先定對方的罪之後再寬恕他；這不算是寬恕。⁸眞正寬恕的人怎麼可能說：「我的弟兄，你已傷害了我，但因爲我比你更好一點，所以我原諒你對我的傷害。」⁹你給他的寬恕與你所受的傷害絕不可能並存。¹⁰因爲兩者相互否定，都想證明對方是錯的。

3.　　一方面證明罪的存在，一方面又想寬恕它，這種似是而非的

觀念與理性完全不符。² 按理來說，只要他對你造成傷害，就不可原諒。³ 即使你原諒了他，也不過顯示出你的寬宏大量，但你手中仍緊握著「他不是無辜的」證據。⁴ 生病的人擺脫不了控訴者的角色。⁵ 這表示他們仍然無法寬恕弟兄，因此也難以寬恕自己。⁶ 真正寬恕的人是不可能受苦的。⁷ 他不會在弟兄面前緊抓著罪的證據不放。⁸ 如此，才算真正放下了別人的罪證，同時也清除了自己的罪過。⁹ 寬恕不可能只給這人而不給那人。¹⁰ 真正寬恕之人必會獲得療癒。¹¹ 他的療癒也成了他真正原諒對方的明證，表示他心裡已無一絲譴責，不只是對他自己，也是對所有的眾生。

4.　　除非寬恕能同時療癒你和弟兄，否則這種寬恕就不真實。² 你必須證明他的罪對你毫無影響，才能顯示罪的虛妄。³ 除此之外，有誰能活得心安理得？⁴ 除非他的罪沒有造成足以確立罪咎的任何遺害，否則他如何證明自己是無辜的？⁵ 罪之所以難以寬恕，正因它會造出無法一筆勾消或全面化解的遺害。⁶ 你必須先化解這些遺害，才能證明那只是一個錯誤而已。⁷ 先療癒自己吧！你才可能寬恕別人，而為弟兄及自己帶來救恩。

5.　　病懨懨的身體表示心靈尚未療癒。² 唯有療癒的奇蹟能證明天人分裂並沒有造成任何後遺症。³ 你向他證明什麼，自己就會相信什麼。⁴ 見證的力量源自你的信念。⁵ 你的所思、所言、所行，在在驗證了你向他示範了什麼。⁶ 你能把身體當成教具，讓對方知道你不曾因他而受苦。⁷ 身體的療癒默默證明了對方的無辜。⁸ 這種證據遠勝過千言萬語。⁹ 這是寬恕最好的證明。

6.　　奇蹟帶給他的恩典，不會少於你的。² 如此，身體的痊癒才能向你顯示心靈的療癒，表示你已寬恕了對方並未做出的事情。³ 如此，他才可能相信自己從未失落純潔的本性，而與你一起獲得療癒。⁴ 奇蹟就這樣化解了世界認為永遠化解不了的問題。⁵ 在生命古老而嘹亮的呼喚下，絕望與死亡只好悄然隱退。⁶ 死亡及罪過的呻吟抵擋不住生命的偉大呼喚。⁷ 天父對聖子，以及聖子對自己的創造所發出的千古呼喚，將是世界所聽見的最後一聲號角。⁸ 弟兄，沒有死亡這一回事。⁹ 只要你真心向弟兄顯示他沒有傷害到你，你便會學到這一真相的。¹⁰ 只要他還認為自己的手沾有你的血跡，他就得繼續承受罪罰之苦。¹¹ 為此，上天賜給你一

個使命，以你的療癒向對方顯示，他的罪咎不過是一場無謂又無稽的夢而已。

7.　　　奇蹟極其公正。² 因它賜給你和弟兄同等的禮物，讓你們一起擺脫罪咎的陰影。³ 你的療癒會使你們兩人免受其苦，你也因著對他的祝福而獲得了療癒。⁴ 療癒從不著眼於人的特殊性，此乃奇蹟的運作法則。⁵ 它不是出自憐憫，而是出自愛。⁶ 愛會為你證明：所有痛苦不過是無謂的幻想、沒有結果的愚昧願望罷了。⁷ 只要你真願看到弟兄手中不沾一點兒血腥，他內心就不會為一堆罪證而飽受罪咎之苦，這就是你健康的保證。⁸ 不論你想看到什麼，你都會如願以償的。

8.　　　你若想要活得平安，他必須付出平安的代價。² 聖靈與世界對此「代價」各有不同的詮釋。³ 世界認為這個代價陳述了一個「事實」：他必須犧牲，你才能得救。⁴ 聖靈所知道的「代價」卻是：你的療癒證明了他的療癒，卻又離不開他的療癒。⁵ 只要他同意受苦，表示你尚未療癒。⁶ 但你也能幫他看清自己的痛苦既無理由，也無意義。⁷ 向他顯示你的療癒吧，他就不再自找苦吃了！⁸ 因他在你眼中的純潔無罪終於呈現於他自己眼前了。⁹ 歡笑會取代你們的歎息，因上主之子憶起了自己真的是上主之子。

9.　　　那麼，還有誰會害怕療癒？² 唯有那些想看到弟兄備受犧牲之苦，自己才會心安的人。³ 迫害者所感到的無助和無能，成了對方應該受罰的最大理由，⁴ 而受害者所承受的罪咎之痛，也無非要證明自己是奴隸之身，加害他的人才有自由可言。⁵ 至於迫害者所受的苦則證明了自己是自由的，因為弟兄已被他困住了。⁶ 生病的願望就是想要平衡這個犧牲的天平。⁷ 聖靈豈會浪費片刻或一瞬的光景，跟這類疾病心態爭辯？⁸ 祂豈會駐足聆聽那神智不清之念而延誤了你的療癒？

10.　　　修正不是你的任務，² 而是聖靈的，唯祂方知公平為何物，因祂對罪咎一無所知。³ 你一旦負起修正的角色，就會失落寬恕的任務。⁴ 唯有懂得修正就是寬恕而非譴責之人，才可能真正的寬恕。⁵ 憑你自己，是無法看出兩者的同一性的，因此修正不是你的任務。⁶ 你的身分與任務原是同一回事，你得透過自己的任務明白自己的身分。⁷ 為此，你若把自己的任務與祂的任務混為

一談，必然也會混淆了自己的眞相。⁸ 分裂是什麼？就是想要否定並剝奪上主任務的那個願望。⁹ 如果那不是祂的任務，必然也不會是你的，因爲凡是你有意奪走的，你必會失落。

11. 分裂的心靈必會帶來分裂的身分。² 沒有人會把目的矛盾、結局也不同的任務視爲一個統一的任務。³ 心靈一旦分裂到這種地步，修正必然形同懲罰，懲罰你投射在別人身上的罪。⁴ 對方就這樣淪爲你的受害者，不再是你的弟兄了；他變得和你不一樣，比你罪孽深重一點，需要比較聖潔的你來修正他。⁵ 從此，他與你便「道不同而不相爲謀」了。⁶ 從此，你們不再是同一生命，負有同一任務，更不可能共享同一個身分與同一個結局了。

12. 你若想修正別人，必會造成分裂，因爲那是你賦予自己的任務。² 你若能看出修正與寬恕原是同一回事，便會知道聖靈與你擁有同一天心。³ 你就這樣尋回了自己的終極身分。⁴ 祂只能借用你獻給祂之物來爲你服務，問題是你只給了祂一半的心，⁵ 故祂也只能代表一半的你，也因此，你才會感到祂的目的好似常與你所愛的目標對立。⁶ 你們的任務便開始分歧，這一半總是與另一半嚴陣對峙。⁷ 這兩個一半正代表了你心目中的兩個自我。

13. 想一想，這種自我觀念會衍生出什麼結果？請勿對此掉以輕心：每個念頭都有延伸的能力，那正是它的目的，也是它的本質。² 兩個自我觀念必會衍生出兩種不同的任務。³ 問題是你只願修正一半的錯誤，且誤以爲那就是全部。⁴ 你弟兄的罪變成了你修正的主要對象，你深怕認出自己與他犯了同一錯誤。⁵ 你認爲自己犯的才是錯誤，而他犯的卻是一個罪，兩者不可相提並論。⁶ 他的罪應受懲罰，而你的錯，平心而論，無需小題大做。

14. 在這種修正心態下，你連自己的錯誤恐怕都看不見了。² 因爲你修正的焦點一直都在身外那個人身上；只要這個知見存在一天，他是不可能成爲你的一部分的。³ 凡是遭受詛咒之人，自然不會投奔他的迫害者，因迫害者不只恨他，還會把他當作恐怖的標誌而痛恨不已。⁴ 這位弟兄如今成了你痛恨的對象，當然不配成爲你生命的一部分而被你逐出身外；這就是被你否定掉的另一半。⁵ 你剔除那一半之後，再把剩餘的部分當成自己的全部。⁶ 於是，聖靈只好充當剩下的另一半，直到有朝一日你認清祂那一半

原來就是你自己的另一半為止。⁷正是為了這個目標，祂才賦予了你和弟兄無二無別的同一任務。

15.　　修正原本是聖靈賜予你們兩人的任務，不會只給其中一人。²也唯有兩人一起完成任務，才可能同時修正雙方的錯誤。³這種修正不可能只釋放一方，而不療癒另一方之錯誤的。⁴否則，它的目的就分歧了，你們也無法共享它了，聖靈絕不可能以此作為自己的目標。⁵我敢向你保證，祂不會去完成一個祂根本就看不出也不認為屬於祂的任務的。⁶祂就如此保全了你的任務，不論你們和聖靈對自己任務的觀點如何分歧。⁷祂若支持你分歧的任務，你早就迷失了。⁸幸好，祂不會在你和弟兄的目標之外看到另一分歧的目標，你才不致沉迷於不屬於你的任務。⁹你與弟兄就這樣獲得了療癒。

16.　　修正的任務必須交託給聖靈，只有祂知道修正與寬恕是同一回事。²失落一半心靈之人，是無法了解這一點的。³將修正的任務交託給天心吧！它不只內在一致，而且運作如一；因為天心內沒有分歧的目的，它心中只有一個任務。⁴那也是上主賜予天心的唯一任務，它與聖靈的任務無二無別，因為這是他們共享之物。⁵正因聖靈接下了這個任務，你的心靈才得以統一。⁶祂只有這一個目的，就是將你心目中兩個對立的自我結合起來。⁷每一半都需要寬恕另一半，他才可能接納另一半成為自己的一部分。

參. 超越象徵之上

1.　　能力是沒有對立的。²因對立會削弱它的力量，「脆弱的力量」是個自我矛盾的觀念。³「無力之力」的說法更是了無意義，削弱能力等於限制能力。⁴它必然變得有限且無力，而那正是它的目的。⁵能力若要發揮力量，就不能有所對立。⁶無力若侵入了能力，能力就開始變質。⁷使它無力即是對它設限，等於在它內加入了一個矛盾且敵對之念。⁸換句話說，這觀念被摻入了根本不屬於它的因素，使它面目全非而難以理解。⁹誰能了解「無力之力」或「可恨的愛」這類自相矛盾的觀念？

2.　　弟兄在你眼中成了「可恨的愛」、「無力之力」，甚至「活

死人」的象徵。[2] 難怪他對你失去了意義，因他已成了無意義的象徵。[3] 他代表一個矛盾的概念，這一半否定了另一半，[4] 而僅餘的一半又與它否定的那一半相牴觸，於是，雙方就這樣互相抵消掉了。[5] 如今，他什麼意義都沒有了。[6] 象徵根本不存在之物，等於代表一個虛無的空位。[7] 虛無本身無法構成任何干擾。[8] 是你把這虛無當真的信念才使得你無法覺於真相。

3.　　弟兄在你眼中的那幅畫像，沒有任何意義，[2] 不值得你去攻擊或否認，去愛或去恨，鞏固它或削弱它。[3] 那幅畫像早已自相抵消掉了，因為它象徵一個自我矛盾、相互牴觸的觀念。[4] 它成了一幅「無因」之像。[5] 有誰看得見「無因」之果？[6] 既無存在之因，除了虛無，還會是什麼？[7] 你眼中的那幅弟兄的畫像，其實並不存在，而且壓根兒不曾存在過。[8] 願你早日認清它之所在只是一個虛位；著眼於它，只是浪費時間，虛擲光陰而已。

4.　　你若不把那虛位看成實物，不把虛擲光陰視為善用時間，你已經默默地邀請了真理且讓它感到賓至如歸。[2] 你無法預做準備，好讓自己的邀請更具吸引力。[3] 因為你留下的空位，只有上主才能填滿；祂所到之處，真理必然如影隨形。[4] 未經削弱，也沒有對立的能力，這就是造化的真相。[5] 這種境界無需仰賴象徵。[6] 因為沒有一物能超越真相之上，也沒有一物象徵得了那超越一切之境。[7] 然而，道地的化解過程仁慈無比。[8] 它會先用另一幅畫像來取代你這幅畫像。

5.　　正如虛無無法入畫，本體境界也無可象徵。[2] 你不可能透過形相、圖樣或靠親眼目睹而了解真相。[3] 寬恕並沒有這一境界的無限能力，[4] 但它也不受制於你的畫地自限。[5] 寬恕只是用來代表真相的一個臨時道具，[6] 給聖靈一個與你交換祂的畫面的機會；這一教學工具等你完成學習時便無存在的必要了。[7] 教具的用途無法超越教學預定的範圍。[8] 目標一旦達成，任務便不復存在了。[9] 但在學習過程裡，它顯得十分有用；你目前對它還會避之唯恐不及，但你遲早會愛上它的。

6.　　聖靈賜你的那幅弟兄畫像，正好填補你剛騰出的那個空位，它不需要你任何的保護。[2] 你自然會對它愛不釋手，[3] 迫不及待把它訂為人生唯一的目標。[4] 它內再也沒有自相矛盾的雙重概念

了。⁵縱然它只代表一半的畫像，尚不完整，至少在它的概念裡已達到一致化。⁶它所代表的另一半雖然不爲人知，但並未被抵消掉。⁷如此，上主才有餘地跨出祂最後的一步。⁸到了這一步，你無需任何畫像或工具來幫助，⁹本來如是的實相自會取代一切學習教具。

7.　　寬恕識趣而退，象徵也銷聲匿跡，眼之所見、耳之所聞的一切，從此不復存在。²圓滿又無限的能力已經來臨，不是爲了毀滅，而是爲了迎接一切屬它的人。³你再也無需選擇任何任務了。⁴你深恐失去的那種選擇，其實你根本不曾擁有過。⁵如今，只剩下這個選擇似乎在干擾那無限能力、唯一之念，以及圓滿幸福且毫無對立之境。⁶你對平安的大能一無所知，它超越一切對立。⁷除它之外，沒有其他能力存在。⁸迎向那超越寬恕、超越象徵與有限世界的大能吧！⁹祂只願如此，故祂必然如此。

肆. 寧靜的答覆

1.　　世間萬物都會靜靜地得到答覆，每個問題也都靜靜地獲得解決。²在衝突中，你不可能看到答覆與解決方案，因衝突的目的就是使問題不得解決，也保證你找不到明確的答案。³陷於衝突的問題是不可能有答案的，因爲看問題的角度有了分歧。⁴從這個角度給出的答案，對持有另一看法的人並不算是答案。⁵你始終活在衝突裡。⁶因此，你顯然不可能答覆任何問題，因衝突的後果難以預料。⁷然而上主若已親自答覆了，你的問題從某一層面來講必已解決了；因祂所願之事，必已完成。

2.　　爲此，祂的答覆必不涉及時間的因素，每個問題方能「當下」得到答覆。²但你卻可能持有「這問題永遠解決不了」的心態。³這表示祂的答案必然存在心靈的另一處，而上主也已賜你進入那一處的方法了。⁴那就是神聖的一刻。⁵所有的問題都應該帶到這一刻，而且留在此地。⁶這才是它們該在的地方，因爲答案在此。⁷一旦找到答案，問題就變得單純且容易解決了。⁸你若想在沒有答案的地方解決問題，必然徒勞無功。⁹反之，你若把問題帶到答案所在之處，則會迎刃而解。

3.　　切莫妄想在神聖一刻之外解決問題！² 因問題唯有在此才會得到答覆而獲得解決。³ 在它之外，沒有解決之道，因爲他處沒有你想要的答案。⁴ 離開這一刻，你連一個簡單的問題都提不出來。⁵ 世界所提的問題常常別有用意。⁶ 一個問題若有多種答案，就等於沒有答案。⁷ 只因那些答案沒有一個有效。⁸ 世界提出問題時，並非眞想解決問題，往往只是重申自己的看法而已。

4.　　從世界的觀點提出的問題，全都是表達自己的看法，而非眞的在提問。² 誰能答覆仇恨所提出的問題？因它本身就是一個答覆。³ 一個別有用意的提問，所問與所答其實只是以不同形式來證明同一觀點而已。⁴ 世界只會提出一個問題：⁵「所有的幻相裡頭，哪一個才是眞的？⁶ 哪一個能帶給人平安喜悅？⁷ 哪一個能使人從苦難世界解脫出來？」⁸ 不論你以何種形式提出此問，用意只有一個，⁹ 就是企圖把罪弄假成眞，只接受自己喜歡的那種答覆。¹⁰「你比較喜歡哪一種罪，¹¹ 就會選擇那一種答覆。¹² 其餘的對你都不再眞實。¹³ 你的身體能爲你掙得你最愛之物，¹⁴ 它是你的僕役，也是你的朋友。¹⁵ 只要告訴它你想要什麼，它就會滿你所願。」¹⁶ 這不是一個問題，它只是告訴你，你想要什麼，以及該向何處追尋。¹⁷ 它不給你質問這一信念的餘地，因爲它只是假借提問而重申一己之見而已。

5.　　言不由衷的問題是沒有答案的。² 它在問話之際已經預設了答覆。³ 人間所有的問題都屬於這類自我宣傳。⁴ 正如身體的見證全靠自己的感官，同理，世界所提的問題不外乎自問自答。⁵ 答案若只是重申問題，必然了無新意，你無法從中學到任何東西。⁶ 誠實的問題才堪稱學習的教具，因它會問自己不知道的事情。⁷ 它不會預設答覆，只會虛心請教眞正的答案。⁸ 問題是，內心衝突的人是無法提出這種問題的，因他並不想找到眞正的答案來終結內心的衝突。

6.　　只有在神聖一刻，你才可能眞心提出誠實的問題。² 有意義的問題方能引來有意義的答覆。³ 只有這種答覆才不致受你的私心左右，你也才可能收到上天所賜的答覆。⁴ 答案早已給你了，而且無所不在。⁵ 但你只能在當下此刻聽它。⁶ 眞正的答覆不會要求你作任何犧牲，因爲它答覆的是人心最眞實的問題。⁷ 世界最喜歡問的是：「誰該爲此付出代價？」它不敢質問犧牲本身的

意義何在。⁸ 因此，除非答案說出一個「誰」來，否則就沒有人能認出或聽見這個答案；於是問題依然故我，因它已經自問自答了。⁹ 神聖一刻代表的就是心靈寧靜到足以聽見答案的那一瞬；它所聽到的答案絕不受限於問題本身。¹⁰ 這種答案必會令人耳目一新，即使它可能答非所問。¹¹ 如果答案只是重複問題，還稱得上是答覆嗎？

7.　　因此，別再企圖從世界的角度解決任何問題了，因世界根本一直在抵制答案來臨。² 你應將問題帶到慈愛天恩爲你準備好答覆的那個地方。³ 只有那個答案才眞正解決得了你的問題，因爲它能跳出問題本身，幫你看清什麼才是值得答覆的，也就是什麼才是眞正的問題。⁴ 世界的答覆方式乃是不斷提出新的問題來搪塞舊的問題。⁵ 只有在神聖一刻內，你才能將問題帶到答案所在之處，接受那早已爲你備妥的答覆。

伍. 療癒的楷模

1.　　唯一的療癒之道，就是接受療癒。² 奇蹟無需靠你推恩，它只要你幫它起一個頭。³ 只要你自己接受了療癒的奇蹟，基於奇蹟的本質，它就會自動向外推恩。⁴ 也基於奇蹟的天性，它在誕生的一刻便已開始推恩了。⁵ 奇蹟就誕生於你接受它和給出它的那一刻。⁶ 沒有人有權利要求別人接受療癒。⁷ 他只能讓自己療癒，然後與人分享自己領受到的禮物。⁸ 誰能給出自己沒有的東西？⁹ 誰又能與人分享自己拒而不受之物？¹⁰ 聖靈是在向「你」喊話。¹¹ 祂的話不是向別人說的。¹² 只要你聆聽，祂的天音便會延伸到別人耳裡，只因你接納了祂所說的話。

2.　　唯有健康才能爲健康作證。² 如果無人爲它作證，它就無法使人信服。³ 它需要示範才能顯示自身的存在，它需要見證才能令人口服心服。⁴ 矛盾的訊息無法療癒任何人。⁵ 你若一心渴望療癒，就必會獲得療癒。⁶ 只有一心不二，療癒才可能發生。⁷ 你若害怕療癒，它自然不會藉助於你。⁸ 療癒只要求一個條件，便是放下恐懼。⁹ 心懷恐懼的人尚未痊癒，當然不可能療癒別人。¹⁰ 但這並不表示，你的心靈必須修到永無衝突的程度才算療癒。

¹¹ 你若已從衝突徹底解脫，根本就無需療癒了。¹² 它只要求你放下攻擊，發出片刻的愛心。¹³ 這一刻便已綽綽有餘。¹⁴ 因奇蹟無需仰賴時間。

3.　　　神聖一刻是奇蹟的寄身之處。² 每個奇蹟都是由這一刻降臨人間的，為超越衝突的平安心境作證。³ 它會由平安之境為人間戰場帶來撫慰，證明那些戰爭並未造成任何遺害。⁴ 它無比溫柔地扶起傷殘的軀體，慰撫臨死的哀鳴與沉默的亡者，撫平戰爭企圖製造的一切傷害。

4.　　　奇蹟前來療癒之地，哀傷必然無以立足。² 你只需放下攻擊，發出片刻的愛心，奇蹟便會來臨。³ 你便在這一刻療癒了，而所有的療癒也在這短短一刻大功告成。⁴ 接納神聖一刻祝福的人，還會欠缺什麼？⁵ 別再害怕祝福了，祝福你的「那一位」深愛整個世界，祂不會在世間留下任何可怕之物的。⁶ 然而，你若存心躲避祂的祝福，世界便會顯得萬分可怕，因那表示你拒絕給予世界平安和慰藉，任它奄奄一息，坐以待斃。

5.　　　你本來可以拯救世界的，卻因害怕療癒而退縮了，使這飽受剝削的世界顯得好似一種天譴。² 所有瀕死之人都帶著譴責的眼神，痛苦地低聲問你：「你究竟在怕什麼？」³ 好好深思這個反問吧！⁴ 這是為你好而質問你的。⁵ 這瀕死的世界不過要求你停止自我攻擊片刻，它就會痊癒的。

6.　　　接受神聖一刻的療癒吧！當你重返世界時，絕不會失去那一刻所賜你的禮物。² 蒙受祝福的你必會帶給別人祝福的。³ 上天賜你生命，是要你把這生命帶給瀕死的世界。⁴ 受苦的眼睛從此不帶譴責的眼光，而是以充滿感激的眼神望著你，感謝你為世界帶來了祝福。⁵ 神聖一刻的光輝必會照亮你的眼睛，將你的目光提升到一切苦難之上，看到基督的聖容。⁶ 療癒便如此取代了人間的苦痛。⁷ 你只要著眼於其中一個，就不會看見另一個，因兩者不可能同時出現。⁸ 你看到什麼，世界也會看到什麼，而且成了它的見證。

7.　　　世界指望著你的療癒，如此，它才可能獲得療癒。² 它需要有人完美地學習這一功課。³ 為此，當你遺忘時，世界便會溫柔地提醒你曾教它的一切。⁴ 唯有你接受療癒，世界才有生存的餘

地，故它必會懷著感恩之情大力支援你。⁵它會召集當初因你的指點而成為基督見證之人，向你顯示基督的聖容。⁶一個嶄新的世界開始取代先前充滿譴責的世界，所有的目光都會仰慕這位解救眾生的「道友」。⁷你的弟兄終會欣然醒悟，往昔心目中的仇敵原來是真正的朋友。

8.　　　人生問題通常不是具體的問題，但呈現出來的形式卻很具體，整個世界就是由這些具體的形式構成的。²沒有人了解自己問題的真相。³倘若了解，根本就不會在意這些問題了。⁴因問題的真相即是：它根本沒有問題。⁵為此，當他著眼於那些表面問題，是不可能看出問題的真相的。⁶但療癒卻必須靠具體事件才能呈現，它的普遍原則即是「放諸四海皆準」。⁷儘管事件的外形有別，骨子裡全是同一回事。⁸你需要學習的就是如何將此一原則落實於所有的事件；只要你能在兩個事件或不同處境看出它們原是同一回事，或是看出它們的共通之處，你的學習才算圓滿完成。⁹然而，只有聖靈才能真正達此境界，因為祂從不著眼於你眼中那些相異性。¹⁰你自己是無法做到「放諸四海皆準」的。¹¹只有祂能藉由你眼中的相異性慢慢調教你，讓你相信它們確實虛假不實。

9.　　　你的療癒具有推恩能力，它會延伸到所有的問題上頭，即使你不認為那些是你的問題。²只要你能由一個問題脫身，便會親眼目睹林林總總的問題都迎刃而解了。³這可不是靠問題的差異性而達到的成果，因為你無法從不同甚至對立的事件中東學西學，而學到同一的結果。⁴所有的療癒必須合乎人間的遊戲規則，不能違反知見世界的運作法則才行。⁵但你也不必害怕自己對這些法則的看法。⁶你的看法必然有誤，而你心裡的「那一位」永遠正確無誤。

10.　　　因此，將那「放諸四海皆準」的課題，交給真正了解世界運作法則的聖靈吧！唯有祂能保證那些法則不受任何侵犯及限制。²你的責任只是把祂教給你的一切用在自己身上，其餘的事，祂自會為你打點的。³此後，你在學習路上會出現種種不同的見證，處處為你證明學習的偉大力量。⁴在所有的見證中，你最先看到的就是那位弟兄，在他身後還有成千上萬的人，而這些人後面又有成千上萬的人。⁵每一個人都好似懷有與眾不同的問題。

⁶但是，所有的問題都會同時解決的。⁷這共同的答案證明了那些問題並非什麼個別又獨特的問題。

11.　　療癒已降臨於你了，平安必與你同在。²你終會看出，平安就在你接受療癒之際降臨了。³療癒的整個價值不是你能妄置一詞的，但你絕對能深受其惠。⁴那毫不傷人的愛進入你心裡時，那一刻的經驗必會令你永誌不忘。⁵你的療癒只是其中一個效果而已，無數的弟兄會與你一起獲得痊癒。⁶不論你到哪裡，都會看到神聖一刻的效果不斷成倍地增長。⁷真正受惠的人必然遠超過你親眼目睹的見證。⁸你是無法靠計數每一部分而了解那無限的整體。⁹上主由衷感謝你接受了療癒，因祂知道這是你對聖子的愛，也是你獻給上主的禮物。

陸．罪的見證

1.　　痛苦證明了身體的真實性。²那是一種嘈雜、含糊而又刺耳的聲音，讓你覺察不出聖靈對你說的話。³痛苦使人無法專注，意識不到聖靈的存在，它會把你整個注意力都集中在自己身上。⁴它的目的與你尋求的快感一樣，兩者都是想把身體弄假成真的手段。⁵凡是目的相同之物必屬同類。⁶這是目的的運作法則，它會把所有懷此目的之人都拉到這個目的本身。⁷身體的快感和痛苦同樣的虛幻，因為它們永遠無法達成目的。⁸因此，這些工具一無所用，只因它們的目標毫無意義。⁹為此，它們的作用自然也與目的一樣了無意義。

2.　　罪會不斷由痛苦轉為快感，而後又轉回痛苦。²不論是苦是樂，它只見證了一事，也只給你一個訊息：「你活在世上，活在這具身體裡頭，你會受到傷害，³你也能享受快感，但必須付出痛苦的代價。」⁴這類見證有不少狐群狗黨。⁵每一個看起來都不一樣，各有不同的名稱，答覆著不同的聲音。⁶除了外觀的不同，罪的見證其實全是同一回事。⁷若把快感稱作痛苦，就含有殺傷力。⁸反之，若稱痛苦為快感，你便感覺不到它背後的痛苦。⁹罪的見證只會不斷改名換姓，這個見證上前一步，那個便自行退下。¹⁰然而，不論哪一個走在前面，毫無差別。¹¹罪的見

證只會答覆死亡的呼喚。

3.　　　這具身體只是儲藏你所有的願望與記憶而已，並沒有自身的目的。²你用它的眼睛來看，用它的耳朵來聽，被它的感覺所控制。³**其實它什麼也不知道**。⁴它告訴你的種種名字都是你賦予它的，是你爲了證明身體的眞實性而請來的見證。⁵你無法從這類見證裡頭決定哪個才是眞的，因不論你選哪一個，和其他的全無兩樣。⁶你選擇的不過是這個名字或那個名字而已。⁷某一個見證不會因爲你稱他爲眞理，他就變成眞的。⁸如果他所代表的是眞理，你只能在他內找到眞理。⁹否則他就是在撒謊，即使你以上主的聖名來稱呼他，也一樣無濟於事。

4.　　　上主的偉大「見證」不會去看任何對身體不利的證據。²祂也不會去聽那些頂著其他名字或以他種方式證明身體眞實的見證。³聖靈知道身體不是眞的。⁴它其實並沒有你認爲它擁有之物。⁵它也不可能命令屬於上主的你該有什麼感覺，又該負什麼任務。⁶然而聖靈必會憐惜你所珍愛之物。⁷祂會針對每個死亡的見證，爲你指派一位生命的見證，證明你其實活在上主內；而上主對死亡一無所知。⁸聖靈帶來的每個奇蹟都會爲你證明身體是虛幻的。⁹祂會撤換罪的一切見證，治癒身體的快感與痛苦，因兩者對祂全是同一回事。

5.　　　罪的見證不論化名爲何物，奇蹟對它們一視同仁。²奇蹟會向你證明，那些名字所代表之物沒有任何作用與後果。³它證明的方式就是以奇蹟之果取代罪的後遺症。⁴你把自己的痛苦稱作什麼，並不重要。⁵反正它已不復存在。⁶那些痛苦在帶給你奇蹟的「那一位」眼中都是同一回事，祂一律稱之爲恐懼。⁷正如恐懼會爲死亡作證，奇蹟則成了生命的見證。⁸沒有人否定得了這個見證，因它帶來了種種生命的跡象。⁹瀕死之人活下來了，亡者復生了，痛苦也消逝了。¹⁰然而，奇蹟不是爲自己發言，它只會爲自己所代表的「那一位」發言。

6.　　　愛在罪的世界中也有屬於自己的一群象徵。²奇蹟之所以有寬恕效果，正因它足以代表那超越寬恕且眞實無比的愛。³你若認爲奇蹟會受制於它所致力化解的罪之法則，沒有比這更瘋狂的想法了。⁴罪的勢力另有一堆見證，而且各有專長。⁵他們各爲不

同的痛苦作證。⁶這一點刺痛、那一點歡樂，乃至垂死之痛，對賜予奇蹟來祝福世界的聖靈而言，都是同一種聲音，那是呼求療癒的禱聲，是這苦難世界所發出的哀號。⁷奇蹟驗證了所有問題都是同一回事。⁸它是爲證明這一相同性而來的。⁹它就這樣解除了世界賦予各種問題不同名稱的遊戲，使世間法則從此一蹶不振。¹⁰這是奇蹟所要完成的目標。¹¹上主還會親自爲奇蹟的見證力量作保。

7. 　　去爲奇蹟作證吧！不要爲罪的法則作證。²你實在沒有繼續受苦的必要。³你只有療癒的需要，因爲痛苦與哀傷使世界無法聽見救恩與解脫的呼喚。

8. 　　世界有待你的療癒及幸福才能重生，你也才能向人證明世界已經療癒了。²只要你能展現一點神聖一刻的效果，便足以取代世間的一切罪惡。³人們就不會繼續自找苦吃了。⁴除了這個任務以外，人間還有什麼事情值得你獻身？⁵讓自己療癒吧！你才能療癒別人，且再也不受罪的法則所操控。⁶只要你決心讓愛的象徵取代罪的見證，真理必會向你啓示的。

柒．作夢之人

1. 　　受苦，不過是在宣告世界傷害了你。²由此可見，世界眼中的救恩觀是多麼畸形。³它像一場懲罰的噩夢，夢者意識不到究竟什麼東西在攻擊自己，只看到各種不公的打擊落在自己頭上。⁴他是這「外來攻擊」的受害者，怎麼可能爲此事負責？⁵他是無辜的，因爲他不知道自己究竟做了什麼，只知道別人對他做了什麼。⁶攻擊他的其實是他自己，深受其苦的也是他自己。⁷但他無路可逃，因爲他以爲痛苦是由外而來的。

2. 　　現在，你已看到了，你是有路可退的。²你只需面對問題的真相，不再去看你希望它成爲的樣子。³你不需要其他的解決辦法，問題本來很簡單，只因你不想解決，才把它搞得如此曖昧複雜。⁴撤除了重重煙幕之後，問題就會呈現出它原始的單純。⁵這選擇一點也不難，只要你看清問題，便會發覺其間的荒謬。⁶任何人只要認出那問題對自己有害而且不難解決，這麼簡單的事怎

麼會下不了決心？

3.　　　構成世界及其運轉的「邏輯」動力即是：「你是我行爲的原因；[2] 你的出現是我憤怒的理由；你人雖在此，卻與我形同陌路，[3] 挑釁的既然是你，表示我必是無辜的；[4] 你的攻擊才是我今日受苦的緣由。」[5] 凡是敢誠實正視這個「邏輯」的人，不難看出這些理由實在難以自圓其說。[6] 但乍聽之下卻好像言之成理，因世界看起來確實像在害你，[7] 你似乎沒有必要去深究這些理由的虛實。

4.　　　絕對有此必要！[2] 擺脫罪罰或天譴的命運是世人共同的需求。[3] 雖然他們未必認出這一共同需求。[4] 每一個人都很容易這麼以爲，一旦他善盡了自己的分內之責，世界的詛咒反而會落在他頭上。[5] 而這就是他誤以爲上天要他拯救世界的任務。[6] 但報應總該有個對象，[7] 否則，報復者手中的利刃就會指向自己。[8] 如果他想要成爲無辜的受害者，就必須看到那利刃是握在別人手中才行。[9] 如此，他才可以成爲別人的刀下冤魂。

5.　　　這是世界在他眼中的目的。[2] 他也會在世上看到，世界爲了完成此目的所提供的必備工具。[3] 工具只是爲了目的效力，它自身並非原因。[4] 即使你把原因與它的後果分爲兩回事，也改變不了原因。[5] 原因形成結果，結果又爲原因作證，而非爲自己作證。[6] 爲此，把目光越過外在的後果而看吧！[7] 罪的苦因絕不會藏身於此。[8] 你也無需逗留在罪與苦上頭，因兩者不過是眞正原因的一個倒影而已。

6.　　　你爲解除世界所受的天譴而承擔的那一點任務，成了你自己的解脫之道。[2] 請你記住，邪惡世界的見證只能代那認爲不能沒有邪惡的世界發言。[3] 你第一個罪咎終於在此露面了。[4] 而你與弟兄的分裂，則是你對自己發動的第一次攻擊。[5] 你在世上看到的都不外乎這類見證。[6] 不要再尋找其他理由了，也不要期待世界那聲勢浩大的見證團能幫你化解這個世界。[7] 它們只會與世界沆瀣一氣，要你死心塌地效忠於它。[8] 你怎麼可能從企圖掩飾眞相的世界找到眞理？

7.　　　罪的見證都擠在這個小小的空間裡。[2] 你會在此找到眼前世界的起因。[3] 世界似乎未經你同意或邀請就把一切強加於你，你

始終想不透原因何在。⁴ 但你十分肯定，在那些使你痛不欲生的各種原因當中，你從不把自己的罪咎計算在內。⁵ 你也十分確定，那一切痛苦不可能是你自己求來的。⁶ 整個幻相世界就是這樣形成的。⁷ 製造幻相的人看不出那是自己打造的，也看不出那些幻相是藉著他自己才維繫下去的。⁸ 幻相的起因不論是什麼，一概與他無關，他所見到的外界與他內心的想法是兩回事。⁹ 他絲毫不懷疑夢境的真實性，由於他根本看不見自己是夢境的製作者，夢境對他才會顯得如此真實。

8.　　如果是世界在為他作夢，他就不可能由這個夢中清醒過來。² 他變成了別人夢境的一部分。³ 他無法從一個不是自己的夢裡醒來。⁴ 他在那兒一籌莫展，只能在別人的心靈所想出而且喜愛的夢中飽受折磨。⁵ 那個心靈毫不顧慮他的死活，從不以他的平安與幸福為念，就像對天氣或時間一樣漫不經心。⁶ 那個心靈一點也不愛他，只是為了夢境的需要而隨意拋給他一個角色。⁷ 他本身無足輕重，好似皮影戲裡的傀儡，根據世界無聊夢境的荒謬劇情活蹦亂跳一番而已。

9.　　這就是你目前所看到的人生處境：那既不是你所作的夢，你便無選擇的餘地，你的痛苦必然另有起因。² 你若否定痛苦之因起於你的心中，那就是你所選擇的人生。³ 其實你該慶幸自己才是一切之肇因，如此你才有主宰自己命運的餘地。⁴ 在沉睡的死亡、邪惡的夢境、幸福的覺醒與生命的喜悅之間，選擇的主權始終操之於你。

10.　　在生命與死亡，清醒與昏睡，和平與戰爭，夢境與真相之間，你有什麼選擇的餘地？² 但你極可能誤把死亡當成平安，因為世界已把身體當成上主所創造的真正的你了。³ 然而，一物絕不可能同時成為自己的反面。⁴ 死亡是平安的反面，因為它是生命的反面。⁵ 生命才是平安。⁶ 覺醒吧！忘卻一切死亡之念，你就會發現自己早已擁有上主的平安。⁷ 既然天賦予你選擇的能力，不論選擇昏睡還是覺醒之境，你必須看清自己所選之物背後的真正起因，以及你是從何處作出這個選擇的。

11.　　在兩種狀態中，如果你只認識其一，你能作何選擇？² 在兩種後果之間，如果你只能選擇一種，你哪裡有選擇的自由？³ 你

若得在渺小的你與巨大的世界之間作個選擇，而兩者都在為真實的你作著不同的夢，這稱得上選擇嗎？⁴世界的夢與你個人的夢不能視為真相與夢境之別。⁵世界與你在作同樣的夢。⁶世界大夢只是你投射出去的夢境的一小部分而已，但你卻把世界之夢當成自己夢境的起點與終點。⁷其實，世界大夢出自你個人的私夢，你自己看不清這個事實，才會把你在世上看到的一切當真，從不懷疑它的真實性。⁸好夢方酣的你，正暗自夢到世界的起因真實不虛，如此，你怎麼可能對世界起疑？

12. 你夢到了：與你分裂的弟兄成了你的累世冤家，他陰魂不散，明明企圖置你於死地，卻故意慢慢折磨你。²但這夢底下還隱藏了一個更陰森的夢，你在那個夢裡搖身一變成了兇手，隱形的敵人，是你弟兄與世界的掠奪者與毀滅者。³這才是你真正的痛苦之因，它隱藏在你那小小夢境與你的真相之間的縫隙裡。⁴這個肉眼看不見的小小間隙，成了一切幻相與恐懼的溫床，所有恐怖的時間、千古的宿怨，以及眼前的災難，全都由此醞釀而成。⁵這兒是「非真相」的起源，⁶故它也必須在此化解。

13. 「你」，才是世界大夢的夢者。²除你以外，世界沒有其他的起因，而且永遠都不會有。³你那無聊的夢把上主之子嚇得六神無主，以為自己失去了純潔無罪，害他不只否定了天父，還與自己交戰不已。⁴這夢如此的可怕，看起來又如此真實，你此刻若喚醒他，他一定會受到驚嚇，冷汗涔涔。你應在喚醒他之前將他領到比較溫柔的夢中，安撫一下他的心靈，他才可能心無畏懼地迎向愛的呼喚。他需要一個溫柔之夢，與弟兄重歸於好，如此才能療癒他的痛苦。⁵上主願他安詳喜悅地甦醒過來，故給了他一條無需恐懼的覺醒途徑。

14. 放下自己的舊夢，接納祂賜你的夢境吧！²一旦認清了夢者是誰，你就不難轉變自己的夢境了。³安息於聖靈吧！讓祂溫柔的夢取代你那恐怖的死亡之夢。⁴在祂給你的寬恕之夢中，再也沒有誰是兇手或誰是受害者的問題。⁵在祂賜你的夢裡，既沒有謀殺，也沒有死亡。⁶雖然你仍閉著雙眼，但罪咎之夢已逐漸由你眼前消逝。⁷微笑開始在你沉睡的臉龐綻放。⁸你終於能夠安心入眠了，此後，你只會作幸福的夢。

15.　　你會溫柔地夢見自己的無罪弟兄！他會與你結合於神聖純潔之境。² 天堂之主會親自進入這個夢喚醒祂的愛子。³ 夢見你弟兄的仁慈吧！不要在夢中計較他的過錯了。⁴ 只去夢他體貼的一面，別再追究他對你的傷害。⁵ 寬恕他所有的幻相，感謝他為你帶來的所有益處。⁶ 不要因為他在你夢中顯得不夠完美而不把他的禮物當一回事。⁷ 他是天父的代表，而你卻把天父視為賜你生命也賜你死亡的神明。

16.　　我的弟兄！天父只可能賜給你生命。² 你在夢中看到弟兄給你什麼，那便成了天父對你的恩賜。³ 願你能由弟兄的愛心與善行中看清他給你的禮物。⁴ 衷心感謝他的餽贈，別讓任何苦惱騷擾了你的美夢。

捌 . 夢中「英雄」

1.　　在夢的世界裡，身體是主角。² 沒有任何一個夢缺少得了它，離開了夢境，它便無法生存。它在夢中扮演一個有模有樣、如假包換的人。³ 身體在所有夢裡都扮演著核心角色；每個夢境都在述說自己如何被其他身體塑造出來的故事，它如何被生到身外的世界，度過一段光陰便離世而去，與其他可朽的身體同歸塵土。⁴ 在它分配到的短暫歲月裡，開始尋找其他身體，不是交友，就是結仇。⁵ 自身安全是它最關切的事，⁶ 活得舒適是它的人生指標；⁷ 它盡其所能地避苦求樂，躲開一切有害之物；⁸ 最重要的，它企圖教自己如何在人間的苦樂之中分別取捨。

2.　　世界所作的夢五花八門，因為身體會使出渾身解數，證明自己的獨立性與真實性。² 它用世人眼中最真實也最可愛的銅錢紙幣購買東西，裝飾自己。³ 它用無聊的工作換取鈔票之後，又將它們虛擲在根本不需要甚至不想要的無聊物品上。⁴ 它還會雇用其他的身體來保護自己，繼續搜集更多無聊的東西，累積更大的資產。⁵ 它四處尋找對它而言具有特殊性的身體來分享自己的夢。⁶ 有些夢中，它成了征服其他弱小身體的勝利者。⁷ 但在另一段夢中，它則可能淪為奴隸，飽受其他身體的傷害與折磨。

3.　　身體由生到死一連串的歷險故事，構成了人間大夢的同一主

題。² 夢中的「英雄」從未改變過,它的目的也一成未變。³ 只有夢境千變萬化,為它的「英雄」提供各式各樣的題材與舞臺;夢的目的雖然只有一個,表達的方式卻多到令人目不暇給。⁴ 它一而再、再而三要傳授你的,只有「身體是因,而非果」這一課題。⁵ 你是身體形成之果,故不可能成為它存在的原因。

4.　　換句話說,你是夢,而非夢者。² 從此,你只好漫無目的地遊蕩於它自編自導的情節與場景之中。³ 身體的能耐確實僅止於此,因它只是夢中的一個角色而已。⁴ 只有誤把這些角色當真的人,才會與它們殷勤互動。⁵ 他一旦看清了它們的真相,它們對他便一籌莫展,因為他明白,那些角色所有的能耐都是自己賦予的;他不只是它們的起因,還把它們打造得像真的一樣。

5.　　你究竟多想擺脫世界大夢的種種後遺症?² 你真的不想讓夢境操控你的所作所為嗎?³ 那麼,好好正視夢境的起因吧!因你眼前的這個世界屬於夢境的第二部分,它真正的肇因藏在第一部分。⁴ 仍在世界昏睡而且好夢方酣的人,不會記得他當初是怎麼打擊自己的。⁵ 也沒有人會相信,曾幾何時,他確實不知身體這一回事,也絕不可能把世界當真。⁶ 他原本能夠當下看出那念頭只是一個荒誕不經的幻覺,他若一笑置之,所有幻相便會一逝不返。⁷ 如今這些念頭顯得多麼嚴重!⁸ 他們再也想不起當初是可以一笑置之而不予理會的。⁹ 如今,只要我們放膽正視它的起因,便會憶起這一真相。¹⁰ 還會看到當初大可一笑置之而且無需畏懼的原因所在。

6.　　夢者已把夢中情景當成外界加諸於他的事件。現在,讓我們把他投射出去的夢境歸還給他吧!² 在「一切是一」的永恆境內,悄然潛入了一個小小的瘋狂念頭,而上主之子竟然忘了對它一笑置之。³ 因著他的遺忘,這個念頭變為一個無比嚴重的觀念,成了一種能夠實現並產生真實後果的可能性。⁴ 只要我們攜手同行,便不難對此一笑置之了;我們知道時間是無法侵入永恆的。⁵ 永恆否定了時間的存在。認為時間能干擾永恆的念頭,實在可笑之至。

7.　　時間潛入了超時空之境,上主的一部分竟能攻擊自己,分裂的弟兄反目成仇,心靈被困在身體裡頭;這些現象接二連三地出

現，構成了因果循環，於是，起點成了終點，而終點又成了起點。² 你眼中所見的世界不過如實呈現你認定是自己所犯的滔天之罪。³ 現在你反咬世界一口，認爲你所做的那些事其實是外界加諸於你的。⁴ 你再把那個念頭所引發的罪咎投射到自身之外，構成了一個有罪的世界；是它在作你的夢，想你的念頭；你絕不是造出這一切的元兇。⁵ 是它在報復，不是你在報復。⁶ 是它將你囚禁於小小五尺之軀，是它在懲罰身體在夢中所犯的一切罪行。⁷ 你沒有能力制止身體的惡行，因它不是你造的，它的行爲、動機，甚至它的命運，都不是你操控得了的。

8.　　世界不過反映這一千古不變的眞理：你認爲自己是如何待人的，必相信他人也會同樣地對待你。² 不過，你若掉入了譴責別人的陷阱，就無法看到他們行爲背後眞正的原因，只因你要他們爲你背負內心的罪咎。³ 你爲了保全自己的純潔無罪，一邊把罪咎推到身外，一邊又緊抓著不放，這是多麼笨拙而幼稚的手法！⁴ 如果你眼前所見都是至爲嚴重的後果，而你又看不見那微不足道的起因，你便無法把它當作一個玩笑看待了。⁵ 不明原因的後果，顯得特別悲哀而且嚴重。⁶ 其實，它們只是延伸出來的後果。⁷ 那個毫無來由的起因，才是眞正的玩笑。

9.　　聖靈看得見眞正的起因，祂只會輕輕一笑，毫不在意那些後果。² 除此之外，祂還能如何爲存心罔顧起因的你修正這一錯誤？³ 祂要你把每一個可怕的後果都帶到祂面前，與祂一起看看那可笑的起因，再與祂會心一笑即可。⁴ 你最愛評判後果，祂只評判問題的起因。⁵ 祂的評判能爲你解除一切後果。⁶ 你也許會垂淚而來，⁷ 但一聽見祂說：「我的弟兄，上主的聖子，看看你這無聊的夢吧！這一切只可能發生於夢中。」⁸ 你就會破涕爲笑，並且與弟兄和祂一起笑著走出那神聖的一刻。

10.　　救恩的秘訣即在於此：你所做的一切全都是對你自己做的。² 不論你以何種形式發動攻擊，此言不虛。³ 不論哪一方扮演壞人或兇手，此言不虛。⁴ 不論什麼表面原因使你飽受痛苦，此言不虛。⁵ 你若知道自己在作夢，自然不會跟著夢中角色起舞。⁶ 你一旦認清了那原是你自己作的夢，不論夢中角色顯得何等可恨或何等兇暴，都再也影響不到你了。

11.　　不論你學什麼課程，只要學會了這一課，你便能由苦海脫身。[2] 不論你承受哪一類痛苦，聖靈都會不斷向你耳提面命，教你最徹底的解脫法門，直到你心領神會為止。[3] 不論你交託給祂什麼傷心事，祂都會以這極其單純的真相答覆你。[4] 只有這個答覆能斬除所有悲傷與痛苦之根。[5] 任何外在因素都干擾不了祂的答覆，因祂會教你看出所有問題的唯一起因，不論它們化身為何種形式。[6] 於是你明白了，奇蹟不過重申一個事實：「這是我做出來的事，也是我必須化解之事。」

12.　　為此，把各式各樣的痛苦都帶到祂跟前來吧！只有祂知道所有痛苦全是同一回事。[2] 那些根本不存在之物在祂眼裡毫無差別，祂要教你認出每一種苦究竟是怎樣產生的。[3] 沒有一種苦因與眾不同，你一旦學會了這一課，所有的痛苦便會化解於無形。[4] 救恩是你內心深處一直在排斥的秘密。[5] 整個宇宙都在宣揚它的真理。[6] 你對它的見證卻不聞不問。[7] 因他們所證實的正是你不想知道的事。[8] 表面看來，是他們故意向你隱瞞這一秘密。[9] 但願你能明白，那是因為你自己決心不聽、決心不看之故。

13.　　一旦認清了這個事實，你對世界的心態會產生多大的轉變！[2] 你為自己的罪咎而寬恕了世界之後，你就由世界解脫了。[3] 它的純潔無罪無需你的有罪來抵償，你的清白無罪也不靠它的有罪來促成。[4] 這麼顯而易見的「秘密」，只有你蒙在鼓裡。[5] 就是這一無知，使你跟世界、跟弟兄繼續分裂下去。[6] 如今，你只需懂得，你們兩個若非一樣純潔無罪，就都是有罪的。[7] 你們兩個絕不可能有所不同，你們兩個也不可能同時有罪又是純潔無罪的。[8] 這是唯一有待你學習的秘密。[9] 從此，「你已療癒」就不再是個秘密了。

第二十八章　化解恐懼

壹. 當下的記憶

1.　　奇蹟本身一無所作，²它只有化解的功能，³旨在消除過去一切妄作對你造成的干擾。⁴它不增添任何東西，只有解除的作用。⁵而它所解除之物，其實早已不存在，唯有在你的記憶中，好似仍然操控著你。⁶這個世界早已過去了。⁷構成這個世界的念頭，雖一度被心靈想過，也珍惜過，如今已不復存於心中。⁸奇蹟不過讓你看到，過去的終於過去了；既然已經過去，對你便無任何作用。⁹即使你念念不忘那一起因，最多也只能賦予它一個存在的幻相，對你依舊產生不了任何影響。

2.　　罪咎引發的一切後遺症也不復存在，²因罪咎本身已經過去了。³肇因一除，遺害自然隨之化解。⁴你對它的後果避之猶恐不及，為什麼卻對它的起因念念不忘？⁵記憶是知見的過去式，兩者都具有選擇性質。⁶它雖屬於過去的知見，卻好似發生在當下且歷歷在目。⁷記憶和知見一樣，都是你後天學來的本事，企圖取代上主創造你時所賜的能力。⁸但記憶與你所造出的其他東西一樣，隨時可以轉變用途，為另一目的服務。⁹只要你願意，便能讓它發揮療癒之效，而非成為害人的工具。

3.　　為療癒服務的工具，不會逞一己之能。²它只是幫你認清你其實無欲亦無求，更沒有什麼大事等待你完成。³它屬於「非選擇性」的記憶，故沒有人可以妄用它來阻撓真相。⁴聖靈擁有療癒所需的一切工具，它們不受你原先造出那工具時所賦予的內涵及目的所限。⁵這些工具尚未發揮應有的功能，⁶正等著一展身手的機會。⁷它們本身並沒有固定的效忠目標和對象。

4.　　聖靈知道如何善用你的記憶，因上主就在你的記憶中。²祂只記得你當前的狀態，而非過去發生的事。³長久以來，你一直認為記憶只能容納過去的事，故很難想像它是一種憶起當下的技巧。⁴你容許世界限制你到什麼地步，它對你的記憶就會限制到什麼程度。⁵記憶與過去其實毫不相干。⁶除非你故意把它連接過去，過去才會出現於你的記憶。⁷這一連線純粹出於你的主導，

是你故意將它繫在某一段時間內，好讓罪咎的陰魂徘徊其間。

5. 　　　聖靈利用記憶的方式與時間毫不相干。[2] 祂不會用記憶為你挽回過去，而是幫你放下過去。[3] 記憶只是為你守住它接收到的訊息，去做它受命去做的事。[4] 這訊息並不是它寫出來的，目的也不是它指定的。[5] 它像身體一樣，本身毫無目的可言。[6] 如果記憶呈現給你種種不義景象因而激起你的憤怒，好似令你更難放下心中的宿怨，其實那些景象是你向它索取的訊息，它只是遵命照辦而已。[7] 所有與身體有關的滄桑往事，都收藏在記憶的保險櫃裡。[8] 它還會激起你各式各樣的古怪聯想，讓過去還魂而扼殺了現在，只要你一聲令下，那些念頭就會為你一一重生。[9] 它們衍生的後果便如此隨著時間而遞增，直到它們的肇因被撤除為止。

6. 　　　時間不過是代表了世界「一無所能」的另一寫照。[2] 它會與你設法隱瞞自己真相的其他伎倆聯手合作。[3] 時間其實掠奪不了你任何東西，也無法為你保存任何東西。[4] 是你把它變得撲朔迷離，用過去充當現在之因，又把現在變成了無法改變的果（因為它的起因已經一逝不返了）。[5] 改變一定要有一個持久不變的起因，否則，這個改變無法久存。[6] 如果現在只是過去之果，現在就沒有改變的餘地了。[7] 你只是用記憶來幫你保存過去，這種伎倆又使過去與現在對立了起來。

7. 　　　忘卻你教給自己的一切吧！因你被自己誤導已深。[2] 你若能學到一個更好也更持久的經驗，豈會戀戀不捨過去那些荒謬的經歷？[3] 當那古老的怨恨記憶重現心中時，請記住，它們的起因早已不存在了。[4] 你不可能了解它們的目的。[5] 現在，可別再賦予它們那些屬於過去的原因，使它們變回過去那種模樣了。[6] 你應慶幸，那些起因都已過去，它們代表的正是你但願被原諒之事。[7] 你會看到自己所接受之因「當下」就為你帶來的嶄新結果，以及它在「此地」一一呈現給你的具體效用。[8] 你會為那些美好效益讚嘆不已。[9] 它們會給你一個亙古常新的觀念，也就是終極之因的幸福之果；那千古不易之「因」遠遠超過了你認知的能力與記憶的範圍。

8. 　　　這就是聖靈在你選擇遺忘之際所為你記住的終極之因。[2]「它」永遠都不會過去，因為聖靈不會讓人遺忘「它」的。

³「它」始終不變，因聖靈每一刻都將「它」護守在你心中。
⁴「它」所帶來的後果看起來確實很新，只因你以爲自己早已忘了那個終極之因。⁵其實「它」從未在你心中消失過，只因聖子忘不了天父，這是天父的旨意。

9.　　至於你所記得的那些事，則從未眞正發生過。²它純屬無中生有，只因你已混淆了無因與有因之別。³你一旦獲悉自己記憶中的那些後果全是子虛烏有而且也沒有任何影響時，你眞該開懷大笑才對。⁴只有奇蹟讓你憶起的那個終極之因才是永恆的，「它」全然不受制於時間和任何可能的干擾。⁵「它」的眞相始終不變。⁶你是「它」的終極之果，如「它」自身一般完美且永恆不易。⁷它的記憶不在過去，也不待未來。⁸它也不靠奇蹟來啓示你。⁹奇蹟不過提醒你，「它」始終都在你心裡。¹⁰只要你能爲自己的罪而寬恕「它」，你就再也不會否定「它」了。

10.　　你若還有審判自己的造物主那種居心，自然不可能了解造物主從不審判自己的聖子這一事實。²你想要剝奪祂的終極之果，但祂們可不是你否定得了的。³上主從未定過聖子的罪，因爲那不只毫無道理，更是有違祂的旨意。⁴你那些記憶不過影射出你的「上主恐懼症」罷了。⁵祂從未做過任何令你害怕的事，⁶你也沒做出什麼可怕的事情，⁷因此你並未失去自己的純潔無罪。⁸你無需療癒，因你早已痊癒了。⁹你只需靜下心來透過奇蹟來看清你該學習的功課，讓終極之因得享它的終極之果，不再從中阻撓便成了。

11.　　心靈只要能靜止片刻，奇蹟便會悄悄來臨。²在這寧靜時分，它會由那默默療癒了的心靈緩緩地伸向其他心靈，欣然分享自己的安寧。³於是，所有的心靈開始同心協力，不再阻撓光輝燦爛的奇蹟重返天心，也就是一切心靈之源。⁴在分享中誕生的奇蹟會刻不容緩地伸向所有不安的心靈，帶給他們片刻的寧靜，他們就會在這一刻憶起了上主。⁵如今，他們自己的記憶開始靜止下來，此後，他們再也不可能全然遺忘這取代了舊有記憶的新經驗。

12.　　你若能把時間交託給聖靈，祂會因你獻出的片刻寧靜而感念不已。²因爲唯有在那一刻，聖靈才能把上主記憶的一切恩典賜

給上主之子。³祂是多麼高興能賜給聖子這些寶藏，當初祂就是為了聖子而接下這份禮物的。⁴造物主也會與聖靈同聲感謝，因祂再也不會失落自己的終極之果了。⁵上主之子每接受片刻的寧靜，都會表達出他對上主與永恆的歡迎之意，如此，祂們才能進入自己心愛的居所。⁶在那一刻，上主之子不論做什麼，都不再心生畏懼了。

13.　　只要心靈不再因恐懼而排斥上主的記憶，這記憶就會瞬間浮現。²舊有的記憶從此一逝不返。³過去那些可怕的意象再也阻撓不了心靈欣然覺醒於當下的平安。⁴永恆之境的號角傳遍每一個角落，絲毫驚擾不了這片寂靜。⁵心靈如今憶起的不再是恐懼，而是恐懼想要忘懷和消除的終極之因。⁶上主之子會憶起那寂靜所散發的溫柔之愛，也就是他以前用記憶阻撓當下之際企圖驅逐的愛。

14.　　如今，上主之子終於意識到當下的終極之因，以及它的美善之「果」了。²如今，他終於明白自己的一切妄作原來毫無緣由，故也不會產生任何後果。³他其實什麼也沒做！⁴看清了這一點，他便明白，自己根本無需做任何事情，也不曾做過任何事情。⁵他的終極之因就是此「因」的終極之果。⁶除了此「因」之外，沒有其他任何原因能夠帶給他不同的過去或未來。⁷此「因」之「果」永恆不變，超越一切恐懼，就連罪的世界也望塵莫及。

15.　　你若不再著眼於那些沒有存在之因之物，豈能算是一種損失？²當上主的記憶取代了你失落的一切，那豈是一種犧牲？³讓上主的記憶化為一座小橋，橫跨幻相與真相的小小間隙，一瞬之間領你抵達彼岸，除此之外，還有什麼更好的彌合間隙的方法？⁴上主以自己的生命彌合了天人之隔。⁵祂的記憶不會與聖子擦身而過，任由聖子永遠擱淺於此世，徒然遙望著彼岸而喟然興歎。⁶他的天父一心想要舉起聖子，將他輕輕送往彼岸。⁷祂不只為聖子搭了一座橋樑，還要親自護送過橋。⁸切莫擔心上主完成不了自己的旨意。⁹你不可能被上主旨意遺忘的。

貳．顛倒因果

1.　　沒有因，便不會有果；若無果，就表示無因。² 因之所以爲因，是它的果所促成的；天父之所以爲天父，也因聖子之故。³ 果創造不出它的因，卻能確立因的緣起作用。⁴ 由此可知，是聖子賦予了造物主的天父身分，再由造物主那兒收回自己獻給祂的身分。⁵ 正因他是上主的聖子，必然享有爲父的身分，且能像上主創造他一般地創造，⁶ 形成一個循環不盡的創造之圓。⁷ 圓的起點就是它的終點。⁸ 整個宇宙的一切造化都涵括在這無始亦無終的圓內。

2.　　天父身分代表了造化之功。² 愛必須推恩。³ 沒有一物局限得了聖潔的生命。⁴ 純潔無罪的本性既不受限，也無疆界。⁵ 這種聖潔顯然不屬於身體層次，⁶ 你也不可能在有限之境找到這種聖潔。⁷ 但它帶來的效果卻有療癒身體的能力，而且與那聖潔生命同樣的無限。⁸ 然而，你必須認出心靈不在身體裡頭以及純潔無罪的本質與身體無關，才有療癒的可能。⁹ 那麼，療癒究竟發生於何處？¹⁰ 就在你把結果歸還給起因之處。¹¹ 因爲疾病純粹是無中生有、自立爲因的無謂企圖。

3.　　經常生病的上主之子，總是企圖把自己當作存在之因，不承認自己是天父之子。² 這荒誕無稽的居心表示他根本不相信自己是聖愛之果；只要看看他的現狀，就不難明白他必定是自己的成因。³ 只有療癒之因才是萬物唯一的終極之因，⁴ 而它也只有一個終極之果。⁵ 認清這一點，你就不會再去做無中生有的傻事了。⁶ 那些困在身體裡的心靈，以及由各具不同心靈的身體所構成的世界，都是你自己造出的傑作；也只有你那「另類」心靈，才可能造出與自己不同的結果。⁷ 於是，身爲它們之「父」的你，自然會與它們同類相聚了。

4.　　其實什麼也不曾發生，你只是陷入昏睡，夢見自己變成了一個你不認識的異類，而且成了另一個人的夢中一景。² 奇蹟並不喚醒你，它只會幫你看清作夢的究竟是「誰」。³ 它告訴你，你在睡眠中仍能選擇不同的夢境，全憑你賦予此夢何種目的而定。⁴ 你究竟想要夢見療癒，還是夢見死亡？⁵ 夢就像記憶一樣，它會

照你想要看到的景象如實呈現於你面前。

5.　　　你的每一絲記憶與夢想，都儲藏在一座大門敞開的空倉裡。[2] 你既是作夢之人，至少可以認清這一點：你若能作出此夢，必也能接受其他的夢。[3] 不過，若要改變夢的內涵，你必須先意識到，那些你不喜歡的夢也是自己作出來的。[4] 它是你打造出來的果，問題是你不願承認自己是它的因。[5] 於是，你在這充滿謀害與攻擊的夢裡成了一隻待宰的羔羊。[6] 唯有寬恕之夢不會要求任何人犧牲或成為受害者。[7] 這就是奇蹟要把你的噩夢換成美夢的初衷。[8] 它不要求你重新作出另一個夢來，它只要求你能夠看出這個夢不但是你自己作出來的，而且你還很想把這個夢轉換為美夢，這就夠了。

6.　　　這世界沒有存在之因，世人所有的夢都是無中生有。[2] 你在夢中無法作出任何計畫，也找不到任何一個有條理的藍圖。[3] 對無因之物你能期待什麼？[4] 它既無存在之因，自然也沒有存在的目的。[5] 即使你能作出這個夢，也無法讓它產生真實的結果。[6] 除非你改變了作夢之因，但此非你能力所及。[7] 作夢的人雖未清醒過來，但也不知道自己在睡覺。[8] 他只會看見自己生病或健康、消沉或快樂這類幻相，卻找不到任何能保證這些後果不變的穩定之因。

7.　　　奇蹟幫你看清是你在作這個夢，而且夢中情景都不是真的。[2] 這是應付幻相最重要的關鍵。[3] 你只要能認出夢中一切都是自己打造出來的，就不再害怕它們了。[4] 恐懼之所以揮之不去，只因你看不出自己原是此夢的作者，而不是夢裡的角色。[5] 你在夢中帶給弟兄的種種後果，其實都是給你自己的。[6] 夢就是這樣東拼西湊而後獻回作夢之人，讓他看到自己終於如願以償了。[7] 為此，他真正害怕的是自己的攻擊，只不過喜歡假借他人之手而已。[8] 他成了承受苦果的受害者，而非始作俑者。[9] 他所受到的攻擊，絕不是他授權的，他不是那事件的元兇，他是無辜的。[10] 奇蹟其實什麼也沒做，只是幫他看清自己也什麼都沒做。[11] 他所害怕的只是「沒有後果、卻想當因」的那個起因。[12] 然而，那一起因根本就不存在。

8.　　　分裂之境原來僅僅肇始於一場夢；夢中的天父喪失了祂的生

命之「果」，祂既不再是他們的造物主，自然沒有保護他們的能力。² 在這場夢裡，夢者營造出一個自我。³ 這個自我卻反過身來跟他作對，企圖篡奪他這創造者的地位，與夢者當初企圖篡奪造物主的地位如出一轍。⁴ 夢中的人物痛恨他，一如夢者痛恨自己的造物主。⁵ 他的身體淪為夢中人的奴隸，從此歷盡滄桑，只因他賦予身體的動機已被那些角色給盜用了。⁶ 他們痛恨身體帶給他們的懲罰。⁷ 那其實是他們自己對身體的懲罰，以便證明夢者不可能是這個夢的製作人。⁸ 就這樣，果和因先行分裂，而後因果顛倒，最終，果變成了因，因反成了果。

9.　　這是分裂的最後一步，也是救恩的開始，它只是循著分裂的軌跡反其道而行罷了。² 分裂的最後一步，就是把已失去因的果轉為一切之因。³ 因此，奇蹟的第一步即是把緣起作用由「果」收回，交還給「因」。⁴ 這一因果混淆成了夢境的溫床；只要你還在夢中，覺醒就成了一件可怕的事。⁵ 你再也聽不見喚醒你的聲音，只因那聲音聽起來好似恐怖的召喚。

10.　　正如聖靈要你學習的每一門功課絕不曖昧，奇蹟也跟它一樣的清晰明確。² 它會親自示範聖靈要你學習的功課，讓你看出它的後果才是你夢寐以求的。³ 聖靈的寬恕之夢會化解你在夢中造出的一切後果，而後你才能看出，可恨的敵人原是你用心良苦的朋友。⁴ 你會看清他們的敵意都是無中生有的，因為他們從未做出那些事情。⁵ 於是你也願意承認自己才是那些可恨之事的原創作者，因為你已看出它並沒有造成任何後果。⁶ 至此，你總算由這夢境解脫大半了，世界成了中性的地方，一具又一具徘徊於世間的身體已不足畏懼。⁷ 從此，身體不會生病了。

11.　　奇蹟把恐懼之因交還給你這位始作俑者，² 但它同時會幫你看清，既然後果才是構成緣起作用的要素，那麼若無後果，自然無法成因。³ 後果一旦消失，起因便不復存在。⁴ 奇蹟便如此療癒了身體，因為它讓你看到，疾病是心靈的傑作，只是讓身體充當代罪羔羊，承受它的苦果而已。⁵ 然而，這只是一半的課程，你尚未學到全部。⁶ 你若只明白身體是可以療癒的，奇蹟便發揮不了真正的作用，因為這不是它要教你的功課。⁷ 它要你明白，心靈必然已經生病了，才會認為身體可能生病，因為是心靈把那既無因又無果的罪咎投射到身體上的。

12.　　　世界充滿了奇蹟。² 奇蹟始終陪伴於每一個充滿痛苦和罪咎的噩夢旁，默默地發光。³ 只要你承認自己在作夢，不再否認夢中種種都是自己的傑作，你就會看到夢境之外的另一選項──奇蹟。⁴ 奇蹟不過是把疾病的後果帶回它的起因之後自然發生的美好結果。⁵ 心靈一旦承認：「這不是掉在我頭上的，而是我自己做出來的。」身體便解脫了。⁶ 如此，心靈才有重新選擇的自由。⁷ 只要你踏出這一步，救恩就會循著分裂的軌跡反其道而行，直到每一步都扭轉過來，救恩的階梯便消失了，世界大夢終於全面化解了。

參. 合一的協議

1.　　　得救之後那千古不易的完美境界，不是本課程的宗旨。² 因你才搖搖擺擺地踏出第一步，沿著往昔沉淪於分裂的軌跡一級一級地向上回溯。³ 你目前的焦點應放在奇蹟。⁴ 我們必須由此開始。⁵ 但只要起一個頭，你的旅程自會單純寧靜地將你推向覺醒，結束你的夢境。⁶ 每當你接受一個奇蹟，等於停止為你當前的夢境增添恐怖情節。⁷ 夢境就會後繼無力而逐漸消逝，終至不留一點痕跡。⁸ 因為夢境是靠你的支持而坐大的。

2.　　　心靈原本不會生病，除非另一顆心靈同意他們是分裂的生命。² 所以生病必然出自雙方的共同決定。³ 你若不同意，不參與把疾病弄假成真的那類戲碼，不助長另一顆心靈把自己視為與你分裂的個體，它就無法將自己的罪咎投射到身體。⁴ 如此，你們的心靈便不會用分裂的眼光去看有病的身體。⁵ 只要與弟兄的心靈結合，便能預防疾病之因以及具體病症。⁶ 療癒是心靈結合的必然結果，疾病則是心靈分裂的結果。

3.　　　奇蹟實際上什麼也沒有做，因為心靈本是不可分裂的一體。² 這與你夢中所見情景恰恰相反；分裂的心靈在夢中變成了各自分立且無法結合的身體。³ 不要讓你的弟兄生病，他若有病，表示你不只棄他於夢境，還一起落入了他的夢裡。⁴ 他看不見疾病的起因，而你又故意視而不見你們的間隙，才滋生出種種疾病。⁵ 你們就這樣結合於疾病之中，令那小小間隙難以癒合；而你的

疾病在頑強信念的呵護、疼惜及強化之下，使得上主完全無法介入，無法在那間隙爲你架起橋樑，將你們帶到祂那裡。⁶別再藉助那些幻相來抵制上主的來臨了，在種種奇幻夢想當中，你最渴望的其實是祂的來臨。

4.　　結束夢境等於結束恐懼，在夢的世界裡絕不會有愛。²上述的間隙雖然微不足道，³卻是瘟疫的溫床，疾病的種子，因爲它表達出你寧可分裂也不想合一的願望。⁴它彷彿給了疾病一個非因之因。⁵而疾病所有的肇因都藏身於你賦予那一間隙的目的裡，⁶它就是要你們繼續分裂下去，各自活在你們視爲痛苦之源的身體裡頭。

5.　　痛苦的起因在於分裂而不在這具身體；身體只是分裂形成的結果。²然而，分裂只是一個虛無的空隙，它什麼也攔不住，更成不了大事，就像船隻行過水面所形成的兩股浪潮之間的空隙那般虛幻。³海水輕易湧進，波浪重新聚攏，瞬間便覆蓋了那一空隙。⁴當波浪聚攏過來，覆蓋了曇花一現的空隙時，那空隙又到哪裡去了？⁵同理，心靈一旦結合，癒合了彼此的小小間隙，疾病還有立足之地嗎？疾病的種子又從何處滋生？

6.　　上主只能在奇蹟清理出來的空間搭起橋樑。²祂無法在疾病滋生與罪咎縈繞之處搭橋，因祂不會消滅非祂所造的古怪願望。³放下所有的後果吧！別再緊抓著不放了。⁴奇蹟才能將它們輕輕掃到一邊，爲聖靈預備地方，使祂如願地在此爲聖子搭起回歸的橋樑。

7.　　你可以開始計數銀色的奇蹟與金色的美夢了，它們才是你眞想在世上累積的財富。²你的倉儲已爲饑餓的弟兄開啓，他們並非盜賊，只是誤把發光的碎石當作金子，又儲存了一堆閃亮如銀卻春來即化的雪花。³在你那開敞的門外，他們可說是一無所有。⁴世界究竟是什麼？不就是你眼中的小小間隙，你還以爲它已經把永恆支解爲年、月、日了？⁵活在世上，你們也像聖子畫像中的一塊碎片，每一塊碎片甚至自成一家地包在吉凶難卜的泥塊裡。

8.　　我的孩子，不要害怕，讓奇蹟溫柔地點亮你的世界！²你在何處看到你和弟兄的小小間隙，就得在那兒與他結合。³如此，

你才能看出疾病根本沒有存在之因。⁴寬恕帶來的療癒之夢便會輕輕告訴你，你從未犯過罪。⁵奇蹟不會爲你留下任何罪咎的痕跡，不會爲那虛晃一招的世事作證。⁶它會在你的倉儲騰出一個空位，歡迎天父與你的自性。⁷大門已經開啓，願意進來的人便能享用你爲他們擺設的盛宴，再也不受饑餓之苦。⁸他們終於見到了奇蹟爲你邀請來的神聖貴賓。

9.　　這場盛宴與夢幻世界的宴會不可同日而語。²因爲來到此地的人，接受的愈多，留給別人的就愈多。³那些神聖貴賓隨身帶來源源不絕的補給。⁴沒有人會剝削別人或被人剝削。⁵這就是天父爲聖子擺設的盛宴，祂們在此平起平坐。⁶祂們共享盛宴之處，不可能產生任何間隙而削減了祂們的富裕。⁷此地永遠沒有饑饉，因爲時間根本無法插足於這無窮盡的歡樂慶節。⁸愛，便在先前好似阻隔了你與那些貴賓的空隙中爲你擺設了宴席。

肆. 更偉大的結合

1.　　親自接受救贖，意味著你不再去附和他人的疾病與死亡之夢。²也意味著你不加入他的分裂之願，不再任由他的幻覺跟他自己作對，³更不縱容它們與你爲敵。⁴如此，那些幻相便產生不了作用，⁵你也從痛苦之夢解脫了，只因你讓他成爲他自己。⁶除非你幫他活出自己，否則就會與他一起受苦，只因你自甘如此。⁷你便成了他痛苦夢境的一個角色，他也落入你的夢裡。⁸你們兩人一起淪爲幻相，失去了眞實身分。⁹你可能變成任何一人或任何一物，就看你落入了誰的邪惡之夢。¹⁰只有一事你敢確定：你也成了邪惡之人，因你陷入了別人可怕的夢裡。

2.　　你是可能在此時此地找到肯定不移的。²不論那些可怕的噩夢化身爲何種形式，你都必須拒絕參與，否則你便會在夢中失落了自己的眞實身分。³只要你不接受它們爲你的起因，也不接受它們對你的影響，你就可能找到自己。⁴你應跟這些夢境保持距離，而不是跟作夢的人保持距離。⁵如此，夢境與夢者便被分開了，你只與夢者結合，放下了其他的東西。⁶夢只是心靈的幻想。⁷你只願與心靈結合，而非與它造出的夢。⁸你害怕的其實不

是心靈，而是它的夢。⁹ 你之所以將兩者混爲一談，是因你以爲自己也只是個夢。¹⁰ 你不知道自己裡面何者爲眞，何者爲幻，你目前還沒有分辨的能力。

3.　　你的弟兄和你一樣，也認爲自己是一個夢。² 不要掉入他的自我幻覺裡，因爲你若要找回眞實身分，所仰賴的是他的眞相。³ 你應把他想成一個仍受制於幻覺的心靈，他的心靈始終是你的弟兄。⁴ 使他成爲你弟兄的，不是他所作的夢，也不是那具身體——那個「夢中英雄」。⁵ 他的本來眞相才是你的弟兄，你的眞相亦是他的弟兄。⁶ 你的心靈只能與他的心靈結爲手足。⁷ 至於他的身體與夢境，只會造成你們之間的小小間隙，而你們兩人的夢境就結合於這一間隙裡。

4.　　然而，你們的心靈是沒有間隙的。² 你一加入他的夢境，便再也無法與他相逢了，因爲他的夢與你的，屬於兩個不同的夢。³ 唯有著眼於彼此的手足關係，而非恐怖的夢境，你才可能釋放他。⁴ 幫他認出自己是誰吧！只要你的信心不去附和他的幻覺，否則，你也會相信自己的夢。⁵ 一旦你相信了自己的夢，他就得不到釋放，你便一起陷入了他的夢裡。⁶ 恐懼的噩夢會在那小小間隙肆虐，你弟兄心中的幻覺仗著你的支持才得以棲身於此。

5.　　你可以肯定一點，只要你善盡自己這一份責任，他就會盡他那一份責任，因他會在你所在之地加入你的陣容。² 不要在你們的間隙和他會晤，否則你必會相信那就代表了你們兩人的眞相。³ 你無法代他完成他的任務；但你若不作自己的夢而在他的夢裡配合演出，表示你已越俎代庖了。⁴ 你在夢中找回的身分毫無意義，因爲夢者與夢境是同一回事。⁵ 你一參與此夢，自己便成了此夢，因爲你的參與無異於給了這個夢一個存在之因。

6.　　你若與那混亂之境共舞，自然會充滿混亂與迷惑，因爲在那間隙裡，沒有一個不變的自我。² 原本相同的在那兒會顯得非常不同，即使同一物也會呈現不同的模樣。³ 他的夢成了你的夢，只因你自甘如此。⁴ 然而，你一旦撤銷自己的夢，他不僅會從你的夢中解脫，同時也會擺脫他自己的夢。⁵ 你的夢其實是在爲他的夢作證，而他的夢也成了你的夢的見證。⁶ 你若能看清自己的夢毫不眞實，他的夢也會隨之消失，並且恍然大悟這夢是怎麼形成的。

7.　　　聖靈同時臨在你們兩人心中，祂渾然一體，因為祂的一體性裡沒有任何間隙。[2]你們形體上的間隙其實無足輕重，凡結合在祂內的永遠都是一個生命。[3]只要有人為另一人接受彼此的一體關係，那人就不會生病了。[4]失去了見證或肇因，他的疾病之願與分裂之念便無以為繼。[5]只要有一位弟兄願意與他結合，疾病和分裂的見證與肇因便會知趣而退。[6]既然他只是在作一個與弟兄分裂的夢，那位弟兄若不附和他的夢，他們中間便會出現一個空位。[7]如此，天父方能前來，與聖靈所結合的聖子合為一體。

8.　　　聖靈的任務就是重新整合上主之子的破碎畫像。[2]再把已經療癒的神聖畫像顯示給其他仍把碎片當成自己的人。[3]聖靈會向每個人顯示那才是他的真實身分，他絕非自己心目中的那個碎片。[4]聖子一見這畫像，便會認出自己來。[5]只要你不加入弟兄的噩夢，奇蹟才有機會把這幅畫像置於那小小間隙裡，一掃疾病與罪咎之根。[6]天父也才能由此地領回自己的聖子，因為聖子終於懂得欣賞自己了。

9.　　　天父，我感謝祢，我知道祢會彌合支離破碎的聖子之間那個間隙。[2]他們每一個人都擁有祢完美且圓滿的神聖性。[3]他們必然是合一的，因為每個人都擁有那個一體生命。[4]即使是一粒微塵，你一旦認出它是聖子整幅畫像的一部分，立即顯得神聖無比。[5]每一碎片呈現出什麼外形並不重要。[6]因那一完整本體存於每一部分之內。[7]上主之子的每一部分與其他部分毫無不同之處。

10.　　　與你的弟兄結合吧！但不要與他的夢結合，不論你在何處與聖子結合，天父就會在那兒現身於你。[2]你若明白自己不曾失落一物，怎會想要尋找替代品？[3]你若已享有純然的健康幸福，怎會期望生病的「好處」？[4]凡是上主所賜之物，無人會失落它；凡非祂所給的禮物，必然毫無作用。[5]那麼，你還會在那個間隙裡看到什麼？[6]你相信分裂會帶來喜悅，而放棄這喜悅等於一種犧牲，這種信念成了一切疾病的根源。[7]唯有等到你不再堅持著眼於根本不存在的間隙，奇蹟才有發生的可能。[8]上主之子的那位「治療師」只要求你一事，就是心甘情願放下一切幻相。[9]祂就會在疾病的源頭賜下療癒的奇蹟。[10]從此，你再也不受失落之苦，只會不斷受惠。

伍 . 恐懼夢境之外的另一選項

1.　　　疾病除了顯示某種限制以外，還有什麼意義？[2] 它影射出「斷裂」與「分離」的狀態，[3] 表示你把自己與弟兄的間際視爲健全的現象。[4] 你就這樣把善的一面推到外頭，而讓邪惡進入心裡。[5] 疾病就這樣把你自己與善的一面隔絕起來，並且留住了惡。[6] 上主是你在恐懼夢境之外的另一選項。[7] 凡是加入這一噩夢的人，是不可能與上主同道的。[8] 凡是把心靈撤離噩夢的人，等於分享了上主的生命。[9] 你只有這一選擇。[10] 除非你加入祂的生命，否則你的存在等於虛無。[11] 你存在，是因爲上主與你分享了祂的旨意，正因如此，祂的造化才具有創造的能力。

2.　　　那充滿仇恨、敵意、悲痛、死亡、罪惡、苦難、失落的噩夢，需要你的參與才顯得益發眞實。[2] 你若不參與其事，它們即刻顯得荒謬無比。[3] 只要你不再爲它們撐腰，它們就無法激發你的恐懼。[4] 恐懼消失之處，愛必會來臨，因爲愛與恐懼是你唯一僅有的選項。[5] 一個出現，另一個就會消失。[6] 你與人分享哪一個，你就會擁有那一個；[7] 你接受什麼，就擁有什麼，只因那是你唯一渴望得到之物。

3.　　　只要你願意寬恕作夢的人，並且認出他並不等於他的夢，你就不會被那噩夢所擾了。[2] 他也無法成爲你夢境的一部分，你們兩人便由此夢境脫困了。[3] 因寬恕已將夢者與噩夢分開，夢者才得以脫身。[4] 請記住，只要你一參與邪惡之夢，便會相信你所在之夢代表了你。[5] 你會開始怕它，再也不敢探詢自己的眞實身分，因爲你認爲答案必定跟那個夢一樣可怕。[6] 你開始抵制自己的自性，活在非上主所造的異域，活出了一個不是眞正的你自己。[7] 你必會向你的自性開戰，它也好似與你爲敵；你開始對弟兄發動攻擊，因他代表了你痛恨自己的那一部分。[8] 其間沒有妥協的餘地；[9] 你若非自性，就是幻相。[10] 幻相與眞相之間豈有中間地帶？[11] 那使你活出「不是自己」的中間地帶，必是一個夢境，而非眞相。

4.　　　你一向把幻相與眞相的間隙視爲自己的避風港，你在那兒打造了一個世界來隱藏你的自性，好讓你無後顧之憂。[2] 世界就

是爲此而造的，這也是肉眼所見的病態世界。³ 在此世界，身體只會聽見自己想要聽的聲音，因爲耳朵正是爲此目的而造。⁴ 然而，身體所見到的景象、所聽見的聲音，絕不可能有意義。⁵ 因身體沒有看和聽的能力。⁶ 它根本不知道「看」是怎麼一回事，或究竟「爲何」而聽。⁷ 它的認知能力與它的判斷、理解一樣有限得可憐。⁸ 它的眼睛是盲的，它的耳朵是聾的。⁹ 它沒有思想能力，故也無法產生任何影響。

5.　　上主創造的生命怎麼可能生病？² 非祂所造之物根本不值一提。³ 莫讓你的眼睛矚目於夢境，也莫讓你的耳朵爲幻相作證。⁴ 它們原是爲了去看那不存在的世界、去聽那不存在的聲音而造出的。⁵ 幸好世間還有另一種聲音和景象是你可能聽見、值得看見，並且也能了解的。⁶ 眼睛及耳朵是毫無覺知的知覺器官，它們只是向你報告自己的所見所聞而已。⁷ 眞正在聽、在看的是你，不是它們；是你把那些本無意義的片段，東一點、西一塊地拼湊成一個見證，證明你想要看到的世界是眞的。⁸ 別再縱容你的肉眼與耳朵去看自己幻想出來的間隙，死盯著那些支離破碎的證據，向它的主人證明他的幻想世界眞實不虛。

6.　　上主的創造等於爲眞相作證，因爲眞相與所有造化負有同一任務。² 眞相不是靠一片玻璃、一點木屑、一兩條線，湊在一起來證明自己的眞實。³ 它所憑藉的不是這個。⁴ 沒有任何間隙能將夢境或幻相與眞相隔絕。⁵ 因爲眞理沒有爲它們留下一點存在的「時間」和「空間」。⁶ 它充滿了每一時、每一地，使時空之境變得完整而不可分割。

7.　　你若還相信自己與弟兄之間確實存有小小的間隙，你便看不出這一間隙使你淪爲眼前世界的囚犯那個事實。² 你所見到的世界根本就不存在，因爲那世界所在的間隙本身並不存在。³ 你小心翼翼地把那個間隙藏匿在濃雲密霧裡，造出一些若隱若現、變化莫測、虛幻不實且來去無蹤的形相，企圖遮掩這一間隙。⁴ 那間隙裡其實什麼也沒有。⁵ 既沒有可怕的秘密，也沒有死亡魅影與陰森的墳塚。⁶ 好好正視這小小的間隙吧！只要你不再害怕愛的眞相，你便會輕易看見自己原有的純眞與無罪。

陸．秘密的誓約

1.　　只有神智不清的人才會懲罰身體，²這表示他在身體看到了那不存在的小小間隙。³身體不會審判自己，也無意把自己看成它所不是之物。⁴它不會把痛苦變成喜悅，在紅塵中尋找永久的快慰。⁵它不會告訴你自己的目的，因它不可能了解自己的存在意義。⁶它沒有傷害人的企圖，因為它沒有自己的意志；它沒有任何偏好，也不會自我懷疑。⁷它從不好奇自己究竟是什麼，⁸因此也無意與人一較高下。⁹它可能被人當成犧牲品，自己卻感覺不到。¹⁰它沒有固定的角色，沒有攻擊能力，它只會奉命行事。

2.　　你要這個無法看見也無法聽到的身體為你所看到的景象與聽到的噪音負責，實在毫無道理。²它不會因你的懲罰而受苦，因為它沒有感覺。³它只會按照你的心意行事，從不自作主張。⁴它不生，也不死，⁵只是漫無目的卻亦步亦趨地任你安排它的道路。⁶你若改變方向，它也會輕鬆地隨你轉向。⁷它沒有自己的立場，也無法評估所走的路。⁸它看不見任何間隙，因為它不會恨。⁹它可能被人當作恨的工具，自身卻不會因此變得可恨。

3.　　身體完全不知道你究竟在痛恨、害怕、嫌惡或渴望什麼。²你派它去尋找分裂，它就分裂了。³你為此恨它，你痛恨的其實不是它，而是你指派給它的用途。⁴你因著它的所見所聞而畏縮，然後又恨它如此卑微脆弱。⁵你鄙視它的所作所為，而非你自己的作為。⁶它只是為你而看，為你而行。⁷它聽從你的聲音。⁸是你要它變得脆弱卑微的。⁹表面上看來是它在懲罰你，你理當痛恨它加之於你的種種限制。¹⁰然而，是你把身體當成自己有限的象徵，你要心靈接受身體所受到與所看見的那些限制。

4.　　身體所代表的不過是「你視為自己的那一小部分心靈」，與「真正屬於你心靈的其餘部分」之間的那個間隙。²你恨身體，但它又代表了你心目中的自己；沒有它，你等於失去了自我。³這是你與每個決心要跟你分道揚鑣的弟兄之間所訂立的秘密誓約。⁴每當你認為自己受到了別人的攻擊，等於重申一次這個密約。⁵除非你認為自己受到攻擊，而且敗下陣來，否則你怎麼可能受苦？⁶每個暗藏在意識層面底下沒說出或沒聽到的痛，其實

都在向疾病示忠。[7] 它等於向對方保證，自己會受到傷害，但是自己也會報復的。

5.　　　疾病乃是你發洩在身體上的怒氣，你存心要它承受你的痛苦。[2] 你的秘密協定所導致的這一後果是有目共睹的，與他人暗自想跟你分裂而你也正想與他分裂的願望正好不謀而合。[3] 除非你們兩人都同意自己甘願生病，它才影響得了你們。[4] 只要有一方說出：「我不願在你我心靈之間存有任何間隙。」表示他已信守了上主的許諾，甘願放下自己誓死不悔的那一密約。[5] 他一療癒，他的弟兄也就隨之療癒了。

6.　　　但願你們能夠相互簽訂「我願與你合一，永不分離」的協定。[2] 對方必會信守你與他共同許下的承諾，因為那是他對上主的承諾，也是上主對他的承諾。[3] 上主必會信守自己的承諾，聖子亦然。[4] 天父在創造他時說過：「你是我的愛子，我也永遠是你的至愛天父；[5] 願你像我一樣完美，而且與我永不分離。」[6] 上主之子就是從這個承諾誕生的，雖然他已不記得自己曾答覆過：「是的，我願。」[7] 上主隨時都在提醒他這一承諾，只要他甘心放棄生病的承諾，真心盼望心靈的療癒與合一。[8] 他的秘密誓約在上主旨意前毫無招架之力，因他擁有上主的承諾。[9] 他早已將自己許諾給了上主，任何其他的意願均非他真心所願。

柒. 安全的方舟

1.　　　上主一無所求，聖子和祂一樣一無所求。[2] 只因他內一無所缺。[3] 那小小的間隙或空位，不過代表一種缺乏而已。[4] 只有在那兒，他才會想要一些自己沒有的東西。[5] 上主無法存在之處或天父與聖子的間隙，都違反了祂們的旨意，因祂們早已作出一體的承諾。[6] 那正是上主對自己的承諾，故無人可以違背祂的旨意而自絕於祂之外。[7] 上主許諾過，不讓任何東西擋在祂與祂自己之間，祂絕不食言。[8] 有誰的意願可能橫梗在渾然一體而且圓滿無間的生命中作祟？

2.　　　你與所有弟兄的美好關係都成了你生命的一部分，因為它屬於上主的一部分。[2] 你若否定自己的健康與完整，抵制上天的救

助，罔顧療癒自己與他人的神聖召喚，你能不生病嗎？³ 你的人間救主殷殷企盼這一療癒，整個世界都在與他一起等候。⁴ 你也身在其列。⁵ 你們若非一起療癒，就表示都沒療癒，因為一體乃是療癒的關鍵。⁶ 除了分裂的反面（即指一體）以外，還有什麼東西修正得了分裂之境？⁷ 在救恩的領域裡沒有中間地帶。⁸ 你不是完全接受，就是完全沒接受。⁹ 凡是不分裂的，就已合為一體；¹⁰ 凡是合為一體的，就不可能分裂。

3. 你和弟兄之間不是存有間隙，就是一體，² 沒有中間地帶；你不能腳踏兩條船，也不能一臣同事二主。³ 忠於二主只會使你失信於雙方，且還讓你自己暈頭轉向，完全無所適從，只得信手亂抓任何可能為你解危之物，即便只是一根乾草都會牢抓不放。⁴ 然而，有誰能夠在一堆乾草上頭建立家園，指望它為你遮風擋雨？⁵ 身體為你提供的正是這種家園，因它根本無法在真相內立足。⁶ 為此，你不必以它為家，只需把它當作幫你回家的工具，回到上主所在之處。

4. 你若真能以此為志，身體必會獲得療癒。² 你再也不會用它為分裂與疾病之夢撐腰。³ 它也不會為自己不曾做出的事而受到無理的責難。⁴ 你只會藉它的助力來療癒上主之子；有了這一目的，身體是不可能生病的。⁵ 它不會為不屬於你的目標效命的，這表示你決心不受疾病之苦了。⁶ 所有的奇蹟就等著你這個決定；你一作此決定，奇蹟便發生了。⁷ 沒有一種疾病是奇蹟治癒不了的，因你這決定不是針對疾病的表面症狀而已。⁸ 疾病的徵候雖然形形色色，其實疾病只有一種，故也只有一種療癒。⁹ 你若沒有生病，就表示你是健康的，反之亦然。

5. 但是你從來都不是獨自一人的。² 這世界不過代表一場你認為自己可能獨自生存的夢，你以為自己的心念影響不到任何人。³「獨自」意謂一個與眾分離的生命，果真如此，你是不可能不生病的；⁴ 而生病又反過來證實了你們是分裂的。⁵ 這一切不過意味著你企圖死守自己對「不信之心」（faithless）的承諾罷了。⁶「不信」就是一種疾病。⁷ 它好似蓋在草堆上的房子，⁸ 看起來十分堅實，⁹ 但你必須由它的基礎去評判它的穩定性如何。¹⁰ 房子若建在乾草堆上，你大可不必為它裝置門窗或鎖緊門戶。¹¹ 反正一陣風就能把它吹倒，一陣雨便會把它沖得無影無蹤。

6.　　　這不堪一擊的危樓就是爲了讓你害怕而造的，你怎麼反倒向它尋求庇護？² 它的問題並不在自身，而在它所立足的那個虛幻脆弱的小小間隙，你爲它加上重鎖粗鍊與巨門，只是徒增它的負擔。³ 建在陰影上頭之物可能安全嗎？⁴ 你眞想把自己的家園蓋在連一根羽毛都承受不住的基礎嗎？

7.　　　你的家園只能建立在弟兄的健康上，以他的幸福、無罪及天父給他的一切承諾爲基礎。² 你私下作出的承諾動搖不了他家園的神聖基礎。³ 縱然強風來襲，暴雨沖擊，對它都毫無影響。⁴ 世界會被沖走，這座房子卻永遠屹立不搖，因爲它憑恃的並不是自己的力量。⁵ 它是最安全的方舟，停靠在上主的承諾上，祂保證聖子在祂內永遠安全無虞。⁶ 有什麼間隙能在這安全港與它的終極源頭之間作祟？⁷ 也唯有在此，身體才會顯出它的眞相，它的價值全看它能爲聖子重返家園提供多少援助而定，不多也不少。⁸ 只有這一神聖目的能把身體轉爲神聖本體的臨時居所，因爲它分享了天父對你的旨意。

第二十九章　覺醒

壹. 彌合間隙

1.　　上主無時無刻，無所不在，²故你無需畏懼。³對圓滿無缺的上主來說，「間隙」是匪夷所思的。⁴那微不足道的間隙完全無法在祂永恆聖愛中作祟。⁵否則，就表示祂的愛中能容得下一丁點的恨，祂的溫柔有時會轉為攻擊，祂永恆的耐心也有忍無可忍的時刻。⁶只要你在弟兄與你之間看到一點間隙，表示你相信上述的觀點。⁷那麼，你還可能信任祂嗎？⁸祂的愛必然別有用心，⁹因此，小心為妙，別讓祂太靠近，和祂的愛保持一點間隙，為你自己保留一條退路。

2.　　你對上主的恐懼在此表露無遺。²對心懷恐懼的人而言，愛顯得陰險無比，因為恐懼與憎恨一向形影不離。³沒有一個懷恨在心的人不害怕愛，他必也同樣害怕上主。⁴他對愛的真諦一無所知。⁵他害怕愛，卻「愛」恨人，難怪他認為愛是可怕的，恨才算是真愛。⁶凡是珍惜那小小間隙且視之為救恩與希望的人，必已混淆了恨與愛。

3.　　上主恐懼症！²這是你邁向平安必須克服的最大障礙，它依舊在你心中作祟。³其餘的障礙你都已跨越了，只有這個障礙還在那兒徘徊，使你邁向光明的道路顯得陰森可怕而且危機四伏。⁴你早已判定弟兄是你的仇敵。⁵有些朋友還值得交往一下，只要符合你個人的利益，友誼便能維繫一時。⁶但最好還是與他保持一點距離，以免他翻臉不認人。⁷他若前進一步，你就後退一步；你若靠近一點，他便立刻縮回。⁸你們下意識地形成某種默契，謹慎地建立一種友誼，小心翼翼地為這友誼的範圍及程度設限。⁹你和弟兄都接受了這一協議，雙方謹守「各活各的」分裂條款。¹⁰絲毫不容違犯，否則就是毀約。

4.　　你與弟兄的間隙並不是指兩具身體之間的空隙，²那只代表你們心靈分裂的表相而已。³那個間隙象徵一種承諾：你們想會面時才聚在一起，但隨時可以分手，直到雙方決定再度相聚為止。⁴到時，你們的身體好似又有了連結，故身體成了你們交會

的標誌，⁵ 但你與他隨時準備分道揚鑣。⁶ 基於分開的「權利」，你同意與他時而相聚，時而分開，各過各的日子，以免爲愛「犧牲」太多。⁷ 身體就這樣拯救了你，幫你免除了全面的犧牲，給你一些時空來重建個別的你；你確實相信與弟兄會晤之時，你的自我難免受到壓抑。

5.　　除非你用身體作爲你和弟兄保持距離以及分裂的主因，否則身體原本就隔離不了你們的心靈。² 是你賦予身體原來沒有的能力，³ 它才會反過來控制你。⁴ 如今，你認爲是身體在操控你與弟兄相會的時刻，是它限制了你與弟兄心靈上的交流。⁵ 如今，身體告訴你該去哪兒，如何前往，以及什麼是可行的，什麼是不可行的。⁶ 只有它能決定健康所能承受的極限，什麼會使它疲倦，甚至生病。⁷ 它「與生俱來」的脆弱使你無法爲所欲爲，欲振乏力，令你壯志難伸。

6.　　是你要身體如此的，它也只好配合演出。² 它只允許你耽溺於「愛」到某一程度，還不時穿插一些恨的情節。³ 是它在操控你什麼時候可以去「愛」，什麼時候應躲到恐懼裡才比較安全。⁴ 它會生病，因爲你根本不知道愛的眞諦。⁵ 因此，你必會藉用每一個機緣以及遇到的每一個人，還認爲他們也一樣別有用心。

7.　　愛是不會要求犧牲的，² 只有恐懼才會提出這種要求，因愛所在之處，恐懼根本無法立足。³ 若要維繫內心的恨，你得先害怕愛；而這種愛必然偶爾會露一下面，不知何時又不見了蹤影。⁴ 它好似來去無蹤，飄忽不定，使你認定這愛必會隨時背叛你。⁵ 你看不出，是你自己對愛的忠誠如此的有限且無力，是你命令愛走開，讓你「清靜」一會兒的。

8.　　身體原本沒有目標，是你藉身體的名義，造出各式各樣的目標，強迫身體去執行。² 你一點也不耽心它軟弱，只怕它該強的時候不強，該弱的時候不弱。³ 你可知道，你和弟兄之間並沒有東西居中作梗？⁴ 你可知道，你們之間也無間隙供你藏身？⁵ 一旦明白你的人間救主並非自己的仇敵，你可能會大吃一驚；⁶ 或者當你聽到身體原來不是眞的，你又難免會生出戒心。⁷ 在「上主是愛」的喜訊上頭，好像總是籠罩著一層恐懼的陰影。

9.　　只要你能撤除那個間隙，上述的眞相便會現前，永恆的平安

也隨之來到。²此言不虛。³你若不再畏懼上主，豈會聽信讒言，棄祂而去？⁴那間隙裡的小小玩意怎能牽絆你片刻，使你寧可放棄愛？⁵若非你害怕自己找到上主的同時可能失落自我，否則你怎會任由身體拒絕天堂的召請？⁶你可能在找到自我之際又失落自我嗎？

貳. 貴賓蒞臨

1.　　你一旦看清了自己原是自由的，怎會不感到如釋重負？²你為何不擁戴這一真理，反而將它視為大敵？³這條康莊大道標示得如此清楚，絕無誤導之虞，為何對你卻顯得如此崎嶇、障礙重重，令你感到舉步維艱？⁴只因你把它視為地獄之路，它在你眼中絕不是那條無需犧牲或損失就能在天堂與上主內尋回自己的康莊大道。⁵除非你明白自己無需放棄什麼，也不會失落什麼，否則，你對自己所選的路難免不時心生悔意。⁶如此，你就看不見這個選擇帶給你的種種利益了。⁷所幸即使你看不見，那些利益仍在那兒。⁸它們的肇因已起了作用；因既出現，果必相隨。

2.　　一旦接納了療癒之因，你就療癒了。²療癒之後的你，便具備了療癒他人的能力。³奇蹟不是一件無緣無故從天而降的突發事件。⁴它本身也不是「因」。⁵但只要它的「因」出現，奇蹟必定會發生。⁶如今，它的起因已經出現了，雖然你尚未認出它來。⁷它的果也必在眼前，雖然你還未看見。⁸現在就試著往內看吧！你不會看到任何令你懊悔的理由，你只會看到令你歡欣鼓舞之因，因為和平已然在望了。

3.　　想在戰場上追尋平安，必然徒勞無功。²企圖從為了保住罪與痛苦而造出的世界索求解脫罪苦之道，豈非緣木求魚？³痛苦與罪本是同一幻相，就如憎恨與恐懼，攻擊與罪咎，全是同一回事。⁴它們一旦失去了存在之因，後果便會自行消逝；它們在何處退下，愛就會從何處現身。⁵你怎能不為此歡欣鼓舞？⁶你已擺脫了痛苦與疾病、苦難與失落的束縛，也消除了所有憎恨與攻擊的遺害。⁷你不必繼續以痛苦為友，也無需把罪咎供為神明，而應向愛的果實伸出擁抱的雙臂。

4.　　你的貴賓已經蒞臨。²祂應你的邀請前來。³你聽不見祂進來的腳步聲，因你並非全心全意歡迎祂的到來。⁴然而，祂隨身帶來許多禮物，⁵並已將它們置於你腳邊，正等著你仔細端詳，將禮物好好納爲己有。⁶祂需要你的協助，把這些禮物帶給所有自認爲落單而獨自奮鬥的人。⁷只要你接下祂的禮物，那些人就會得到療癒，因爲每一位踏入你所在這片聖地的人，都會受到那位貴賓的歡迎，祂也會在那兒爲他們備妥種種禮物。

5.　　你目前還看不出自己因爲接受了祂的禮物而擁有了極大的施予潛能。²但是，已進入你內的那位貴賓，正等著你自己來到這片邀請祂前來的聖地。³唯有在此，祂才可能找到祂的居所，而身爲祂居所的你，也僅能在此與祂相遇。⁴唯有在此，你才接收得到祂的平安喜悅之禮，以及祂的臨在所帶來的一切幸福。⁵這些禮物必然與祂同在，而且祂是爲你而來的。⁶你目前還看不見自己的貴賓，但你看得見祂帶來的禮物。⁷只要看到了禮物，你便不能不相信祂正與你同在。⁸若非祂的「臨在」帶給你的恩典和愛，你怎麼可能完成此刻所做的事？

6.　　這是生命之主對你的承諾：祂的聖子必然充滿生命，一切生命皆在他內，此外別無生命可言。²至於你自己賦予「生命」之物，並非眞的活過，它只象徵著「你想活在生命之外，活在死亡之中，把死亡當作生命，把生命當作死亡」的那個願望。³混亂隨此無明相繼而生，整個世界都建在無明之上，這是它唯一的存在基礎。⁴這個基礎乍看之下變化萬千，其實它一成不變。⁵它的內涵就是無明。⁶穩定，對於內心充滿迷惑的人毫無意義，變化無常才是他們生活中習以爲常的運作法則。

7.　　身體不會變化。²它不過代表另一個充滿變化的大夢而已。³改變的目的是爲了把你推向一個與先前大不相同的境地。⁴永恆不朽之境是不會改變的，因天堂對變化一無所知。⁵一到了人間，變化便具有雙重的目的，因它可以教人全然相反的事。⁶不同的教誨影射出不同的導師。⁷由外表看來，身體會隨著時間、疾病或健康，以及所有左右它的因素而千變萬化。⁸其實，這不過顯示出心靈對身體的目的所抱持的信念始終未變而已。

8.　　疾病只是想把身體變成它所不是之物的指令而已。²它本身

的虛無是它不可能生病的最有力證明。³ 你命令它活出超越虛無的生命，等於爲它種下了疾病之根。⁴ 因這無異於要求上主貶低自己的圓滿眞相。⁵ 如此一來，你又會有何下場？因你其實在要求自己作出犧牲。⁶ 你等於告訴上主，祂的一部分已不再屬於祂了。⁷ 祂必須犧牲你的自我，而後你會因著祂的犧牲而壯大，祂卻因爲失去你而削弱。⁸ 你把自己從上主那兒奪來之物供爲神明，保護你安然與上主脫離關係。

9.　　　你把身體供爲神明，它便得承受攻擊，因爲再也無人認得出它的虛無。² 它在人們眼中顯得頗有能耐。³ 因爲它有形可見，有感覺，會行動，甚至能夠操控你，使你淪爲它的階下囚。⁴ 它常常辜負你的期待。⁵ 你會因爲它的渺小無用而深惡痛絕；卻未意識到，你的挫折不是因爲它無法表現得更好，而是因爲你不願承認它的虛無。⁶ 其實它的虛無正是你的救恩所在，問題是你對救恩一直避之猶恐不及。

10.　　　你把身體當成與上主爲敵之「物」，你想用卑微、有限及絕望來取代上主的生命。² 當你把身體看成所愛或所恨的對象時，你等於是在慶祝上主的挫敗。³ 如果上主是一切的一切，那麼，凡是不在祂內之物必然不可能存在；上主的圓滿證明了身體的虛無。⁴ 你的人間救主永遠不死，他也不住在那爲死亡而建的神廟裡。⁵ 他住在上主內，正是這一因素使他成了你的救主。⁶ 他身體的虛無本質能夠幫你的身體由疾病及死亡中釋放出來。⁷ 因你所有的一切，不會多於或少於他所有的一切。

參．上主的見證

1.　　　不要因爲你的人間救主自認是一具身體而定他的罪，² 因他的眞相遠遠超乎他的夢境之上。³ 但他必須學會認出自己是別人的救主，才可能憶起自己的眞相。⁴ 他必須拯救那些願被拯救的人。⁵ 拯救你，他才有幸福的可能。⁶ 唯有給人救恩的，才堪稱爲救主。⁷ 如此他就懂了，救恩必然在他內，他才給得出去。⁸ 除非他親自給出，否則不會知道自己擁有，因給予證明了擁有。⁹ 他若有自己愈強大而上主便會愈弱小的念頭，就絕不可能了解這一

眞相。¹⁰ 除非他已擁有，否則怎麼給得出去？愈給愈多的布施，豈會帶來損失？

2.　　你眞的以爲天父會因創造你而失落了自己？² 祂豈會因爲分享自己的愛而變得軟弱無力？³ 祂豈會因著你的完美而變得不圓滿？⁴ 你不正是祂完美圓滿的寫照嗎？⁵ 寧願捨棄自己的眞相而留守夢中的聖子啊，別再否定祂的見證了！⁶ 聖子必須先在自己的夢中成爲人間救主，才能從夢中脫身。⁷ 他必須不把別人看作一具身體，而應看成是與自己一體的生命，彼此間沒有高牆阻隔才行；那座高牆原是爲了隔離行屍走肉之人而建造的。

3.　　在充滿形體與死亡的噩夢裡，仍有一則眞理，即使它只是一點靈光，卻如長夜中的一線光明，上主始終在那兒照耀。² 你無法喚醒自己，³ 但你能夠被別人喚醒。⁴ 只要你無視於弟兄的夢境，⁵ 只要你能徹底寬恕他的幻相，他便能成爲將你由夢中拯救出來的人間救主。⁶ 只要你能在黑暗中看見上主在他內熠熠生光，表示你已在他身上看到了上主的臨在。⁷ 身體便會在上主的光明前隱去，好似陰森魅影不能不讓位給光明。⁸ 黑暗在此再也沒有逗留的餘地。⁹ 光明一至，表示黑暗已經消失。¹⁰ 你就會在榮光中看見自己的弟兄，而且你終會明白你一直認爲在你們中間作祟的那個間隙究竟是怎麼彌合的。¹¹ 上主的見證會在此間隙爲你開啓一條仁慈的康莊大道，直指聖子的眞相。¹² 你所寬恕的人從你那兒獲得了寬恕你幻相的力量，¹³ 而你也會在給人自由之際重獲自由。

4.　　爲愛鋪路吧！你沒有創造愛的能力，但你能將愛推恩出去。² 愛到了人間，就等於寬恕自己的弟兄，如此你才撤除得了自己心靈的黑暗。³ 當光明透過你的寬恕而降臨他時，他不會忘恩負義地把自己的人間救主遺忘在仍未得救之境。⁴ 他從你臉上看到了光明，這光明必會與他同行，穿越黑暗，邁向永恆的光明。

5.　　你必然神聖無比，即使在慘絕人寰的噩夢裡，仍有上主之子前來救你。² 你看見他多麼迫不及待地前來，避開那些企圖遮蔽他眞相的魅影，懷著感謝與愛心照耀著你。³ 他既是他自己，又不僅是他自己。⁴ 他的天父在創造你時不曾失落他那一部分，他那部分的光明燦爛依舊，因爲是你把自己的光明給了他，是你將

他由黑暗中拯救出來的。⁵ 如今，你內在的光明必然跟他的光明一般燦爛。⁶ 這就是夢境中永恆不滅的一點靈光，你能幫他喚醒這一靈光；而且我敢保證，他覺醒的目光從此只會落在你身上。⁷ 你就在他得救的喜訊中獲救了。

肆．夢中的角色

1. 　　你認為眞相可能只是另一種幻相嗎？² 幻相屬於夢境，兩者都不是眞的。³ 由於兩者同樣缺乏眞相，故成了奇蹟無難易之分的基礎；奇蹟不過幫你了解夢只是夢而已，並無助於解脫，你的解脫靠的是覺醒。⁴ 你豈能保留某些夢境，再由其他夢裡醒過來？⁵ 你的選擇不在於你想要保留哪一類的夢，而是你究竟想要留在夢裡還是由夢中覺醒？⁶ 因此，奇蹟不會只施惠於某種夢境而放棄其他的夢。⁷ 你不可能一邊作那個夢，一邊又想由夢中醒過來，因你若不是睡著了，就是已經清醒了。⁸ 夢只能出現於上述兩種狀態之一。

2. 　　你所留戀的夢和狀似可怕的夢，都同樣會妨礙到你的清醒。² 因所有的夢不論化身爲何種形式，基本上都是恐懼之夢。³ 夢裡夢外無不充滿恐懼。⁴ 但它仍可能佯裝成快樂的模樣。⁵ 其實，構成夢境的基本素材永遠是恐懼，它絕不會在夢中缺席。⁶ 夢的形式千變萬化，卻都換湯不換藥。⁷ 如果奇蹟不能幫你認清恐懼的眞相而始終令你害怕，就根本稱不上奇蹟，⁸ 你也不會甘心接受奇蹟爲你預備的覺醒之路。

3. 　　簡言之，攻擊可說是你因心目中的任務並未如你所願地完成而激發的一種反應。² 那任務可能是你自己的，也可能是別人的，你在何處看到那任務，它就會在那兒受到攻擊。³ 所有夢的主題不是絕望就是攻擊，兩者都出於恐懼。⁴ 身體的快慰或歡樂只是裹在恐懼外面的一層輕紗，企圖掩飾隱藏在夢的核心裡的恐懼之瘤。⁵ 奇蹟就是針對這個瘤而發的，它根本不看裹在外面的種種包裝。

4. 　　你哪一次發怒不是因爲對方沒有達成你爲他指定的任務？² 哪一次你不認爲那是你應該攻擊他的正當「理由」？³ 在你心

中，最可愛的夢無非是圓滿達成你所指派的任務，而讓你終於如願以償的夢。⁴ 不論你的夢如願以償或夙願未了，其實都不是問題的癥結。⁵ 問題在於，你一旦把這些願望或需求當眞，恐懼便由此而生了。⁶ 夢的問題並不繫於你在夢中要多或要少，⁷ 而是你究竟想不想留在夢裡。⁸ 每一個夢都代表著你所指派的任務，你要那件事、那一物，或那個形狀的人代表什麼，它們該爲你完成什麼目標。⁹ 它們若能滿全你的願望，就是一場好夢；¹⁰ 它們若辜負了你的期待，就是一場淒慘的夢。¹¹ 其實不論成功失敗，均無足輕重，它們全是中看不中用的包裝而已。

5.　　如果你不必負責爲夢中每個人物指派一個「適當」的角色，你的夢會變得十分美好。² 沒有一個人會辜負你，他至多只可能辜負你對他的期待，故也無人能夠背叛你。³ 聖靈給你的夢，不會包藏恐懼的禍心。⁴ 它的外在包裝好似沒有太大的改變，內涵卻大異其趣，因爲它裡面包藏了其他東西。⁵ 人的知見受制於他自己的「看的目的」，他想要看到什麼，眼前就會顯示出什麼。⁶ 如果你作夢的目的在於助人，夢中原本看似在攻擊的魅影便會變成你的弟兄，給你一個助人的機會。⁷ 淒慘之夢便如此轉爲喜悅之夢。

6.　　你弟兄爲何而來？² 你並不知道，因你連自己的任務都看不清楚！³ 不要爲他指定一個你認爲會讓你幸福的角色。⁴ 他若無法勝任你指派給他的角色，無法完成你夢想出來的人生意義，請勿生出傷害他的意圖。⁵ 他在自己的每一個夢中求助，你若看出夢在聖靈眼中的眞正用途，便能助弟兄一臂之力，因爲只有聖靈知道如何利用所有的夢來完成上主賜祂的任務。⁶ 由於祂衷心所愛的是作夢的人，而非他的夢，每個夢都會化爲愛的禮物。⁷ 你會在夢的核心看到祂對你的愛，不論你作什麼夢，那個愛都會把它變得光彩奪目。

伍. 千古不易的安居之所

1.　　你心內有個地方，已把整個世界遺忘，沒有一絲罪的記憶與幻相的痕跡。² 你心內有個地方，時間早已一逝不返，你只會在

那兒聽到永恆的迴響。³ 那是你的安息之所，如此寂靜，只有天父及聖子的歡悅歌聲響遍天堂。⁴ 那也是祂們的安居之所，你只能在此憶起祂們。⁵ 祂們所在之處，亦是平安所在的天堂。

2.　　不要以爲你能改變祂們的居所。² 你眞正的「身分」就在祂們內；祂們所在之地，也是你永在之處。³ 天堂的千古不易就在你內，如此之深，即使整個世界擦肩而過，也激不起任何漣漪，留不下一絲痕跡。⁴ 寂靜無邊的平安，溫柔地環抱著你，如此堅定，如此寧靜，安歇於造物主的懷裡，從此再也沒有一物侵擾得到安息祂內的聖子了。

3.　　只要你願事奉上主之子，把他視爲覺醒之人，表示你已肩負起聖靈賦予你的任務。² 聖子是你生命的一部分，你也是他的一部分，因爲他是天父之子，他不是爲你指定的目的而來到人世的。³ 聖靈對你只有一個要求，就是接受聖子內千古不易的永恆生命，你的眞實「身分」也在那裡。⁴ 你只能在他內找到心靈的平安。⁵ 你對他發出的每個慈愛念頭，都會拉近你的覺醒時辰，覺醒於永恆的平安，覺醒於無盡的喜悅。

4.　　上主的這位神聖之子就和你一樣，都是一面反映天父對你的愛的明鏡，又如一聲溫柔的叮嚀，提醒你，他是天父之愛的造化，此愛永存於他內，也永存於你內。² 你必須極其寧靜，才聽得到上主在他內的聲音，告訴你聖子的眞正任務。³ 他的受造是爲了讓你重歸圓滿；唯有圓滿的生命方能成爲圓滿上主的一部分，而你正是由那圓滿中創造出來的生命。

5.　　天父對你別無所求，只盼你在祂的整個造化中看出天賜於你的燦爛禮物。² 請看這位上主之子！他就是那完美的禮物，天父不只永遠照耀他內，且把整個造化賜給了他，成爲他生命的一部分。³ 正因他擁有，才可能給你；當你看到了他內在的完美，你就會看到自己的平安。⁴ 環繞著你的寧靜也安住於他內；唯有在此寧靜中，你才能作出幸福美夢，夢見你們在聖潔之境攜手同行。⁵ 這雙手不再緊抓著痛苦的夢，⁶ 不再手持刀劍，因爲它們已經放下世間的虛幻。⁷ 只有騰出的空手才握得住弟兄的手，同時握住了他手中的圓滿。

6.　　你若知道那超乎寬恕之上的目標是何等的榮耀，就不會抓著

任何邪念不放了，不論那一念頭顯得多麼微不足道。²因你已了解，自己心裡若還持有一個非上主所賜的念頭，你得付出多大的代價！你的心靈原是爲了教導這雙手如何祝福聖子且領他回歸天父家園而受造的。³聖子是天父爲自己創造的居所，你難道不想與他爲友？⁴連上主都如此看重他，你怎麼可能向他舉起怨恨與攻擊之手？⁵你手中的血腥一旦污染了天堂之愛，你還有可能在那兒找到平安嗎？⁶你的弟兄很可能認爲自己所握的是死亡之手。⁷但請不要相信他。⁸你應學習認出自己多麼有福，有此機緣獻給他你的解脫，使他與你同獲自由。

7.　　在天賜的夢境裡，聖子乃是你的人間救主，而非你懷恨的敵人。²在天賜的夢裡，你寬恕了他所有的死亡之夢，並給了他你自己的希望之夢，而非充滿邪惡、分裂及怨恨的夢。³爲什麼分享這類夢境對你顯得如此困難？⁴因爲夢原是恨的產物，除非聖靈另賦予它新的任務，否則它只能繼續爲死亡效命。⁵每一個夢，不論化身爲何種形式，都是死亡的呼喚。⁶爲死亡效命的人，只能在自己的世界膜拜死亡之神，人人持著斷矛鈍劍，死守著自己對死亡的遠古承諾。

8.　　夢在聖靈的眼中則負起了另一任務；凡是不讓聖靈發揮大用的夢，核心全都是恐懼。²雖然夢原是爲了攻擊及分裂而造的，只要你開始與人同享此夢，它便會失去原有的目的。³沒有一個人間的夢不懷著「明天應該會更好」的憧憬，然而，有誰能在無常世界找到千古不易之境？⁴讓我們爲此慶幸吧！別再企圖從世界尋找永恆了。⁵唯有先寬恕這些夢境，你才能不再把世界夢成你的身外之物。⁶它終將引導你超越所有的夢境而邁入永恆生命的平安。

陸. 寬恕與時間的終結

1.　　你有多大的誠意寬恕你的弟兄？²你對平安（而非那無止境的衝突與痛苦）懷有多大的渴望？³這兩個問題其實是同一問題的不同問法而已。⁴寬恕乃是你的平安所在，因爲它能爲你終結分裂之境，危險、毀滅、罪惡與死亡之夢，以及瘋狂、謀害、悲

痛與失落之夢。⁵ 這正是救恩要求的「犧牲」代價，它只樂於給你平安，不忍見你深受夢境之苦。

2.　　　身爲上主神聖之子的你，從此誓不加入死亡的行列！² 你那些妥協辦法，絕非你所能兌現的。³ 沒有人毀滅得了永恆的生命之子。⁴ 他和天父一般不朽。⁵ 沒有人改造得了他的眞相。⁶ 他是整個宇宙中唯一的存在，故必屬於一個生命。⁷ 看似永恆的宇宙萬象，終有結束之日。⁸ 星辰將消逝，日夜不復存在。⁹ 潮汐消長，四季循環，還有生來死去的生命，以及所有隨時間而推移的萬物，從此一逝不返。¹⁰ 時間的盡頭，並非永恆的起點。¹¹ 不論人們把上主之子當成什麼，他的眞相永遠不變。¹² 他過去如何，現在仍是如此，未來依然如此，因時間操控不了他的命運，更敲定不了他生死的時辰。¹³ 連寬恕都改變不了他。¹⁴ 然而，時間卻有待你的寬恕，時空內的一切才會失去作用，從此銷聲匿跡。

3.　　　任何事物一旦失去存在的目的，便無法繼續存在。² 如果這就是你們認爲的死亡，那麼此物註定會死，除非它不接受死亡爲自己的存在目的。³ 爲此，「改變」成了世間不幸中的大幸，因爲它顯示出世界的目的並非一成不變的，縱然外表看起來如此。⁴ 不要以爲你能給自己一個非上主所賜的目的，更不要把它立爲一個永恆不變的目標，⁵ 即或你眞能給自己一個不屬於你的人生目的。⁶ 但是，有個能力你永遠除之不去：你隨時都能改變自己的心念，看出它另有存在的目的。

4.　　　你企圖取代永恆的那一切都會改變，這是上主對你最大的恩典，如此，才能確保唯有天堂永不消逝。² 你不是爲了死亡而誕生的。³ 你改變不了自己的天命，因爲你的任務是上主制定的。⁴ 其他的目標都屬於時間與無常之境，純粹是爲了保全時間的存在；只有一個例外，⁵ 就是寬恕。它不以保全時間爲目的，而是等到時間對你一無所用時，來爲你終結時間。⁶ 存在的目的一旦結束，時間就消失了。⁷ 上主之子會在時間一度存在之處，全面憶起上主爲聖子制定的任務。⁸ 時間阻擋不了聖子圓滿這千古不易的任務。⁹ 死亡無法存在，因爲所有生命都享有造物主所賜的功能。¹⁰ 生命的功能不可能是死亡。¹¹ 它只可能延伸生命，使生命綿延無盡，直指永恆。

5.　　　唯有當你認爲世界原是爲了釘死上主之子而造的，世界才捆綁得住你的手腳，傷害得了你的身體。² 縱然這只是一個死亡之夢，你也不必讓世界成爲你死亡的象徵。³ 世界一旦改變了它的象徵意義，世上的一切都會隨之改變。⁴ 因爲萬事萬物原是按照你爲世界所寫的劇本而演出的。

6.　　　能以寬恕上主之子爲目的的世界何其美麗！² 擺脫了恐懼的世界何其自由！必然洋溢著幸福與上天的祝福。³ 能在這一福地安居片刻的人又何其快樂！⁴ 因他不可能忘記這世界只剩下片刻的光景，超越時空之境會悄悄來臨，取代眼前的時空之境。

柒. 不待外求

1.　　　別往身外追尋了。² 那註定會落空的，每當偶像破碎一次，你就會哭泣一回。³ 你無法在天堂不在之處找到天堂，而天堂之外絕無平安可言。⁴ 當上主召喚時，你所供奉的偶像不會代祂答覆你。⁵ 你若假造另一聲音來代你答覆，便不可能獲得祂的答覆所帶來的幸福。⁶ 別往身外追尋了。⁷ 你所有的痛苦都是因爲你認定那兒有你想要之物，結果卻一無所獲。⁸ 如果你要的東西不在那兒呢？⁹ 你寧願自己是對的，還是寧願自己幸福？¹⁰ 你該慶幸有人爲你指出幸福之所在，別往他處追尋了，¹¹ 不會有結果的。¹² 你與生俱有了知眞相的天賦，只要你不再往身外追尋。

2.　　　世上沒有一個人不懷著希望或某種揮之不去的幻覺，夢想自身之外有個東西會帶給他快樂和平安。² 這是不可能的，因爲一切存在於他內。³ 這又意味著每個來到人間的人都已否定了自己的眞相，希望在自己擁有的一切之外找到更多的東西。他覺得有人偷走了自己的一部分，他必須在一切之外尋回它。⁴ 這就是他賦予身體的目的，期待身體幫他找回失落的那一部分，讓自己重歸完整。⁵ 爲此，他漫無目的在人間遊蕩，尋找那根本不可能找到之物，活出不是自己的人生。

3.　　　那揮之不去的幻覺會催逼著他不斷往外追尋偶像，而且多多益善。² 每一個偶像都會辜負他的期望，只有一個例外，就是他一定會死，雖然他並不了解他所追尋的偶像就是自己的死亡。

³ 這種死亡好似發生在身外。⁴ 其實，他眞正想要殺害的是內在的上主之子，以此證明自己戰勝了聖子。⁵ 這是每一個偶像的目的，因爲這是你指派給偶像的任務；問題是，沒有一個偶像完成得了這種任務。

4.　　你的目標若是以身體爲主要的受益人，你其實是在置自己於死地。² 因你相信自己會受匱乏之苦，而匱乏與死亡無異。³ 犧牲等於放棄，表示你不再擁有，必須忍受失落之苦。⁴ 這種放棄無異於否定生命。⁵ 別再往身外追尋了！⁶ 追尋，影射出你內在的不圓滿，以及不敢承認自己內在的絕望，只能寄望由外界尋回自己的眞相。

5.　　偶像必有倒下的一日，因爲它們沒有生命；凡是沒有生命的，便成了死亡的標誌。² 你既爲死亡而來到世界，除了死亡的蹤影以外，你還期待看到什麼？³ 你在人間找到了一個偶像，不只把它當眞，且還賦予它生命的形相，結果發現它只是生命的假相，了無生命可言，是道地的死亡。沒有比這更令人悲哀與痛苦的訊息了。⁴ 每個偶像最後必會失敗、崩潰、腐朽，因爲死亡不論化身爲何物，都不可能帶來生命；凡是會被犧牲之物，不可能是圓滿的。

6.　　世上所有的偶像，都是爲了防止你得知內在眞相而造出的；它們始終效忠於夢境，夢想你仰賴某些身外之物來獲得圓滿幸福。² 崇拜偶像，不可能給你平安的希望。³ 上主安居於你內，你的圓滿也在祂內。⁴ 沒有偶像取代得了上主的地位。⁵ 莫再盯著偶像不放了。⁶ 也別再往身外追尋了。

7.　　讓我們一起遺忘自己以前賦予世界的目的。² 否則，未來就會像過去一樣，只是一連串令人傷心的夢；夢中的偶像接二連三地辜負了你的期望，讓你處處只看到失望與死亡。

8.　　你若想改變這一命運，爲自己開啓一道希望之門，由那毫無指望的無盡循環解脫出來，就必須承認自己對世界的目的一無所知。² 你賦予世界原本沒有的目的，妄自決定它爲何而存在。³ 你企圖把身外的世界當作偶像寄身之處，認爲它能圓滿你的內在眞相，你的生命從此便一分爲二了。⁴ 夢出自你的選擇，你希望它怎樣，它就會怎樣，你卻把它當成外界加諸於你的遭遇。⁵ 你的

偶像只會去做你要它做的事情，它靠的是你賦予它的能力。[6] 你卻在夢中徒然追尋這些偶像，設法討回你賦予它的能力。

9. 　　夢只可能出現於沉睡的心靈。[2] 你豈能把夢中景象投射於外而把這個夢弄假成真？[3] 我的弟兄，不要浪費時間了，好好學習認出時間的意義吧！[4] 快快結束偶像的命運，世界就是被你眼中這些偶像搞得如此悲哀而病態的。[5] 你神聖的心靈原是上主的祭壇；祂所在之處，偶像無以立足。[6] 你的「上主恐懼症」其實是害怕失去偶像，[7] 並非害怕失落你的真相。[8] 你已用偶像取代了自己的真相，且為了保全偶像，你不惜抵制真理之光。[9] 整個世界就這樣淪為拯救這個偶像的工具，[10] 救恩反倒像是死亡的呼喚，威脅著你的生命。

10. 　　事實不然。[2] 救恩就是設法向你證明，沒有死亡這一回事，唯有生命永存。[3] 犧牲死亡，豈是一種損失？[4] 偶像豈能取代上主的地位？[5] 讓祂幫你憶起祂對你的愛吧！別讓你向自己的偶像所吟誦的絕望咒音淹沒了上主的天音。[6] 別再設法由天父之外尋找出路了。[7] 你不可能在絕望之地找到幸福的希望的。

捌. 「反基督」

1. 　　偶像究竟是什麼？[2] 你認為自己知道嗎？[3] 偶像不會讓你認出它只是個偶像，它不會輕易露出廬山真面目。[4] 這是它唯一也是最大的本事。[5] 它的目的曖昧不明，你對它又敬又畏，因為你不知道它的目的何在，又是為何而來。[6] 偶像是什麼？就是你對弟兄的評價超乎他本有的身價。[7] 所有的偶像，不論化身為何種形式，都是為了取代真正的他而造出的。[8] 這是人們不想面對也不想認清的事。[9] 偶像可以是一具身體、一件東西、一個地方、一種場景，或一樁事件、一個已經擁有或是想要擁有之物、一種想要爭取或已經得到的權利；它們全是同一回事。

2. 　　不要被偶像的外形蒙蔽了。[2] 偶像純粹是為了取代你的真相而存在。[3] 你內心必然相信偶像多少能滿全你那渺小的自我，在危機四伏的世界給你一些安全感，只因世界的強大勢力隨時都在打擊你的自信與心靈的平安。[4] 這些偶像有時確能補給你的所

需，爲你增添一些你原本沒有的價值。⁵ 爲此，只有自甘卑微且迷失自我的人才可能相信偶像。⁶ 他想在渺小的自我之外，尋找更高的力量，讓自己抬得起頭，不受世界有形的苦難所擾。⁷ 其實那是一種懲罰，是你不願往內尋找肯定與安寧的報應，因爲只有它們能幫你由世界解脫，讓你活得心安理得。

3.　　偶像屬於一種虛妄的印象或是一個虛妄的信念，它是「反基督」的化身，在基督與你眼前世界之間硬生生劃出一道間隙。² 偶像不過顯示你爲自己的夢想賦予了一個具體的形相，且把它推到心靈之外，它才顯得栩栩如生。³ 其實，它只是小小一念而已，離不開它的心靈源頭。⁴ 它的外在形式與它所代表的觀念如出一轍。⁵ 「反基督」，不論化身爲何種形式，必定與基督相反。⁶ 它好似在基督臉上覆上一層黑紗，將你與基督隔離，孤獨地活在黑暗裡。⁷ 其實光明一直都在那兒。⁸ 烏雲豈能撲滅得了陽光？⁹ 那片輕紗也驅逐不了它所企圖隔離之物，更覆蓋不了光明本身。

4.　　充斥著偶像的世界就是覆在基督臉上的那片面紗，它以離間你與弟兄的關係爲目的。² 這一企圖雖然陰險可怕，畢竟只是小小的一念，它甚至無法把充滿生命的一莖小草轉爲死亡的象徵。³ 它的有形化身並不存在，因它的源頭藏在上主根本不在的那一部分心靈中。⁴ 什麼地方能把無所不在的上主排斥於外而與祂互不往來？⁵ 誰的手擋得住上主的去路？⁶ 誰的聲音能夠下令不准祂進來？⁷ 你實在無需爲那自認爲「大於一切」之物而戰慄畏縮。⁸ 基督之敵全屬子虛烏有。⁹ 不論化身爲何種形式，他都不可能把自己弄假成眞。

5.　　偶像究竟是什麼？² 它什麼也不是！³ 必須有人相信它，它才可能活起來；有人賦予它力量，它才會令你生畏。⁴ 它的生命與力量都是靠信徒的奉獻，奇蹟的妙用即是把這禮物改造爲眞正具有生命與能力之物，使它配得天堂及永恆平安的恩典。⁵ 奇蹟不是爲你重建眞相，因面紗後的光明永不熄滅。⁶ 你只需揭開面紗，眞相便會光明遍照，呈現它的本來面目。⁷ 眞理之爲眞理，無需你的信念支持，因上主這樣創造了它，故它始終如是。

6.　　偶像是信念的產物，你一撤去信念，偶像就「死」了。² 相

信在上主的全能之外還有某種能力，在無限之境以外還有某個地方，在永恆之上還有某種時間，這些怪異觀念便是「反基督」的化身。³你甚至認爲那些能力、地方及時間可能化身爲某種形式，整個偶像世界就在這一觀念中成形了；在這個世界裡，所有不可能的事都發生了。⁴在此，原本不死的生命不免一死，無所不包的整體生命好似承受了失落之苦，超越時空之境淪爲時間的奴隸。⁵在此，原本千古不易的生命開始變化，上主賜予一切眾生的永恆平安，從此只能屈身於無明亂世之下。⁶原如天父一般圓滿、無罪、慈愛的上主之子，生出了怨心，受苦片刻，最後一死了之。

7.　　偶像存在於何處？²它不在任何地方！³無限之境內豈容得下間隙，任憑時間侵入永恆？⁴光明遍照之處，黑暗豈有容身之地？無窮無盡之境怎會裂出陰暗的一角？⁵上主爲萬物保留的永恆境界，只容得下上主的旨意，豈有偶像立足之地？⁶上主既是一切，而且無所不在，那麼，偶像必然什麼都不是，也必然不在任何地方。

8.　　那麼，偶像究竟有何目的？²它爲何而存在？³問題雖是一個，答案卻有千百種，全憑提問之人而定。⁴世界相信偶像。⁵唯有一心崇拜偶像的人才會來到這個世界，他期待偶像賞賜他眞相所無之物。⁶每一個偶像的崇拜者，都暗自希望他的特殊神明能給他比別人更多的東西。⁷必須多一點，⁸不管什麼東西，多一點美貌，多一點智慧，多一點財富，甚至多一點煩惱或多一點痛苦都好。⁹希望獲得更多，乃是偶像崇拜的目的。¹⁰一個偶像若不成，再換一個，總有一天能找到更多的東西。¹¹不要被那些東西的外形蒙蔽了。¹²偶像只是幫你得到「更多」的一種手段。¹³這種心態徹底違背了上主的旨意。

9.　　上主只有一個孩子，祂沒有成群的兒女。²怎麼可能有人擁有較多，有人獲得較少？³身在天堂的上主之子必會對「偶像可能侵擾他的平安」之說大笑不已。⁴聖靈自會爲他發言，祂會告訴你偶像在此已無存在的意義。⁵因你不可能擁有比天堂更多的東西。⁶天堂就在你的心內，你爲何還要去尋找那有辱天堂的偶像，妄想向它索求更多的東西，多過上主賜給弟兄與你的一體生命？⁷上主已經賜給你所有的一切了。⁸祂爲了確保你永不失落這

一天恩,才把同一禮物賜給所有的有情生命。⁹ 如此,一切眾生都成了你的一部分,也是祂的一部分。¹⁰ 沒有一個偶像能夠把你變得比上主更大或更多。¹¹ 任何低於上主的禮物,也絕對滿足不了你。

玖 . 寬恕之夢

1.　　偶像的奴隸是自甘爲奴的。² 他必然心甘情願,才會向那沒有生命之物卑躬屈膝,向那毫無能力之物求取力量。³ 上主的神聖之子究竟怎麼了?竟然會生出這種願望,不惜匍匐於地,祈求偶像的提拔?⁴ 仔細聽一聽你在夢中所編的故事,而且誠實地捫心自問,你不也相信那不是夢而是眞相嗎?

2.　　上主創造得有如祂自身一般完美的心靈,突然闖進了一個判斷之夢。² 在那個夢裡,天堂變成了地獄,上主變成了聖子的仇敵。³ 上主之子如何才能由夢中甦醒?⁴ 那既然是一個判斷之夢,⁵ 他必須不再判斷才可能甦醒。⁶ 只要他還加入判斷的行列,那個夢就會延續下去。⁷ 不要判斷,凡是判斷的人,不能不製造偶像來調轉評判的矛頭,否則那矛頭就會落在自己身上。⁸ 從此他便無緣得知那已遭自己定罪的自性了。⁹ 不要判斷,否則你會落入邪惡之夢,夢裡的偶像成了你的「眞實身分」,你得靠它將你由充滿恐怖及罪咎的自我判斷中拯救出來。

3.　　夢中的角色全是偶像,是爲了將你救出夢境而造的。² 問題是,他們又屬於想要救你逃離的那個夢境的一部分。³ 偶像就這樣把夢境搞得撲朔迷離,緊張刺激;唯有陷於恐怖與絕望的人才會指望這類偶像來拯救。⁴ 偶像正代表了恐怖與絕望,因此崇拜偶像的人等於是在崇拜恐怖與絕望以及滋生它們的溫床 —— 夢境。⁵ 判斷對上主之子是不義之舉;判斷他的人必也難逃夢中的自我懲罰,這才合乎正義。⁶ 上主只知道正義,從不知懲罰。⁷ 身在判斷之夢的你,不僅發動了攻擊並且遭受到懲罰,還百般甘願地接受偶像支配,任由它們不時插足於你的判斷及所受的報應之間居中作祟。

4.　　在你所作的夢裡,是不可能有救恩的。² 因偶像必已躋身於

夢境，而你也指望它能將你由自認爲幹出的「好事」中拯救出來，解除你內心罪孽深重、黯然無光之感。³ 孩子，光明始終都在你身邊。⁴ 你只是在作夢而已，那些偶像不過是你夢中的玩具而已。⁵ 只有孩童才需要這些玩具。⁶ 他們假扮爲世界的主人，賦予那些玩具行動、說話、思想、感覺，以及代自己發言的能力。⁷ 這些玩具的一言一行所表達的顯然是遊戲者的心態。⁸ 然而，所有遊戲玩家都會設法忘卻那是自己編出的夢，寧願相信夢中的玩具是真人真事，也不願承認那些願望原來都出於自己。

5.　　凡是噩夢，都很幼稚。² 那些玩具常常反過身來捉弄孩子，只因孩子已把玩具當真了。³ 然而，夢豈有攻擊的能力？⁴ 玩具怎麼可能長大，變得危險、兇惡又蠻橫無理？⁵ 孩子卻如此深信；正因爲他害怕自己的念頭，才把那些念頭轉嫁於玩具身上。⁶ 於是，玩具的現實變成了他自己的現實，如此一來，才能使他不受自己的念頭所害。⁷ 其實，正是這些玩具把他的念頭變得栩栩如生，幾可亂真，不斷在他的身外演出，只要他敢使詐，玩具便會轉身攻擊。⁸ 他原想藉那些玩具來躲避自己的念頭，只因他以爲那些念頭都是真的。⁹ 爲此，他不能不把所有的東西都變成玩具，再把世界推到自身之外，假裝自己只是世界的一個棋子。

6.　　時候到了，該讓童年的一切過去而且永遠地過去。² 別再設法留著兒時的玩具。³ 收起來吧，你再也不需要它們了。⁴ 判斷之夢只是孩子的遊戲，孩子在這夢裡扮演父親的角色，看起來頗有威嚴，卻只有孩子那一點兒智慧。⁵ 對他有害的事物其實都已銷毀，對他有益之物則始終蒙受祝福。⁶ 問題是，他只有兒童的判斷能力，壓根兒不明白何者對他有害、何者才有療癒能力。⁷ 夢中的他常感到大禍臨頭，十分害怕這個混亂的世界，以爲世界受制於他所打造的無明法則。⁸ 幸好，真實世界絲毫不受他誤以爲真的世界所影響；⁹ 真實世界的運作法則也不會因著他的無知而有任何改變。

7.　　真實世界仍是一個夢，² 只是夢中的角色改變了，³ 他們不再扮演隨時翻臉不認人的偶像。⁴ 在這夢裡，沒有一人取代得了另外一人，也沒有一物能在心靈所發的念頭與眼睛所見的景象之間作祟。⁵ 沒有人會被視爲他所不是之物，因幼稚的玩具全都收起來了。⁶ 過去的判斷之夢，如今都轉爲喜悅之夢；這才是夢的

目的所在。⁷ 只有寬恕之夢才能進入眞實世界，時間就快要結束了。⁸ 夢裡的魅影如今都成了你的弟兄，這不是透過你的判斷能力，而是透過你的愛。

8. 　寬恕之夢不會持續太久的。² 它再也不以離間心靈與念頭爲目的了。³ 它也不再設法證明自己的夢是別人作出來的。⁴ 在這夢裡，縈繞著一首眾人熟悉的歌曲，只是它那古老的旋律自從時間出現以來已成絕響。⁵ 寬恕的功課一旦完成，超越時空之境便近在咫尺，天堂之歌亦清晰可聞；不是憑血肉之耳，而是憑他的神聖本質；這一神聖性不曾片刻離開那永駐聖子心靈深處的祭壇。⁶ 當他再度聽到天堂之歌，便會恍然大悟這一首歌不曾離開過耳際。⁷ 一旦放下了判斷之夢，時間還能立足於何處？

9. 　如果你感覺不到身在天堂的那種心安，以及必有天助的平靜與篤定感，你一定會心生畏懼，不論你是爲何而怕；這表示你不僅造出了偶像，還相信它遲早會背叛你。² 因爲在你指望它來拯救你的心底下，隱藏了你自作孽與猶疑不定的罪咎與痛苦，且還深入骨髓，連夢境都掩飾不了你怕遭到天譴的擔憂。³ 自作孽的人不可能不恐懼，因恐懼代表一種判斷，逼得他不得不瘋狂地追逐偶像與死亡。

10. 　寬恕的夢則不斷提醒你，你活得很安全，也不再攻擊自己了。² 那幼稚的恐懼感開始消退，這些夢反而成了你全新的里程碑，表示你再也不崇拜偶像或攻擊人了。³ 寬恕之夢對夢中每一個角色都無比仁慈。⁴ 那些角色也會幫夢者由恐懼的夢中徹底抽身。⁵ 他再也不怕自己的判斷了，因他不再判斷任何人；他也不再藉著判斷別人來逃避判斷的惡果。⁶ 至此，他才會逐漸憶起自己誤把判斷當成逃避懲罰的手段時所忘懷的眞相。

第三十章　新的開始

導　言

1.　　現在，讓我們把課程的焦點集中在「新的開始」。² 目標既已明確，此刻你只需要具體的進行步驟。³ 目標完成的快慢，全憑你按部就班練習的意願強弱而定。⁴ 只要有心嘗試，每一步都會對你有所幫助。⁵ 一步一步地串連起來，會將你由判斷之夢導向寬恕之夢，遠離恐懼與痛苦。⁶ 你對這些步驟並不陌生，只是目前它們對你而言，觀念的成分居多，尚不足以規範你的起心動念。⁷ 因此，我們需要逐步練習一段時間，直到它們成為你的生活準則為止。⁸ 現在，我們就來培養這一習慣，以便遇到挑戰時，才能揮灑自如。

壹. 作決定的準則

1.　　每個人隨時都在作決定。² 然而，作決定之際未必知道自己在作決定。³ 只要你能在自己意識到的決定上稍加練習，便可培養出一個慣性，幫你看穿其他種種的決定。⁴ 你也無需緊張得每一步都如履薄冰，那並非明智之舉。⁵ 只要能在清醒時有所覺知地採取適當的步驟，面對任何事情或境遇，你都會游刃有餘的。⁶ 你若發現內心生起強烈的抗拒而又欲振乏力，表示你尚未準備妥當。⁷ **不要與自己交戰**。⁸ 此時，只需回想一下自己究竟想要過什麼樣的日子，再告訴自己，你有辦法能讓自己經歷那種日子。⁹ 然後，試著活出你心裡想要的日子即可。

2.　　（1）這套準則的第一步是：

> ² 今天，我不靠自己作任何決定。

³ 對自己這樣說，表示你已決心不再自行判斷該作什麼。⁴ 也表示你不再評估眼前的事件而自行答覆。⁵ 只要你一下判斷，就表示你已按照自己的遊戲規則去回應了。⁶ 於是，混淆、迷惑與恐懼

便會藉著你的答覆相繼而來。

3.　　這是你當前最大的挑戰。² 你總是先有了定見之後，才去問自己該怎麼做。³ 然而，你聽到的答覆未必針對你心裡認定的問題。⁴ 這是你最擔心的事，因那個答覆很可能與你的認知牴觸，使你覺得受到了打擊，⁵ 因而憤怒不已。⁶ 有些準則能幫你避開這類經驗。⁷ 然而，學習聆聽之初，這類事情總是在所難免的。

4.　　（2）從早到晚，不論何時，只要想到這一點，就靜下來反思，再度提醒自己，今天想要過什麼樣的日子，想要有何種感受，希望發生或經歷什麼樣的事情，然後對自己說：

　　　　² 只要不自作主張，我就能享有這種日子。

³ 好好練習這兩個步驟，你必會得到指引而不再恐懼，至少你心裡不會生出相反的意願，為你製造新的問題。

5.　　有些時候你難免會自行判斷。² 此時所得到的答覆勢必激起你的攻擊心態，除非你及時重整心志，不找到有用的答覆你絕不會善罷甘休。³ 當你感到自己不甘枯坐一旁靜候上天指引時，表示你已重蹈判斷的覆轍了。⁴ 也表示你尚未看清問題便已妄作決定了。⁵ 此時，你亟需一個挽回大局之計，所以請暫停一下，先不要急於提出下一個問題。

6.　　（3）再次提醒自己，你究竟想要過什麼樣的日子，而且認出你此刻的經驗與你想要的日子毫無關連。² 如此，你便會覺察到，自己不只已經提出了問題，而且還預設了自己所要的答覆形式。³ 此刻，趕緊提醒自己：

　　　　⁴ 我沒有什麼問題好問。⁵ 我只是忘了該作何決定。

⁶ 如此才算撤銷了自己預設的條件，真正的答覆方能為你指出真正的問題所在。

7.　　不論你內心產生何種抗拒，試著當機立斷，循著這條準則而行。² 因你的怒氣已生，³ 你會擔心那個答覆並未針對你心中所認定的問題，而且這種擔心害怕會愈來愈強烈，讓你不得不相信自

己只剩一個指望，就是終有一天「你」所提的問題會得到「你」想要的答覆。[4] 你不會得到那個答覆的！因它會奪走你眞正想要之物而破壞了你渴望的日子。[5] 你目前很難明白其中的道理，因你已經預設了怎樣的日子才能帶給你幸福。[6] 幸好你這決定還有化解的餘地，方法很簡單，而且並不難接受。

8.　　（4）你若仍不甘心接受化解的方法，還不願放下自己的問題，可用下面這句話來幫你改變心態：

　　　　[2] 至少我可以肯定一點：我並不喜歡自己此刻的感受。

[3] 這麼顯而易見的事實會幫你踏出下一步的。

9.　　（5）你既已肯定自己並不喜歡目前的感受，自然不難接受下面這個結論：

　　　　[2] 因此，但願我先前那一套看法是錯的。

[3] 這句話有助於抵制你內心的抗拒，它提醒了你，上天之助不是硬加在你頭上的，而是你自己想要、並且也需要的，只因你不喜歡目前的感受。[4] 這一線光明會爲你開啓隨後的幾步，幫你接受援助。

10.　　此刻，你已到了一個轉捩點，因爲你終於明白了，過去那個決定並非你所想的那一回事，對你只有好處。[2] 在這之前，你始終相信自己必須是對的才會幸福。[3] 如今你總算明白了：過去的想法若是錯的，你的日子其實會更好過一些。

11.　　（6）這一點點智慧之芽，足夠讓你更上一層樓。[2] 它無意威迫利誘你，它只想滿全你之所願。[3] 如此你才可能眞心地說：

　　　　[4] 我願從另一角度來看待此事。

[5] 如今，你對這一天的期待改變了，你終於想起自己眞正想要的是什麼。[6] 這一天的存在目的也不會被你神智不清的信念所蒙蔽；自己明明錯了，還千方百計想證明自己是對的。[7] 至此，你

才會意識到自己已經準備好提出問題了，因為你所提的要求不再自相矛盾，你已看清這才是自己真正想要之物。

12.　　（7）最後一步只是再次重申自己不會再拒絕接受援助而已。² 它顯示你的心胸已經敞開，雖然還不太堅定，但至少已經願意接受指引了：

> ³ 也許還有其他角度來看此事。
> ⁴ 問一問，又有何妨？

⁵ 如此，你才可能提出合理的問題，也才能獲得合理的答覆。⁶ 你也不再抗拒這一答覆，因為你已看清真正受益的是你自己。

13.　　你若能一開始就小心防止不幸之事潛入，幸福的日子會來得更容易一些，這是顯而易見的道理。² 但你必須反覆練習這些準則，才可能不受恐懼的侵襲。³ 若能做到這一點，你那可悲的判斷之夢便永遠解除了。⁴ 然而在抵達此境以前，你需要不斷反覆練習，才化解得了判斷之夢。⁵ 現在，讓我們再次深入前面論及的第一個決定。

14.　　我們說過，你的確能夠下定決心不憑自己去作任何決定而開始幸福快樂的一天。² 這句話本身就像真的在作決定。³ 問題是，你不可能單憑自己作決定。⁴ 所以，關鍵在於你是「跟誰」作出這些決定的。⁵ 這才是所有問題的癥結。⁶ 因此，第一條決定準則並非迫你就範，而只是陳述一個單純的事實。⁷ 不論作何決定，你都不是單憑自己作出來的；⁸ 這些決定若不是與偶像就是與上主一起作的。⁹ 你選擇向基督或是「反基督」求助，祂或它就會加入你的陣容，指點你如何進行。

15.　　你的每一天都不是偶然碰上的。² 你選擇跟誰一起度日，想向哪位朋友討教幸福之道，決定了你會度過怎樣的一天。³ 你作任何決定之前，一定會尋求指示的。⁴ 你必須看清楚這一點，才會明白沒有人強迫你，因此也沒有反彈的必要，你仍是自由的。⁵ 然而，註定發生的事豈有選擇的自由？⁶ 你若以為自己還有選擇的餘地，你必定錯了。

16.　　第二條準則同樣只是陳述一個事實。² 你和你的顧問必須對

你的訴求具有共識，那些訴求才有實現的可能。³任何事情必然在你們的共識或同意下才會發生。⁴不論你與判斷之夢聯盟或是與聖靈之聲聯盟，若無某種形式的連結，你的決定不可能產生任何結果。⁵你的決定之所以會產生結果，正因那不是你單獨作出的決定，⁶它們是你和顧問一起作出來的；而且那些決定不只是爲你自己，同時也是爲了世界而作的。⁷你自己想過什麼日子，就會獻給世界什麼日子。你不僅會得到自己祈求的日子，同時還鞏固了你的顧問在世間的勢力。⁸那麼，你今天究竟活在誰的國度裡？⁹你今天決心要活出怎樣的日子？

17.　　只要你和顧問同時願意快樂地度過這一天，便足以把幸福的日子帶給全世界。²只要這兩者了解他們無法單獨作出決定，就足以保證所有的人都會享有他們祈求的喜悅。³因他們已明白這決定之所以無所不能的基本原理。⁴只需要這兩者！⁵你和顧問必須先結合，才可能作出決定。⁶願你常常如此提醒自己：你想要過什麼樣的日子，你就會有什麼日子；你自己活出什麼日子，世界就能獲得什麼樣的日子。⁷當你決心活出幸福的一天，等於決定撤除自己對世界的判斷。⁸不論你領受到什麼，就會給予世界什麼。

貳．自由意志

1.　　你難道還不了解，跟聖靈作對其實就是與自己交戰？²祂告訴你的，原本就是你所願之事，祂只是代你發言而已。³祂的神性也是你的神性。⁴祂所知道的，也是你原本就知道的；正因祂爲你妥善保存這一切，你才能夠因著祂而完成自己的大願。⁵上主願你完成你的大願。⁶祂還會與你同心協力。⁷祂無意獨自建造自己的天國。⁸天堂所代表的其實就是你這大願，天堂裡的一切都是爲你而造的。⁹每一個生命的火花都是經你欣然同意而造出來的，而且完全如你所願。¹⁰上主的每一個聖念也是經你的祝福而生出的。¹¹上主不是你的敵人。¹²祂對你只有一個請求，就是聽到你稱祂爲「朋友」。

2.　　完成你的大願，是多麼美妙的事！²那才是眞正的自由。³此

外沒有自由可言。⁴除非你能實現自己的意願，否則你不是自由的。⁵上主豈會讓自己的聖子無法擁有他決心想要之物？⁶上主賜給了你完美的答覆，確保你的自由意志不被抹殺。⁷現在，好好聆聽他的答覆吧！你就會憶起他的聖愛，且全然明白自己的心願。⁸上主絕不樂見自己的聖子受困於他並不想要之物。⁹祂會與你同心協力，爭取你的自由。¹⁰違背祂的旨意，等於決心與自己作對，決心讓自己受困下去。

3.　　請再好好端詳自己的敵人，也就是你選擇怨恨而不願去愛的那個人。²恨就是這樣進入世界的，恐懼也藉此鞏固了它在人間的勢力。³現在，好好聆聽那代表上主也代表你說話的聖靈；祂提醒你，因痛恨別人而困於恐懼，淪爲死亡的奴隸，活出渺小如螻蟻的生命，這絕非你之所願。⁴你的願力廣大無邊，不受任何限制。⁵你內在的一切早在創造之初就已結合於上主了。⁶不要忘了，是祂創造了你，祂是透過你的大願而造出萬物的。⁷沒有一個受造物不對你心懷感激，因爲它是由你的願心誕生的。⁸若不是爲了你，天堂之光不會照耀，是你的願力使天堂大放光明的。

4.　　你在世上還能找到什麼發怒的理由？世界正等著你的祝福而重獲自由。²你若被世界囚禁，上主也會跟著失去自由。³你如何對待上主所愛的人，就等於如何對待上主。⁴不要認爲上主有意控制你，祂已把你造成整個宇宙的「創造同工」了。⁵祂願你的願力和祂一樣永恆而無窮無盡。⁶世界殷殷企盼著你早日認出自己的自由，它才能與你同獲自由。⁷但你必須先寬恕賜你自由意志的上主，才能寬恕這個世界。⁸因爲世界只能透過你的願力而獲自由。⁹你也不可能在上主之外尋得自由，因你的自由乃是出自祂的旨意。

5.　　如今，上主轉身求你幫忙拯救世界；但你自己必須先得救，世界才有療癒的可能。²世上沒有一個人不在等著你這決定，唯有如此，他才會明白自己也不受死亡的控制，因他和你具有同一願心，故也享有同一自由。³療癒他，正是你之所願；他之所以獲得療癒，只因你與他一起作出了這一決定。⁴如今，你總算寬恕了上主，因你已決心把弟兄視爲朋友了。

參. 超越偶像

1. 　　偶像是相當具體的。[2] 但你的願力卻具有普遍性與無限性，[3] 為此，願力沒有形式，它的內涵也不是某些形式所能表達出來的。[4] 偶像則代表限制。[5] 它屬於一種信念，相信某些形式能夠給你幸福，而且你必須透過某種限制才能得到你想要之物。[6] 你好似說：「我不需要什麼，[7] 我只要這個小東西，它就是我的一切。」[8] 然而，偶像不可能滿足你的，因為「萬物皆備於我」才是你真正的心願。[9] 選擇偶像無異於自甘失落；[10] 選擇真相，你才可能擁有一切。

2. 　　你追尋的不是這些外在形相。[2] 人間有什麼形相能替代天父的愛？[3] 什麼形相取代得了聖子神性所蘊含的愛？[4] 有什麼偶像能使一個生命一分為二？[5] 無限的生命怎麼可能變為有限之物？[6] 你並不想要這種偶像。[7] 擁有偶像絕非你真心所願。[8] 上天也不會給你這種禮物的。[9] 你若一味盯著自己想要的形相，你就再也無法了解它存在的目的了。[10] 你在偶像身上看到了你的意願，說明你已將自己的意願貶為某種形式。[11] 這絕不可能是你真正的意願，你與整個造化共享的意願是不可能滿足於這渺小之念與卑微之物的。

3. 　　在追尋每一個偶像的背後，隱藏著你對圓滿的渴望。[2] 圓滿之境不具任何形相，因為它是無限的。[3] 追求某個特殊人物或特殊東西來彌補你的缺憾，以為如此你才會感到完整，這影射出你相信自己已失落了某種形式；[4] 唯有找回這種形式，才能補足你想要呈現的樣貌。[5] 偶像的目的就是企圖擋住你的眼光，使你看不出那讓你相信自己不完整的真正原因。[6] 除非你真的犯了罪，你才可能變得不完整。[7] 因為罪代表了「你是整體分裂出去的單獨個體」那個信念。[8] 為此你才卯盡全力追求完整，不打破你所承受的種種限制與藩籬絕不罷休。

4. 　　你並不想要那個偶像；[2] 你真正想要的是你以為偶像能給你的一切，你也有權作此要求。[3] 你的要求不可能被拒絕。[4] 因你追求圓滿之願符合上主的旨意，也出自祂的旨意。[5] 上主對形相世界一無所知。[6] 祂不可能用這些毫無意義的形相來答覆你的祈

求。⁷ 因那些空洞的形相滿足不了你的心願，它們純粹是爲了填滿那根本不存在的間隙而造出之物。⁸ 你要的不是這些東西。⁹ 上主的造化也不曾賜給這些分裂之人或分裂之物圓滿上主之子的能力。¹⁰ 有什麼偶像能給上主之子他早已擁有之物？

5.　　圓滿，乃是上主之子的天命。² 他根本無需四處追尋。³ 他「活出本來眞相」的神聖意願屹立於一切偶像之上。⁴「大於全體」的念頭何其荒謬！⁵ 如果他的內在生命會改變，如果他能被貶爲某種形相，或淪爲他所不是的生命，他就不再是上主所創造的他了。⁶ 他豈需要偶像來幫他活出眞正的自己？⁷ 他怎麼拋棄得了自己的一部分？⁸ 本身並不圓滿的生命不可能圓滿任何生命。⁹ 凡是你誠心祈求之物，不可能遭到拒絕的。¹⁰ 你的意願早已獲允了，¹¹ 但不是按照那無法滿足你的形式，而是按照上主對你至仁至慈的聖念。

6.　　唯有上主所知之物，才可能存在。² 祂所知之物，不只永遠存在，而且永遠不變。³ 心靈能想多久，念頭就會持續多久。⁴ 上主的天心無窮無盡，祂的聖念也無時不在，而且不受無常之苦。⁵ 念頭是不生不滅的。⁶ 它享有它的創造者的生命特質，無法離開他而存在。⁷ 你想出來的念頭始終存於你心，正如你始終存於那想出你來的天心一樣。⁸ 天心裡沒有互不相屬的部分。⁹ 它內只有一個生命，永遠結合於平安之中。

7.　　念頭好似來來去去。² 這不過表示你有時覺察到，有時覺察不到而已。³ 你再度意識到它時，表示先前忘掉的念頭又在你內復甦了。⁴ 你忘記它時，它並未消逝。⁵ 它一直都在，只不過你覺察不到而已。⁶ 上主對你的聖念也不會因爲你的遺忘而改變分毫。⁷ 它始終都是你忘記它以前的樣子；當你憶起它時，它還是那個樣子。⁸ 在你遺忘的時刻，它依然故我。

8.　　上主的聖念遠遠超越無常之境，且光輝永照。² 它無待於誕生，³ 只等著你的接納而憶起它來。⁴ 上主對你的聖念，有如鑲在永恆穹蒼的恆星，千古不滅。⁵ 它高懸於天堂之上，自絕於天堂之人自然無緣目睹它的丰采。⁶ 然而，它依舊寧靜皎潔，光華燦爛，永恆遍照。⁷ 沒有一時，它不存在，也沒有一刻，它會失去光華而不再完美。

9.　　　知道天父的人，必然知道這一光明，因為天父就是護守光明而遍照千古的浩瀚穹蒼。² 世人看到與否，絲毫影響不到它的完美聖潔。³ 穹蒼護守著這一光明，輕輕將它托在最完美的位置，使他離人間與天堂等距。⁴ 世人看不見這顆明星，不是因為距離或時間之故，⁵ 而是因為他們的心思都在偶像身上，故無緣得見燦爛的星光。

10.　　　上主對你的聖念超越一切偶像之上。² 世界的恐怖動盪與人間的生死大夢，以及你千奇百怪的恐懼心態，絲毫影響不了上主對你的聖念，祂對你的心意永恆不渝。³ 這一聖念始終安息於肯定不移與圓滿平安中，沒有任何殺伐之聲能夠侵入這無邊的寂靜。⁴ 這是你萬無一失的生命真相，它渾然不覺那供奉偶像而不識上主的世界。⁵ 上主對你的聖念從未離開過造物主的天心，它知道造物主，造物主也知道這一聖念；它對你千古不易的生命具有完美的信念，使你得以永遠安息於自己的家園。

11.　　　上主對你的聖念，除了在你生命裡，還可能存於何處？² 你的真相怎麼可能在你生命之外，而且活在它一無所知的世界裡？³ 在你之外並無永恆的穹蒼，亦無千古不滅的明星與真相。⁴ 天堂之子的心靈必在天堂裡，聖子與天父之心會在無窮無盡的創造中合而為一。⁵ 你只有一個生命，沒有兩個真相。⁶ 你只可能意識到其中之一。⁷ 你的真相若不存於偶像中，就在上主聖念內。⁸ 但不要忘了，偶像一直企圖隱瞞你的真相，它雖隱瞞不了天心，卻瞞得住你的心靈。⁹ 明星依然燦爛，穹蒼始終不變，¹⁰ 只有身為上主神聖之子的你，尚未覺醒於自己的真相。

肆. 幻相背後的真相

1.　　　凡是無法滿足你的，你必會起而攻擊；如此，你將看不出這一切全是你自己造出來的。² 你一直都在與幻相交戰。³ 你若明白幻相背後的真相原來如此美麗，如此溫柔慈祥，你必會放下所有的抵制心態而投奔它的。⁴ 真相永遠凜然不可侵犯。⁵ 你製造偶像時其實就知道這一事實。⁶ 你打造偶像的目的就是想要忘卻這一真相。⁷ 你所攻擊的只是一些虛妄念頭而已，絕非真實之見。⁸ 所

有的偶像都是你爲了塡補心目中的自己與眞實的自己之間那個間隙而造出的虛妄念頭。⁹ 你攻擊的其實是偶像在你心目中所代表的東西。¹⁰ 但那超越偶像之上的,則凜然不可侵犯。

2.　　你營造出來的那些無聊又無用的神明,只是虛有其表的童玩而已。² 孩童常被盒子裡蹦出的人頭,或看似柔軟乖巧、一碰就會尖叫的小狗熊嚇到,³ 因這違反了他一向認定的盒子及玩具熊的遊戲規則,使他感到外境已經「失控」了。⁴ 他開始害怕,因爲他原以爲那些遊戲規則可以保護他的。⁵ 如今,他必須學會看出那個盒子與小熊既沒有欺騙他,也沒有破壞任何規則,因此也不表示他的世界從此混亂不安。⁶ 他只是搞錯了。⁷ 他誤解了什麼才是他的安全所在,才會以爲自己失去了保障。

3.　　你在那並不存在的間隙裡塡滿了各式各樣的玩具。² 每一個玩具都好似不遵守你設定的遊戲規則。³ 它根本就不是你心目中那個東西。⁴ 表面上它好似違反了你的安全原則,其實那些原則本來就不正確。⁵ 但它威脅不了你的。⁶ 你會像那孩子一樣,一旦曉得自己安全無虞,就會對那蹦出來的人頭及尖叫的玩具咯咯大笑。⁷ 孩子在玩耍過程中,開始看出那些玩具其實也挺符合逗趣的遊戲規則。⁸ 即使那些玩具可能還有其他嚇唬人的花招,⁹ 但他再也不被這些玩具擺佈了。¹⁰ 它們再也威脅不到這孩子了。

4.　　眞相只遵守上主之律,而非你所定的規則。² 只有他的天律才能確保你的安全。³ 你所相信的那些自我幻相,反倒常常不按牌理出牌。⁴ 它們只會隨著你規定的玩法亂舞一陣,⁵ 不久就倒地不起。⁶ 我的孩子,它們只是玩具而已,不用傷心哀悼。⁷ 它們的演出其實從未帶給你任何喜悅。⁸ 但它們也不值得你害怕;即使它們遵守你的遊戲規則,也不會給你任何保障。⁹ 你不必珍惜它們,也無需攻擊它們,只要把它們當作小孩的玩具,本身毫無意義即可。¹⁰ 你若在它們身上看到一個意義,你就會看出所有的意義;¹¹ 你若在它們身上看不出任何意義,它們就影響不了你。

5.　　表相有蒙騙的能力,只因它是表相,而非眞相。² 別讓自己的目光停留在任何外形上。³ 那只會模糊眞相,令人恐懼,因它隱藏了眞相。⁴ 也不要攻擊你爲自欺而造之物,否則,只會證明你已經上當了。⁵ 攻擊具有把幻相弄假成眞的能力;⁶ 然而,它所

造之物純屬虛構。[7] 有誰會被毫無影響或作用的東西嚇倒？[8] 它不過是個幻相，只會虛張聲勢。[9] 心平氣和地面對那些玩具吧！明白它們不過是隨著你的幻想起舞的偶像。[10] 不要崇拜它們，因它們毫不眞實。[11] 但你一攻擊它們，便會忘卻這一事實。[12] 上主之子無需抵制自己的夢境。[13] 他的偶像絲毫威脅不到他。[14] 他唯一的錯誤只是把它們當眞了而已。[15] 幻相能有多大的能耐？

6. 　　但表相確實騙得了自甘受騙的人。[2] 你只需作一個簡單的決定，便再也不會被這騙局所動搖。[3] 你不用操心這事是怎麼達成的，因爲你目前還無法理解。[4] 但你不難明白它此刻帶給你的巨大變化，只要你肯作出這個簡單決定：不論你認爲偶像會帶給你什麼，你都不再希罕了。[5] 這等於是上主之子決心與偶像脫離關係的宣言。[6] 從此，他就自由了。

7. 　　救恩確實充滿了弔詭！[2] 它也僅僅代表了一個幸福美夢而已。[3] 它只要求你寬恕「沒有人眞正做過任何事情」，不再著眼於那些不存在的事，以及把非眞之物當眞。[4] 它只要求你完成自己的大願，不再追求你根本不想要的東西。[5] 它只要求你擺脫所有不曾眞正活過的夢境，不再企圖以無謂的幻想取代上主的旨意。

8. 　　於是，分裂之夢逐漸隱退，最後消失了蹤影。[2] 因你再也不會在本來就不存在的間隙裡看見自己製造的恐怖玩具了。[3] 救恩對你的要求僅止於此。[4] 你應慶幸，救恩對你別無他求，它的要求實在微乎其微。[5] 從眞相的角度來講，它對你其實一無所求；[6] 從幻相來講，它只要求你以寬恕取代恐懼。[7] 這是美夢開出的唯一條件。[8] 只要你不往那間隙裡亂塞可怕的玩具，便能一眼看穿一切的虛幻。[9] 夢一無所用，[10] 上主之子再也不需要它了。[11] 夢所能給的，沒有一樣是他眞心想要之物。[12] 只有他的自由意志能幫他擺脫幻相而恢復本來的面目。[13] 上主給他的救恩計畫，不過是教他如何將自己交託給上主而已。

伍. 唯一的目的

1. 　　眞實世界屬於心的境界，在它的眼中，寬恕才是世界唯一的存在目的。[2] 只要世界不再以恐懼爲目標，「由罪咎解脫」

遂成了它的首要任務。³ 它會認出寬恕的價值，以此取代偶像的地位；人們再也不對偶像趨之若鶩了，因爲無人希罕它的「禮物」。⁴ 他們不再任意制定自己的遊戲規則，更不會強迫任何一人或扭曲任何一物來配合自己的恐懼夢境。⁵ 反之，他們只有一個心願，就是認清萬物與自己原是同一造化。⁶ 他們終於明白，必須先寬恕，才可能了解萬物。

2.　　世上的人常藉著攻擊來了解一物。² 彼岸之人卻很清楚，只要一發動攻擊，他便喪失了解此物的機會。³ 他們徹底明白追逐罪咎的荒謬與愚蠢。⁴ 偶像在眞實世界不受青睞，因人們已了解罪咎乃是一切痛苦之源。⁵ 它虛有其表的魅力再也吸引不了任何人，因痛苦與死亡在他們眼中已不值得奮力奪取。⁶ 眞正吸引他們的，唯獨自由的生機，何況他們已經懂得獲得自由的方法與途徑。⁷ 世界成了充滿希望之地，因爲在此活出幸福美夢成了它唯一的目的，⁸ 而且無人會被棄於美夢之外。若想美夢成眞，整個世界必須同心一意地相信這是世人唯一共有的目標才行。

3.　　只要世界仍負有寬恕的目的，便表示天堂的記憶尚未全面恢復。² 但每個人都很篤定自己終將超越寬恕之境；他只是暫留此世，直到自己的寬恕盡善盡美爲止。³ 除此之外，他沒有其他的願望。⁴ 恐懼開始消退，因這一目的已將他與自己整合起來了。⁵ 他對那幸福遠景如此有把握，雙腳雖還留在人間，卻已歸心似箭了。⁶ 但他仍樂意再等一會兒，直到所有的手都牽在一起，每顆心靈都已開啓，願意與他一起上路爲止。⁷ 如此，他才算準備好踏出下一步，至此，他終於可以放下寬恕的功課了。

4.　　最後一步是上主的事，因爲唯有上主才創造得出完美的聖子，且與他共享上主的天父身分。² 天堂之外沒有人知道這事是怎麼成就的，因爲這一眞知本身即是天堂。³ 即便眞實世界都對創造與永恆的境界感到望塵莫及。⁴ 恐懼從此一逝不返，因爲眞實世界以寬恕爲志，不再崇拜偶像了。⁵ 至此，天堂之子才算準備好活出眞實的自己，他會逐漸憶起，原來聖子始終知道天父所知道的一切，而且也了解得和天父一般完美。

5.　　對此境界，眞實世界仍然難以望其項背，因這一目標唯上主獨有，同時又能全然共享，而且已經圓滿實現了。² 眞實世界代

表一種心靈的境界，它已明白，即使偶像歷歷在目，只要它不屑一顧，偶像便會銷聲匿跡。³ 它既已明白偶像的虛無性 —— 不僅不存在，而且也無目的 —— 自會心甘情願地放下它們。⁴ 放下之後，它才可能看清，罪與咎在此一樣毫無目的，亦無意義。

6.　　眞實世界的目的就這樣悄悄進入人的意識，取代了罪與咎的位置。² 寬恕樂於爲你清除那橫梗在你的自我形象與本來眞相之間的障礙。³ 上主無需重新創造自己的聖子，祂只是將聖子原有的一切歸還給他而已。⁴ 你與弟兄的那個間隙根本就不存在。⁵ 上主之子必會再度知道他在受造之初早已知道的眞相。

7.　　活在恐怖世界的弟兄一旦結合於同一目的，就已接近眞實世界的邊緣了。² 他們難免還會不時回頭張望，以爲看見了自己懷念的偶像。³ 其實，他們已經和偶像分道揚鑣，安穩地踏上了眞相之路。⁴ 當他們牽起彼此的手，所牽的是基督之手，所仰望的是祂的聖容。⁵ 想要憶起天父之人，必須先看見基督的聖容。⁶ 上主之子也得越過寬恕，進入上主大愛之後才會憶起上主。⁷ 關鍵在於，他必須先接受基督之愛才行。⁸ 那時，他才會恍然大悟，上主與基督原是同一回事。

8.　　你一旦認出了自己所牽的是誰的手，便可步履輕盈地跨越恐懼世界的窄門。² 你所握的那隻手會給你完美的自信，揮別恐懼，昂首闊步，邁向天堂。³ 你緊緊握著的那位聖者一直殷切等候著你加入祂的陣容。⁴ 如今，你終於到來，祂會刻不容緩地爲你指出祂始終與你同行的那一條路。⁵ 你必然享有祂的祝福，就如祂享有天父之愛那麼必然。⁶ 祂對你的感激，遠遠超乎你的理解與想像，因你幫祂掙脫了鎖鏈，讓祂與你同行，一起邁向天父的家鄉。

9.　　遠古的仇恨開始由世界隱退。² 所有的怨恨與恐懼也都會隨之而去。³ 不要再頻頻回頭了，因爲你眞心想要的一切都在前面。⁴ 放下這個世界吧！⁵ 這稱不上犧牲。⁶ 因你從未眞心想得到它。⁷ 你從世上努力追求來的幸福，哪一樣不曾帶給你痛苦？⁸ 你可曾享受過片刻的滿足而無需付出可怕又痛苦的代價？⁹ 然而，喜悅原本是無價的，¹⁰ 那本是你神聖的權利；凡是必須付出代價之物，不可能是眞正的幸福。¹¹ 誠實以對吧！如此，你才會加快

腳步,不再被過去蒙騙。¹²過去那些經驗只會繼續向你索取苛刻的代價,使你活得了無生趣。

10.　當你回顧過去時,必須非常的坦誠。²若有偶像企圖引誘你,請記住這幾句話:

> ³除了罪咎以外,偶像從未給過你任何禮物。⁴你為它的
> 每個禮物都付過慘痛的代價,而且付出代價的還不只你
> 一人。

⁵因此,對你的弟兄仁慈一點吧!⁶別再漫不經心地挑選偶像了,請記住,他會和你付出同樣的代價。⁷你若留戀過去,也會耽擱他的前途,你便看不清自己所握著的究竟是誰的手了。⁸為此,向前看吧!懷著歡悅的心,鼓著希望而非恐懼的脈動,自信滿滿地向前邁去。

11.　緊握弟兄之手的人永遠不會失落上主的旨意。²在他們結合之前,上主對他們形同大敵。³直到他們結合於同一目標,才會豁然醒悟,他們其實懷有同一願望。⁴至此,上主的旨意才得以進入他們的意識。⁵從此,他們再也不會忘記,上主的旨意原來就是他們自己的意願。

陸. 寬恕的道理

1.　憤怒是毫無道理的事。²攻擊也很難自圓其說。³這是你擺脫恐懼的起點,也是完成的終點。⁴真實世界就是在此取代恐怖之夢的。⁵寬恕只能在此立足,也只有在此,它才顯得天經地義。⁶沒有人能要求你在理當反擊的情況下原諒對方。⁷因為那表示你被要求原諒一個真實的罪,要你故意視而不見它的存在。⁸這不是真正的寬恕。⁹因那等於要你以不合理的寬恕去回應對方的攻擊。¹⁰這種寬恕實在說不過去,因為它竟然要求你原諒一件不可原諒的事。

2.　寬恕永遠都應合情合理。²它必須有憑有據。³你並非寬恕一件不可寬恕的事,也不是要你故意漠視那該受懲罰的真實攻擊。

⁴ 救恩不會要求你以違反自然的方式回應的，那不是你對真相應有的心態。⁵ 反之，它只要求你別把那不曾發生的事當真而已，這才算是合情合理的反應。⁶ 如果你的原諒不合常情，要你用寬恕來以德報怨，等於要求你犧牲自己的權益。⁷ 其實，它只要你設法看出那一逆境不過是雙方因為某種誤解而向外發出的求助信號；為此，寬恕成了最自然的回應方式。⁸ 寬恕也可說是唯一神智清明的回應。⁹ 如此，你才不至於感到犧牲了自己的權益。

3. 　　若要讓真實世界取代恐怖夢境，你唯一需要改變的，即是了解這一真相。² 唯有攻擊找到藉口時，恐懼才會生起；恐懼一找到存在的基礎，寬恕就無立足之地了。³ 只有當你認出寬恕才是真實而合理的回應時，你才可能進入真實世界。⁴ 你若認為這寬恕是對方不配得到的禮物，只會加深你那有待「寬恕」的罪咎。⁵ 不合理的寬恕其實是一種攻擊行為。⁶ 世界所給的盡是這種寬恕。⁷ 它有時會原諒「罪人」，卻念念不忘他們的罪行，⁸ 也因此他們其實不配得到世界的寬恕的。

4. 　　世界就是利用這種假寬恕使罪的意識更加鮮活。² 上主若是正義的，祂就不可能真正寬恕世界。³ 世界既不配得到寬恕，它當然不可能不害怕上主。⁴ 自認有罪之人，也不可能不害怕上主。⁵ 但是，只要他肯寬恕，便可以由這一困境脫身了。⁶ 人心如何看待自己，就會如何去看待它的造物主。⁷ 你若認為弟兄理當得到寬恕，你便不難體認到自己也有同樣被寬恕的權利。⁸ 你若認為弟兄不該受到嚴厲的審判，必然不會認為上主可能如此審判你。⁹ 你應享的待遇既不會高於你的弟兄，也不會低於他，這就是真相。

5. 　　你必須看出寬恕是人們應得的禮物，它才能發揮療癒之效。² 寬恕給了奇蹟足以漠視幻相的能力。³ 唯有如此，你才可能明白自己必也得到了寬恕。⁴ 沒有一種表相是你無法漠視的。⁵ 否則，就表示人間確有某種寬恕不了的罪；⁶ 那種超乎錯誤的罪行，那個永遠無法改變的特殊錯誤，連上主都修正不了，你當然難辭其咎。⁷ 那種錯誤似有推翻上主造化的能力，似能造出另一種世界來取代上主的造化，徹底毀滅上主的旨意。⁸ 除非真有這一回事，我們才能認定，有些表相是奇蹟無法治癒的。

6.　　你若相信某些疾病和傷痛是寬恕無法療癒的，這便成了你仍在追尋偶像的鐵證。²它表示你仍企圖保留某些偶像，並不打算放棄所有的偶像。³為此，你才會認為某些表相並非表相，它們真實得很。⁴不要被「某些表相比其餘的表相更難放下」這根深柢固的信念蒙蔽了。⁵它影射出你認為寬恕有它的限度，⁶也透露了你的目標只是片面的寬恕，你只想由罪咎中獲得片面的解脫。⁷這就是你給自己以及那些好似在你身外之人的假寬恕。

7.　　除非奇蹟能夠治癒所有的疾病，否則表示它根本沒有療癒的能力。²奇蹟的宗旨不是幫你評估哪一種形式或哪一種表相才是真的。³如果真有一種表相是無法治癒的，表示有個幻相已經魚目混珠成為真相的一部分了。⁴從此，你最多只能獲得片面的解脫，再也無法全面擺脫罪咎的糾纏。⁵你必須全面寬恕上主之子，⁶否則，你會死守著自己破碎不全的形相而不敢往心內去看，深恐在那兒找到徹底擺脫偶像的途徑。⁷你必須相信沒有一種罪咎是寬恕不了的，才有得救的可能。⁸這才表示世間沒有一種表相取代得了上主之子的真相。

8.　　當你矚目於弟兄時，請發出你想要認出他本來面目之願心。²不要將他任何一部分剔除於你願他療癒的願心之外。³療癒就是重歸完整。⁴完整的生命不可能剔除或失落任何一部分。⁵寬恕必須建立在這個認知上；因此，你該慶幸，沒有一種疾病是奇蹟治癒不了的。

9.　　上主之子必然完美無瑕，否則他就不是上主之子。²你若還認為他不配由罪咎形形色色的種種後遺症解脫，你是不可能知道他的真相的。³你若想知道自己的真相，就不能不懷著這一心態去看他：

　　⁴天父，感謝祢所賜的完美聖子，使我得以由他偉大的榮耀中看見自己的榮耀。

⁵這句話等於喜悅地重申了「邪惡無法克勝上主旨意」的信念，同時也慶幸你的夢想並沒有讓罪咎把幻相弄假成真。⁶這句話可說一語道盡了真理的本質。

10.　　懷著這種期許看待弟兄吧！你就會了解，他不可能犯下任何足以改變他真相的錯誤。² 那些錯誤既然導致不了任何後果，你就不難漠視它的存在。³ 就是你那不寬恕的眼光，把上主之子貶爲一個偶像。⁴ 在你眼中，他的陰森形相成了死亡的象徵。⁵ 那你還可能把他當成人間救主嗎？⁶ 他的天父莫非對自己的聖子看走了眼？⁷ 還是你的眼光被蒙蔽了，以致看不出上天請你療癒他，其實是給你得救與解脫的機會。

柒. 新的詮釋

1.　　上主豈會把世界存在的意義交由你來詮釋？² 果真如此，世界早已失去一切意義了。³ 因爲變化無常的意義不可能是真實的。⁴ 世界在聖靈眼裡只有一個目的，而這目的永遠不變。⁵ 任何事件不僅改變不了這個目的，還必須與它一致才行。⁶ 除非世界的目的能夠因時因地而異，否則，你豈能隨時任意改變對它的詮釋？⁷ 你每時每刻都能夠爲當天的劇本添加一些情節，所有事件立刻有了不同的意義。⁸ 你若拿掉某些因素，那些意義也就隨之轉變了。

2.　　你的人生劇本不過是根據你認爲自己的日子應該如何而畫出的藍圖。² 然後再據此評判自己的進退與成敗得失。³ 這些評論全是根據你的劇本所安排的角色而定。⁴ 你的那些標籤很容易隨著不同經歷而來的其他判斷而改變，這證明了那些評論其實並沒有意義。⁵ 難怪你回顧往事時，會不斷由過去事件中看出新的意義。⁶ 這種現象不正顯示了那些事件自身原本就不具意義嗎？⁷ 你會根據變換不定的目標而賦予它新的意義；目標一改，意義自然隨之改變。

3.　　只有一貫不變的目的才能賦予事件一貫的意義，² 而且同一意義必須能夠套用在所有事件才行。³ 每個事件如果各具不同意義，就會反映出它們各具不同的目的。⁴ 這目的又成了它們所有的存在意義。⁵ 這稱得上意義嗎？⁶ 混亂豈能代表任何意義？⁷ 變化莫測的知見是不可能賦予任何事件一貫意義的。⁸ 恐懼可說是「事出無因」的一種判斷結果。⁹ 它的出現不過表示你寫了一個

恐怖的劇本，而且還被它嚇倒了，¹⁰ 並不是因為你所怕之物本身具有什麼可怕的內涵。

4. 　　唯有在萬物中看到它們的共同目的，你的知見才不會搖擺不定；同一存在目的賦予了世界及世間所有的經歷同一詮釋。² 萬物共具的目的成了你對眼前每個人和每件事的同一判斷。³ 從此，你再也無需判斷了，因你已經學到了萬物本有的同一意義，而且會為自己隨時能在萬物看到這個意義慶幸不已。⁴ 它不再變化無常，因為你隨時隨地都會看到它的蹤影，完全不受外界左右。⁵ 你便如此賦予了萬物同一意義，而萬物也會回報你一種堅定不移的篤定感。

5. 　　萬物只有一個目的，也是你與整個世界共有的目的；而這正是幫你放下判斷的秘訣。² 世上沒有一物抵制得了這個目的，因它是萬物和你與生俱來的存在目的。³ 這個單一目的會為你終結一切犧牲的觀念，因為犧牲觀念必然假定了輸方和贏方各懷不同目的。⁴ 犧牲之念離不開輸贏的觀念。⁵ 就是你認定各種目標能夠同時並存的觀念，使得知見朝三暮四，意義也顯得變幻莫測。⁶ 目標一致化以後，這種情形便無從發生，因為你們的共識會使你們對事物的詮釋穩定而且持久。

6. 　　如果人們使用的象徵符號各具不同的意義，他們可能彼此溝通嗎？² 聖靈的目標只有一種詮釋法，它對你與弟兄也具有同樣的意義。³ 如此，你才能與弟兄交流，他也才能跟你溝通。⁴ 在雙方都能了解的象徵符號下，意義就不會再被你們犧牲掉了。⁵ 任何犧牲都會讓你從此無法看出萬物休戚與共的關係。⁶ 你若個別去看一事一物，它們顯不出任何意義。⁷ 因那兒欠缺能讓人看見並了解其意的光明。⁸ 它們也顯現不出存在的目的。⁹ 你根本看不出它們為何而來。¹⁰ 所有與失落相關的念頭都沒有意義。¹¹ 就算你賦予它意義，也絕不會有人同意。¹² 因那屬於你的荒謬劇本中的一個片段，你無法憑此而詮釋出任何意義來。¹³ 它缺乏理性的光照，¹⁴ 故沒有交流的餘地。¹⁵ 噩夢裡那些無從銜接的荒謬片段，都是你在沉睡中寫出的情節。¹⁶ 別再往各自的夢中尋求意義了。¹⁷ 只有寬恕之夢才有共享的性質，¹⁸ 也只有這類夢境能帶給你們同一意義。

7.　　　不要在孤立心境下作出任何詮釋，因你所見的一切不可能具有意義。² 它象徵的意義必然變幻莫測，使你在這無常世界活得如臨深淵，如履薄冰。³ 其實變幻莫測的只是你的詮釋罷了，與你的生命真相完全是兩回事。⁴ 在這危機四伏的處境下，你不可能不充滿恐懼。⁵ 我的弟兄，你不必繼續這種生活。⁶ 我們有一位神聖的詮釋者。⁷ 只要我們願意結合於祂所用的象徵之中，祂的象徵便會帶給我們同一意義。⁸ 這一共通的語言讓我們能和所有弟兄溝通，並與他們一同學習看出：我們全被寬恕了，也能繼續交流了。

捌. 永恆不易的真相

1.　　　表相雖有騙人的能耐，卻是可以改變的。² 唯有真相永恆不易。³ 它從不騙人，你若無法看穿表相，表示你已受騙了。⁴ 因為你所看到的盡是無常；你一度將它當真，如今又重新把它當真。⁵ 真相就這樣再度被你貶為某種形式，淪為無常之物。⁶ 但真相是永恆不易的。⁷ 只憑這一點，它便足以為真，與表相不可同日而語。⁸ 真相必須超越所有形式才能成為真相，⁹ 因它永遠不變。

2.　　　奇蹟只是示範了：所有的表相都可以改變，因為它們只是表相，故無真相永恆不易的特質。² 奇蹟揭露了表相的變化無常，為那超越表相的救恩現身說法。³ 你的弟兄也具有永恆不易的本質，超越一切表相，不受任何蒙蔽。⁴ 是你對他朝三暮四的看法把他原有的永恆不易本質搞得曖昧不明。⁵ 他的幸福美夢仍需透過完美健全、毫不匱乏、無災無難的形相來呈現。⁶ 奇蹟只是證明沒有一種損失或痛苦束縛得了他，因為奇蹟能夠輕易改變那些表相。⁷ 由此證明那些表相毫不真實，不可能源自他的真相。⁸ 真相是永恆不易的，天上人間沒有一物改變得了它。⁹ 表相因著自身的變化無常而顯示了它的虛幻不實。

3.　　　所謂誘惑，不過是想把幻相弄假成真的夢想罷了。² 雖然它看起來並不像是一個「但願真相不是真的」的夢想。³ 但它堅持某些偶像比你「但願不是真的」的真相具有更難以抗拒的魅力。⁴ 因此，說穿了，誘惑不過是「但願奇蹟不要打擾你的某些夢

境，不要揭露它們的虛假不實，而且還要讓這些夢想成眞」的祈求而已！⁵ 天堂不會答覆這種祈禱的，它也不可能賜下奇蹟來治癒你所嫌棄的表相。⁶ 那些限制純粹是你的分別取捨打造出來的。⁷ 不論你求什麼，你都會得到，但絕不是來自上主，因祂對有限之物一無所知。⁸ 是你自己畫地自限的。

4.　　眞相是永恆不易的。² 奇蹟只是讓你看見，你故意不讓自己意識到眞相的那個障礙，既不眞實也礙不了大事。³ 但只要你還相信有些表相不可能改變，你自然會失落施展奇蹟的一貫能力。⁴ 因爲是你自己要求奇蹟保留一些能力，不要治癒所有的夢境。⁵ 只要你眞心渴望療癒，任何奇蹟你都施展得出來。⁶ 然而，除非你眞心想要，否則你是無法得到任何奇蹟的。⁷ 你若自行選擇某一療癒對象，等於限制了奇蹟的那位「施主」，害祂綁手綁腳地無法給出祂想要給予聖子的禮物。⁸ 一旦陷入這一誘惑，聖子等於否定了自己的眞相，⁹ 自甘淪爲自己所選之物的奴隸了。

5.　　正因眞相是永恆不易的，故奇蹟早已在那兒等著療癒無常的萬物，並讓你看到萬物不含一絲恐懼的幸福形相。² 終有一天你會如此去看自己的弟兄，³ 但絕不是當你對他還抱存其他的期待或用心之際。⁴ 因這表示你還不想讓他得到療癒與圓滿。⁵ 他內的基督完美無比。⁶ 你難道不想看到這樣的他嗎？⁷ 除了這樣的他以外，別再夢見另一個他了。⁸ 如此，你才可能看見他內的基督，因爲你終於允許祂現身於你了。⁹ 祂一旦現身於你，你再也不會懷疑自己是祂的肖像，因祂代表了你與弟兄內永恆不易的本質。

6.　　只要你決心不再著眼於弟兄任何表相而寧可漠視他的眞相，你必會看見在他內的基督。² 勿被夢境所惑而把無常與不定引進此地。³ 即使你仍會被他的夢境所惑，也無需自責或畏懼，⁴ 只要你不賦予夢境力量，用他在你眼中的形相取代他永恆不易的眞相即可。⁵ 你若能即時祈求奇蹟相助，所有虛妄的表相都會悄然隱退。⁶ 你一旦讓他活出眞正的自己，他便能從所有痛苦解脫。⁷ 你爲什麼會害怕看見他內的基督？⁸ 你所見到的其實是你自己。⁹ 當他獲得療癒之時，你也由罪咎解脫了，因他在你眼中的模樣其實代表了你的自我形象。

第三十一章　最終的慧見

壹. 救恩的單純性

1.　　救恩本身極其單純。²一言以蔽之，就是：「凡不眞實之物，此刻不是眞的，也永遠不會變成眞的；³不可能的事，不曾發生過，也不會帶來任何後果。」⁴如此而已。⁵對於樂見這一眞相的人，這種課題何難之有？⁶唯有無心學習的人，才會對這麼簡單的功課感到棘手。⁷凡是假的就不可能是眞的，凡是眞的就不可能是假的，這個道理很難理解嗎？⁸你再也不能推說自己分辨不出眞僞了。⁹本課程一直在教你分辨兩者的不同，以及當你迷惑時該怎麼做。¹⁰這麼簡單的功課，爲什麼你執意不學？

2.　　你有你自己的理由。²但不要把你的理由與它的難度混爲一談了，救恩要你學的功課簡單無比。³它教你的都是天經地義的事。⁴每一課都在爲下一課鋪路，每一步也都溫柔地將你導向下一步，而且從不對你施壓。⁵它絕不會困惑任何人，而你卻困惑不已。⁶因你相信雜亂無章的課程比較容易學習及了解，⁷而你竟也練出了那麼大的學習本事，簡直不可思議。⁸然而，你還是做到了，因爲那是你想學的，自然全力以赴，不曾聽你駐足片刻，抱怨這類人生功課太難學或複雜得令你無從了解。

3.　　任何人若了解你所學到的人生經驗，絕不會懷疑你的學習能力；你學得如此用心，不斷重蹈覆轍，歷盡千辛萬苦也無怨無悔。²世上沒有比學習更偉大的能力了。³整個世界都是你「學」出來的成果，即便到現在，它也還得賴此才能存在。⁴你教給自己的功課，早已學得滾瓜爛熟，而且積習難改，好似一簾沉重的帷幔，罩住了單純而明顯的眞相。⁵不要推說你學不來。⁶因爲你的學習本事強大得竟能讓你接受「你的意願不是自己的意願，你的念頭不是自己的念頭，連你都不是你自己」諸如此類的說法。

4.　　誰敢說這種課程很容易學？²你學到的還不僅止於此。³你鍥而不捨地學習，不論多難，從不抱怨，直到營造出符合你心意的世界才肯罷休。⁴建構起這世界的每一個人生功課，追根究柢都源自你第一個學習成果，它聲勢浩大得連聖靈之音都甘拜下風。

⁵ 整個世界就是由這詭異的一課當中誕生的，它有本事讓聖子忘記上主的存在，把自己當成陌生人，甚至放棄上主爲他打造的家園而自我放逐。⁶ 一直在教自己「上主之子有罪」的你，不能再推說自己學不來救恩傳授的簡單課題了。

5. 　　學習是你賦予自己的一種能力。² 不是爲了實現上主旨意，而是別有居心，夢想自己能夠推翻上主旨意，打造另一個比那旨意更眞實的意願。³ 這是你的學習本事一直想向你證明的，你也就這樣學會了它要教你的一切。⁴ 你百千萬劫學得爛熟的課題，如今在眞理之聲前擺出一副絕不妥協的架勢，它告訴你「眞理教你的功課都不是眞的」，或「太難學了，你學不會的」，或「與現實不符」。⁵ 但你遲早會學到眞理的；因爲在聖靈的眼中，那才是你的學習能力在世間的唯一目的。⁶ 祂那簡單的寬恕課題，遠比你自己學來的那一套更有力量，因爲它代表了上主與自性對你的呼喚。

6. 　　這微妙的天音難道會渺小寧靜得被那荒謬又無意義的噪音淹沒？² 上主絕不願意被聖子遺忘的。³ 聖靈之音會挾著上主旨意的大能爲祂發言。⁴ 你究竟想學哪一種人生課程？⁵ 哪一種課題能帶給你如上主那般絕對又必然，而且不容一絲疑慮的結果？⁶ 難道會是你後天學來的那些微不足道的經驗？困難得出奇，後果又吉凶難卜？它哪裡抵制得了聖靈無始以來（也就是你造出學習本事之後）時時刻刻都在教你的簡單課題？

7. 　　有待學習的人生課題只有兩種。² 它們各自爲你架構出不同的世界，³ 而每一個世界又會對自己的源頭唯命是從。⁴ 你所學的若是「上主之子有罪」的課題，結局就是你眼前的世界，⁵ 一個充滿恐怖與絕望的世界，⁶ 毫無幸福的希望可言。⁷ 你所設計的安全大計，沒有一個保證有效。⁸ 你渴望的幸福，也無法在此找著。⁹ 幸好，這個世界並非你的學習所能帶來的唯一結果。¹⁰ 即使你把自訂的功課學到爛熟，反映上主大愛的課題對你仍具有更強烈的吸引力。¹¹ 你遲早會學到上主之子的純潔無罪而看見另一世界的。

8. 　　那教你認出上主之子清白無罪的課題，結果必會帶給你一個一無所懼的世界，閃爍著希望的光輝，充滿了溫情。² 萬物都在

輕聲呼喚著你，願與你爲友，與你合一。³ 沒有一聲呼喚你會聽不見或不了解，也沒有一聲呼喚得不到同一頻率的答覆。⁴ 你這才豁然醒悟，原來世上每一個人、每一件事始終如此呼喚著你，只是你渾然不覺而已。⁵ 如今，你看到了自己的錯誤。⁶ 你一直被那呼喚的外在形式蒙蔽著，⁷ 因此你聽不出它們的心聲，錯失了那一心想要回歸你生命的朋友。⁸ 從此，世上每個角落永遠都迴盪著上主造化每一部分對那完整本體所發的輕柔呼喚；這就是第二種課題所帶給你的世界。

9. 　　每一個有情生命無不懷著回歸圓滿之境的普遍心願，也同樣願你不再對眾生的呼喚充耳不聞。² 沒有你的答覆，它只有死路一條；直到你聽出那個呼喚其實就是生命的千古心聲，同時了解那也是你自己的心聲，它才算絕處逢生了。³ 你內的基督始終記得上主，一如上主對自己的愛那般肯定不移。⁴ 只有對純潔無罪的聖子而言，上主才可能是愛。⁵ 如果祂純潔無罪的造化可能淪爲罪咎的奴隸，這種上主眞是太可怕了。⁶ 唯有完美的聖子才記得自己是上主的造化。⁷ 然而，只要罪咎一起，他很容易便忘記了自己的眞相。

10. 　　他所學的功課若是「聖子是有罪的」，必會激起他對上主的恐懼；反之，自知純潔無罪的人，則會憶起上主的愛。² 怨恨乃是恐懼之父，恐懼會在其父身上看到自己的影子。³ 這是多麼可怕的錯誤！你竟然聽不見那超越死亡之聲的遙遠呼喚，它的歌聲迴盪在每個攻擊謀害的念頭後面，呼求愛來重建這瀕死的世界。⁴ 你仍不明白是「誰」躲在每一種怨恨及挑釁之後頻頻向你呼喚。⁵ 當你學會用祂呼喚你的同一語言答覆祂，你就會認出祂的。⁶ 你一答覆了祂，祂便會現身於你，只有在祂內，你才會眞正知道「上主是愛」。

11. 　　所謂誘惑，是指「你希望能夠錯誤地決定自己要學什麼，而且你可能得到自己並不想要的後果」這類妄想。² 你必須先看清這不是自己想要的心態，才有機會重新評估自己的選擇，也才可能選擇另一結局。³ 你若相信自己寧選災難、分裂及痛苦，表示你已受騙了。⁴ 不要聽信自己裡面的這個聲音。⁵ 你應聆聽深藏在它下面的平安與喜悅之渴望。⁶ 整個世界便會給你這一喜悅與平安。⁷ 因爲你的聆聽就是你的答覆。⁸ 請看！⁹ 你的答覆已證明你

究竟學到了什麼。¹⁰ 你所見到的世界則代表你的學習成果。

12.　　且讓我們安靜片刻，忘卻所學的一切，放下一切念頭，以及我們對萬物的意義及目的所懷的種種成見。² 別再執著自己舊有的世界觀了。³ 我們什麼都不知道。⁴ 讓我們釋放我們心目中對每一個人所執著的形相，讓那一切過去吧！

13.　　忘卻一切判斷吧！別再理會你對別人存有的善惡之念了。² 如今，你對他可說是一無所知。³ 你終於能輕鬆自在地向他學習，並且重新認識他了。⁴ 如今，他對你好似重生之人，你對他也是如此，你再也不會像過去那般想置他於死地，甚至不惜跟他同歸於盡了。⁵ 他終於能像你一樣自由地活出自己，因為你百千萬劫的學習經驗都已過去，真理終於找到了重生之地。

貳. 與基督同行

1.　　人類最古老的課題不是你不斷汰舊換新就解決得了的。² 你不需要打倒它才可能知道真相，你也無需大肆抨擊才能贏得真理的芳心。³ 新的人生課題無需戰爭為它鋪路，它既不靠你投入的時間，更不靠你計畫如何周全。⁴ 自古以來，打倒真理的戰爭始終層出不窮，真理一概相應不理。⁵ 這種戰爭除了傷害他自己以外，又傷害得了誰？⁶ 在真理內，他其實沒有敵人。⁷ 夢境豈能侵犯得了他？

2.　　我們不妨再溫習一回你和自己的真相之間究竟還有什麼東西居中作梗。² 我們才好按部就班清除那些障礙。³ 第一步是「決定」，這必須由你來做，⁴ 隨之而來的真相則屬天賜的恩典。⁵ 然而你卻試圖制定真相。⁶ 這個妄想為你造出了兩種選擇。從此，凡事你都不能不選擇了。⁷ 然而，這兩種選擇都不是真的，⁸ 它們也毫無不同。⁹ 我們必須同時看見兩者，才能越過它們而看到另一種截然不同的選項。¹⁰ 你在夢中造不出這個選項，但卻能使它隱晦不明。

3.　　你自己設定的兩種選擇，稱不上是選擇，最多只給你一種自由的幻覺，因為不論你選擇哪一個，結果都是一樣的。² 因此，

不能算是選擇。³ 在這種選擇下，冒出領導者與追隨者兩種不同的角色，兩者似乎都具有令你難以割捨的價值。⁴ 兩種角色加在一起好似給了你滿足及平安的雙重希望。⁵ 從此，你在自己的眼中分裂成兩種角色，且還永遠對立。⁶ 你把每個朋友或每個敵人都變成讓你逃避這種分裂或對立的工具。

4.　　你也許會把那個關係稱之為愛。² 有時你又會把它當成他罪該萬死的理由。³ 當你自己想當領袖時，你會痛恨被你推為領導的人；但當你不願領導而想退為隨從，你又恨他未善盡領導之責。⁴ 這就是你造出弟兄的目的，你也慢慢學會把這當成他存在的目的。⁵ 除非他能發揮這一作用，否則表示他未克盡你賦予他之責，⁶ 因此他罪該萬死；對你而言，他已失去存在的目的，故也毫無利用的價值了。

5.　　至於他呢？² 他又想從你這兒得到什麼？³ 他所要的不也是你想從他那兒得到的東西嗎？⁴ 在此，選擇生命或選擇死亡只在一念之間，不論你選什麼，都是為他而選的。⁵ 你向他發出兩種呼求，他對你也是如此。⁶ 這兩者才是你真正的選項，因為它們會帶來不同的後果。⁷ 你若選擇死亡，不論是他帶領你或你帶領他，都毫無區別。⁸ 但他是在呼求死亡還是生命，呼求仇恨還是寬恕與援助，卻能為你帶來截然不同的結果。⁹ 你聽到的若是前者，就會與他分裂而迷失自己。¹⁰ 你若聽到了後者，就會與他結合，且在自己的答覆中獲得救恩。¹¹ 你在他內所聽到的其實是你自己的心聲。¹² 他究竟在向你要求什麼？¹³ 仔細聆聽吧！¹⁴ 不論他要求什麼，都會降臨於你，因為你會在其中看到自己的形相，聽見自己的心聲。

6.　　在你答覆以前，不妨暫停片刻，想一想這句話：

> ² 我如何答覆弟兄，表示我正在祈求什麼。³ 我在他身上
> 學到什麼，表示我會在自己身上看到什麼。

⁴ 然後，靜靜等候一會兒，忘記過去你自以為聽到的一切，隨時提醒自己所知何其有限。⁵ 這位弟兄既不在前領導，也不在後追隨，他伴隨著我們走在同一條路上。⁶ 他和我們一模一樣。我們讓他距離多近或多遠，他就會離我們多近或多遠。⁷ 他若不能與

我們一起受惠，我們也會空手而回；他若沒有進步，我們就會退步。⁸為此，你應滿懷愛心而非怒氣沖沖地牽起他的手，你的進步全仰賴他的進步。⁹除非你把他安全地護守在身邊，否則我們就會成為陌路。

7.　　在上主的愛內，他與你完全一樣，你才可能不受他的外形蒙蔽而答覆基督的召喚。²靜下心來，好好地聆聽吧！³別再留戀那遠古的妄念了。⁴放下過去所有與他不愉快的經驗，聽，上主之子正在召喚你呢！⁵基督以同等溫柔的愛召喚著所有的人，祂眼中沒有領導與隨從之分，祂只會聽到上主賜給所有人的同一答覆。⁶因為祂只聆聽一個天音，故也只能聽到一個答覆，也就是祂受命為上主唯一聖子時所給的唯一答覆，祂不可能聽到別的答覆的。

8.　　讓自己安靜片刻吧！²忘卻過去學來的一切想法，放下自己營造的所有形相，來吧！³舊有的一切自會讓位給新的，無需你去推翻或擁護。⁴沒有人會攻擊你心中依舊珍惜的寶貝。⁵也沒有人抨擊你對那根本不存在的呼喚之嚮往。⁶在此聖地，無一物傷害得了你，因此你能夠靜下心來聆聽，學習看出什麼才是你真正想要之物。⁷上天只要求你學會這一本事。⁸當你聽到這一要求，便會明白，你只需放下自己根本不想要也毫不真實的念頭，便能來到這一聖地。

9.　　寬恕弟兄所有的表相吧！它們不過代表了你不斷提醒自己罪孽深重的那一古老課題。²你可聽見他正在求你慈悲相待，請你幫他由他對自己以及對你所懷的可怕形相中釋放出來？³他害怕與你並肩同行，認為落後半步或超前一點會比較安全。⁴你若懷有同樣想法，認為他落後一步，你才會超前，或他一超前，你就落後，你怎麼可能進步？⁵這表示你忘了這旅程的目的，你原本決心與他並肩同行的，既無意在前領導，也不想尾隨其後。⁶你們只願一起前進，而非踽踽獨行。⁷只有這一選擇才能扭轉你此生的學習結果，因基督已在你們內重生了。

10.　　只要你能放下舊有的觀念片刻，諸如：你那偉大的道友是何許人也？以及他可能對你有何要求？你就不難獲得上述的經驗。²你必會看出他的目的與你全然一致。³他要的正是你想要的，他

之所需也是你之所需。⁴ 即使他提出的要求形式與你不同，然而你的答覆已不再受制於那些形式了。⁵ 他要求，你接受，如此而已，因你們原是爲了這一目的來到人間的：學習以手足之愛對待自己的弟兄。⁶ 他既是你的弟兄，他的天父必是你的天父，他的真相必然與你的真相一致。

11.　　你們一攜手並進，兩人都會憶起並領受你們共同承繼的產業。² 若憑自己，誰都得不到這份產業。³ 你若堅持充當領導或隨從的角色，顯然表示你認爲自己獨自走在路上，無人伴你同行。⁴ 這種人生道路必然不知所終，因光明無法照耀踽踽獨行的人，你也看不清自己何去何從。⁵ 你就這樣迷失了，步履蹣跚，孤獨地往返或顛仆於黑暗中，深受自我懷疑之苦。⁶ 幸好，這種旅途以及那種走法只是表面看來如此。⁷ 你始終有一位聖者在前爲你高舉明燈，讓你每一步走得安穩，對自己的道路充滿信心。⁸ 你若蒙上自己的眼睛，最多只會遮住你的視線，卻無法把道路變得黑暗。⁹ 與你同行的「那一位」始終充滿了光明。

參. 自我譴責

1.　　自我譴責的人必會定他人的罪。² 你若準備選擇另一結局，就必須先熟悉這新的本事。³ 它必須成爲你的慣性答覆，你的典型作風；不論面臨什麼誘惑或處於何種境遇，你都能不假思索地作此反應。⁴ 好好地學吧！它會加速幸福的來臨，爲你省下難以估計的時間。⁵ 你對弟兄所懷的怨恨絕不是針對他的罪，而是你自己的罪。⁶ 不論他的罪以什麼形式呈現，只是爲了掩飾一個事實，就是你心知肚明那其實都是你自己的罪過，因此「理當」迎頭痛擊。

2.　　若非你相信自己的罪是不可寬恕的，否則他那些罪怎麼會成爲一種罪？² 若非你相信那些罪真的在你內，否則他的罪怎會顯得如此真實？³ 若非你如此痛恨自己，否則你豈會對他的罪這般手下不留情？⁴ 你是一個罪嗎？⁵ 你一發動攻擊，就等於默認了；因著你的攻擊證明了自己有罪，才會把自己應得的報應加在別人身上。⁶ 然而，什麼才是你份內應得之物？不就是你的真相嗎？

⁷你若不相信自己會受到攻擊，怎會想到去攻擊別人？⁸你何苦如此？⁹這對你有何益處？¹⁰那豈是你想要的結局？¹¹謀害別人怎會帶給你任何益處？

3. 罪只可能存在身體內。²你不可能在心靈裡看到罪的。³罪屬於行為層次而非目的層次。⁴身體負責行動，而心靈是不行動的。⁵為此，只有身體需要為它所作的一切負責。⁶身體在你眼中絕非只會服從指令而且一無所能的機器而已。⁷你若是罪，表示你是一具身體，因心靈不是行為的主體。⁸於是，生存的目的便落在身體而非心靈了。⁹身體成了一個自主且自動的生命。¹⁰你若是罪，表示你已把心靈鎖在身體內，且把心靈的存在目的轉交給囚禁它的牢獄，任由身體代它作主。¹¹獄卒原本不必服從命令的，他是向囚犯下指令的人。

4. 身體才是囚犯，而非心靈。²身體是生不出任何念頭的。³它沒有學習、寬恕或奴役他人的能力。⁴心靈無需遵守身體的指令，也不必服從身體的規範。⁵身體只囚禁得了自願被囚的心靈。⁶當心靈自甘淪為身體的階下囚時，身體才會罹病。⁷它開始衰老、死亡，因為心靈已經病了。⁸若要挽回這一局勢，你必須重新學習。⁹身體沒有學習能力，故它永無改變的可能，直到心靈賦予身體另一目的，身體才會跟隨心靈的指令而改變自己的外形。¹⁰只有心靈具有學習的能力，因此任何改變必然出自心靈。

5. 視自己為罪之化身的心靈只有一個目的，就是讓身體成為罪的元兇。心靈會把身體關在自己為它選定並監守的牢獄裡，害得自己也不得脫身；於是心靈便與昏睡的囚犯一樣，受盡怨恨、邪惡、疾病、受害、衰老、哀傷與痛苦這類惡犬的折磨。²犧牲之念就是由此醞釀出來的，罪咎在此稱王，且把世界搞得像自身一樣冷酷無情，除了謀害及死亡，無人倖免於恐懼的摧殘。³你就是如此造出了罪的；它無法活在喜悅與自由之境，因兩者都是罪除之而後快的心腹大患。⁴只有死亡才是罪的有力護持，凡是認為自己就是罪的人，不能不為此信念付出死亡的代價。

6. 你相信什麼，就會看到什麼，但你隨時都能改變自己的信念；我們該為此而慶幸。²身體對你唯命是從。³它絕對無法把你帶到你不願前往的地方。⁴它保護不了你的夢境，但也阻撓不了

你的覺醒。[5] 將你的身體由牢獄釋放吧！你一旦由牢獄脫身，便不會把任何人視爲囚犯了。[6] 你不會把自己認定的仇敵關在罪咎之內，更不會把你心目中的朋友鎖在無常且虛幻的愛裡。

7.　　　純潔無罪的人會感恩於自己的解脫而釋放別人。[2] 他們的所知所見都會維護自己的自由，使他們不受束縛與死亡之害。[3] 打開你的心靈，接受改變吧！此後，不論是你或是你弟兄，都不再受千古業報所苦了。[4] 因上主說過，祂從不要求犧牲，故也無人能夠犧牲。

肆. 眞正的選項

1.　　　人們常認爲世界能夠給人慰藉，幫人解決問題，其實世界存在的目的就是不讓問題獲得解決。[2] 何以如此？[3] 因爲世界只允許你在幻相與幻相之間挑來選去。[4] 讓你以爲可以掌握自己選擇的結果。[5] 於是，你會認爲由生到死的窄路上，你擁有一個短短的時段；在這段時間裡，人人都會與你產生矛盾，但你仍能選擇某些途徑避開衝突，擺脫與你無關的難題。[6] 其實那些難題正是你必須面對的問題。[7] 你怎能棄之不顧，逃之夭夭？[8] 凡是註定與你同行的，不論你選擇哪一條道路，都會如影隨形的。

2.　　　眞正的選擇不屬於幻相領域。[2] 世界無法爲你提供那種選擇。[3] 人間的道路只會將你導向失望、虛無與死亡。[4] 它好似給你種種選項，其實你根本沒有選擇的餘地。[5] 不要企圖逃避世上的問題。[6] 你當初就是因爲不想解決問題而造出世界的。[7] 切勿被名堂繁多的人生途徑混淆了眼目，[8] 它們都指向同一終點。[9] 每一條都是通達同一終點的不同途徑罷了；雖然它們的起點和方向看似迥異，所有的道路最後都會把你帶回這個世界。[10] 它們的終點既已註定，表示你沒有選擇的餘地。[11] 它們全通向死亡。[12] 在某些路上，你也許還能苦中作樂片刻，但最終仍逃不了淒涼的下場。[13] 在另一些路上，可能一開始就佈滿了荊棘。[14] 其實，你並不是在選擇某一種結局，而是你想要那個結局何時降臨而已。

3.　　　結局既已註定，就沒有什麼好選擇。[2] 在你明白人間所有的路都是同一回事以前，你總想東嘗西試。[3] 世界所提供的道路固

然多得難以盡數，但終有一天人們會看清它們根本就如出一轍。
[4] 看清這一點，等於經歷一次死亡，因爲除了世界所提供的途徑
以外，他們看不到其他出路。[5] 他們終於明白所有的路最後都是
一場空，所有的希望終究破滅了。[6] 然而，這一刻反而成了他們
接受最偉大的人生課題的良機。[7] 所有的人都必須陷入此一絕境
才得以超越過去。[8] 在世上，你眞的沒有選擇的餘地。[9] 然而，這
不是這一課題的主旨。[10] 這個課題有它的目的，你會在那目的中
明白它的眞正宗旨。

4.　　　你爲何還不死心，不斷尋覓另一條路、另一個人或另一環
境？你最多只能看出那個課題是怎麼形成的，卻不明白它背後的
眞實目的。[2] 那個目的才是你所追尋的答案，它是所有仍在苦苦
追尋另一答案之人的福音。[3] 鼓起勇氣吧！你現在就能接受你不
可能在世上找到答案這個事實，[4] 但也別自行判定這一課題只能
教你這些。[5] 切莫指望世界能提供你另一路徑的指標。[6] 也別再往
毫無希望之處尋找希望了。[7] 現在就好好地學習，明白自己若不
放下過去的經驗而從頭學起，你只會虛度此生。[8] 這一課會將你
由目前的人生谷底推向幸福的高原；到了那兒，你便會對這一課
題的目的一目了然，而且明白這是你能力所及的。

5.　　　若非看透了世間的路最後都是一場空，有誰甘心放棄？[2] 他
若想另闢蹊徑，必須先有這番領悟。[3] 他若仍在無可選擇之境東
挑西選，豈能算是善用選擇能力？[4] 他得先學會在眞有選擇餘地
之處下手，才算發揮了最大的選擇能力。[5] 他若只能在無可選擇
之境選擇，這種決定豈能產生任何力量？

6.　　　世界只給人一種選擇，不論它喬裝成多少種類；你學到了這
一點，表示你已準備好接受那眞正的選項了。[2] 但你若抵制這一
步，等於否認了自己此生的目的。[3] 你不是爲了學習去找一條世
上根本不存在的路而來到人間的。[4] 企圖在世上找到不同的路，
無異於想要在人間找到另一種眞相。[5] 這勢必會使眞相對你更加
遙不可及。

7.　　　你若沿著一條與幸福背道而馳的路前行，怎麼可能找到幸
福？[2] 這種荒謬的路不可能是正道。[3] 你常感到這課程無比艱難，
讓我再提醒一次，你若要達到某個目標，必須朝它的方向前進，

斷不可背道而馳。⁴通往他方的路，豈能帶你接近目的地？⁵如果連這點都無法理解，你才可以說你不可能學會這個課程。⁶但也僅限於這種情況。⁷除此之外，沒有比這更淺顯易學的課程了。

8. 你必須看清真正的選項，才可能作出真正的選擇。²除非你明白了這一點，否則你沒有選擇的餘地；你最多只能選一個看起來比較優質的東西繼續欺騙自己。³這課程要教你的不外是：你無法在同樣虛幻又同樣錯誤的花招之間發揮出真正的抉擇能力。⁴世上所有選擇都基於這一信念：你必須在弟兄與自己之間作選擇，他損失多少，你就獲益多少；你損失多少，他就獲益多少。⁵這與真理簡直是天壤之別，真理給你的人生課題無非是教你明白：你弟兄失落什麼，你也會失落什麼；他獲得什麼，那就是上天賜你的禮物。

9. 上主不曾離開過自己的「聖念」！²是你忘卻了祂的臨在，也不記得祂的愛。³世上沒有一條路可能通達祂處，人間也沒有一個目標與祂的目標一致。⁴世上哪一條路會將你導向內心深處？那些旅程全都與你的人生目標背道而馳，讓你流落於烏有之鄉。⁵領你遠離自己真相的歧路必會陷你於迷惑和絕望。⁶幸好上主不可能任自己的「聖念」永遠失去存在的「根源」而淪於萬劫不復。

10. 上主從未離開過自己的「聖念」！²祂不可能與聖子分離，就如聖子也不可能自絕於上主。³他們只可能結合於上主內，唯有回歸一體生命，雙方才得以圓滿。⁴沒有一條道路可能背離上主。⁵也沒有一種旅程可能背離你自己。⁶除了徹底瘋狂且愚昧的人以外，誰會想得出以此為目標的路途？⁷它又能通往何處？⁸你怎麼可能踏上這種旅程？你的真相怎麼可能不與你同在？

11. 寬恕自己的瘋狂吧！忘掉那荒謬的旅程以及無所適從的目標。²它們沒有任何意義。³你無法逃避自己的真相。⁴因為上主是仁慈的，絕不會任聖子棄祂而去。⁵為祂這一真相而感恩吧！因這成了陷於瘋狂與死亡中的你的唯一出路。⁶你只可能從祂所在之處尋回自己。⁷所有的路最終都會止於上主之境。

伍.自我概念與自性之別

1.　　世間的課程都在幫你打造一個能夠適應世界現實要求的自我概念。²兩者相得益彰。³這種自我形象可說是充滿陰影與幻相的世界的最佳拍檔。⁴它在此會感到賓至如歸，因它在世上見到的一切與自己原是一個模子打造出來的。⁵人間的功課就是要為你打造出一個自我概念。⁶世界的目的即在於此；你初來時並沒有一個自我，那是你一路營造出來的東西。⁷當你「成熟」時，它的羽翼也長豐了，在世上混得如魚得水，兩者配合得天衣無縫。

2.　　自我概念是你營造出來的。²它與原來的你毫無相似之處。³它只是個偶像，為了取代你上主之子的身分而造的。⁴世界教給你的自我概念一向虛有其表。⁵因它同時效忠於兩種不同的目的，但心靈只認識其中之一。⁶第一個目的是保持一副純潔無罪的面容，很會裝模作樣。⁷這副面容常帶著甜蜜的微笑，看似充滿了愛心。⁸它喜歡呼朋引伴，有時會同情受苦之人，有時還會給人一些安慰。⁹它相信自己是邪惡世界中的善人。

3.　　這副面容隨時會轉為憤怒，因世界如此險惡，純潔無罪的人在此無法獲得應有的愛與保障。²因此，這張面容常因目睹世界對樂善好施者的不公而痛哭流涕。³這副面容絕不會先下手攻擊他人。⁴然而，每天不下百件瑣碎小事，一點一滴侵犯它的純潔無罪，最後它忍無可忍才會無情地反擊回去。

4.　　每個自我概念引以為傲的這張無辜面容，還能認可自衛性的攻擊，因為眾所周知，世界對毫無自衛能力的無辜者相當殘酷。²世上沒有一張自我畫像會漏掉這一副面容的，因為他根本少不了它。³他不願去看自己受苦的另一面容。⁴然而，受苦的面容正是世界最易矚目的對象，整個「現實」世界所仰賴的就是這副受苦的面容，也因此，偶像才有生存的餘地。

5.　　在無辜的面容背後隱藏著自我概念企圖傳授的一個課題。²這個課題可說是顛倒至極，而且恐怖無比，使得它先前的笑臉不能不趕緊別過頭去，以免看見自己的虛偽狡詐。³這一課題宣稱：「我是你造出來的結果，你看到我時，必會因著我的樣子而受到懲罰。」⁴世界以微笑贊許這個自我概念，因它成了世俗途

徑的安全保障，踏上此道之人從此無路可退。

6.　　這關鍵的一課保證你的弟兄會受到永恆的罪罰。[2] 因你「之所以為你」如今成了他的罪狀。[3] 這是無法寬恕的。[4] 至於他究竟作了什麼，並不重要，你控訴的指頭死命地指向他，[5] 同時指向你自己，只是這一指常閃躲在你無辜面容下的重重迷霧中。[6] 這陰毒的地窖成了窩藏你倆所有罪狀的暗室，由於缺乏光照，使你無法認出它們純是一些錯誤。[7] 你覺得自己不該為你之為你而受責備，但你又改變不了它指使你做的事情。[8] 於是，你的弟兄便成了象徵你的罪的標誌，你不能不暗中為你所恨的自己而懲罰弟兄，而且不達目的絕不甘休。

7.　　所有的概念都是後天學來的。[2] 它們不是天生的。[3] 離開了學習，它們便無法立足。[4] 它們既非上天所賜，必是後天營造之物。[5] 為此，沒有一個是真的，大部分都是出自狂熱的幻想，由恐懼中生出，且冒著怨恨與扭曲的烈焰。[6] 所謂概念，不過是一種想法，是營造它的人硬把他認為的意義加諸其上的。[7] 就是這些概念維繫著世界的運轉，[8] 但它們無法證明世界的真實性。[9] 因它們本身乃是世界的產物，由世界的陰影中誕生，循著它的模式成長，最後「成熟」為它的概念。[10] 這些概念代表著偶像，世界的畫筆將它描繪得栩栩如生，卻畫不出半點真相。

8.　　自我概念是難以理喻之物，世上沒有一人明白它所為何來，故也說不出它是怎麼回事。[2] 人間的功課始終只有一個目的，就是傳授給你這個自我概念，使你心甘情願地遵循世界的運作法則，絲毫不敢越雷池一步，當然也看不出你是如何看待自己的。[3] 如今，聖靈必須設法讓你明白，你得先化解這個自我概念，才可能獲得心靈的平安。[4] 除非他能教你看出你完全不是你自以為的那一回事，你才可能放下後天學來的自我概念；[5] 否則，他若立即要求你徹底放棄你目前仍然相信的這個自我，必定會激起你內心更大的恐懼。

9.　　因此，聖靈的教學計畫可以總結為幾個簡單的步驟，過程中難免會引發你一些不安及焦慮，卻不至於全面推翻你過去所有的經驗，它只會將眼前的事件按照他的眼光重新詮釋而已。[2] 現在讓我們再深入省察，看看究竟有何證據顯示你確是弟兄造出的

產物？³ 你也許還不承認自己有此想法，但你學到現在，必然不難看出你的行爲處處透露了這種心態。⁴ 他可曾代你作出任何回應？⁵ 他可知道你眞正的處境？⁶ 他能否預知你的未來，指示你如何未雨綢繆？⁷ 除非世界與你都是他造出來的，他才會有這種未卜先知的本事。

10.　　「你是弟兄造出的產物」這種想法很難自圓其說。² 即使他眞的造了你，那麼是誰給了你那張無辜的面容？³ 難道不是你自己的傑作嗎？⁴ 造出它的那個「你」又是誰？⁵ 被你外表的善良蒙蔽同時又大肆打擊你的，又是誰？⁶ 姑且不論這些概念如何愚昧，你只需這樣想：你心目中好似有兩個你，⁷ 如果一部分是你弟兄造成的，另一部分又是誰的傑作？⁸ 你究竟想要隱瞞什麼，想要隱瞞誰？⁹ 即使世界是邪惡的，也沒有必要隱藏你打造出來的自己。¹⁰ 究竟有誰在看你？¹¹ 若非覺得受到了攻擊，你又何需保護自己？

11.　　你之所以把自我概念藏在暗室裡，是否因爲倘若把它放在光明中，連你自己都不會把它當眞？² 世界所依恃的這些支柱一旦全部撤除，眼前的世界會有何下場？³ 你的世界觀全建立在這個自我概念上。⁴ 只要其中一個受到了質疑，兩者都會失去立足之地。⁵ 聖靈不願見你頓失所據而驚惶失措。⁶ 祂只請你偶爾好好反問一下自己。

12.　　你可以活成很多種樣子。² 例如，你可以活成你指望弟兄呈現的那種模樣。³ 這種改變，使原本完全受制於人的自我概念開始有了選擇的餘地，它至少承認雙方都得負起一點責任。⁴ 你也逐漸明白自己的選擇同時影響了兩人，他對你的意義其實是你賦予他的。⁵ 這番領悟好似一道靈光，幫你看清了知見的運作法則：眼之所見不過反映出見者的心態而已。⁶ 那麼，最先作此選擇的究竟是誰？⁷ 如果是你作的選擇使弟兄成爲你心目中的模樣，表示你並非只有選擇的餘地，而且還因你作選擇的同時即已放棄了其他的可能性。

13.　　這番了悟雖能幫你推進一步，但仍未觸及一個更基本的問題。² 在自我概念形成之先，必然還存在另一東西，³ 而自我概念只是那個東西所學來的結果。⁴ 不論是弟兄塑造了你，還是你塑

造出弟兄，這兩種自我概念都沒有說清那東西究竟是什麼。⁵ 由第一種自我概念轉變成第二種的最大進步就是你已開始承認自己正是作出這一決定的抉擇者。⁶ 但你為此進步付出的代價絕不低於第一種概念，如今你會因弟兄的模樣而被控有罪。⁷ 你必然難辭其咎，因為是你按照自己的形相給弟兄選擇了這幅罪孽深重的面容的。⁸ 先前只有他是奸惡之輩，如今你和他成了一丘之貉。

14. 自我概念一向是世人最關切的事。² 每個人都認為自己必須揭開這一「自我之謎底」才不虛此生。³ 為此，救恩可說是超越這類自我概念的解脫境界。⁴ 救恩關切的不是心靈的內涵，而是心靈自認為它能思想的那種心理。⁵ 凡能胡思亂想的就會有選擇的餘地，還可能看見不同想法所形成的不同結果。⁶ 那麼，這種心靈也能夠學到，它的所思所想只反映出自己對自我形象與真相的混淆與無知，⁷ 而這自我概念竟然還會含糊其辭地答覆它一無所知的問題。

15. 不要從那些象徵符號裡尋找你的自性了！² 沒有一個概念表達得出你的真相。³ 不論你接受哪一種自我概念，又有何差別？反正你看到的不外乎那個不斷以牙還牙與惡魔交鋒的自我。⁴ 你的自我概念始終顯得那般荒謬。⁵ 你看不出你其實是在與自己交鋒。⁶ 你若看到一個罪孽深重的世界，不過顯示你已拜世界為師而已；你怎樣看世界，就會怎樣看自己。⁷ 你的自我概念涵括了你所能見的一切，沒有一物能超出你這個知見。⁸ 你若受到任何傷害，這幅受苦的畫像不過表示你看到了自己的秘密心願。⁹ 僅僅如此而已。¹⁰ 你所受的苦會讓你看到自己想要傷人的那個不可告人的秘密。

16. 你在學習過程中，一路為自己塑造出種種自我概念。² 隨著你對自我認知的改變，每一種自我概念都會顯示出你人際關係的變化。³ 每個轉變都難免帶給你一些困擾，但你會心懷感恩的，因這些人生功課對你心靈的操控力量已愈來愈小了。⁴ 你愈來愈快樂、篤定，深信那一切很快就會過去，讓你的心靈重享平安。⁵ 你還會在各種地方碰到各式各樣的控訴者。⁶ 每一個人似乎都在譴責你。⁷ 不要怕！這一切很快就會化解的。

17. 除非你拜世界為師，否則世界無法傳授給你任何形相。² 終

有一天，這些形相都會消逝，你才恍然大悟自己根本不知道自己的真相。³ 唯有如此這般地將心靈徹底開封，真理才能無罣無礙地回歸你的心中。⁴ 你在哪兒放下自我概念，真理就會在那兒呈現自己的真相。⁵ 只要你開始質疑自己的每一個概念，認清了它所假定的前提根本經不住光明的照耀，真相便能脫穎而出，進入那不受罪咎污染的聖所。⁶ 世界最怕聽到的就是你這一自白：

> ⁷ 我不知道我是什麼，也不知道自己在做什麼，或身在何處，更不知道該如何看待世界，或看待自己。

⁸ 你若學會如此自白，救恩就來臨了。⁹ 你的真相便會向你啟示它自己。

陸. 認識靈性

1.　　你若不著眼於血肉之軀，就會認出靈性。² 兩者之間沒有中間地帶。³ 一個若是真的，另一個必是假的，因為真的必會否定假的。⁴ 你只能看到一個選擇。⁵ 你就此而作的選擇，決定了你之所見；你不只會認定所選之物存在，還會堅信它真實不虛。⁶ 你的整個世界就是建立在這個選擇上，因為這個選擇決定了你相信自己是血肉之軀還是靈性生命。⁷ 你若選擇肉身，便會死守身體作為你的現實，因你已選擇了自己想要的存在形式。⁸ 你若選擇了靈性，整個天堂都會俯身輕吻你的眼睛，祝福你眼前的神聖景象，你便會明瞭這個有血有肉的世界正等待著你的療癒、安慰與祝福。

2.　　救恩即是化解。² 你若決心著眼於身體，就會看見一個分裂的世界、互不相干的萬物，以及諸多不可理喻的事件。³ 這個生命出現於你眼前，轉眼便在死亡中消逝了；那個生命又難逃失落與受苦的命運。⁴ 沒有一個人能在前一分鐘和後一分鐘保持不變。⁵ 有誰會對這種瞬息萬變的人生產生信心？遲早會化為塵土之人又有什麼價值可言？⁶ 只有救恩能化解這一命運。⁷ 只要決心放下罪咎，他的雙眼便會在救恩中獲釋而看到永恆之境冉冉上升；因他已決心放下罪咎，不再著眼於它的苦果。

3.　　　　救恩並非只准你著眼於靈性而不看身體。² 它只願你明白你是有選擇的。³ 你無需任何協助就能一眼看見身體，但對身體之外的世界你卻如此無知。⁴ 救恩的目的就是化解你的世界，好讓你看到超乎肉眼的另一世界。⁵ 不用擔心自己如何達到這一境界。⁶ 你連眼前一切怎麼出現於面前的都搞不清楚。⁷ 你若明白其中玄虛，它們早就消失了蹤影。⁸ 只要你能穿越那分隔善惡兩境的無明紗幔，兩者便會同時消失，知見從此也無藏身之地了。⁹ 這是如何成就的？¹⁰ 其實它什麼也沒成就。¹¹ 在上主的造化裡豈有什麼成就可待？

4.　　　　只有傲慢的人才會認定自己需要努力修直天堂之路。² 上天早已賜給了你方法，取代你以前看待世界的眼光。³ 願你的旨意承行！⁴ 不論在天上或人間，此言不虛！⁵ 你相信自己身在何處，或是你認為自己的真相如何，都無關緊要。⁶ 你看到什麼，或是你選擇什麼感覺、想法或夢想，也毫無影響。⁷ 只因上主親自說了，「願你的旨意承行」。⁸ 你必會如願以償。

5.　　　　你若相信你有權利按照自己認為上主之子應有的樣子去看待他，可別忘了，連你的自我概念都抵擋不住你的真相。² 沒有人化解得了真相的。³ 改變觀念卻易如反掌。⁴ 你只要有一次看出他與以前大不相同之處，這一慧見便足以為這雙有心學習的眼睛帶來一個嶄新的世界，因為這表示你的自我概念必然也改變了。

6.　　　　你真的百害不侵嗎？² 那麼，你眼中的世界必也是無害的。³ 你願寬恕嗎？⁴ 那麼，你的世界必也充滿了寬恕，因你已寬恕了它種種過犯，它也會以你看它的眼光回頭看你。⁵ 你是一具身體嗎？⁶ 那麼，整個世界都會顯得危機四伏而且殺機重重。⁷ 你是一個不死的靈性嗎？不受罪惡污染的不朽生命嗎？⁸ 那麼，你所見的世界必也安全穩定，值得全心信賴，讓你幸福地安息片刻，此地沒有恐懼，只有愛。⁹ 仁慈的心境怎會排斥任何人？¹⁰ 又有何物傷害得了全然聖潔的心靈？

7.　　　　上主的神聖之子，願你的旨意承行。² 不論你認為自己活在人間或天上，都毫無分別。³ 天父對你的願望永恆不變。⁴ 你內在的真相依舊璀璨如星，光明皎潔，又如愛那般聖潔。⁵ 你是如此的尊貴，願你的旨意承行。

柒．人間救主之慧見

1.　　學習就是改變。² 救恩不會採用你認不出對你有益的方法，也不會要你作出你認不得的改變。³ 在知見的領域裡，你不能不仰賴概念，故救恩的任務便是改變你的概念。⁴ 它必須借用對比的形式，故不屬於眞理層次；因眞理內沒有對立，也永不改變。⁵ 根據世界的觀念，有罪的就是「惡的」，無辜的則是「善的」。⁶ 世人的自我概念都是靠自己「善」的一面來寬恕「惡」的一面而形成的。⁷ 故他無法信任別人「善」的一面，深恐對方「惡」的一面埋伏於後。⁸ 這種自我概念影射出人心的險惡與不值得信任。⁹ 只要你還看得見自己內在的「惡」，你就不可能信賴任何人。

2.　　你若還百般重視攻擊能力，是不可能察覺自己的「惡」念的。² 你會不時瞥見那些念頭，但不會認爲它們荒謬無稽。³ 它們的猙獰面目掩蓋了它們的眞正面容，重創了你那可憐又陰暗的自我概念，使它更感到罪孽深重。⁴ 你無法賦予自己純潔無罪的本質，因你早已迷失了自己的眞相。⁵ 但你眼前只要出現一位值得你寬恕的弟兄，你的自我概念便會全面改觀。⁶ 你的「惡」念與他的過犯一併獲得了寬恕，因爲你決心不受它們左右。⁷ 你決心不再充當弟兄內在邪惡與罪咎的象徵。⁸ 當你逐漸信任他內在的美善時，表示你已開始信任自己美善的一面了。

3.　　在概念的層次，他在你眼中的價值已超過了那一具身體，因爲那種「善」絕不是身體顯示得出的。² 你會把身體的表現視爲你和他之間「低層次」的互動。³ 你開始把焦點置於他的善性上，身體在你眼中顯得愈來愈不眞實；久而久之，它在你眼中逐漸褪化爲善性外圍若有若無的一圈陰影。⁴ 這就成了你的自我概念，因你已進入非肉眼所能見的世界。⁵ 從此，你只會仰賴「上天之助」幫你詮釋所見的一切。⁶ 祂會教你去看祂眼中的另一個世界。

4.　　你同時活在祂的世界與你自己的世界裡。² 這兩個世界恰恰好代表了你對自己的不同概念，它們只會互爲消長，無法合在一起。³ 它們之間的差異遠大於你的想像，而你會愛上聖靈賦予你

的自我概念，因它不是為你一人而造的。⁴這自我概念是天賜予你的，且要你送給那自認為與你有別的弟兄。⁵只因你獻給弟兄的寬恕，聖靈已為你們兩人一起接收下來了。

5.　　你應對同行的弟兄生出信心，那可怕的自我概念才有改變的可能。²唯有著眼於他內的善性，你才不會被自己的「惡」念嚇倒，因為這些惡念再也遮蔽不了他在你眼中的真相。³你必須甘願改變，轉機才會欣然來臨。⁴這是它所要求的唯一條件。⁵為此，不妨回顧一下現有的自我概念帶給你的種種後果，然後歡喜接受我們給你的另一相對的概念吧！⁶伸出你的手來，接下你仁慈地送給別人的寬恕之禮，因為他跟你同樣地需要。⁷你那無情的自我概念才會脫胎換骨，帶給你上主的平安。

6.　　你現有的自我概念，保證了你永遠無法完成你在世的任務。²它就這樣將你打入回天乏術的絕望冷宮。³其實，只要你不把它當成改變不了的觀念而長期鎖在心裡，你根本沒有改造它的必要。⁴你只需將自我概念交託到聖靈的手中，唯有祂明白如何改造這一概念來幫你完成任務，為你帶來平安；你也才能將平安帶給別人而享有它的祝福。⁵這兩個選項都存於你的心內，任你選用，你能夠徹底改變對自己的看法。⁶你難道寧可跟救恩作對，也不願讓自己成為世界得救不可缺少的一員？

7.　　自我概念有如一個擋箭牌，默默擋在真理面前，使你看不清真相。²你所見到的都屬於形相之類，因為你是透過障礙物去看的，它必會模糊你的視線，扭曲你的見解，使你看不清任何事物。³你眼中一切都變得暗淡無光。⁴情況最好時，你會看到真實之境的倒影。⁵最壞時，你只看到一片黑暗；眼中盡是可怕的魅影，它們全都來自恐懼所生的罪咎之念。⁶你之所見就是地獄，因為恐懼就是地獄。⁷上天賜給了你所有的解脫途徑：眼光、慧見及內在的「嚮導」，它們都會帶領你和你所愛的人，連同整個宇宙，一起出離地獄。

8.　　正視你在這宇宙扮演的角色吧！²上主造化的每一部分都有聖愛與生命之主所賜的救恩，使他永遠免受地獄之苦。³祂賜給每一個人成為救主的恩典，拯救上主特別託付給他的神聖之子。⁴當他開始對待弟兄如同自己，還能進一步把弟兄當作自己的一

面明鏡時，表示他已在學習人間救主的功課了。[5] 他的自我概念從此被打入冷宮，再無一物阻擋得了他的視線，扭曲他對眼前事物的判斷。[6] 就是這一慧見使他看到了基督的聖容，並且了解自己看到的每一張臉都是基督聖容。[7] 往昔的黑暗如今充滿了光明，遮住他視線的那層紗幔終於揭開了。

9.　　遮住基督聖容的那層面紗，或是你對上主及救恩的恐懼，或是你對罪咎與死亡的留戀，名目雖然不同，卻都是同一錯誤；它就是你和弟兄之間的那個間隙，拜你的自我幻相之賜，硬生生地把你和弟兄拆散了。[2] 判斷之劍是你賦予自我幻相的一把武器，它奮力維繫那拆散你和弟兄的間隙，不讓愛進入。[3] 只要你手中還握著這把利劍，你必會把這具身體當成自己，你眼中的弟兄便與你分裂為不同的個體了；其實他手中持的是一面明鏡，反映著他的另一面目，而那正是你的本來面目。

10.　　所謂的誘惑，不過是你仍想留在地獄受苦的願望。[2] 它所能給你的不過是一副飽受地獄折磨的可憐形相罷了。[3] 只要你學習不再如此看待弟兄，你便已拯救了自己，也成為其他人的救主。[4] 上主已將所有的人託付給每一個人；有所偏愛的救主，只會得到片面的救恩。[5] 上主託你拯救的神聖之子，就是你平素所遇到或看見卻不識廬山真面目的那些人，包括所有萍水相逢、相知已久、素昧平生，或你已遺忘，甚至尚未出生的人。[6] 上主願你將祂託付給你的聖子，從他們每個根深柢固的自我概念拯救出來。

11.　　你自己若還希望逗留在地獄裡，怎麼可能成為聖子的人間救主？[2] 你若無法由自己的神聖性去看他，又怎麼可能知道他是神聖的？[3] 只有著眼於純潔無罪的神聖眼光才可能看見神聖性，也才可能在萬物中看到純潔無罪的本質。[4] 這雙慧眼能由每個人身上喚出他的聖潔，使他得以呈現慧眼中的模樣。[5] 這就是人間救主的慧見，他能在每個人身上看到自己的純潔無罪，隨時隨地看到自己的救恩。[6] 由於他不再執著於自我概念，故能用寧靜的眼光認出萬物的本來面目。[7] 他目光所及，均會為所見之物帶來光明，使此物的真相歷歷現前。

12.　　不論誘惑以何種形式呈現，所影射的不外乎你想成為「非你」的那個幻想。[2] 這一幻想會慢慢形成一種概念，讓你逐漸看

到自己內心期待成為的模樣。³ 只要你還珍惜那滋生自我概念的幻想，自然不會輕易放下這一概念。⁴ 只要你還珍惜自我的概念，你必會把弟兄看成他在你心目中的形相。⁵ 你的「看見」最多只能反映出你內心的幻想，因「看見」沒有創造的能力。⁶ 但它究竟以愛的眼光或恨的眼光去看，就看你決心要與所見之物結合還是繼續分裂下去而定。

13. 　人間救主的慧見絲毫不受你的自我評價所影響，也與你弟兄是怎樣的人無關。² 它從不著眼於任何人的過去。³ 如此，它才能為徹底開放、不被舊概念蒙蔽且決心只看當下的心靈服務。⁴ 它不再判斷，因為它不知道真相。⁵ 在此自知之明下，它會虛心就教：「我所見之物究竟有何意義？」⁶ 於是，答覆就會來臨。⁷ 大門霎時開啟，使基督聖容得以照耀在他身上；因他在純潔無罪中生出一願，甘心跨越自己因不想著眼於你內的基督而對你執著已久的古老成見。

14. 　小心不要陷入誘惑！你只需提醒自己：那個荒謬而瘋狂的幻想存心把你變成一個「非你」。² 好好深思一下，你寧願活成的「非你」究竟是什麼？³ 它如此痛苦、徹底瘋狂又充滿了死亡氣息，它代表一場失敗、絕望、不可信賴的夢，除了死亡，無一物能結束這個可怕夢魘。⁴ 所謂誘惑，指的就是這個。⁵ 拒絕這一選項，何難之有？⁶ 你必須深思這一誘惑的真正企圖，然後審視你所擁有的真正選擇。⁷ 你只有兩種選項。⁸ 不要被其他形形色色的可能性蒙蔽了。⁹ 你只能在天堂與地獄之間選擇其一。

15. 　讓上天賜予你的光明在世上大放光彩吧！² 世界亟需光明，因它如此黑暗；人間救主若睜不開慧眼，世人便陷入了絕望，他們只能夠見到死亡。³ 他們的人間救主站在那兒，有如睜眼的瞎子，自己一無所知，也沒有人知道他的真相。⁴ 除非他能擦亮自己的雙眼去看世人，並且給出自己的寬恕，否則世人永遠無法看見。⁵ 上主這樣請求你：「釋放我的聖子吧！」你若明白祂要你釋放的其實是你自己，你還會充耳不聞嗎？⁶ 這是本課程所要教你的唯一課題。⁷ 也是你在世上有待學習的唯一功課。

捌．重新選擇

1.　　不論哪一種誘惑，不論發生於何事，它只教人一個課題。² 它企圖說服上主的神聖之子他只是一具身體，誕生於必死的肉體內，欲振乏力，連感覺都受制於它。³ 身體為他的能力設了限，身體的能耐成了這人僅有的力量，他所能掌控的不出身體這一小小範圍。⁴ 你可願活成這個樣子？如果基督在榮耀中現身，向你提出這一請求：

> ⁵ 重新選擇吧！你究竟想要躋身於救主的行列，還是與弟兄一起墮入地獄？

⁶ 祂已經來臨了，正如此請求你呢！

2.　　你會作何選擇？² 這還用說嗎？³ 你始終是在自己的軟弱及內在基督的大能之間作選擇。⁴ 你選擇什麼，它對你就會變得真實無比。⁵ 只要你不再讓自己的軟弱無能來指導你的行動，你的無能便一無所能。⁶ 內在的基督之光開始為你的作為負責。⁷ 因你已將自己的無能交託給祂，祂也把自己的力量回贈予你了。

3.　　考驗不過是你過去尚未學會的人生課題再度出現於你眼前，讓你在過去選錯之處作出更好的選擇，擺脫往昔錯誤帶給你的痛苦。² 基督在你困難、煩惱及迷惑之刻始終溫柔地提醒你：「我的弟兄，重新選擇吧！」³ 祂願為你療癒一切痛苦之因，他要為你撤除擋在真理前的每個形相。⁴ 祂願拿走你所有的哀傷，因你是上主創造的喜悅祭壇。⁵ 基督不會讓你孤苦零丁地活在地獄般的噩夢裡，祂要為你的心靈清除所有遮蔽祂聖容的障礙。⁶ 祂的神聖性就是你的神聖性，因祂是你內在唯一真實的能力。⁷ 基督的力量就是你的力量，因為祂是你的自性，也是上主創造的唯一聖子。

4.　　你自己造出的種種形相絲毫抵擋不了上主親自賦予你的真相。² 你無需畏懼那些誘惑，只需看清它的底細；它只是給你一個重新選擇的機會，在你往昔打造自我形象之處讓基督大展神威。³ 過去似已遮蔽了基督聖容的那些障礙，在祂的無上尊威前

潰不成軍，在祂的神聖臨鑒下知趣而退。⁴懷著基督眼光的人間救主，他們只不過選擇了基督的力量，放下自己的軟弱無能，不再存心抵制祂而已。⁵他們負起了拯救世界的任務，因為他們已結合於上主旨意的大能之中。⁶他們之所願，正是上主的大願。

5. 　　當你視自己為無用的可憐蟲時，不妨如此回應這一誘惑，培養出這一快樂習性：

> ²我仍是上主創造的我。³上主之子不可能受苦。⁴而我就是這位聖子。

⁵如此，你等於公開邀請基督力量為你作主，願以上主的大能取代你的軟弱。⁶從此，奇蹟成了你的天性，正如在你選擇神聖生命以前，恐懼及痛苦成了你的天性那樣。⁷所有的分別妄見都會在你這選擇中銷聲匿跡；你終於放下了各種虛幻的選項，再也沒有一物阻撓得了真相的來臨。

6. 　　你仍是上主創造的你，你見到的一切有情眾生亦然，不論它們呈現給你何種形相。²你眼中所見的疾病、痛苦、無能、苦難、失落、死亡等等，都在誘惑你把自己看成自身難保的地獄之子。³你若不屈服於這一誘惑，就會親眼看到，這些痛苦不論化為何種形式，或發生在何處，都如陽光下的朝露，轉眼消逝無蹤。⁴奇蹟已經來臨，療癒了上主之子，結束他那欲振乏力的噩夢，為他開啓了得救及解脫的坦途。⁵重新選擇你希望他成為什麼樣的人吧，請記住，你所作的每個選擇同時決定了自己的身分，從此你不只會如此看待自己，而且深信不疑自己確實是這樣的人。

7. 　　別再拒絕我這小小的請求了！我在你腳前放置了上主的平安作為交換，給你能力把這平安帶給世上每一個驚惶不安、孤獨憂懼、飄泊流浪的人。²因為與他合一乃是你的天命，只有你內的基督開啓得了他的眼睛，使他得以看見自己心內的基督。

8. 　　蒙受救恩祝福的弟兄，別再充耳不聞了，請聽我說：²我對你唯一的要求就是你自己的解脫。³這個世界能夠變得無比可愛，無所不容，與天堂只有一步之隔，地獄在此無法立足。⁴我

已為你疲倦的眼睛帶來一個嶄新的世界，如此地清新、潔淨，它會使你忘卻往日的哀傷與痛苦。⁵ 但你必須把慧眼之所見與身邊每一個人分享，否則你自己也無從看見。⁶ 唯有給出這份禮物，你才可能享有這禮物的祝福。⁷ 這是慈愛上主的天命，使你永遠失落不了這一禮物。

9.　　何其有幸，我們所在的世界提供了這麼多機會讓我們看到另一境界，讓我們認出自己早已擁有的上主禮物。² 地獄的遺跡，隱秘的罪咎、深埋的怨恨，從此一逝不返。³ 它們企圖覆蓋的美善，得以再度呈現於我們眼前；它像天堂裡的碧綠草坪，將我們舉起，飛越你過去不識基督時所走的荊棘之路。⁴ 我的弟兄，請聽我說，加入我的陣容吧！⁵ 已受上主祝聖的聖子，怎會聽不見我的召喚？上主的千古不易成了我最深的安息。⁶ 你必會聽見我的召喚，你也會重新選擇的。⁷ 所有的人就在你這選擇下恢復了自由。

10.　　天父，我感謝祢賜給我這些神聖的弟兄，他們都是祢的聖子。² 我對他們的信心一如祢的信心。³ 我堅信他們終會來到我這裡，正如祢對他們永恆的真相那般肯定不移。⁴ 他們必會接受我給他們的禮物，那是祢為了他們而賜給我的。⁵ 我只願承行祢神聖的旨意，故他們也會作出同樣的選擇。⁶ 因此，我為他們而感謝祢。⁷ 每當他們作此選擇，救恩之歌便會傳遍世界的每個角落。⁸ 我們終於結合於同一目的之下，地獄的末日已不遠了。

11.　　只要有一位弟兄願意與我一起跨越誘惑，一心不亂地凝視天堂永恆無間的光明，我必會歡欣地向他伸出我的手。² 把屬於我的人賜給我吧！因他們原是祢的一部分。³ 祢的旨意怎麼可能失敗？⁴ 我為弟兄的真相而由衷感謝祢。⁵ 只要有一位弟兄決心與我攜手合作，大地便會向天堂獻上感恩之歌；剛從地獄脫身的世界，響起此起彼落的零星歌聲，且終將匯為一首無遠弗屆的大合唱，一起向祢謝恩。

12.　　如今，我們可以齊聲說「阿們」了。² 基督終於重返祢無始以來為祂安置的永恆寂靜。³ 旅程已經結束，回歸它的起點。⁴ 不留一絲痕跡。⁵ 從此，再也沒有一個幻相值得信任，再也沒有一點黑暗遮蔽得了基督的聖容。⁶ 祢的旨意圓滿而徹底地完成了，

所有的造化都認出了祢的臨在，知道只有祢才是它的生命根源。
[7] 在祢內生生不息的萬物散發出如祢一般神聖無瑕的光輝。[8] 我們
已經抵達原本的一體境界，我們終於回到家了，回到祢願我們永
在之處。

奇蹟課程
正 文

譯　　　者	若　水
責任編輯	李安生
校　　　閱	李安生 黃真真 張紅雲 桑田德 陳夢怡
校　　　對	李安生 黃真真 桑田德 陳夢怡
美術編輯	浩瀚電腦排版股份有限公司
出　　　版	奇蹟課程有限公司‧奇蹟資訊中心
	桃園市光興里縣府路76-1號
聯絡電話	(04) 2536-4991
劃撥訂購帳號	19362531　戶名 劉巧玲
網　　　址	www.accim.org
電子信箱	accimadmin@accim.org
	mictaiwan@yahoo.com.tw

印　　　刷	世和印製企業（02）2223-3866
出版日期	2011 年 1 月初版
再版日期	2023 年 6 月十三版

經銷代理	聯合發行公司
	電話 (02) 2917-8022＃162
	(03) 2128-000＃335

定　　　價	全三冊 新台幣1500元

ISBN 978-1883360429